Performanceanalyse als Steuerungsinstrument im Wertpapier-Managementprozess

Schriften des Instituts für Finanzen
Universität Leipzig
Herausgegeben von Prof. Dr. Udo Hielscher und Prof. Dr. Thomas Lenk

Band 7

PETER LANG
Frankfurt am Main · Berlin · Bern · Bruxelles · New York · Oxford · Wien

Frank Wolfert

Performanceanalyse als Steuerungsinstrument im Wertpapier-Managementprozess

PETER LANG
Europäischer Verlag der Wissenschaften

Bibliografische Information Der Deutschen Bibliothek
Die Deutsche Bibliothek verzeichnet diese Publikation in der Deutschen Nationalbibliografie; detaillierte bibliografische Daten sind im Internet über <http://dnb.ddb.de> abrufbar.

15
ISSN 1439-4936
ISBN 3-631-50464-0

www.peterlang.de

Geleitwort

Das Volumen und damit auch die Bedeutung einer professionellen Vermögensverwaltung sind in den 90er-Jahren stark gewachsen. Wegen der Verflechtung der Weltwirtschaft und der gegenseitigen Abhängigkeiten der internationalen Kapitalmärkte verändert sich dementsprechend auch das Asset Management.

So erwarten Anleger in ihren Portfolios eine gut abgestimmte Diversifikation zwischen den internationalen Kapitalmärkten und über die möglichen Assetklassen. Die Bedeutung einer ausgewogenen Diversifikation zeigen plötzlich auftretende Krisen in Regionen oder Anlagesegmenten, die sich vielfältig auf die Anlagen auswirken. Investoren erwarten dann vom Asset Manager außer guter Selektionsfähigkeiten auch ein effizientes Risikomanagement. Die gewünschte Stabilität in der angestrebten Portfoliostruktur ist aber nur möglich, wenn Risiken rechtzeitig erkannt werden. Deshalb muss der Entscheidungsprozess der Portfoliokonstruktion von einem aktiven Risikomanagement begleitet werden.

In dem vorliegenden Buch entwickelt der Autor eine Methodik für diese aktive, mehrdimensionale Risikopositionierung. Aufbauend auf der klassischen Performanceanalyse, konzentriert er sich sowohl auf die reine Wertentwicklung als auch auf das Controlling fundamentaler Faktoren. Wichtig dabei ist, dass diese Analyse mit allen Einzelschritte des Anlageprozesses verwoben ist. So wird nach der Festlegung des Managementstils die Informationsaufnahme und -verarbeitung, deren Überführung via Kauf-/Verkaufsignale in die Portfoliokonstruktion und dic marktrelevante Umsetzung auf Basis der vorgegebenen Controlling-Kennziffern begleitend bewertet.

Die so erlangten Beschreibungs- und Steuerungskennziffern ermöglichen es, außerhalb des Managementauftrags auch Arbeitsstile zwischen einzelnen Managern transparent und damit bewertbar zu machen. So kann auf objektiver Basis auch der erzielte Managementnutzen, der so genannte „*value added*", für verschiedene Investmentstile oder Managementprozesse analysiert und verdeutlicht werden. Dass dies nicht nur theoretisch möglich, sondern auch praxisrelevant ist, zeigt der Autor in Kapitel 4.

Die dresdnerbank investment management (dbi) als Teil der global aufgestellten Allianz Dresdner Asset Management (ADAM) begrüßt es, dass mit dieser Arbeit eine innovative Weiterentwicklung auf dem Gebiet des strukturierten Asset Managements gelungen ist. Diese erweiterten Controlling-Instrumente helfen uns dabei, die vielfältigen neuen Investmentmöglichkeiten effizient einzusetzen, zugleich aber auch die Renditeerwartungen unserer Kunden mit der Gesamtcharakteristik ihrer Portfolio-Returns eng koppeln zu können.

Dr. Wilfried Hauck
Geschäftsführer dbi

Vorwort des Herausgebers

Parallel zum Anwachsen der weltweit fremdverwalteten Wertpapiervermögen haben die Kapitalmarkttheorie und ihre praktische Umsetzung in unterschiedlichen Asset Allocation Konzepten inzwischen einen hohen Stand erreicht, wofür wissenschaftliche und praktische Interessen wie auch rechtliche Anforderungen gleichermaßen stimulierend wirkten.

Ausgangspunkt dieser Entwicklung bildeten einige wenige Pionierveröffentlichungen, insbesondere die Arbeiten von H. M. Markowitz in den 1950er Jahren. Wegweisende Weiterentwicklungen erfolgten durch W. F. Sharpe mit dem Capital Asset Pricing Model in den 60er Jahren sowie mit der Arbitrage Pricing Theory von R. Roll und S. A. Ross in den 70er Jahren. Diese Ansätze sowie ihre Verfeinerungen liefern den theoretischen Hintergrund zur modernen Performanceanalyse.

Bisher wurde die Performanceanalyse allerdings vornehmlich als Instrument der Kontrolle und des Berichtswesens verstanden. In diesem Sinne bildete die Performanceanalyse die mehr oder weniger isolierte letzte Phase des Wertpapier-Managementprozesses, quasi also eine retrospektive Schlussabrechnung zu einem bestimmten Zeitpunkt. Dieses tradierte Vorgehen ist angesichts des wissenschaftlichen Erkenntnisfortschritts und der Praxiserfordernisse nicht mehr zeitgemäß.

Dem Verfasser ist es mit der vorliegenden Arbeit gelungen, eine neuartige Integration der Performanceanalyse in den gesamten Wertpapier-Managementprozess vorzunehmen. Er entwirft ein operationales, dynamisches Steuerungssystem, mit dessen Hilfe der Ablauf des Managementprozesses „aktiv", planungs- und entscheidungsbegleitend, zeitnah bzw. durch Vor- und Rückkopplungen, soweit möglich, sogar antizipativ gesteuert werden kann. Neben den Grundlagen der Performanceanalyse und der Entwicklung einer mehrdimensionalen Risikopositionierung auf Basis fundamentaler Faktoren, liefert der Verfasser auch ein anschauliches Beispiel zur Umsetzung seines Konzepts.

Die gelungene Integration von theoretischen und praxisbezogenen Inhalten macht das Buch für den wissenschaftlichen Bereich wie auch für Asset Manager und institutionelle Anleger gleichermaßen interessant.

Leipzig, im Juli 2002 Prof. Udo Hielscher

Vorwort des Autors

Die vorliegende Arbeit ist im Sommersemester 2001/2002 an der wirtschaftswissenschaftlichen Fakultät der Universität Leipzig als Dissertation angenommen worden.

Mein besonderer Dank gilt Herrn Professor Dr. Udo Hielscher, der mich als Doktorvater bei dieser Arbeit über eine lange Zeit unterstützt und begleitet hat. Herzlicher Dank gebührt auch Herrn Professor Dr. Ralf Diedrich und Dr. Wilfried Hauck für die Erstellung des Zweit- und Drittgutachtens und die sehr konstruktiven Diskussionen.

Meinen Arbeitskollegen, die während der Erstellung dieser Arbeit mir so oft den Rücken frei gehalten haben danke ich ebenso wie meinen Vorgesetzten, die mir immer die nötigen Freiräume gewährt haben. Ohne die lebhaften fachlichen Diskussionen, Anregungen aus der Arbeit als Portfoliomanager und die Möglichkeit Methoden in der Praxis auszutesten, wäre diese Arbeit kaum entstanden.

Ein großer Dank geht nicht zuletzt an Claudia und Julius sowie meine Eltern für das jederzeitige Verständnis und ihre Unterstützung, Aufmunterungen und Nachsicht für die viele Zeit am Schreibtisch.

München, im Juli 2002 Frank Wolfert

Inhaltsverzeichnis

0 Einleitung

Im "traditionellen" Wertpapiermanagement bildet die Performanceanalyse lediglich ein Instrument der ex-post Betrachtung der Anlageergebnisse – sie beinhaltet die Analyse der Ursachen, die zu den Anlageresultaten führen. Fasst man das Wertpapiermanagement als Prozess auf, der mit der Festlegung der Anlagestrategie beginnt und über die Allokationsentscheidung zur Umsetzung der Anlage führt, dann ist die Performanceanalyse der abschließende Prozessschritt. Ihre Ergebnisse sind also nur quantifizierte Messgrößen der Anlageentscheidungswirkung. Die Performanceanalyse kann aber mehr als nur die Basis für ein Berichtswesen sein. Richtig eingesetzt, eignet sie sich als Ausgangspunkt für eine aktive Steuerung der Anlageentscheidungen.

Im Folgenden wird die Performanceanalyse zunächst in die Leistungsmessung und –bewertung eingeordnet. Darauf aufbauend, wird die Performanceanalyse als Element im aktiven Wertpapiermanagement-Prozess dargestellt und das Ziel der Arbeit definiert.

0.1 Performanceanalyse als Leistungsmessung und -bewertung

Performance wird in verschiedenen Fachgebieten als (englische Übersetzung von) Leistung verstanden. Ziel der Performancemessung ist zunächst die *Bewertung von Leistungen*. Dazu muss die Leistung messbar sein, d. h. sie muss sich auf einer definierten Skala abbilden lassen. Die Bewertung der Leistung erfolgt dann durch den Vergleich der gemessenen Performance mit einer Normgröße.

Die gemessene, tatsächliche Leistung wird durch *Ist*-Größen repräsentiert. Normative Größen geben demgegenüber als Zielgrößen einen *Soll*-Zustand an. In der planbegleitenden Kontrolle werden schließlich zukünftige Ausprägungen der Ist-Größen geschätzt. Diese werden von PFOHL auch als *Wird*-Größen bezeichnet, zu deren Schätzung Störgrößen und Wirkungszusammenhänge verwendet werden.[1] Soll- und Wird-Größen sind also Vorgaben bzw. Ergebnisse aus der Planung, während Ist-Größen gemessene, konkrete realisierte Ausprägungen von Maßnahmen sind. Der Planungsprozess umfasst somit die Schätzung von Daten und Wirkungszusammenhängen sowie die Vorgabe von Soll-Größen.[2]

---

1 PFOHL (Planung, 1997), S. 13-15.

2 Allgemein ist der Planungsprozess als Informationsverarbeitungsprozess zur gedanklichen Antizipation künftigen Geschehens zu verstehen. Vgl. HAHN (Planung 1989), S. 770; HAHN (Kontrollrechnung, 1993), S. 42. HIELSCHER (Aktienportefeuille, 1969), S. 53, grenzt drei Planungsbegriffe ab: In der engsten Abgrenzung umfasst die Planung, lediglich die Entscheidungsvorbereitung. Sie entspricht der Planung i. e. S. nach HAHN und WITTE

Die ex-post Bewertung durch den Soll-Ist Vergleich überprüft die Realisation des vorgegebenen Normzustands. Diese auf realisierten Ergebnissen beruhende Bewertung ermöglicht nur Reaktionen auf vergangene Entwicklungen. Der Soll-Wird-Vergleich stellt dagegen die zukunftsorientierte Fortschrittskontrolle dar. Er betrachtet die Differenz zwischen aktuell erwarteten und früher geplanten Ergebnissen, während der Wird-Ist-Vergleich prüft, ob die Ausgangsannahmen für die Schätzungen eingetreten sind. Der Wird-Ist-Vergleich dient daher der Kontrolle der Prämissen, die im Rahmen der planbegleitenden Kontrolle für die Ableitung der Wird-Größen verwendet werden.

Kontrolle impliziert also einen bewertenden Vergleich zwischen unterschiedlichen Größen. Sie setzt damit voraus, dass neben Ist-Größen auch normative Maßstäbe, ein angestrebtes Ziel oder Planungsgrößen (Soll) vorhanden bzw. vorab definiert sind und dass die Mittel zur Erreichung des angestrebten Zustands zur Verfügung stehen. Ohne Planung ist somit keine Kontrolle möglich. Ziel der Kontrolle ist also neben der vergangenheitsorientierten Bewertung (Berichtswesen) genauso auch die frühzeitige, zielorientierte Anpassung des Prozesses.

Da die Planung zukünftiges Geschehen antizipiert, kann der Gegenstand der Kontrolle das Ergebnis, der Prozess, das Verfahren oder auch ein Verhalten sein. D. h. es wird untersucht, was oder wie etwas geschehen ist, um letztlich die Ursachen für Abweichungen festzustellen. In dieser Konzeption bildet die Kontrolle einen integrativen Bestandteil sowohl des (Wertpapiermanagement-) Prozesses als auch der Analyse des Prozessergebnisses, der Performance. Die *Performancemessung* kann dann als Leistungsmessung des Wertpapiermanagements aufgefasst werden, während die *Performanceanalyse* den bewertenden Vergleich zwischen den gemessenen (realisierten) Größen und den geplanten Größen umfasst.

Die reaktionsorientierte *Kontrolle* betrachtet zur Anpassung künftiger Prozesse retroperspektiv die Abweichung zwischen realisierten und in der Vergangenheit vorgegebenen Größen. Die *Steuerung* nutzt dagegen durch Vorkopplung Informationen über Störgrößen, die Ursache für künftige Soll-Ist Abweichungen sind. Dazu werden Wird-Größen (erwartete Ist-Größen) geschätzt und mit den

---

(Entscheidungsprozesse, 1992), S. 552, die sich aus Problemstellungs-, Such- und Beurteilungsphasen zusammensetzt. In der erweiterten Abgrenzung (Planung i. w. S.) wird auch die Entscheidung in die Planung integriert. Auch SZYPERSKI/MUSSHOFF (Planung, 1989), Sp. 1436, sehen die Planung als informationsverarbeitender Entscheidungsprozess an, der zukünftige Entscheidungs- und Handlungsspielräume eingrenzt und strukturiert. In der dritten, weitesten Abgrenzung wird auch die Durchführung und Kontrolle in die Planung einbezogen, beispielsweise von MELLEROWICZ (Planung, 1961), S. 22 und 32.

geplanten Soll-Größen verglichen. Die Steuerung versucht also präventive Maßnahmen einzuleiten[3] und wartet nicht die Abweichungen vom Sollzustand ab, um erst danach auf Soll-Ist Abweichungen zu reagieren.

Durch die Bewertung der Messergebnisse wird zwischen den Faktoren differenziert, die auf die Leistungsentstehung einen Einfluss hatten. So besteht die Leistung des Managers im Ergebnis seiner Handlungen, die auf einer Vielzahl von expliziten oder impliziten Einzelentscheidungen basieren. Es hängt daher von der Betrachtungsebene bzw. -tiefe ab, welche Art der Leistungsfaktoren beurteilt werden und wem die Leistung zugeordnet wird. Die Ausrichtung der Leistungsmessung, und damit die Gestaltung des Kontrollprozesses, muss sich also an den angestrebten Aussagen des sich anschließenden Analyse- und Steuerungsprozesse orientieren, z. B. ob eine relative oder absolute Leistung zu messen ist, welche Einheit diese Leistung hat, ob die Kontrolle auf die Reduktion der Abweichungen von Sollgrößen abzielt, oder ob zunächst nach Ursachen und Abhängigkeiten für die Leistungsentstehung zum Zwecke einer Leistungsverbesserung oder –verstetigung zu suchen ist u. ä.

Das Ziel eines Steuerungsprozesses ist die geregelte, aktive Beeinflussung der Leistung. Dazu müssen in der Leistungsanalyse Parameter bzw. Wirkungszusammenhänge des Leistungsprozesses isoliert werden, deren Ausprägungen quantitativ oder qualitativ beschreibbar sind. Der nicht durch allgemeine, systematische Faktoren erklärbare Teil der Leistung bzw. der Leistungsschwankung wird als unsystematischer Anteil definiert. Ist dieser unsystematische Anteil verhältnismäßig klein, ist ein wirksamer Steuerungsprozess vorstellbar, der sich auf die Kontrolle der systematischen Parameterausprägungen und der Stabilität der systematischen Zusammenhänge beschränkt und diese Informationen zur präventiven Anpassung des Leistungsprozesses nutzt. Anderenfalls kann präventiv nur passiv operiert werden, z. B. mit dem Versuch, die Wertpapieranlage durch eine geeignete Streuung (Diversifikation) gegen unsystematische Einflüsse weitgehend zu immunisieren.

Analyseengpässe sind i. d. R. die Informationen über Störgrößen, Ist-Größen und Wirkungszusammenhänge und zwar hinsichtlich ihrer Verfügbarkeit, Qualität und Aktualität. Während die Qualität den Aussagewert der Daten bestimmt, ist besonders in dynamischen Systemen auch die Aktualität der Information

---

3 Beispiel: die Wirkung einer plötzlichen und unerwarteten Änderung des Kapitalmarktzinssatzes wird unter Verwendung von geschätzten Wirkungszusammenhängen in eine zuerwartende Performance eines bestimmten Wertpapierportfolios (Wird-Größe) transformiert. Der Vergleich dieser Wird-Göße mit der Zielgröße kann dann zur Steuerung des Wertpapierportfolios verwendet werden, um mögliche negative Abweichung von der Zielgröße, z. B. der Benchmark, zu vermeiden.

entscheidend, um den Prozess in die gewünschte Richtung zu steuern. Ansonsten entstehen durch Informationsverzögerungen Steuerungs-, Regelungs- und folglich Anpassungsverzögerungen.

Zur näheren Spezifikation der Leistungsmessung ist die Abgrenzung der *Interessengruppen* im Kontrollprozess und die Definition der Zielsetzungen dieser Gruppen notwendig. Die Interessengruppen lassen sich allgemein in die Leistungsersteller, übergeordnete Kontrollebenen des Leistungsprozesses und Dritte unterteilen. Die Ziele dieser Gruppen können wiederum sehr heterogen sein. Die Leistungsersteller benötigen eine Selbstkontrolle, intern möglicherweise auch eine Basis für Beurteilungen und Bonifikationen bzw. Sanktionen. Übergeordnete, interne oder externe Kontrollebenen des Leistungsprozesses sowie externe Dritte[4] haben neben der Kontrolle, die oft eine Risikokontrolle darstellt, auch das Problem der Auswahlentscheidung (Managerselektion, Auftragsvergabe, Investition) oder auch der Vergütung (monetäre Bewertung der Leistungserfüllung) zu lösen.

Die beschriebene Einordnung der Performancemessung in einen Regelungs- und Steuerungsprozess zeigt, dass es zu eng ist, Performancemessung im wirtschaftlichen Unternehmens- oder Investitionsbereich als Kontrollfunktion i. e. S. anzusehen. Performancemessung stellt vielmehr durch die Qualitätsbeurteilung von Entscheidungen die Basis für die Steuerung eines komplexen Entscheidungsprozesses, betriebs- und finanzwirtschaftlich gesprochen Managementprozesses dar. Dieser Regelungs- und Steuerungsprozess, dessen integraler Bestandteil die Performancemessung ist, lässt sich daher am ehesten mit der betriebswirtschaftlichen Funktion des Controlling vergleichen, wenn dieses als integriertes Regelkreissystem mit den Funktionen Planung, Berichtswesen, Analyse und Gegensteuerung definiert wird.[5]

Drei Leitsätze der Leistungsbewertung in der aktuellen betriebswirtschaftlichen Diskussion verdeutlichen die Stellung der Performancemessung im Rahmen des Managementprozesses:

---

4 Eine konkrete Abgrenzung zwischen den Kontrollebenen und externen Dritten ist meist nur im Einzelfall möglich. Beispiele für die Gruppen sind Kredit- und Kapitalgeber, Arbeitnehmer, Lieferanten, Aufsichtsgremien, sowie potentielle Investoren. Übergeordnete Kontrollebenen geben dabei im Allgemeinen Vergleichsmaßstäbe und möglicherweise Risikopräferenzen vor. Diese unterschiedlichen spezifischen Parameter führen dann normalerweise auch zu unterschiedlichen Ergebnissen im Leistungsprozess. Vgl. dazu Fn. 16.

5 MANN (Controlling, 1989), Sp. 221-223. Ähnlich definiert HORVÁTH (Controlling, 1995), Sp. 220 und 213, Controlling als System, dessen Aufgabe die ergebnisorientierte Koordination der übrigen Führungssysteme, insbesondere der Planung, Kontrolle und Informationsversorgung ist.

"You cannot manage what you cannot measure
What gets measured gets done
Measurement influences behaviour ".[6]

Nämlich erstens: was nicht gemessen wird, kann nicht gemanagt werden. Zweitens: was aber gemessen und bewertet wird, also der Kontrolle unterliegt, wird beachtet und berücksichtigt und verbessert so die Leistung. Drittens: Messung und Bewertung beeinflussen das Verhalten der Entscheidungsträger im Leistungserstellungsprozess (vgl. auch Abschnitt 1.1).

Letztlich müssen die Grundsätze, nach denen Ist-, Soll- und Wird-Ausprägungen in der Regelung und Steuerung verglichen werden, genauer charakterisiert werden. Sie müssen – um praktikabel zu sein – folgende Anforderungen erfüllen:[7]

Sie müssen eine Aussage über den Erfolg[8], die Leistung i. e. S., absolut oder relativ, auf einer kardinalen Maßskala gewährleisten.[9]

Die Interpretation der Ergebnisse wird durch ein plausibles Mess- und Analyseverfahren ermöglicht (Verständlichkeit).

Die Aggregation zu sinnvollen Betrachtungsebenen soll übersichtlich sein. Dabei ist insbesondere der Verantwortungsbereich der Entscheidungsträger und damit die Beeinflussbarkeit des Ergebnisses zu beachten.

Bei zeitraumbezogenen Veränderungsmaßen muss, auch über kurze Betrachtungszeiträume, ein Ergebnis ebenso messbar sein, wie bei zeitpunktbezogenen Zustandsmaßen, die für kleine Stichproben ermittelt werden.[10] Das Ausmaß der Zufälligkeit des Ergebnisses muss durch eine Signifikanzaussage statistisch quantifiziert werden können.

---

6 KLINGEBIEL (Performance, 1997), S. 658.

7 Vergleichbare Anforderungen stellen die Grundsätze ordnungsgemäßer Buchführung in der Bilanzierung mit den Forderungen u. a. nach Richtigkeit bzw. Willkürfreiheit, Klarheit, Vollständigkeit, Abgrenzung und Stetigkeit dar. Zu den Grundsätzen ordnungsgemäßer Buchführung vgl. COENENBERG (Jahresabschluß, 1992), S. 29-38.

8 Erfolg als Abweichung des tatsächlichen Ergebnisses vom vorgegebenen Ergebnis. FRANKE (Performancemessung, 1994), S. 125, bzw. konkret beim "aktiven" Management im vordefinierten Sinne von der Benchmark.

9 Bei ordinalen Merkmalen ist keine Mittelwertbildung möglich, d. h. die Ausprägungen können zwar unterschieden, d. h. in eine Reihenfolge gebracht werden. Erfolgsunterschiede sind hingegen quantitativ nicht messbar.

10 Zum Sinn von kurzen Messperioden in der Performancemessung vgl. Abschnitt 0.2.

0.2 Einordnung der Performanceanalyse in das Wertpapiermanagement

Im Rahmen der Analyse des Asset Managements bezieht sich die Performanceanalyse auf Wertpapiere und Portfolios aus Wertpapieren.[11] Dabei wird hier nicht nur auf Aktien abgestellt, auch wenn in der Literatur primär dieses Anlagesegment behandelt wird und teilweise Performancemaße ausdrücklich auf dem aktienspezifischen Risikomaß, dem Beta, basieren. Lediglich das empirische Beispiel im Kapitel 4 basiert auf Aktien, um das abgeleitete Analyseverfahren an diesem möglichst einfach verständlichen Fall zu veranschaulichen.

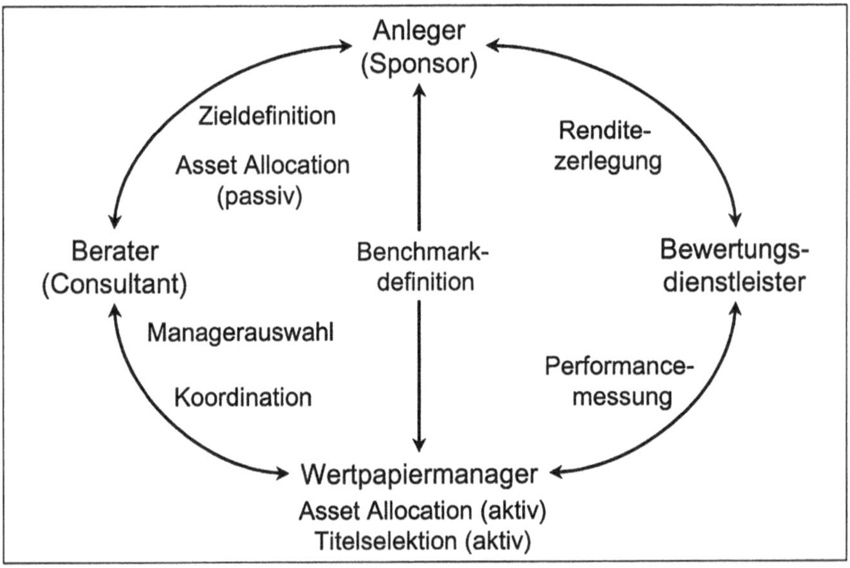

Quelle: FARRELL (Portfolio Management, 1997), S. 8.

Abbildung 1: Entscheidungsbeteiligte und Entscheidungsfelder im Wertpapiermanagement

---

[11] Unter Wertpapieren werden hier grundsätzlich vertretbare Kapitalwertpapiere verstanden (vertretbar nach §91 BGB "bewegliche Sachen, die im Verkehr nach Zahl, Maß oder Gewicht bestimmt werden"). Effekten sind fungible Wertpapiere, die zwar nicht notwendigerweise aber doch im Allgemeinen börsengehandelt sind. Zum Begriff der Effekten vgl. HIELSCHER (Investmentanalyse, 1996), S. 290. Derivate, z. B. Finanzfutures oder Optionen, werden im Folgenden nicht explizit berücksichtigt. Lediglich synthetische Kassepositionen, die aus Futures resultieren, werden in einem Spezialfall der Performancezerlegung im Abschnitt 2.6.1.3 berücksichtigt.

Der Leistungsprozess im Wertpapiermanagement wird durch den Wertpapiermanager für den Anleger (Sponsor) erbracht.[12] Neben diesen primär Beteiligten können u. U. Dritte in Form von Beratern und Dienstleistern in den Prozess eingebunden sein. Abbildung 1 zeigt exemplarisch eine mögliche Aufteilung der Entscheidungsfelder zwischen den Beteiligten.

Der in dieser Arbeit unterstellte Managementauftrag ist ein *aktives* Mandat, das sowohl auf der Asset Allocation-Ebene als auch in der Titelauswahl bewusste Gewichtungs*abweichungen* von einer Benchmark[13] ermöglicht. Unter Asset Allocation wird dabei allgemein die Gewichtung der aggregierten Segmente in einem Portfolio verstanden. Die Benchmark enthält normalerweise eine Festlegung der Gewichtung von Aktien und Renten als Standard-Grobstruktur eines Portfolios und möglicherweise für jede dieser Assetklassen die Gewichtung einzelner geographischer Regionen oder Länder.[14] Die aktive Allocation, auch taktische Asset Allocation genannt, basiert auf den Entscheidungen des Managers, durch die im Sinne der Ertrag-Risiko-Relation gegenüber der Benchmark verbesserte Anlageresultate erzielt werden sollen. Sie kann in Form der absoluten Portfoliogewichte der einzelnen Segmente (z. B. Aktiengewicht im Portfolio) oder als Differenz zur passiven Allocation[15] angegeben werden (z. B. Über- oder Untergewichtung der Aktien im Portfolio) und bezieht sich stets auf aggregierte Ebenen des Portfolios. Die Titelselektion innerhalb dieser einzelnen Anlagesegmente wird als besondere, getrennte Entscheidungsebene verstanden.

---

12 Es liegt also eine Prinzipal-Agent Beziehung vor, vgl. SPREMANN (Performancemessung, 1994), S. 90.

13 Unter einer Benchmark ist eine Messlatte zu verstehen, die vom Sponsor vorgegeben wird. Als Benchmark ist daher hier nicht nur die Spezifikation von Vergleichsindizes, sondern die Summe aller Restriktionen und Ziele des Anlegers zu verstehen, die der Manager erfüllen bzw. einhalten soll. In der quantitativen Analyse wird diese Benchmarkdefinition dann oft durch einen Wertpapierindex operationalisiert, der damit eine "normale" Rendite-Risiko-Struktur vorgibt.

14 Weiter disaggregierte Segmentebenen neben den Assetklassen und Regionen oder Ländern sind z. B. Branchen für Aktien oder Anleihen, Laufzeitklassen bei Anleihen oder Bonitätsklassen bei Anleihen.

15 Die passive Asset Allocation stellt die *vorgegebene* Sollstruktur des Mandats aus Sicht des Managers dar. Diese wird aus Sicht des Anlegers wegen der langfristigen Ausrichtung als die strategische Asset Allocation bezeichnet und i. d. R. vom Anleger im Rahmen der Benchmark vorgegeben. Zieldefinition und passive Asset Allocation werden normalerweise zu Beginn eines Mandats und dann in regelmäßigen, größeren Abständen überprüft. Zur Definition der passiven Asset Allocation bei der Mittelallokation auf mehrere Manager vgl. KLEEBERG/SCHLENGER (Optimale Kombination, 1998), S. 688-689.

	ex-post	ex-ante
intern (Manager)	Managerbeurteilung Basis für Entlohnungssystem Basis für Controlling Stärken/Schwächen-Analyse Berichtswesen Basis für Managementvergütung Ergebnisdarstellung als Marketinginstrument	Bewertung von Wertpapieren und Portfolios Optimierungs-Input für die Portfoliokonstruktion Basis für Anlageprozess-Steuerung
extern (Anleger)	Managerüberwachung / Ergebnisüberwachung Basis für Managementgebühren Managerauswahl	(Managerauswahl)

Abbildung 2: Beispiele für Ziele und Aufgaben der Performanceanalyse

Performancemessung und -zerlegung für das aktive Portfolio sind Teil des kontinuierlichen Berichtswesen des Managers und der Kontrolle durch den Anleger. Zweck der Performanceanalyse im aktiven Wertpapiermanagement ist, die Kontrolle über den Anlageprozess zu erhöhen, d. h. Erwartungen über das Portfolioverhalten und den Zielerfüllungsgrad zu ermöglichen. Das im Portfolio-Managementprozess angestrebte Ziel wird üblicherweise durch eine Periodenrendite pro Einheit Renditevariabilität (Risiko) formuliert.[16] Dieses allgemeine Effizienzziel lässt sich besser differenzieren, wenn zwischen den Betrachtungsebenen der Performanceanalyse unterschieden wird. Je nach externer oder interner Verwendung, nach ex-post oder ex-ante Betrachtung lassen sich unterschiedliche Anwendungsebenen definieren (vgl. Abbildung 2).[17]

Da Performance im Rahmen einer Ergebniskontrolle als Leistung des Managements verstanden wird, besteht für das Management von Wertpapiervermögen diese Leistung zunächst in der Wertentwicklung des Vermögens, d. h. der Ren-

---

16 Trotz dieses einheitlichen Effizienzziels werden individuelle Portfolios voneinander abweichen, weil unterschiedliche Risiko-/Rendite-Präferenzen bei Investoren vorliegen und unterschiedliche Annahmen über zukünftige Risiken, Renditen und Kovarianzen verschiedener Anlagemöglichkeiten (Assetgruppen) bestehen. Ausdruck dieser unterschiedlichen Zielvorgaben und Präferenzen der Investoren sind die Benchmarkdefinitionen für die Manager.

17 Zu allgemeinen Aufgaben bzw. Dimensionen der Performancemessung vgl. SPREMANN (Performancemessung, 1994), S. 90-91; ZIMMERMANN (Performance, 1992), S. 103-106. Zu Aufgaben der Performancemessung im Controlling und im Marketing vgl. RUNTE (Koreferat, 1994), S. 86-87.

dite.[18] Die Performancebewertung muss aber zusätzlich das Umfeld, in dem die Wertentwicklung entsteht, berücksichtigen. Dieses Umfeld wird bei Wertpapieren durch das Risiko beschrieben, das mit der Investition verbunden ist.[19] Das Risiko kann u. a. als Totalrisiko, als nicht diversifizierbares Risiko oder als Ausfallrisiko definiert werden.[20] Wird ein Sollergebnis in Form einer Benchmark vorgegeben, kann neben der nominalen Performance auch eine reale Performance als leistungsbedingte Differenz, d. h. die Abweichung des tatsächlichen vom vorgegebenen Ergebnis, normiert mit dem Risiko, bestimmt werden.[21] Diese Performancedifferenz wird auch als aktive Performance bezeichnet. Die Benchmark kann dabei sowohl ein bestimmtes Portfolio oder ein Index sein, oder aber es kann auch eine Gruppe von gleichartigen Portfolios untereinander verglichen und bewertet werden, z. B. gegen den Durchschnitt aller Portfolios (Peer-Gruppen Vergleich).[22]

---

[18] Rendite als Ertrag einer Anlage innerhalb einer Periode, berechnet am Periodenende in Prozent des investierten Vermögenswertes zu Beginn der Periode.

[19] Die Berücksichtigung des Risikos ist zur Beurteilung der Leistung unabdingbar. Vgl. HIELSCHER (Performanceauswertung, 1994), S. 257; JOBELIUS (Reporting, 1995), S. 341. Dennoch wird vielfach die Performance nur durch die Wertänderung dargestellt. Das Risiko wird oft vernachlässigt, weil auch der Anleger ex-post primär auf die erzielte Rendite fokussiert ist.

[20] Werden aktive Renditen bewertet, wird i. d. R. auch das Risikomaß entsprechend als aktives Risiko (Tracking Error) oder aktives, systematisches Risiko definiert. D. h. Rendite und Risiko müssen generell so definiert werden, dass sie den gleichen Sachverhalt messen. Unter Totalrisiko wird das Gesamtrisiko verstanden, das z. B. durch die Variabilität der Rendite in positive wie negative Richtung gemessen wird. Vgl. Abschnitte 2.2.1 (Renditedefinition) und 2.2.2 (Risikodefinition).

[21] STEINER/BRUNS (Wertpapiermanagement, 1994), S. 441. Leistungsbedingt bedeutet dabei, dass nur die Performance gemessen werden soll, die eine Leistung des Manager darstellt. Gibt der Investor also einen Wertpapierindex als Benchmark vor, so ist das Erreichen des Indexergebnisses nicht die Leistung des Managers. Nur die Abweichung davon kann dem Manager zugerechnet werden, weil sie durch seine Entscheidungen entstanden ist. ROßBACH (Performance-Messung, 1991), S. 15-18. Zur Erfordernis einer Benchmark für den Performancevergleich, vgl. FRANKE (Performancemessung, 1994), S. 125.

[22] Die Definition gleichartiger Portfolios ist nicht eindeutig. Allgemein kann aber bei identischen oder miteinander hoch korrelierten Marktsegmenten und weitgehend einheitlichen Restriktionen bzw. Vorgaben von gleichartigen Portfolios ausgegangen werden. D. h. die Spezifikation des Managementauftrags tritt für die Gruppenbildung in den Vordergrund. So kann zwar z. B. das zulässige Wertpapiersegment identisch sein, der Auftrag jedoch für den einen Manager in der Selektion, für einen anderen in der Allokation und für wieder andere in beiden Segmenten liegen. Ein Vergleich zwischen diesen Managern wäre dann zumindest verzerrt, weil unterschiedliche Managementaufträge unterschiedliche Performancepotentiale ermöglichen können.

Performancemessung konkretisiert die Leistung des Managements durch Ermittlung der Soll-Ist-Abweichung des Portfolioergebnisses, um ein Urteil über den leistungsbedingten Erfolg zu ermöglichen.[23] Als weitergehendes Ziel der Performancemessung gilt die bereits beschriebene Kontrolle über den Investment-Managementprozess. Die Messung ist daher als Basis der Vor- und Rückkopplung ein zentraler Teil eines Kontroll- und Steuerungssystems.[24] Die Performancemessung kann dabei auf verschiedenen Ebenen des Portfolios ansetzen. Die erste, oberste Ebene betrachtet das Gesamtportfolio als Einheit. In diesem Fall werden Rendite- und Risikogradvorgaben kontrolliert und der Beitrag der einzelnen Wertpapiergruppen zum Gesamtergebnis analysiert. Um verlässliche Aussagen zu erhalten, ist eine hinreichend lange Messperiode notwendig, die sich anhand von Teststatistiken mit Hilfe des geforderten Signifikanzniveaus und der erzielten Performance ermitteln lässt. Die zweite Ebene untersucht die Ergebnisse der Wertpapiersegmente. Vergleichsmöglichkeiten bestehen i. d. R. in einem Vergleichsindex, den Ergebnissen anderer Manager oder dem eigenen Portfolio zu einem früheren Zeitpunkt auf Basis einer hypothetischen Buy-and-hold Annahme. Die dritte Ebene sucht nach den Ursachen der Leistung. Die einzelnen Schritte sind dabei:

Faktoren zu isolieren, die der Manager im Selektionsprozess berücksichtigt;

Beziehung zwischen den gefundenen Faktoren und der zukünftigen Rendite analysieren;

Entscheiden, ob der Manager die gewählten Faktoren schätzen und kontrollieren kann.

Die Performancezerlegung beinhaltet dann die Aufteilung von Rendite und Risiko in ihre Determinanten, die Erfolgsquellen. Grob lassen diese sich in die Anlagepolitik und die Fähigkeit des Managers einteilen. Insbesondere die zweite Kategorie wird weiter in Segmente gegliedert, die den Ursprung der Managementfähigkeit näher lokalisieren sollen und eigene Entscheidungsebenen darstellen: z. B. Timing- oder Selektionsfähigkeit, Fremdwährungsbeitrag oder systematische Risikofaktoren. Die Performancebewertung versucht schließlich die Differenzierung der Erfolgsquellen und Ursachen[25] und setzt die

---

23 FRANKE (Performancemessung, 1994), S. 125.

24 "[The] purpose of performance measurement is to increase control over the process of portfolio management and thus to enhance the ability to predict portfolio behavior and realize the desired results. [...] Measurement is the feedback that is the essential part of any control system." PULLIAM (Portfolio Measurement, 1981), S. 13.

25 GRINOLD/KAHN (Active Portfolio Management, 1995), S. 315.

Messung von Performance und deren Zuordnung zu verschiedenen Erfolgsquellen voraus.

Die Performanceanalyse umfasst somit die drei Teilbereiche Performancemessung, Performancezerlegung sowie Performancebewertung und entspricht damit der Kontrolle von Planungs- und Realisationsprozess. Die Planung basiert im Rahmen des Wertpapiermanagement-Prozesses zu großen Teilen auf Schätzungen in Form expliziter oder impliziter Erwartungen. D. h. die Vorhersagen sind entweder bewusst (explizit) formuliert und gegebenenfalls auch quantifiziert, oder aber man kann versuchen, sie rückwirkend aus der getroffenen Entscheidung abzuleiten. Diese impliziten Erwartungen sind allerdings oft schwer zu messen und zu kontrollieren, weil die eindeutige Zuordnung zu Entscheidungsvariablen erschwert ist. Explizite Erwartungen können erwartete Unsicherheiten (Varianz der Erwartungen) und Unsicherheiten der Erwartungen (Fehlspezifikationen der Erwartungsverteilung) enthalten und so die Wirksamkeit des Mess- und Kontrollprozesses reduzieren.[26] Da Entscheidungen über die Anlagestrukturierung, die in der Portfoliogewichtung umgesetzt werden, i. d. R. sowohl auf impliziten als auch auf expliziten Erwartungen beruhen, müssen beide Schätzungsarten Gegenstand der Analyse sein. Unabhängig davon, ob Schätzungen explizit oder implizit entstehen, beruht der Schätzprozess prinzipiell auf zwei Arten von Basisschätzungen:

Faktor-*Wirkungsschätzungen* stellen funktionale bzw. stochastische Beziehungen zwischen Einflussfaktor und zu bewertender Größe dar.

Durch die Faktor-*Ausprägungsschätzung* wird unter Verwendung der Wirkungsschätzung die Rendite-(Risiko-)erwartung formuliert bzw. quantifiziert.[27]

Die Kontrolle dieser Basisschätzungen stellt den Kern der effektiven Steuerung des Anlageprozesses über eine Performancezerlegung und -bewertung dar. Der tatsächliche Einsatz der Performanceanalyse beschränkt sich jedoch bisher weitgehend auf die interne und externe Berichterstattung. Als Basis für eine aktive Steuerung des Anlageprozesses findet die Performanceanalyse hingegen praktisch kaum Anwendung. Dieser Schritt von der vergangenheitsorientierten Analyse zu einer aktiven Steuerung ist zentrales Thema dieser Arbeit.

---

26 PULLIAM (Portfolio Measurement, 1981), S. 13-14.

27 Gewöhnlich bezieht sich die Schätzung auf die Renditeerwartung. Aber auch Risikoschätzungen sind als Outputgrößen möglich. Oft wird aber mangels anderer Daten die historische Risikogröße als konstant angenommen. Diese Annahme stellt streng genommen natürlich auch eine Schätzung dar.

0.3 Aufbau der Arbeit

In Kapitel 1 wird zunächst die historische Entwicklung systematischer Wertpapiermanagement-Ansätze und der Performanceanalyse skizziert. Darauf aufbauend, wird in Kapitel 2 der Stand der klassischen Performanceanalyse beschrieben. Basierend auf der Abgrenzung verschiedener Renditen- und Risikointerpretationen, werden die wesentlichen einparametrischen Performancemaße dargestellt, die insbesondere auch in der externen Performanceanalyse Verwendung finden. Performancemaße, die zusätzliche Informationen nutzen, z. B. Gewichtungen und Erwartungen, sind dagegen nur intern nutzbar.[28] Bei der klassischen internen Performanceanalyse ist die Zerlegung der Performance in Komponenten entscheidend für die Leistungsbewertung. Diese baut auf der vollständigen und eindeutigen Zerlegung des Anlageuniversums in unterschiedliche Teilmengen auf, die für Aktien meist in Ländern oder Sektoren bestehen, für Anleihen z. B. in Restlaufzeitklassen, Ländern oder Bonitätsklassen. M. a. W. die Zerlegung ist disjunkt, sie ordnet die Wertpapiere vollständig und eindeutig jeweils genau einem Segment zu.

Kapitel 3 geht von einem systematischen, fundamentalen Managementansatz aus, dessen explizite Entscheidungsparameter jedoch im Unterschied zur klassischen Performanceanalyse nicht eine eindeutige und vollständige Zuordnung aller Wertpapiere zu jeweils einer Teilmenge unterstellen. Damit wird es möglich, die Wertpapierrenditen auf verschiedene Einflussfaktoren anteilig aufzuteilen. Auf dieser Basis wird eine Performanceanalyse entwickelt, die systematische Einflussfaktoren analysiert und deren Performancebeiträge quantifiziert und dadurch erst als Instrument der Anlageprozesssteuerung einsetzbar wird. Durch die herausgearbeitete Kongruenz von Entscheidungsparametern und Analyseergebnissen wird neben der Reaktionsmöglichkeit auf Ergebnisrealisationen auch eine präventive Steuerung ermöglicht. Im Rahmen der aktiven Steuerung hat die Analyse der Einflussfaktorwirkung auch die Funktion die aktive Risikopositionierung in dem mehrdimensionalen Umfeld zu quantifizieren, da nur auf diese Weise eine gezielte Änderung der Risikopositionierung kontrolliert erfolgen kann.

Aufbauend auf den Ergebnissen von Kapitel 3 wird in Kapitel 4 ein empirisches Beispiel für die Performancezerlegung eines Aktienportfolios im Kontext eines fundamentalen, mehrdimensionalen Modells formuliert und die mehrdimensionale Risikopositionierung der eindimensionalen Risikopositionierung gegenüber gestellt. Kapitel 5 fasst die Arbeit zusammen.

---

[28] Als intern sind in diesem Zusammenhang also die Anlagemanager i. e. S., bzw. deren Gesellschaft anzusehen. I. w. S. wären auch Personen als intern zu betrachten, die Zugang zu den beschriebenen Informationen haben.

1 Wertpapiermanagement-Ansätze als Grundlage der Performanceanalyse

Zur Abgrenzung des betrachteten Problemfeldes werden zunächst verschiedene Ausprägungen des Wertpapiermanagements und die damit verbundenen Interessen der beteiligten Personen dargestellt. Ferner erfolgt eine Einordnung der Performancemessung in die systematischen Managementansätze in Verbindung mit einer Darstellung der historischen Entwicklung der klassischen Performancemessung als Ergebniskontrolle.

1.1 Formen des Wertpapiermanagements

Das Wertpapiermanagement im Sinne der Verwaltung von Aktiva umfasst eine Vielzahl verschiedener Vermögensformen und Möglichkeiten diese zu verwalten. Im Folgenden wird primär das Management von börsengehandelten Wertpapieren betrachtet, die infolge der regelmäßigen Feststellung von Marktpreisen eine besonders fungible Anlagemöglichkeit darstellen. Die Abgrenzung verschiedener Managementformen bezieht sich dabei vor allem auf die unterschiedlichen Managementaufträge, die sich besonders durch die Festlegung der Kontrollaufgaben unterscheiden.

Primär ist zwischen Fremd- und Eigenverwaltung zu unterscheiden, je nachdem, ob die verwaltende Person und der Eigentümer der Anlage identisch sind oder nicht.[29] Beim Fremdmanagement steht dementsprechend die Kontrolle des Managers, insbesondere dessen Leistung, im Vordergrund. Zugleich ist aber auch die Entscheidung zur Vergabe des Verwaltungsauftrages im Allgemeinen bzw. speziell an diesen Manager, einschließlich der Vorgaben für den Manager, Gegenstand der Kontrolle durch den Kapitaleigentümer. Bei der Eigenverwaltung, bei der das Ergebnis der eigenen Anlageentscheidungen im Vordergrund steht, ist ebenfalls direkt oder indirekt über die Möglichkeit eines professionellen Managements im Rahmen der Kontrolle zu entscheiden. Das gilt insbesondere bei der Eigenverwaltung von institutionellen Anlegern. Hier bestehen Kontrollorgane, die quasi-extern die Performance der Anlageentscheidungen beurteilen.

Im Folgenden soll von einem fremdverwalteten Portfolio ausgegangen werden. Im Rahmen der Fremdverwaltung werden wichtige Teile des Investmentprozesses auf den Manager übertragen.[30] Der Investmentprozess besteht im Wesentli-

---

[29] Neben Fremd- und Eigenmanagement sind Mischformen zwischen beiden möglich, die hier nicht weiter betrachtet werden sollen. Bei diesen ist besonders die Verantwortungsabgrenzung schwierig.

[30] Zu den möglichen Diversifikationszielen des Investors bei der Entscheidung für ein

chen aus den Blöcken Zielfestlegung, Informationsbeschaffung, -verarbeitung und -auswertung, Portfoliokonstruktion (aktive Asset Allocation und Titelselektion), Umsetzung und Ergebniskontrolle.[31]

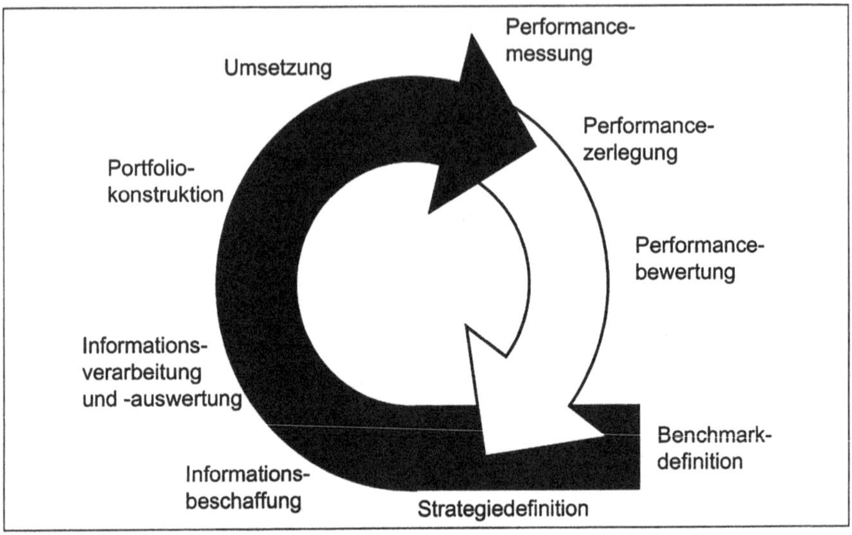

Abbildung 3: Investmentprozess

Ganz auf den Manager werden im Allgemeinen die Aufgabenbereiche von der Informationsbeschaffung bis zur aktiven Portfoliostrukturierung übertragen, während Zieldefinition und Kontrolle im Dialog mit dem Manager vorgenommen werden muss.[32] Die Abfolge der Einzelaktivitäten im Investmentprozess veranschaulicht Abbildung 3.

Fremdmanagement vgl. SCHLENGER (Aktives Management, 1998), S. 161-163, der zwischen Stil- und Prognosediversifikation unterscheidet.

31 BRUNS/MEYER-BULLERDIEK (Portfoliomanagement, 1996), S. 75.

32 Bei der Zieldefinition und Ergebniskontrolle können u. U. auch Dritte mitwirken. So werden zunehmend Consultants für die Auswahl von Managern und die Strukturierung der Mandate hinzugezogen, während die Ergebniskontrolle teilweise von Performancemessungsgesellschaften (Deutsche Performancemessungs-Gesellschaft für Wertpapierportfolios mbH (DPG) in Deutschland oder international von World Markets (WM), Frank Russel, o. ä.) übernommen werden. Zu den Komponenten der Zieldefinition gehören vor allem die Parameter Rendite, Risiko, Liquidität und Zeithorizont. Diese werden allgemein in eine Benchmarkdefinition integriert, die als objektiver Maßstab für den Manager gilt. Vgl. BRUNS/MEYER-BULLERDIEK (Portfoliomanagement, 1996), S. 1-2. Diese Benchmarkdefinition wird auch als 'investment policy' bezeichnet, GOOD (Accountability, 1984), S.

Im Rahmen der Vorgaben wird der Managementstil festgelegt.[33] Dabei ist zwischen aktivem und passivem Management zu unterscheiden.[34] Exemplarisch können die möglichen Ausprägungen der Investmentphilosophie für das Aktienmanagement entsprechend Abbildung 4 dargestellt werden. Zwischen dem passiven Management, das eine Minimierung des aktiven Abweichungsrisikos anstrebt, und dem aktiven Management besteht Raum für eine Mischform, die als Tilt-Management bezeichnet wird. 'Tilt' drückt dabei aus, dass aufbauend auf dem passiven Portfolio gezielte, aber kontrollierte systematische Abweichungen eingegangen werden. Diese Abweichungen werden üblicherweise auf Basis von Faktoren oder Variablen eingegangen, die eine bestimmte Charakteristik der Wertpapiere beschreiben.[35]

---

40. Zum Prozess der Definition der Risikoaversion zwischen Manager und Investor vgl. FARRELLY/LEBARON (Assessing Risk Tolerance, 1989), S. 14-15.

33 Die Definitionen des Begriffs Management- bzw. Anlagestils sind nicht eindeutig, vgl. z. B. GREEN/CLARKIN/GALLIMORE (Manager Style, 1989), S. 68; BRUNS/MEYER-BULLERDIEK (Portfoliomanagement, 1996), S. 76-79, SCHLENGER (Aktives Management, 1998), S. 162. Der Anlagestil soll hier als Beschreibung der Vorgehensweise des Portfoliomanagers verstanden werden. D. h. er stellt die operationalisierte Form der Investmentphilosophie des Portfoliomanagers dar. Einen Überblick über Klassifikationsmöglichkeiten von Managerstilen geben z. B. BAILEY/ARNOTT (Cluster Analysis, 1986), S. 21-24. Zur Konstruktion von Indizes, die bestimmte Stile widerspiegeln, vgl. BECKMANN (Tendenzen des Aktienmarktes, 1989), S. 115-122; RICHARD (Aktienindizes, 1992), S. 47; FARRELL (Stock Groupings, 1975), S. 52-53; ARNOTT (Cluster Analysis, 1980), S. 57. Eine alternative Definition des Anlagestils ist die Gleichsetzung des Begriffs mit der generellen Anlagepolitik, bzw. der vorab festgelegten Form der Asset Allokation. Es ist umstritten, ob die "Investierbarkeit" der Indizes, die eine solche Allokation beschreiben, gegeben sein muss: MÜHLBRADT (Wertpapier-Investmentfonds, 1986), S. 39-40, und BÜSCHGEN (Investmentanlage, 1971), S. 135, fordern dies. MÖHLMANN (Zweidimensionale Performancemessung, 1993), S. 128, und SIMON (Unternehmerischer Erfolg, 1994), S. 223, sehen es nicht als erforderlich an.

34 ELTON/GRUBER (Modern Portfolio Theory, 1995), S. 688-692. ELTON/GRUBER differenzieren zwischen aktivem und passivem Management anhand des Entscheidungsprozesses. Werden Vorhersagen in Form geschätzter Daten verwendet, so besteht der Anspruch des aktiven Managements. Ein passives Management verwendet dagegen keine expliziten Vorhersagen. Dennoch ist selbst die Verwendung historischer Zusammenhänge, z. B. in Form der Kovarianzmatrix, eine zumindest implizite Vorhersage, nämlich dass die Zusammenhänge stabil bleiben. Beim passiven Abbilden einer Benchmark mit reduzierter Titelanzahl wird aber gerade diese Kovarianzmatrix verwendet. Zur Entscheidung zwischen aktiver und passiver Anlagestrategie vor dem Hintergrund der Hypothese des effizienten Marktes (Abschnitt 1.2.1.2) vgl. KEANE (Efficient Market Hypothesis, 1986), S. 62.

35 Z. B. können Branchen-Tilts zu einer gezielten Über- und Untergewichtung bestimmter Branchen führen, ohne dass dann einzelne Wertpapiere innerhalb der Branchen aktiv gewichtet würden. Eine andere Möglichkeit besteht in der Ausrichtung auf dividendenstarke

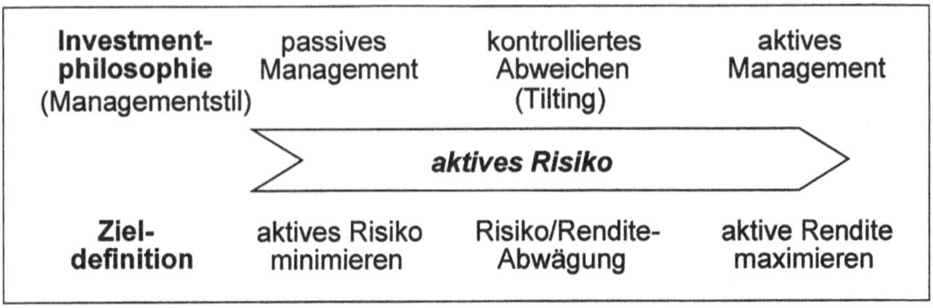

Abbildung 4: Ausprägungen der Investmentphilosophie im Wertpapiermanagement[36]

Beim passiven Management ist neben der Kontrolle, ob die Indexrendite unter Einhaltung des Risikos erzielt wurde, insbesondere die Kontrolle der ausgewählten, passiv abzubildenden Indizes von Interesse. Im aktiven Management steht dagegen die Kontrolle des Anlagestils, des Ergebnisses[37] und möglicherweise die Kontrolle, inwieweit Einflussfaktoren erkannt und berücksichtigt wurden, im Vordergrund. Bei aktiver Verwaltung lässt sich der Stil grob in aktiv-systematisches und aktiv-unsystematisches Management unterteilen.[38]

---

oder z. B. hochkapitalisierte Wertpapiere ohne bei anderen Faktoren, wie beispielsweise den Branchengewichten, zu große Abweichungen zuzulassen. Vgl. HIELSCHER (Investmentanalyse, 1996), S. 101. Dabei kommt es nicht auf die Charakteristika der einzelnen Wertpapiere hinsichtlich der Faktoren, sondern auf die Charakteristik des Portfolios an. D. h. es werden gezielt Faktoren bestimmt, die nach Ansicht des Portfoliomanagers bei entsprechender Ausrichtung des Portfolios zu einer Überperformance gegenüber dem Markt führen. Alle anderen, nicht mit bestimmten Prognosen belegten Faktoren, werden weitgehend neutral in ihrer Ausprägung im Portfolio gehalten. HARTMANN/BURNS/SIOKOS/SORENSEN/MILLER (Attribution Model, 1999), S. 16-18; SORENSEN/THUM (Value Investing, 1992), S. 52.

36 Vgl. ähnliche Einordnungen bei FARRELL (Portfolio Management, 1997), S. 238, und BRUNS/MEYER-BULLERDIEK (Portfoliomanagement, 1996), S. 79.

37 Die Ergebnis- oder Performancekontrolle besteht aus Rendite- und Risikokontrolle.

38 Allgemein definiert die Anlagestrategie die Abweichung der Investition von der Benchmark oder dem Normalportfolio. GOOD (Accountability, 1984), S. 40-41; GOOD (Measuring Performance, 1983), S. 20-21. Zum Normalportfolio, das als Alternative zu einem Benchmark-Index den Stil des Managers in den Maßstab für seine Beurteilung integrieren soll, vgl. DIVECHA/GRINOLD (Normal Portfolios, 1989), S. 7. Die Definition von Normalportfolios ist in der Praxis mittlerweile weitgehend durch Indexkombinationen ersetzt worden. Dies wurde dadurch erleichtert, dass in den letzen Jahren sehr viele neue Indizes entwickelt wurden, die u. a. auch Stilfaktoren berücksichtigen (z. B. Growth- und Value-Indizes). Im institutionellen Anlagemanagement stellt daher die Benchmark üblicherweise das Normalportfolio dar, so dass im Folgenden die Benchmark auch als Maßstab für den

Die aktiv-systematischen Ansätze können in fundamentale, technische oder technisch-determinierte Strategien unterteilt werden.[39] Die Strategien lassen sich zusätzlich nach der Entscheidungssystematik in top-down und bottom-up Ansätze trennen.[40] Auch hier sind Mischformen möglich. Die Kontrolle muss folglich neben dem Ergebnis auch den Managementstil (passiv, kontrolliert oder aktiv, vgl. Abbildung 4) berücksichtigen und hinterfragen.[41] Das Fehlen einer erklärbaren Systematik kennzeichnet, quasi als Restmenge, ein aktiv-unsystematisches Management.

Hinsichtlich des Investmenthorizonts des Anlegers oder des Portfoliomanagers, bzw. seiner Strategie, ist zwischen strategischen (mittel- bis langfristigen) oder

---

Manager angesehen wird.

39 Fundamentale Strategien basieren dabei auf Bewertungen einzelner Unternehmen oder Unternehmensgruppen. Dazu gehört auch die Einbeziehung der Umfelddaten der Unternehmen, z.B. der makroökonomische Variablen. Dies können quantitative und qualitative Bewertungen sein. In der Literatur werden diese Strategien oftmals irreführend als (rein) qualitativ bewertend eingestuft, während quantitativ ausgerichtete Entscheidungsmodelle bei aktivem Management technische Strategien charakterisieren sollen. Aber auch fundamentale Strategien verzichten nicht auf eine Quantifizierung der Erwartungen. Vgl. STUX (Equity Investing, 1994), S. 129-130. Zur Fundamentalanalyse vgl. auch Fn. 48.

Unter "technisch" soll hier die Technische Analyse verstanden werden; vgl. HIELSCHER (Investmentanalyse, 1996), S. 173-190. Technisch-determinierte Strategien zeichnen sich dagegen durch standardisierte Handelsregeln aus. Der Portfoliomanager hat in diesen Strategien lediglich in ihrer Entwicklung die Möglichkeit der Einflussnahme. Die Verbreitung dieser letzteren Strategieart ist sehr begrenzt und wird überwiegend nur auf Teilsegmente, z. B. zur Absicherung, beschränkt.

40 Diese Systematik spezifiziert die Reihenfolge und Bedeutung einzelner Entscheidungsvariablen. Allgemein werden bei bottom-up Strategien die einzelnen Wertpapiere bewertet und entsprechend aktiv gewichtet, während in top-down Strategien übergeordnete Kriterien bewertet werden; HIELSCHER (Investmentanalyse, 1996), S. 169, BRUNS/MEYER-BULLERDIEK (Portfoliomanagement, 1996), S. 88-92. Dies können z. B. Renditeerwartungen für einzelne Assetklassen, Sektoren oder Branchen sein. Die klare Trennung der Strategien verwischt sich jedoch schnell, wenn globale Einflussfaktoren berücksichtigt werden, die auf einzelne Wertpapiere individuell wirken. Der globale Faktor lässt einen top-down Ansatz erwarten, während der Einfluss auf Einzeltitel eher dem bottom-up Ansatz entspricht. Daran wird deutlich, dass die Differenzierung nach der Entscheidungssystematik nicht zu eindeutig und vollständig gegeneinander abgrenzbaren Ansätzen führt.

41 Die Fragen können hier z. B. lauten: "Hat der Manager die wesentlichen Einflussfaktoren erkannt und richtig in bezug auf ihr Ausmaß und die Richtung geschätzt?" (aktiv-systematisch) oder "Entspricht das Handelsmuster einer technischen Strategie, der Vorgabe, oder sind Abweichungen von der früheren Charakteristika der Strategie festzustellen?" Darüber hinaus muss grundsätzlich die Frage beantwortet werden, ob das Ergebnis auf den (vereinbarten) Stil zurückzuführen ist, oder durch Abweichungen davon.

taktischen (kurzfristigen) Investitionen zu unterscheiden.[42] Je nach Ausrichtung sind auch die Kontrollinstrumente und -intervalle anzupassen, um eine gesicherte Aussage treffen zu können. Weiterhin sind die Zielsetzungen und Restriktionen Gegenstand der Kontrolle. Neben Zielerreichung und Restriktionseinhaltung sind bei externen Mandaten schließlich auch die Vorgaben selbst Kontrollobjekte für die Steuerung der Gesamtinvestition.[43] Im Folgenden steht die Analyse der Zielerreichung strategischer Investitionen im Vordergrund.

Eine weitere, vornehmlich in der Praxis übliche Unterscheidung besteht zwischen institutionellem und privatem Wertpapiermanagement und zielt auf die Person des Eigentümers ab. Dabei kann grob in juristische und natürliche Personen unterteilt werden.[44] Daneben beeinflussen aber in der Praxis vor allem die Größe des verwalteten Vermögensteils und die Zielsetzungen bezüglich Rendite und Risiko sowohl die organisatorische Unterteilung als auch die Managementansätze für beide Gruppen. Allerdings sind die Gruppen keineswegs in sich homogen und lassen im Allgemeinen keine klare Trennung zu, so dass dieser Aspekt nicht eingehender weiterverfolgt werden soll.

1.2 Grundlagen systematischer Wertpapiermanagement-Ansätze

Die Entwicklung systematischer Wertpapiermanagement-Ansätze wurde durch Einflüsse wesentlich geprägt, deren Veränderungen sich wiederum zum Teil bedingt haben. Sie stammen erstens aus der Finanz- und Wirtschaftstheorie, zweitens aus dem Aufbau strukturierter Datenbanken und drittens aus dem Fortschritt statistischer und technischer Analysewerkzeuge.[45] Die Entwicklungen in

---

42 Der Zeithorizont determiniert auch die Art des Managementansatzes. Bei kurzem Anlagehorizont werden vornehmlich technische Strategien verwendet, bei langem Horizont eher fundamentale Strategien bevorzugt. Vgl. auch Ausführung bei BRUNS/MEYER-BULLERDIEK (Portfoliomanagement, 1996), S. 87-88.

43 Dabei ist die Frage nach der Zielkongruenz von Restriktionen zu beantworten, z. B. die Freiheitsgrade der Manager, die Nutzung und Konzentration auf Kernkompetenzen sowie die Diversifikationswirkung auf das gesamte Vermögen. Vgl. NUSKE (Vermögensverwaltung, 1993), S. 340-345.

44 Bei Privatpersonen wird oftmals von Vermögensverwaltung oder Investmentmanagement gesprochen, während die Dienstleistung bei institutionellen Anlegern (juristische Personen) als Wertpapier- oder Assetmanagement bezeichnet wird. (Der Begriff "Asset" umfasst dabei eine breitere Anlagekategorie als der Begriff "Wertpapier". So sind z. B. auch Immobilien als Assets anzusehen und nicht nur Wertpapiere.) Die Unterscheidung in der Namengebung deutet auf die Ziele der Gruppen hin. Investmentmanagement dient der Vermögensbildung und -erhaltung, während Assetmanagement die Verwaltung von (bilanziellen) Aktiva beinhaltet, denen i. d. R. Passiva gegenüberstehen.

45 FARRELL (Systematic Portfolio Management, 1993), S. 12-13; FARRELL (Portfolio Mana-

diesen Bereichen haben die Veränderungen in den Anlageinstrumenten, dem Anlageverhalten und damit auch in den systematischen Managementansätzen maßgeblich beeinflusst.[46] In diesem Abschnitt werden zunächst die wesentlichen Entwicklungen der Kapitalmarkt- und Portfoliotheorie zusammengefasst, soweit sie für das weitergehende Verständnis der Performanceanalyse wichtig sind.[47]

1.2.1 Grundlagen der Kapitalmarkttheorie

1.2.1.1 Portfolioselektion, Indexmodell, Marktmodell

Die traditionelle, fundamentale Aktienanalyse beschränkte sich bis Ende der 1950er Jahre auf die isolierte Betrachtung einzelner Aktien.[48] Zielfunktion war einzig die Rendite, während Risiken bestenfalls nur qualitativ abgeschätzt wurden. MARKOWITZ hat in seinem Hauptwerk "Portfolio Selection" erstmals quantitative Rendite-/Risiko-Abwägungen im Portefeuillezusammenhang dargestellt und damit die Grundlagen für Modelle zur Optimierung der Portfoliozusam-

---

gement, 1997), S. 4-7.

46 Darüber hinaus begünstigen oder verursachen z. B. stabilere Wechselkurse und engere wirtschaftliche Verflechtungen der Volkswirtschaften zunehmende Diversifikationen in andere Märkte und somit das Anlageverhalten und die Managementansätze. Ein ähnliches Beispiel stellte die zunehmende Fokussierung auf Branchen- anstelle von Länderallokationen innerhalb Europas im Rahmen der europäischen Währungsunion dar.

47 Darüber hinausgehende grundlegende Entwicklungen oder Erweiterungen werden, wenn sie für die Ableitung der Performancemaße von untergeordneter Bedeutung sind, nur erwähnt, obwohl sie teilweise wesentliche Bausteine der Entwicklung des modernen Wertpapiermanagements darstellen. Ein Beispiel ist die Optionspreisbildung von BLACK/-SCHOLES (Pricing of Options, 1973), die Entwicklung und Einsatz derivativer Instrumente stark gefördert hat.

48 Die Abgrenzung der klassischen Fundamentalanalyse von der neueren Kapitalmarkttheorie wird in der Literatur nicht immer eindeutig vorgenommen und oft sogar vermieden. RUTTERFORD (Stock Exchange Investment, 1993), S. 258, sieht beide als nicht kompatibel an, während SCHMIDT die Portfoliotheorie als neuere Form der Fundamentalanalyse bezeichnet. SCHMIDT (Aktienkursprognose, 1976), S. 45-47; SCHMIDT (Fundamentalanalyse, 1995), Sp. 837-838. Die Verbindung der beiden Konzepte wird deutlich, wenn im Rahmen der APT makroökonomische Faktoren als Risikofaktoren exogen spezifiziert werden oder im Rahmen des CAPM mikroökonomische Größen zur Bestimmung der Risikomaße verwendet werden; STEINER/BEIKER/BAUER (Aktienrisiken, 1993), S. 106-109; ROSENBERG/-GUY (Prediction of Beta, 1976), S. 63. Da auch der Betafaktor und die endogen bestimmten Risikomaße der APT als Surrogate oder Sammelfaktoren für das Gesamtrisiko bzw. Risikokomponenten interpretiert werden, lässt sich die Fundamentalanalyse durchaus in den Rahmen der Kapitalmarkttheorie integrieren.

mensetzung, weitergehende Wertpapierauswahl- und Bewertungsmodelle sowie für die moderne Kapitalmarkttheorie gelegt.[49]

Grundlegend ist für MARKOWITZ ein Präferenzsystem der Anleger, in dem die konkurrierenden Ziele Risikomeidung und Ertragsstreben simultan betrachtet werden. Speziell wird ein Anleger mit konkaver Nutzenfunktion unterstellt.[50] Darauf aufbauend wird die Portfoliozusammensetzung berechnet, die ein Optimum hinsichtlich der konkurrierenden Anlageziele liefert. Für die mathematische Formulierung sind quantifizierte Maßgrößen für den zukünftigen Ertrag und das Risiko eines Wertpapiers zu definieren. Der zukünftige Ertrag wird als normalverteilte Zufallsgröße aufgefasst, deren wahrscheinlichster Wert, der Mittelwert, als Schätzer für den Ertrag dient. Das Risiko wird als Standardabweichung der Renditen gemessen.[51] Da Erwartungswert (μ) und Standardabweichung (σ) des Wertpapiers die Wahrscheinlichkeitsverteilung der Wertpapierrendite beschreiben, spricht man vom sog. μ-σ Prinzip.[52] Zur Aggregation auf Portfolioebene werden die Erträge der einzelnen Wertpapiere μ_i mit ihrem wertmäßigen Portfolioanteilen x_i gewichtet.

$$\mu_P = \sum_{i=1}^{n} x_i \, \mathrm{E}[R_i] = \sum_{i=1}^{n} x_i \mu_i \,. \tag{1}$$

Bei der Risikoaggregation für mehrere Wertpapiere müssen die Korrelationen, gemessen durch die Kovarianzen σ_{ik} [53], der einzelnen Wertpapiere untereinander

---

49 MARKOWITZ (Portfolio Selection I, 1952), S. 77-91; MARKOWITZ (Portfolio Selection II, 1959).

50 Die konkave Nutzenfunktion unterstellt dem Anleger, dass die Risikoänderung eine höhere Bedeutung als die erwartete Ertragsänderung hat. Er ist also risikoavers. KAHNEMAN/TVERSKY (Psychology of Preferences, 1982), S. 137. Eines der grundlegenden Axiomensysteme für die Theorie der Wahlhandlungen, das Kriterien für die Rangbildung alternativer Wertpapiere oder Wertpapierportfolios liefert, geht auf Neumann und Morgenstern zurück. Vgl. ausführliche Darstellung der Nutzentheorie z. B. bei HIELSCHER (Aktienportefeuille, 1969), S. 132-133 und 141-173; KOSFELD (Kapitalmarktmodelle, 1996), S. 32-37; COPELAND/WESTON (Financial Theory, 1988), S. 3-5; ELTON/GRUBER (Modern Portfolio Theory, 1995), S. 4-8.

51 Die Wahl der zwei Parameter μ und σ kann abgeleitet werden, wenn dem Investor eine quadratische Nutzenfunktion unterstellt wird. Vgl. FAMA/MACBETH (Risk, 1973), S. 608. Aus rechentechnischer Vereinfachung wird meist mit der Varianz, der quadrierten Standardabweichung, als Risikomaß gerechnet. Vgl. Abschnitt 2.2.2 (Risikodefinition).

52 Weil die Standardabweichung aus der Varianz durch eine streng monotone Transformation hervorgeht, führt das μ-σ^2 und das μ-σ Prinzip zum selben Ergebnis in der Portfolioselektion. KOSFELD (Kapitalmarktmodelle, 1996), S. 45.

53 Die doppelte Indizierung der Variable σ (z. B. σ_{ik}) gibt eine Kovarianz, hier der Zeitreihen

berücksichtigt werden. Die Portfoliovarianz $\sigma_P{}^2$ ergibt sich aus[54]

$$\sigma_P^2 = \sum_{i=1}^{n}\sum_{k=1}^{n} x_i x_k \sigma_{ik} \ . \qquad (2)$$

Die Bildung von Portfolios ist immer dann vorteilhaft, wenn die verfügbaren Wertpapiere nicht vollständig positiv miteinander korreliert sind. Der durch die nicht vollständige Korrelation entstehende Diversifikationseffekt mindert das Gesamtrisiko σ_P.[55]

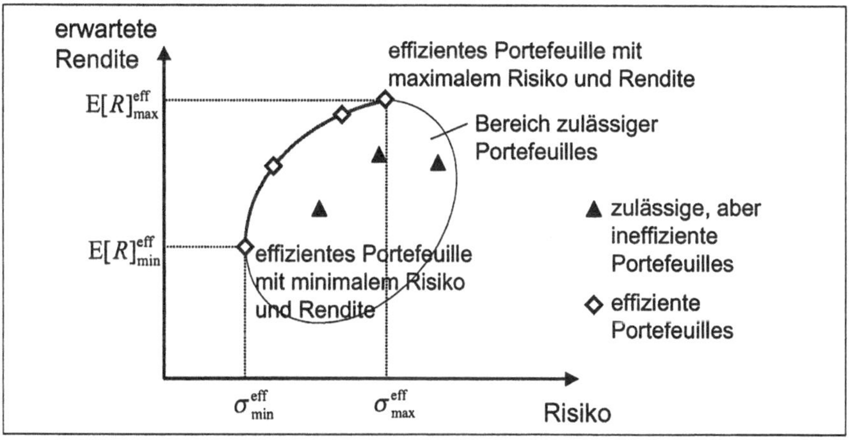

Quelle: in Anlehnung an HIELSCHER (Investmentanalyse, 1996), S. 62; ELTON/GRUBER (Modern Portfolio Theory, 1995), S. 82-83.

Abbildung 5: Efficient Frontier

---

i und k, an. Dies entspricht der gebräuchlichen angelsächsischen Terminologie und wird daher im Folgenden so verwendet.

54 Z. B. HIELSCHER (Investmentanalyse, 1996), S. 58. Neben den n Schätzern für die Varianzen werden also auch $n(n-1)/2$ Schätzer der Kovarianzen für n Wertpapiere benötigt. FARRELL (Portfolio Management, 1997), S. 35.

55 Zur Diversifikation vgl. z. B. SÜCHTING (Finanzmanagement, 1995), S. 360-362, 377-378; FARRELL (Portfolio Management, 1997), S. 24-30, HIELSCHER (Investmentanalyse, 1996), S. 57-60, und graphisch MODIGLIANI/POGUE (Risk and Return, 1974), S. 76. Neben dieser anerkannten Diversifikation über mehrere Wertpapiere wird die zeitliche Risikodiversifikation einer Anlage strittig diskutiert. Vgl. SAMUELSON (Long-Term Case for Equities, 1994), S. 15-22; SAMUELSON (Risk and Uncertainty, 1963), S. 153-158; BODIE (Risk of Stocks, 1995), S. 18-21; BUTLER/DOMAIN (Investment horizon, 1991), S. 41-47. Nach THORLEY (Time-Diversification Controversy, 1995), S. 73, reduziert sich das Risiko für den Anleger mit der Länge seines Anlagehorizonts. Er geht dabei von einer asymmetrischen Risikodefinition aus. KRITZMAN (Time Diversification, 1994), S. 14-17, gibt einen Überblick über die Argumentation.

Nebenbedingungen für die Optimierung sind, dass keine Leerverkäufe getätigt werden, d. h. $x_i \geq 0$, und dass die Summe aller Gewichte x_i gleich Eins ist. Die Lösung des Modells führt durch die "kritische Linienmethode" zur Kurve der effizienten Portfolios, der *efficient frontier* (vgl. Abbildung 5). Auf der efficient frontier liegen alle sog. effizienten Portefeuilles, d.h. die bei vorgegebenem Ertrag das kleinstmögliche Risiko bzw. bei vorgegebenem Risiko den höchstmöglichen Ertrag aufweisen.

Die Schätzung der Kovarianzen stellte ursprünglich einen erheblichen Aufwand dar, den SHARPE 1963 mit seinem *Ein-Indexmodell* durch eine vereinfachte Formulierung des Problems reduzierte.[56] SHARPE findet unter Verwendung der Tatsache, dass Aktien oft eng miteinander korreliert sind, eine näherungsweise Lösung des Selektionsproblems. Danach bestimmt sich die erwartete Rendite eines Wertpapiers aus dem Regressionsparameter a_i und dem Betafaktor β_i multipliziert mit der erwarteten Indexrendite (r_M)[57]

$$\mathrm{E}[r_i] = a_i + \beta_i \; \mathrm{E}[r_M]. \tag{3}$$

Bei Annahme einer Normalverteilung kann dann die Wertpapiervarianz σ_i^2 als Produkt aus Wertpapierbeta und Varianz des Indexes, und die Kovarianz σ_{ik} zweier Wertpapiere i und k als Produkt aus deren Beta und der Indexvarianz definiert werden:[58]

$$\sigma_i^2 = \beta_i^2 \, \sigma_M^2, \qquad \sigma_{ik} = \beta_i \beta_k \, \sigma_M^2. \tag{4}$$

SHARPE spezifiziert die Art des Indexes M, der als Basisfaktor und einzige systematische Quelle die Kursbewegung der einzelnen Aktien beeinflusst, nicht. Die verbreitetste Interpretation ist ein Marktindex.[59] Das sog. *Marktmodell* ist schließlich eine weiterentwickelte, standardisierte Form des Indexmodells, in

---

56 Die wesentliche Vereinfachung liegt darin, dass SHARPE in der Optimierung mit einer Varianz-Kovarianzmatrix rechnet, die nur auf der Hauptdiagonalen besetzt ist. Dadurch wird die mehrfach erforderliche Invertierung dieser Matrix deutlich einfacher als bei der vollbesetzten Matrix im Originalmodell von MARKOWITZ. SHARPEs Modell wird daher auch oft als Diagonalmodell bezeichnet. Vgl. HIELSCHER (Investmentanalyse, 1996), S. 90; ELTON/GRUBER (Modern Portfolio Theory, 1995), S. 128-137.

57 Das Ein-Indexmodell davon ausgeht, dass alle Kovarianzen zwischen den Wertpapieren auf der gemeinsamen Kovarianz mit dem Index beruhen; ELTON/GRUBER (Modern Portfolio Theory, 1995), S. 152. Der Index ist dabei zunächst sehr allgemein ein Einflussfaktor, z. B. ein breiter Aktienmarktindex oder auch ein makroökonomischer Faktor. HIELSCHER (Investmentanalyse, 1996), S. 64.

58 Vgl. HIELSCHER (Investmentanalyse, 1996), S. 62-68, der auch eine Erweiterung des Modells auf mehrere Indizes darstellt.

59 Zur Problematik der Marktindizes vgl. Abschnitte 2.2.4 und 1.2.2.1.2.

der der Index als Marktindex definiert ist, der ex Definition ein Beta von Eins aufweist.[60]

Die etwas später konstruierten *Multi-Indexmodelle* können als Verallgemeinerung des Ein-Indexmodells gelten. Das wesentliche Problem dieser Modelle ist die inhaltliche Definition der Indizes und die Bestimmung ihrer Anzahl.[61] Zunächst wurden hauptsächlich auf Basis der Kovarianzmatrix der Renditen statistische Faktoren durch Faktoranalyse oder Hauptkomponentenanalyse extrahiert.[62] Diese Faktoren entziehen sich aber weitgehend der inhaltlichen Interpretation.[63] Daher wurden alternativ dazu vorab spezifizierte Indizes (Kurseinflussgrößen) verwendet. ELTON/GRUBER differenzieren drei prinzipielle Gruppen der vorab spezifizierten Indizes:[64] Zunächst wurden neben dem Marktindex auch Industriegruppenindizes verwendet, die Wertpapiere desselben Sektors aggregieren und so im Allgemeinen höher korrelierte Wertpapiere zusammenfassen.[65] CHEN/ROLL/ROSS haben darüber hinausgehend ökonomische Faktoren definiert, deren unerwartete Änderungen Variablen eines linearen Renditegenerierungsmodells sind.[66] Als dritte Gruppe vorab spezifizierter Indizes werden Portfolios gehandelter Wertpapiere betrachtet, die nach bestimmten Eigenschaften (Attributen) der Wertpapiere gebildet werden. Ein Beispiel ist

---

60 Die Standardisierung im Marktmodell nach FAMA besteht in der Verwendung von Renditen anstelle von absoluten Kursen, wie dies im Original-Indexmodell der Fall ist, und der daraus resultierenden Normierung des Betafaktors auf den Index. Vgl. HIELSCHER (Investmentanalyse, 1996), S. 70. Zur Definition des systematischen Marktrisikos identisch gleich Eins vgl. HIELSCHER/HEINTZELMANN (Beta-Faktoren, 1975), S. 14.

61 ELTON/GRUBER (1950 to Date, 1998), S. 11-12.

62 Z. B. Studien von LEHMANN/MODEST (Performance Evaluation, 1987), S. 240-242; CHEN (Empirical Tests, 1983), S. 1394-1395. CONNOR/KORAJCZYK (US Mutual Funds, 1991), S. 7-9, generieren statistische Faktoren in einer zweistufigen Regression, die eine möglichst hohe Korrelation zu vorab spezifizierten, ökonomischen Faktoren aufweisen sollen.

63 Dennoch eignen sich die Modelle mit statistischen Faktoren gut zur Überprüfung der Modelle mit vorab spezifizierten Faktoren. Im Vergleich beider Modellansätze lässt sich erkennen, ob die vorab spezifizierten, interpretierbaren Indizes die wesentlichen Einflussgrößen abbilden. Vgl. z. B. Analyse bei ELTON/GRUBER/BLAKE (Common Factors, 1998), S. 21-23.

64 ELTON/GRUBER (1950 to Date, 1998), S. 12.

65 Z. B. COHEN/POGUE (Selection Models, 1967), S. 169-172.

66 CHEN/ROLL/ROSS (Economic Forces, 1986), S. 384-391. Das Modell und die verwendeten Faktoren werden eingehend im Abschnitt 3 behandelt.

der Index von FAMA/FRENCH, der die Renditedifferenz zwischen Wertpapieren von Unternehmen mit hoher und niedriger Marktkapitalisierung berechnet.[67]

Der Vorteil der Indexmodelle für die Portfolioselektion liegt vor allem in der vereinfachten Berechnung der zu schätzenden Parameter. Es müssen nicht mehr die Kovarianzen sämtlicher Wertpapierpaare explizit geschätzt werden, sondern die Bezugsgröße ist immer der verwendete Index (z. B. der Marktindex).[68]

1.2.1.2 Theorie des effizienten Marktes

Die These der Markteffizienz (EMT) unterstellt, dass die Wertpapierpreise alle verfügbaren, bewertungsrelevanten Informationen bereits beinhalten. Das impliziert streng genommen allerdings auch, dass die Ausgaben für Research, Handel und Management überflüssig sind. Diese These wurde erstmals durch zwei bekannte empirische Untersuchungen von SHARPE und JENSEN in den 60er Jahren aufgestellt. Sie wiesen nach, dass viele (US-)Fonds die Performance der allgemein gebräuchlichen Marktindizes nicht erreicht hatten.[69] Basis dieser These ist die Informationseffizienz des Kapitalmarktes. Nach SÜCHTING ist der Markt dann informationseffizient, wenn die Wertpapierkurse den "inneren Wert" der gehandelten Unternehmen wiedergeben, der Markt also im Gleichgewicht ist.[70]

Basierend auf FAMA werden drei Grade der Informationseffizienz unterschieden:[71] Bei *schwacher* Informationseffizienz wird unterstellt, dass die Informationen aus der historischen Kurszeitreihe (Vergangenheitskurse) in der Bewertung berücksichtigt sind und aus ihr keine zusätzlichen Informationen für die künftige Kursentwicklung abgeleitet werden können. Die *halbstrenge* Informationseffizienz geht davon aus, dass neben der Kurszeitreihe auch öffentlich zugängliche Informationen hinreichend schnell[72] in der Bewertung berücksich-

---

67 FAMA/FRENCH (Common Risk Factors, 1993), S. 9, und Abschnitt 3.2.3 (Mikrofaktoren).

68 ELTON/GRUBER (1950 to Date, 1998), S. 8-10; ELTON/GRUBER (Modern Portfolio Theory, 1995), S. 128-137.

69 SHARPE (Mutual Fund Performance, 1966), S. 135-137 und JENSEN (Performance of Mutual Funds, 1968), S. 400-415. Aber auch neuere Studien belegen diese Aussage weiterhin; vgl. CHANG/LEWELLEN (Arbitrage Pricing Approach, 1985), S. 23-27; SORENSEN/-MILLER/SAMAK (Active and Passive Management, 1998), S. 19.

70 SÜCHTING (Finanzmanagement, 1995), S. 395-396.

71 FAMA (Efficient Capital Markets, 1970), S. 387-388; FAMA (Efficient Capital Markets II, 1991), S. 1577; TINIC/WEST (Investing in Securities, 1979), S. 98-99 und 490-492; COPELAND/WESTON (Financial Theory, 1988), S. 332; SÜCHTING (Finanzmanagement, 1995), S. 397-398.

72 Zur Geschwindigkeit, mit der die Märkte auf neue, öffentliche Informationen reagieren und zur halbstrengen Informationseffizienz vgl. ELTON/GRUBER (Modern Portfolio

tigt werden, so dass eine Fundamentalanalyse keine zusätzliche Information über die Kursentwicklung liefern kann. Die Annahme der *strengen* Informationseffizienz fordert, dass auch nichtöffentliche Informationen, z. B. Insiderinformationen, keinen verwertbaren Nutzen am Kapitalmarkt beinhalten.[73]

Modifizierte Versionen der Theorie des effizienten Marktes gehen davon aus, dass Informationen nicht kostenlos erhältlich sind.[74] Die meisten empirischen Studien finden aber auch bei der Berücksichtigung der Kosten risikobereinigte Renditen, die signifikant unter der Marktrendite liegen.[75] In den frühen 80er Jahren kommt dann die Frage nach den Timingfähigkeiten auf.[76] Eine Reihe von Untersuchungen liefert aber kaum Hinweise auf signifikante Timingfähigkeiten der Manager.[77] Ende der 80er Jahre wurde die Effizienzfrage erneut aufgegriffen und empirisch zugunsten der modifizierten EMT nach GROSSMAN/STIEGLITZ bestätigt.[78] Diese hatten schon 1980 durch die Einbeziehung der Frage, wie In-

---

Theory, 1995), S. 427-434; CAMPBELL/LO/MACKINLAY (Econometrics of Financial Markets, 1997), S. 20-22; TINIC/WEST (Investing in Securities, 1979), S. 498-500; FRANKE/-HAX (Finanzwirtschaft, 1990), S. 315-318.

73 Diese Form der strengen Informationseffizienz ist am Kapitalmarkt nicht gegeben. Zahlreiche (profitable) Fälle des Insiderhandels in den U. S. A. und auch in Deutschland zeigen dies deutlich. Vgl. zum Insiderhandel auch ELTON/GRUBER (Modern Portfolio Theory, 1995), S. 434; COPELAND/WESTON (Financial Theory, 1988), S. 376-377; SÜCHTING (Finanzmanagement, 1995), S. 399-402.

74 IPPOLITO (Efficiency, 1989), S. 10-11. GROSSMAN/STIGLITZ gehen davon aus, dass infolge der Informationsbeschaffungskosten Informationen nur jenen zugänglich werden, die diese Aufwendungen erbringen und verwerten können. Informierte Investoren sollten daher höhere, risikoadjustierte Bruttorenditen erwirtschaften. Im Marktgleichgewicht sollte die Nettorendite der informierten und uninformierten Investoren jedoch gleich sein. GROSSMAN/STIGLITZ (Efficient Markets, 1980), S. 393; IPPOLITO (Fund Performance, 1993), S. 42.

75 FAMA (Efficient Capital Markets II, 1991), S. 1607-1610; ELTON/GRUBER/DAS/HLAVKA (Efficiency, 1993), S. 21.

76 Unter Timingfähigkeit wird die Qualität der Schätzung künftiger Marktrenditen verstanden, wenn diese Schätzung ursächlich für eine Änderung der Anlagestruktur ist. Im Allgemeinen wird eine Änderung des Portfoliobetas als Reaktion des Managers auf eine veränderte Marktrenditeschätzung unterstellt. Vgl. Abschnitt 2.2.1.1.

77 ALEXANDER/STOVER (Consistency, 1980), S. 222-223; VEIT/CHENEY (Market Timers, 1982), S. 38-41; KON (Market-Timing, 1983), S. 341; CHANG/LEWELLEN (Market Timing, 1984), S. 66; HENRIKSSON (Market Timing, 1984), S. 92; später auch LEE/RAHMAN (Market Timing, 1990), S. 269-271. Vgl. Abschnitt 2.5.

78 IPPOLITO (Fund Performance, 1993), S. 47-48. Die drei Studien wurden von GRINBLATT/-TITMAN (Mutual Fund Performance, 1989), S. 405-410; IPPOLITO (Efficiency, 1989), S. 11-12; LEHMAN/MODEST (Performance Evaluation, 1987), S. 263-264, durchgeführt.

formationen in die Preisbildung eingehen, unter Beibehaltung der Annahmen der EMT eine neue Auslegung entwickelt: Investoren, die Informationen effizient beschaffen und verwerten, sollten demnach nach Kosten ein Alpha[79] erzielen, das statistisch von Null nicht verschieden ist.[80]

1.2.1.3 Moderne Portfolio Theorie

Die Moderne Portfolio Theorie (MPT) baut auf der Portfolioselektionstheorie von MARKOWITZ auf, entwickelt sie aber insbesondere durch eine Risikoaufspaltung weiter.[81] Basierend auf dem Marktmodell wird zwischen dem individuellen Risiko eines Unternehmens und dem Marktrisiko seiner Aktien differenziert. Letzteres ist das durch Diversifikation nicht eliminierbare Risiko einer Aktie, auch als systematisches Risiko bezeichnet, und wird durch den Betafak-

---

LEHMAN/MODEST haben insbesondere den Einfluss der Benchmarkwahl auf die Performancemessung untersucht. Ihr Ergebnis belegt, dass durch die Auswahl der Benchmark große Unterschiede in den empirisch untersuchten Alphas (siehe Fn. 79) entstehen. GRINBLATT/TITMAN haben auf diesem Ergebnis aufgebaut und nach einer Benchmarkdefinition gesucht, die Alphas von Null ergibt, wenn sie gegen nicht aktiv gemanagte Portfolios gemessen werden. Als effizienteste Benchmark sehen GRINBLATT/TITMAN (Mutual Fund Performance, 1989), S. 395, ihre 8-Portfolio Benchmark (P8) an. Gegen diese Benchmark wird statistisch ein Alpha (Rendite nach Kosten) von Null nicht verworfen, während vor Kosten ein positives Alpha gefunden wird.

79 Unter *Alpha* wird hier der Achsenabschnitt der Regressionsgeraden verstanden, die bei der Regression der Renditen mit den systematischen Risikofaktoren (Betafaktor) und deren Risikoprämien bestimmt wird (z. B. im Marktmodell). Es drückt damit die Rendite aus, die nicht auf der systematischen Risikopositionierung basiert. SCHLENGER (Aktives Management, 1998), S. 3.

80 Die ursprüngliche EMT geht dagegen von einem negativen Alpha in Höhe der Kosten (für Informationen etc.) aus; BROWN/HARLOW/TINIC (Risk Aversion, 1988), S. 355-356. Für einen ausführlichen Überblick zu empirischen Studien, die die eine oder andere Form der EMT bestätigen oder widerlegen, vgl. IPPOLITO (Fund Performance, 1993), S. 42-46. Die erste Studie, die der späteren Theorie von GROSSMAN/STIGLITZ (Efficient Markets, 1980), S. 393-394, entspricht, wurde 1962 von FRIEND/BROWN/HERMAN/VICKERS (Mutual Funds, 1962) veröffentlicht. Die nachfolgenden Studien dagegen gingen von der ursprünglichen Interpretation der EMT aus: TREYNOR/MAZUY (Mutual Funds, 1966), S. 131-136, SHARPE (Mutual Fund Performance, 1966), S. 119-121, und JENSEN (Performance of Mutual Funds, 1968), S. 393-394 und 400-414. CARLSON (Aggregate Performance, 1970), S. 13-15, MCDONALD (French Mutual Fund, 1973), S. 1178-1179, MAINS (Risk, 1977), S. 376-381, KON/JEN (Systematic Risk, 1978), S. 464-471 (wertgewichtet), KON/JEN (Investment Performance, 1979), S. 278-287 (gleichgewichtet) und SHAWKY (Mutual Funds, 1982), S. 31-32, widerlegen die Aussagen von SHARPE und JENSEN.

81 Im Folgenden wird im Wesentlichen von Aktienanalysen ausgegangen, die im Mittelpunkt des Interesses der damaligen empirischen Studien standen.

tor gemessen. Dieser von SHARPE schon im Indexmodell verwendete Faktor misst den Grad der Verstärkung oder Dämpfung der Gesamtmarktschwankungen bezogen auf den Einzeltitel.[82] Er stellt das zentrale Risikomaß der MPT dar. Das unternehmensspezifische oder unsystematische Risiko (Eigenvolatilität der Aktie) ist hingegen durch Streuung diversifizierbar.[83]

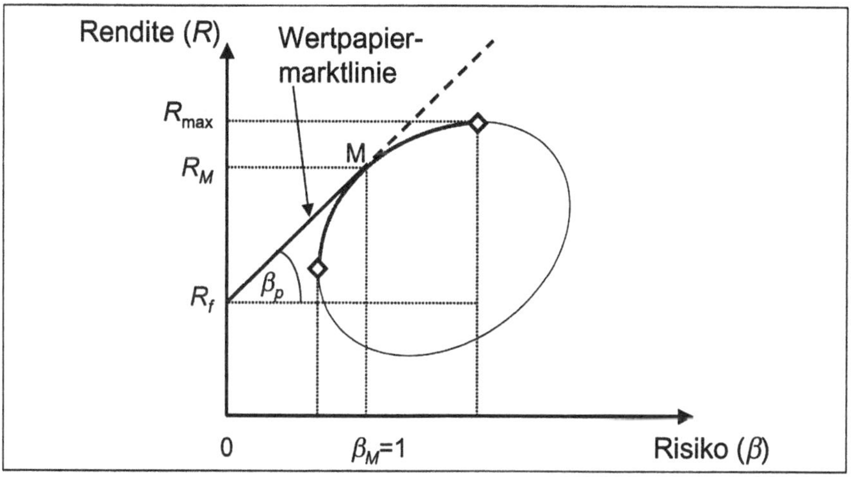

Quelle: in Anlehnung an HIELSCHER (Investmentanalyse, 1996), S. 79; GRINOLD/KAHN (Active Portfolio Management, 1995), S. 17.

Abbildung 6: Wertpapiermarktlinie

Die zweite wesentliche Weiterentwicklung gegenüber MARKOWITZ ist die Einführung eines Zinssatzes, zu dem risikofrei angelegt oder u. U. auch Kapital aufgenommen werden kann (risikofreier Zins). Unter Beachtung des Separationstheorems von TOBIN[84], das davon ausgeht, dass Anleger ihre Mittel Sinn-

---

[82] Graphisch ist er als Steigung der Regressionsgerade zwischen Wertpapier- und Marktrendite darstellbar.

[83] Rechnerisch bestimmt sich diese Restvolatilität als Standardabweichung der Regressionsresiduen.

[84] Das Separationstheorem besagt, dass für das Portfolioselektionsproblem die individuelle Risikoaversion des Anlegers nicht relevant ist. Ein allgemeines optimales Portfolio, das Marktportfolio, kann nämlich durch beliebige Linearkombination mit einer risikofreien Anlage so kombiniert werden, dass jedes angestrebte Risiko zu erzielen ist wobei die Rendite höher liegt als die mit (individuellen) Portefeuilles auf der efficient frontier (vgl. Abbildung 5 und Abbildung 6). TOBIN (Liquidity preference, 1971), S. 249-265. Vgl. auch FRANKE (Kapitalmarkt, 1983), S. 239; PERRIDON/STEINER (Finanzwirtschaft, 1991), S. 247; SÜCHTING (Finanzmanagement, 1995), S. 371.

vollerweise nur zwischen der sicheren, risikolosen Anlage und dem für alle Anleger gleich strukturierten Marktportfolio aufteilen, erhält man in einem Rendite-Beta-Diagramm die Wertpapiermarktlinie (vgl. Abbildung 6).

Auf der Wertpapiermarktlinie liegen alle effizienten Kombinationen aus dem risikobehafteten, effizienten Marktportfolio und der Anlage zum risikolosen Zins.[85] Der Übergang von den individuellen Portefeuille-Optimierungsmodellen (Portfoliotheorie) zu Marktgleichgewichtsmodellen (Kapitalmarkttheorie), dient der Erklärung des Anlegerverhaltens bei unsicherer Erwartung. Diese beruhen auf der idealisierten Annahme, dass alle Marktteilnehmer über gleiche Informationen verfügen und daraus gleiche Erwartungen bezüglich Renditen, Varianzen und Kovarianzen ableiten (homogene Erwartungen) und auch danach handeln.[86] Im Marktgleichgewicht müssten danach alle individuellen Portfolios in der Zusammensetzung mit dem Marktportefeuille übereinstimmen. Das Capital Asset Pricing Model (CAPM) baut auf dem Risikokonzept der MPT, d. h. der Existenz einer risikofreien Anlage und dem Marktmodell, auf.

Die Kapitalmarkttheorie geht von einem Zustand des *Marktgleichgewichts* aus.[87] Dieses *theoretische* Gleichgewicht am Kapitalmarkt setzt Renditen voraus, die einen Angebots- und Nachfrageausgleich herstellen und gleichzeitig mit den risikoadjustierten Renditen des zugrundeliegenden Kapitalmarktmodells übereinstimmen.[88] Davon ist das *technische* Gleichgewicht zu unterscheiden, das lediglich den Ausgleich von Angebot und Nachfrage am Markt beschreibt. Der Preis, zu dem dieser Ausgleich erfolgt, unterliegt keinen Restriktionen und wird neben den bewertungsrelevanten Informationen auch von psychologischen Effekten oder Prozessen beeinflusst.[89] Bei Gültigkeit des durch

---

[85] Die gestrichelte Linie in Abbildung 6 wird durch Investition in das Marktportfolio M gebildet, die durch zusätzliche Kreditaufnahme zum risikolosen Zins R_f finanziert wird.

[86] Zu Kapitalmarkt- und Informationseffizienz vgl. Abschnitt 1.2.1.2 "EMT", ferner HIELSCHER (Investmentanalyse, 1996), S. 70.

[87] Als Marktgleichgewicht wird der stabile Zustand beschrieben, in dem alle Marktteilnehmer ihre Wirtschaftspläne ausführen können; FELDERER/HOMBURG (Makroökonomik, 1991), S. 12; BÖVENTER (Mikroökonomie, 1991), S. 23. Das Kapitalmarktgleichgewicht ist damit durch den Zustand gekennzeichnet, dass kein Marktteilnehmer seine Dispositionen verändern will und der Markt geräumt ist. Beschrieben wird dieser Zustand durch die Menge der Wertpapiere und deren Preise; HAX/NEUSS (Kapitalmarktmodelle, 1995), S. 1165.

[88] SÜCHTING (Finanzmanagement, 1995), S. 370-371; KOSFELD (Kapitalmarktmodelle, 1996), S. 19.

[89] STÖTTNER (Finanzanalyse, 1989), S. 97-110; STÖTTNER (Instabilität von Finanzmärkten, 1989), S. 154-157; KOSFELD (Kapitalmarktmodelle, 1996), S. 20.

das Kapitalmarktmodell beschriebenen Renditegenerierungsprozesses, werden die technischen Gleichgewichtsrenditen langfristig mit den theoretischen approximativ übereinstimmen. Da eine Identität der Renditen aber nicht zu erwarten ist, gehen einige Wissenschaftler von Gleichgewichtszonen anstelle von exakt definierten Gleichgewichtspreisen aus.[90] Ähnlich dem Marktindex, der eine Operationalisierung des Marktportfolios darstellt, ist diese Gleichgewichtszone "als eine Operationalisierung des Marktgleichgewichts der Kapitalmarkttheorie" [91] zu interpretieren. In der klassischen Kapitalmarkttheorie werden dagegen alle Kapitalmarktdaten als Gleichgewichtsdaten interpretiert. Diese (extreme) Annahme wird in den klassischen, statistisch-ökonometrischen Verfahren unterstellt. Die entgegengesetzte Extremposition besteht in der ausschließlichen Erklärung der Marktbewegung durch psychologische Modelle, ohne auf Bewertungsmodelle der Kapitalmarkttheorie zurückzugreifen.[92] Bei der Verwendung von Gleichgewichtszonen werden die klassischen, statistisch-ökonometrischen Verfahren durch robuste Schätzverfahren ersetzt.[93]

1.2.1.4 Abgrenzung zwischen Faktor- und Bewertungsmodellen

Die rein statistischen Modelle, Faktormodelle (i. e. S.), benötigen keine Annahmen über die Effizienz des Kapitalmarktes, da sie lediglich darauf beruhen, dass Wertpapierkurse sich oft gleichläufig bewegen. Ihnen liegt keine Theorie zugrunde, sondern sie beschreiben ex-post tatsächliche Renditen und deren Sensitivität zu bestimmten Faktoren (Renditegenerierungsprozess).[94]

Bewertungsmodelle, die auf Arbitragefreiheit aufbauen, und Gleichgewichtsmodelle treffen demgegenüber Aussagen über die Preisbildung am Kapitalmarkt. Sie stellen einen erklärenden Zusammenhang zwischen (entscheidungsrelevanten) systematischen Risiken und zu erwartenden Renditen her.[95] Die Betrachtungen werden grundsätzlich nicht für einzelne Aktien, sondern auf Portfolioebene angestellt, da nur so die Kovarianzen der Aktien untereinander – und

---

90 STÖTTNER (Finanzanalyse, 1989), S. 89.

91 KOSFELD (Kapitalmarktmodelle, 1996), S. 20.

92 KOSFELD (Kapitalmarktmodelle, 1996), S. 20.

93 Diese Verfahren bauen auf bereinigten Datensätzen auf, die einer Normalverteilung durch Elimination oder niedrigere Gewichtung von Ausreißern näher kommen als unbereinigte Renditeverteilungen. Vgl. KOSFELD (Kapitalmarktmodelle, 1996), S. 102-105, der diese Verfahren für Tests des CAPM und der APT in Deutschland anwendet.

94 NOWAK (Faktormodelle, 1994), S. 14.

95 WITTROCK (Performance, 1995), S. 33. Man spricht daher auch von Renditeerwartungsmodellen.

damit die Risikodiversifikationseffekte – in die Betrachtung miteinbezogen werden können. Die Testbarkeit von Bewertungsmodellen setzt die Annahme der Informationseffizienz der Finanzmärkte voraus.[96] Da Bewertungsmodelle i. d. R. auch als Faktorenmodelle dargestellt werden, spricht man von Faktormodellen i. w. S.[97]

Im Hinblick auf die Verwendung von Mehrfaktorenmodellen in der Performancemessung lassen sich vier *Aufgabenbereiche* abgrenzen:

1. Multi-Beta CAPM und APT spezifizieren Renditegenerierungsprozesse.[98]
2. Multi-Index Modelle und Asset-Allokation Modelle werden u. a. von Externen zur Identifikation des Investmentstils bei Unkenntnis der Portfoliozusammensetzung verwendet.[99]
3. Ein dritter Bereich ist das Lokalisieren von sogenannten Bewertungsanomalien wie z. B. der Size-Effekt, deren Kenntnis und Quantifizierung zur Konstruktion effizienter Portfolios als Benchmark genutzt werden kann.[100]
4. Darüber hinaus können Faktormodelle im Rahmen der Performanceanalyse zur Zerlegung der Rendite- und Risikokomponenten eingesetzt werden, um Ursachen für Performanceabweichungen zu erkennen. Diese können dann

---

96 Die Informationseffizienz und die Bewertungstheorie lassen sich allerdings nicht streng getrennt betrachten, sondern stellen sich als gegenseitig bedingende Elemente einer verbundenen Hypothese dar. Empirisch wird daher oft die schwache Informationseffizienz unter der Annahme der Random-Walk-Hypothese untersucht. Hinweise auf eine halbstrenge Effizienz lassen sich aus Untersuchungen über die Preisanpassungseffekte von neuen, öffentlichen Informationen gewinnen. Wird dann ein weitgehend effizienter Markt unterstellt, kann auch die Kapitalmarkttheorie empirisch getestet werden. Vgl. KOSFELD (Kapitalmarktmodelle, 1996), S. 16-17; COPELAND/WESTON (Financial Theory, 1988), S. 350-351; FAMA (Foundations, 1976), S. 137; FAMA (Efficient Capital Markets II, 1991), S. 1575. Zur Informationseffizienz Vgl. Fn. 73.

97 NOWAK (Faktormodelle, 1994), S. 82-86; STEINER/NOWAK (Mehrfaktorenmodelle, 1994), Sp. 1436-1437.

98 Zur Einordnung des Multi-Beta CAPM (vgl. Abschnitt 1.2.2 und besonders 1.2.2.2.2) in die Gruppe der Mehrfaktorenmodelle vgl. z. B. WITTROCK (Performance, 1995), S. 117-120. Zur APT vgl. Abschnitt 1.2.3.1.

99 Vgl. SHARPE (Asset Allocation, 1992), S. 7-11, oder ELTON/GRUBER/DAS/HLAVKA (Efficiency, 1993), S. 4-8, die die Auswirkungen eines Abweichens von Investmentuniversum und Benchmarkuniversum in der Performancemessung aufzeigen. Als Universum wird dabei die Menge aller Wertpapiere verstanden, die durch die jeweilige Definition eingeschlossen wird.

100 Z. B. GRINBLATT/TITMAN (Evaluation Techniques, 1994), S. 424. Für die Bewertungsanomalien vgl. Abschnitt 1.2.2.2.1.

als Feedback in den Entscheidungsprozess eingebracht werden. Dieser letzte Bereich ist für die interne Performanceanalyse als Steuerungsinstrument besonders wichtig. Er baut auf dem ersten Einsatzfeld, der Renditegenerierung, auf, weil hier die bewerteten systematischen Faktoren definiert werden. Nur diese sind dann für die Ursachenanalyse relevant.

1.2.2 Das Capital Asset Pricing Modell (CAPM)

1.2.2.1 Das CAPM-Bewertungsmodell

1.2.2.1.1 Darstellung des CAPM

Das CAPM von SHARPE, LINTNER und MOSSIN[101] leitet die Preise risikobehafteter Wertpapiere im Kapitalmarktgleichgewicht ab. Unterstellt werden rational handelnde Investoren, die in effiziente Wertpapierportefeuilles investieren, statt einzelne Wertpapiere zu halten.[102] Investoren bewerten und bezahlen danach nur das systematische Risiko. Das unsystematische Risiko ist dagegen (prinzipiell kostenlos) diversifizierbar und damit nicht Gegenstand der Preisbildung, es wird am Markt nicht bezahlt. Aufbauend auf der Portfoliotheorie von MARKOWITZ, und mit der Existenz einer risikolosen Anlage, homogenen Erwartungen der Investoren und dem Separationstheorem von TOBIN lässt sich die *Kapitalmarktlinie* ableiten[103]

$$\mathrm{E}[R_P] = R_f + (\mathrm{E}[R_M] - R_f)\sigma_P / \sigma_M . \qquad (5)$$

Diese gibt die erwartete Rendite eines Portfolios P unter Berücksichtigung des Gesamtrisikos wieder. Der Ausdruck $(\mathrm{E}[R_M]\text{-}R_f)$ stellt die Risikoprämie des Gesamtmarktes dar, die mit dem Quotienten σ_P / σ_M gewichtet wird, um die portfolioindividuelle Risikoprämie zu erhalten. Der Quotient drückt das relative Risiko des Portfolios aus; er entspricht in diversifizierten Portfolios dem Portfoliobeta und gibt somit das systematische, bezahlte Risiko eines Portfolios

---

[101] SHARPE (Capital Asset Prices, 1964), S. 433-442; LINTNER (Security Prices, 1965), S. 590-608; MOSSIN (Equilibrium, 1966), S. 768-783.

[102] SÜCHTING (Finanzmanagement, 1995), S. 373.

[103] Die Kapitalmarktlinie stellt gleichzeitig den Übergang von der mikroökonomischen Portfoliotheorie zur makroökonomischen Kapitalmarkttheorie dar. Zur graphischen Ableitung der Kapitalmarktlinie vgl. FARRELL (Portfolio Management, 1997), S. 57-59; KOSFELD (Kapitalmarktmodelle, 1996), S. 51. Zum Separationstheorem vgl. Abschnitt 1.2.1.3, Fn. 84.

an.[104] Dieses setzt sich aus der Kovarianz der Portfolio- und Marktrendite und der Varianz der Marktrendite zusammen: $\sigma_P / \sigma_M \approx \beta_P = \mathrm{Cov}(R_P, R_M) / \sigma_M^2$.[105]

Im Marktgleichgewicht lässt sich dann aus der Gleichung der Kapitalmarktlinie (5) auch eine Aussage zur Bewertung einzelner Aktien *i* ableiten, die zum ex-ante Einperioden CAPM führt:[106]

$$\mathrm{E}[R_i] = R_f + (\mathrm{E}[R_M] - R_f)\,\beta_i\,. \qquad (6)$$

Die Renditeerwartung einer beliebigen Aktie ist damit – abgesehen von der risikofreien Rendite R_f und der erwarteten Marktrendite $\mathrm{E}[R_M]$ – nur abhängig von ihrem systematischen Risiko im Verhältnis zum Markt, dem *Beta* $\beta_i = \mathrm{Cov}(R_i, R_M) / \sigma_M^2$. Unsystematische, aktienindividuelle und damit diversifizierbare Risiken werden dagegen nicht mit einer Risikoprämie bezahlt.

Betrachtet man realisierte anstelle von erwarteten Renditen, lässt sich das ex-ante Einperioden-CAPM als *ex-post CAPM* formulieren. Das CAPM gibt dann die erwartete Wertpapierrendite auf Basis der realisierten Marktrendite R_M an. Da die erwartete Wertpapierrendite $\mathrm{E}[R_i]$ der tatsächlichen Wertpapierrendite R_i korrigiert um die unsystematische Rendite ε_i entspricht ($\mathrm{E}[R_i] = R_i \mp \varepsilon_i$), ergibt sich das ex-post CAPM für einzelne Aktien entsprechend zu:

$$R_i - R_f = (R_M - R_f)\beta_i \pm \varepsilon_i\,.^{107} \qquad (7)$$

Die Grundaussage des originären CAPM ist die Bestimmung erwarteter Renditen, nicht die Generierung realisierter Renditen. D. h. es werden im CAPM ex-

---

104 Exakt gilt für die Varianz eines Wertpapiers *i* die Relation $\sigma_i^2 = \beta_i^2\,\sigma_M^2 + \sigma_{ei}^2$, d.h. umgeformt ergibt sich das Wertpapierbeta $\beta_i^2 = \sigma_i^2 - \sigma_{ei}^2 / \sigma_M^2$. Für das Portfoliobeta gilt dann analog $\beta_P^2 = (\sigma_P^2 - \sum_{i=1}^{N} w_i^2\,\sigma_{ei}^2) / \sigma_M^2$. Dabei ist w_i der Gewichtsanteil des Wertpapiers *i* am Portfolio *p*. Nur wenn das Residualrisiko gegen Null geht, ergibt sich also $\beta_P = \sigma_P / \sigma_M$; vgl. ELTON/GRUBER (Modern Portfolio Theory, 1995), S. 132-133 und 136-137.

105 Z. B. BLACK/JENSEN/SCHOLES (CAPM, 1972), S. 80; ELTON/GRUBER (Modern Portfolio Theory, 1995), S. 139.

106 Die Ableitung erfolgt durch die marginale Änderung des Marktportfolios, indem das Gewicht eines beliebigen Wertpapiers um eine Einheit erhöht wird. Die Änderungsrate der Portfoliorendite im Verhältnis zur Änderungsrate des systematischen Risikos lässt sich im Marktgleichgewicht mit der Steigung der Kapitalmarktlinie gleichsetzen. Durch Auflösen nach der erwarteten Wertpapierrendite erhält man die Wertpapierlinie (6). Zur Herleitung vgl. HIELSCHER (Investmentanalyse, 1996), S. 79-80.

107 Das Beta wird hier als konstant über die Zeit angenommen. In späteren Modellansätzen wird versucht, diese Einschränkung zu eliminieren.

plizit keine Annahmen über einen bestimmten Renditegenerierungsprozess getroffen, das Modell steht aber nicht im Widerspruch zu einem solchen.[108]

Das CAPM besagt, dass das Beta direkt in Relation nur zu *erwarteten* Renditen steht, nicht aber zu tatsächlichen oder realisierten Renditen. Die tatsächliche Rendite beinhaltet eine unerwartete Komponente, die dazu führt, dass die tatsächliche Rendite erheblich von der erwarteten Rendite abweichen kann. Daher wird die Rendite/Risiko-Beziehung typischerweise über lange Zeiträume untersucht.[109] Zusätzlich muss beachtet werden, dass nicht die "wahre" Sensitivität, sondern Betaschätzer verwendet werden. Die Güte und Unverzerrtheit eines Schätzers ist ausschlaggebend für die Aussagekraft eines Tests der Rendite/-Risiko-Beziehung. Deshalb werden oft Portfolios anstelle von einzelnen Wertpapieren untersucht, da deren Betaschätzer geringere Fehler aufweisen.[110]

In einer Variation des originären SHARPE/LINTNER/MOSSIN-CAPM (SLM-CAPM) geht BLACK in seinem Modell davon aus, dass nicht ein risikoloser Zinssatz besteht, zu dem Kapital angelegt und aufgenommen werden kann.[111] Die fehlende Annahme wird durch die Aufhebung der Nichtnegativität der Wertpapiergewichte ersetzt, d. h. es sind auch Leerverkäufe möglich. Zusätzlich muss BLACK die Annahme treffen, dass Korrelationen von +1 oder -1 nicht vorkommen. Die vollständige positive und negative Korrelation muss ausgeschlossen werden, da sonst durch Leerverkäufe eine synthetische risikolose Anlage möglich wäre. Anstelle des risikolosen Zinses wird die Rendite eines varianzminimalen Portfolios gesetzt, das ein Beta von Null aufweist. Diese erwartete Zero-Beta Rendite ($\lambda_0 = E[R_Z]$) sollte typischerweise zwischen der Rendite für die risikolose Anlage und dem Zinssatz für die risikolose Kreditaufnahme[112]

---

108 TREYNOR (CAPM, 1993), S. 11. Die Klassifizierung des CAPM als Einfaktormodell ist nur im Hinblick auf die explizit betrachteten Faktoren richtig. Implizit können andere systematische Risikofaktoren durch den Betafaktor erfasst und im Modell berücksichtigt werden. Die Interpretation des Betafaktors als kumulierter Faktor für verschiedenste Einflüsse hat in der wissenschaftlichen Literatur einen langen Streit ausgelöst. Dieser Einordnung des Betafaktors steht z. B. entgegen, dass der Size-Faktor (vgl. Abschnitt 1.2.2.2.1) empirisch eine signifikante Erhöhung der Erklärungskraft für die Rendite bewirkt, sein Einfluss also nicht durch den Betafaktor abgedeckt wird.

109 Es wird erwartet, dass der Einfluss unsystematischer Komponenten mit zunehmender Zeit immer geringer wird.

110 IBBOTSON/KAPLAN/PETERSON (Small-Stock Betas, 1997), S. 107; DRUKARCZYK (Finanzierung, 1993), S. 250.

111 BLACK (Capital Market Equilibrium, 1972), S. 452-454; ROLL (Performance Evaluation, 1980), Fn. 2.

112 Die Risikofreiheit besteht bei der Kreditaufnahme für den Kapitalgläubiger.

liegen, da für Portfolios ohne systematisches Risiko nur die risikofrei (varianzminimal) erzielbare Rendite erwartet werden kann.[113] Die erwartete Rendite $E[R_i]$ eines Wertpapiers i lautet also:

$$E[R_i] = \lambda_0 + \lambda_1 \beta_i \tag{8}$$

mit β_i $= Cov(R_i, R_M) / Var(R_M)$,

λ_1 $= E[R_M] - E[R_Z]$, Risikoprämie des Marktes.

Es ist umstritten, ob das Modell von BLACK ein realitätsnäheren Ansatz als das SLM-CAPM darstellt, da die nötigen zusätzlichen Annahmen auch die Allgemeingültigkeit beschränken.[114]

Eine der Grundlagen des CAPM besteht in der Annahme der *Mittelwert-Varianz (μ-σ^2) Effizienz* des Marktportefeuilles.[115] ROLL und ROSS haben gezeigt, dass diese mathematisch äquivalent mit einer positiven, linearen Abhängigkeit zwischen erwarteten Renditen und Beta ist.[116] Die Implikation des CAPM ist also, dass das wertgewichtete Marktportfolio μ-σ^2-effizient ist. Das bedeutet wiederum, dass

---

[113] JAGANNATHAN/WANG (Conditional CAPM, 1996), S. 33; Zur Problematik unterschiedlicher Zinssätze zur Verschuldung und Kapitalanlage vgl. ELTON/GRUBER (Modern Portfolio Theory, 1995), S. 312-322.

[114] PERRIDON/STEINER (Finanzwirtschaft, 1991), S. 256. Nach empirischen Analysen von LEHMANN/MODEST ist jedoch die "risikofreie Zins" Version der "Zero-Beta" Version vorzuziehen, weil die Hypothese der "Zero-Beta" Version, dass k Basisportfolios die effiziente Minimum-Varianz Grenze der Wertpapiere aufspannen, empirisch nicht nachweisbar ist; LEHMANN/MODEST (Arbitrage Pricing Theory, 1988), S. 250; CHEN/JORDAN (Empirical Tests, 1993), S. 78.

[115] Zum Mittelwert-Varianz Modell vgl. z. B. FISHBURN (Stochastic Dominance, 1980), S. 70-75. Das Mittelwert-Varianz Modell ist ein parametrisches Entscheidungsmodell basierend auf MARKOWITZ (Portfolio Selection I, 1952), S. 77-91, und MARKOWITZ (Portfolio Selection II, 1959). Dabei wird die Wahrscheinlichkeitsverteilung F durch ein Wertepaar aus Mittelwert μ_F und dem Risiko σ_F^2 (Varianz) charakterisiert (vgl. Abschnitt 1.2.1.1). Neben dem μ-σ^2 Modell sind auch andere Mittelwert-Risiko Modelle bekannt, die andere Risikodefinitionen benutzten. Für einen Überblick vgl. FISHBURN (Stochastic Dominance, 1980), S. 75 und die dort angegebene Literatur. Grundsätzlich ist das Mittelwert-Varianz Modell nur dann angemessen, wenn der Anleger eine quadratische Nutzenfunktion mit einer negativen zweiten Ableitung hat oder die Verteilung der Wertpapierrenditen durch die ersten beiden Momente vollständig beschrieben werden kann. Vgl. CHOW/RILEY/FORMBY (Portfolio Selection, 1992), S. 49.

[116] Die Betas werden dabei gegen dieses Marktportefeuille kalkuliert. ROSS (CAPM, 1977), S. 178 ; ROLL (Asset Theories Tests, 1977), S. 134-135; KANDEL (Exclusion of Assets, 1984), S. 63; FAMA (Foundations, 1976), S. 50-51.

(i) β das einzig benötigte Risiko ist, um erwartete Renditen zu beschreiben;

(ii) es eine positive erwartete Prämie für das Beta-Risiko gibt.[117]

Die Tests, ob das CAPM die Preisbildung am Markt richtig wiederspiegelt, sind vielfältig. Sie lassen sich historisch in zwei Phasen einteilen: in die Zeit vor und nach der grundlegenden Kritik von ROLL 1977. Vor ROLLs Kritik wurden CAPM-Tests u. a. von BLACK/JENSEN/SCHOLES und FAMA/MACBETH durchgeführt.[118] Diese Standardtests versuchen zu zeigen, dass die Ladungen[119] eines operationalisierten Marktportfolios (Marktproxy[120]) die durchschnittlichen Renditen anderer Portfolios beschreiben können.[121]

1.2.2.1.2 Kritik des CAPM

Die neuere Diskussion über die theoretische Validität des CAPM basiert – wie erwähnt – auf der grundlegenden Kritik von ROLL. Seine Aussage der Nichttestbarkeit des CAPM beruht auf der Tatsache, dass, abgesehen von Messproblemen, zwar die μ-σ^2 Effizienz des Marktportfolios testbar ist, aber durch fehlende Beobachtbarkeit des wahren (universalen) Marktportfolios (Wohlstandsportfolio der investierenden Subjekte) ein Substitut verwendet werden muss.[122]

---

[117] Dabei stützt die Aussage (ii) das CAPM nur unter der Bedingung, dass (i) hält. FAMA/-FRENCH (CAPM is Wanted, 1996), S. 1948.

[118] Nach BLACK/JENSEN/SCHOLES (CAPM, 1972), S. 98-100 und 112-114, wird der stochastische Renditegenerierungsprozess gut durch ein Zwei-Faktorenmodell abgebildet, während das Original-CAPM risikoarme Wertpapiere verzerrt bewertet. Zur Definition des Zwei-Faktorenmodells vgl. BLACK/JENSEN/SCHOLES (CAPM, 1972), Gleichung (13), S. 99. Ein ähnliches Ergebnis findet sich bei FAMA/MACBETH (Risk, 1973), S. 624-625; BLUME/-FRIEND (Capital Asset Pricing Model, 1973); PETTIT/WESTERFIELD (Predict Security Returns, 1974), S. 590-594. Damit konsistent ist das Kapitalmarkt-Gleichgewichtsmodell von BLACK (Capital Market Equilibrium, 1972), S. 452-454, das risikoloses Anlegen bzw. Leihen ausschließt.

[119] Unter Ladungen werden die Sensitivitätskoeffizienten verstanden, die beim CAPM den Betafaktoren entsprechen.

[120] Unter Marktproxy versteht man also ein Substitut für das Marktportfolio (vgl. auch Fn. 122).

[121] Mathematisch ist das die Frage danach, ob der Marktproxy im Set der μ-σ^2 effizienten Portfolios liegt, das aus den Renditen gebildet wird, die erklärt werden sollen. FAMA/-FRENCH (Multifactor Explanations, 1996), S. 75; ROLL (Asset Theories Tests, 1977), S. 133-135; GIBBONS/ROSS/SHANKEN (Efficiency, 1989), S. 1123-1124.

[122] SHANKEN (Multi-Beta CAPM, 1985), S. 1190. Beobachtbar sind im Allgemeinen nur Teile des Marktportfolios, wie z. B. Aktien- und Rentenmarktindizes, die eine Teilmenge der verfügbaren Wertpapiere des Marktes zu einem Index verknüpfen. Neben Indizes, die aus

ROLL hat 1977 daraus die theoretische, nicht aber die praktische Testbarkeit des CAPM abgeleitet.[123] Er stellt die These auf, dass Substitute wahrscheinlich mit dem wahren Marktportfolio hoch korreliert sind, unabhängig davon, ob sie μ-σ^2 effizient sind.[124] STAMBAUGH stützt diese These mit seinen Untersuchungen.[125] Selbst bei restriktiven Anforderungen an die Präferenzfunktion (quadratische Nutzenfunktion der Anleger) und an die Renditeverteilung (z. B. multivariate Normalverteilung), ist die Beobachtbarkeit der Marktrendite erschwert, weil die Anleger auch schwer oder nicht handelbare Assets, z. B. Humankapital, besitzen.[126] Andererseits bedarf es in der ökonomischen Theorie oft der Operationalisierung von Variablen, die nicht direkt beobachtbar sind und deren statistische Konstruktion von der theoretischen geringfügig abweicht.[127] Daher ist die Ope-

---

realen Wertpapieren zusammengesetzt sind, bestehen auch synthetische Indizes, wie z. B. der REX. Geeignete Substitute, sogenannte Proxies, zu finden, war Ziel vieler empirischer Analysen. GRINBLATT/TITMAN beschreiben verschiedene Benchmarkdefinitionen, vgl. GRINBLATT/TITMAN (Performance Evaluation, 1994), S. 424-425 und GRINBLATT/TITMAN (Monthly Performance, 1988). Da das Marktportfolio nicht bekannt ist, müssen für empirische Untersuchungen Annahmen getroffen werden, die eine Verwendung von Substituten ermöglichen. So kann das CAPM unter der Annahme getestet werden, dass das verwendete Substitut eine bestimmte Korrelation zum Marktportfolio aufweist. Vgl. KANDEL/STAMBAUGH (Correlations, 1987), S. 64-73; SHANKEN (Multivariate proxies, 1987), S. 92-94; GIBBONS/ROSS/SHANKEN (Efficiency, 1989), S. 1122.

123 "[...] the theory is not testable unless the exact composition of the true market portfolio is known and used in the tests." ROLL (Asset Theories Tests, 1977), S. 130. Vgl. auch SHANKEN (Multivariate Proxies, 1987), S. 92.

124 SHANKEN (Multivariate Proxies, 1987), S. 91-92; ROLL (Asset Theories Tests, 1977), S. 130-131, 150. Die Kritik von ROLL (Asset Theories Tests, 1977), S. 130-131, und ROLL (Ambiguity, 1978), S. 1056-1067, wurde Gegenstand langer wissenschaftlicher Kontroversen. MAYERS/RICE (Measuring Portfolio Performance, 1979), S. 5-8, 21–22, versuchten die Argumentation von ROLL zu widerlegen. ROLL (Reply to Mayers and Rice, 1979), S. 393-397, hat die Kritik wiederum aufgegriffen und zurückgewiesen.

125 Trotz hoher Korrelation verschiedener Marktproxies werden z. T. deutlich unterschiedliche Resultate bei der Verwendung dieser Proxies gefunden. Diese divergierenden Ergebnisse sind aber wesentlich sensitiver gegenüber der Auswahl der bewerteten Assets als gegenüber unterschiedlichen Definitionen der Marktproxies. STAMBAUGH (Two-Parameter Model, 1982), S. 238.

126 CHAMBERLAIN (Arbitrage Pricing Models, 1983), S. 1305.

127 Beispiele hierfür ist der Preisindex der Lebenshaltung, der die Inflation bzw. das Preisniveau messen soll oder die Geldmengendefinition. Siehe dazu MAYERS/RICE (Measuring Portfolio Performance, 1979), S. 21 und KOSFELD (Kapitalmarktmodelle, 1996), S. 79. Die Abweichungen zwischen statistischem Konzept und theoretischem Konstrukt sollten dabei minimiert werden. Vgl. zu diesem Adäquationsproblem der Wirtschaftsstatistik GROH-

rationalisierung des Marktportfolios ein valider Schritt, dessen Konsequenzen bei der Interpretation der Ergebnisse jedoch hinsichtlich der Adäquanz berücksichtigt werden müssen.

Zentrales Problem der Kapitalmarktmodelle und besonders des CAPM ist daher die Nichtbeobachtbarkeit des Marktportefeuilles und die daraus resultierende Suche nach einem mess- und beobachtbaren Substitut.

Im statischen CAPM wird als Substitut für die Rendite des Marktportfolios (Wohlstandsportfolios) die Rendite eines wertgewichteten Indexes aller Aktien *(R^{vw})* verwendet. Die implizite Annahme lautet, dass die Marktrendite R_M eine lineare Funktion der Aktienindexrendite ist [128]

$$R_M = \phi_0 + \phi_{vw} R^{vw} . \tag{9}$$

Die wertgewichteten Betafaktoren β_i^{vw} werden wie gewohnt als Quotient der Kovarianz der Renditen zur Varianz der Indexrendite berechnet

$$\beta_i^{vw} = \mathrm{Cov}(R_i, R^{vw}) / \mathrm{Var}(R^{vw}) .$$

Unter Verwendung des allgemeinen CAPM nach BLACK[129] kann damit die unbedingte, erwartete Rendite $\mathrm{E}[R_i]$ eines Wertpapiers *i* als lineare Funktion des wertgewichteten Betas gebildet werden[130]

$$\mathrm{E}[R_i] = c_0 + c_{vw} \beta_i^{vw} . \tag{10}$$

Dies ist die gebräuchliche Spezifikation des statischen CAPM. Tests des CAPM, die auf dieser Spezifikation basieren, können als verbundener Test zweier Hypothesen interpretiert werden: [131]

(i) das statische CAPM gilt,
(ii) die Marktrendite ist eine lineare Funktion der Aktienindexrendite.

MANN (Adäquationsproblem, 1985), S. 5-13; KOSFELD (Kapitalmarktmodelle, 1996), S. 79.

[128] JAGANNATHAN/WANG (Conditional CAPM, 1996), S. 12. Die Indizierung "*vw*" steht dabei für die Wertgewichtung (value weighted) im Gegensatz zu einer möglichen Gleichgewichtung. Die Parameter ϕ stellen in der Gleichung allgemeine Regressionsparameter dar. ϕ_{vw} gibt dabei die Sensitivität der Marktportfoliorendite R_M zur Aktienindexrendite R^{vw} an.

[129] Vgl. Abschnitt 1.2.2.1; BLACK (Capital Market Equilibrium, 1972), S. 452-454.

[130] Die Parameter *c* sind Regressionsparameter. c_{vw} entspricht dabei der geschätzten Risikoprämie des wertgewichteten Aktienindexes. c_0 schätzt als Achsenabschnitt die risikofreie Rendite.

[131] JAGANNATHAN/WANG (Conditional CAPM, 1996), S. 12.

Die Begründung für das Scheitern von Tests, die das statische CAPM bestätigen sollen, kann auf der Verletzung einer der beiden Hypothesen beruhen. Die Linearität zwischen erwarteter Rendite und dem systematischen Risiko, die im CAPM unterstellt wird, ist nach ROLL empirisch nicht zu verifizieren. Dieser lineare Zusammenhang gilt aber immer nur dann, wenn ein ex-post risikoeffizientes Portfolio als Marktportfolio verwendet wird.[132] Damit ist lediglich diese Risikoeffizienz des Substituts messbar.[133]

1.2.2.1.3 CAPM als Basis für Performancemessung

Als Ausgangspunkt für die Performanceanalyse diente das CAPM eher zufällig. Die Annahme, dass die nachhaltige Erzielung außerordentlicher Renditen unwahrscheinlich ist, war Gegenstand zahlreicher Untersuchungen. Abfallprodukt dieser Tests waren Performanceanalysetechniken, wie z. B. das Jensen-Alpha oder die Sharpe-Ratio.[134] Die Tests untersuchten, ob Manager private Informationen nutzen.[135] Allgemein wurde die Fähigkeit der Manager analysiert, nicht nur öffentlich zugängliche Informationen zu verarbeiten, sondern auch Informationen zu erlangen und umzusetzen, die positive, unerwartete Renditen ermöglichen. Die theoretische Grundlage für diese Untersuchung von Managerfähigkeiten gibt die Interpretation des CAPM als Renditegenerierungsmodell,

---

[132] ROLL (Asset Theories Tests, 1977), S. 133-135.

[133] KOSFELD (Kapitalmarktmodelle, 1996), S. 80-81. In der Diskussion über die richtige Spezifikation des Marktportfolios wird u. a. auch darauf hingewiesen, dass ein wesentlicher Bestandteil des gesamten Kapitals einer Volkswirtschaft das Humankapital ist. CAMPBELL (Understanding risk, 1996), S. 307. Dieses müsste daher in einem Proxy für ein Marktportfolio berücksichtigt werden. MAYERS (Nonmarketable Assets, 1972), S. 223-224. Der Ansatz wird bei JAGANNATHAN/WANG (Conditional CAPM, 1996), S. 12-13, beschrieben. Auch FAMA/SCHWERT (Returns and Inflation, 1977), S. 119-120, versuchen das Humankapital zu bewerten.

[134] JENSEN (Performance of Mutual Funds, 1968), S. 393-394 (Jensen-Alpha); SHARPE (Mutual Fund Performance, 1966), S. 123 (Sharpe-Ratio); GRINOLD/KAHN (Active Portfolio Management, 1995), S. 322-323.

[135] Als privat werden Informationen bezeichnet, die nicht kostenlos der Allgemeinheit zur Verfügung stehen. Sie müssen im Allgemeinen unter Einsatz von Ressourcen erlangt werden und stehen so nur wenigen Investoren zur Verfügung. Dagegen sind öffentliche Informationen für jeden frei zugänglich und sollten nach der Kapitalmarkteffizienztheorie in den Preisen enthalten sein, so dass keine risikobereinigte Rendite über der Marktrendite auf Basis öffentlicher Informationen zu erzielen wäre; vgl. IPPOLITO (Fund Performance, 1993), S. 47.

da ex-post eine Differenzierung in zu erwartende und unerwartete Renditen vorgenommen wird.[136]

Darüber hinaus bietet das CAPM eine Rendite-/Risiko-Beziehung, die den bewerteten Vergleich unterschiedlicher Kombinationen der zugehörigen Rendite-/Risiko-Parameter erlaubt. Dieser Vergleich wird üblicherweise durch die Risikoadjustierung der Renditen vorgenommen. Das CAPM als Ein-Faktor-Modell sollte allerdings nur zur Risikobereinigung benutzt werden, wenn eine weitgehend homogene Wertpapierkategorie im Portfolio enthalten ist, da nur dann eine systematische Risikoquelle, das entsprechende, operationalisierte Marktportfolio, angenommen werden kann.[137] Andernfalls sind Mehrfaktorenansätze zu wählen, die mehrere Risikoquellen berücksichtigen.

1.2.2.2 Weiterentwicklungen des CAPM

1.2.2.2.1 Anomalien

Empirische Untersuchungen des CAPM haben wiederholt Hinweise darauf gegeben, dass ex-post neben dem Marktrisiko noch weitere systematische Einflussfaktoren die Renditegenerierung aller Wertpapiere bestimmen. Da das CAPM davon ausgeht, dass nur das Marktrisiko als systematischer Risikofaktor die Wertpapierrenditen bestimmt, werden diese zusätzlichen Erklärungsfaktoren auch als Anomalien bezeichnet.[138] Wichtig sind diese Anomalien für den Manager und die Performanceanalyse, wenn diese zusätzlichen systematischen Zusammenhänge ausgenutzt werden können, ohne dass das Risiko dadurch erhöht wird. Zudem liefern die Anomalien u. U. Hinweise auf weitere, ökonomisch interpretierbare Risikofaktoren, die in Mehrfaktorenmodellen eingesetzt werden können. Einen Überblick über die wichtigsten Faktoren gibt Tabelle 1.

Viele der Anomalie-Faktoren sind dabei voneinander abhängig, wie u. a.

---

[136] Für die ex-post Formulierung des CAPM und die Differenzierung zwischen erwarteten und unerwarteten Renditen vgl. Abschnitt 1.2.2.1, Gleichung (7).

[137] Als homogene Wertpapierkategorie können Wertpapiere einer Assetklasse aus hochkorrelierten Märkten angesehen werden, z. B. europäische Aktien. Das Ausmaß der geforderten Homogenität wird zwar nicht quantifiziert, generell kann aber davon ausgegangen werden, dass nur schwach korrelierte Wertpapiermärkte keine homogene Gruppe bilden. Zudem deuten geringe Signifikanzwerte für die statistisch geschätzten Betafaktoren bei zumindest einem Teil der Wertpapiere auf fehlende Erklärungsfaktoren hin. UHLIR (Performancemessung, 1994), S. 65-74; HOCKMANN (Koreferat, 1994), S. 75-80.

[138] Anomalien sind systematische Zusammenhänge durchschnittlicher Renditen, die das CAPM nicht erklärt. FAMA/FRENCH (Multifactor Explanations, 1996), S. 55.

FAMA/FRENCH empirisch festgestellt haben.[139] Sie erklären die meisten Anomalien durch ihr 1993 entwickeltes 3-Faktor-Modell,[140] in dem neben der Überschussrendite eines breiten Marktportfolios ($R_M - R_f$), der Size-Faktor und der Buchwert der Unternehmen zur Renditeerklärung eingesetzt werden. Der Size-Faktor bestimmt sich aus der Renditedifferenz zwischen einem Portfolio aus Wertpapieren von hoch kapitalisierten und einem von niedrig kapitalisierten Unternehmen.[141]

Faktorgruppe	**Einflussfaktor**
Unternehmensspezifische Kenngrößen (Attribute)	• Unternehmensgrößen ("Size"), gemessen als Marktkapitalisierung • Buchwert • Kurs-Gewinn Verhältnis (KGV)[142] • Dividendenrendite[143]
Kalendarischer Einfluss	• Monat, insbesondere Januar (-Effekt)

Tabelle 1: Gruppierung der wichtigsten Anomaliefaktoren

---

139 FAMA/FRENCH (Multifactor Explanations, 1996), S. 55. Vgl. auch z. B. KEIM (Dividend Yields, 1985), S. 473-489; und Hinweis in Fn. 142.

140 FAMA/FRENCH (Common Risk Factors, 1993), S. 26-31. Vgl. auch FAMA/FRENCH (Size, 1995), S. 153-154; FAMA/FRENCH (Multifactor Explanations, 1996), S. 56.

141 Die Kapitalisierung eines Unternehmens wird grundsätzlich durch die absolute Höhe des Börsenwertes des Unternehmens bestimmt.

142 Zum Einfluss des KGV vgl. BASU (Investment Performance, 1977), S. 666-669; BASU (Earnings' Yield, 1983), S. 130-132: Danach haben Unternehmen mit niedrigem KGV durchschnittlich höhere Aktienrenditen (Kursveränderung + Dividendenrendite) als Unternehmen mit hohem KGV. Dieser empirisch festgestellte Zusammenhang zwischen KGV und Aktienrendite ist aber nicht völlig unabhängig von der Firmengröße, gilt aber als Basis für viele wertorientierte Managementansätze im Gegensatz zu wachstumsorientierten Ansätzen. Die Hausse vieler Wachstumswerte mit zunächst niedriger Marktkapitalisierung, insbesondere von Technologie-, Telekommunikations- und Internetunternehmen in den späten 90er Jahren widerspricht allerdings diesem Zusammenhang.

143 Vgl. LITZENBERGER/RAMASWAMY (Effects of Dividends, 1982), S. 431-433, für einen guten Literaturüberblick über Dividendenrenditen bis 1982. BLACK/SCHOLES (Dividend Yield, 1974), S. 17-19 und MILLER/SCHOLES (Dividends and Taxes, 1982), S. 1138-1139, finden empirisch keinen Unterschied in der Erklärung von Vor- oder Nachsteuerrenditen, während ROSENBERG/MARATHE (Capital Asset Pricing, 1979), S. 151, dieses Ergebnis zu widerlegen glauben. In differenzierteren Untersuchungen finden FAMA/FRENCH (Dividend Yields, 1988), S. 14, dass die Erklärungskraft der Dividendenrendite für Wertpapierrenditen mit der Länge der Halteperiode deutlich zunimmt.

Analog wird für den Buchwert die Renditedifferenz zwischen einem Portfolio mit hoher und einem mit niedriger Buchwert/Marktwert-Relation gebildet.[144]

Die empirisch bedeutendste Anomalie stellt der Unternehmensgröße-Effekt (*Size-Effekt*) dar. Danach liefern Aktien kleinerer Unternehmen eine höhere Rendite als große, d. h. die Aktienrendite ist von der Börsenkapitalisierung des Unternehmens abhängig. Dies hat zu einer ausführlichen Diskussion über die Gültigkeit des einparametrischen CAPM geführt.[145] Die Erklärungsansätze für den Effekt sind vielfältig. So werden u. a. in Abhängigkeit von der Größe des Unternehmens unterschiedlich hohe Bid-Ask-Spreads, unterschiedliche Umsatzhäufigkeit des Wertpapiers, die zu asynchroner Preisfeststellung führt, und eine divergierende Beachtung durch die Analysten als Gründe angeführt.[146] Die

---

[144] Der Buchwert wird normalerweise als Quotient des Buchwertes zum Marktwert (BE/ME = book equity / market equity) untersucht. Da der Diskontierungsfaktor des Unternehmens sich aus dem Quotienten des erwarteten Cash-flows zum Marktwert ergibt, ist der Quotient aus Buch- zu Marktwert somit ein Schätzer für diesen Diskontierungsfaktor. Voraussetzung dafür ist, dass sich der Buchwert ökonomisch als Proxy für den erwarteten Cashflow des Unternehmens interpretieren lässt. Nach BERK (Size-Related Anomalies, 1995), S. 283-284, wird deren Korrelation unterstellt, weil der Buchwert und der erwartete Cashflow Maße für die Größe des Unternehmens sind, die jeweils frei von einer Risikoprämie sind. Im Marktwert ist hingegen eine solche Risikoprämie enthalten. Werden Renditen entsprechend einem Cash-flow Diskontierungsmodell generiert, dann liefert der Quotient BE/ME eine Information über die erwartete Rendite. Vgl. für die Herleitung PONTIFF/-SCHALL (Predictors of Market Returns, 1998), S. 142, 155 und 158-159. Die Buchwert/-Marktwert-Relation dient oft auch als Indikator zur Klassifizierung der Aktien in wachstums- oder wertorientierte Unternehmen. Vgl. alternative, mehrdimensionale Definition bei SORENSEN/HONG (Investment Style, 1999); SORENSEN/MILLER/ROWE/HOUDEK/HSEIH (Style, 1999), S. 48. Nach Untersuchungen, die bei KOTHARI/SHANKEN/SLOAN (Cross-Section, 1995), S. 199-205, zitiert sind, ist die Wertpapierrendite positiv mit der Buchwert/ Marktwert-Relation korreliert.

[145] Das Bestehen dieser Anomalie ist kaum bestritten. In vielen empirischen Analysen wird der Effekt durch die Bildung größensortierter Portfolios berücksichtigt. Besonders Anfang der 80er Jahre wurde der Size-Effekt hauptsächlich für nordamerikanische Aktien intensiv untersucht. BANZ (Return and Market Value, 1981), S. 16, stellt fest, dass nach Beta-Adjustierung die durchschnittliche Rendite insbesondere für sehr kleine Unternehmen größer ist, als nach der Risikoadjustierung im Durchschnitt zu erwarten ist. Weitere Untersuchungen finden sich bei REINGANUM (Misspecification, 1981), S. 39-44, und in einer auf den Size-Effekt spezialisierten Ausgabe des JoFE 1983 (u. a. REINGANUM (Anomalous Stock Market, 1983), S. 89-104). In den neueren Analysen wird der Size-Effekt allerdings nicht mehr als Anomalie verstanden. BERK (Size-Related Anomalies, 1995), S. 284-285. Vielmehr wird die Existenz des Size-Effektes als Evidenz für die Fehlspezifikation der Kapitalmarktmodelle, insbesondere des CAPM, gewertet; SCHWERT (Size, 1983), S. 9-10.

[146] Bei kleineren Unternehmen wird ein höherer Bid-Ask-Spread unterstellt, der die Preisanpassungsgeschwindigkeit auf neue Informationen reduziert, was zu Autokorrelationser-

Saisoneffekte, wie der am meisten untersuchte Januar-Effekt, sind ökonomisch nur bedingt zu erklären.[147]

Die Ansätze, die beobachtbaren systematischen Einflüsse der verschiedenen fundamentalen Variablen zu erklären, sind vielfältig.[148] So werden einige fundamentale Variablen, wie z. B. die Veränderung der Industrieproduktion als Indikator für die gesamtwirtschaftliche Entwicklung, als Schätzer für das Risiko von Aktien interpretiert. Die Korrelationen dieser Variablen mit den Aktienrenditen stellen dann die Kompensation für das getragene Risiko dar.[149] Eine andere Erklärung geht davon aus, dass Bewertungsvariablen (z. B. Buchwert und KGV) deshalb die Rendite gut erklären, weil bei Wachstumsaktien die zukünftigen Wachstumsraten regelmäßig überschätzt werden.[150] Schließlich kann die beobachtete Vorhersagefähigkeit der Variablen auch als Scheinkorrelation in-

---

scheinungen führt. MECH (Autocorrelation, 1993), S. 331-342, testet die These, dass Transaktionskosten für die Verzögerung der Preisanpassung ursächlich sind und so Autokorrelationen in den Renditen hervorrufen. Wenn der Size-Effekt auf den Spread-Effekt zurückzuführen ist, dann besteht kein Widerspruch zur Markteffizienz, da der Spread als Ausdruck eines höheren Risikos, z. B. auch einer geringeren Liquidität, plausibel für einen effizienten Markt ist; AMIHUD/MENDELSON (Asset Pricing, 1986), S. 243. Erste Vermutungen, dass der Size-Effekt von der Liquidität der Aktien, die durch den Spread ausgedrückt wird, abhängen könnte, finden sich bei JAMES/EDMINSTER (Common Stock Returns, 1983), S. 1076, die sich auf Resultate von REINGANUM (Roll's Conjecture, 1982), S. 32-33, stützen. Sie konnten die These aber empirisch nicht belegen.

Zur Auswirkung der Anzahl der Analysten auf den Size-Effekt vgl. BRENNAN/-JEGADEESH/SWAMINATHAN (Investment Analysis, 1993), S. 814-821, IBBOTSON/KAPLAN/-PETERSON (Small-Stock Betas, 1997), S. 105. Im Rahmen von Mehrfaktorenmodellen (APT) wird der Size-Effekt auch auf fehlende Erklärungsfaktoren zurückgeführt. So zeigt MEI (Cross-Section, 1993), S. 339-340, dass bei steigender Anzahl von Erklärungsfaktoren die Erklärungskraft der Size-Variablen insignifikant wird.

[147] Ein Überblick über Saisoneffekte findet sich bei KRÄMER/RUNDE (Kalendereffekt, 1993), S. 88-92. KEIM (Size-Related Anomalies, 1983), S. 20-30; BROWN/KLEIDON/MARSH (New Evidence, 1983), S. 34-35; KEIM/STAMBAUGH (Predicting Returns, 1986), S. 382-384; und ELESWARAPU/REINGANUM (Seasonal Behavior, 1993), S. 377-385, untersuchen Beta, Liquiditätsprämie (Bid-Ask Spread) und Size in Verbindung mit dem Januar-Effekt. Die Liquiditätsprämie (Bid-Ask Spread) ist danach nur im Januar positiv signifikant (1961-1990). Nach ROZEFF/KINNEY (Capital Market, 1976), S. 390-395; ROLL (Vas ist das?, 1983), S. 20-23; TINIC/WEST (Risk and Return, 1984), S. 573, und TINIC/WEST (Risk, 1986), S. 138-140, wird Beta-Risiko im CAPM nur im Januar bezahlt. CHANG/PINEGAR (Risk-Return Relationship, 1988), S. 1038, kommen zu der Aussage, dass die Marktrendite nur im Januar signifikant höher als die 1-Monats T-Bill Rendite ist.

[148] DAVIS (Cross-Section, 1994), S. 1581-1590.

[149] FAMA/FRENCH (Common Risk Factors, 1993), S. 4-5.

[150] LAKONISHOK/SHLEIFER/VISHNY (Contrarian Investment, 1994), S. 1574.

terpretiert werden, die auf der Untersuchungsmethode (methodischer Fehler) oder der benutzten Datenbasis beruht. Werden andere Analysemethoden oder z. B. andere Datenstichproben oder -priodizitäten eingesetzt, zeigen sich die Zusammenhänge teilweise nicht.[151]

Die empirischen Ergebnisse lassen vermuten, dass viele Anomalien weitgehend durch methodische Unzulänglichkeiten erklärbar sind und keine systematischen Risikofaktoren darstellen. Lediglich der Size-Faktor und zu einem gewissen Grad der Buchwert haben sich als Attribute erwiesen, die in empirischen Analysen kontrolliert werden müssen.

1.2.2.2.2 Multi-Beta CAPM

Das Multi-Beta CAPM geht auf SHARPE zurück und zählt, wie bereits der Name es andeutet, zur Gruppe der Mehrfaktorenmodelle.[152] Es spaltet das Marktbeta des CAPM als systematisches Risiko in mehrere Risikomaße auf. Diese Aufspaltung in mehrere bewertete, systematische Faktoren kann für den Managementprozess sehr hilfreich sein, weil sie eine mehrdimensionale Abweichungsanalyse der Risikopositionierung erlaubt, die Basis für z. B. Stärken/Schwächen-Analysen ist.[153] Voraussetzung für die Nutzung dieser Vorteile ist die ökonomische Interpretierbarkeit der Faktoren.

SHARPE unterteilt das Marktportfolio in eine bestimmte Anzahl (*k*) von Teilportfolios. In Abhängigkeit vom jeweils anteiligen Marktwert der Teilportfolios am

---

[151] Exemplarisch dafür sei hier die Kritik von KOTHARI/SHANKEN/SLOAN (Cross-Section, 1995), S. 221, am 3-Faktor-Modell von FAMA/FRENCH angeführt. Die Risikoprämien beruht nach ihnen weitgehend auf dem "survivor bias". Unter "survivor bias" ist eine Verzerrung zu verstehen, die dadurch entsteht, dass in empirischen Untersuchungen historischer Daten normalerweise nur die Wertpapiere berücksichtigt werden, die zum Zeitpunkt der Untersuchung noch existieren. D. h. Wertpapiere von Unternehmen, die zwischenzeitlich in Konkurs gegangen sind und somit einen Totalausfall für den Investor darstellen, werden nicht berücksichtigt. In der Verteilung der Renditen fehlt dadurch ein Teil der negativen Renditen. Die Wahrscheinlichkeit positiver Renditen wird damit zu hoch ausgewiesen. Ein analoges Problem entsteht bei Fonds, die aus verschiedenen Gründen aufgelöst werden. BLACK (Beta and Return, 1993), S. 9, sieht die sogenannten Anomalien als Ergebnisse eines Dataminings an. Zu den verschiedenen methodischen Problemen (Survivor-ship bias, look-ahead bias, data snooping, short sample periods) vgl. DAVIS (Cross-Section, 1994), S. 1580-1581; FAMA/FRENCH (Multifactor Explanations, 1996), S. 80-81.

[152] SHARPE (Multi-Beta Interpretation, 1977), S. 129-131; ELTON/GRUBER (Modern Portfolio Theory, 1995), S. 330-331.

[153] Vgl. Hinweis bei WITTROCK (Performance, 1995), S. 119.

Marktwert aller Wertpapiere (w_j) lässt sich die erwartete Marktrendite R_M als gewichtete Summe der erwarteten Teilportfoliorenditen R_j bestimmen:[154]

$$R_M = \sum_{j=1}^{k} w_j R_j \,.$$

Die Wertpapiersensitivität zur Marktrendite (β_i) ist definiert als Quotient der Kovarianz zur Varianz ($\beta_i = \mathrm{Cov}(R_i, R_M) / \mathrm{Var}(R_M)$). Substituiert man die Marktrendite R_M durch eine Linearkombination der Teilportfoliorenditen R_j, dann kann die Wertpapiersensitivität zur Gesamtmarktrendite (β_i) als Linearkombination der Sensitivitäten β_{ij} des Wertpapiers i zu den k Teilportfolios dargestellt werden. Wegen der Substitution ist dabei zusätzlich eine Adjustierung mit dem Verhältnis der Teilportfoliovarianz $\mathrm{Var}(R_j)$ zur Marktvarianz $\mathrm{Var}(R_M)$ erforderlich[155]

$$\beta_i = \sum_{j=1}^{k} \left(w_j \beta_{ij} \, \mathrm{Var}(R_j) / \mathrm{Var}(R_M) \right) \qquad (11)$$

mit $\beta_{ij} = \mathrm{Cov}(R_i, R_j) / \mathrm{Var}(R_j)$.

Das systematische Risikomaß β_i kann so in mehrere Komponenten β_{ij} zerlegt werden. Die Linearität der erwarteten Renditen zu den Betas folgt direkt aus dem CAPM.[156] Umgekehrt kann gefolgert werden, dass eine Multi-Beta Preisrelation immer auf eine einfache Betarelation reduziert werden kann, indem die Faktoren entsprechend transformiert werden.[157]

---

[154] NOWAK (Faktormodelle, 1994), S. 45.

[155] ROSENBERG/GUY (Prediction of Beta, 1976), S. 64; NOWAK (Faktormodelle, 1994), S. 45-46. ROSENBERG/GUY unterstellen $\sigma(r_M)^2 = \sum_{j=1}^{k} \sigma(r_j)^2$ und gehen davon aus, dass die Faktoren standardisiert sind, so dass die Sensitivität des Marktes gegenüber Faktoränderungen Eins sind. Die k Portfolios, sogenannte Mimicking-Portfolios, müssen unkorreliert sein und in ihrer Summe das Marktportfolio ergeben; vgl. NOWAK (Faktormodelle, 1994), S. 50. SHARPE unterstellt dagegen die Unkorreliertheit der Faktoren nicht; vgl. Fn. 161. Zu Mimicking-Portfolios vgl. Abschnitt 1.2.3.2, (S. 76) und HUBERMAN/KANDEL/STAMBAUGH (Mimicking Portfolios, 1987), S. 1; LEHMANN/MODEST (Arbitrage Pricing Theory, 1988), S. 222. Die Sensitivität zwischen Wertpapieren oder Faktoren wird hier grundsätzlich durch die Sensitivität ihrer Renditen bzw. Veränderungen gemessen und kann auch als "response coefficient" auf ein Ereignis (ROSENBERG/GUY (Prediction of Beta, 1976), S. 64), z. B. eine Faktoränderung, verstanden werden.

[156] SHANKEN (Multi-Beta CAPM, 1985), S. 1192-93.

[157] FRANKE (Arbitrage Pricing Theory, 1984), S. 117; LOCKERT (Risikofaktoren, 1996), S. 49; SHANKEN (Multi-Beta CAPM, 1985), S. 1192. Zur geeigneten orthogonalen Transforma-

Bei der Interpretation der Teilportfolios des Marktportfolios als Stellvertreter für fundamentale ökonomische Variablen F_j, die von einigen Autoren vorgenommen wird, wird die Marktrendite in eine Linearkombinationen dieser fundamentalen ökonomischen Faktorenänderungen (δ_j) zerlegt.[158] Das Marktbeta eines Wertpapiers kann dann als Linearkombination seiner Betas bezüglich dieser Faktoren definiert werden.

Eingangs wurden die Gewichte w_j als anteilige Gewichte der Teilportfolios am Marktportfolio definiert. Sie gewichten also die Wirkung einer Renditeänderung im Portfolio j auf die Marktrendite. Die w_j können aber auch als Maße für die Sensitivität der Marktrendite gegenüber Renditeänderungen der Faktorportfolios j aufgefasst werden.[159] Dies wird deutlich, wenn man eine alternative Formulierung für das Wertpapierbeta β_i, ausgehend von einem Mehrfaktorenmodell, betrachtet und ein vollständig diversifiziertes Marktportfolio unterstellt[160]

$$\beta_i = \sum_{j=1}^{k} \left(b_{Mj}\, \beta_{ij} \operatorname{Var}(\delta_j) / \operatorname{Var}(R_M) \right) \tag{12}$$

mit β_{ij} = $\operatorname{Cov}(R_i, \delta_j) / \operatorname{Var}(\delta_j)$, Sensitivität der Wertpapierrendite gegenüber der Faktorausprägung δ_j,

b_{Mj} = $\operatorname{Cov}(R_M, \delta_j) / \operatorname{Var}(\delta_j)$, Sensitivität der Marktrendite gegenüber der Faktorausprägung δ_j,

= $\sum_{i=1}^{N} w_i\, \beta_{ij}$, d. h. durchschnittliche Wertpapiersensitivität gegenüber der Faktorausprägung δ_j über alle Wertpapiere N des Marktportfolios, mit w_i = Gewicht des Wertpapiers i am Marktportfolio.

---

tion einer mehrdimensionalen Risikokomponentenstruktur in einen systematischen Risikofaktor vgl. auch ROLL/ROSS (Empirical Investigation, 1980), S. 1083-1084. Daher kann auch die Unterscheidung zwischen Gleichgewichts- und Arbitrage-Paradigma nicht an der Anzahl der Kovarianzmaße in einer Preisrelation oder an der Anzahl der Faktoren im Renditegenerierungsprozess festgemacht werden. SHANKEN (Multi-Beta CAPM, 1985), S. 1192-1193: Die Anzahl der bewerteten Risikofaktoren lässt keine strenge Unterscheidung zwischen CAPM und APT zu. FRANKE (Arbitrage Pricing Theory, 1984), S. 113.

158 Vgl. z. B. ROSENBERG/GUY (Prediction of Beta, 1976), S. 63; CONNOR (Unified Beta, 1984), S. 14-18, sowie die Kritik von SHANKEN (Multi-Beta CAPM, 1985), S. 1193-1194. Danach ist die Abgrenzung des Multi-Beta Modells von der Gleichgewichts-APT nur unscharf.

159 NOWAK (Faktormodelle, 1994), S. 50-51.

160 Zur Herleitung vgl. NOWAK (Faktormodelle, 1994), S. 46-50. Im Grunde werden dabei die Teilportfoliorenditen durch Faktorrenditen und die Gewichtungen w_j durch die mittlere Sensitivitäten des Markets gegenüber diesen Faktorrenditen ersetzt.

Die Bewertungsgleichung des *Multi-Beta CAPM* ergibt sich durch Einsetzen der aggregierten Beta-Teilkomponenten (11) bzw. (12) in die CAPM-Gleichung (6)[161]

$$\mathrm{E}[R_i] = R_f + (\mathrm{E}[R_M] - R_f) \sum_{j=1}^{k} \left(w_j \, \beta_{ij} \, \mathrm{Var}(R_j) / \mathrm{Var}(R_M) \right)$$

$$= R_f + (\mathrm{E}[R_M] - R_f) \sum_{j=1}^{k} \left(b_{Mj} \, \beta_{ij} \mathrm{Var}(\delta_j) / \mathrm{Var}(R_M) \right). \qquad (13)$$

Nach Umformung erhält man [162]

$$\mathrm{E}[R_i] = R_f + \sum_{j=1}^{k} (\mathrm{E}[R_M] - R_f) \, \beta_{\delta_j} \, \beta_{ij} \qquad (14)$$

mit β_{δ_j} = $\mathrm{Cov}(\delta_j, R_M) / \mathrm{Var}(R_M)$, Sensitivität des Faktors j zur Marktrendite.[163]

Gemäß Gleichung (14) kann das Wertpapierbeta β_i also aus den über alle k Faktoren aufsummierten Produkten der Faktorsensitivitäten der Marktrendite β_{δ_j} mit den Faktorsensitivitäten des Wertpapiers β_{ij} bestimmt werden.[164] Die erwartete Rendite eines Wertpapiers erklärt sich dann durch den risikofreien Zinssatz R_f und k Risikoprämien λ_j. Dazu werden die λ_j als Produkt der erwarteten Überschussrendite des Marktes ($\mathrm{E}[R_M] - R_f$) und der Sensitivität des Faktors j zur Marktrendite (β_{δ_j}) definiert

$$\lambda_j = (\mathrm{E}[R_M] - R_f) \, \beta_{\delta_j} \;, \quad \text{für } j = 1, ..., k.$$

Das Marktportfolio bzw. seine Rendite R_M bleibt also, trotz Definition von k Risikofaktoren, in diesem Bewertungsmodell die zentrale Größe – und infolge seiner fehlenden Beobachtbarkeit (vgl. Abschnitt 1.2.2.1.2) der zentrale Kritikpunkt.

---

161 Die Bewertungsgleichung von SHARPE weicht hier ab, weil er nicht die Annahme unkorrelierter Faktoren zugrunde legt. Vgl. SHARPE (Multi-Beta Interpretation, 1977), S. 134.

162 Dabei wird in Gleichung (14) $\mathrm{Var}(\delta_j)$ gekürzt, nachdem $b_{mj} = \mathrm{Cov}(R_M, \delta_j) / \mathrm{Var}(\delta_j)$ aus Gleichung (12) eingesetzt wurde, und β_{δ_j} wird eingeführt. SHARPE/ALEXANDER (Investments, 1990), S. 255; ALEXANDER/SHARPE/BAILEY (Fundamentals of Investments, 1993), S. 267 (Fn. 13); NOWAK (Faktormodelle, 1994), S. 51-52.

163 Zu beachten ist, dass es sich hier um die Sensitivität des Faktorportfolios zur Marktrendite handelt und nicht um die Sensitivität des Marktportfolios zur Faktorportfoliorendite.

164 SHARPE (Factor Models, 1984), S. 23.

Setzt man den Ausdruck $E[R_M] - R_f = \lambda_j / \beta_{\delta j}$ in Gleichung (14) ein, so erhält man einen kompakteren Ausdruck für die erwartete Wertpapierrendite

$$E[R_i] = R_f + \sum_{j=1}^{k} \lambda_j \beta_{ij} \qquad (15)$$

mit λ_j = Risikoprämie des Faktors *j*.

1.2.2.2.3 Bedingtes CAPM

Die Grundidee der Modifikation des CAPM zu einem bedingten Modell liegt in der Art der Abhängigkeit verschiedener Modellparameter von exogenen Variablen. Insbesondere kann eigentlich keine Stationarität der Ausprägung von Parametern, wie z. B. der Varianz unterstellt werden. Die einzelnen Modelle unterscheiden sich daher hauptsächlich hinsichtlich der zeitlich variabel modellierten Parameter.[165]

Werden z. B. variable Betas und Markt-Risikoprämien über einen Wirtschaftszyklus, etwa Konjunkturzyklus, unterstellt, beschreibt das *bedingte CAPM* die erwartete Rendite linear zum bedingten Beta $\beta_{i,t-1}$ [166]

---

[165] So gehen einige Untersuchungen, unter Hinweis auf statistisch signifikante Beta-Variabilität über die Zeit, von instationären Kovarianzen aus. Die Beta-Variabilität wurde von BOLLERSLEV/ENGLE/WOOLDRIDGE (CAPM, 1988), S. 126-127, nachgewiesen. Untersuchungen mit variablen Kovarianzen stammen u. a. von NG (Time-Varying Covariances, 1991), S. 1511-1513; HARVEY (Conditional Covariances, 1989), S. 291; FERSON/HARVEY (Economic Risk Premiums, 1991), S. 389-390, und FERSON/HARVEY (Equity Returns, 1993), S. 530-531. Andere Autoren sehen die Kovarianzen als konstant an und unterstellen zeitlich veränderliche, bedingte, erwartete Renditen, z. B. GIBBONS/FERSON (Changing Expectations, 1985), S. 218-219; KEIM/STAMBAUGH (Predicting Returns, 1986), S. 358; CAMPBELL (Stock Returns, 1987), S. 381-386; FERSON/KANDEL/STAMBAUGH (Asset Pricing, 1987), S. 202. Oder es werden veränderliche, bedingte, erwartete Renditen und Varianzen unterstellt. Z. B. von FRENCH/SCHWERT/STAMBAUGH (Returns and Volatility, 1987), S. 3-4; NG (Time-Varying Covariances, 1991), S. 1514-1519. Schließlich gehen einige Untersuchungen von nicht konstanten erwarteten Markt-Risikoprämien und bedingten Wertpapier-Betas aus. Während KEIM/STAMBAUGH (Predicting Returns, 1986), S. 357-358; BREEN/GLOSTEN/JAGANNATHAN (Economic Significance, 1989), S. 1179-1180, von allgemein variablen Risikoprämien und Betas ausgehen, unterstellen CHEN (Investment Opportunities, 1991), S. 537-542, FERSON/HARVEY (Economic Risk Premiums, 1991), S. 389, FAMA/FRENCH (Business Conditions, 1989), S. 23-25, und FAMA/FRENCH (Cross-Section, 1992), S. 430-432, deren Variabilität über einen Wirtschaftszyklus.

[166] Das Beispiel entspricht der Darstellung bei JAGANNATHAN/WANG (Conditional CAPM, 1996), S. 7-9. Sie kritisieren am eigenen Modell, dass die Modellierung der zeitlichen Variation der Betas relativ einfach dargestellt ist. JAGANNATHAN/WANG (Conditional CAPM, 1996), S. 36. Realistischere Modellierungen können z. B. durch die von CAMP-

$$\mathrm{E}[R_{it}|Z_{t-1}] = \lambda_{0,t-1} + \lambda_{1,t-1}\beta_{i,t-1} \quad (16)$$
$$\text{mit } \beta_{i,t-1} = \mathrm{Cov}(R_{it}, R_{Mt}|Z_{t-1}) / \mathrm{Var}(R_{Mt}|Z_{t-1}).$$

Das bedingte Beta $\beta_{i,t-1}$ gibt dabei die Sensitivität der Wertpapierrendite zur Marktrendite unter Einbeziehung der Informationen an, die am Ende der Periode t-1 verfügbar sind. $\mathrm{E}[R_{it}|\, Z_{t-1}]$ ist die erwartete Rendite des Wertpapiers i für die Periode t unter Berücksichtigung der öffentlichen Information Z_{t-1} am Ende der Periode t-1.[167] $\lambda_{0,t-1}$ ist die bedingte erwartete Rendite des 'Zero-Beta' Portfolios und $\lambda_{1,t-1}$ die bedingte erwartete Markt-Risikoprämie des Zeitraums t-1.

1.2.3 Faktormodelle

Ursprung der Faktormodelle ist die Portfoliotheorie (MARKOWITZ), die durch rechentechnische Vereinfachung zum Single-Index-Modell (SHARPE) führte. Wird der Index durch den "Markt" ersetzt, führt das Indexmodell zum Marktmodell (FAMA) als verallgemeinertes Faktormodell.[168]

Faktormodelle i. e. S. beschreiben den Renditegenerierungsprozess. D. h. sie sind keine Bewertungsmodelle, sondern erklären lediglich ex-post tatsächliche Renditen auf der Basis bestimmter Faktoränderungen, auf die Wertpapiere unterschiedlich sensitiv reagieren. Diese Modelle sind nicht theoretisch begründet und benötigen daher keine Kapitalmarkteffizienz-Annahme, allerdings las-

---

BELL vorgeschlagenen Erweiterungen des I-CAPM von MERTON vorgenommen werden. CAMPBELL (Intertemporal Asset Pricing, 1993), S. 488-502; CAMPBELL (Understanding Risk, 1996), S. 302-306; MERTON (Intertemporal CAPM, 1973), S. 881-882. Alternativ können nichtlineare, unbedingte Faktormodelle untersucht werden. BANSAL/HSIEH/-VISWANATHAN (International Arbitrage Pricing, 1993), S. 1726-1728; BANSAL/VISWANATHAN (No Arbitrage, 1993), S. 1234-1240. Auch die fehlende Berücksichtigung von periodisch vorkommenden Ereignissen (vgl. Saison-Effekte, insbesondere Januar-Effekt in Abschnitt 1.2.2.2.1), die Wertpapierpreise beeinflussen, ist kritisch zu bewerten. Um diese Effekte mit einzubeziehen, könnten jährliche Daten untersucht werden. KOTHARI/-SHANKEN/SLOAN (Cross-section, 1995), S. 190-191; AMIHUD/CHRISTENSEN/MENDELSON (Risk-Return Relationship, 1992), S. 2-3.

167 Verschiedene Studien verwerfen das CAPM für bedingte Renditen, vgl. Untersuchungen von FERSON/KANDEL/STAMBAUGH (Asset Pricing, 1987), S. 214-216, BOLLERSLEV/-ENGLE/WOOLDRIGE (CAPM, 1988), S. 122-126, HARVEY (Conditional Covariances, 1989), S. 315. FERSON/SCHADT nutzen trotz dieser empirischen Ergebnisse das bedingte CAPM und erhalten robuste Resultate im Vergleich zu einem Multifaktor Asset-Pricing Modell. FERSON/SCHADT (Changing Economic Conditions, 1996), S. 428.

168 HIELSCHER (Investmentanalyse, 1996), S. 70. Zusätzlich wird im Gegensatz zum Index-Modell die Annahme, dass die unsystematischen Renditen der Wertpapiere untereinander unkorreliert sind aufgehoben. ELTON/GRUBER (Modern Portfolio Theory, 1995), S. 152.

sen sich aus ihnen auch keine Aussagen zur Bewertungen der Faktoren am Kapitalmarkt ableiten. D. h. es wird keine erwartete Rendite (Preis) für die Übernahme von Faktorrisiko quantifiziert. Dagegen stellen Bewertungs- und Gleichgewichtsmodelle einen Zusammenhang zwischen systematischen Risiken und erwarteten Renditen her. Für diese letzteren, theoretisch fundierten Faktormodelle i. w. S. ist allerdings die Effizienzannahme des Kapitalmarktes Voraussetzung.[169]

Die Wertpapierrendite wird im Allgemeinen als lineare Funktion eines oder mehrerer Faktoren angenommen. Beim Marktmodell ist dieser Faktor der Markt (-index). Dabei wird eine Differenzierung nach systematischer und unsystematischer Renditekomponente vorgenommen, die auf das systematische Risiko (β_i) und das unsystematische Risiko (Var[ε_i]) des Indexmodells zurückgehen.[170]

Nach den statistischen Eigenschaften der Faktormenge sind einerseits *exakte* Faktormodelle abzugrenzen, die untereinander unkorrelierte Störterme der Wertpapierrenditen haben. D. h. die Kovarianzmatrix ist eine Diagonalmatrix, in der nur die Werte auf der Hauptdiagonalen der Matrix von Null verschieden sind. Dagegen können *approximative* Faktormodelle korrelierte Störterme aufweisen.[171] Die Klassifizierung der Faktormodelle ist zudem nach Art und Anzahl der Faktoren möglich.[172]

Davon abzugrenzen ist die Unterscheidung nach Faktorrenditeanteilen, die als erklärende Variablen dienen. *Explizite* Faktormodelle trennen zwischen der erwarteten Wertpapierrendite E[R_i] und der Rendite aus der unerwarteten, systematischen Faktoränderung β_{ij} (δ_j – E[δ_j]) sowie einer unsystematischen Komponente ε_i

---

[169] WITTROCK (Performance, 1995), S. 33.

[170] Das systematische Risiko muss allerdings nicht zwangsläufig auf einem einzelnen Einflussfaktor beruhen. Vielmehr kann es sich, entsprechend der Anzahl der systematischen Faktoren, aus mehreren systematischen Komponenten zusammensetzen, vgl. Abschnitt 1.2.2.2.2.

[171] LOCKERT (Risikofaktoren, 1996), S. 13; WITTROCK (Performance, 1995), S. 32. Ein dritter, aber unrealistischer Fall besteht in Faktormodellen, deren Kovarianzmatrix gleich Null ist. Dies würde eine vollständiges Fehlen von Störvariablen unterstellen und somit "sichere" (funktionale) Zusammenhänge unterstellen. NOWAK (Faktormodelle, 1994), S. 22.

[172] So differenziert CONNOR (Types of Factor Models, 1995), S. 43, drei Typen primär nach der Art der Inputvariablen: In das makroökonomische Faktormodell gehen neben den Wertpapierrenditen makroökonomische Variablen ein. Statistische Faktormodelle nutzen ausschließlich die Wertpapierrenditen, während fundamentale Faktormodelle zusätzlich unternehmensspezifische Variablen verwenden.

$$R_i = \mathrm{E}[R_i] + \sum_{j=1}^{k} \beta_{ij} (\delta_j - \mathrm{E}[\delta_j]) + \varepsilon_i .$$

Implizite Faktormodelle verwenden dagegen die gesamte Faktorrendite δ_j und nicht nur den unerwarteten Anteil (δ_j – E[δ_j]) wie bei expliziten Modellen als erklärende Variable

$$r_i = \alpha_i + \sum_{j=1}^{k} \beta_{ij} \delta_j + \varepsilon_i .$$

Beide Definitionen unterscheiden sich dadurch zwangsläufig durch die Definition des absoluten Gliedes E[R_i] bzw. α_i.[173] Speziell für α_i im impliziten Modell werden zwei unterschiedliche Interpretationen vertreten. Zum einen kann er als konstanter, unsystematischer Renditebestandteil interpretiert werden, der aus dem Durchschnitt der beobachteten unsystematischen Periodenrenditen besteht.[174] Andererseits kann er als systematischer, aber marktunabhängiger Renditebestandteil betrachtet werden.[175]

Die Bereiche, in denen insbesondere Mehrfaktorenmodelle eingesetzt werden wurden bereits im Abschnitt 1.2.1.4 beschrieben.

1.2.3.1 Arbitrage Pricing Theory

Die Arbitrage Pricing Theory (APT)[176] versucht als Bewertungsmodell, die Schwächen des CAPM zu vermeiden, ohne vom systematischen Risiko als bewertungsrelevanter Größe abzurücken. Die von ROSS als Alternative zum CAPM entwickelte Theorie beruht *nicht* auf dem μ-σ^2 Prinzip von MARKOWITZ und den damit verbundenen restriktiven Annahmen über die Renditeverteilung und die Nutzenfunktion der Anleger.[177] Ziel der APT ist vielmehr eine präfe-

---

173 Vgl. Ausführungen bei NOWAK (Faktormodelle, 1994), S. 16-17 und 22-25.

174 UHLIR/STEINER (Wertpapieranalyse, 1991), S. 170; NOWAK (Faktormodelle, 1994), S. 24; MODIGLIANI/POGUE (Risk and Return II, 1974), S. 73, 83.

175 RUDD/CLASING (Modern Portfolio Theory, 1982), S. 64-66; WITTROCK (Performance, 1995), S. 31; MEYER (Hedging, 1994), S. 21.

176 Dieser Ansatz wird vereinzelt in der Literatur auch als Arbitrage Pricing Model bezeichnet. Vgl. z. B. BROWN/WEINSTEIN (Testing Asset Pricing Models, 1983), S. 712. Zur Abgrenzung zwischen Theorie und Modell vgl. SCHANZ (Verhaltenswissenschaften und Betriebswirtschaftslehre, 1993), Sp. 4524-4525; KREIS (Betriebswirtschaftslehre, 1998), S. 50; sowie zur Modellbildung SCHNEEWEIß (Operations Research, 1993), Sp. 2943-2944.

177 ROSS (Arbitrage Theory, 1976), S. 341-343; ROSS (Return, Risk and Arbitrage, 1977), S. 199, 205. Die Ableitung der Ursprungsversion der APT wurde von ROSS unterschiedlich untermauert. In einem ersten Teil wird eine vergleichsweise ökonomisch verständliche,

renzfreie Bewertung von Zahlungsströmen.[178] Die APT benötigt ferner auch kein effizientes Marktportfolio, dessen Nichtbeobachtbarkeit den Kern der Kritik am CAPM darstellt.[179]

Die APT unterstellt einen vollkommenen Markt und dass die Anleger nur über eine Periode planen. Die APT ist also ein einperiodisches Modell.[180] Ferner wird unterstellt, dass alle Anleger von der Gültigkeit eines bestimmten Faktormodells für erwartete Renditen ausgehen.

Die erste zentrale Annahme bezieht sich auf den *Renditegenerierungsprozess*.[181] Danach bestimmt eine begrenzte Anzahl (k) systematischer Risikofaktoren F_j (mit $j = 1, ..., k$) approximativ die Renditen aller risikobehafteten Wertpapiere.[182] D. h. in jeder Periode ist die Differenz zwischen tatsächlicher (realisierter) Rendite R_i und erwarteter Rendite $E[R_i]$ gleich der Summe aller Faktorladungen (= Sensitivitäten) b_{ij}, multipliziert mit den Ausprägungen der Risikofaktoren δ_j am Ende der Periode, plus einem wertpapierspezifischen Fehlerterm ε_i

---

heuristische Herleitung unter Verwendung eines sog. Arbitrageportefeullies dargestellt (ROSS (Arbitrage Theory, 1976), S. 341-343, und ROSS (Return, Risk and Arbitrage, 1977), S. 194-200), während in einem zweiten Teil eine exakte Ableitung zur APT führt; ROSS (Arbitrage Theory, 1976), S. 346-353, vgl. auch HUBERMAN (Simple Approach, 1982), S. 186-190. Vgl. ferner Darstellung bei LOCKERT (Risikofaktoren, 1996), S. 7-8 und 15-20, für die heuristische Herleitung und S. 20-22 für die exakte Ableitung. Für eine leichter verständliche Formulierung der APT vgl. ELTON/GRUBER (Modern Portfolio Theory, 1995), S. 369-372; ROLL/ROSS (Strategic Portfolio Planning, 1984), S. 15-18.

178 WITTROCK (Performance, 1995), S. 38.

179 Vgl. Abschnitt 1.2.2.1.2 "des CAPM".

180 ROLL/ROSS (Empirical Investigation, 1980), S. 1076; LOCKERT (Risikofaktoren, 1996), S. 8. Zum vollkommenen Markt vgl. z. B. FRANKE (Kapitalmarkt, 1983), S. 241; FAMA/-MILLER (Finance, 1972), S. 277.

181 Vgl. CRAGG/MALKIEL (Expectations, 1982), S. 98, die die Annahme eines Faktormodells als Renditegenerierungsprozess für die grundlegende Prämisse aller APT-Modelle ansehen, während die explizite Arbitragefreiheitsannahme nicht allen Modellvarianten zugrunde liegt. Im CAPM findet sich dagegen weder in den Annahmen noch in den Ergebnissen eine vergleichbare Aussage über die Renditegenerierung. Vgl. LOCKERT (Risikofaktoren, 1996), S. 46; TREYNOR (CAPM, 1993), S. 11.

182 Diese Annahme ist äquivalent zu der Annahme, dass k Eigenwerte der Rendite-Kovarianzmatrix steigen, wenn die Anzahl der Wertpapiere zunimmt. TRZCINKA (Number of Factors, 1986), S. 366; CHAMBERLAIN/ROTHSCHILD (Arbitrage, 1983), S. 1284; STAMBAUGH (Arbitrage Pricing, 1983), S. 364-365. Über die Anzahl der Faktoren wird keine Aussage getroffen. TRZCINKA (Number of Factors, 1986), S. 347; CONNOR/KORAJCZYK (Number of Factors, 1993), S. 1264, 1280.

$$R_i = b_{0i} + \sum_{j=1}^{k} b_{ij}\,\delta_j + \varepsilon_i\,. \tag{17}$$

b_{0i} = Absolutglied, das der erwarteten Rendite des Wertpapiers i entspricht

b_{ij} = Faktorladung, bzw. Sensitivität gegenüber dem Faktor F_j

δ_j = Ausprägung des Risikofaktors F_j

ε_i = wertpapierspezifischer Fehlerterm

Die Erwartungswerte der Faktorausprägungen $E[\delta_j]$ und der wertpapierspezifischen Störgrößen $E[\varepsilon_i]$ sind Null. Die Ausprägungen der Risikofaktoren δ_j werden grundsätzlich standardisiert verwendet, d. h. ihr Mittelwert und damit ihr Erwartungswert ist Null. Würde eine von Null verschiedene Faktorausprägung erwartet, wäre sie Teil der erwarteten Wertpapierrendite $E[R_i]$.[183] Die wertpapierspezifischen Störgrößen weisen in einer Regressionsgleichung als Fehlerterm grundsätzlich einen Mittelwert von Null auf. Damit wird deutlich, dass der Anleger am Anfang der Periode eine bestimmte Rendite für ein Wertpapier i erwartet ($E[R_i]$), die der Größe b_{0i} entspricht.[184] Ferner wird die Unkorreliertheit der Störgrößen mit den Faktoränderungen angenommen ($Cov(\delta_j, \varepsilon_i) = 0$), d. h. die wertpapierspezifische Variable hat keinen Zusammenhang mit den Änderungen der systematischen Faktoren.[185] Die Renditegenerierung wird damit durch ein lineares k-Faktormodell beschrieben.[186]

---

[183] D. h. die Faktorausprägungen δ_j dürfen sich im Voraus nicht (signifikant) schätzen lassen, weil der Faktor sonst eine öffentliche Information darstellt, die zur Bildung der Renditeerwartung beiträgt. Er stellt damit also kein (systematisches) Risiko mehr dar.

[184] Vgl. ROSS (Arbitrage Theory, 1976), S. 342, der den Renditegenerierungsprozess mit der erwarteten Rendite als absolutem Term formuliert.

[185] Zusätzlich werden die Faktorausprägungen und die aktienspezifischen Störterme ε als unkorreliert über die Zeit angenommen: $Cov[\delta_k(t), \delta_k(t')] = Cov[\varepsilon_i(t), \varepsilon_i(t')] = 0$ für $t \neq t'$. Vgl. BURMEISTER/ROLL/ROSS (Guide to APT, 1994), S. 314.

[186] Während z. B. CRAGG/MALKIEL (Expectations, 1982), S. 100, die Annahme eines *linearen* k-Faktormodells als sehr restriktiv ansehen, wird diese Annahme von anderen als weniger einschränkend angesehen, da die Faktoren auch als nichtlineare Funktionen anderer Variablen angesehen werden können. Vgl. CHANG/SHANKER (Risk-Return Measure, 1987), S. 2, und weitergehend NOWAK (Faktormodelle, 1994), S. 59-60. Wird die Bedingung der paarweisen Unkorreliertheit der Faktoren $Cov(\delta_i, \delta_j) = 0$ mit $i \neq j$ erfüllt, dann liegen orthogonale Faktoren vor. Werden diese zusätzlich auf eine Varianz von Eins normiert, spricht man von orthonormalen Faktoren. Vgl. KOSFELD (Kapitalmarktmodelle, 1996), S. 65. Vgl. dort auch Diskussion über die Bedingung der Unkorreliertheit der wertpapierspezifischen Störterme mit konstanter Varianz ψ_i. Diese Varianzen ψ_i entsprechen dem unsystemati-

Die zweite zentrale Annahme der APT besteht in der *Arbitragefreiheit*. Diese überführt den Renditegenerierungsprozess in ein Modell, das die Höhe der erwarteten Renditen $E[R_i]$ bestimmt. Die Arbitragefreiheitsannahme geht davon aus, dass *reine* Arbitragegewinne, d. h. Gewinne ohne den Einsatz einer Nettoinvestition und ohne die Übernahme eines Risikos, nicht möglich sind. Diese Annahme stellt ein Gleichgewichtskonzept dar, das weitreichende Implikationen hat. Insbesondere bleibt die APT dadurch frei von restriktiven Annahmen bezüglich der Wahrscheinlichkeitsverteilungen und Präferenzen.[187] Der Erwartungswert für die Wertpapierrendite ergibt sich nach dem APT-Theorem aus der Zero-Beta Rendite (λ_0) und dem Produkt aus Risikoprämien (λ_j) und Faktorsensitivitäten (β_{ij})[188]

$$E[R_i] \approx \lambda_0 + \sum_{j=1}^{k} \lambda_j \beta_{ij} \tag{18}$$

λ_0 = erwartete Rendite eines Portfolios, das zu allen Faktoren eine Sensitivität von Null aufweist (Zero-Beta Rendite)
λ_j = Risikoprämie bzw. Risikopreis des Faktors j,
β_{ij} = Sensitivität des Wertpapiers i zum Faktor j.

Die Faktorsensitivitäten β_{ij} bilden, wie im CAPM, systematische Risiken ab, für deren Übernahme der Anleger eine Prämie verlangt und erhält. Es wird also nur der Teil der Wertpapierrendite durch eine Risikoprämie kompensiert, der

---

schen Risiko der Wertpapiere. Das systematische Risiko ergibt sich aus der Varianz des Summenausdrucks in (17): $Var(R_i^s) = \sum_{j=1}^{k} b_{ij}^2 Var(\delta_j) \approx \sum_{j=1}^{k} b_{ij}^2$, da die Faktoren normalisiert sind, d. h. $Var(\delta_j) = 1$. Das systematische Risiko entspricht also unter diesen Annahmen der Summe der quadrierten Faktorladungen. Vgl. KOSFELD (Kapitalmarktmodelle, 1996), S. 66.

187 BURMEISTER/ROLL/ROSS (Guide to APT, 1994), S. 314. Zur Arbitragefreiheit vgl. auch DYBVIG/ROSS (Arbitrage, 1987), S. 104-106; FRANKE/HAX (Finanzwirtschaft, 1990), S. 295-297; LOCKERT (Risikofaktoren, 1996), S. 11, 21. Neben der expliziten Arbitragefreiheitsannahme beinhaltet die APT nach LOCKERT auch implizite Arbitragefreiheitsbedingungen. Diese bestehen u. a. in der Annahme, dass jedes Wertpapier zu einem bestimmten Zeitpunkt nur einen Preis hat. Vgl. LOCKERT (Risikofaktoren, 1996), S. 11.

188 INGERSOLL (Financial Decision Making, 1987), S. 160-162. Diese auch als APT-Restriktion bezeichnete Bedingung des APT-Theorems unterstellt einen Gleichgewichtszustand, in dem keine risikofreie Arbitrage möglich ist. D. h. ein Wertpapier i muss (annähernd) auf der Hyperebene liegen, die durch (18) im $E[R]$-β Raum aufgespannt wird. ELTON/GRUBER (Modern Portfolio Theory, 1995), S. 371; BURMEISTER/MCELROY (Joint Estimation, 1988), S. 724.

mit Faktoren korreliert ist, die über den Querschnitt des Marktes wirken.[189] Die Renditeerwartung ist aber lediglich approximativ, weil hier eine endliche Anzahl an Wertpapieren betrachtet werden, so dass i. d. R. keine vollständige Eliminierung des unsystematischen Risikos ermöglicht wird.[190] Da der Fehler in der praktischen Anwendung sehr klein ist, kann (18) näherungsweise als Gleichung betrachtet werden.[191]

Entsprechend der Approximation für die erwartete Rendite in der Bewertungsgleichung (18), bestimmen die Risikoprämien λ_j die Risiko/Rendite-Abwägung. Dieser Zusammenhang kann interpretiert werden, wenn β_{ij} die Höhe des Faktorrisikos und λ_j dessen Preis bezeichnet. Das Produkt dieser beiden Parameter ist der Wert des Risikobeitrags zur erwarteten Rendite. Die Summe aller Risikobeiträge entspricht dann der Überschussrendite, wenn λ_0 der risikolose Zins ist.[192] Die Risikoprämie λ_j kann dann als erwartete Überschussrendite interpretiert werden, die für eine Einheit Risiko des j-ten Faktors ($\beta_j = 1$) bezahlt wird ($\lambda_j = E[R_j] - \lambda_0$), wenn gleichzeitig keine Risikopositionen in allen anderen Faktoren gehalten werden ($\beta_k = 0, j \neq k$),.[193]

---

189 JOHN/REISMAN (Multibeta Models, 1991), S. 2.

190 LOCKERT (Risikofaktoren, 1996), S. 19-12, WITTROCK (Performance, 1995), S. 39. Zusätzlich erfordert die Arbitrageargumentation von ROSS (Return, Risk and Arbitrage, 1977), S. 196-197, dass ein Arbitrageportfolio durchschnittlich eine Rendite von Null aufweist. Durch diese Durchschnittsanforderung gilt für Gleichung (18) nur die Approximation und nicht die Gleichheit; NOWAK (Faktormodelle, 1994), S. 71.

Zum Vergleich der APT mit dem CAPM vgl. ROSS (Arbitrage Theory, 1976), S. 341-342, GEHR (Tests of Arbitrage Pricing, 1978), S. 96-99, für einen empirischen Vergleich und DYBVIG/ROSS (APT is Testable, 1985), S. 1180-1182, für die Einordnung und Abgrenzung der APT im Vergleich zum CAPM.

191 Für zusätzliche Annahmen vgl. CHEN/INGERSOLL (Linear Factormodels, 1983), S. 985-986 und DYBVIG/ROSS (APT is Testable, 1985), S. 1175, für eine praktische Anwendung DYBVIG (Explicit Bound, 1983), S. 494-495. Vgl. NOWAK (Faktormodelle, 1994), S.73-74, und WITTROCK (Performance, 1995), S. 39, zur Diskussion ob (19) eine Gleichung oder eine Approximation ist.

192 Dass λ_0 der risikolose Zins ist, folgt aus der theoretischen Überlegung für ein perfekt diversifiziertes Portfolio, das keine Faktorsensitivitäten hat ($\beta_k = 0$). Aufgrund der perfekten Diversifikation würde das Portfolio kein unsystematisches Risiko enthalten ($\varepsilon = 0$). Wenn auch keine Sensitivitäten zu systematischen Risikofaktoren bestehen, hat ein solches Portfolio kein Risiko und damit eine Rendite in Höhe des risikolosen Zinses (λ_0). BURMEISTER/ROLL/ROSS (Guide to APT, 1994), S. 314, 330.

193 Diese Interpretation von ADMATI/PFLEIDERER (Factor Risk Premia, 1985), S. 193-195, CHANG/LEWELLEN (Arbitrage Pricing Approach, 1985), S. 17, u. a. gilt nach LOCKERT (Risikofaktoren, 1996), S. 21-22, nur bei zusätzlichen, restriktiv wirkenden Prämissen.

Die *APT-Gleichung* ergibt sich durch Einsetzen des Erwartungswertes der Wertpapierrendite (18) in die Gleichung des Renditegenerierungsprozesses der APT (17). Dabei werden die Faktorsensitivitäten als Risikopositionen ($b_{ij} = \beta_{ij}$) und die erwartete Wertpapierrendite als absolutes Glied ($b_{oi} = \mathrm{E}[R_i]$) substituiert

$$R_i - \lambda_0 = \sum_{j=1}^{k} \beta_{ij}[\lambda_j + \delta_j] + \varepsilon \tag{19}$$

für alle $i = 1, ..., N$.[194]

Die *Anwendungsbereiche der APT* beinhalten die Identifikation von Risikopositions-Profilen, die Analyse der Quellen tatsächlicher Portfolioperformance, die Indexportfolio-Konstruktion (Risikoeliminierung), Tilting, Faktorwetten, die Beurteilung einer Gesamtrisikostruktur über mehrere Manager, die optimierte Risikokontrolle bei der Portfoliokonstruktion durch Rankings, Long/-Short-Strategien und die Standardoptimierung im Rahmen der μ-σ^2 Effizienz, bei der die APT-systematische Varianz anstelle der Gesamtvarianz eingesetzt wird.[195]

Vgl. dazu auch INGERSOLL (Theory of Arbitrage Pricing, 1984), S. 1028-1033. Zu Portfolios, die lediglich einen Faktor exakt nachbilden und keine Sensitivität gegenüber allen anderen Faktoren aufweisen, sogenannte Faktorportfolios, vgl. Abschnitt 1.2.3.2.

194 Wird diese Gleichung in der Art interpretiert, dass die Rendite R_i den summierten Produkten aus systematischen Faktorsensitivitäten und Faktor-Risikoprämie entspricht, so kann die Faktorrendite als $R_j = \lambda_0 + \lambda_j + \delta_j$ definiert werden. Der Klammerausdruck in (19) entspricht also der realisierten Überschussrendite des Faktors j ($\lambda_j + \delta_j = R_j - \lambda_0$). Vgl. auch CHANG/LEWELLEN (Arbitrage Pricing Approach, 1985), S. 18. Zur Schätzung der systematischen Risiken (β_{ij}) in gemanagten Portfolios, wird ein konstanter Regressionskoeffizient (α_i) der Gleichung (19) hinzugefügt, so dass die Regression nicht zwangsweise durch den Ursprung verlaufen muss. Die Interpretation des Koeffizienten entspricht der im CAPM. Er gibt approximativ den Renditebeitrag der Selektion des aktiv gemanagten Portfolios an, wenn die systematischen Risikofaktoren als konstant angenommen werden können; vgl. Abschnitt 2.3.2.1 (Jensen-Alpha). CHANG/LEWELLEN (Arbitrage Pricing Approach, 1985), S. 18-19.

195 Zu empirischen Untersuchungen der APT vgl. BROWN/WEINSTEIN (Testing Asset Pricing Models, 1983), S 720-733; CHEN (Empirical Tests, 1983), S. 1396-1399; CHAN/CHEN/-HSIEH (Firm Size Effect, 1985), S. 456-463; CHEN/ROLL/ROSS (Economic Forces, 1986), S. 393-401 und früher schon in CHEN/ROLL/ROSS (Economic Forces, 1983); DHRYMES/-FRIEND/GULTENKIN (Reexamination, 1984), S. 345; CHO/ELTON/GRUBER (Robustness, 1984), S. 6-8; GEHR (Tests of Arbitrage Pricing, 1978), S. 96-99; OLDFIELD/ROGALSKI (Treasury Bill Factors, 1981), S. 343-349; ROLL/ROSS (Empirical Investigation, 1980), S. 1089-1098; DYBVIG/ROSS (APT is Testable, 1985), S. 1173.

1.2.3.1.1 Abgrenzung der APT von Ross von anderen APT-Ausprägungen

Einige APT-Ausprägungen beruhen im Gegensatz zur APT von ROSS zusätzlich auf Gleichgewichtsannahmen.[196] Eine systematische Trennung der unterschiedlich untermauerten Modellansätze, die in der Literatur im Zusammenhang mit der APT dargestellt werden, wird z. B. von SHANKEN vorgenommen.[197] Das Gleichgewichts-CAPM betont die Rolle der Kovarianzen zwischen den Wertpapierrenditen und einem einzigen endogenen Aggregat, nämlich dem Marktportfolio bzw. Marktproxy. Die traditionelle Arbitrage-APT betont dagegen die Rolle der Kovarianz zwischen Wertpapierrenditen und Faktoren im Renditegenerierungsprozess.[198] Schließlich beinhaltet das Gleichgewichts-Faktormodell, die Gleichgewichts-APT, beide der oben genannten Kovarianzrelationen und zusätzlich die Kovarianz zwischen Faktoren und dem Gleichgewichts-Aggregat

---

196 Die APT von ROSS wird daher auch als Arbitrage APT eingeordnet. Vgl. ROSS (Arbitrage Theory, 1976), S. 346-353; HUBERMAN (Simple Approach, 1982), S. 186-189, CONNOR (Unified Beta, 1984), S. 22-25, und REISMAN (Reference Variables, 1992), S. 1307-1310.

Für Gleichgewichtsmodelle ist die Arbitragefreiheit nur eine notwendige aber nicht hinreichende Bedingung. Gleichgewichtsmodelle sind zusätzlich auf strengere Annahmen über das Risikoverhalten der Anleger angewiesen, die Arbitrage-APT nimmt die Bewertung auf Basis der beobachteten Wertpapierrenditen vor. FRANKE (Performancemessung, 1994), S. 128; NOWAK (Faktormodelle, 1994), S. 75, 99.

197 SHANKEN (Multi-Beta CAPM, 1985), S. 1189-91; SHANKEN (Arbitrage Pricing Theory, 1982), S.1135-1136. GRINBLATT/TITMAN (Factor Pricing, 1983), S. 497 und 504, und CONNOR (Unified Beta, 1984), S. 14, haben eine solche Aufteilung schon früher nahegelegt. DYBVIG/ROSS (APT is Testable, 1985), S. 1174-1175, trennen die verschiedenen theoretischen Ansätze der APT implizit ähnlich, sehen aber in DYBVIG/ROSS (Arbitrage, 1987), S. 106, diese Unterscheidung als nicht sachdienlich an. Sie begründen dies damit, dass nur graduell engere Approximationen abgeleitet werden, die aber auf weitgehend ähnlichen Annahmen beruhen.

198 Zur traditionellen Arbitrage-APT, die auf Arbitragefreiheit aufbaut und von einem Kapitalmarkt mit unendlich vielen Wertpapieren ausgeht (infinite economy), vgl. CHAMBERLAIN/ROTHSCHILD (Arbitrage, 1983), S. 1283-1284; HUBERMAN (Arbitrage Pricing Theory, 1982), S. 186-189; INGERSOLL (Theory of Arbitrage Pricing, 1984), S. 1023-1025; STAMBAUGH (Arbitrage Pricing, 1983), S. 358-359; REISMAN (APT, 1988), S. 473-475, und REISMAN (Reference Variables, 1992), S. 1303-1305; ADMATI/PFLEIDERER (Factor Risk Premia, 1985), S. 192-195; ROSS (Arbitrage Theory, 1976), S. 342-343 und 346-353.

SHANKEN (Multi-Beta CAPM, 1985), S. 1189: "My thesis in SHANKEN [(Arbitrage Pricing Theory, 1982)] was that: (i) the arbitrage paradigm has not produced a refutable hypothesis and that (ii) recognition of the role of the factor/aggregate covariance relation appears to be essential if positive economic significance is to be attributed to asset pricing empirical work."

(Marktportfolio).[199] D. h. es enthält wie das CAPM das Marktportfolio als zentrale Größe.

Der fundamentale Unterschied der Arbitrage-APT Preisbildungsrestriktion zur Gleichgewichts-APT und zum CAPM besteht in der Bestimmtheit der Bewertungshypothesen.[200] Während die Arbitrage-APT lediglich die Preisabweichung auf Portfolioebene beschränkt, muss bei Gleichgewichtsmodellen die Preisbildung für einzelne Wertpapiere mit endlichem Fehler erfolgen.[201]

Dafür hat das Marktportfolio in den Gleichgewichtsmodellen eine große Bedeutung, während es in den Arbitrage-Modellen keinen besonderen Stellenwert hat.[202] Die Arbitrage-APT geht dagegen von unendlich vielen Wertpapieren aus,

---

199 Zur APT im Marktgleichgewicht vgl. CONNOR (Unified Beta, 1984), S. 17-18; DYBVIG (Explicit Bound, 1983), S. 485-486; GRINBLATT/TITMAN (Factor Pricing, 1983), S. 498-502.

Das Gleichgewicht-Faktormodell, das von DYBVIG/ROSS (APT is Testable, 1985), S. 1174-1176, diskutiert wird, enthält testbare Restriktionen für die Parameter des Renditegenerierungsprozesses. Aber diese Restriktionen beinhalten verbundene Hypothesen, die nicht bestätigt werden können, ohne das gesamte Universum der Assets beobachten zu können. SHANKEN (Multi-Beta CAPM, 1985), S. 1189; Kritik auch von ROLL (Asset Theories Tests, 1977), S. 130.

200 SHANKEN (Multi-Beta CAPM, 1985), S. 1192-93; LOCKERT (Risikofaktoren, 1996), S. 9.

201 Ein 'wohl diversifiziertes' Portfolio hat nach der Arbitrage-APT kein residuales Risiko, d. h. die aggregierte Summe der quadrierten Bewertungsfehler der Wertpapiere (vgl. Gleichung (18)) ist Null. Anders ausgedrückt, erklären die Faktoren die Renditeveränderungen vollständig. Dabei existiert in der traditionellen APT keine Restriktion für die Höhe der einzelnen Summanden, lediglich die unendliche Summe der quadrierten Abweichungsfehler hat eine obere Schranke. Sie liefert also keine Aussage zur Approximationsgüte der APT für einzelne Wertpapiere. LOCKERT (Risikofaktoren, 1996), S. 9.

Im Gegensatz dazu umreißen die Gleichgewichtsmodelle spezifische, verbundene empirische Hypothesen, die, falls sie erfüllt sind, sicherstellen, dass die Abweichungen *eines* Wertpapiers in der Multi-Beta Gleichgewichtsrelation vernachlässigbar oder sogar Null sind. Vgl. hierzu insbesondere die APT Modelle von GRINBLATT/TITMAN (Factor Pricing, 1983), S. 500, 502-503; DYBVIG (Explicit Bound, 1983), S. 488-489, und CONNOR (Unified Beta, 1984), S. 22-25. Die verbundene Hypothese besteht nach Ansicht von SHANKEN aus der Gültigkeit einer wertpapierspezifischen Fehlerschranke und der stochastischen Unabhängigkeit des Fehlerterms eines Wertpapiers *i* von den zukünftigen Renditen aller anderen Wertpapiere. Vgl. SHANKEN (Multi-Beta CAPM, 1985), S. 1192-1194, und Darstellung bei LOCKERT (Risikofaktoren, 1996), S. 43. Kritik an der verbundenen Hypothese, die Auswirkungen auf die empirische Testbarkeit der APT hat, wird von DYBVIG/ROSS (APT is Testable, 1985), S. 1176, und ROLL/ROSS (Empirical Investigation, 1980), S. 1083, dahingehend formuliert, dass Theorien auf ihre Schlussfolgerungen getestet werden sollten und nicht an den Annahmen. SINCLAIR (Multifactor, 1987), S. 20.

202 LOCKERT (Risikofaktoren, 1996), S. 9.

während die Gleichgewichts-APT nur endlich viele Wertpapiere unterstellt und die Arbitragefreiheitsannahme der Arbitrage-APT durch die Gleichgewichtsbedingung des Marktes und Prämissen über die Anlegerpräferenzen ersetzt.[203]

Die Unterscheidung zwischen Gleichgewichts- und Arbitrage-Paradigma kann aber nicht an der Anzahl der Kovarianzmaße in einer Bewertungsrelation oder an der Anzahl der Faktoren im Renditegenerierungsprozess festgemacht werden.[204] Multi-Beta Bewertungen können z. B. durch geeignete Transformation der Faktoren auch als Ein-Faktor-Modell dargestellt werden.[205] Damit z. B. aus der allgemeinen APT-Gleichung der Spezialfall des CAPM konstruiert werden kann, müssen für die Risikopreise λ_i bestimmte Restriktionen eingeführt werden.[206] Im (Mehrfaktoren-)CAPM ist die Überschussrendite gleich dem CAPM-Beta multipliziert mit der erwarteten Marktüberschussrendite.[207]

Neben diesen beiden Varianten der APT werden verschiedene *Variationen* des Standard APT-Modells verwendet. Zur Dynamisierung der APT können zeitvariable Risikopreise $\lambda_i(t)$ oder mit zeitvariable Risikoausmaße $\beta_{ij}(t)$ eingesetzt werden.[208] Um optimale out-of-sample Schätzungen für Risikoausmaße und da-

---

[203] DYBVIG/ROSS (APT is Testable, 1985), S. 1176-1180, erweitern den engen APT Begriff (Arbitrage-APT) von SHANKEN (Arbitrage Pricing Theory, 1982), S. 1130-1132, auch auf die Gleichgewichts-Faktor-Modelle. SHANKEN bezweifelt also nur die Testbarkeit der Arbitrage-APT Modelle, erkennt aber im Grundsatz die Testbarkeit der Gleichgewichts-APT an; vgl. SHANKEN (Arbitrage Pricing Theory, 1982), S. 1132; SHANKEN (Multi-Beta CAPM, 1985), S. 1194.

[204] SHANKEN (Multi-Beta CAPM, 1985), S. 1192-93.

[205] Vgl. Abschnitt 1.2.2.2.2 zum Multi-Beta CAPM.

[206] BURMEISTER/ROLL/ROSS (Guide to APT, 1994), S. 328-329 (Anhang A). Andere Autoren, die das CAPM als Spezialfall der APT mit nur einem Faktor interpretieren, sind MORRIS/-POPE (Jensen Measure, 1981), S. 208; PEASNELL/SKERRATT/TAYLOR (An Arbitrage Rationale, 1979), S. 380-386. Vgl. auch Kritik zu dieser Interpretation von BURMEISTER/ROLL/-ROSS und anderen bei APPLEYARD/STRONG/WALKER (Mutual Fund Performance, 1982), S. 289-294, und allgemein zu dieser Interpretation bei WITTROCK (Performance, 1995), S. 40 (und dortige Literatur Fn. 102) und S. 122-123. Andererseits sieht NOWAK die Abgrenzung vieler APT-Varianten und deren Annahmen vom CAPM als schwierig an und sieht eine Konvergenz der Modellentwicklung in der Art gegeben, dass alle Modelle als Teilmengen eines einfachen Faktormodells darstellbar sind. Vgl. NOWAK (Faktormodelle, 1994), S. 112-113; BURMEISTER/MCELROY (Residual Market Factor, 1991), S. 39.

[207] Vgl. Abschnitt 1.2.2.2.2, ab S. 55.

[208] Z.B. HUBERMAN (Arbitrage Pricing Theory, 1987), S. 106-108; HUBERMAN/KANDEL/-STAMBAUGH (Mimicking Portfolios, 1987), S. 1. Zur Anwendung der APT im Rahmen der Überprüfung der intertemporalen Konsistenz der Theorie in dynamischen Gleichgewichtsmodellen vgl. COX/INGERSOLL/ROSS (Model of Asset Prices, 1985), S. 374-377; OHLSON/-

durch für die erwartete Rendite zu treffen, kann die Bayesian-Methode verwendet werden, oder es werden zusätzliche Faktoren mit $\lambda_i = 0$ verwendet, die i. d. R. zur Beschreibung von Industrie- oder Sektoreffekten dienen.[209]

1.2.3.1.2 Bewertungsgleichung des "exakten" APT-Modells

In unterschiedlichen Modellen entwickeln CRAGG/MALKIEL, CHEN/INGERSOLL und CONNOR restriktive Prämissen für die exakte Gültigkeit der APT-Bewertungsgleichung.[210] Sie gehen dabei im Wesentlichen von der realitätsnäheren Annahme endlicher Kapitalmärkte aus.[211] Die restriktiveren Annahmen im Vergleich zur traditionellen APT bewirken einen tendenziell höheren Informationsgehalt der Modelle.[212]

Die Problematik der Modelle von CRAGG/MALKIEL, CHEN/INGERSOLL und CONNOR besteht darin, dass die APT-Bewertungsgleichung nur dann exakt gilt, also unsystematische Risiken nicht bewertet werden, wenn Investoren dieses Risiko durch Diversifikation eliminieren können und so kein unsystematisches Risiko tragen. Diese Annahme stellt sicher, dass unsystematische Risiken für die Bewertung faktisch nicht relevant sind.[213] Die Gleichgewichts-APT-Modelle von DYBVIG und GRINBLATT/TITMAN zeigen allerdings, dass bei bestimmten Annahmen das unsystematische Risiko nur sehr begrenzt in die Bewertung eingeht, aber nicht völlig ausgeschlossen ist.[214]

GARMAN (Dynamic Equilibrium, 1980), S. 676-682; SCHMALENSEE (Risk and Return, 1981), S. 186-187; CONSTANTINIDES (Intertemporal Asset Pricing, 1982), S. 258-266.

209 Obwohl diese nicht gepreisten Faktoren nicht zur erwarteten Rendite beitragen, helfen sie, die Volatilität zu erklären und die Diversifikation zu bewerten. BURMEISTER/ROLL/ROSS (Guide to APT, 1994), S. 313.

210 CRAGG/MALKIEL (Expectations, 1982), S. 98-117; CHEN/INGERSOLL (Linear Factormodels, 1983), S. 985-986; CONNOR (Unified Beta, 1984), S. 14-18. Vgl. zusätzlich Studien von CHAMBERLAIN (Arbitrage Pricing Models, 1983), S. 1315 (Korollar 1), und FRANKE (Arbitrage Pricing Theory, 1984), S. 113, die hinreichende und notwendige Bedingungen für eine exakte APT-Bewertungsgleichung ableiten. Darstellung bei LOCKERT (Risikofaktoren, 1996), S. 31-34.

211 CONNOR (Unified Beta, 1984), S. 17-18, hat sowohl einen Ansatz für endlich wie für unendliche Kapitalmärkte entwickelt.

212 LOCKERT (Risikofaktoren, 1996), S. 34. Die Modelle der exakten APT lassen sich mehrheitlich zur Gruppe der Gleichgewichts-APT Modelle zählen, denen zusätzliche Prämissen unterliegen.

213 GRINBLATT/TITMAN (Relation, 1987), S. 102-103.

214 LOCKERT (Risikofaktoren, 1996), S. 34; DYBVIG (Explicit Bound, 1983), S. 484-485.

Mathematisch ergibt sich die exakte Arbitrage-Preisbildung aus der transformierten Gleichung (17) für den Renditegenerierungsprozess.[215] Wenn die unsystematischen Renditen vollständig unkorreliert mit den Faktorausprägungen sind, d. h. ihre Kovarianz Null ist (Cov(ε, δ) = 0), dann kann die nicht singuläre Kovarianzmatrix der Renditen (Σ) mit $\Sigma = BB' + \Phi$ beschrieben werden. Dabei ist Φ die Kovarianzmatrix der unsystematischen Renditen ($\Phi = E[\varepsilon\, \varepsilon']$) und B ist der Vektor der Faktorladungen. Die Formel für die exakte Arbitrage-Preisbildung der erwarteten mittleren Renditen (E) ist dann

$$E = I r_0 + B\lambda\,, \tag{20}$$

mit r_0 = Rendite des risikolosen Wertpapiers
λ = (k x 1) Vektor der Risikoprämien.[216]

Die Kritik an den Modellen von CRAGG/MALKIEL, CHEN/INGERSOLL und CONNOR setzt an ihren wenig realitätsnahen Restriktionen an. Auf dieser Basis hat WEI deshalb eine Gleichgewichts-APT entwickelt, die von einem Konkurrenzgleichgewicht ausgeht.[217] Er setzt voraus, dass die wertpapierspezifischen Fehlerterme e_i des k-Faktormodells (17) durch einen systematischen Marktfeh-

---

[215] Die Transformation besteht in der Normalisierung der Gleichung, so dass $E[\delta\, \delta'] = I$ (Einheitsmatrix) mit $E[\varepsilon'] = 0$ und $E[\delta'] = 0$. Die Matrix der Faktorladungen B sei vom Rang k. Vgl. HUBERMAN/KANDEL/STAMBAUGH (Mimicking Portfolios, 1987), S. 1-2.

[216] Dabei darf der Vektor E nicht proportional zu I, einem (N x 1) Vektor von Einsen, sein. Weitere Bedingungen, unter denen diese Formel des exakten Arbitrage-Pricings hält, werden von CHAMBERLAIN (Arbitrage Pricing Models, 1983), S. 1307-1308; CHEN/INGERSOLL (Linear Factormodels, 1983), S. 985-986; CONNOR (Unified Beta, 1984), S. 14-18, angegeben. Vgl. HUBERMAN/KANDEL/STAMBAUGH (Mimicking Portfolios, 1987), S. 1-2; DHRYMES/FRIEND/GULTEKIN (Reexamination, 1984), S. 324. Die exakte APT ist die getestete Form der APT, z. B. von ROLL/ROSS (Empirical Investigation, 1980), S. 1089-1098; CHEN (Empirical Tests, 1983), S. 1394-1395; HUBERMAN/KANDEL (Mean-Variance Spanning, 1987), S. 880-882; LEHMANN/MODEST (Arbitrage Pricing Theory, 1988), S. 227-250.

GRINBLATT/TITMAN (Relation, 1987), S. 102-105, diskutieren die Testbarkeit der exakten APT-Bewertung einer Teilmenge aller investierbaren Assets. Bei einer angenommenen k Faktorstruktur zeigen sie, dass eine Maximum-Likelihood Faktoranalyse asymptotisch die k Portfolios (risikoloser und risikobehafteter Assets) identifiziert, deren Renditen die Faktoren im Pricing der Teilmenge ersetzen können, wenn und nur wenn die exakte APT-Bewertung hält; HUBERMAN/KANDEL/STAMBAUGH (Mimicking Portfolios, 1987), S. 2. Die Beziehung zwischen dem exakten Arbitrage Pricing und der μ-σ^2 Effizienz wird für eine unendliche Ökonomie von CHAMBERLAIN (Arbitrage Pricing Models, 1983), S. 1307, und für eine endliche Ökonomie von GRINBLATT/TITMAN (Relation, 1987), S. 100-102, und JOBSON/KORKIE (Linear Asset Pricing, 1985), S. 114-138 aufgezeigt.

[217] WEI (Asset-Pricing Theory, 1988), S. 885-886.

lerterm ($\beta_{iM}\, e_M$) und eine reine wertpapierspezifische Störgröße ε_i beschrieben werden:

$$e_i = \beta_{iM}\, e_M + \varepsilon_i \qquad (i = 1, ..., N).$$ [218]

Die daraus abgeleitete exakte Bewertungsgleichung

$$\mathrm{E}[R_i] = \mu_i = \lambda_0 + \sum_{j=1}^{k} \lambda_j\, \beta_{ij} + \lambda_M \beta_{iM} \tag{21}$$

weicht dann um einen Term $\lambda_M\, \beta_{iM}$ von der Arbitrage-APT Gleichung (18) ab. Der Parameter λ_M kann als marktweite Fehlerkomponente interpretiert werden und erfasst den verbleibenden systematischen Einfluss auf Wertpapierrenditen, der nicht durch die k Faktoren erklärt wird.[219] Die Sensitivität gegenüber diesem Faktor kann als marktweiter Schock interpretiert werden.[220] Dabei wird $\lambda_M > 0$ vorausgesetzt.

Der Ansatz von WEI wird auch als Synthese von APT und CAPM interpretiert, weil das bewertungsrelevante systematische Risiko auf die k Risikofaktoren der APT und mittelbar auf die Marktportfoliorendite zurückführbar ist.[221] Er kann auch als Verallgemeinerung der APT dahingehend verstanden werden, als das Modell in eine exakte APT-Bewertungsgleichung (z. B. von CONNOR 1984) übergeht, wenn das Marktportfolio in der Bewertung durch das k-Faktormodell (unrealistischerweise) kein unsystematisches Risiko mehr aufweist, also e_M gleich Null wird.[222] Der Vorteil der APT, grundsätzlich nicht auf der Existenz und Beobachtbarkeit des Marktportfolios aufzubauen, wird allerdings durch

---

[218] Die resultierenden, reinen wertpapierspezifischen Residuen sollen der Bedingung $\mathrm{E}[\varepsilon_i|\delta, e_M] = 0$ genügen. D. h. der bedingte Erwartungswert der Residuen, bei Kenntnis der Faktoränderungen und der Marktresiduen, soll Null sein. Vgl. LOCKERT (Risikofaktoren, 1996), S. 35. Der Fehlerterm des Marktes e_M ergibt sich dabei aus der Anwendung der Faktormodellgleichung (17) in Form der Zeitreihenregression auf den Markt als residualer Term. Er wird allgemein als Residualmarktfaktor bezeichnet. Vgl. NOWAK (Faktormodelle, 1994), S. 78; BURMEISTER/WALL (Macroeconomic Factor Measures, 1986), S. 9; BURMEISTER/MCELROY (Joint Estimation, 1988), S. 725. Weiterentwickelt wurde das Modell insbesondere von BURMEISTER/MCELROY (Residual Market Factor, 1991), S. 31-34.

[219] BURMEISTER/MCELROY (Residual Market Factor, 1991), S. 28; RAHMAN/COGGIN/LEE (Tests, 1998), S. 72.

[220] BURMEISTER/MCELROY (Residual Market Factor, 1991), S. 28.

[221] Vgl. RAHMAN/COGGIN/LEE (Tests, 1998), S. 72, die den Ansatz von WEI (Asset-Pricing Theory, 1988), S. 884-888, und von BURMEISTER/MCELROY (Joint Estimation, 1988), S. 722-724, sowie MCELROY/BURMEISTER (Arbitrage Pricing Theory, 1988), S. 33-34, als "unified asset pricing theory", also als CAPM und APT verbindende Theorie, bezeichnen.

[222] WEI (Asset-Pricing Theory, 1988), S. 887; LOCKERT (Risikofaktoren, 1996), S. 36.

diesen Ansatz aufgegeben.[223] Aus empirischer Sicht hat die zusätzliche Verwendung des Residualmarktfaktors jedoch ein hohes Gewicht erhalten.

1.2.3.1.3 Renditekomponenten der APT

Analysiert man die APT Gleichung (19) und die Interpretation der Parameter δ, λ und ε, so zeigt sich, dass die tatsächliche Rendite in zwei additive Komponenten zerlegt werden kann. Die Risikoprämien λ sind erwartete Renditen für die Übernahme der Faktorrisiken. Die erwartete Renditekomponente (E[r]) ergibt sich daher aus der mit den Faktorrisiken gewichteten Summe der Risikoprämien:

$$\mathrm{E}[r_i(t)] = \lambda_0 + \sum_{j=1}^{k} \beta_{ij}\lambda_j \,. \tag{22}$$

Erwartete Renditen stellen ex-ante vom Anleger verlangte Kompensationen für die Übernahme von Risiken dar. Zur Bestimmung des Risikos werden dazu alle, den Anlegern zugänglichen Informationen berücksichtigt. D. h. es werden auch Erwartungen über Risikofaktoränderungen mit in die Bildung des Risikopreises einbezogen. Dagegen stellt die unerwartete Rendite (U[r]) die Differenz zwischen der ex-ante erwarteten Rendite und der tatsächlich realisierten Überschussrendite dar:

$$r_i(t) = \mathrm{E}[r_i(t)] + \mathrm{U}[r_i(t)] \,. \tag{23}$$

Diese residuale Größe wird einerseits systematisch durch Variablen bestimmt, deren Erwartungswert (ex-ante) Null ist. Andererseits ist die (ebenfalls unerwartete) unsystematische Rendite nicht kompensierbar. Die unerwartete Rendite wird daher durch die unerwartete Faktoränderung δ und die unsystematische Rendite ε bestimmt, deren Erwartungswerte jeweils Null sind:

$$\mathrm{U}[r_i(t)] = r_i(t) - \mathrm{E}[r_i(t)] = \sum_{j=1}^{k} \beta_{ij}\delta_j(t) + \varepsilon_i(t) \,. \tag{24}$$

---

223 Vgl. Kritik am CAPM und der Rolle des Marktportfolios in dem Modell in Abschnitt 1.2.2.1.2. Obwohl auch im Modell von CONNOR (Unified Beta, 1984), S. 18-22, das Marktportfolio wieder von wesentlicher Bedeutung ist, bereitet die Annahme eines vollständig diversifizierten Marktportfolios keine Probleme bei der empirischen Überprüfung. Vgl. LOCKERT (Risikofaktoren, 1996), S. 42-43 und 49. Nach HUBERMAN (Simple Approach, 1982), S. 184, ist die Testbarkeit der APT ohne Kenntnis der Marktportfoliozusammensetzung der Hauptvorteil gegenüber dem CAPM.

1.2.3.1.4 Exkurs: Simultane Schätzung der APT-Gleichung

Die APT-Gleichung (19) enthält als unbekannte Variablen sowohl die Faktorladungen (β) als auch die Faktor-Risikoprämien (λ). Die klassische Methode der zweistufigen Schätzung dieser Variablen lässt das ökonometrische Fehler-in-Variablen-Problem (EIV-Problem) entstehen.[224] Um diesem Problem zu ent-

---

[224] BURMEISTER/MCELROY (Residual Market Factor, 1991), S. 29; "EIV" steht für "errors in variables". Die zweistufige Vorgehensweise besteht darin, zunächst Zeitreihenregressionen für die Wertpapiere *i* zur Bestimmung der Sensitivitäten vorzunehmen und dann Querschnittsregressionen zur Schätzung der Risikoprämien zu verwenden, vgl. FAMA/-MACBETH (Risk, 1973), S. 614-616. Eine Anwendung dieser Methode findet sich z. B. bei CHEN (Empirical Tests, 1983), S. 1396-1398. Das EIV-Problem tritt durch die i. d. R. asymptotisch nach unten verzerrten Standardfehler der geschätzten Risikopreise (2. Stufe des Verfahrens) auf. Vgl. SHANKEN/WEINSTEIN (Macroeconomic Variables, 1990), S. 2-3. Zur Korrektur der geschätzten Varianz vgl. SHANKEN/WEINSTEIN (Macroeconomic Variables, 1990), S. 9: die adjustierte Varianz ergibt sich aus $[\sigma_{\lambda_k}^2 - \sigma_k^2](1 + c) + \sigma_k^2$ mit $c = \hat{\Gamma}' S_F^{-1} \hat{\Gamma}$ wobei $\hat{\Gamma} = (\hat{\lambda}_0, \hat{\lambda}_1, ..., \hat{\lambda}_k)$ der Vektor der Stichprobenmittelwerte der Querschnittsregressions-Schätzerzeitreihe ist. $\sigma_{\lambda_k}^2$ ist die Varianz der Schätzer der λ_k, und σ_k^2 ist die Varianz der Faktorwerte (mit $\sigma_k^2 = 0$, wenn $k = 0$). S_F ist die Stichproben-Kovarianzmatrix der Faktoren. Werden die Sensitivitäten β zeitlich vor der Periode der Risikopreisschätzung gemessen, wird der Parameter *c* zusätzlich mit dem Faktor 1-1,6/*d* multipliziert. Wobei *d* hier die Anzahl der Jahre der Querschnittsregression ist, d. h. die Periode angibt, für die von einer Konstanz der Sensitivitäten ausgegangen wird. Vgl. auch SHANKEN (Beta-Pricing Models, 1992), S. 29-31.

BURMEISTER/MCELROY verbinden die Schätzung von Faktorsensitivitäten und Risikoprämien in einem Modell durch nichtlineare Restriktionen über die APT-Gleichungen der Wertpapiere oder Portfolios hinweg (Querschnittsrestriktionen). Dabei sind verschiedene Methoden zur Schätzung des so definierten Gleichungssystems möglich; vgl. BURMEISTER/MCELROY (Joint Estimation, 1988), S. 728-730. Der Einsatz der unterschiedlichen Methoden hängt von den Annahmen bezüglich des Fehlerterms e_i ab; vgl. KRYZANOWSKI/ZHANG (Economic Forces, 1992), S. 231; BURMEISTER/MCELROY (Joint Estimation, 1988), S. 731:

ITNLWLS: iterated nonlinear *weighted* least squares (iterative, nichtlineare gewichtete OLS-Methode), bei einer diagonalen Fehlertermstruktur;

ITNLSUR: iterated nonlinear *seemingly unrelated* regressions (iterative, nichtlineare, scheinbar unverbundene Regression), wenn die Fehlerterme gemeinsam normalverteilt sind;

ITNL3SLS: iterated nonlinear *three stage* least squares (iterative, nichtlineare dreistufige OLS-Methode);

NLSUR: nonlinear *seemingly unrelated* regressions (nichtlineare, scheinbar unverbundene Regression), wenn die Fehlerterme über die Wertpapiere korreliert sind.

Zum ITNLSUR, das die Bedingungen der exakten APT, und nicht die Bedingungen einer linearen Approximation, verwendet, vgl. auch MCELROY/BURMEISTER (Arbitrage Pricing Theory, 1988), S. 31-33. Zur Methodik der scheinbar unverbundenen Regression (SUR) vgl. auch ECKEY/KOSFELD/DREGER (Ökonometrie, 1995), S. 289-296.

gehen, fassen BURMEISTER/MCELROY die APT-Gleichung als System von N nichtlinearen Regressionsgleichungen auf, das $N-k$ Nebenbedingungen über die Gleichungen hinweg unterliegt.[225] Die Nichtlinearität wird durch das Produkt zweier Schätzparameter verursacht. Mit der Methode der nichtlinearen scheinbar unverbundenen Regressionen ("seemingly unrelated nonlinear regressions") lassen sich die Parameter β_{ij} und λ_j simultan schätzen. Wenn die Schätzer konsistent und asymptotisch normalverteilt sind, können die Standard t- und F-Tests angewendet werden. Wenn zusätzlich die Fehler gemeinsam normalverteilt sind, entsprechen die Schätzer den Maximum-Likelihood Schätzern. Das EIV-Problem wird dabei vermieden.

1.2.3.2 Faktor-Generierungsmethoden und Faktorportfolios

Mit Hilfe von Risikofaktoren wird versucht, allgemeine Risikoquellen, die einen Einfluss auf die Bewertung von Wertpapieren haben, zu definieren und zu quantifizieren. Im ursprünglichen Indexmodell von Sharpe ist ein Marktindex der Stellvertreter für die verschiedensten Risiken, denen Wertpapiere unterliegen. Im Rahmen des CAPM wird implizit argumentiert, dass die Marktrendite und das systematische Risiko Beta, das gegen die Marktrendite gemessen wird, das Risiko aller möglichen Einflussfaktoren, die auf die Bewertung der Wertpapiere wirken, zusammenfasst.[226] Multi-Beta- und APT-Modelle gehen demgegenüber von mehreren Faktoren als allgemeinen Quellen des Risikos aus.[227] Die Frage, warum verschiedene Faktoren oder Attribute gesucht werden, lässt sich

---

Welche der Methoden verwendet wird, hängt von Annahmen bezüglich der Fehlergröße, dem unsystematischen Risiko, in der Renditegleichung ab. -WLS und -SUR beinhalten implizit die Annahme, dass Faktorportfolios existieren, d. h. Portfolios ohne jegliches residuales Risiko, deren Renditen exakt mit dem jeweiligen Faktor korrespondieren (zu Faktorportfolios vgl. Abschnitt 1.2.3.2). Diese Annahme ist in den meisten empirischen Untersuchungen der APT explizit enthalten. -3SLS entschärft dagegen diese Annahme. BURMEISTER/MCELROY zeigen aber, dass Ergebnisse sehr wohl sensitiv gegenüber dieser Annahme sind. Diese Unterscheidung beeinflusst weniger die Querschnitts-Restriktionen von CAPM und APT, aber sehr wohl Studien z. B. über ökonomische Strukturen, Risikoallokation und relative Faktorsensitivität von Firmen in Industrien. BURMEISTER/-MCELROY (Joint Estimation, 1988), S. 730-732.

225 Voraussetzung ist, dass alle k Faktoren und λ_{0t} in der Stichprobe $N < T$ beobachtet werden. Vgl. BURMEISTER/MCELROY (Residual Market Factor, 1991), S. 29; MCELROY/-BURMEISTER/WALL (Two Estimators, 1985), S. 272-273.

226 Nur so kann die Annahme gerechtfertigt werden, dass das CAPM als einzige Risikoprämie die Marktüberschussrendite definiert.

227 Vgl. aber Hinweis in Abschnitt 1.2.2.2.2 zur möglichen Transformation der Faktoren, so dass die Anzahl der bezahlten Risikofaktoren ohne Aussage ist.

damit beantworten, dass die Sensitivität eines Wertpapiers zu spezifischen Risikoquellen möglicherweise stabiler ist, als die Sensitivität der Rendite zu den Renditen aller Wertpapiere, wie bei MARKOWITZ unterstellt.[228]

Für die *Schätzung des APT-Modells* bestehen drei Alternativen zur Bestimmung der Risikofaktoren. Die Risikofaktoren δ können erstens durch Faktoranalyse oder Hauptkomponenten-Analyse (HKA) berechnet werden.[229] Mit der Faktoranalyse werden die Faktoren endogen simultan bestimmt, während die HKA die Faktoren endogen, aber nacheinander lokalisiert. Die zweite Möglichkeit besteht in der Substitution der k Faktoren durch jeweils ein gut diversifiziertes Portfolio (sog. Faktorportfolio), dessen Renditezeitreihe die unerwarteten Änderungen eines Risikofaktors abbildet, aber nicht von den übrigen Faktoren abhängt.[230] Die dritte Variante ist die empirische Vorabspezifikation von makro- oder mikroökonomischen Risikofaktoren oder unternehmensspezifischen Attributen, deren Ausprägungen messbar sind.[231] Die Faktorbestimmung wird in letzterem Fall exogen (autonom) vorgenommen,[232] ihr Vorteil liegt in der ökonomischen Interpretierbarkeit der Faktoren und der Risikoprämien.

Die Faktoren müssen, da sie sowohl im CAPM- als auch APT-Modell nur systematische Risiken bewerten und nur diese Bewertungsrelevanz haben, einen bestimmenden Einfluss auf Erfolg und Risiko *aller* Unternehmen ausüben und dürfen nicht diversifizierbar sein, sog. "pervasive factors".[233]

---

228 KRITZMAN (Factor Methods, 1993), S. 15.

229 STEINER/NOWAK (Risikofaktoren, 1994), S. 351; HUANG/JO (Transformed Securities, 1992), S. 397.

230 BURMEISTER/ROLL/ROSS (Guide to APT, 1994), Anhang B (S. 329-330).

231 Vgl. auch Hinweis auf solche Faktoren im Originalbeitrag von ROSS (Return, Risk and Arbitrage, 1977), S. 206-207. Erste Studien, die solche ökonomischen Faktoren im Rahmen der APT als Risikofaktoren identifiziert und untersucht haben, stammen vor allem von CHEN/ROLL/ROSS (Economic Forces, 1983) bzw. CHEN/ROLL/ROSS (Economic Forces, 1986), S. 385-401, und darauf aufbauend von CHAN/CHEN/HSIEH (Firm Size Effect, 1985), S. 452-455. Vgl. auch Tabelle 9 in Abschnitt 3.2 und Hinweise bei STEINER/-NOWAK (Risikofaktoren, 1994), S. 351. Beispiele für unternehmensspezifische Attribute sind die Marktkapitalisierung und die Dividendenrendite.

Für eine Analyse eines allgemeinen Mehrfaktoren-Renditegenerierungsprozesses unter der Annahme, dass die Faktoren sich nicht durch gehandelte Wertpapiere replizieren lassen, vgl. ELTON/GRUBER (Portfolio Analysis, 1992), S. 6-14.

232 Vgl. Diskussion über die Vorteile von ökonomischen Faktoren gegenüber statistischen Faktoren in den Abschnitten 1.2.3.2.1 und 1.2.3.2.3 (S. 84) sowie ELTON/GRUBER (Modern Portfolio Theory, 1995), S. 380 und 383.

233 Vgl. ROSS (Return, Risk and Arbitrage, 1977), S. 206-207; STEINER/NOWAK (Risikofakto-

Faktorzeitreihen sollen nur ex-ante nicht erwartete Änderungen der Faktorausprägung δ_j abbilden und müssen daher einen Erwartungswert von Null aufweisen.[234] Die erwarteten Änderungen der Risikofaktorausprägungen sind dagegen in den erwarteten Renditen enthalten. Alternative Methoden zur Modellierung der unerwarteten Komponenten sind ARIMA-Modelle oder Kalman-Filter.[235]

Faktorportfolios sind Portfolios, die durch ihre Renditezeitreihe den Einfluss jeweils nur eines signifikanten Risikofaktors abbilden.[236] Sie dienen als Surrogate für z. T. nicht beobachtbare oder nicht quantifizierbare Risikofaktoren. Ein Faktorportfolio muss daher gegenüber dem abzubildenden Faktor k eine Sensitivität von Eins haben ($\beta_k = 1$). Darüber hinaus muss dieses Portfolio aber unabhängig vom Einfluss anderer Risikofaktoren sein, weil sonst die Wirkung dieses einen Faktors nicht isoliert wird, d. h. die Sensitivitäten aller anderen Risikofaktoren sind Null ($\beta_j = 0$ mit $j \neq k$). Beispiele für die Konstruktion von Faktorportfolios finden sich bei FAMA/FRENCH[237], die diese für Marktkapitalisierungs-, Buchwert- und Zinsfaktoren erstellen.[238]

---

ren, 1994), S. 351.

234 Vgl. vorhergehenden Abschnitt 1.2.3.1.3.

235 Vgl. STEINER/NOWAK (Risikofaktoren, 1994), S. 357, Fn. 69. Zur spezifischen Konstruktion unerwarteter Faktoren vgl. Darstellung in Abschnitt .

236 Faktorportfolios werden auch als Basisportfolios oder als Mimicking-Portfolios bezeichnet. "mimic" lässt sich mit 'simulieren' oder 'nachahmen' übersetzen. Mimicking-Portfolios sind demnach Portfolios, die einen (potentiellen) Risikofaktor simulieren. HUBERMAN/-KANDEL/STAMBAUGH (Mimicking Portfolios, 1987), S. 2-3; LEHMAN/MODEST (Arbitrage Pricing Theory, 1988), S. 217-218.

237 FAMA/FRENCH (Common Risk Factors, 1993), S. 5-10, wenden dazu eine einfache Methode an: Sie bilden drei Ausprägungsgruppen für Buchwerte und zwei für Kapitalisierung der Wertpapiere, aus denen sich sechs Portfolios bilden lassen. Der Faktor 'Kapitalisierung' wird dann durch ein Mimicking-Portfolio abgebildet, dessen Rendite aus der Differenz der Renditen der drei niedrig- und der drei hochkapitalisierten Portfolios berechnet wird. Die durchschnittliche Buchwert-Ausprägung der beiden unterschiedlich kapitalisierten Portfolios sollte etwa gleich sein, d. h. es liegt keine Abhängigkeit vom Buchwert-Faktor mehr vor. Analog wird ein Buchwert-Mimicking-Portfolio mit jeweils gleicher durchschnittlicher Kapitalisierung der Unternehmen gebildet. D. h. die Korrelation der Mimicking-Portfolios sollte sehr klein sein.

238 Neben Size- und Buchwertfaktoren werden Faktoren für die Risikoprämie (TERM als Zinsdifferenz zwischen 30 jährigen Zinsen und Dreimonatsgeld) und für das Ausfallrisiko (normalerweise als Zinssatzdifferenz zwischen öffentlichen Anleihen (AAA) und Anleihen niedrigerer Bonität z. B. BAA gemessen). Nach CHOW/LEE/SLOT (Exchange-Rate Risk, 1997), S. 109-111, wird bei der Erklärung von Aktien-Überschussrenditen durch die Dividendenrendite der gleiche Effekt eingefangen, den auch die Ausfallrisikoprämie berücksichtigt. Daher sollte in einer Regression nur einer der beiden Faktoren berücksichtigt

Faktorschätzungen aus der Faktoranalyse können als Renditen von Faktorportfolios (sog. Mimicking-Portfolios) interpretiert werden.[239] Wenn Faktoren vorabbestimmt, d. h. exogen vorgegeben werden sollen, sind durch die Konstruktion von Mimicking-Portfolios u. U. Rückschlüsse auf die relevanten ökonomischen Faktoren möglich.[240]

1.2.3.2.1 Faktoranalyse

(I) Grundansatz

Die Faktoranalyse deckt Korrelationen (Kovariationen) der Renditen auf. Die grundlegende Idee der Faktoranalyse ist es, eine (größere) Variablenmenge durch eine möglichst kleine Menge hypothetischer Variablen, den sogenannten Faktoren, zu beschreiben, die die Korrelationen zwischen den Renditen verursachen.[241] Dabei wird i. d. R. eine lineare Struktur unterstellt.

---

werden. Für europäische Aktien wäre dieser Zusammenhang von Dividendenrendite und Ausfallrisiko von Vorteil, weil verlässliche Daten über Anleiherenditen unterschiedlicher Bonität kaum verfügbar sind. Vgl. auch LEHMAN/MODEST (Arbitrage Pricing Theory, 1988), S. 222-226, die drei Methoden zur Faktorportfolio Konstruktion vorstellen: 'WLS' (Weighted Least Squares) eine gewichtete OLS-Methode, eine 'Minimum-idiosyncratic-risk' Methode, die unsystematische Risiken minimiert und eine Querschnittsregressionsmethode, die auf der Stil-Querschnittsregression von FAMA/MACBETH (Risk, 1973), S. 611, aufbaut.

239 GRINBLATT/TITMAN (Relation, 1987), S. 500-501. Die durch einfache GLS-Schätzung (Generalized Least Squares) bestimmten Gewichte der Wertpapiere in den Faktorportfolios sind nach LEHMANN/MODEST (Arbitrage Pricing Theory, 1988), S. 223-224, nicht optimal. Ursache hierfür ist, dass die Höhe der Messfehler der Faktorladungen nicht berücksichtigt wird. Hohe (niedrige) Faktorladungen führen dann direkt zu sehr hohen (kleinen) Gewichten. Alternativ entwickeln LEHMANN/MODEST eine Gewichtsbestimmung über "minimum idiosyncratic risk mimicking" (Abbildung minimaler unsystematischer Risiken). Diese Gewichte bleiben unverzerrt, wenn Messfehler der Faktorladungen vorliegen. Vgl. KRYZANOWSKI/LALANCETTE/TO (Benchmark Invariancy, 1998), S. 78-79.

240 HUBERMAN/KANDEL/STAMBAUGH (Mimicking Portfolios, 1987), S. 1.

241 OST (Faktorenanalyse, 1984), S. 575; KANTO/MARTIKAINEN (Financial Characteristics, 1992), S. 16. KANTO/MARTIKAINEN unterscheiden zudem zwischen der explorativen ('exploratory') und der bestätigenden ('confirmatory') Faktoranalyse, die sich durch eventuelle Restriktionen bezüglich der Faktorladungen unterscheiden; vgl. auch OST (Faktorenanalyse, 1984), S. 639. Im Folgenden soll von der explorativen oder nichtrestringierten Faktoranalyse ausgegangen werden. Der Nachteil dieser Methoden besteht darin, dass die Lösung nicht eindeutig ist. KANTO/MARTIKAINEN (Financial Characteristics, 1992), S. 16-17.

Die erklärenden Faktoren und die Sensitivitäten der Wertpapiere zu diesen Faktoren werden mit Hilfe des Verfahrens der Faktoranalyse simultan und endogen, d. h. auf der Basis historischer Wertpapierkurszeitreihen ohne Verwendung zusätzlicher erklärender Faktoren, extrahiert.[242] Der Vorteil dieser Verfahren liegt in der Datenreduktion auf *k* relevante Faktoren, die untereinander weitgehend unabhängig sind. Sie lassen sich aber nicht direkt ökonomisch interpretieren, stellen also statistische Artefakte oder Faktoren dar, die nicht beobachtbar sind.[243]

Bevor eine Bewertung der Faktoranalyse zur Bestimmung von Risikofaktoren im Rahmen der APT und möglichen weitergehenden Analysen, die auf der APT aufbauen, vorgenommen wird, sollen zwei Methoden der Faktoranalyse kurz vorgestellt werden.[244]

(II) Heuristische Faktoranalyse

Die heuristische Faktoranalyse besteht darin, die Kovarianzmatrix der Renditen der Anlageobjekte auf Gruppen zu untersuchen. Diese Gruppen sind Teilmengen der betrachteten Wertpapiere, deren Renditen eine hohe Korrelation innerhalb der Gruppe, aber eine niedrige Korrelation zu Wertpapieren außerhalb der Gruppe haben. Werden solche Gruppen gefunden, muss (intuitiv) der erklärende Faktor, der die zugrunde liegende Quelle des Risikos beschreibt, identifiziert

---

242 OST (Faktorenanalyse, 1984), S. 575.

243 Vgl. z. B. CHEN/JORDAN (Empirical Tests, 1993), S. 65-66; BODURTHA/CHO/SENBET (Economic Forces, 1989), S. 21; NOWAK (Faktormodelle, 1994), S. 116.

244 NOWAK (Faktormodelle, 1994), S. 117-118, beschreibt noch weitere Modelle mit unbeobachtbaren Faktoren. Sowohl der dazu verwendete Ansatz zur APT-Überprüfung mit Arbitrage Portfolios als auch der Autoregressionsansatz von MEI (Cross-Section, 1993), S. 332-335, und MEI (Semiautoregression, 1993), S. 600-603, bestimmen jedoch weder die Faktorsensitivitäten noch explizit interpretierbare Risikofaktoren, so dass ihr Einsatz im Rahmen weiterführender Performanceanalyse-Methoden nicht sinnvoll ist.

Eine weitere Alternative ist die Hauptkomponenten Analyse (*principal components*). Vgl. SHUKLA/TRZCINKA (Sequential Tests, 1990), S. 1541-1544; WATSHAM/PARRAMORE (Quantitative Methods, 1997), S. 359-361. Nach der theoretischen Argumentation von BROWN (Number of Factors, 1989), S. 1254, dass die erste Hauptkomponente der gleichgewichtete Marktindex ist, falls die unsystematischen Risiken konstant über alle Unternehmen sind, wird von empirischen Untersuchung gestützt; vgl. SHUKLA/TRZCINKA (Sequential Tests, 1990), S. 1551-1552; BROWN (Number of Factors, 1989), S. 1248-1249. Das wesentliche Argument für den Hauptkomponenten-Ansatz in der Bestimmung der Faktoren ist, dass er einfacher zu berechnen und leichter zu verstehen ist als die Faktoranalyse. Vgl. BROWN (Number of Factors, 1989), S. 1248-1249. Nach CHAMBERLAIN/ROTHSCHILD (Arbitrage, 1983), S. 1285, scheinen die Hauptkomponenten zudem die Anzahl der Faktoren zu bestimmen; vgl. auch BROWN (Number of Factors, 1989), S. 1248.

werden.[245] Um diese intuitive Erklärung zu testen, wird eine Schätzvariable für die unerwartete Veränderung des Faktorwertes definiert und die Wertpapierrenditen werden auf diese Variable regressiert.[246] Die so gefundenen Faktoren müssen nicht unbedingt unabhängig voneinander sein und werden i. d. R. nur einen Teil der Variation der Renditen erklären können.

(III) Maximum Likelihood Faktoranalyse

Die Maximum Likelihood Faktoranalyse (ML-FA) identifiziert auf Basis einer Stichprobe mehrere Wertpapier-Linearkombinationen (Long- und Shortpositionen), die fast die gesamte Kovariation der Renditen dieser Stichprobe erklären. Die linearen Funktionen werden Eigenvektoren genannt. Die Sensitivitäten eines Wertpapiers zum Eigenvektor ist der Eigenwert. Die Eigenvektoren sind die Faktoren, die unabhängig voneinander abgeleitet werden. Ihre Anzahl kann beliebig groß gewählt werden.[247]

Die mit der ML-FA ermittelten Faktoren sind nicht immer interpretierbar, d. h. ein spezieller Faktor kann nicht immer durch eine ökonomische oder finanzwirtschaftliche Variable approximiert werden. Ein Faktor kann vielmehr auch eine Kombination verschiedener Einflüsse darstellen, die in der Messperiode und dem gewählten Untersuchungsmarkt eine entsprechende Konstellation bildeten.

---

245 Als Beispiel kann die Veränderung des Auftragseingangs in einem bestimmten Industriesektor als Risikoquelle für Unternehmen dieses Sektors gelten. Für andere Unternehmen, die in keiner oder nur schwacher Verbindung zu dem betroffenen Sektor stehen, sollte der Faktor keinen Einfluss haben.

246 Die erwartete Komponente des Faktors sollte keine Änderungen in den Wertpapierkursen verursachen, weil sie ja erwartet ist. Die Zeitreihe der unerwarteten Faktoränderung lässt sich z. B. aus der Regression des Faktors auf seine vorhergehenden Werte ermitteln. Dazu muss die restriktive Annahme getroffen werden, dass die Markterwartungen auf den historischen Faktorrealisationen basieren. D. h. die Marktteilnehmer bilden ihre Erwartungen ausschließlich unter Verwendung der vergangenen Ausprägungen der Faktoren, z. B. dem Durchschnitt der Faktoränderungen, und deren Wirkungszusammenhängen. Die Residuen der Regression stellen die unerwartete Faktoränderung dar. WATSHAM/PARRAMORE (Quantitative Methods, 1997), S. 368-370.

247 WATSHAM/PARRAMORE (Quantitative Methods, 1997), S. 368-370; BROWN (Number of Factors, 1989), S. 1249; vgl. auch SHANKEN (Nonsynchronous Data, 1987), S. 225-229, zur ML-FA bei täglichen Kursdaten. Dabei wird die Kovarianzberechnung verzerrt (vgl. APT oben). Die Korrektur dieser Verzerrung erfolgt dann durch Anwendung des Schätzers von COHEN/HAWAWINI/MEIER/SCHWARTZ/WHITCOMB (Friction, 1983), S. 270, und COHEN/HAWAWINI/MEIER/SCHWARTZ/WHITCOMB (Intervalling Effect, 1983), S. 137-140, der eine verallgemeinerte Form des SCHOLES/WILLIAMS Schätzers ist, um Preisanpassungsverzögerung von mehr als einen Tag zuzulassen.

Ferner können die Faktoren zeitlich instabil sein und zudem in zwei verschiedenen Perioden unterschiedliche Risikoquelle beschreiben.[248]

(IV) Kritik am Einsatz der Faktoranalyse zur Faktorbestimmung

Die Faktoranalyse wurde in vielen empirischen Studien zur Bestimmung der erklärenden Faktoren verwendet.[249] Die standardmäßige Vorgehensweise, die schon in frühen Studien zum CAPM[250] angewendet wird, erzeugt zunächst Schätzer für die Faktorladung, die Sensitivität b_{ij}. Erst in einem zweiten Schritt werden die Risikoprämien λ_j der Faktoren in Querschnittsregressionen bestimmt. Dazu werden die geschätzten Faktorladungen als erklärende Variablen in der Regression eingesetzt. Dieses Verfahren wird allgemein als das Zweistufen-Verfahren bezeichnet. Im Zusammenhang mit der Analyse von Wertpapieren wird diese Verfahren i. d. R. auf FAMA/MACBETH zurückgeführt. Um das EIV-Problem durch die Verwendung von geschätzten, mit Unsicherheit behafteten Faktorladungen zu verringern, wird bei der Schätzung der Risikopreise das Untersuchungsuniversum in Portfolios segmentiert.[251]

Bei dieser Vorgehensweise entstehen ökonomische und ökonometrische Fehlerquellen.[252] So sind die statistischen Charakteristika der Faktorladungen aus der

---

[248] KRITZMAN (Factor Methods, 1993), S. 14. Eine Anwendung der ML-FA findet sich bei CHO und TAYLOR, die feststellen, dass die Anzahl der Faktoren mit dem durchschnittlichen Korrelationskoeffizienten zwischen den Wertpapieren positiv korreliert sind. CHO/TAYLOR (Seasonal Stability, 1987), S. 1210.

[249] Beispiele für diese Studien sind ROLL/ROSS (Empirical Investigation, 1980), S. 1083-1084; BROWN/WEINSTEIN (Testing Asset Pricing Models, 1983), S. 719-724; CHEN (Empirical Tests, 1983), S. 1396-1397; CHO/ELTON/GRUBER (Robustness, 1984), S. 4-5; KRYZANOWSKI/TO (General Factor Models, 1983), S. 39-46; DHRYMES/FRIEND/GULTEKIN (Reexamination, 1984), S. 324-326 (Kritik an ROLL/ROSS, vgl. dazu deren Antwort ROLL/-ROSS (Critical Reexamination, 1984), S. 347-350).

[250] Vgl. Studien von BLACK/JENSEN/SCHOLES (CAPM, 1972), S. 83-98; FAMA/MACBETH (Risk, 1973), S. 614-618, oder MILLER/SCHOLES (Rates of Return, 1972), S. 47-52.

[251] So wird vermieden, dass die zweite Regression mit den gleichen Stichprobendaten vorgenommen wird, die auch für die Schätzung der Faktorladungen verwendet wurden. In diesem Kontext wird die vollständige Diversifikation dieser Portfolios gefordert. Vgl. Darstellung der Mimicking-Portfolios in Abschnitt 1.2.3.2 (S. 76) und MCELROY/BURMEISTER (Arbitrage Pricing Theory, 1988), S. 31; NOWAK (Faktormodelle, 1994), S. 117.

[252] MCELROY/BURMEISTER (Arbitrage Pricing Theory, 1988), S. 31. Für eine weitergehende Analyse spezifischer Probleme der Faktoranalyse in Asset Pricing Modellen vgl. CONWAY/REINGANUM (Stable Factors, 1988), S. 15. Weitere kritische Analysen finden sich bei FOSTER (Financial Statement Analysis, 1986), S. 123; FAMA (Efficient Capital Markets II, 1991), S. 1595, oder allgemeiner bei FRANKE (Arbitrage Pricing Theory, 1984), S. 116, und SHARPE (Multi-Beta Interpretation, 1977), S. 131.

Faktoranalyse nur dann aussagefähig, wenn die Schätzfehler normalverteilt sind. Die Identität der Faktoren bei zwei unterschiedlichen Portfolios ist nicht notwendigerweise gegeben.[253] Im zweiten Schritt sind auch die Risikopreise nicht invariant gegenüber der zufälligen Zusammenstellung der Portfolios in den Querschnittsregressionen. Schließlich sind die Faktorladungen und damit auch die Risikopreise keineswegs immer ökonomisch interpretierbar, sie stellen statistische Größen dar, die teilweise als "Artefakte" bezeichnet werden.[254] Mit Hilfe der explorativen Faktoranalyse ist daher oft bestenfalls *ein* stabiler, interpretierbarer Faktor zu entdecken. Am ehesten kann die Faktoranalyse zum Verifizieren einer vorbestimmten Faktorstruktur eingesetzt werden.[255]

1.2.3.2.2 Querschnitts-Regressionsanalyse

Während die Faktoranalyse Kovariationen der Renditen aufdeckt und es dem Anwender überlassen bleibt, die Quellen dieser Kovariation zu identifizieren oder zu interpretieren, müssen bei der Querschnitts-Regressionsanalyse (QRA) die Quellen der Renditevariation in Form von Faktoren (Attributen) vorspezifiziert werden. Die Analyse zeigt dann, ob diese Attribute tatsächlich zu den Renditedifferenzen korrespondieren.[256] Zweckmäßig ist es Attribute zu wählen, von denen aufgrund wirtschaftswissenschaftlicher Kenntnisse angenommen werden kann, dass sie mit den Unterschieden in den Wertpapierrenditen korrespondieren. Ein Attribut kann z. B. der Verschuldungsgrad sein und der zugehörige Faktor der Zinssatz.[257] Ist eine Menge der relevanten Attribute bestimmt, wird eine Querschnittsregression für einen bestimmten Zeitabschnitt (z. B. ein Monat) über eine Stichprobe von Wertpapieren mit deren Attributausprägungen vorgenommen. Diese Regression wird für verschiedene Perioden wiederholt.

---

[253] D. h. der höchste Eigenwert spezifiziert bei unterschiedlichen Portfolios unterschiedliche Faktoren.

[254] BROWN (Number of Factors, 1989), S. 1248; STEINER/NOWAK (Risikofaktoren, 1994), S. 351.

[255] Vgl. CONWAY/REINGANUM (Stable Factors, 1988), S. 15, sowie die Kommentare von CHEN, JOBSON, STAMBAUGH, BROWN im Anhang zu CONWAY/REINGANUM (Stable Factors, 1988), S. 16-23, und die Antwort von CONWAY/REINGANUM im Anhang zu CONWAY/REINGANUM (Stable Factors, 1988), S. 24-28. SHANKEN (Arbitrage Pricing Theory, 1982), S. 1137; BURMEISTER/MCELROY (Joint Estimation, 1988), S. 721.

[256] KRITZMAN (Factor Methods, 1993), S. 14.

[257] Ein anderes Beispiel ist das Attribut Industriegruppenzugehörigkeit, das die Sensitivität zu einem Faktor, der nur diese Gruppe betrifft, z. B. Rohstoffpreisänderungen, misst.

Die Signifikanz der entstehenden Regressionskoeffizienten-Zeitreihe (λ_t) wird durch die t-Teststatistik bestimmt.[258]

1.2.3.2.3 Exogene Vorabspezifikation von beobachtbaren Faktoren

Ziel der Performanceanalyse ist, eine Verbindung zwischen preisbestimmenden Faktoren und der Bewertung der Anlageentscheidungen herzustellen. Nur mit Hilfe der Messung und Bewertung der für die Anlageentscheidung relevanten Faktoren ist es möglich, eine Verbindung zwischen Entscheidungsbildung und Ausprägung der Faktorrisiken herbeizuführen.[259] Die Faktoren müssen daher ökonomisch interpretierbar sein, so dass die exogene Spezifikation der Faktoren als die sinnvollste Vorgehensweise erscheint. Ihr wesentlicher Vorteil liegt zum einen darin, dass die Faktoren und APT-Preise infolge ihrer ökonomischen Interpretierbarkeit auch empirisch beobachtbar sind. Zudem wird die Testbarkeit der APT durch die Vorabspezifikation der Faktoren nicht eingeschränkt.[260] Demgegenüber sind Faktoren, die aus der Faktoranalyse abgeleitet werden, i. d. R. keiner direkten ökonomischen Interpretation zugänglich, d. h. es ist unbekannt, ob bzw. welche Faktoren bewertet und bezahlt werden. Sie können allenfalls als Kombination beobachtbarer ökonomischer Faktoren aufgefasst werden, deren Gewichtung untereinander jedoch unbekannt ist. Die Aussagekraft eines Renditegenerierungsprozesses, der auf beobachteten, ökonomisch interpretierbaren Faktoren aufbaut, ist damit höher und lässt eine einfachere Anwendung der Modelle zu.[261]

---

[258] Zur Anwendung der t-Statistik und den Verzerrungen, denen diese durch die Verwendung geschätzter Sensitivitäten unterliegt, vgl. Diskussion in Abschnitt 3.3.4.

[259] Vgl. erste Hinweise auf eine solche Verwendung bei ZIMMERMANN (Performance, 1992), S. 74; NOWAK/WITTROCK 1993, S. 72; NOWAK (Faktormodelle, 1994), S. 120. Vgl. auch ZIMMERMANN/RUDOLF/JAEGER/ZOGG-WETTER (Performance-Messung, 1996), S. 109-126, für ein Beispiel eines Faktormodells zur Assetklassen-Analyse im Rahmen der Anlagestil-Analyse (Investment Style), das auf SHARPE (Effective Asset Mix, 1988), S. 59-69, zurückgeht.

[260] DYBVIG/ROSS (APT is Testable, 1985), S. 1183-1184.

[261] CONNOR (Notes on APT, 1989), S. 306; NOWAK (Faktormodelle, 1994), S. 120. Unter beobachtbaren Faktoren sind allerdings nicht vorhersagbare Faktoren zu verstehen. Die Ausprägung des Faktors kann lediglich ex-post gemessen werden. BERRY/BURMEISTER/-MCELROY (Sorting out Risks, 1988), S. 30.

Da die (oftmals intuitive) Faktorspezifikation sich zum Teil auch auf das intertemporale Modell von MERTON zurückführen lässt, können "die Faktoren formal auch als multivariate Proxy für die nicht beobachtbare Gleichgewichtsbenchmark" (SHANKEN/WEINSTEIN (Macroeconomic Variables, 1990), S. 2) angesehen werden. Als Benchmark wird im stati-

Die exogene Bestimmung der Faktoren unterliegt, neben der inhaltlichen Definition, jedoch auch statistischen Anforderungen. Im Rahmen ihrer Anwendung in der APT müssen ökonomisch interpretierbare Faktoren zum einen der Anforderung genügen, dass sie am Anfang der Betrachtungsperiode für den Markt nicht vorhersagbar sind, d. h. einen Erwartungswert von Null haben.[262] Zweitens muss jeder Faktor einen signifikanten Einfluss auf die Gesamtheit der Wertpapierrenditen haben. Es muss also ein systematischer Faktor vorliegen.[263] Da die relevanten Faktoren letztlich also einen Einfluss auf die erwarteten Renditen haben müssen, ist ihr Risikopreis λ ungleich Null.[264]

Neben den makroökonomischen Variablen werden z. T. auch mikroökonomische Variablen als Faktoren mit in die Analyse einbezogen, um die Variation der Renditen besser erklären zu können.[265] Diese Variablen sind definitionsgemäß unternehmensspezifisch und verstoßen eigentlich gegen die zweite Anforderung der globalen Wirkung und wären somit kapitalmarkttheoretisch für die Bewertung nicht relevant.[266] Dennoch stellen sie oft wesentliche Auswahlkriterien für die Wertpapierselektion dar, sind also Kennzahlen, die eine Bewertung der alternativen Anlagemöglichkeiten (Aktien) ermöglichen.[267] Neben den

---

schen CAPM die Marktrendite und in einigen intertemporalen Modellen der marginale Nutzen des Konsums angesehen; vgl. SHANKEN/WEINSTEIN (Macroeconomic Variables, 1990), S. 8. Für die Konstruktion und Tests multivariater Proxies vgl. auch SHANKEN (Multivariate Proxies, 1987), S. 93-97 und 97-105.

262 BERRY/BURMEISTER/MCELROY (Sorting out Risks, 1988), S. 30.

263 Z. T. werden diese Faktoren auch als "pervasive factors" oder "economic state variables" bezeichnet. Vgl. ROSS (Return, Risk and Arbitrage, 1977), S. 207; ROLL/ROSS (Empirical Investigation, 1980), S. 1077; CHEN/ROLL/ROSS (Economic Forces, 1986), S. 383-384. Spezifische Faktoren, die nur einige wenige Werte beeinflussen, stellen spezifische Risiken dar, die diversifizierbar sind.

264 BERRY/BURMEISTER/MCELROY (Sorting out Risks, 1988), S. 30. Danach ist die Inflationsrate z. B. kein legitimer Risikofaktor, weil er zumindest z. T. vorhersagbar ist. Vgl. dazu auch FAMA (Inflation 1981), S. 546-560. Die unerwartete Inflation als Differenz zwischen tatsächlicher und am Anfang der Periode erwarteter Inflation erfüllt dagegen das Kriterium 1.

265 Vgl. Fn. 209. DOWEN/BAUMAN (Fundamental Multifactor Model, 1986), S. 45-46, verwenden z. B. zusätzlich zum systematischen Marktrisiko das KGV, die Marktkapitalisierung und den Anteil institutioneller Anleger.

266 NOWAK (Faktormodelle, 1994), S. 126.

267 Zur Relevanz mikroökonomischer Kennzahlen in der Aktienbewertung vgl. z. B. FAMA/-FRENCH (Cross-Section, 1992), S. 428-429; MÖLLER (Bilanzkennzahlen, 1986), S. 143-198; FERSON/HARVEY (Fundamental Determinants, 1996); DOWEN/BAUMAN (Fundamental Multifactor Model, 1986), S. 45-51; HIRSCHEY/SPENCER (Size Effects, 1992), S. 91-95; HE/NG (Ecomomic Forces, 1994), S. 599-609. Studien, die die Bewertungsrelevanz

Mikrofaktoren (i. d. R. Bilanzgrößen) können auch andere unternehmenscharakteristische Variablen zur Erklärung herangezogen werden. Diese mikroökonomischen Attribute, wie etwa Unternehmensgröße oder die Dividendenrendite[268], bereiten, verglichen mit den makroökonomischen Zeitreihen, zusätzlichen Schwierigkeiten. Während in den U. S. A. die Erstellung von Quartalsabschlüssen für Aktiengesellschaften verbindlich ist, stehen diese Daten in vielen europäischen Staaten nur in größeren Abständen zur Verfügung.[269] Unterschiedliche Bilanzierungsvorschriften in verschiedenen Ländern und Änderungen in der Rechnungslegung machen zudem die Vergleichbarkeit über Ländergrenzen hinweg schwierig.[270]

Insgesamt ist festzuhalten, dass die Auswahl der zu analysierenden mikro- oder makroökonomischen Faktoren immer noch stark subjektiv geprägt ist, weil bisher kein allgemein anerkanntes Selektionsmodell für beobachtbare Faktoren

---

mikroökonomischer Variablen im Rahmen der APT prüfen, sind z. B. bei MEI (Cross-Section, 1993), S. 335-337, 338-341; YOUNG/BERRY/HARVEY/PAGE (Systematic Risk, 1987), S. 73-76, und MARTIKAINEN/YLI-OLLI (Accounting Information, 1990), S. 56, zu finden. Zur Rechtfertigung des Einsatzes dieser Faktoren in der APT vgl. auch NOWAK (Faktormodelle, 1994), S. 127.

268 Zur Abgrenzung mikroökonomischer Faktoren von Attributen vgl. ELTON/GRUBER (Modern Portfolio Theory, 1995), S. 380-382; FRANCIS (Investments, 1991), S. 890, und Darstellung bei NOWAK (Faktormodelle, 1994), S. 128.

269 Zur Operationalisierung solcher Unterschiede könnte eine Normierung über den Preis gewählt werden. Da der Preis regelmäßig festgestellt wird, kann so ein Faktorwert in beliebiger Periodizität dargestellt werden. Dieses Verfahren ist aber für viele Bilanzkennzahlen nicht sinnvoll. Eine andere Möglichkeit besteht in der Verwendung von Analystenschätzungen. Inwieweit diese aber noch als mikroökonomische Einflussfaktoren angesehen werden können, ist unklar. Analysten verwenden z. B. oft auch makroökonomische Einschätzungen zur Schätzung unternehmensspezifischer Kennzahlen.

270 So stellt z. B. die Umstellung der Jahresabschlüsse in Deutschland von HGB auf IAS oder US-GAAP die Vergleichbarkeit einiger mikroökonomischer Daten mit der Vergangenheit und mit anderen Unternehmen in Frage. Inkonsistenzen in der Zeitreihe verhindern aber die sinnvolle Berechnung von Faktorladungen und Unterschiede im Querschnitt der Unternehmen erlauben keine Schätzung der Risikoprämien. Ist die Konsistenz der Daten in einer der beiden Ebenen (Zeitreihe oder Querschnitt) gegeben, so lässt sich allerdings durch alternative Definition der Faktoren (z. B. Normierung auf den historischen Mittelwert oder den Markt- oder Branchendurchschnitt) eine weitgehend konsistente Faktorzeitreihe ableiten. Nicht zuletzt ist keine Methode bekannt, um unerwartete Komponenten dieser Faktoren zu bestimmen. Vgl. NOWAK (Faktormodelle, 1994), S. 129. Auch das Verfahren zur Bestimmung relevanter Faktoren, die auf Finanzkennzahlen basieren, ist weitgehend offen. Der Ansatz bei KANTO/MARTIKAINEN (Financial Characteristics, 1992), S. 14-17, ist ein mögliches Verfahren. Dabei werden zunächst die Kennzahlen in Gruppen zusammengefasst und anschließend die Ladungen durch eine restringierte Faktoranalyse bestimmt.

entwickelt werden konnte. Für makroökonomische Faktoren kann zwar eine theoretische Relevanz aus der Makroökonomie abgeleitet werden.[271] Ansonsten besteht nach wie vor jedoch nur die Möglichkeit, die Bewertungsrelevanz von Faktoren empirisch zu testeten. Die Gefahr, relevante Faktoren auszulassen, kann dabei durch die Verwendung eines Residualmarktfaktors reduziert werden. Dieser soll die nicht berücksichtigten Einflüsse quantifizieren und ist der Anteil der Marktrendite, der durch die zuvor spezifizierten (ökonomischen) Risikofaktoren nicht erklärt werden kann.[272] Beispiele für APT-Modelle mit exogener Bestimmung ökonomischer Faktoren finden sich in jüngster Zeit auch im deutschsprachigen Bereich.[273]

1.3 Zusammenfassende Übersicht über das Analyseinstrumentarium und weitere Vorgehensweise

Parallel zur Entwicklung von Renditeerklärungsmodellen wurden Datenbanken mit Börsendaten sowie mit mikro- und makroökonomischen Daten aufgebaut und laufend erweitert.[274] Dabei sind unterschiedliche Periodizitäten der Datenerhebung, insbesondere bei Börsendaten und einigen Makrodaten üblich – jährlich, quartalsweise, monatlich, wöchentlich, täglich oder sogar bei jeder untertagigen Änderung. Entsprechend der Datenverfügbarkeit können die Analyseintervalle gewählt werden. Weiterhin können die Börsendaten nach der Aggre-

---

[271] Vgl. Abschnitt 3.1.2 und ausführliche Darstellung bei NOWAK (Faktormodelle, 1994), S. 134-142. U. a. werden auf der Basis des Dividend Discount Modells und des IS/LM-Modells ökonomische Faktoren vorspezifiziert. Das IS/LM-Modell geht vom simultanen Gleichgewicht auf dem Geld- und Kapitalmarkt aus. FELDERER/HOMBURG (Makroökonomik, 1991), S. 131.

[272] Zur Ableitung des Residualmarktfaktors vgl. Darstellung in Abschnitt 1.2.3.1.2 und BERRY/BURMEISTER/MCELROY (Sorting out Risks, 1988), S. 31; MCELROY/BURMEISTER (Arbitrage Pricing Theory, 1988), S. 33. Soll im Rahmen einer passiven Strategie das Risikoprofil des Marktes nachgebildet werden, muss die Sensitivität zum residualen Marktfaktor Eins betragen.

[273] NOWAK (Faktormodelle, 1994), S. 210-272, und LOCKERT (Risikofaktoren, 1996), S. 217-260. Für eine detaillierte Übersicht bisheriger Analysen im Aktienmarkt vgl. Abschnitt 3.2.2, Tabelle 9 und NOWAK (Faktormodelle, 1994), S. 122-125. Für die Beschreibung eines APT-basierten Risikomanagements für Rentenportfolios vgl. z. B. ROSS (Modifying Risk, 1983).

[274] Beispiel für Börsendaten sind Kurse, Renditen, Umsätze, Bid-Ask Spreads, usw. Beispiele für mikroökonomische oder Fundamentaldaten sind Gewinne, Dividenden, Bilanzrelationen. Kombinationen aus Mikro- und Marktdaten sind z. B. KGV oder Dividendenrendite. Makroökonomische Daten sind z. B. Brutto-Inlandsprodukt (BIP), Konsumentenpreisindex (CPI) als Schätzer für Inflation, Auftragseingänge, Zinsen. FARRELL (Portfolio Management, 1997), S. 5-6.

gationsstufe (z. B. individuelles Wertpapier, Sektor, Industrie, Markt, Assetklasse) und dem Wertpapiertyp (z. B. Aktien, Anleihen, Währungen, Derivate [Futures, Optionen, Swaps, ...], oder Kombinationen davon) differenziert werden. Zudem ist die geeignete Vorverarbeitung der Rohdaten von wesentlicher Bedeutung. So müssen u. a. Saisonalitäten bereinigt, Niveauvariablen in stationäre Zeitreihen transformiert und Autokorrelationen beseitigt werden. Da die ökonometrischen Eigenschaften der Zeitreihen unterschiedliche Anforderungen an die Analysemethoden stellen, werden diese Vorverarbeitungen im Allgemeinen nicht endgültig gespeichert, sondern stets neu generiert. Dem Manager kommt dabei die komplexe Aufgabe der Informationsfilterung und –verdichtung zu.[275]

Die Weiterentwicklungen der statistischen Werkzeuge sowie Hard- und Software eröffnen laufend neue Möglichkeiten zum Testen und Implementieren von Anlagemodellen und –strategien, sowie für die Preis- und Risikobewertung neuer Anlageinstrumente. Die z. Z. verfügbaren *statistischen* und *sonstigen quantitativen Methoden* lassen sich grob in drei Gruppen einordnen. Klassische Regressionsverfahren und Abwandlungen testen die Aussagefähigkeit von Ansätzen und ermöglichen die Entwicklung von Modellstrukturen. Multivariate Analysen (z. B. Faktoranalyse, Diskriminanzanalyse) bewerten das Verhalten von Preisen und Fundamentaldaten, um die Struktur der Finanzmärkte transparenter zu machen. Zeitreihenanalysen (z. B. ARCH, ARIMA) testen die Stabilität der Modellstrukturen über die Zeit und geben Hinweise zum Modellieren von Verhaltensmustern.[276] Die *technische Entwicklung* von Hard- und Software basiert auf drei Komponenten. Die Veränderung der Computer, insbesondere in Bezug auf Leistung und Geschwindigkeit, bildet dabei die Basis für die weiteren Komponenten Software und elektronische Kommunikation. Die Softwareentwicklung ermöglicht neben der immer umfangreicheren Datenspeicherung insbesondere die weitergehende statistische Analyse und Auswertung. Die elektronische Kommunikation führt in Verbindung mit Hard- und Software zu einer immer schnelleren aber auch zielgerichteteren Informationsverbreitung, die letztlich auch zu einem weltumspannenden Handel "rund um die Uhr" geführt hat.[277] Dieser Tendenz trägt nicht zuletzt auch die Entwicklung der Börsen und der Handelssysteme Rechnung.[278]

---

[275] HAUCK (Erfolgsfaktoren, 1998), S. B11-B12.

[276] FARRELL (Portfolio Management, 1997), S. 6-7; vgl. auch WILHELM (Kapitalmarktmodelle, 2000).

[277] Zur kritischen Rolle der Informationstechnologie im Wertpapierhandel vgl. STÖTTNER (Instabilität von Finanzmärkten, 1989), S. 147-149.

[278] Ausführliche Darstellung der Entwicklung der europäischen Aktien- und Derivatebörsen

Die Performanceanalyse als integraler Bestandteil des Wertpapiermanagement-Prozesses bildet mit der Messung und Bewertung des Investitionsergebnisses zeitlich gesehen – wie dargestellt – einerseits den Abschluss der Investitionsphase. Im kontinuierlich fortwährenden Investitionsprozess ist die Performanceanalyse hinsichtlich der Zielabweichungen aber zugleich auch Ausgangsbasis für die Rückkopplung an die Entscheidungsebene.[279] Insbesondere die Performancezerlegung ermöglicht es, Performancebeiträge der Ebenen, auf denen Entscheidungen getroffen wurden, zu messen, woraus sich wiederum die Qualität der Leistungen auf dieser Ebene ergibt. Dabei müssen natürlich die organisatorischen Entscheidungsebenen im Investitionsprozess und die Analyseebenen der Performancezerlegung aufeinander abgestimmt werden. Im Idealfall sind sie deckungsgleich, so dass jede organisatorische Entscheidungsebene unmittelbar an ihren Entscheidungen gemessen werden kann. Fehlt diese weitgehende Kongruenz zwischen organisatorischen und analytischen Ebenen, kann die Performanceanalyse lediglich Hinweise zu Performancequellen geben, die bisher nicht organisatorisch abgebildet wurden. Es ist daher ein kongruentes Beobachtungssystem zu definieren, damit die Performanceanalyse mit der Performancezerlegung der Struktur des Entscheidungsprozesses folgen kann. Sowohl die Entwicklung systematischer Managementstrategien als auch die Integration früher lokal abgegrenzter Wertpapiermärkte erfordert, die Performancemessung, -zerlegung und -bewertung den neuen Entscheidungsgegebenheiten anzupassen.[280]

Unter Berücksichtigung der vorstehenden Aspekte werden im folgenden Kapitel 2 zunächst die klassischen Instrumente der Performanceanalyse dargestellt und darauf aufbauend in Kapitel 3 die Basis für eine an die neuen Entwicklungen angepasste Festlegung einer Performancemessung und -zerlegung entwickelt. Die konkrete praktische Umsetzung des Gesamtkonzepts wird exemplarisch in Kapitel 4 demonstriert.

---

vor dem Hintergrund der Einführung einer einheitlichen europäischen Währung bei BENOS/CROUHY (Changes in Structures, 1966), S. 37-49.

279 Als Ende des Investitionsprozesses ist bei Wertpapiermanagement-Mandaten die Kündigung des Mandats anzusehen. Die bloße vollständige Desinvestition einzelner Assetklassen kann dagegen nicht als Ende des Gesamtprozesses interpretiert werden, solange diese Assetklassen weiterhin als Benchmarkkomponente verwendet werden.

280 Neben der Anpassung der Messmethoden steigen dabei auch die Anforderungen an neue, globaler ausgerichtete Indexsysteme, die als Substitute für bestimmte Marktsegmente zur Verfügung stehen. Beispiele dafür sind Indizes für globale Branchen oder Indizes für unterschiedliche Bonitätsklassen bei Anleihen außerhalb des nordamerikanischen Kontinents.

2 Klassische interne und externe Performanceanalyse als Instrument der Kontrolle und des Berichtswesens

2.1 Entwicklung der Beurteilung von Anlageergebnissen

Bei Investitionen ist in regelmäßigen Abständen die Beurteilung der zugrundeliegenden Entscheidung erforderlich. Dazu wird der Erfolg der Investition gemessen, der die Qualität der Entscheidung bestimmt, was wiederum Rückschlüsse auf die Qualität der entscheidenden Personen und deren Entscheidungsprozeß zulässt. Wenn vom Anleger ein externer Manager mit der Investitionsentscheidung beauftragt wird, kann die Bewertung der Qualität auch als Kontrolle der Delegation verstanden werden.[281] Das notwendige Beurteilungsmaß ist i. d. R. eine monetär definierte Zielgröße: Ertragsmaximierung unter Einhaltung bestimmter Nebenbedingungen.[282]

Ausgangsbasis für die Bewertung von Anlageergebnissen ist die Betrachtung des absoluten Ertrags einer Anlage, der als Veränderung des Ausgangswertes gemessen wird. Um das Ergebnis einordnen und bewerten zu können, ist eine Vergleichsgröße notwendig. Diese kann als absolute oder variable Größe definiert werden.[283] Die Präzisierung dieser Vergleichsgröße (Benchmark) stand daher historisch vorerst im Mittelpunkt. Sie wurde zunächst als ein Zufallsportfolio aufgefasst, das mit dem Aufkommen des Effizienzkonzeptes durch den "Markt", d. h. durch ein kapitalisierungsgewichtetes Portfolio aller zur Verfügung stehenden Wertpapiere, ersetzt wurde.[284] Zur besseren Vergleichbarkeit wurde der "Markt" durch eine spezifizierte Teilmenge der Anlagemöglichkeiten

---

281 Bei der Vergabe von externen Managementmandaten ist die Performancekontrolle immer auch die Kontrolle über die externe Vergabe von (aktiven) Mandaten und die Ausgestaltung der Anlagerichtlinien. Möglicherweise ist ein passives Investment, ein anderer Markt oder eine andere Wertpapiergattung (z. B. Aktien oder Immobilien statt Renten) sinnvoller als die derzeitige Ausrichtung des Mandats.

282 Nebenbedingung ist i. A. ein begrenztes Risiko und das Anlageuniversum, das einzuhalten ist. Das Risiko kann aber auch Teil der primären Zielgröße sein, etwa in Form risikoadjustierter Renditen. Weitere Nebenbedingungen können u. a. auch Gewichtungen, Handelsanweisungen oder -modelle sein.

283 Eine absolute Vergleichsgröße ist z. B. Null. Damit würde der Anleger bewerten, ob er einen Verlust oder einen Gewinn erzielt hat, d. h. eine positive oder negative Wertveränderung erreicht wurde. Es ist aber auch ein beliebiger fixer Prozentsatz als Vergleichsgröße möglich, der z. B. die Mindestrendite darstellt, die der Anleger erzielen will. Als variable Vergleichsgröße wird z. B. ein Wertpapierindex festgelegt, dessen Rendite (und Risiko) als Maßstab in derselben Periode ermittelt wird, in der auch die Investition bewertet wird. D. h. die absolute Höhe der Vergleichsgröße ist nicht vorher bekannt.

284 Vgl. Abschnitt 1.2.1.1.

ersetzt, das sog. Anlageuniversum, das dann für die Beurteilung der Investition maßgeblich ist. Diese stetige Präzisierung der Benchmark für den Renditevergleich hatte jedoch zunächst das Risiko der Anlage und der Benchmark vollständig außeracht gelassen, das neben der absoluten und relativen Rendite der Gesamtinvestition ein wesentlicher Beurteilungsfaktor ist. Der unsichere Ertrag einer Investition ist nur dann mit der Benchmarkrendite gleichwertig, wenn das eingegangene Risiko für beide gleich ist.

Risiko ist dabei nicht mit Unsicherheit gleichzusetzen. Vielmehr sind Risiko und Ertrag unzertrennliche Komponenten einer unsicheren Rendite.[285] Die Spannbreite möglicher Renditerealisierungen und die ihnen zugeordneten Wahrscheinlichkeiten, m. a. W. die Wahrscheinlichkeitsverteilung, beschreibt die Ausprägung der Unsicherheit. Das Risiko einer Investition kann daher nur soweit mit verfügbaren quantitativen Modellen kontrolliert werden, wie die Unsicherheit einer Investition beschrieben werden kann.[286] Ein Maß zur Erfassung der Renditestreuung sind z. B. die Standardabweichung bzw. Varianz.[287]

Um beide Performancekomponenten in einer Größe mit denen der Benchmark vergleichen zu können, wurden in den 60er Jahren verschiedene Maßzahlen für eine risikoadjustierte Rendite entwickelt. Das wohl älteste Verhältnismaß, die Sharpe-Ratio, baut auf dem CAPM auf und gibt die Rendite pro Einheit eingegangenem Risiko an.[288] Fast alle Maßzahlen verwenden dabei die Überschussrendite, d. h. den Anteil, der über die risikofrei zu erzielende Rendite hinausgeht. Nur diese Rendite kann als Kompensation für das eingegangene Risiko verstanden werden.[289] Das Risiko wird von SHARPE als Gesamtrisiko in Form der Standardabweichung definiert. Andere Maßzahlen, die das systematische, nicht diversifizierbare Risiko anstelle des Gesamtrisikos nutzen, sind von TREYNOR und JENSEN entwickelt worden.[290]

Aufbauend auf diesen risikoadjustierten Renditemaßen hat FAMA 1972 als erster eine weitere Aufteilung der Rendite in die Ursprungskomponenten Selektion und Timing vorgeschlagen.[291] FAMAs Methodik beschränkt sich nicht nur auf

---

[285] Sichere Renditen weisen dagegen kein Risiko auf.

[286] SORTINO/PRICE (Downside Risk Framework, 1994), S. 59-60. Vgl. auch HIELSCHER (Aktienportefeuille, 1969), S. 88-109.

[287] Vgl. Abschnitt 2.2.2 "Risikodefinitionen".

[288] SHARPE (Mutual Fund Performance, 1966), S. 123; vgl. Abschnitt 2.3.1.1 "Sharpe-Ratio".

[289] Vgl. Abschnitt 2.2.1 "Renditedefinitionen".

[290] TREYNOR (How to Rate, 1965), S. 69-70; JENSEN (Performance of Mutual Funds, 1968), S. 393-394. Vgl. Abschnitt 2.3.2.1 "Jensen-Alpha" und 2.3.2.2 "Treynor-Maß".

[291] FAMA (Investment Performance, 1972), S. 557-562. Selektion und Timing stellen die bei-

die Betrachtungen der Gesamtperiode, sondern ermöglicht auch eine Untersuchung auf Basis kumulierter Teilperioden. Mitte der 80er Jahre haben BRINSON, HOOD und BEEBOWER (BHB) eine einfach anwendbare Systematik der Zerlegung vorgestellt, die aktive Renditen in drei Komponenten zerlegt, wenn die Portfolio- und Benchmarkzusammensetzung bekannt ist.[292] Diese Komponenten sind wiederum die Selektions- und Timingrendite, zusätzlich ergibt sich aber eine Restgröße aus der Interdependenz der ersten beiden Komponenten, deren Zuordnung und Interpretation schwierig ist. Später wurde dann diese Restgröße sinnvoll interpretierbar, wenn Zielrenditen ex-ante als Erwartungen quantifiziert werden und als solche in den Allokationsprozess eingehen.[293] Beim Übergang von der Methodik FAMAs auf die von BHB ist jedoch die Risikoadjustierung durch Berücksichtigung aktiver systematischer Risikopositionen, die eine aktive Renditeerwartung begründen, weggefallen. Analog zur einfachen Zerlegung aktiver Renditen lässt sich die Systematik aber auch für die Risikoaufspaltung anwenden. ANKRIM zeigt in den 90er Jahren eine Methode, wie die Risikoadjustierung in das Konzept von BHB integriert werden kann.[294]

Diese Zerlegung der Performancekomponenten ist das letzte Glied in der Kette der Ergebniskontrolle im Wertpapier-Managementprozess[295], auf der die individuelle Performanceanalyse aufbaut, die gleichzeitig wiederum Ausgangspunkt für neue Investitionsentscheidungen sein sollte. Eine Systematisierung dieser Analyse mit dem Ziel, die Performanceanalyse in einen permanenten Steuerungsprozess einzubinden, wurde bis jetzt aber nicht dargestellt und ist daher Ziel der vorliegenden Arbeit.[296]

---

den Bereiche dar, die der Manager aktiv beeinflussen kann. Seine Fähigkeit in diesen beiden Bereichen ist somit der Ursprung für Renditeabweichungen von einer neutralen Position. Für die Darstellung des Ansatzes von FAMA vgl. Abschnitt 2.6.1.1.

292 BRINSON/HOOD/BEEBOWER (Portfolio Performance I, 1986), S. 40-41; BRINSON/SINGER/-BEEBOWER (Portfolio Performance II, 1991), S. 40-42. Vgl. ausführliche Darstellung im Abschnitt 2.6.1.2.

293 Vgl. Darstellung im Abschnitt 2.6.2.

294 ANKRIM (Performance Attribution, 1992), S. 77-82; vgl. Abschnitt 2.6.1.5.

295 Vgl. Abbildung 3 "Investmentprozess" im Abschnitt 1.1.

296 JOBELIUS (Reporting, 1995), S. 340, weist darauf hin, dass die Performancemessung zur internen Steuerung der Kapitalanlagegesellschaft (KAG) im Allgemeinen vernachlässigt wird. Er bezieht diese Steuerung aber mehr auf die Überprüfung des einheitlichen Vorgehens bei ähnlichen Mandaten. Diese Aufgabe der Performancemessung ist wichtig, beschreibt aber nur einen begrenzten Teil der Performanceanalyse als Steuerungsinstrument.

2.2 Parameter der Performancemessung

Der zentrale Parameter der Performance ist die Wertentwicklung der Anlage, aus der Rendite und Risiko abgeleitet werden. Abschnitt 2.2.1 strukturiert die verschiedenen Renditedefinitionen in Abhängigkeit vom Analyseziel. Die Festlegung des relevanten Risikomaßes wird davon beeinflusst, ob das untersuchte Portfolio dem ganzen Vermögen des Anlegers oder nur einem Bruchteil davon entspricht. Die verschiedenen Risikodefinitionen werden danach in Abschnitt 2.2.2 dargestellt. Weitere Parameter, wie z. B. die Portfoliogewichte, die in der Performancezerlegung i. d. R. eine hohe Bedeutung haben, werden kurz im Abschnitt 2.2.3 behandelt. Zu ihnen gehören. Für die Bewertung der Performance ist zusätzlich ein Vergleichsmaßstab erforderlich. Abschnitt 2.2.4 beschreibt Definition und Bedeutung dieser Benchmark. Eine kurze Abgrenzung von externer und interner Performancemessung in Abschnitt 2.2.5 soll die unterschiedlichen Zielsetzungen und Einsatzmöglichkeiten der in den folgenden Abschnitten 2.3 und 2.4 eingehender dargestellten Performancemaße aufzeigen, während Abschnitt 2.2.6 die Anforderungen an Performancemaße zusammenfasst.

2.2.1 Renditedefinitionen

Die aus der Wertentwicklung abgeleitete Rendite ist die zentrale Größe zur Beurteilung des Anlageerfolgs. Zunächst wird in Abschnitt 2.2.1.1 die ex-post realisierte Rendite näher spezifiziert, im Abschnitt 2.2.1.2 werden dann erwartete Renditen, die den in Kapitel 1 dargestellten Kapitalmarktmodellen zugrunde liegen, davon abgegrenzt.

2.2.1.1 Definition realisierter Renditen

Je nach Zielsetzung des Managements und Definition einer Benchmark können unterschiedliche Renditedefinitionen unterschieden werden. Die diskrete Gesamtrendite R_t^d gibt die relative, wertmäßige Veränderung des Vermögens W zwischen zwei Zeitpunkten 0 und t an

$$R_t^d = (W_t / W_0) - 1. \qquad (25)$$

Neben dieser diskreten Wertveränderung wird die stetige Rendite als Maß der kontinuierlichen Verzinsung durch die absolute Veränderungen der logarithmierten Kurse angegeben

$$R_t^s = \ln(W_t) - \ln(W_0) = \ln\left(W_t W_0^{-1}\right) = \ln(1 + R_t^d).^{297} \qquad (26)$$

[297] Da zwischen diskreter und stetiger Rendite der Zusammenhang $R_t^s = \ln(1 + R_t^d)$ besteht, ist die stetige Rendite immer kleiner als die diskrete Rendite. Gleichheit besteht lediglich bei

Der Vorteil der stetigen Rendite liegt in der Approximation einer Normalverteilung.[298] Sie wird daher im weiteren Verlauf als maßgebliches Renditekonzept unterstellt. Grundsätzlich werden im Folgenden Periodenrenditen und keine annualisierten Renditen unterstellt.[299]

Die Überschussrendite (excess return)[300] r gibt den Teil der Gesamtrendite R an, der über den risikofreien Zins R_f hinausgeht $r = R - R_f$.[301] Die Differenz zwi-

---

einer Rendite von Null, da ln(1+0) = ln(1) = 0. Darüber hinaus sind die Abweichungen in der Nähe von Null sehr gering. Stetige Renditen gehen von einer theoretischen, fortlaufenden Verzinsung aus, d. h. einer infinitesimal kleinen Zeiteinheit zwischen zwei Verzinsungen. Die stetige Rendite stellt somit den Grenzwert der Periodenrendite dar, wenn die Teilperiodenlänge gegen Null geht. Vgl. u. a. ZIMMERMANN/RUDOLF/JAEGER/ZOGG-WETTER (Performance-Messung, 1996), S. 31-32.

298 Stetige Renditen sind nicht, wie diskrete Renditen, nach unten beschränkt und sie sind symmetrisch verteilt. Die Beschränktheit der diskreten Rendite besteht im Totalverlust (W_t=0), der einer diskreten Rendite von -100% entspricht. Bei stetigen Renditen sind auch Werte unter -100% möglich. Der Totalverlust ergibt dann allerdings für die stetige Rendite einen Grenzwert von $-\infty$. Vgl. FAMA (Foundations, 1976), S. 30-31. D. h. es kann für stetige Renditen eine approximative Normalverteilung angenommen werden. (Vgl. ROSENBERG/MARATHE (Capital Asset Pricing, 1979), S. 119) Ein zweiter, rechentechnischer Vorteil besteht bei der Aggregation über mehrere Perioden, weil sie sich addieren lassen. Diskrete Renditen müssen multiplikativ verknüpft werden. FAMA (Foundations, 1976), S. 57; ZIMMERMANN/RUDOLF/JAEGER/ZOGG-WETTER (Performance-Messung, 1996), S. 34. Besonders wegen der statistisch vorteilhaften Annahme einer annähernden Normalverteilung, werden im weiteren Verlauf der Arbeit i. d. R. stetige Rendite unterstellt. Für eine detaillierte Herleitung der stetigen Renditen und eine ausführliche Diskussion der Unterschiede zu diskreten Renditen vgl. ROSENBERG/MARATHE (Capital Asset Pricing, 1979), S. 129-135; BOOTH/FAMA (Diversification, 1992), S. 26-28.

299 Annualisierte Renditen werden insbesondere in der Anlageberatung verwendet, um die Vergleichbarkeit von Anlagen mit unterschiedlichen Betrachtungszeiträumen zu gewährleisten. Hier werden aber i. d. R. kurze, z.B. monatliche Perioden analysiert oder Maßzahlen gebildet, bei denen Renditen mit einem Risikomaß normiert werden. Damit ist eine Annualisierung nicht notwendig. Zudem sind bei unterschiedlichen Renditemessintervallen auch unterschiedliche Annualisierungsfaktoren zu verwenden. Verzerrungen können damit durch die Annualisierung nicht ausgeschlossen werden. Zu annualisierten Renditen vgl. z. B. HIELSCHER (Investmentanalyse, 1996), S. 34-35.

300 Die Literatur über Performanceanalyse wird deutlich von angelsächsischen Autoren dominiert. Daher werden im Folgenden einige Begriffe auch in ihrer englischen Form angegeben. So wird die Überschussrendite auch als Excess-Rendite bezeichnet. Dieser Ausdruck ist aber missverständlich, weil in der internationalen Literatur unter "excess return" gelegentlich auch die aktive Rendite verstanden wird. Vgl. Abschnitt 2.3.1.1.

301 Gesamtrenditen werden im Folgenden grundsätzlich mit R bezeichnet während Überschussrenditen durch r symbolisiert werden.

schen Portfolio- R_P und Benchmarkrendite R_B ergibt dann die aktive Rendite (r_a)

$$r_a = r_P - r_B = R_P - R_B \,. \tag{27}$$

Bei der Analyse von Renditen über mehr als eine Periode muss eine sinnvolle Renditeaggregation gewählt werden. Zwei Methoden sind zu unterscheiden:[302] Die *zeitgewichtete Rendite* (Time-weighted rate of return, BVI-Methode) ermöglicht eine Renditemessung unabhängig vom Timing möglicher externer Cashflows.[303] Dazu müssen die Portfolio- und Benchmarkwerte zu entsprechenden Zeitpunkten bekannt sein.[304] Sie wird dann verwendet, wenn dies externen Cashflows nicht durch den Manager beeinflusst werden. Die *wertgewichtete Rendite* (Money-weighted rate of return, ROI) erfasst die Rendite dagegen dann richtig, wenn auch externe Cashflows im Einflussbereich des Managers liegen.

Ein weiterer Vorteil der stetigen gegenüber den diskreten Rendite besteht bei der Aggregation über längere Zeiträume: Durch die additive Verknüpfung stetiger Renditen werden Kreuzprodukte vermieden.[305]

---

[302] Vgl. Darstellung bei SPREMANN (Renditen, 1992), S. 182-183, und HIELSCHER (Investmentanalyse, 1996), S. 40-41.

[303] Als externe Cashflows werden Zu- oder Abflüsse zum Portfolio verstanden, die nicht durch die Anlagen im Portfolio erwirtschaftet sind, z. B. Mittelzuführungen des Anlegers zum Portfolio.

[304] Die zeitgewichtete Rendite "ist der gewichtete Durchschnitt der internen Zinsfüße für jede Sub-Zeitperiode, die unbeeinflusst von Geldzu- oder -abflüssen ist." MÜHLBRADT (Kapitalanlagen-Performance, 1986), S. 1592.

[305] Bei der Aggregation aktiver, diskreter Renditen über mehrere Perioden zur diskreten, aktiven Gesamtrendite r_a^d ist darauf zu achten, dass nicht die aktiven Periodenrenditen ($r_{a\,t}^d = r_{P,t}^d - r_{B\,t}^d$) aggregiert werden, sondern die Renditekomponenten (Portfolio- und Benchmarkrendite) der aktiven Rendite. Aus der Differenz der aggregierten Renditekomponenten wird dann die aggregierte aktive, diskrete Rendite berechnet:

$$r_a^d = \prod_{t=1}^{T}(1 + r_{P,t}^d) - \prod_{t=1}^{T}(1 + r_{B,t}^d) \neq \prod_{t=1}^{T}(1 + (r_{P,t}^d - r_{B,t}^d))\,.$$

Vgl. auch analoge Vorgehensweise bei der Berechnung von mittleren Portfoliorenditen in Anhang A-I. Daher wird teilweise die aktive Rendite auch relativ zur Benchmarkrendite berechnet: $r_a^{d\text{ relativ}} = (1 + r_P^d) / (1 + r_B^d) - 1$. Diese aktive, diskrete Rendite lässt sich dann verzerrungsfrei über mehrere Perioden aus den aktiven, diskreten Renditen der Teilperioden aggregieren: $r_a^{d\text{ relativ}} = \Pi_{t=1}^{T}(1 + r_{a\,t}^{d\text{ relativ}}) - 1$. Ihre Aussage und ihre absolute Höhe ist aber eine andere als für die diskrete, aktive Gesamtrendite r_a^d.

Für aktive, stetige Renditen gilt dagegen, dass die Differenz der summierten Renditen

2.2.1.2 Erwartete Rendite

Eine der Hauptaufgaben des Asset-Managers ist die Schätzung erwarteter Renditen. D. h. sein Fokus liegt nicht auf der vielfach angestrebten empirischen Erklärung von Renditen oder der Erklärung durchschnittlicher Renditen für bestimmte Anlageteilsegmente.[306] Das CAPM basiert darauf, dass erwartete Renditen eine lineare Funktion der positiven Betas sind, und nur diese zur Erklärung der erwarteten Renditen beitragen. Die APT ist dagegen ein Varianzmodell, nach dessen Aussage die Anzahl der unabhängigen Faktoren, die die Renditen beeinflussen, beschränkt ist. Sie enthält aber keine Aussage zur Preisbildung der Faktoren, also zu erwarteten Renditen.[307]

Wird das Bewertungsmodell des CAPM zugrunde gelegt, so kann der folgende Ansatz für die weitere Renditezerlegung gewählt werden: Vergleicht man die Portfoliorendite r_P mit der um die Risikopositionierung (β_P = Portfoliobeta) adjustierten Benchmarkrendite r_B, dann ergibt sich die Residualrendite r_r

$$r_r = r_P - \beta_P \, r_B . \tag{28}$$

r_r gibt den Teil der Portfoliorendite an, der nicht mit der Benchmark korreliert ist. Wenn das systematische Portfoliorisiko gleich dem Marktrisiko ist, d. h. $\beta_p = 1$, so entspricht die Residualrendite r_r der aktiven Rendite r_a gemäß Gleichung (27).

Das Konzept der außerordentlichen Rendite (exceptional return) setzt dagegen eine weitere Annahme voraus: Sofern der Markt eine langfristig stabile durchschnittliche Risikoprämie aufweist, die auch für die jeweils nächste Periode zu erwarten ist, kann ex-post eine unerwartete, aktive Timingrendite bestimmt werden.[308] Diese ergibt sich aus dem aktiven systematischen Risiko des Portfolios (β_a), d. h. der Abweichung des Portfoliobetas β_p zum Marktbeta ($\beta_M \equiv 1$), und

---

gleich der Summe der Renditedifferenzen ist: $r_a^s - \sum_{t=1}^{T} r_{P,t}^s - \sum_{t=1}^{T} r_{B,t}^s = \sum_{t=1}^{T} (r_{P,t}^s - r_{B,t}^s)$. Soll diese aktive, stetige Rendite in die diskrete Rendite zurücktransformiert werden, so gilt $r_a^d = e^{\sum r_{P,t}^s} - e^{\sum r_{B,t}^s} \neq e^{\sum (r_{P,t}^s - r_{B,t}^s)}$. Daher muss auch die aktive, stetige Rendite in den Komponenten aggregiert und transformiert werden und danach die Differenz gebildet werden.

306 BLACK (Estimating Expected Return, 1993), S. 36, BLACK (Beta and Return, 1993), S. 9-10. Zur Erklärung durchschnittlicher Renditen vgl. FAMA/FRENCH (Cross-Section, 1992), S. 427. Die Renditeerklärung kombiniert die Schätzung erwarteter Renditen mit der Erklärung der Varianz und ist so ein anderes Untersuchungsfeld.

307 BLACK (Estimating Expected Return, 1993), S. 36.

308 GRINOLD/KAHN (Active Portfolio Management, 1995), S. 333.

der Abweichung der tatsächlichen von der langfristigen durchschnittlichen Benchmark-Überschussrendite ($r_B - \bar{r}_B$). Die Summe aus Residualrendite und unerwarteter aktiver Timingrendite ergibt den außerordentlichen Renditeanteil r_e

$$r_e = r_r + \underbrace{(\beta_P - 1)\cdot(r_B - \bar{r}_B)}_{\text{aktive Timingrendite}} = r_r + \beta_a(r_B - \bar{r}_B)\,. \qquad (29)$$

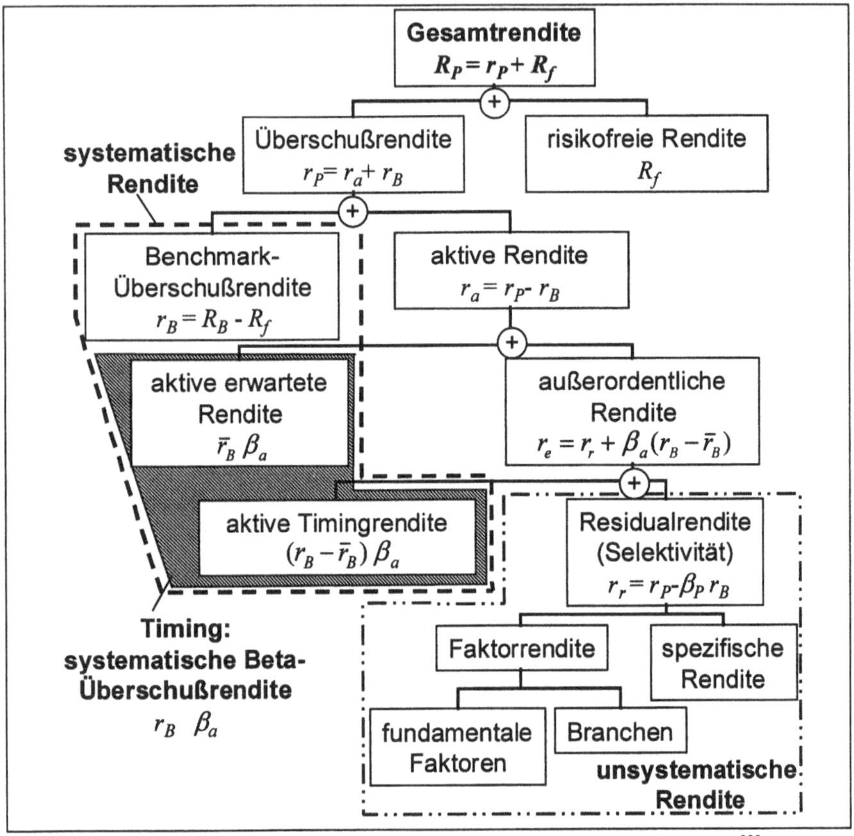

Quelle: Abbildung in Anlehnung an die Systematisierung bei BARRA.[309]

Abbildung 7: Beispiel für die ex-post Zerlegung der Gesamtrendite auf Basis des CAPM

Damit wird die aktive Timingrendite z. B. positiv, wenn der Manager bei einer überdurchschnittlichen Marktrisikoprämie sein systematisches Risiko β_p größer

309 BARRA (Equity Performance, 1994), S. 9. Vgl. auch Systematik bei RUDD/CLASING (Modern Portfolio Theory, 1982), S. 434-436.

als Eins gewählt hat. Wird Gleichung (28) in (29) eingesetzt, dann ergibt sich

$$r_e = (r_P - r_B) - \beta_a \bar{r}_B = r_a - \beta_a \bar{r}_B \,.$$

Die außerordentlichen Rendite r_e entspricht also der aktiven Portfoliorendite r_a, gemindert um die aktive erwartete Rendite, die durch das aktive systematische Risiko und die langfristige durchschnittliche Benchmark-Überschussrendite bestimmt wird. Nach dieser Zerlegungsmethodik, in der der Markt die einzige Quelle systematischen Risikos ist, quantifiziert nur die außerordentliche Rendite r_e die (um das aktive systematische Risiko adjustierte) Leistung des Managers. Einen graphischen Überblick über diese additive Renditezerlegung gibt Abbildung 7.

Im Rahmen der Kapitalmarkttheorie werden zusätzlich zu den unterschiedlichen Renditedefinitionen zwei Typen von erwarteten Renditen unterschieden. *Unbedingte* erwartete Renditen werden durch ex-post realisierte durchschnittliche Renditen geschätzt und nutzen so keine Informationen über die aktuellen ökonomischen Variablen. *Bedingte* erwartete Renditen berücksichtigen die verfügbaren Informationen und sind somit Renditeerwartungen in Abhängigkeit von erklärenden Variablen.[310] Die verschiedenen Bewertungsmodelle können als Erklärung für bedingte oder unbedingte Renditeerwartungen interpretiert werden.[311]

2.2.1.3 Exkurs: Empirische Einflussfaktoren für die zeitliche Variation von Renditen

Die empirisch wichtigsten Einflussfaktoren für die (zeitliche) Variation der Renditen sind bei BOUDOUKH/RICHARDSON/SMITH zusammengefasst:[312] Die negative Korrelation zwischen erwarteten Aktienrenditen und Geldmarktrenditen lässt sich teilweise aus der negativen Korrelation zwischen Aktienrenditen und erwarteter Inflation[313] und teilweise durch Erwartungen über die zukünftige Realverzinsung in verschiedenen Stadien des Wirtschaftzyklus erklären.[314] Erwar-

---

[310] Vgl. FERSON/HARVEY (Equity Returns, 1993), S. 528.

[311] Vgl. Abschnitt 1.2 und insbesondere Abschnitt 1.2.2.2.3 für das bedingte CAPM.

[312] BOUDOUKH/RICHARDSON/SMITH (Risk Premium, 1993), S. 397-405. Vgl. auch FAMA (Efficient Capital Markets II, 1991), S. 1577-1589; HAWAWINI/KEIM (Common Stock Returns, 1995), S. 512-519.

[313] FAMA/SCHWERT (Returns and Inflation, 1977), S. 128-129, 137-139; FAMA (Inflation, 1981), S. 559-561.

[314] Z.B. HARVEY (Conditional Covariances, 1989), S. 312-315.

tete Marktrenditen sind insbesondere auch eine Funktion steigenden Risikos[315], das i. d. R. als Volatilität der Marktrendite gemessen wird.[316] Die Markt-Dividendenrendite[317], die Steigung der Zinsstrukturkurve[318] und die Renditedifferenz zwischen unterschiedlichen Anleihe-Bonitätsklassen[319] haben ebenfalls einen Informationsgehalt für die erwarteten Renditen. Sie stellen Schätzer für die Veränderungen des Geschäftsrisikos und des Ausfallrisikos über die Zeit dar.[320] Entsprechende Untersuchungen haben einige Autoren dazu veranlasst, signi-

---

[315] Nach der Schätzmethode für erwartete Marktrenditen von MERTON (Expected Return, 1980), S. 352, sind diese vom (veränderlichen) Marktrisiko und dem Zinssatz abhängig. Als Restriktion sollte dabei die Nichtnegativität der erwarteten Marktrendite explizit in der Modellspezifikation berücksichtigt werden. Die Genauigkeit der Schätzung kann durch zusätzliche Informationsvariablen verbessert werden. Als Beispiele gibt er Untersuchungen über die Investitionsgrade bei Investoren vgl. BLUME/FRIEND (Asset Structure, 1975), S. 597-602, Umfragen über die Erwartungen von Investoren vgl. CRAGG/MALKIEL (Expectations, 1982), S. 54-76, Unternehmensgewinne und andere Bilanzdaten an. Als weitere Quelle der Verbesserung sieht MERTON die bessere Abbildung der Nichtstationarität von Zeitreihen, z. B. um den Zeitraum abzuschätzen, über den die Rendite-Risiko Relation im Wesentlichen konstant bleibt. Schließlich könne nach MERTON eine genauere Varianzschätzung, die auch Fehler der Varianzschätzer berücksichtigt, die Genauigkeit verbessern.

[316] Vgl. MERTON (Capital Market Theory, 1990), S. 508-512, für eine Diskussion über die hinreichenden Bedingungen dieses Zusammenhanges. Empirisch wird dies durch Untersuchungen von MERTON (Expected Return, 1980), S. 350; FRENCH/SCHWERT/STAMBAUGH (Returns and Volatility, 1987), S. 27; HARVEY (Covariance Risk, 1991), S. 143-147, gestützt. Vgl. dagegen andere Schlussfolgerung, die bei BOUDOUKH/RICHARDSON/SMITH (Risk Premium, 1993), S. 397, widergegeben ist.

[317] FAMA/FRENCH (Dividend Yields, 1988), S. 4, und FAMA/FRENCH (Business Conditions, 1989), S. 36-42.

[318] CAMPBELL (Stock Returns, 1987), S. 386-393, FAMA/FRENCH (Business Conditions, 1989), S. 36-42, CHEN (Investment Opportunities, 1991), S. 532, 535-537. CHEN stellt darüber hinaus fest, dass der Zinsstrukturfaktor als Vorlaufindikator für die Veränderung des Wirtschaftswachstum geeignet ist; CHEN (Investment Opportunities, 1991), S. 538-539.

[319] Als Bonitätsklassen werden in der amerikanischen Literatur i. d. R. investment grade und not-investment grade Anleihen verglichen. Vgl. z. B. KEIM/STAMBAUGH (Predicting Returns, 1986), S. 361, FAMA/FRENCH (Business Conditions, 1989), S. 26. Diese Unterscheidung nach Bonitätsklassen ist vornehmlich auf dem US-amerikanischen Markt zu finden. Die meisten anderen Kreditmärkte kennen bisher nur eine geringe Spannbreite unterschiedlicher Bonitäten in einem Marktsegment.

[320] Vgl. auch WHITELAW (Time Variations, 1994), S. 515-517, und Studien von BREEN/-GLOSTEN/JAGANNATHAN (Economic Significance, 1989), S. 1179-1182; FAMA/FRENCH (Business Conditions, 1989), S. 36-42; KANDEL/STAMBAUGH (Modeling Expected Stock Returns, 1989) und KANDEL/STAMBAUGH (Expectations, 1990), S. 207-232.; KEIM/STAMBAUGH (Predicting Returns, 1986), S. 363-370.

fikante Variationen der erwarteten Renditen und der Renditevolatilität über einen Wirtschaftszyklus anzunehmen.[321] Wobei es nahe liegt, eine positive Korrelation zwischen Rendite und Risiko zu erwarten.[322]

2.2.2 Risikodefinitionen

Der Begriff des Risikos hat in der Umgangssprache ein weites Bedeutungsfeld und bedarf daher einer genaueren Abgrenzung. Entscheidungstheoretisch lässt sich Risiko von Unsicherheit durch die Quantifizierung bzw. Quantifizierbarkeit von Wahrscheinlichkeiten für Ereignisausprägungen abgrenzen. Risiko bezeichnet hier die mit einer Wahrscheinlichkeit belegbare positive oder negative Abweichung von einer Sollgröße.[323] Da allgemein von Anlegern ausgegangen

---

[321] FAMA/FRENCH (Business Conditions, 1989), S. 23. SCHWERT (Stock Market Volatility, 1989), S. 1143-1145; KANDEL/STAMBAUGH (Modeling Expected Stock Returns, 1989) und KANDEL/STAMBAUGH (Expectations, 1990), S. 207-232. Die Untersuchungen gingen im Wesentlichen in zwei Richtungen. Es wurde a) eine positive Korrelation zwischen erwarteten Renditen und bedingten Renditevolatilitäten gesucht und b) negative Relationen zwischen unerwarteter Volatilität und realisierten Renditen. Empirische Untersuchungen über zeitgleiche Korrelationen der ersten beiden Momente der Renditen ergaben aber zwiespältige Ergebnisse. CAMPBELL (Stock Returns, 1987), S. 391-393; HARVEY (Conditional Expectations, 1991), S. 32-35, HARVEY (Covariance Risk, 1991), S. 134-139; FRENCH/SCHWERT/STAMBAUGH (Returns and Volatility, 1987), S. 27-28, finden positive Korrelationen zu a) nur beim GARCH-M Modell ('M' steht dabei für Mittelwerteffekte), andere Modelle ergaben negative oder insignifikante Korrelationen; GLOSTEN/JAGANNATHAN/RUNKLE (Nominal Excess Return, 1993), S. 1795, finden mit einem modifiziertem GARCH-M negative oder keine Relation zu a); CHAN/KAROLYI/STULZ (Global financial markets, 1992), S. 148-149, finden bei einer internationalen Untersuchung zu a) keine Korrelation für den US-Markt, aber mit der bedingten Varianz eines ausländischen Indexes (Nikkei 225). Nach ABEL (Time-Varying Dividend Risk, 1988), S. 382-386, GLOSTEN/JAGANNATHAN/RUNKLE (Nominal Excess Return, 1993), S. 1779-1781, und GENNOTTE/MARSH (Variations in Economic Uncertainty, 1993), S. 1029-1033, impliziert das Gleichgewicht keine positive Relation der beiden ersten Momente. Eine modifizierte Auslegung des linearen Zusammenhangs bedingter Erwartungen und bedingter Volatilitäten der Renditen, durch lineare Abhängigkeit der erwarteten Renditen von der Varianz der Dividenden, findet sich bei CAMPBELL/HENTSCHEL (No News, 1992), S. 311-312; WHITELAW (Time Variations, 1994), S. 515-516.

[322] Vgl. auch CAMPBELL (Stock Returns, 1987), S. 381-386, der eine spezielle Form des I-CAPM entwickelt, in dem die erwartete Überschussrendite etwa proportional zur Varianz der Renditen ist.

[323] Allgemein formuliert betrachten Risikomaße die möglichen (zukünftigen) Konsequenzen eines zukünftigen Ereignisses und der ihnen zuordenbaren Wahrscheinlichkeiten. Beim Marktrisiko repräsentieren solche Ereignisse Szenarien für den Marktverlauf, für zukünftige Preise von Wertpapieren. Vgl. u. a. CHRISS (Grip on Risk I, 1997), S. 14 und HIELSCHER (Aktienportefeuille, 1969), S. 96-97.

wird, die einen sicheren Ertrag einem unsicheren, mit Risiko behafteten Ertrag vorziehen, muss die Aversion gegen Risiko präzisiert werden:[324]

> **Risikoaversion** bedeutet, dass ein Investor die Höhe des absoluten Risikos (σ_P) scheut, d. h. er zieht bei gleichem Risiko höhere Renditen, bzw. bei gleicher Rendite ein geringeres Risiko vor.[325]
>
> **Regret-Aversion**[326] bedeutet, dass ein Investor ein möglichst geringes aktives Risiko (σ_a) gegenüber einer Benchmark eingehen will.[327] Je nach Höhe der Regret-Aversion können unterschiedliche Investmentstile kategorisiert werden: passive Strategie, "enhanced passive" oder "index-plus" und "Core"-Strategien.[328]

Grundsätzlich sollte sich ein Risikomaß mit der intuitiven Risikowahrnehmung decken.[329] Bei der Auswahl und Definition eines geeigneten Risikomaßes sind daher die unterschiedlichen Perspektiven und Einsatzgebiete sowie der Zeithorizont des Investors zu beachten. Risikomessung kann Grundlage für die Bewertung von Investmentalternativen in der Asset Allokation sein, Maße für die Bewertung eigener Risikopositionen im Portfolio liefern oder eine Komponente im Performancevergleich verschiedener Portfolios sein. Alle drei Perspektiven sind aber miteinander verbunden.[330]

---

324 Dabei ist in der Praxis die Entscheidung über die Risiko- bzw. Regret-Aversion zwischen Investor und Manager weitgehend ungelöst. Vgl. FARRELLY/LE-BARON (Assessing Risk Tolerance, 1989), S. 14-15.

325 JACOBS/LEVY (Risidual Risk, 1996), S. 10-12.

326 Regret-Aversion lässt sich etwa mit *Enttäuschungsaversion* zu übersetzen.

327 JACOBS/LEVY (Risidual Risk, 1996), S. 10, sprechen von residualem Risiko, weil sie die aktive Rendite als "excess return" definieren. Ihr residuales Risiko misst also die Volatilität der "excess returns", d. h. die Volatilität der aktiven Rendite, die hier als aktives Risiko bezeichnet wird.

328 Passive Anlagestrategien werden mit $\sigma_a = 0$, "enhanced" passive Strategien mit $0{,}3\% < \sigma_a < 2\%$ und "Core"-Strategien mit $\sigma_a > 2\%$ identifiziert. Die Einteilung ist aber willkürlich und dient lediglich einer groben Klassifizierung der Anlagestile bzw. -strategien entsprechend dem tolerierten Abweichungsrisiko von einer definierten Benchmark. Zu den verschiedenen Anlagestrategien vgl. Abschnitt 1.1, Abbildung 4.

329 BALZER (Investment Risk, 1994), S. 51-52, 58; SORTINO/PRICE (Downside Risk Framework, 1994), S. 59-60. OLSEN (Investment Risk, 1997), S. 63, gibt Attribute für das Investitionsrisiko wieder, die vielfach mit dem Risiko assoziiert werden. Dazu gehören neben dem Verlust, das Verfehlen einer Zielrendite, die Liquidität der Anlage, der Kenntnisstand über das Underlying (den Emittenten) und die Unsicherheit über die ökonomischen Rahmenbedingungen.

330 POLSKY (Risk Management, 1997), S. 34.

Der Anlagehorizont ist in der Performancebetrachtung für die Risikomessung von erheblicher Bedeutung, weil Risikomaße sehr sensitiv auf die Länge des Betrachtungszeitraumes und die Messintervalle reagieren. Die Messintervalle wirken im Allgemeinen direkt auf die Risikogrößen. So ist i. d. R. eine annualisierte Varianz aus monatlichen Renditen höher als die aus jährlichen Renditen berechnete Varianz.[331]

Das Gesamtrisiko einer Investition wird üblicherweise in systematische Einflussgrößen und eine unsystematische Restgröße zerlegt. Damit setzt sich das Gesamtrisiko eines Portfolios $\sigma^2{}_P$ aus dem systematischem Risiko (Marktrisiko) $\sigma^2{}_s$ und einer residualen, unsystematischen (unkorrelierten) Komponente $\sigma^2{}_s$ zusammen

$$\sigma_P^2 = \sigma_s^2 + \sigma_\varepsilon^2 = \beta_P^2 \sigma_M^2 + \sigma_\varepsilon^2 \, ,^{332} \tag{30}$$

während das aktive Risiko gegenüber der Benchmark von der aktiven Positionierung gegenüber dem systematischen Risikofaktor, d. h. vom aktiven Beta β_a, abhängt

$$\sigma_a^2 = \beta_a^2 \sigma_M^2 + \sigma_\varepsilon^2 \text{ mit } \beta_a^2 = \beta_P^2 - \beta_M^2 \, . \tag{31}$$

Die Differenz zwischen totalem und aktivem Portfoliorisiko ist also gleich dem Marktrisiko σ_M^2, da β_M definitionsgemäß gleich Eins ist. Rechnerisch ergibt sich dies aus

$$\sigma_P^2 - \sigma_a^2 = \sigma_M^2(\beta_P^2 - \beta_a^2) = \sigma_M^2(\beta_P^2 - (\beta_P^2 - \beta_M^2)) = \sigma_M^2 \, .$$

Analog zur Renditedefinition lässt sich auch das Risiko in Komponenten zerlegen, wenn das Marktrisiko die einzige systematische Risikoquelle ist, vgl. Abbildung 8. Wenn das Risiko als Standardabweichung definiert wird, lässt sich gemäß Gleichung (30) der Zusammenhang zwischen Marktrisiko, dem unsystematischen bzw. spezifischem Risiko und dem Gesamtrisiko des Portfolios gra-

---

[331] Die Glättung der Renditeausschläge bei Messintervallen von mehreren Tagen, Wochen oder Monaten bewirkt diese scheinbare Risikoreduktion. Bei vergleichenden Analysen kommt es weniger auf die Länge des Intervalls an, solange alle Portfolios gleich behandelt werden. Bei der Beurteilung eines Portfolios ist dagegen der Investmenthorizont des Anlegers für die Festlegung eines Messintervalls wichtig. Vgl. auch POLSKY (Risk Management, 1997), S. 37; ZIMMERMANN/RUDOLF/JAEGER/ZOGG-WETTER (Performance-Messung, 1996), S. 201-202.

[332] Für die Herleitung - insbesondere des systematischen Risikos σ_s als Produkt des Portfoliobetas β_P und dem Risiko des Marktes σ_M - vgl. HIELSCHER (Investmentanalyse, 1996), S. 67. Risiken werden hier exemplarisch als Quadrate der Standardabweichungen, also als Varianzen dargestellt, weil diese additiv sind.

phisch darstellen.[333] Beide Komponenten lassen sich als Katheten eines rechtwinkligen Dreiecks auffassen, während das Gesamtrisiko durch die Hypotenuse abgebildet wird, vgl. Abbildung 9.[334]

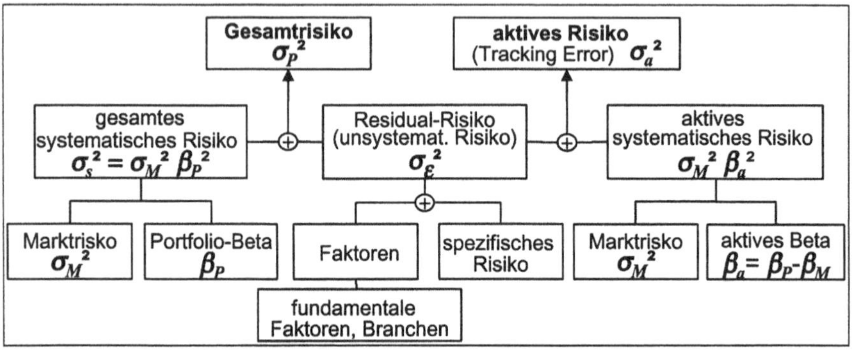

Abbildung 8: Risikokomponenten, wenn der Markt als die einzige systematische Risikoquelle angesehen wird

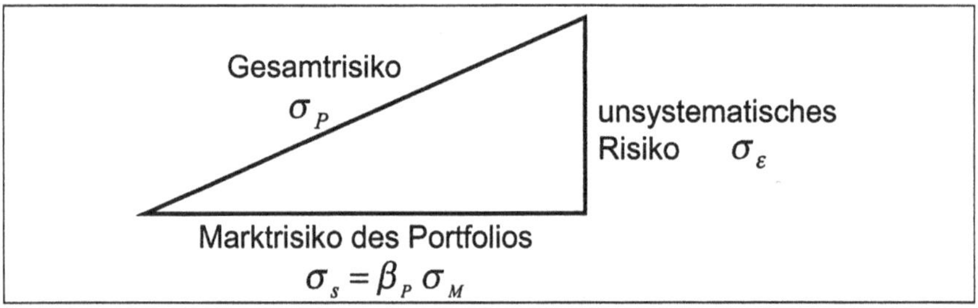

Quelle: Chriss/Fanelli (Grip on Risk IIb, 1997), S. 44.

Abbildung 9: Graphische Gesamtrisikozerlegung

Der Abweichungsfehler, i. d. R. als Tracking Error (*TE*) oder Abbildungsrisiko bezeichnet, ist dagegen die Standardabweichung der Renditedifferenz zwischen Portfolio und Benchmark, d. h. die Schwankungsintensität der aktiven Rendite.[335] Der *TE* entspricht damit der Wurzel des aktiven Risikos σ_a^2. Er gibt die

---

333 Das spezifische Risiko wird auch in Abgrenzung zum systematischen als unsystematisches Risiko bezeichnet. Die Begriffe werden aber nicht immer eindeutig verwendet. So wird u. U. auch ein (systematisches) Faktorrisiko zum unsystematischen Risiko gezählt; vgl. Abbildung 8. Eindeutig ist die Abgrenzung des spezifischen Risikos, das durch die Schwankung des Fehlerterms ε im Renditeerklärungsmodell gegeben ist; vgl. Abschnitt 2.2.2.2.

334 CHRISS/FANELLI (Grip on Risk IIb, 1997), S. 43-44.

335 Die Differenz zwischen Portfolio- und Benchmarkrendite kann auch als Resultat einer

Bandbreite $\pm\sigma_a$ an, mit der die Portfoliorendite um die Benchmarkrendite mit 68,27% Wahrscheinlichkeit (eine Standardabweichung) schwankt.[336] Er ist auch direkt aus den Varianzen und der Korrelation ρ der Renditen der Portfolios M und P zu bestimmen[337]

$$TE = \sqrt{\sigma_a^2} = \sqrt{\sigma_M^2 + \sigma_P^2 - 2\,\rho_{P,M}\,\sigma_M\,\sigma_P} \qquad (32)$$

mit $\rho_{P,M}$ = Korrelationskoeffizient für P und M, $\rho_{P,M} = \sigma_{P,M} / (\sigma_P\,\sigma_M)$;
$\sigma_{P,M}$ = Kovarianz der Renditen der Portfolios M und P;
σ_P ; σ_P^2 = Standardabweichung bzw. Varianz der Renditen des Portfolios P (analog für M).

Das Abbildungsrisiko wird also mit zunehmender Korrelation $\rho_{P,M}$ geringer und steigt mit zunehmender Volatilität des Portfolios.

Ob für den Anleger das Gesamtrisiko oder nur der systematische Anteil relevant ist, wird oft davon abhängig gemacht, ob das ganze Vermögen oder nur ein Teil betrachtet wird. Im letzteren Fall ist häufig das systematische, nicht diversifizierbare Risiko relevant, weil vereinfachend von einer weitgehenden Diversifikation über alle Vermögensanteile ausgegangen wird.[338] Für das ganze Vermögen wird dagegen das absolute Gesamtrisiko als adäquates Risikomaß angesehen.

Unabhängig vom relevanten Risikomaß sind bei Instationarität der Renditeverteilungen die Risikomaße, die auf der historischen Zeitreihe der Renditen berechnet werden, bestenfalls als Schätzer für das zukünftige Risiko geeignet.[339] Insbesondere für die Verwendung systematischer Risikofaktoren in Preisbildungsmodelle ist es daher notwendig, dass die Sensitivitäten so signifikant und stabil sind, und nicht nur historische Zusammenhänge gemessen werden, son-

---

Long-Position des Portfolios und einer Short-Position in der Benchmark (Marktindex) interpretiert werden. Diese Hedge-Konstruktion reduziert das Risiko, eliminiert es aber nicht vollständig. Vgl. z. B. CHRISS/FANELLI (Grip on Risk IIb, 1997), S. 45.

336 BÜHLER (Erfolgsanalyse, 1994), S. 34.

337 CHRISS/POLSKY/MARTINS (Correlation, 1997), S. 23.

338 Diese Annahme ist für den Manager oft nicht verifizierbar. Da der Anleger aber die strategische Allokation vorgibt, wird in der Praxis davon ausgegangen, dass er eine entsprechende Anlagenstreuung berücksichtigt.

339 BALZER (Investment Risk, 1994), S. 49-50.

dern auch ein Zusammenhang zu den erwarteten Renditen unterstellt werden kann.[340]

Exkurs: Verbindung zwischen aktiver Rendite und aktivem Risiko

Die Verbindung zwischen aktiver Rendite und aktivem Risiko lässt sich wie folgt herstellen: Der zu maximierende Nutzen U des Investors entspricht der aktiven Rendite r_a abzüglich dem negativen Nutzen (disutility) des aktiven Risikos σ_a^2 [341]

$$U = r_a - (\Theta\, \sigma_a^2)\,, \tag{33}$$

wobei Θ einen Aversionsfaktor gegenüber dem aktiven Risiko (Regret-Aversion) darstellt, der objektiv allerdings nur äußerst schwer quantifizierbar ist.

Ein in der Praxis häufiger verwendeter Ansatz basiert auf der Information Ratio (IR) nach Barra. Die IR ist das (maximale) Verhältnis zwischen aktiver Rendite r_a und aktivem Risiko σ_a, das ein Manager erreicht hat.[342] Die quadrierte IR entspricht daher der Sharpe-Ratio bei der Verwendung von aktiven Renditen.[343] Setzt man für die aktive Rendite das Produkt aus IR und aktivem Risiko σ_a^2 in die Nutzenfunktion (33) ein, dann ergibt sich das optimale aktive Risiko σ_a^* aus der ersten Ableitung des Nutzens U nach σ_a zu [344]

$$\sigma_a^* = \text{IR} / 2\Theta. \tag{34}$$

---

[340] Beispiele für Untersuchungen der Beziehung zwischen Beta und durchschnittlicher Rendite finden sich bei CHAN/LAKONISHOK (Beta's Death, 1993), S. 56-59; KANDEL/STAMBAUGH (Portfolio Inefficiency, 1995), S. 159-164; KOTHARI/SHANKEN/SLOAN (Cross-Section, 1995), S. 188-199; ROLL/ROSS (Cross-Sectional Relation, 1994), S. 109-113; FAMA/FRENCH (Common Risk Factors, 1993), S. 19-21. Vgl. Überblick bei MACKINLAY (Multifactor Models, 1995), S. 4-5.

[341] JACOBS/LEVY (Risidual Risk, 1996), S. 12.

[342] KAHN (Quantitative Insights: 2, 1996), S. 1; KAHN (Quantitative Insights: 7, 1998), S. 1; JACOBS/LEVY (Risidual Risk, 1996), S. 12. Um eine statistisch signifikant von Null verschiedene IR zu erzielen, benötigt ein durchschnittlicher Manager dennoch sehr viele Jahre, so dass die IR normalerweise nur mit schwacher Signifikanz zu Aussagen führt. Vgl. Beispiel bei HIELSCHER (Investmentanalyse, 1996), S. 46-47.

[343] GRINOLD (Fundamental Law, 1989), S. 31. Die IR unterliegt daher der gleichen Kritik, die für die Sharpe-Ratio in Abschnitt 2.3.1.1 dargestellt wird.

[344] Die erste Ableitung der Nutzenfunktion ergibt $U' = \text{IR} - 2\Theta\sigma_a$. Wird die Ableitung gleich Null gesetzt, um ein lokales Extremum zu finden, ergibt sich $\sigma_a = \text{IR} / 2\Theta$. Da $U'' = -2\Theta < 0$, ist die Bedingung für ein Maximum erfüllt.

Der Regret-Aversionsfaktor Θ misst also die Konkavität und Neigung der Risiko-Nutzenfunktion.[345]

2.2.2.1 Systematisches Risiko

In der bisherigen Risikobeschreibung bildete der Markt die einzige systematische Risikokomponente. Die Einführung des systematischen Risikos erfolgte rückblickend durch das Indexmodell von Sharpe. Dabei ist das Beta ein Maß für die Sensitivität des Portfolios, dessen Risiko bewertet werden soll, in Bezug auf den Index.[346] Dieser Index wird – in Anlehnung an das Marktmodell – i. d. R. durch den Marktindex dargestellt. Diese Operationalisierung beruht auf der Annahmen, dass ein Teil der Wertpapierrenditeschwankungen auf die Variabilität des Marktes zurückzuführen ist, d. h. durch Marktrenditeschwankungen erklärt werden kann. Mit dem Markt als einziger systematischer Risikoquelle, wird das nicht diversifizierbare Marktrisiko eines Portfolios durch das Portfoliobeta β_P und das Marktrisiko σ_M quantifiziert

$$\sigma^2_{P,syst} = \beta^2_P \sigma^2_M . \quad (35)$$ [347]

Wichtig bei der Interpretation des Betas ist, dass es auf der Basis von Überschussrenditen berechnet wird. D. h. ein Portfoliobeta von 1,2 bei einer Marktrendite von 10% bedeutet nicht eine erwartete Portfoliorendite von 12%. Wenn der risikofrei Zins z. B. 2% beträgt, ergibt sich vielmehr eine erwartete Portfoliorendite von 11,6% (= 1,2 [10% - 2%] + 2%). Das Beta misst also die Volatilität der Rendite oberhalb der risikofreien Rendite.

Das systematische Risiko ist aber nicht auf eine bestimmte Größe wie das Marktrisiko festgelegt, vielmehr können auch andere systematische Einfluss-

---

345 Die Konkavität bedeutet, dass die zweite Ableitung der Nutzenfunktion kleiner als Null ist. DEMBO (Risk, 1997), S. 24; SZPIRO (Risk Aversion, 1988), S. 11-15.

346 Die Betaschätzung ist auch ein kritischer Punkt in der Schätzung der Eigenkapitalkosten eines Unternehmens. Diese Schätzungen der Eigenkapitalkosten werden üblicherweise als Input für den Capital Budgeting Prozess von Unternehmen verwendet oder in der Bewertung von Unternehmen. Betaschätzer werden von Portfoliomanagern verwendet, um Portfolios entsprechend der Risiko/Rendite-Struktur auszurichten. Unverzerrte Betas sind insbesondere für die Bewertung von Managementleistungen von Bedeutung. D. h. Betas werden sowohl in der Unternehmensfinanzierung als auch im Investmentbereich (Wertpapier Management) eingesetzt. IBBOTSON/KAPLAN/PETERSON (Small-Stock Betas, 1997), S. 104.

347 CHRISS/FANELLI (Grip on Risk IIb, 1997), S. 43. Ein analoges Maß zum Beta ist die Duration von Anleihen, die deren Sensitivität auf Zinsänderungen misst. HIELSCHER (Investmentanalyse, 1996), S. 72-73.

faktoren die Gesamtvarianz erklären. Analog zum Marktrisiko wird dann bei anderen Einflussfaktoren vom Faktorrisiko gesprochen werden. Das Beta bzw. die Sensitivität einer Aktie gegenüber einem Index oder Faktor ist normalerweise nicht bekannt, sondern muss geschätzt werden. Dazu wird hauptsächlich die Methode der kleinsten Quadrate (OLS[348]) verwendet. Der Regressionskoeffizient des Einflussfaktors entspricht dann der Sensitivität. Andere Verfahren berücksichtigen anstelle der Gleichgewichtung der Daten bei der OLS eine exponentielle Gewichtung der Daten[349], oder es wird statt der OLS die verallgemeinerte Regressionsmethode (GLS) verwendet.[350] Eine weitere Schätzmethode verwendet GARCH Modelle.[351] Die Schätzverfahren werden näher im Abschnitt 3.3.2 erläutert.

Neben der Schätzmethode hat auch die Größe der Stichprobe, die zur Sensitivitätsberechnung verwendet wird, einen Einfluss auf das Messergebnis. Empirisch wurde eine systematische und nichtlineare Variation der Betas mit der Stichprobenlänge festgestellt.[352] Zudem sind Betaschätzer besonders bei kurzen

---

348 ordinary least squares (OLS), entspricht dem deutschen Begriff der Kleinsten Quadrat-Methode.

349 Zur Anwendung exponentieller Gewichtungen vgl. ALEXANDER (RiskMetrics, 1996), S. 280-281; ALEXANDER (Estimating and Forecasting, 1996), S. 65-66.

350 Die generalized least squares Methode (GLS) unterscheidet sich von der OLS in der Hinsicht, dass die Beobachtungen invers zur Residuenvarianz, die ihnen zugeordnet werden kann, gewichtet werden. Vgl. ROSENBERG/MARATHE (Capital Asset Pricing, 1979), S. 126, und für die OLS Abschnitt 3.3.2.1.1. Zur GLS vgl. KANDEL/STAMBAUGH (Portfolio Inefficiency, 1995), S. 167-168, und die Anwendung bei AMIHUD/CHRISTENSEN/-MENDELSON (Risk-Return Relationship, 1992). In einem Regressionsmodell $Y = Xb + u$, in dem u der Residuenvektor mit einer Varianzmatrix V ist, ergibt sich die GLS-Schätzung des Koeffizienten b aus $\hat{b} = (X' V^{-1}X)^{-1} X' V^{-1}Y$ wobei $\mathrm{Var}(\hat{b}) = (X' V^{-1}X)^{-1}$ die Varianz des geschätzten Koeffizienten angibt. Die Kovarianzmatrix V wird dabei im Gegensatz zur OLS invers verwendet; ROSENBERG/MARATHE (Capital Asset Pricing, 1979), S. 126.

351 Z. B. ALEXANDER (Estimating and Forecasting, 1996), S. 66-67; BIELINSKI/SORENSEN/-MEZRICH/O'DONNELL (Risk Attribution Model, 1996), S. 15; AKGIRAY (Conditional Heteroscedasticity, 1989), S. 72-74.

352 KOTHARI/SHANKEN/SLOAN (Cross-Section, 1995), S. 190-191; LEVHARI/LEVY (Investment Horizon, 1977), S. 101-103 für empirische Ergebnisse und S. 93-98 für die theoretische Herleitung der Verzerrung; vgl. HANDA/KOTHARI/WASLEY (Sensitivity, 1993), S. 1544, HANDA/KOTHARI/WASLEY (Return Interval and Betas, 1989), S. 81. Die Betavariation mit der Berechnungslänge haben früh bereits POGUE/SOLNIK (Market Model, 1974), S. 929-930; ALTMAN/JACQILLAT/LEVASSEUR (Comparative Analysis, 1974), S. 1498-1500, empirisch festgestellt. Direkte Untersuchungen des Intervalleffektes bei Betaschätzern wurden von SCHOLES/WILLIAMS (Estimating Betas, 1977), S. 317; HAWAWINI (Intertemporal Cross Dependence, 1980), S. 144-146; SMITH (Intervalling, 1978), S. 319, 321; DIMSON

Renditeintervallen, z. B. täglichen Renditen, verzerrt. Dies kann zum Teil auf nicht synchrone Preisbildung und seltene Umsätze im jeweiligen Wertpapier zurückgeführt werden.[353] Bei monatlichen Renditen können saisonale Muster zu Verzerrungen führen.[354] Das Maß der Verzerrung strebt aber mit steigender Länge des Renditeintervalls monoton gegen Null,[355] sie wirkt aber unterschiedlich auf die Höhe der Betaschätzer verschiedener Aktien.[356]

Da weder die Länge noch die Intervalle der Stichprobe Verzerrungen verursachen sollten, wurde in den 70er und 80er Jahren nach Korrekturmethoden gesucht, um solche Verzerrungen auszugleichen. Der Renditeintervall-Effekt könnte durch korrigierende Prozeduren gelöst werden: 1) Schlussquoten-Preise, berechnet aus dem Geld-Brief Mittelwert am Ende der Handelszeit, werden anstelle der letzten Transaktionspreise berücksichtigt.[357] Diese Mittelwerte sind aber i. d. R. nicht verfügbar. 2) Die Zeitmessung wird den Transaktionen ange-

---

(Risk Measurement, 1979), S. 209-210, und COHEN/HAWAWINI/MAIER/SCHWARTZ/WHITCOMB (Intervalling Effect, 1983), S. 140-141, durchgeführt.

353 Seltene Umsätze können u. a. zur Autokorrelation in den Renditen führen, d. h. die Wertpapierrendite wird nicht nur durch die zeitgleiche Marktrendite sondern auch durch zeitlich vorgelagerte Marktrenditen erklärt. LO/MACKINLAY (Contrarian Profits, 1990), S. 178; MECH (Autocorrelation, 1993), S. 308, 343; KOTHARI/SHANKEN/SLOAN (Cross-Section, 1995), S. 190-191.

354 KEIM (Size-Related Anomalies, 1983), S. 20-25; ROZEFF/KINNEY (Capital Market, 1976), S. 389-395; SHANKEN (Intertemporal Asset Pricing, 1990), S. 100; KOTHARI/SHANKEN/-SLOAN (Cross-Section, 1995), S. 190-191.

355 COHEN/HAWAWINI/MAIER/SCHWARTZ/WHITCOMB (Friction, 1983), S. 265.

356 Mit der Länge des Renditeberechnungsintervalls steigen z. B. im Allgemeinen Betas kleiner Firmen, während Betas großer Firmen tendenziell abnehmen. Dadurch wird der Firm-Size Effekt wesentlich reduziert. KOTHARI/SHANKEN/SLOAN (Cross-Section, 1995), S. 191; HANDA/KOTHARI/WASLEY (Return Interval and Betas, 1989), S. 98, die bei Betas, die auf jährlichen Renditen basieren, keinen Size-Einfluss mehr in der Querschnitts-Renditeerklärung finden. Dieser Effekt könnte aber auch dadurch hervorgerufen werden, dass Betas deutlich über Eins oft zu hochgeschätzt sind und Betas deutlich kleiner als Eins tatsächlich höher liegen; vgl. DRUKARCZYK (Finanzierung, 1993), S. 250. Diese Tendenz sollte mit der Länge des Berechnungsintervalls abnehmen. Für einen Überblick über Studien, die systematische Betavariation mit der Berechnungslänge festgestellt haben vgl. COHEN/HAWAWINI/MAIER/SCHWARTZ/WHITCOMB (Friction, 1983), S. 263-264, und die Quellen in Fn. 352.

357 Einige Börsen sind mittlerweile dazu übergegangen eine Auktion zu Handelsbeginn und Handelsende zu verwenden. Dies ist z. B. im deutschen Xetra-Handel der Deutschen Börse der Fall. Auch die französische Börse in Paris ist 1998 dazu übergegangen. Ob dadurch jedoch die Verzerrungen tatsächlich verringert werden, ist noch umstritten.

passt. Dazu müssten aber zusätzlich zum Kurs die jeweilige Handelszeit und der Indexstand bekannt sein.[358]

Ein weiterer Lösungsansatz besteht in der Umgehung des Problems, indem die Wertpapierrenditen mit synchronen und nichtsynchronen Indexrenditen regressiert werden.[359] Die Verfahren von DIMSON und SCHOLES/WILLIAMS nutzen dabei nicht nur zeitgleiche Renditen für Wertpapiere und Index, sondern auch zeitlich vor- und nachgelagerte Renditen. Diese Verfahren können auch für Sensitivitätsschätzungen von volkswirtschaftlichen Faktoren eingesetzt werden, da bei Ausprägungsänderungen dieser Faktoren ebenfalls mit Verzögerungen in der Reaktion der Wertpapierkurse gerechnet werden kann.[360]

Während DIMSON in einer multivariaten Regression zeitgleiche, vor- und nachlaufende Renditen gegen den Marktindex regressiert und die so entstehenden Koeffizienten addiert, verwenden SCHOLES/WILLIAMS mehrere lineare Einfachregressionen.[361] Deren Regressionskoeffizienten b_n werden addiert und durch Eins plus den zweifachen Markt-Autokorrelationskoeffizienten erster Ordnung $\hat{\rho}_M$ geteilt:

$$\hat{\beta}_j = \left(b_{j,t-1} + b_{j,t} + b_{j,t+1}\right) / \left(1 + 2\hat{\rho}_M\right) \tag{36}$$

mit $\hat{\rho}_M = \mathrm{Cov}(r_{M,t+1}; r_{M,t}) / \left(\sigma_{M,t}\,\sigma_{M,t+1}\right)$
= Markt-Autokorrelationskoeffizient 1. Ordnung.[362]

---

358 Angewendet hat diese Methode u. a. SCHWERT (Stock Exchange Seats, 1977), S. 71-73; MARSH (Equity Rights, 1979), S. 846-847.

359 POGUE/SOLNIK (Market Model, 1974), S. 923-924; IBBOTSON (Price Performance, 1975), S. 241-243, 258; SCHOLES/WILLIAMS (Estimating Betas, 1977), S. 317; SCHWERT (Stock Exchange Seats, 1977), S. 67-69; DIMSON (Risk Measurement, 1979), S. 203. Der Effizienzverlust durch Messfehler dieser Methode beschränkt aber die Anzahl der berücksichtigten Lead-/Lag-Perioden. COHEN/HAWAWINI/MAIER/SCHWARTZ/WHITCOMB (Friction, 1983), S. 264-265, und Verweis dort auf DIMSON (Risk Measurement, 1979), S. 205.

360 Vgl. Abschnitt 3.3.3.1.

361 DIMSON (Risk Measurement, 1979), S. 203. FOWLER/RORKE (Risk Measurement, 1983), S. 280-282, weisen DIMSON Fehler nach und geben eine Korrektur an, die konsistent mit SCHOLES/WILLIAMS (Estimating Betas, 1977), S. 317, ist. Diese wird u. a. von FAMA/-FRENCH (Cross-Section, 1992), S. 431; KOTHARI/SHANKEN/SLOAN (Cross-Section, 1995), S. 190-191, angewendet. Zum Fehler von DIMSON vgl. auch COHEN/HAWAWINI/MAIER/-SCHWARTZ/WHITCOMB (Friction, 1983), S. 274. IBBOTSON/KAPLAN/PETERSON (Small-Stock Betas, 1997), S. 106, verwenden ein ähnliches Verfahren wie Dimson. Bei Verwendung eines kapitalisierungsgewichteten Marktindizes kann nach ihnen aber die vorlaufende Variable entfallen.

362 Bei monatlichen Daten kann davon ausgegangen werden, dass der Autokorrelationskoeffi-

Eine generalisierte Form des SCHOLES/WILLIAMS-Schätzers erlaubt längere Preisanpassungsprozesse mit N Perioden Vor- und Nachlauf[363]

$$\hat{\beta}_j = \left(b_{j,t} + \sum_{n=1}^{N} b_{j,t+n} + \sum_{n=1}^{N} b_{j,t-n} \right) \Bigg/ \left(1 + \sum_{n=1}^{N} b_{M,t+n} + \sum_{n=1}^{N} b_{M,t-n} \right) \quad (37)$$

mit $b_{M,t+n}$ = Sensitivitätskoeffizient der um n vorlaufenden Marktrendite r_{t+n} zur Marktrendite r_t.

Aus der Gleichung wird ersichtlich, dass der OLS Regressionskoeffizient $b_{j,t}$ als Schätzer für das tatsächliche systematische Risiko β_j verzerrt ist. Die generalisierte Form des Schätzers entspricht dem Schätzer von SCHOLES/WILLIAMS für nur eine lead/lag-Periode ($N = 1$).

Auch COHEN ET.AL. gehen, auf Basis historischer Analysen, von langen Anpassungsprozessen in den Preisen aus.[364] Um den Effizienzverlust durch mehrere Lead- und Lag-Variablen zu vermeiden, werden OLS Betaschätzer für mehrere, unterschiedlich lange Renditemessintervalle unter Verwendung von (37) berechnet. Die so erhaltenen Schätzer werden auf eine asymptotische Funktion der Messintervallänge regressiert. Dadurch muss keine Lead-/Lag-Struktur wie bei SCHOLES/WILLIAMS spezifiziert werden, die eine Abwägung zwischen dem Ausmaß der Verzerrung und dem Effizienzverlust bedingt.[365]

---

zient des Marktes nahe Null ist, so dass der Nenner entfällt. Für Aktien, die selten gehandelt werden, ist zudem der vorlaufende Regressionskoeffizient $b_{j,t+1}$ oft Null. SCHOLES/-WILLIAMS (Estimating Betas, 1977), S. 317.

363 COHEN/HAWAWINI/MAIER/SCHWARTZ/WHITCOMB (Friction, 1983), S. 270. Die Unterschiede zwischen diesen beiden Schätzern sind vernachlässigbar; FOWLER/RORKE (Risk Measurement, 1983), S. 283. Wenn die entsprechenden Handels- und Indexdaten vorliegen, ist die Trade-to-trade Regression effizienter. Einen Überblick über andere Ansätze zur Messung der Betastabilität geben DIMSON/MARSH (Thin Trading, 1983), S. 755. Zur Portfolio Regressions-Methode vgl. BLUME (Assessment of Risk, 1971), S. 1-10, und BLUME (Betas, 1975), S. 788-794.

364 COHEN/HAWAWINI/MAIER/SCHWARTZ/WHITCOMB (Friction, 1983) S. 265. BROWN/-WARNER (Daily Stock Returns, 1985), S. 16-18, wenden Methoden von DIMSON und SCHOLES/WILLIAMS an und finden empirische Bestätigung, dass Aktien, die oft gehandelt werden, nach der OLS-Methode ein nach oben verzerrtes Beta aufweisen, selten gehandelte Aktien dagegen ein nach unten verzerrtes Beta haben. Die Untersuchung legt nahe, dass eine Beziehung zwischen dem unverzerrten Beta und dem Handelsvolumen einer Aktie besteht; SCHOLES/WILLIAMS (Estimating Betas, 1977), S. 320. Die Dauer des Preisanpassungsprozesses ist dabei nicht auf einen Tag beschränkt, sondern kann mehrere Wochen umfassen.

365 COHEN/HAWAWINI/MAIER/SCHWARTZ/WHITCOMB (Friction, 1983), S. 271-272.

Für die dargestellten Methoden müssen nicht unbedingt täglich Kursdaten vorliegen, um aber die richtigen Lag-Strukturen zu bestimmen, ist eine Abschätzung der Handelsfrequenz nötig.[366] Die bekannteste Verzögerung ist das Lag der Transaktionspreis-Anpassung, der sog. Fisher-Effekt, auf dem SCHOLES/-WILLIAMS aufbauen.[367]

Grundsätzlich sind alle methodischen Ansätze bei geringen Umsätzen verzerrt, wenn die Unkorreliertheit zweier aufeinanderfolgender Fehlerterme unterstellt wird, was bei einfachen Regressionsmodellen zur Betaschätzung ($R_{it} = \alpha_i + \beta_i R_{Mt} + \varepsilon_{it}$) immer der Fall ist.

Zweifel an der Effizienz der verschiedenen Korrekturverfahren bleiben aber weiterhin bestehen.[368] Zudem muss die Stabilität der Betaschätzung über die Zeit berücksichtigt werden. Zur Berechnung des Marktbetas wird oft eine willkürlich gewählte Periode von 60 Monaten verwendet.[369] Untersuchungen der Stationarität des Marktbetas zeigen aber, dass die Periode, über die das Beta eines Unternehmens stabil ist, u. a. von der Marktkapitalisierung des Unternehmens, der Höhe des Betas selbst und der Marktrendite abhängig ist.[370] Folglich sollten neben den Sensitivitäten auch deren Signifikanz berücksichtigt und dynamischen Veränderungen der Sensitivitäten gegebenenfalls durch kürzere Schätzzeiträume Rechnung getragen werden.

2.2.2.2 Unsystematisches Risiko

Als zweite Komponente des Gesamtrisikos bestimmt sich das unsystematische, spezifische Risiko eines Wertpapiers im Rahmen eines Bewertungsmodells als

---

366 DIMSON (Risk Measurement, 1979), S. 204-205; JAMES/EDMINSTER (Common Stock Returns, 1983), S. 1076; SCHOLES/WILLIAMS (Estimating Betas, 1977), S. 317-318.

367 Vgl. FISHER (New Indexes, 1966), S. 198-199, und COHEN/HAWAWINI/MAIER/SCHWARTZ/-WHITCOMB (Friction, 1983), S. 263-278, insbesondere S. 264: (trading frictions and non-synchronous trading) "... the intervalling-effect bias in beta has been believed to arise from brief delays in the price adjustment process. The most widely noted delay is the lag of transaction price adjustments behind quotation price adjustments, the so-called Fisher effect."

368 BARTHOLDY/RIDING (Thin Trading, 1994), S. 243.

369 Die häufig eingesetzten Risikomodelle von BARRA verwenden z. B. 60 Monatsperioden zur Schätzung der Betas.

370 KIM (Nonstationarity of Beta, 1993), S. 241-254. Nach dieser Analyse bestehen hohe Betas nur über eine kürzere Periode als niedrige Betas. Hoch und niedrig kapitalisierte Unternehmen haben instabilere Betas als Unternehmen mit mittlerer Kapitalisierung. Zudem ist die Änderungsrate der Betas positiv mit der Marktrendite korreliert.

Varianz der Regressionsresiduen Var(ε_i).[371] Es ist im Gegensatz zum systematischen Risiko diversifizierbar, so dass im Sinne der Kapitalmarkttheorie dafür kein Entgelt bezahlt wird. Graphisch lässt sich das spezifische Risiko am leichtesten anhand eines einfachen Koordinatensystems darstellen, auf dem Wertpapier- und Marktrendite gegeneinander aufgetragen sind. Je größer die Streuung der Rendite-Wertepaare um die Regressionsgerade, desto höher ist das spezifische Risiko, also der unsystematische Anteil am Gesamtrisiko.

In Abbildung 10 hat Wertpapier A eine höheres spezifisches Risiko als B. Beide Wertpapiere haben das gleiche systematische Risiko. Während also das Beta das Ausmaß des Trends zwischen Markt- und Wertpapier-Überschussrendite misst, bestimmt das spezifische Risiko die Signifikanz des Zusammenhangs zwischen diesen beiden Renditen, d. h. die Genauigkeit des Trends. Da systematisches und unsystematisches Risiko zusammen das Gesamtrisiko ergeben, hat A in Abbildung 10 bei gleichem Beta das höhere Gesamtrisiko.

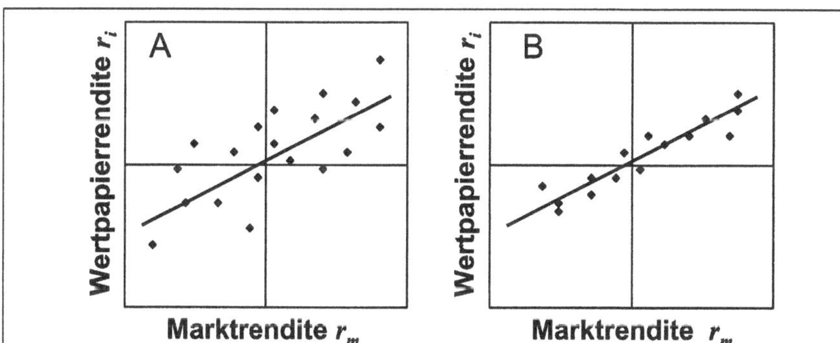

Abbildung 10: Graphische Darstellung unterschiedlicher spezifischer Risiken[372]

2.2.2.3 Risikomaße, basierend auf den Momenten der ganzen Renditeverteilung (symmetrische Gesamtrisikomaße)

Symmetrische Risikomaße betrachten die gesamte Verteilung der Renditen und basieren i. d. R. auf einer Normalverteilung der Renditen.[373] Für asymmetrische

---

[371] Daher auch die Bezeichnung Residualrisiko. Im Folgenden wird davon ausgegangen, dass das unsystematische Risiko dem spezifischen Risiko entspricht.

[372] Vgl. z. B. CHRISS/FANELLI (Grip on Risk IIb, 1997), S. 41. Die abgetragenen Renditen sind jeweils Überschussrenditen.

[373] Diese kann zumindest approximativ für monatliche, stetige Renditen unterstellt werden. Vgl. FAMA (Foundations, 1976), S. 38.

Renditeverteilungen, wie z. B. bei Optionsstrategien (Put long oder Call short), eignen sich diese Risikomaße also nicht, da die Renditen gerade nicht normalverteilt sind.[374]

Mathematisch lassen sich symmetrische Risikomaße als statistische Momente der gesamten Renditeverteilung beschreiben, die gegen einen definierten Punkt (R_0) der Verteilung gemessen werden. Für das nullte und erste Moment wird dieser Punkt üblicherweise durch Null definiert, während die höheren Momente gegen den Mittelwert μ der Renditezeitreihe gemessen werden.[375] Allgemein wird das n-te Moment definiert als

$$R^{(n)} = \mathrm{E}[(r - R_0)^n] \tag{38}$$

mit $n \in \mathbb{N}^{0+}$, d. h. n ist eine positive natürliche ganze Zahl (0, 1, 2, 3, ...).

Das nullte Moment mit $R_0 = 0$ quantifiziert die Wahrscheinlichkeit, dass die Rendite negativ ist. Das erste Moment ($n = 1$) mit $R_0 = 0$ liefert den Mittelwert der Zeitreihe ($R^{(1)} = \mu$). Gemessen gegen den Mittelwert μ ist das zweite Moment die Varianz der Zeitreihe ($R^{(2)} = \sigma^2$). Das dritte Moment stellt die Schiefe der Verteilung, das vierte die Kurtosis dar. Bei einer Normalverteilung der Renditen r sind die höheren Momente $R^{(3)}$ bis $R^{(n)}$ gleich Null.[376]

Wird für die Bestimmung der Momente als Referenzmaß R_0 eine beliebige Zielrendite eingesetzt, dann ergeben sich relative Momente der Wahrscheinlichkeitsverteilung, d. h. relativer Mittelwert sowie relative Varianz, Schiefe und Kurtosis. Die Zielrendite R_0 kann als konstanter Wert bestimmt werden, der z. B. die Anforderungen aus Verbindlichkeiten wiedergibt, oder als variable Größe, z. B. in Form einer Benchmarkrendite. D. h. wenn R_0 in (38) durch die Benchmarkrendite R_B ersetzt wird, werden die Momente der aktiven Rendite ($r - R_B$) gemessen, die relative Varianz entspricht dann dem aktiven Risiko, der Tracking-Varianz.[377]

2.2.2.3.1 Standardabweichung und Varianz

Die Varianz σ^2 ist das zweite Moment der Renditeverteilung und berechnet sich aus den quadrierten Abweichungen der Rendite von der erwarteten Rendite μ. Die Standardabweichung σ wird als Quadratwurzel der Varianz berechnet

---

[374] Zu Renditeverteilungen bei der Verwendung von Call- und Put-Optionen in Portfolios vgl. BOOKSTABER/CLARKE (Problems in Evaluating, 1985), S. 49-60.

[375] BALZER (Investment Risk, 1994), S. 56.

[376] CAMPBELL/LO/MACKINLAY (Econometrics of Financial Markets, 1997), S. 16.

[377] BALZER (Investment Risk, 1994), S. 56-57.

und lässt sich anschaulicher interpretieren als die Varianz.[378] Sie hat zudem die gleiche Dimension wie die Rendite und ist daher als potentielles Risikomaß besonders geeignet.[379] σ ist ein statistisches Maß für die Schwankungsintensität, d. h. ein Maß für die Volatilität der Renditen. Positive und negative Renditen gehen gleichwertig in die Volatilität ein, sie ist also ein neutrales Maß für die "normale" Schwankungsbreite, also Risiko und Chance. Daher ist die Interpretation der Volatilität (nur) als Risiko intuitiv schwer nachvollziehbar, obwohl bei Risikoaversion jeder unter sonst gleichen Bedingungen weniger volatile Renditen über hochvolatile bevorzugt. Die Annahme gleicher Bedingungen ist aber empirisch nicht gegeben, weil die Erwartungswerte der Renditen μ_i, die den Mittelwerten der Renditen entsprechen, für verschiedene Anlagealternativen nicht konstant sind.[380] Auf der anderen Seite weist die Varianz gegenüber der Standardabweichung rechentechnische Vorteile auf, da die Varianzkomponenten additiv verknüpft werden können.

Analog zu den Verzerrungen bei der Schätzung des systematischen Risikomaßes, führen auch bei der Varianzschätzung Autokorrelationen der Renditen zu Verzerrungen.[381] FRENCH/SCHWERT/STAMBAUGH schlagen daher eine Korrektur für die Berechnung der Varianz vor, die Autokorrelationen berücksichtigt:[382]

$$\sigma_{i,T}^2 = \sum_{t=1}^{T} r_{i,t}^2 + 2\sum_{t=1}^{T-1} r_{i,t}\, r_{i,t+1}\,. \tag{39}$$

Dabei ist T die Anzahl der sich nichtüberlappenden Renditen $r_{i,t}$ der Zeitreihe i in der Stichprobe.[383] Die Berechnungsmethode erscheint jedoch problematisch,

---

378 Zur Risikozerlegung vgl. auch Abschnitt 2.2.2 "Risikodefinitionen". Bei BEN-HORIM/LEVY (Total Risk, 1980), S. 290-291, und VAN ZIJL (Risk Decomposition, 1987), S. 237-242, ist der Fall eines Betas kleiner Null dargestellt, der die Risikozerlegung auf Basis der Standardabweichung erfordert. Diese Meinung steht aber der gängigen Auffassung und Praxis entgegen. Zur Anschaulichkeit der Standardabweichung vgl. HIELSCHER (Investmentanalyse, 1996), S.55-57.

379 SORTINO/PRICE (Downside Risk Framework, 1994), S. 59-60; ROM/FERGUSON (Post-Modern Portfolio Theory, 1994), S. 12.

380 Vgl. z. B. BALZER (Investment Risk, 1994), S. 47-49.

381 Die Autokorrelationen treten besonders bei täglichen Renditen aufgrund nicht synchronen Handels auf. Vgl. FISHER (New Indexes, 1966), S. 198-199, SCHOLES/WILLIAMS (Estimating Betas, 1977), S. 313-314, FRENCH/SCHWERT/STAMBAUGH (Returns and Volatility, 1987), S. 5.

382 FRENCH/SCHWERT/STAMBAUGH (Returns and Volatility, 1987), S. 5.

383 Der Stichprobenmittelwert wird, abweichend von der üblichen Berechnungsmethode, nicht subtrahiert, weil dies nur marginale Veränderungen bringt; vgl. MERTON (Expected

weil sich rein rechnerisch bei identischen Periodenrenditen mit alternierenden Vorzeichen nach (39) eine negative Varianz ergeben kann.[384] Von einer Korrektur der berechneten Varianzen wird daher im Weiteren, insbesondere in den Kapiteln 3 und 4, abgesehen.

2.2.2.3.2 Höhere Momente der Wahrscheinlichkeitsverteilung

Das dritte Moment der Wahrscheinlichkeitsverteilung ist die Schiefe (Skewness), die eine nicht symmetrische Verteilung um den Mittelwert μ ausdrückt. Gemessen um μ ergibt sich die mit der Standardabweichung der Verteilung σ normalisierte Schiefe S[385]

$$S = \mathrm{E}[\{(R - \mu) / \sigma\}^3]. \tag{40}$$

Die empirische Schiefe ergibt sich demnach mit T Stützpunkten um deren Mittelwert $\bar{r}$ aus[386]

$$S = \frac{1}{T}\sum_{t=1}^{T}\left((r_t - \bar{r}) / \sigma\right)^3 . \tag{41}$$

Bei einer positiven Schiefe, die eine rechtsschiefe Verteilung der Renditen angibt, liegt der Gipfel der Dichtekurve links vom Median der Verteilung (vgl. Abbildung 11).[387] Eine negative Schiefe, d. h. linksschiefe Verteilung, bedeutet, dass eine höhere Wahrscheinlichkeit für Renditen unterhalb des Mittelwertes als für höhere Renditen vorliegt. Anleger präferieren daher bei gleichem Mittelwert eine positive Schiefe.[388] Bei der symmetrischen Normalverteilung ist

---

Return, 1980), S. 338. FRENCH/SCHWERT/STAMBAUGH (Returns and Volatility, 1987), S. 5, haben einige alternative Definitionen untersucht. U. a. die Subtraktion des Stichproben (Monats-) Mittelwertes und das Auslassen des Kreuzproduktes. Die Effekte waren klein.

384 Beispiel: Für die Renditereihe $\{x; -x; x; -x; x; -x\}$ wird nach (39) der erste Term $\Sigma\, r^2 = 5x^2$ und der zweite Term $2\,(-x^2 -x^2 -x^2 -x^2) = -8\,x^2$, so dass $\sigma^2 = -3x^2$ wird. Auch reale Beispiel zeigen nach dieser Berechnungsweise z. T. eine leicht negative Varianz.

385 CAMPBELL/LO/MACKINLAY (Econometrics of Financial Markets, 1997), S. 16-17; BALZER (Investment Risk, 1994), S. 56.

386 Z. B. HARTUNG (Statistik, 1998), S. 47; SCHLITTGEN (Statistik, 1996), S. 154. Auch wenn hier die Momente über eine Zeitreihe mit T Stützpunkten berechnet werden, kann analog eine Rendite-Querschnittsverteilung analysiert werden.

387 Z. B. SCHLITTGEN (Statistik, 1996), S. 154; BRUNS/MEYER-BULLERDIEK (Portfoliomanagement, 1996), S. 25-26.

388 LIM (Three-Moment CAPM, 1989), S. 207 und KRAUS/LITZENBERGER (Skewness Preferences, 1976), S. 1098, die ein 3-Momente CAPM unter Einbeziehung der Schiefe ableiten.

keine Schiefe vorhanden, beide Seiten der Verteilung sind gleichgewichtig. Um eine Verteilung zusätzlich auf Symmetrie zu testen, wird die standardisierte Schiefe berechnet[389]

$$S^* = \left[\sqrt{T}\sum_{t=1}^{T}(r_t - \bar{r})^3\right] \Big/ \left[\sum_{t=1}^{T}(r_t - \bar{r})^2\right]^{3/2}, \qquad (42)$$

die asymptotisch N(0, 6/*T*) verteilt ist, wenn *r* normalverteilt ist. Für die Teststatistik wird S^* durch seinen asymptotischen Standardfehler dividiert und ist dann Student-verteilt[390]

$$S^*(6/T)^{-1/2} \sim t_{\alpha/2,T}.$$

Das vierte Moment, die Kurtosis *K* (Wölbung oder Exzess) beschreibt die Spitzheit oder Flachheit der Wahrscheinlichkeits-Dichtefunktion

$$K = \mathrm{E}[\{(R - \mu) / \sigma\}^4] - 3. \qquad (43)$$

Die empirische Kurtosis ergibt sich entsprechend aus[391]

---

[389] LOMNICKI (Departure from Normality, 1961), S. 57-58.

[390] ALLES/KLING (Variation of Skweness, 1994), S. 429-430. Um keine Verteilungsannahme über die zugrundeliegende Renditeverteilung treffen zu müssen, kann eine alternative Testmethodik angewendet werden, um die Schiefe auf Signifikanz zu testen. Diese Bootstrap Methode geht auf EFRON zurück. Dabei wird durch Teilstichproben-Generierung der zu analysierenden Stichprobe eine approximative Stichprobenverteilung der Testvariable S^* generiert. Vgl. EFRON (Bootstrap, 1979), S. 3-4; ALLES/KLING (Variation of Skweness, 1994), S. 429-430.

Eine dritte Testmethodik wird ebenfalls von ALLES/KLING vorgestellt, bei der die Normalverteilung der Renditen, aber nicht mehr die Unabhängigkeit der Beobachtungen der Stichprobe vorausgesetzt wird. Diese ist durch die Autokorrelation der Renditen oft nicht gegeben. Nach LOMNICKI ist S^* für einen stationären, linearen stochastischen Prozess asymptotisch normalverteilt. Der Mittelwert ist Null und die Varianz ergibt sich aus Var(S^*) = 6 $\Sigma_{k=-8}^{8}\ \rho_k^3$. Dabei ist ρ_k der Autokorrelationskoeffizient des linearen Prozesses bei der Verschiebung (Lag) *k*. In der praktischen Anwendung wird die Summe über eine endliche Anzahl von Lags berechnet (z. B. *k* von -3 bis +3). Für große Stichproben vergleicht die Teststatistik dann S^* mit seinem asymptotischen Standardfehler: S^* / Var(S^*)$^{1/2}$. Die Teststatistik ist approximativ standardnormalverteilt. LOMNICKI (Departure from Normality, 1961), S. 57-60; ALLES/KLING (Variation of Skweness, 1994), S. 430.

[391] CAMPBELL/LO/MACKINLAY (Econometrics of Financial Markets, 1997), S. 17; BRUNS/-MEYER-BULLERDIEK (Portfoliomanagement, 1996), S. 26-27. Oft wird der Wert 3 nicht von der Kurtosis abgezogen, so dass bei *K* = 3 Normalverteilung besteht. Bei Normalverteilung (*K* = 0) spricht man von "mesokurtic", bei flacher Verteilung (*K* < 0) von "platykurtic" und bei spitzer Verteilung (*K* > 0) von "leptokurtic". BALZER (Investment Risk, 1994), S. 56. Zum Test auf Normalverteilung anhand der Kurtosis der Verteilung, analog

$$K=\frac{1}{T}\sum_{t=1}^{T}\left(\left(r_t-\bar{r}\right)/\sigma\right)^4-3\,. \tag{44}$$

Eine positive Kurtosis kennzeichnet eine steilgipflige oder spitze Verteilung, während eine flachere Verteilung als die Normalverteilung eine negative Kurtosis aufweist (vgl. Abbildung 11).

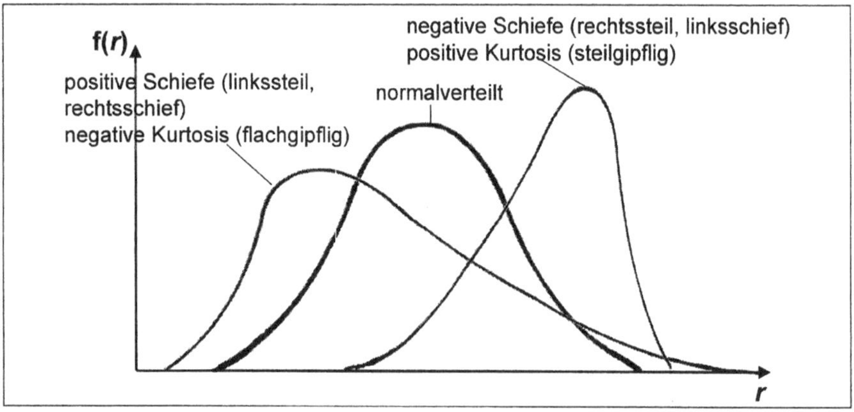

Quelle: in Anlehnung an SACHS (Statistik, 1991), S. 167.

Abbildung 11: Schiefe und Kurtosis einer Verteilung

2.2.2.4 Risikomaße, die auf den Momenten eines Teils der Renditeverteilung basieren (asymmetrische Gesamtrisikomaße)

Risikomaße, die die gesamte Verteilung der Renditen berücksichtigen, z. B. die Standardabweichung, berücksichtigen sowohl positive als auch negative Abweichungen vom Renditemittelwert. Normalerweise betrachtet ein Investor aber nur das Unterschreiten einer bestimmten Rendite als Risiko, während positive Abweichungen gewünscht sind. Risikomaße, die nur einen Teil der Renditeverteilung berücksichtigen, werden als partielle Momente der Wahrscheinlichkeitsverteilung bezeichnet. Da nur Abweichungen unterhalb eines festen oder variablen Grenzwertes R_0 als Risiko aufgefasst werden, werden sie als "Lower Partial Moments" (*LPM*) definiert:[392]

---

zum Test der Schiefe (Fn. 390), vgl. LOMNICKI (Departure from Normality, 1961), S. 58-59.

392 Die Bezeichnungen für diese Risikomaße variieren, bezeichnen aber die gleichen Maße: Shortfall-, Downside-, Ausfallrisiko bzw. -wahrscheinlichkeit o. ä. Ist die Grenzwertrendite gleich dem Renditemittelwert, so wird i. A. von Semivarianz gesprochen.

$$R_{LPM\,n} = E[|\min\{0,(R - R_0)\}^n|] = E[\max\{0,(R_0 - R)\}^n] \quad (45)$$

$$LPM_{i,n} = \frac{1}{T}\sum_{t=1}^{T}[\mathrm{Max}(0,(R_0 - R_{it}))]^n$$

Die Höhe des Moments wird durch *n* gekennzeichnet. Bei unterschiedlichen Werten von *n* liefert das LPM-Maß unterschiedliche Aussagen:

***n* =**	***LPM n* (R_0= 0)**	**relatives *LPM n*** [393]
0	Ausfallwahrscheinlichkeit	relative Ausfallwahrscheinlichkeit
1	Erwarteter Ausfallwert	erwarteter relativer Ausfallwert
2	Ausfallvarianz (bzw. Ausfall-Standardabw.)	Ausfall-Tracking-Varianz, relative LP-Varianz (bzw. Ausfall-Tracking Error)
3	Ausfall-Schiefe	relative LP-Schiefe
4	Ausfall-Kurtosis	relative LP-Kurtosis

Tabelle 2: Partielle Momente (LPM) der Renditeverteilung

"Ausfall" bezeichnet dabei den Zustand, dass die Rendite *R* niedriger als der gewählte Renditegrenzwert R_0 ist. Die ersten drei LP-Momente der Renditeverteilung werden im folgenden Abschnitt gesondert beschrieben.

2.2.2.4.1 LP-Momente

Das Ausfallrisiko entspricht der Wahrscheinlichkeit, dass die Rendite *R* unter ein bestimmtes Maß fällt.[394] Dieses Renditereferenzmaß R_0 kann variabel oder konstant definiert sein.[395] Die Wahrscheinlichkeit berechnet sich aus der Häufigkeit mit der die Rendite *R* unter der Grenzwert- oder Zielrendite R_0 liegt oder mathematisch als nulltes Moment [396]

---

[393] Als relatives LPM-Maße werden die Maße bezeichnet, die mit einer beliebigen Zielrendite R_0 berechnet werden; vgl. analoge Beschreibung von relativer Varianz in Abschnitt 2.2.2.3. Während LPM-Maße mit $R_0 = 0$ ein Spezialfall der relativen LPM-Maße sind..

[394] Z. B. SIEBENTHAL (Risikomessung, 1992), S. 442; ZENGER (Zeithorizont, 1992), S. 105; ZIMMERMANN (Performance, 1992), S. 91.

[395] Ist der Grenzwert z. B. Null, dann besteht das Risiko im nominalen Verlust. Das Risiko eines Realverlustes wird durch eine Benchmarkrendite in Höhe der Inflation berechnet. Alternativ können auch die risikofreie Rendite, der Renditedurchschnitt anderer Manager oder die Marktindexrendite als Referenzmaß gewählt werden.

[396] ZENGER (Zeithorizont, 1992), S.111.

$$R_{LPM\,0} = E[|Min\{0,(R - R_0)\}^0|] = E[Max\{0,(R_0 - R)\}^0] = \frac{1}{T}\sum_{t=1}^{T}\left(R_t - R_0 \,|\, R_t < R_0\right)^0 . \quad (46)$$

Unter der Annahme einer Normalverteilung der Renditen kann die *Ausfallwahrscheinlichkeit* eindeutig einer Varianz der Renditen zugeordnet werden.[397] Die Wahrscheinlichkeit eine Zielrendite zu unterschreiten vernachlässigt aber das Ausmaß der Abweichung von R_0 und ist damit nur ein Teilaspekt des Risikos.[398] Das erste Moment, der *erwartete Ausfall*, gibt dafür das zu erwartende Ausmaß einer Grenzwertunterschreitung an und misst die durchschnittliche Ausfallhöhe der Vergangenheit

$$R_{LPM1} = E[|Min\{0,(R - R_0)\}|] = \frac{1}{T}\sum_{t=1}^{T}\left(R_t - R_0 \,|\, R_t < R_0\right)^1 . \quad (47)$$

Das R_{LPM1} ist eine lineare Funktion der Renditeabweichungen, die meisten Investoren haben jedoch keine lineare Risikoaversion.[399] Erst die Ausfall- bzw. Semivarianz (2. LP-Moment) geht von einer nichtlinearen, quadratischen Risikoaversionsfunktion aus.[400] D. h. sie bewertet große Renditeabweichungen von

---

397 D. h. einer Varianz kann genau eine Ausfallwahrscheinlichkeit zugeordnet werden und einer Ausfallwahrscheinlichkeit genau eine Varianz. Dieser Zusammenhang ist nicht gegeben, wenn die Renditen nicht normalverteilt sind. ZIMMERMANN (Replik, 1992), S. 114.

398 Zur Kritik am Ausfallrisiko vgl. ZENGER (Zeithorizont, 1992), S. 111; SIEBENTHAL (Risikomessung, 1992), S. 443-444. Bei der Verwendung des Ausfallrisikos muss der Zeithorizont der Investition mit berücksichtigt werden. Vgl. Diskussion bei ZIMMERMANN (Zeithorizont, 1991), S. 173-175, ZIMMERMANN (Performance, 1992), S. 94; ZENGER (Zeithorizont, 1992), S. 106-107.

399 Die lineare Funktion bedeutet, dass das berechnete Risikomaß (1. LP-Moment) linear mit den Abweichungen der Renditen von der Zielrendite ansteigt, d. h. jede Abweichung wird gleich gewichtet.

400 Wird anstelle des durchschnittlichen historischen Ausfalls der maximale Ausfallwert kalkuliert, erhält man den Maximum-Shortfall = Min [0, $R - R_0$]. Diese Risikodefinition bewertet aber nicht das normale Ausmaß der Benchmark-Unterschreitung und eignet sich daher lediglich zur Abschätzung eines "Worst-Case" Szenarios anhand der berücksichtigten Historie der Renditezeitreihe. Da diese Historie nicht unbedingt den "Worst-Case" Fall einschließen muss, ist das Maß nur bedingt aussagekräftig. Dagegen kann der Maximum--Drawdown auch für ein Portfolio ohne die Definition eines Renditegrenzwertes berechnet werden. Dazu wird der ex-post maximal mögliche Verlust prozentual quantifiziert DD_t = Max[0, Max(W_1, ... , W_t) – W_t] / Max(W_1, ... , W_t) * 100 [%] , mit W_t dem Preis des Wertpapiers zum Zeitpunkt t. LHABITANT (Mutual Funds Performance, 1995), S. 331. Auch für dieses Maß gilt die beschriebene, eingeschränkte Aussagefähigkeit der Historie für das zukünftige Risiko.

der Benchmark im Vergleich zu als kleinen Abweichungen überproportional.[401] Die *Ausfallvarianz* entspricht daher dem durchschnittlichen quadrierten Ausfall[402]

$$R_{LPM2} = SV = \mathrm{E}[|\min\{0,(R - R_0)\}^2|] = \frac{1}{T}\sum_{t=1}^{T}\left(R_t - R_0 \,|\, R_t < R_0\right)^2 . \quad (48)$$

Im Unterschied zu wahrscheinlichkeitsbasierten Maßen ist die Ausfallvarianz vollständig, d. h. sie berücksichtigt auch die Höhe des Ausfalls.[403] Dagegen fehlt der Ausfallvarianz, wie der Varianz, die anschauliche Interpretierbarkeit der Ausfallwahrscheinlichkeit.[404]

Der Einsatz der Ausfallvarianz ist umstritten.[405] Die Ausfallvarianz ist zwar ein sinnvolles Risikomaß bei Renditezeitreihen, die vorhersagbar asymmetrische Verteilungen aufweisen. Dies gilt z. B. für Optionen und nichtlineare Handelsstrategien, weil hier positive Abweichungen, die gewollt sind, nicht als Risikokomponenten betrachtet werden. Bei ihrer Verwendung ist allerdings zu beachten, dass Zeitreihen mit einem klaren Trend, verzerrte Risikoschätzer liefern können.[406] Die Ausfallvarianz erfordert ferner, wie alle LPM-Maße, eine Spezifizierung der Grenzwertrendite R_0, die zum Risikomaß mitangegeben werden muss, damit dieses einzuordnen ist.[407]

Analog zum aktiven Risiko (Tracking Error) kann auch eine Ausfallabweichung für eine Renditedifferenz gebildet werden. Dieses Ausfall-Trackingrisiko basiert darauf, dass bei einer Long-Position des Portfolios und einer gleichzeitigen

---

401 Die Semivarianz unterscheidet sich von der Ausfallvarianz lediglich darin, dass an Stelle einer Grenzwertrendite der Renditemittelwert für R_0 eingesetzt wird. Vgl. CHRISS/FANELLI (Grip on Risk IIb, 1997), S. 34.

402 Die Ausfallabweichung wird als Wurzel der Ausfallvarianz berechnet. Für den Begriff Ausfallabweichung wird oft der englische Begriff Shortfall Deviation oder Downside Deviation verwendet.

403 SIEBENTHAL (Risikomessung, 1992), S. 445.

404 ZIMMERMANN (Performance, 1992), S. 114.

405 Ein Beispiel für den Einsatz der LPM in einem Asset-Allocation Problem findet sich bei HARLOW (Asset Allocation, 1991), S. 34-35. Für die Ableitung eines allgemeinen Mittelwert-LPM Asset Pricing Modells als Alternative zum CAPM vgl. HARLOW/RAO (Asset Pricing, 1989), S. 286-291.

406 CHRISS/FANELLI (Grip on Risk IIb, 1997), S. 34.

407 Zur Differenzierung der Ausfall- und Semivarianz vgl. CHRISS/FANELLI (Grip on Risk IIb, 1997), S. 34: Die Maße unterscheiden sich insbesondere dann, wenn die Renditeverteilung zwischen Renditemittelwert und individuell festgelegtem Renditegrenzwert nicht normal verteilt ist.

Short-Position in der Benchmark die negative Nettorendite (aktive Rendite) als Risiko bewertet wird. Dazu wird die Zeitreihe der Renditedifferenz zwischen Portfolio- und Benchmarkrendite für R_t in die Formel der Ausfallvarianz (48) eingesetzt. Die Grenzwertrendite R_0 ist dabei frei wählbar.[408]

Analog zur Kovarianzmatrix der symmetrischen Gesamtrisikomaße, kann auch für die asymmetrischen LPM-Maße eine Kovarianzmatrix erstellt werden. Die LPM_n bilden dabei die Diagonale der LPM-Matrix. Die Elemente abseits der Matrixdiagonalen, die Ko-LPM Maße (analog zur Kovarianz bei symmetrischen Risikomaßen), berechnen sich für zwei Wertpapiere *i* und *j* für den Grad *n* aus

$$CLPM_{ij,n} = \frac{1}{T}\sum_{t=1}^{T}[\text{Max}(0,(R_0 - R_{it}))]^{n-1}(R_0 - R_{jt}).^{409} \qquad (49)$$

2.2.2.4.2 Bewertung der LP-Momente

Während beim Varianzkonzept der Investor eine Präferenz für ungerade Momente der Wahrscheinlichkeitsverteilung hat (Präferenz der positiven Rendite und Schiefe) und eine Aversion gegen gerade Momente (Varianz und Kurtosis), gilt dies nicht für das LPM_n-Modell.[410] Die Berechnungsmethode der LP-Momente stellt vielmehr ihre Nichtnegativität sicher. Wenn der Grad des LPM-Maßes größer Null ist, dann ist der Investor avers gegenüber Renditen unterhalb der vorgegebenen Grenzrendite. Mit steigendem Grad *n* nimmt die subjektive Bewertung des Risikos zu. Da das LPM unabhängig vom Grad mit zunehmender Linksschiefe steigt, kann es auch als Approximation der Schiefe interpretiert werden. Da Investoren avers gegenüber linksschiefen Wahrscheinlichkeits-

---

[408] CHRISS/FANELLI (Grip on Risk IIb, 1997), S. 45. Die Quadratwurzel der Ausfall-Tracking-Varianz gibt dann den Ausfall-Tracking Error an.

[409] LEE/RAO (Mean Lower Partial Moments, 1988), S. 449. Die so entstehende Matrix ist asymmetrisch, weil $CLPM_{ij} \neq CLPM_{ji}$ für $i \neq j$. Für $i = j$ ergeben sich wiederum die Diagonalelemente $CLPM_{ji} = R_{LPMn}(i)$. NAWROCKI gibt einen alternativen, symmetrischen Ansatz an, bei dem die Diagonalelemente der Matrix sich aus der Semi-Abweichung, der n-ten Wurzel des LPM_n-Maßes, ergeben: $SDev_{ni} = (T^{-1} \Sigma_{t=1}^{T} [\text{Max}(0, R_0 - R_{it})]^n)^{1/n} = (R_{LPMn}(i))^{1/n}$.
Die Elemente abseits der Diagonalen bestimmen sich aus $CLPM_{ij} = SDev_{ni}\, SDev_{nj}\, \rho_{ij}$ und sind symmetrisch, d. h. $CLPM_{ij} = CLPM_{ji}$. Dabei ist ρ_{ij} der Korrelationskoeffizient der Wertpapiere *i* und *j*. Nach NAWROCKI (Optimal Algorithms, 1991), S. 466-467, erweist sich dieser Ansatz empirisch als stabiler gegenüber dem asymmetrischen LPM-Ansatz und dem klassischen Kovarianz-Ansatz von Markowitz.

[410] NAWROCKI (Optimal Algorithms, 1991), S. 466.

verteilungen sind, ist das LPM_n als Risikomaß geeignet. Mit steigendem Grad *n* wird ein zunehmender negativer Nutzen für negative Schiefe unterstellt.[411]

Die symmetrischen und asymmetrischen Risikomaße unterscheiden sich auch in der Anwendung. Die Standardabweichung eines Portfolios ergibt sich aus den Varianzen und Kovarianzen der Portfoliokomponenten, d. h. der Wertpapierrenditen, die für die Risikokalkulation beliebiger Portfolios gespeichert werden können. Die Bestimmung der Ausfallvarianz eines Portfolios muss dagegen immer dann neu vorgenommen werden, wenn sich die Gewichtung der Wertpapiere oder die Portfoliozusammensetzung geändert hat.[412] Darüber hinaus erscheint die Wahl des Zeitraumes für die Ausfallrisikomaße von größerer Bedeutung als für die symmetrischen Momente, obwohl beide auf Basis historischer Renditezeitreihen bestimmt werden. Handelt es sich um eine Phase mit klarem (Aufwärts-) Trend, werden die LPM-Maße eine verzerrte Risikoeinschätzung erzeugen. Auch empirisch ist es nicht eindeutig belegbar, dass die historische Varianz eventuell ein besserer Schätzer für die zukünftige Semivarianz ist, als die historische Semivarianz.[413]

Werden die verschiedenen Risikomaße (Varianz, Semi- bzw. Ausfallvarianz) im Rahmen eines Risikorankings verglichen, so fällt auf, dass Varianz und Semivarianz zu annähernd gleichen Reihenfolgen führen.[414] Normalerweise beträgt die Semivarianz die Hälfte der Varianz, d. h. sie liefert keine neuen Informationen. Nur wenn die Renditen nicht symmetrisch verteilt sind, d. h. die Schiefe der Verteilung ungleich Null ist, liefern Varianz und Semivarianz abweichende Risikowerte. Im Vergleich mehrerer Portfolios weicht das Risikoranking bei Verwendung der Semivarianz nur dann von der mit Hilfe der Varianzen ermittelten Reihenfolge ab, wenn die Portfolios unterschiedliche Schiefen aufweisen.[415] Durch die Einbeziehung der Schiefe haben asymmetrische Risikomaße den Vorteil das Risiko und nicht nur die Unsicherheit zu quantifizieren. Die Varianz ist dagegen rechentechnisch einfacher und wird von der Wahl des

---

[411] NAWROCKI (Optimal Algorithms, 1991), S. 466, stellt auch Allokationsalgorithmen für LPM n-ten Grades dar. Die Portfolios, die LPM-effizient sind, genügen auch dem stochastischen Dominanzkriterium. FISHBURN hat nachgewiesen, dass Stochastische Dominanz (SD) ersten Grades alle LPM-effizienten Portfolios mit Grad Null oder höher ($n \geq 0$), SD zweiten Grades alle LPM-effizienten Portfolios mit $n \geq 1$ und SD dritten Grades alle mit $n \geq 2$ enthält. FISHBURN (Mean-Risk Analysis, 1977), S. 122-123; NAWROCKI (Optimal Algorithms, 1991), S. 466.

[412] CHRISS/FANELLI (Grip on Risk IIb, 1997), S. 35.

[413] CHRISS/FANELLI (Grip on Risk IIb, 1997), S. 35.

[414] Vgl. Beispiele bei CHRISS/FANELLI (Grip on Risk IIb, 1997), S. 36-37.

[415] CHRISS/FANELLI (Grip on Risk IIb, 1997), S. 39.

Analysezeitraums nicht so stark beeinflusst. Zudem muss für die Varianz keine Bezugsrendite R_0 definiert werden.

2.2.3 Zusätzliche Informationsparameter

Neben der Zeitreihe der Wertveränderungen können weitere Parameter mit in die Performanceanalyse einbezogen werden. Insbesondere die Wertpapiergewichte geben Aufschluss über die detaillierte Zusammensetzung eines Portfolios und deren Veränderungen. Nur bei Kenntnis der Gewichtungen kann die Analyse über die Gesamtperformance hinaus auch einzelne Entscheidungsebenen des Managements analysieren. Sowohl Wertpapiergewichtungen im Portfolio als auch Rendite- und Risikoerwartungen (Prognosen), die der Allokation zugrunde liegen, sind gewöhnlich allerdings nur dem Manager bekannt. Für deutsche Publikums- und Spezialfonds z. B. besteht lediglich die Verpflichtung, halbjährlich eine Fondsaufstellung über die aktuelle Gewichtung im Bundesanzeiger zu veröffentlichen. Insofern wäre dieser Parameter im 6-monatigen Rhythmus auch extern verfügbar. Ein solches Messintervall erscheint aber besonders für eine detaillierte Attributionsanalyse zu lang und würde einen sehr langen Gesamt-Messzeitraum voraussetzen. Bei Spezialfonds werden die Anteilseigner dagegen regelmäßig über die Vermögenszusammensetzung informiert.[416]

2.2.3.1 Wertpapiergewichte

Unter Wertpapiergewichten ist der prozentuale Vermögensanteil eines Wertpapiers am betrachteten Vermögen (Portfolio) zu verstehen. Von dieser Wertpapiergewichtung ausgehend, sind verschiedene Aggregationsstufen in der Analyse möglich. Aktiengewichte können beispielsweise zu Branchengewichten, Gewichte von Anleihen zu Restlaufzeitklassen-Gewichten aggregiert werden. Darüber hinaus sind Aggregationen zu Ländergewichtungen oder Assetklassengewichtungen (z. B. Aktien, Renten, Cash) möglich.

Verwendung finden Wertpapiergewichte üblicherweise in der Performancezerlegung. Die Gewichte werden dazu am Anfang der Teilperiode gemessen, deren Performance zerlegt wird. Damit wird eine mehrfache Berücksichtigung der Wertentwicklung vermieden, die bei der Feststellung der Gewichte am Ende der Teilperiode eintreten würde, weil die (relative) Wertenwicklung eines Wertpapiers wiederum die Gewichtung im Portfolio beeinflusst.[417] Beispiele zu der

---

[416] Die Intervalle für diese Information (Reporting) sind i. d. R. abhängig vom Wunsch des Anlegers und liegen meist zwischen einem wöchentlichen bis monatlichen Rhythmus.

[417] Maßgeblich ist die relative Höhe der Wertpapierrendite im Vergleich zu den Renditen aller

Verwendung von Gewichten in der Performancezerlegung werden im Abschnitt 2.6 gegeben. Schwierigkeiten bereitet lediglich die Bestimmung der Gewichte von Derivatepositionen.[418]

2.2.3.2 Entscheidungsrelevante Prognosen

Der Entscheidung für eine bestimmte Portfoliozusammensetzung liegen normalerweise eine unbestimmte Zahl an impliziten oder expliziten Prognosen zugrunde. Im einfachen Fall der Entscheidung zwischen zwei Assetklassen (Allokationsproblem), entscheiden die Renditeerwartungen[419] in Verbindung mit dem erwarteten Risiko der Assetklasse über die optimale Gewichtung. Analog wird die Gewichtungsentscheidung innerhalb einer Assetklasse von den Rendite- und Risikoerwartungen für die einzelnen Wertpapiere bestimmt.

Die Kenntnis der erwarteten, prognostizierten Renditen und Risiken als wichtigste Entscheidungsparameter kann in der Performanceanalyse auch für die Kontrolle der Prognosequalität eingesetzt werden. In der Praxis werden üblicherweise Renditeerwartungen in den Vordergrund gestellt, während die erwarteten Risikogrößen oft nur implizit bestimmt werden, z. B. indem sie den historischen Risiken gleichgesetzt werden.

Neben den Renditeerwartungen können je nach Managementstil die diese Erwartungen beeinflussenden Faktoren analysiert werden. Wenn davon ausgegangen wird, dass Renditen von fundamentalen Faktoren erklärt werden, sind Faktor-Wirkungsprognosen und Faktor-Ausprägungsprognosen notwendig, um eine Renditeprognose abzuleiten. Die Wirkungsprognose beschreibt die Abhängigkeitsfunktion zwischen zuerwartender Rendite und Einflussfaktor. Diese Beziehung kann sich auf individuelle Wertpapiere, Gruppen von Wertpapieren oder

---

anderen Wertpapiere des Portfolios. Eine überdurchschnittliche Rendite bedeutet eine Erhöhung des Gewichtungsanteils dieses Wertpapiers im Portfolio. Damit enthält das Wertpapiergewicht am Ende einer Teilperiode auch Informationen über die Rendite der vorangegangenen Periode(n).

418 Durch das dritte Finanzmarktförderungsgesetz wurde im §8i KAGG (Gesetz über Kapitalanlagegesellschaften) z. B. eine Begrenzung der Investitionsquote eines Fonds auf 100% definiert, die auch Derivatepositionen berücksichtigt. So werden z. B. Optionen mit Hilfe ihres Deltas zum Wertpapieräquivalent, d. h. zum Volumen einer marktrisikogleichen Direktinvestition, angerechnet. Abgesicherte Wertpapierpositionen, die eigentlich kein Marktrisiko mehr darstellen, verringern aber nicht die Investitionsquote.

419 Renditeerwartungen beziehen sich hier immer auf die individuellen Erwartungen des Entscheidungsträgers unter Einbeziehung seiner privaten Informationen, d. h. es handelt sich nicht um die vom Kapitalmarkt – auf Basis öffentlicher Informationen – erwartete Rendite. Analoges gilt für die erwarteten Risiken.

den Gesamtmarkt erstrecken. Die Schätzung der Einflussfaktorausprägung notwendig.[420]

2.2.4 Benchmarkdefinition

Eine Benchmark kann je nach Anwender einen unterschiedlichen Charakter aufweisen. Für einen Pensionsfondsmanager kann die Benchmark ein Verbindlichkeitsstrom aus anstehenden Pensionszahlungen, für einen Wertpapiermanager ein Performanceindex und für einen Händler die Kasseposition sein.[421] Allgemein ist die Benchmark durch die Rendite eines nicht gemanagten Portfolios oder einer sonstigen Investition gekennzeichnet. Die Benchmark sollte entweder das Risiko des gemanagten Vergleichsportfolios während der Beurteilungsperiode widerspiegeln, oder das Benchmarkrisiko sollte der Risikovorgabe des Investors entsprechen.[422] Nur so ist auf Basis risikoadjustierter Renditen ein fairer Performancevergleich möglich.[423]

Da die Messung von Risiko immer mit Fehlern behaftet ist, entstehen dadurch auch potentielle Benchmarkfehler. ROLL definiert zwei Quellen von Fehlern:[424]

1) "random variation", d. h. die tatsächliche Rendite ist z. T. eine Funktion unvorhersehbarer Ereignisse, die Schätzfehler der Parameter hervorrufen können. Diese Ereignisse gleichen sich tendenziell über die Zeit aus.

2) "ex-ante CAPM-Benchmark", d. h. die Fehler, die durch fehlspezifizierte CAPM-Benchmarks (Marktindex) entstehen, gleichen sich nicht über die Zeit aus und sind daher eine wesentlich wichtigere Fehlerquelle. Drei solche nicht statistische Fehlerquellen sind dabei möglich:

   - Das berechnete Risiko $\hat{\beta}_P$ weicht vom tatsächlichen β_P ab, weil z. B. der Marktindex nicht auf der ex-ante μ-σ^2 Effizienzgrenze des Bewertenden liegt.

---

[420] Wird z. B. eine funktionale lineare Beziehung zwischen der US-Dollarveränderung und der DAX-Veränderung unterstellt, deren Sensitivität 0,6 beträgt, dann kann daraus eine Schätzung für die DAX-Veränderung auf einen bestimmten Zeitraum abgeleitet werden, wenn die Veränderung des Dollars für diesen Zeitraum (gut) geschätzt werden kann.

[421] LITTERMAN/WINKELMANN (Exposures, 1996), S. 32.

[422] Zu Anforderungen an einen Vergleichsmaßstab (am Beispiel für deutsche Versicherungsgesellschaften) vgl. MÜHLBRADT, (Kapitalanlagen-Performance, 1986), S. 1592.

[423] Vgl. in Abschnitt 2.3 einparametrische Performancemaße, die risikoadjustierte Renditen messen und vergleichen.

[424] ROLL (Performance Evaluation, 1980), S. 5.

- Durch die Verwendung eines nicht optimierten, ineffizienten Marktindex weicht die geschätzte, erwartete Rendite von der tatsächlichen ab.
- Die tatsächliche Rendite der risikofreien Anlage weicht von der erwarteten ab.

Aus den letzten beiden Punkten entsteht eine andere tatsächliche Wertpapiermarkt-Linie (SML), als die erwartete, während die fehlerhafte Risikoberechnung für ein "falsches" Ablesen auf der Abszisse (unabhängige Variable, β) sorgt.[425] Alle drei nicht statistischen Fehlerquellen gehen letztlich auf die Wahl einer nicht ex-ante effizienten Benchmark zurück.[426] Die Effizienz der Benchmark ist aber Voraussetzung für den Einsatz von Performancemaßen, die auf systematischer Risikodefinition aufbauen. So ist z. B. das Treynor-Maß in der externen Performancemessung nur aussagekräftig, wenn die effiziente Benchmark bekannt ist.[427]

Besonders in empirischen Untersuchungen ist die Wahl des Marktsubstituts Gegenstand kontroverser Diskussion. Neben dem Streit über die zu berücksichtigen Wertpapiere steht die Frage der Gewichtungsmethodik des Index im Vordergrund. Die heute übliche Kapitalisierungsgewichtung[428] der Aktienindizes erzeugt dabei nach verschiedenen Untersuchungen Verzerrungen, wenn nicht zusätzlich der Size-Effekt berücksichtigt wird.[429] Dennoch gibt es keine eindeutige Präferenz für oder gegen die Gleich- oder Kapitalisierungsgewichtung des substituierenden Marktportfolios. Da Performancemaße nicht robust auf die Verwendung unterschiedlicher Benchmarks reagieren, kommt der Auswahl aber eine hohe Bedeutung zu.[430]

---

425 Vgl. auch Abbildung 6. Der kumulierte Effekt ist bei ROLL (Performance Evaluation, 1980) in seiner Abbildung 3 auch graphisch dargestellt.

426 ROLL (Performance Evaluation, 1980), S. 6.

427 KORKIE (Performance Evaluation, 1983), S. 37.

428 Bei der Kapitalisierungsgewichtung von Indizes wird zunehmend anstelle des gesamten Grundkapitals nur noch das nicht von Großaktionären gehaltene Kapital, der sog. "free float" berücksichtigt. So wurden z. B. die Dow Jones Stoxx Indizes im Jahr 2000 auf eine free float adjustierte Kapitalisierungsgewichtung umgestellt.

429 DIMSON/MARSH (Event Study, 1986), S. 116 und 135-136. Bei der Existenz des Size-Effektes verzerren kapitalisierungsgewichtete Indizes die Ergebnisse. Daher wird oft ein Size-Faktor berücksichtigt oder gegebenenfalls ein gleichgewichteter Index verwendet, wenn die untersuchten Werte eine annähernd gleichverteilte Size-Struktur haben. DIMSON/MARSH (Event Study, 1986), S. 135-136; CHEN/ROLL/ROSS (Economic Forces, 1986), S. 394-395.

430 Vgl. empirische Analysen bei LEHMANN/MODEST (Performance Evaluation, 1987), S. 250-256, und GRINBLATT/TITMAN (Monthly Performance, 1988), die eine hohe Abhängigkeit

2.2.5 Externe versus Interne Performancemessung

Die Ziele der externen und internen Performancemessung sind sehr unterschiedlich (vgl. Kapitel 1, Abbildung 2). Im Rahmen der ex-post Analyse steht extern der Vergleich der Performance zu Benchmarks oder Konkurrenten (Peer-Gruppen Vergleich) im Vordergrund.[431] Diese Ergebnismessung kann u. U. durch den Versuch ergänzt werden, Fähigkeiten zu prüfen oder den Stil des Managers zu analysieren. Dies kann je nach Informationsverfügbarkeit durch statistische Analysen oder durch Attributionsanalyse erfolgen. Dem externen Betrachter steht normalerweise aber eine geringere Datenbasis zur Verfügung als z. B. dem Anleger und dem Manager. Insbesondere die Wertpapiergewichte eines Portfolios, die für die Renditezerlegung oft wichtig sind, und die Informationsbewertung, die zur Portfoliokonstruktion führt, sind Externen nicht immer zugänglich.

Die interne Performancemessung versucht, die Performance durch Einflussfaktoren zu erklären; diese Faktoren können u. a. der Zufall, private Informationen, Markt-Timing, Anzahl der Wertpapiere, Analysekosten oder die Risiko-Rendite Effizienz des Portfolios sein.[432] Ziel dieser Erklärung ist die Qualitätsbewertung von Entscheidungen, die dann zur Schwachstellenanalyse und schließlich zu Veränderungen im Entscheidungsprozeß führen kann.[433]

2.2.6 Anforderungen an Performancemaße

Aussagen über den Anlageerfolg und die relative Vergleichbarkeit dieses Erfolges stehen im Mittelpunkt der Anforderungen an Performancemaße. Dazu gehört einerseits die realitätsnahe Abbildung der Ergebnisse, andererseits sollen die Performancemaße konsistente, d. h. widerspruchsfreie Aussagen liefern.[434] Da Performance mehr ist, als die Rendite einer Wertpapierposition, sollten Performancemaße Risiko und Rendite betrachten.

---

der Performanceaussage von der verwendeten Benchmark und dem Performancemaß feststellen. Auch Performancemaße, die ohne Verwendung eines Risiko-Preis Modells auskommen (vgl. Abschnitt 2.4.2), erfordern eine Minimum-Varianz effiziente Benchmark. Vgl. KRYZANOWSKI/LALANCETTE/TO (Benchmark Invariancy, 1998), S. 76.

431 KORKIE (Performance Evaluation, 1983), S. 36-42.

432 KORKIE (Performance Evaluation, 1983), S. 36-42.

433 Nach Auffassung von KORKIE (Performance Evaluation, 1983), S. 39-40, sollte die interne Performancemessung insbesondere auf der Risiko-Rendite Effizienz eines Portfolios aufbauen. Je nach Effizienzgrad kann das Management sich auf die Verbesserung der Aktienselektion, der taktischen Aktienrotation oder des Markttimings konzentrieren.

434 KORKIE (Performance Evaluation, 1983), S. 36.

Darüber hinaus müssen Performancemaße die gleichen Anforderungen erfüllen, die allgemein für Leistungsmaße im Abschnitt 0.1 skizziert wurden. Ihre Bedeutung kann je nach Analyseschwerpunkt schwanken:[435]

- Die *Übersichtlichkeit* ermöglicht die Aggregation der Performance auf sinnvolle Betrachtungsebenen. Bei der Interpretation ist zudem der Verantwortungsbereich des Beurteilten abzugrenzen.
- Zur *Verständlichkeit* muss eine ökonomische Interpretation des Ergebnisses möglich sein.
- Der *Zeitraum* der Messung sollte durch das Maß bestimmt werden, d. h. auch kurze Betrachtungsperioden sollten Aussagen, u. U. mit höherer Unsicherheit, ermöglichen.
- Um die *Zufälligkeit* des Ergebnisses einzuschätzen, sind Signifikanzuntersuchungen notwendig.
- Schließlich sollten dem Manager auferlegte *Restriktionen*, die er nicht beeinflussen kann, die aber die Anlageentscheidung beeinflussen, in der Bewertung berücksichtigt werden.
- Performancemaße sollten kosteneffizient sein.

Diese Anforderungen führen dazu, dass die Performancemessung bestimmte Vereinfachungen und Generalisierungen zulassen, dennoch aber aussagefähige Ergebnisse liefern muss.

2.3 Einparametrische Gesamtperformancemaße

Einparametrische Performancemaße, die ex-post lediglich die Renditezeitreihe als Informationsvariable nutzen, lassen sich entsprechend der zugrunde liegenden Risikodefinition gruppieren: Im folgenden Abschnitt 2.3.1 werden die Performancemaße dargestellt, die auf dem Gesamtrisiko basieren, und in Abschnitt 2.3.2 jene, denen das systematische Risiko zugrunde liegt. Die Stochastische Dominanz, die auf der gesamten Renditewahrscheinlichkeitsverteilung basiert und nicht nur deren Momente verwendet, wird in Abschnitt 2.3.3 kurz charakterisiert. Abschnitt 2.3.4 fasst die Bewertung der einparametrischen Maße zusammen.

2.3.1 Gesamtrisiko-Performancemaße

Performancemaße, die das Gesamtrisiko als relevantes Risikomaß berücksichtigen, basieren auf zwei Konzepten.[436] SHARPE hat die Risikoprämie zum einge-

---

[435] ROßBACH (Performance-Messung, 1991), S. 20.

[436] Zur Definition und Berechnung des Gesamtrisikos vgl. Abschnitt 2.2.2.

gangenen Gesamtrisiko ins Verhältnis gesetzt und beschreibt damit im Rendite-Risiko Diagramm die Steigung der Geraden zwischen risikofreiem Zins und dem Portfolio (Abbildung 12). Das Konzept des Differential Returns basiert statt dessen auf Renditedifferenzen als absoluten Größen.[437]

2.3.1.1 Sharpe-Ratio

Die von SHARPE 1970 entwickelte "Reward-to-Variability" Relation, kurz Sharpe-Ratio (*SR*), setzt die mittlere Überschussrendite ins Verhältnis zum Gesamtrisiko:

$$SR_P = \left(R_P - R_f\right) / \sigma_P \quad \text{(ex-post)} \tag{50}$$

mit R_f = risikofreie Rendite.

Abbildung 12 zeigt die Sharpe Ratio im Rendite-Risiko Diagramm für ein Portfolio A als Steigung der Geraden zwischen der risikofreien Rendite R_f und dem Portfolio A.

Bei der Interpretation der *SR* sollte die beschränkte Aussagekraft der Standardabweichung als Risikomaß beachtet werden.[438] Zudem kann das Sharpe-Maß in Abhängigkeit von der Stichprobenlänge verzerrt sein.[439]

---

437 Neben den beiden dargestellten Konzepten besteht eine Vielzahl weiterer Maße, die unterschiedliche Verfahren zur Risikobereinigung verwenden: MODIGLIANI und MODIGLIANI haben z. B. eine risikoadjustierte Renditeberechnung vorgestellt, die die Portfoliorenditen derart adjustiert, dass alle Renditen bei identischem Risiko berechnet werden; MODIGLIANI/MODIGLIANI (Risk-Adjusted Performance, 1997), S. 46. Weitere, wenig gebräuchliche Maße werden bei LHABITANT vorgestellt. Zu diesen zählen BURKES Alternativdefinition des Sharpe-Maßes, der anstelle der Standardabweichung den Maximum Drawdown verwendet, das BAUMOL-Maß, das auf dem Portfolio Selektionsmodell "safety first" von KATAOKA aufbaut sowie ein ähnlicher Ansatz von AFTALION/PONCET zur Erstellung von Portfolioranglisten. LHABITANT (Mutual Funds Performance, 1995), S. 331-332.

438 REHKUGLER hat ein Maß entwickelt, das die Schwierigkeit misst, die Benchmark zu übertreffen. Dazu muss ein naives Portfolio (Marktportfolio) definiert werden, dessen Sharpe-Ratio mit der des Benchmarkportfolios verglichen wird. REHKUGLER/SCHMIDT VON-RHEIN/ROTH (Zweistufige Performancemessung, 1995), S. 31-35.

439 MILLER/GEHR (Sample Size Bias, 1978), S. 944-945; JOBSON/KORKIE (Performance Hypothesis Testing, 1981), S. 892-893. Ein approximativ unverzerrter Schätzer wird in Form der korrigierten Sharpe-Ratio, abhängig von der Anzahl der Beobachtungen T in der berücksichtigten Stichprobe, berechnet: $SR_P^* = SR_P\,[T / (T + 0{,}75)]$. KORKIE (Performance Evaluation, 1983), S. 37. Ein komplexeres Korrekturverfahren wurde von MILLER/GEHR (Sample Size Bias, 1978), S. 946, hergeleitet. Für die Überleitung zur angegebenen korrigierten Sharpe-Ratio vgl. JOBSON/KORKIE (Performance Hypothesis Testing, 1981), S. 893. Verschiedene andere Autoren weisen darauf hin, dass Portfolios deren Manager eine

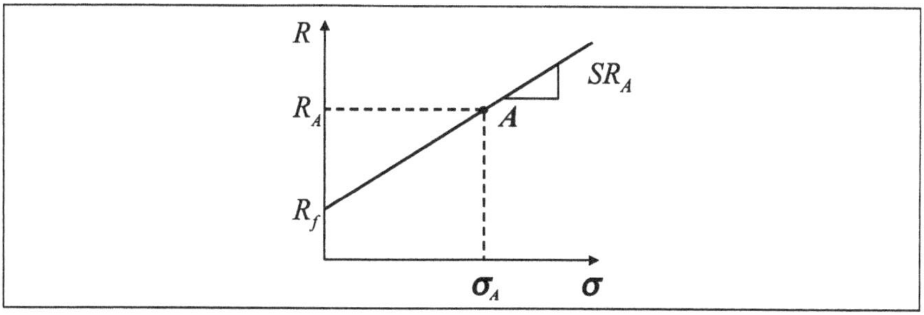

Abbildung 12: Graphische Darstellung der Sharpe Ratio *SR*

Die Sharpe-Ratio wird u. a. zum Performancevergleich verschiedener Portfolios benutzt. Der Vorteil besteht darin, dafür keine Benchmark definieren zu müssen.[440] Statistisch kann dazu ein Test auf Gleichheit der Sharpe-Ratios von zwei Portfolios *A* und *B* definiert werden, dessen Nullhypothese die Gleichheit der beiden Sharpe-Ratios ist ($SR_A - SR_B = 0$). Die Teststatistik z ist mit der durchschnittlichen Portfolio-Überschussrendite ($r_P = R_p - R_f$) und θ als Varianz des Zählers

$$z = \left(\sigma_A r_B - \sigma_B r_A\right) / \sqrt{\theta} \; , \tag{51}$$

dabei approximativ standardnormalverteilt (z ~ N(0,1)).[441] Wenn die Teststatistik größer als der kritische Wert der Prüfgröße in Abhängigkeit vom gewählten Signifikanzniveau ist ($z > z_c$), wird die Nullhypothese gleicher Performance abgelehnt. Das bedeutet, dass SR_A (bei $SR_A > SR_B$) signifikant größer ist als SR_B und somit das Portfolio *A* eine bessere Performance als *B* hat. Die Aussagefä-

---

positive Timingfähigkeit besitzen, dennoch als μ-σ² ineffizient erscheinen können und damit auch das Sharpe-Maß infolge des Timings verzerrt sein kann. Vgl. ADMATI/ROSS (Investment Performance, 1985), S. 14-16; DYBVIG/ROSS (Differential Information, 1985), S. 397-398; GRANT (Market Timing, 1978), S. 1125-1128. KANE/MARKS (Performance Evaluation, 1988), S. 431-432, stellen fest, dass Verzerrungen in Portfoliorankings mit Sharpe-Maßen insbesondere dann auftreten, wenn Quartalsdaten verwendet werden. Bei kürzeren Intervallen (Monate oder Tage) kann die Verzerrung weitgehend ausgeschlossen werden.

440 BÜHLER (Erfolgsanalyse, 1994), S. 25.

441 JOBSON/KORKIE (Performance Hypothesis Testing, 1981), S. 894-895; KORKIE (Performance Evaluation, 1983), S. 37 und Anhang A (S. 41); vgl. auch WITTROCK (Performance, 1995), S. 77: $\theta = T^{-1}\,[2\sigma_A^2\,\sigma_B^2 - 2\sigma_A\,\sigma_B\,\mathrm{Cov}(A,B) + \tfrac{1}{2}\,r_A^2\,\sigma_B^2 + \tfrac{1}{2}\,r_B^2\,\sigma_A^2 - r_A\,r_B\,(2\,\sigma_A\,\sigma_B)^{-1}$ $(\mathrm{Cov}(A,B)^2 + \sigma_A^2\,\sigma_B^2)]$.

higkeit des Tests hängt von der Anzahl der Beobachtungen ab und nimmt zu, wenn die Standardabweichungen der verglichenen Portfolios ähnlich sind.[442]

Da die Berechnung von θ in (51) aufwendig ist, kann zur Abschätzung der Signifikanz die Differenz zwischen der Portfolio Sharpe-Ratio und der Benchmark Sharpe-Ratio gebildet werden. Bei der Annahme, dass der Standardfehler der durchschnittlichen Rendite den Fehler der Risikoschätzung dominiert, ist der Standardfehler der Sharpe-Ratio etwa gleich $T^{-1/2}$. Wenn die Fehlerterme der Portfolio- und Benchmark-*SR* unkorreliert sind, ist der Fehler der Differenz $(2 / T)^{1/2}$. Auf einem 95% Konfidenzintervall ist die Differenz dann statistisch signifikant, wenn die Differenz der Sharpe-Ratios ($SR_P - SR_{BM}$) größer als der zweifache Fehler der Differenz ($\alpha (2 / T)^{1/2}$ mit $\alpha \approx 2$) ist.[443]

2.3.1.2 Differential Return bei totalem Risiko

Das Konzept des Differential Returns (*DR*) berechnet eine Renditedifferenz der verglichenen Portfolios unter Berücksichtigung der Risiken. Das Risiko wird ex-post als Standardabweichung der Stichprobe definiert und dient zur Risikoadjustierung der Überschussrenditen.[444] Dabei wird die Marktrendite R_M so adjustiert, dass sie der Rendite $R^*_M(\sigma_P)$ entspricht, die beim Risiko des Vergleichsportfolios (σ_P), erzielt worden wäre:[445]

$$DR_P = R_P - R^*_M(\sigma_P) \quad mit \quad R^*_M(\sigma_P) = R_f + \left(R_M - R_f\right)\sigma_P / \sigma_M . \quad (52)$$

$R^*_M(\sigma_P)$ ist die adjustierte Rendite des Marktes zum Risiko σ_P.

Für die Bestimmung des *DR* für Portofolio *A* wird in Abbildung 13 das risikoadjustierte Marktportfolio A^* bestimmt. A^* hat ein identisches Risiko σ_A zum Portfolio *A* und liegt auf der Geraden zwischen der risikofreien Rendite R_f und dem Marktportfolio *M*. D. h. es hat die gleiche Sharpe Ratio wie *M*.

---

[442] JOBSON/KORKIE (Performance Hypothesis Testing, 1981), S. 900; ALEXANDER/FRANCIS (Portfolio Analysis, 1986), S. 254.

[443] GRINOLD/KAHN (Active Portfolio Management, 1995), Kapitel 14.

[444] Wird statt des totalen Risikos das nicht diversifizierbare, systematische Risiko verwendet, entspricht der *DR* dem Jensen-Alpha, vgl. folgenden Abschnitt 2.3.2.1.

[445] Vgl. MODIGLIANI/MODIGLIANI (Risk-Adjusted Performance, 1997), S. 47, die entgegen dem *DR* ihr Performancemaß aus der Risikoadjustierung der Portfoliorendite anstelle der Adjustierung der Marktrendite erhalten. Wird von der so adjustierten Portfoliorendite $R_P^*(\sigma_M)$ die Marktrendite subtrahiert, ergibt sich die aktive Portfoliorendite, deren Risiko dem totalen Marktrisiko (σ_M) entspricht. Die Rangfolge ist identisch zum *DR*.

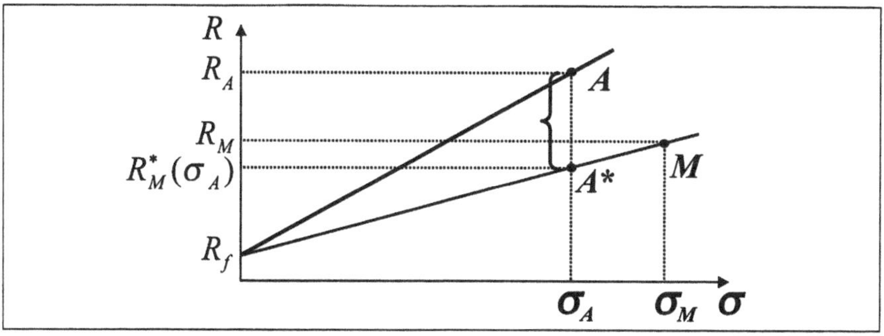

Abbildung 13: Graphische Darstellung des Differential Returns

Werden Sharpe Ratio und Differential Return in einer Graphik gemeinsam dargestellt zeigt sich, dass beide Maße zu unterschiedlichen Aussagen über die vergleichsweise bessere Performance zweier Portfolios gelangen können (vgl. Abbildung 14):[446] Einerseits ist die Steigung der Geraden zwischen R_f und B größer als zwischen R_f und A, d. h. die Sharpe Ratio für B ist größer als für A. Andererseits ist der Differential Return für A (Abstand A zu A^*) größer als für B. Der *DR* sollte daher nur eingesetzt werden, wenn die Risikohöhe durch den Manager nicht frei wählbar ist.

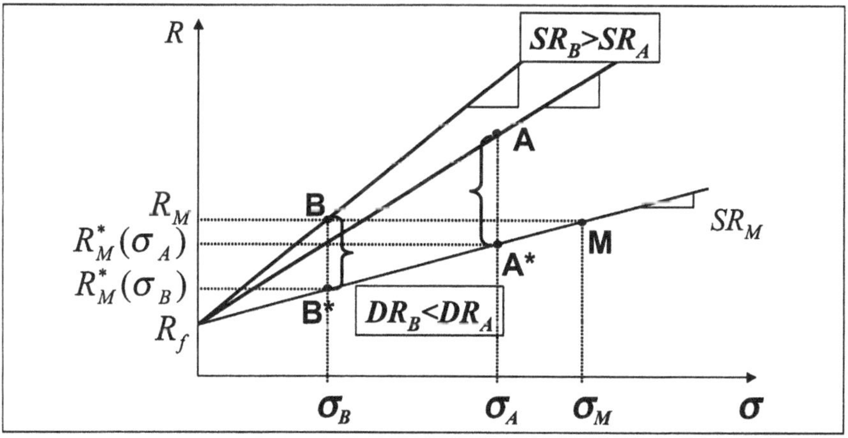

Abbildung 14: Divergenz zwischen Differential Return und Sharpe-Ratio

[446] Zu beachten ist, dass in dem gewählten graphischen Beispiel die Sharpe-Ratio und der *DR* zur gleichen Aussage gelangen würden, wenn die Risiken $\sigma_A > \sigma_B > \sigma_M$ wären. D. h. es kann keine generelle Aussage über die Identität der beiden Maße getroffen werden. Eine analoge Darstellung für Jensen-Maß und Treynor-Maß findet sich bei MODIGLIANI/POGUE (Risk and Return II, 1974), S. 83.

2.3.2 Performancemaße bei Verwendung des systematischen Risikos

Wird die Performance für einen Teil des Vermögens gemessen, ist die Verwendung des systematischen Risikos sinnvoll, da nur so die Kovarianz zwischen den einzelnen Vermögensteilen erfassbar ist.[447] Dabei wird allerdings implizit unterstellt, dass die unsystematischen Risiken über alle Vermögensanteile weitgehend wegdiversifiziert sind.

2.3.2.1 Jensen-Alpha

JENSENS, auf dem CAPM basierendes Maß, berechnet die Differenz zwischen der durchschnittlich realisierten und der erwarteten Rendite.[448] Es ermöglicht damit eine absolute Bewertung des Anlageergebnisses. Andere Maße bewerten dagegen die Leistung gegenüber einer Benchmark immer relativ. Da die erwartete Rendite im Rahmen des CAPM aber nicht beobachtbar ist, wird auf das ex-post CAPM zurückgegriffen. Die erwartete Rendite bestimmt sich aus dem effizienten Marktportfolio unter Beachtung der systematischen Risikoposition des Portfolios. Das Jensen-Alpha kann dann unmittelbar als Ordinatenabschnitt der Regressionsgeraden schätzt werden, die aus der Regression der Überschussrendite des Portfolios als unabhängige Variable mit der des Marktportfolios als abhängige Variable bestimmt wird:

$$R_{Pt} - R_{ft} = \alpha_P + \beta_P (R_{Mt} - R_{ft}) + \varepsilon_{Pt}\,. \text{ (Renditegenerierungsmodell).} \quad (53)$$

Der Regressionsparameter α_P entspricht damit graphisch dem vertikalen Abstand der Portfoliorendite zur ex-post Wertpapierlinie und wird als Selektionsleistung interpretiert.[449] Für den Störterm ε_{pt} wird ein Wert von Null erwartet.[450]

Das Jensen-Alpha gibt den Portfoliorenditeanteil an, der über die betabasierte, erwartete Rendite hinausgeht. Es ist also definiert als Differenz zwischen Portfolio-Überschussrendite r_P und erwarteter Portfolio-Überschussrendite ($E[r_P] = \beta_P r_M$)

---

[447] KORKIE (Performance Evaluation, 1983), S. 37.

[448] JENSEN (Risk-Return Measurement, 1969), S. 182-185 und 192, JENSEN (Performance of Mutual Funds, 1968), S. 393-394; Weiterentwicklung bei JENSEN (Investment Performance, 1972), S. 310-320.

[449] Für die Wertpapierlinie vgl. Abbildung 6 in Abschnitt 1.2.1.3.

[450] D. h. $E[\varepsilon_{Pt}] = 0$. Zusätzlich wird damit unterstellt, dass die Kovarianz zwischen der Marktrisikoprämie und dem Fehlerterm sowie die Kovarianz zwischen zwei aufeinanderfolgenden Fehlertermen gleich Null ist ($Cov(\varepsilon_{Pt}, (R_{Mt} - R_{ft})) = Cov(\varepsilon_{Pt}, \varepsilon_{Pt-1}) = 0$).

$$\alpha_P = r_p - \beta_P r_M . \tag{54}$$

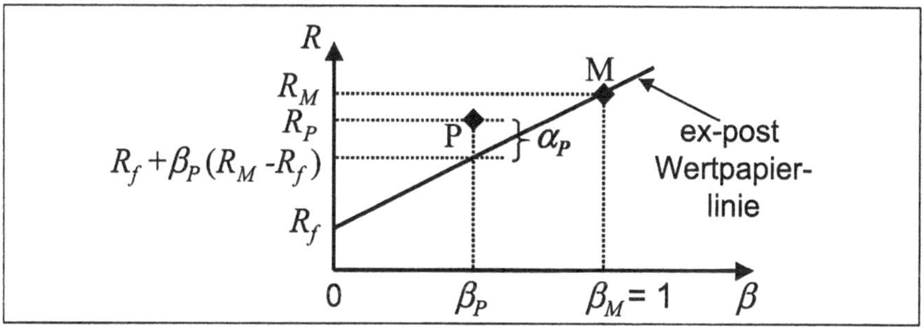

Abbildung 15: Graphische Darstellung des Jensen-Alpha als Abstand zur Wertpapierlinie

Statistisch signifikante α_P zeigen somit superiore Managementleistungen bei einem Risiko an, das dem Portfoliobeta entspricht.[451] Da das Beta aber im Renditegenerierungsmodell als konstant angenommen wird, kann hier nur die Selektion bewertet werden. TREYNOR/MAZUY haben daher die Formel erweitert, um auch Timing messen und berücksichtigen zu können.[452]

---

451 Da das Jensen-Alpha eine Performancebewertung bei einer (portfolio-) individuellen Risikohöhe, bestimmt durch das Beta, vornimmt, kann es als Rankingmaß für mehrere Portfolios nur bei gleicher Risikohöhe aussagekräftig sein. Vgl. Ausführungen zu einem risikoadjustierten Alpha (= Jensen-Alpha / Portfoliobeta) bei MODIGLIANI (Risk-Adjusted Performance (III), 1997), S. 55-57.

452 Vgl. auch Abschnitt 2.5.1.2. GRINBLATT/TITMAN haben gezeigt, dass bei Timingfähigkeit des Managers das Jensen-Alpha unabhängig von jeder Selektionsfähigkeit negativ werden kann. GRINBLATT/TITMAN (Portfolio Performance, 1989), S. 395 (graphisch) und S. 403-404 (analytisch). Die empirischen Untersuchungen mit dem Jensen-Maß haben sich im Wesentlichen darauf konzentriert, ex-post Aussagen über die Leistungen von Publikumsfonds zu treffen. Die Vielzahl der Untersuchungen wurden besonders durch die ersten Ergebnisse von JENSEN 1968 angeregt. Dieser hatte negative Alphas für die untersuchten Fonds festgestellt, nachdem die Renditen um Gebühren adjustiert wurden. Diese offensichtlich unbefriedigende Aussage wurde danach in verschiedenen Studien teilweise bestätigt und in einigen Fällen widerlegt: Einige der jüngeren Analysen zeigen weiterhin ein zwiespältiges Bild: IPPOLITO (Efficiency, 1989), S. 8-9, findet positive Alphas bei Fonds. ELTON/GRUBER/DAS/HLAVKA (Efficiency, 1993), S. 20-21, argumentiert, dass IPPOLITOS Ergebnis aus der Selektion der Wertpapierklassen stammt, die positive Alphas haben. Ihre eigenen Ergebnisse zeigen tendenziell negative Alphas für Fonds. FERSON/SCHADT (Changing Economic Conditions, 1996), S. 445-448, finden mehr negative als positive Alphas in den von ihnen analysierten Fonds. Ausgehend von der EMT würde erwartet, dass keine positive oder negative außerordentliche, d. h. nicht zu erwartende Performance, vorhanden ist; vielmehr sollte der Mittelwert und damit der Erwartungswert des Alphas Null sein.

Die Hauptkritik am Ansatz von JENSEN setzt an zwei zentralen Annahmen an. Die erste Annahme besteht in der Effizienz des Marktportfolios. ROLL zeigt in seiner grundlegenden Kritik am CAPM, dass das Jensen-Maß abhängig von der Wahl der Benchmark ist. Im Vergleich zur Sharpe-Ratio lässt sich analytisch zeigen, dass das Jensen-Alpha immer dann positiv ist, wenn die Sharpe-Ratio des Portfolios größer als die Sharpe-Ratio der Benchmark ist. Ein positives Jensen-Alpha bedingt aber nicht umgekehrt eine superiore Sharpe-Ratio.[453]

Die zweite zentrale Annahme der Stationarität des systematischen Risikos gilt zumindest dann nicht, wenn der Manager aktives Markttiming vornimmt.[454] Das Maß ist in diesem Fall verzerrt, da das Renditegenerierungsmodell (53) von einem konstanten Beta ausgeht, der Markttimer aber genau dieses nicht konstant hält. Wenn der Manager Timingfähigkeiten hat, die die Rendite positiv beeinflussen, dann kann das Jensen-Alpha negativ werden und so fälschlicherweise eine negative Selektivität suggerieren.[455] FERSON und SCHADT haben daher eine bedingte Korrektur der allgemeinen, unbedingten Jensen-Formel unter bestimmten Modellannahmen entwickelt, um die zeitliche Variation, d. h. Instationarität der Parameter, zu berücksichtigen.[456]

Transaktionskosten verschieben den Erwartungswert aber zu negativen Werten, während der survivor bias ihn in Richtung positiver Renditen verzerrt (zum survivor bias vgl. Fn. 151 in Abschnitt 1.2.2.2.1). Welcher dieser Effekte dominiert ist nicht abschließend geklärt.

[453] Für den Beweis vgl. DYBVIG/ROSS (Performance Measurement,1985), S. 404-405; GRINOLD/KAHN (Active Portfolio Management, 1995), S. 325.

[454] Timing wird in eindimensionalen Bewertungsmodellen durch ein niedriges Marktbeta (kleiner Eins) bei erwarteten fallenden Kursen und ein erhöhtes Marktbeta (größer Eins) bei erwarteten steigenden Kursen charakterisiert. ADMATI/ROSS (Investment Performance, 1985), S. 2; DYBVIG/ROSS (Differential Information, 1985), S. 386. Vgl. Abschnitt 2.5.1.1.

[455] Vgl. auch Kritik bei KON/JEN (Investment Performance, 1979), S. 264: "stationarity of systematic risk through time is crucial to ... [the] performance measure ...". Zur graphischen und analytischen Herleitung der fehlerhaften Messung bei Markttiming vgl. GRINBLATT/TITMAN (Portfolio Performance, 1989), S.394-396. Vgl. auch DYBVIG/ROSS (Differential Information, 1985), S. 395-396, und ADMATI/ROSS (Investment Performance, 1985), S. 13-16.

[456] FERSON/SCHADT (Changing Economic Conditions, 1996), S. 432-433. Diese bedingte Formulierung (Gleichung (7) bei FERSON/SCHADT) ist der allgemein verwendeten, unbedingten Formulierung ähnlich, nur die Interpretation unterscheidet sich. Traditionelle, unbedingte Performancemaße interpretieren die Kovarianz zwischen Beta und der zukünftigen Marktrendite als ein Ergebnis superiorer Informationen des Fondsmanagers. Für die unbedingte Formulierung vgl. z. B. JENSEN (Performance of Mutual Funds, 1968), S. 390-391 und 394-395, GRANT (Portfolio Performance, 1977), S. 838-839 und GRINBLATT/-TITMAN (Portfolio Performance, 1989), S. 397 und 404. FERSON/SCHADT (Changing Eco-

2.3.2.2 Treynor-Maß

TREYNOR hat – analog zur Sharpe-Ratio – die Überschussrendite ins Verhältnis zum Risiko gesetzt. Das relevante Risikomaß ist dabei aber das systematische, nicht diversifizierbare Risiko β:[457]

$$T_P = \left(R_P - R_f\right)/\beta_P \tag{55}$$

mit R_P = Portfoliorendite

R_f = risikofreie Rendite.

Im Vergleich zum Markt sollte T_P größer als die Risikoprämie des Marktes ($T_M = R_M - R_f$) sein, um eine superiore Performance anzuzeigen. Im Vergleich ist i. d. R. die Sharpe-Ratio jedoch vorzuziehen, da dort auch das diversifizierbare Risiko, das nicht bezahlt wird, berücksichtigt wird und die Leistung so schmälert, wenn ein nicht vollständig diversifiziertes Portfolio verwendet wird. Das Treynor-Maß ist allerdings dann vorzuziehen, wenn das Gesamtrisiko der verglichenen Portfolios, nicht aber deren Betas, gleich sind.[458] MODIGLIANI hat mit dem modifizierten M²-Betamaß ein Maß entwickelt, dass sich vom Treynor-Maß nur um die risikofreie Rendite unterscheidet. Wenn Beta als relevantes Risikomaß unterstellt wird, lässt sich zeigen, dass M², das ein stabiles Rankingmaß ist.[459]

Die Treynor/Black Appraisal-Ratio versucht sowohl das systematische Risiko als auch den Diversifikationsaspekt zu berücksichtigen. Dazu wird das Jensen-Alpha durch die portfoliospezifische Volatilität $\sigma(\varepsilon_i)$ geteilt[460]

---

nomic Conditions, 1996), S. 433, arbeiten unter der Hypothese, dass Manager keine superiore Informationen haben. Die Kovarianz entsteht aus der Tatsache, dass Marktbeta und die zukünftige Marktrendite gemeinsam abhängig von öffentlichen Informationsvariablen sind.

457 TREYNOR (How to Rate, 1965), S. 69-70. TREYNOR bezeichnet dabei das Marktbeta mit "σ", vgl. Definition des Risiko bei TREYNOR, S. 75.

458 Eine alternative Definition wird von POLSKY vorgeschlagen, die nicht die Überschussrendite sondern die aktive Rendite gegenüber der Benchmark als Zähler einsetzt. Damit wird die aktive Rendite ins Verhältnis zum Risiko gegenüber der Benchmark gesetzt und gibt die Grenzwertrendite relativ zum zusätzlichen Risiko eines aktiv verwalteten Aktienportfolios an. Voraussetzung ist aber auch hier, dass Beta das relevante Risiko ist. Vgl. zu diesem Konzept POLSKY (Risk Management, 1997), S. 40.

459 MODIGLIANI (Risk-Adjusted Performance (III), 1997), S. 56.

460 FERGUSON (Performance Measurement, 1980), S. 61-63; ZIMMERMANN/RUDOLF/JAEGER/-ZOGG-WETTER (Performance-Messung, 1996), S. 75-76; KRITZMAN (Returns and Risk,

$$TB_P = \alpha_P / \sigma(\varepsilon_i).$$

Gemäß TB_P sei die Performance um so besser, je geringer das in Kauf genommene, spezifische, diversifizierbare Risiko einer um das systematische Risiko bereinigten Überschussrendite ist. In der Konstruktion des Maßes kommt die Annahme der Kapitalmarkttheorie zum Ausdruck, dass spezifische Risiken nicht entlohnt werden. Die Kritik am Jensen-Alpha trifft aber auch auf das Treynor/Black-Maß zu.

2.3.3 Performancemaß, dessen Risiko auf der gesamten Renditewahrscheinlichkeitsverteilung basiert

Den bisher vorgestellten Performancemaßen lag grundsätzlich die Annahme der Normalverteilung der Renditen zugrunde. Darüber hinaus wurden bestimmte Nutzenfunktionen der Investoren unterstellt, ohne die "wahre" Nutzenfunktion zu kennen. Diese restriktiven Annahmen benötigt die Stochastische Dominanz (*SD*) nicht.[461] Sie verwendet vielmehr allgemeine Beschreibungen der Nutzenfunktion des Investors, ohne eine spezifische vorauszusetzen.[462] Das stochastische Dominanzkriterium betrachtet insbesondere nicht nur einige ausgewählte Momente der Renditeverteilung, etwa die Varianz oder die Schiefe, sondern die gesamte Verteilung. Dazu es werden immer zwei Anlagealternativen über die gesamte Verteilung miteinander verglichen. Nur wenn eine die andere Verteilung über den gesamten Bereich dominiert, d. h. graphisch gesehen nicht schneidet, ist sie stochastisch dominant. Mit jedem Grad der *SD* ist ein Theorem verbunden, das es dem Investor erlaubt, eine Vielzahl von Alternativanlagen (Portfolios) auszuschließen, um so stufenweise ein effizientes Set an Alternativen zu erhalten:[463]

1993), S. 16.

461 FISHBURN (Stochastic Dominance, 1980), S. 75-77; LARSEN/RESNICK (Bootstrapping, 1993), S. 62-63; LHABITANT (Mutual Funds Performance, 1995), S. 332; JEAN (Stochastic Dominance, 1992), S. 105-106; TEHRANIAN (Empirical Studies, 1980), S. 160-162; KROLL/LEVY (Stochastic Dominance, 1982), S. 871-873; BAWA (Ordering Uncertain Prospects, 1975), S. 95-121; NELSON/POPE (Bootstrapped, 1991), S. 1183; BALZER (Investment Risk, 1994), S. 53-54. Die Bibliographie BAWA (Stochastic Dominance, 1982), S. 698-712, gibt eine ausführliche Liste der Literatur zur Stochastischen Dominanz. Zur Anwendung der SD bei der Bewertung von Portfolios mit Optionen vgl. BROOKS/LEVY/-YODER (Using Stochastic Dominance, 1987), S. 79-82.

462 LHABITANT (Mutual Funds Performance, 1995), S. 332: "It [die Stochastische Dominanz] specifies progressively stronger assumptions about the general characteristics of the investor's utility function, consistent with whole families of utility functions."

463 LHABITANT (Mutual Funds Performance, 1995), S. 332.

1. Grad *SD*: Annahme, dass der Investor mehr Wohlstand gegenüber weniger präferiert
2. Grad *SD*: zusätzliche Annahme, dass der Investor risikoavers ist
3. Grad SD: zusätzliche Annahme, dass der Investor eine abnehmende absolute Risikoaversion mit zunehmendem Wohlstand hat.

Die Anwendung der *SD* ist in sofern kritisch, als Perioden existieren, in denen keine von zwei Alternativen die andere (bis zu einem definierten Grad der *SD*) dominiert, also keine Aussage durch das *SD*-Maß getroffen wird. Höhere Grade der *SD*, die in diesen Fällen dennoch eine Dominanz analysieren könnten, bedingen gleichzeitig schärfere Annahmen bezüglich der Nutzenfunktion der Investoren, so dass der Vorteil der *SD* wieder gemindert wird.[464] Zudem kann die Höhe, d. h. das Ausmaß der Dominanz, nicht bestimmt werden.

2.3.4 Bewertung einparametrischer Performancemaße

ROLL hat gezeigt, dass Performancemaße, die auf der Wertpapier-Marktlinie des CAPM aufbauen, durch die Wahl von Marktindizes als Substitut für nicht beobachtbare Marktbereiche verzerrt sind.[465] Zudem geht die übliche Berechnungsmethodik der Betafaktoren von einer Stationarität der Faktoren aus, die empirisch nicht gegeben ist.[466] D. h. Maße, die das systematische Risiko verwenden, wie die Maße von TREYNOR oder JENSEN, können fehlerbehaftet sein und sind als Rankingmaße nur bedingt geeignet.[467] Der Kritik von ROLL unterliegt da-

---

[464] Zur Beziehung zwischen LPM-Maßen *n*-ten Grades und der *SD* vgl. Abschnitt 2.2.2.4.2 und BAWA (Ordering Uncertain Prospects, 1975), S. 109-111, BAWA (Safety-First, 1978), S. 258-260, und BAWA/LINDENBERG (Capital Market Equilibrium, 1977), S. 190-192, sowie FISHBURN (Mean-Risk Analysis, 1977), S. 122-123. LPM-effiziente Portfolios vom Grad *n* sind Teil des *SD* effizienten Sets vom Grad $\geq n$; NAWROCKI (Optimal Algorithms, 1991), S. 465. Diese Beziehung ist wichtig, weil die *SD* keine verteilungstheoretischen Annahmen trifft, und eine allgemeine Nutzenfunktion unterstellt. Da die *SD* nicht als Algorithmus zur effizienten Wertpapier-Allokation genutzt werden kann, ist ein LPM-Algorithmus, der die *SD* gut approximiert, für die Portfolioselektion hilfreich. NAWROCKI (Optimal Algorithms, 1991), S. 465.

[465] Vgl. grundlegende Kritik von ROLL (Asset Theories Tests, 1977), S. 130-131 und S. 144-158; ROLL (Ambiguity, 1978), S. 1051-1060, ROLL (Performance Evaluation, 1980), und ROLL (Reply to Mayers and Rice, 1979), S. 393-397, sowie die Gegenargumentation von MAYERS/RICE (Measuring Portfolio Performance, 1979), S. 5-8 und 21-22. Vgl. Fn. 124 in Abschnitt 1.2.2.1.

[466] Zu Einzelheiten der Schätzung von Sensitivitäten (Betafaktoren) vgl. Abschnitt 3.3.2.

[467] TREYNOR (How to Rate, 1965); JENSEN (Performance of Mutual Funds, 1968). Vgl. KORKIE (Performance Evaluation, 1983), S. 36. Diese Verzerrung besteht allgemein auch bei Prognosefehlermaße, die Differenzen zwischen erwarteten (bedingten) Renditen und

gegen das Performancemaß von SHARPE nicht. Da für die Berechnung der Sharpe-Ratio Überschussrenditen verwendet werden, ist hier allerdings die Spezifizierung des risikolosen Zinses von Bedeutung. Insbesondere die absolute Höhe des Maßes wird durch die Höhe des risikolosen Zinses beeinflusst, während er auf das vergleichende Ranking alternativer Portfolios weniger Einfluss hat.[468] Insgesamt erscheinen einparametrische Maße als Rankingmaße nur für die externe Analyse sinnvoll. Dazu sollten dann identische Messintervalllängen verwendet werden, denn die Länge des Rendite-Messintervalls hat einen maßgeblichen Einfluss auf die Rendite-/Risiko-Beziehung, die je nach Intervalllänge linear oder nichtlinear sein kann.[469] Die Maße von z. B. SHARPE, TREYNOR und JENSEN bauen auf der Linearität dieser Relation auf. Für die interne Analyse enthalten die einparametrischen Maße zu wenig Informationen und sind in der absoluten Höhe zu sehr von Parameterspezifikationen abhängig.

2.4 Performancemaße bei Berücksichtigung zusätzlicher Informationen

Die Analyse von Timingaktivitäten, das Vermeiden der restriktiven Annahmen der kapitalmarkttheoretischen Modelle oder das Entschärfen der Benchmarkproblematik sind Ziele, die mit der Berücksichtigung zusätzlicher Informationen, insbesondere der Portfoliogewichte, verfolgt werden. Die Ansätze zur Nutzung der Portfoliogewichte in Performancemaßen lassen sich in drei Bereiche ordnen:[470]

In einem ersten Bereich werden die Portfoliogewichte dazu genutzt, das Portfoliobeta auf Basis der gewichteten Wertpapierbetas zu berechnen. Das Portfoliobeta kann so genauer und für einzelne Teilperioden getrennt bestimmt werden.

---

tatsächlichen Renditen bilden. Vgl. PETTIT (Dividend Announcements, 1972), S. 996; BALL/BROWN (Empirical Evaluation, 1968), S. 161-164.

468 LHABITANT (Mutual Funds Performance, 1995), S. 334.

469 SCHWARTZ/WITHCOMB (Time-Variance Relationship, 1977), S. 48-50; SMITH (Intervaling, 1978), S. 321 und 325; LEE (Investment Horizon, 1976), S. 362; LEE (Risk and Investment Horizon, 1976), S. 810; LEE (Functional Form, 1977), S. 56-61. Die Verzerrungen der einparametrischen Performancemaße werden teilweise auch auf Divergenz zwischen dem Berechnungsintervall der zugrundeliegenden Renditezeitreihe und dem Anlagehorizont des Anlegers zurückgeführt. Vgl. hierzu z. B. LEVY (Investment Horizon, 1981), S. 39, zum Sharpe-Maß; LEVHARI/LEVY (Investment Horizon, 1977), S. 100-101, zum Treynor-Maß, sowie auch empirische Studien von FRIEND/BLUME (Portfolio Performance, 1970), S. 565-573, auf Monatsdaten und KLEMKOSKY (Composite Performance Measures, 1973), S. 509, auf Quartalsdaten.

470 WITTROCK (Performance, 1995), S. 149-150. Zusätzlich werden Portfoliogewichte insbesondere in der Performancezerlegung verwendet; vgl. Abschnitt 2.6.1.2.

Ist das Portfoliobetas in einzelnen Perioden bekannt, so können Verzerrungen vermieden werden, wie sie z. B. beim Jensen-Alpha bei Timingentscheidungen durch den Manager entstehen.[471] D. h. die Annahme eines konstanten Portfoliobetas wird durch die Annahme stationärer Wertpapierbetas ersetzt. Die abgeleiteten Timing- und Selektionsmaße werden im Abschnitt 2.4.1 skizziert.

Im zweiten Bereich werden Performancemaße bestimmt, die nicht mehr explizit das Risiko betrachten, sondern auf Basis der Kovarianzen zwischen Wertpapierrenditen und Portfoliogewichten die Performance ermitteln. Eine Benchmarkdefinition oder die Annahme eines bestimmten Renditeerwartungsmodells ist dann nicht notwendig. Zu dieser Gruppe zählen u. a. die Ereignisstudienmaße (ESM) und das Portfolio-Änderungsmaß (PCM); vgl. Abschnitt 2.4.2.

Nichtparametrische Verfahren bilden den dritten Bereich zur Nutzung zusätzlicher Informationsparameter in der Performancemessung. Sie erlauben keine Aussage über die Performance, sondern testen lediglich, ob private Timinginformationen vorhanden waren. Sie testen also weder Selektionsfähigkeiten noch lassen sie einen Rückschluss auf die Höhe der Performance zu.[472] Die Portfoliogewichte werden in diesen Ansätzen also lediglich für Rückschlüsse auf Managerprognosen verwendet, die nicht allgemein verfügbar sind. Dieser dritte Bereich wird daher nicht weiter behandelt.[473]

2.4.1 Verwendung der Portfoliogewichtungen zur Bestimmung des systematischen Portfoliorisikos

Einparametrische Performancemaße, die als Risikokomponente nur das systematische Risiko betrachten, sind verzerrt, weil ein stationäres Portfoliobeta unterstellt wird.[474] Zumindest bei Timingfähigkeiten ist dies aber nicht zutreffend. Um diese Verzerrungen, wie z. B. beim Jensen-Alpha, zu vermeiden, kann die Berechnung des Portfoliobetas β_{Pt} bei Kenntnis der Portfoliogewichte periodisch auf Basis der individuellen Wertpapierbetas β_{it} vorgenommen werden.[475]

---

[471] Timingentscheidungen des Managers bewirken Änderungen im Portfoliobeta, das damit nicht mehr als konstant angenommen werden kann.

[472] Ein Beispiel ist der HENRIKSSON/MERTON-Test (nichtparametrische Version); GRINBLATT/TITMAN (Performance Evaluation, 1994), S. 29.

[473] Eine ausführlichere Darstellung nichtparametrischer Verfahren findet sich bei WITTROCK (Performance, 1995), S. 149-150 und S. 160-164.

[474] Vgl. auch Abschnitt 2.5.1.1.

[475] Die Problematik der Betaschätzung für Wertpapiere und die Instationarität der Wertpapierbetas wird damit natürlich nicht beseitigt. Vgl. Abschnitt 3.3.2 zur Sensitivitätsschätzung und den Verzerrungen, denen verschiedene Methoden unterliegen.

Ausgehend von der Gleichung für die Portfolio-Überschussrendite $R_{Pt} - R_f = r_{Pt} = \beta_{Pt}\, r_{Mt} + \varepsilon_{Pt}$ haben GRINBLATT/TITMAN die Definition der durchschnittlichen Portfolio-Überschussrendite $\bar{r}_P$ für ein aktives Portfolio dargestellt:[476]

$$\bar{r}_P = \underbrace{\bar{\beta}_P\, \bar{r}_M}_{\substack{\text{passive}\\ \text{Komponente}}} + \underbrace{\underbrace{\frac{1}{T}\sum_{t=1}^{T} \beta_{Pt}(r_{Mt} - \bar{r}_M)}_{\text{Timingkomponente}} + \underbrace{\bar{\varepsilon}_P}_{\substack{\text{Selektions-}\\ \text{komponente}}}}_{\text{aktive, informationsbedingte Performance}} \qquad (56)$$

mit $\bar{r}_P$ = Stichprobenmittelwert der Portfolio-Überschussrenditen r_{Pt},

$\bar{r}_M$ = Stichprobenmittelwert der Überschussrenditen des effizienten Marktportfolios r_{Mt},

$\bar{\varepsilon}_P$ = Stichprobenmittelwert der unsystematischen Portfoliorenditen ε_{Pt},

$\bar{\beta}_P$ = Stichprobenmittelwert der Portfoliobetas β_{Pt}, für $t = 1, ..., T$.

In der Zerlegung des Überschussrendite-Mittelwertes wird also neben der unsystematischen Rendite zwischen einer passiven, systematischen Überschussrendite ($\bar{\beta}_P\, \bar{r}_M$) und einem aktiven, systematischen Renditebeitrag unterschieden. Letzterer wird aus dem über die Perioden kumulierten Effekt der Abweichungen der tatsächlichen Marktportfoliorenditen von ihrem Mittelwert, gewichtet mit dem Portfoliobeta, berechnet. Ein positiver Timingbeitrag entsteht also immer dann, wenn ein überdurchschnittliches Portfoliobeta ($\beta_{Pt} > \bar{\beta}_P$) mit einer überdurchschnittlichen Marktrendite einhergeht, bzw. beide Komponenten unterdurchschnittlich ausgeprägt sind.[477]

Wird (56) in die Gleichung für das Jensen-Alpha (54)

---

[476] GRINBLATT/TITMAN (Portfolio Performance, 1989), S. 398-399; vgl. auch WITTROCK (Performance, 1995), S. 51-53. Die Stichprobenmittelwerte und die Timingkomponente sind strenggenommen Wahrscheinlichkeitsgrenzwerte der stochastisch unabhängigen Variablen in großen Stichproben, damit der Einfluss von Zufallsereignissen umgangen wird. Auf die explizite Darstellung dieser Grenzwertbetrachtung wird zugunsten der Lesbarkeit hier verzichtet.

[477] Entsprechend entsteht ein negativer Timingbeitrag dann, wenn eine der beiden Komponenten Marktrendite und Portfoliobeta überdurchschnittlich, die andere aber unterdurchschnittlich gegenüber ihrem eigenen Mittelwert ist. Wird kein Timing vorgenommen, d. h. das Portfoliobeta ist identisch für alle Perioden t ($\beta_{Pt} = \bar{\beta}, \forall t$), dann wird die Timingkomponente (in der Grenzwertbetrachtung) Null:

$$T^{-1} \sum_{t=1}^{T} \beta_{Pt}(r_{Mt} - \bar{r}_M) = \bar{\beta}_P\, T^{-1} \sum_{t=1}^{T} (r_{Mt} - \bar{r}_M) = 0.$$

$$\alpha_P = \bar{r}_P - b_P \, \bar{r}_M \tag{57}$$

mit b_P = Wahrscheinlichkeitsgrenzwert des OLS-Regressionskoeffi zienten der Portfolio-Überschussrendite r_P gegen die Überschussrendite des effizienten Marktportfolios r_M,

eingesetzt, kann das Alpha in drei Terme zerlegt und so besser interpretiert werden[478]

$$a_P = \underbrace{(\bar{\beta}_P - b_P)\ \bar{r}_M}_{\text{Beta-verzerrung}} + \underbrace{\frac{1}{T}\sum_{t=1}^{T} \beta_{Pt}(r_{Mt} - \bar{r}_M)}_{\text{Timingkomponente}} + \underbrace{\bar{\varepsilon}_P}_{\text{Selektions-komponente}} \quad . \tag{58}$$

Der erste Summand in (58) ($(\bar{\beta}_P - b_P)\ \bar{r}_M$) gibt das Ausmaß der Verzerrung des in großen Stichproben geschätzten Betas an.[479] Damit sind Stichproben gemeint, die Timingentscheidungen, d. h. unterschiedliche Betaniveaus über die Zeit enthalten und so zu verzerrten Betaschätzungen führen. Der Unterschied zwischen $\bar{\beta}_P$ und b_P besteht darin, dass $\bar{\beta}_P$ das gewichtete Mittel der Portfoliobetas β_{Pt} ist, während b_P in der Regression der Überschussrendite des Portfolios r_{Pt} gegen die des effizienten Portfolios r_{Mt} geschätzt wird.[480] Damit wird zumindest die Kritik an der Stationaritätsannahme für das systematische Risiko beim Jensen-Alpha entschärft.[481]

Da Timing als aktive Veränderung der systematischen Risikoposition des Portfolios in Abhängigkeit von der erwarteten Marktrendite verstanden wird, misst die Kovarianz zwischen dem Portfoliobeta β_P und der Überschussrendite des effizienten Benchmarkportfolios r_M die Timingfähigkeit des Managers. Der

---

478 GRINBLATT/TITMAN (Performance Evaluation, 1994), S. 26; WITTROCK (Performance, 1995), S. 87-88.

479 Dieser kann negativ werden und in der Höhe die Timingkomponente übertreffen, so dass das Jensen-Alpha negativ werden kann, wenn die Selektionsfähigkeit klein ist. Der OLS-Schätzer in großen Stichproben für b_p ist $b_P = \bar{\beta}_P + (\bar{r}_P / \sigma^2_M)\ \mathrm{Cov}(\beta_P, r_M)$. Bei positivem Timing [$\mathrm{Cov}(\beta_P, r_M) > 0$] wird der Ausdruck $(\bar{\beta}_P - b_P)\ \bar{r}_M = -\ (\bar{r}^2_M / \sigma^2_M)\ \mathrm{Cov}(\beta_P, r_M)$ negativ, wenn die Sharpe-Ratio der Benchmark [$\bar{r}_M / \sigma_M$] größer als Eins ist. Vgl. GRINBLATT/TITMAN (Portfolio Performance, 1989), S. 404. Um die Verzerrungen in der Betaschätzung zu vermeiden, die aus Timingfähigkeiten entstehen, wurden verschiedene Verfahren vorgeschlagen. Vgl. Abschnitte 2.5.1 und 2.5.2.

480 Für eine graphische Darstellung der Unterschiede zwischen $\bar{\beta}_P$ und b_P vgl. GRINBLATT/-TITMAN (Portfolio Performance, 1989), Abbildung 1 (S. 395) und Erläuterung, S. 398, 400.

481 Vgl. Abschnitt 2.3.2.1.

zweite Summand in (58) misst diese Stichproben-Kovarianz und entspricht nach GRINBLATT/TITMAN daher dem Timingmaß (TM_{GT})

$$TM_{GT} = \text{wlim}\left[\frac{1}{T}\sum_{t=1}^{T}\beta_{Pt}(r_{Mt} - \bar{r}_M)\right]. \tag{59}$$

Die residuale Größe ε ist schließlich das Maß für die Selektivität (*SM*). Dies wird deutlich, wenn die Fehlergröße als Differenz zwischen der mittleren Portfoliorendite $\bar{r}_P$ und dem Wahrscheinlichkeitsgrenzwert der systematischen Rendite beschrieben wird:

$$SM_{GT} = \bar{\varepsilon}_P = \bar{r}_P - \text{wlim}\left[\frac{1}{T}\sum_{t=1}^{T}\beta_{Pt} r_{Mt}\right]. \tag{60}$$

Für informierte Investoren, d. h. Investoren mit privaten Informationen, nehmen Timing- und Selektionsmaß einen positiven Wert an, während uninformierte Anleger ein Maß von Null erzielen sollten. Die Annahme für diese Maße ist die Unabhängigkeit von Timing- und Selektionsinformationen.[482] Durch die Isolierung der Betaverzerrung in (58) besteht die Verzerrung des Jensen-Alphas nicht mehr.

In einem weitergehenden Ansatz von ELTON/GRUBER wird dagegen eine Interdependenz zwischen Timing- und Selektionsentscheidung unterstellt.[483] D. h. die Entscheidung zwischen risikobehafteten und risikolosen Anlagen basiert nicht nur auf Timinginformationen, sondern enthält auch Selektionsinformationen. Ebenso werden die Gewichte der risikobehafteten Wertpapiere nicht nur durch Selektionsüberlegungen, sondern auch unter Beachtung von Timinginformationen festgelegt.[484] Dies erlaubt eine exakte Abgrenzung zwischen Timing- und Selektionseinfluss. Ausgangspunkt ist die gesamte erzielte, nicht zu erwartende, und nur mit positiven (oder negativen) Fähigkeiten des Managers erzielbare Performance. Diese sog. *abnorme* Performance ergibt sich aus der Differenz der tatsächlich erzielten Rendite und der Rendite, die erzielt worden wäre,

---

[482] GRINBLATT/TITMAN (Portfolio Performance, 1989), S. 401-403.

[483] Der erste Ansatz von ELTON/GRUBER beruht auf der üblichen Definition des Timing als Allokation zwischen risikobehafteten und risikolosen Anlagen und basiert auf den Analysen von DYBVIG/ROSS (Differential Information, 1985), S. 386-394. Die daraus abgeleiteten Maße sind mit denen von GRINBLATT/TITMAN (Portfolio Performance, 1989), S. 398-406, identisch. ELTON/GRUBER (Differential Information, 1991), S. 120-123.

[484] Angenommen wird ein top-down Ansatz, in dem Marktsignale (Schätzung über die Marktrendite und ökonomische Rahmenbedingungen) bei der Signalgenerierung für einzelne Wertpapiere (Renditeprognosen für einzelne Aktien) bekannt sind und berücksichtigt werden. ELTON/GRUBER (Differential Information, 1991), S. 124 und 127-130.

wenn der Anteil w_i der einzelnen Wertpapiere i auf ihrem durchschnittlichen Niveau konstant gehalten worden wäre[485]

$$\mathrm{E}\left[\sum_{i=1}^{N} w_i r_i\right] - \sum_{i=1}^{N} \mathrm{E}[w_i]\,\mathrm{E}[r_i] = \sum_{i=1}^{N} \mathrm{Cov}(w_i, r_i)\,. \qquad (61)$$

Der Renditeanteil, der auf Timingaktivitäten zurückgeführt werden kann, ergibt sich, wenn von den Renditen r_i in (61) der Effekt der wertpapierindividuellen Signale s_i abgezogen wird[486]

$$TM_{EG} = \sum_{i=1}^{N} \mathrm{Cov}(w_i, r_i - s_i) = \frac{1}{N-1} \sum_{i=1}^{N} \sum_{j=1, j\neq i}^{N} \mathrm{Cov}\left(w_i, \beta_i\, \beta_j^{-1}\, r_j\right) \qquad (62)$$

Die Formel ist dahingehend zu interpretieren, dass nur dann von einem gemeinsamen Timingsignal ausgegangen wird, wenn sich die Wertpapiergewichtung mit der Rendite der übrigen Wertpapiere ändert. Da sich die gesamte abnorme Performance additiv aus Selektivität und Timing zusammensetzt, berechnet sich

---

485 Für die Herleitung vgl. GRINBLATT/TITMAN (Performance Evaluation, 1994), S. 24-25, oder ELTON/GRUBER (Differential Information, 1991), S. 121 und 125-126. Die gesamte abnorme Performance ist danach die Differenz aus der erwarteten Rendite für das aktiv verwaltete Portfolio ($\mathrm{E}[R_P]$) und der erwarteten Rendite, die erreicht würde, wenn der Manager das durchschnittliche Risiko für die gesamte Messperiode eingegangen wäre ($\mathrm{E}[R_{\bar{\beta}}] = \bar{\beta}\,\mathrm{E}[r_M]$). Das Risiko wird hier in Form des systematischen Risikos definiert. D. h. der zweite Term stellt die erwartete Rendite dar, die erreicht würde, wenn Wertpapierrenditen und -gewichte unkorreliert sind; vgl. GRINBLATT/TITMAN (Performance Measurement, 1993), S. 49. GRINBLATT/TITMAN haben ferner gezeigt, dass die Kovarianz der Gewichte und Renditen positiv ist, wenn der Investor Prognosefähigkeiten - also private Informationen - hat. VERRECCHIAS Gegenbeispiel kann auf den Wohlstandseffekt der quadratischen Nutzenfunktion zurückgeführt werden. Vgl. Diskussion bei GRINBLATT/-TITMAN (Performance Evaluation, 1994), S. 25; GRINBLATT/TITMAN (Portfolio Performance, 1989), S. 408-410; VERRECCHIA (Mayers-Rice Conjecture, 1980), S. 87-100. Die gesamte abnorme Performance ist auch Basis für die Analysen der Performancemaße ohne Verwendung eines Risiko/Preis-Modells in Abschnitt 2.4.2.

486 Die Effekte der wertpapierindividuellen Signale s_i werden hier als Renditen definiert, d. h. sie geben den Renditeanteil an, der auf das individuelle Signal zurückzuführen ist. Für die Umformung vgl. ELTON/GRUBER (Differential Information, 1991), S. 128-130. Die Effekte der wertpapierindividuellen Signale s_i sollen ausschließlich der Selektivität zugerechnet werden, weil sie, entsprechend der Modellannahme in einem top-down Ansatz, bei Kenntnis des erwarteten Marktsignals prognostiziert wurden. Somit bildet die Differenz aus Wertpapierrendite und Rendite des wertpapierindividuellen Signals die Erklärungskomponente für die Timingrendite. Voraussetzung für die Umformung ist die Annahme, dass die Signale s_i unkorreliert sind. Der Quotient der Betafaktoren berücksichtigt dabei die unterschiedliche Sensitivität von jeweils zwei Aktien gegenüber dem Timingsignal.

die Selektivität SM_{EG} als Restgröße aus der abnormen Performance abzüglich der Timingkomponente TM_{EG}

$$SM_{EG} = \sum_{i=1}^{N} \mathrm{Cov}(w_i, r_i) - \frac{1}{N-1} \sum_{i=1}^{N} \sum_{j=1, j \neq i}^{N} \mathrm{Cov}\left(w_i, \beta_i \beta_j^{-1} r_j\right). \quad (63)$$

Die Ansätze von GRINBLATT/TITMAN und ELTON/GRUBER verwenden somit lediglich eine unterschiedliche Zuordnung der Performancedeterminanten, die Gesamtperformance ist in beiden Modellen identisch.[487] Ebenso berücksichtigen beide Ansätze Instabilitäten der Portfoliobetas. Sie bleiben aber abhängig von der Benchmarkdefinition, weil nur mit einer Benchmark die Schätzung der Wertpapiersensitivität (Betaschätzung) gegenüber dem Markt vorgenommen werden kann.[488] Dafür gelingt es, die Verzerrungen, die von Instationaritäten der Portfoliosensitivitäten hervorgerufen werden, durch die Verwendung der Wertpapiergewichte zu vermeiden.

2.4.2 Performancemaße ohne Verwendung eines Risiko-Preis Modells

2.4.2.1 Grundlagen

Die Abhängigkeit der Performancemaße von der Definition einer effizienten Benchmark kann nur durch das Konzept einer alternativen Referenzgröße gelöst werden. Die Grundüberlegung der Ansätze ohne Risiko-Preis Modell geht davon aus, dass Wertpapiere, während sie im Portfolio des informierten Anlegers enthalten sind, eine höhere Rendite aufweisen als vor oder nach dieser Halteperiode. D. h. der Vergleich wird nicht mehr zwischen den einzelnen Wertpapieren gezogen, indem das Portfolio mit dem Marktindex verglichen wird, sondern indem die Renditen einzelner Wertpapiere in verschiedenen Perioden verglichen werden. Diese Art der Analyse ist aus den Ereignisstudien ("event studies") abgeleitet, bei denen eine unerwartete, abnorme Performance während einer Periode – in der ein Ereignis eintritt – im Vergleich zu vor- oder nachgelagerten Perioden festgestellt werden soll. CORNELL hat diese Systematik auf die Performancemessung übertragen: Aktien eines informierten Anlegers sollten eine höhere Rendite haben während sie in seinem Portfolio gehalten werden, als in der Zeitspanne, in der sie noch nicht oder nicht mehr im Portfolio enthalten

[487] Vgl. auch HWANG (Information Quality, 1988), S. 65-66 und 108, der die verschiedenen Vorgehensweisen über die Identifikationsfähigkeit der Nutzung privater Informationen untersucht.

[488] WITTROCK (Performance, 1995), S. 152.

sind.[489] Vergleichsmaß ist also die Rendite eines Portfolios, die in einer vor- oder nachgelagerten Periode berechnet wird. Dabei entspricht die Gewichtung dieses Vergleichsportfolios der Gewichtung des zu beurteilenden Portfolios. D. h. es wird keine μ-σ^2 effiziente Benchmark vorab (exogen) bestimmt, sondern eine endogen bestimmte, nicht effiziente Benchmark als Referenzmaß verwendet.[490]

Die Ansätze beruhen nur auf Wertpapierrenditen und gehen davon aus, dass diese eine angemessene Risikoprämie enthalten. Das Risiko wird also nicht explizit betrachtet. Ferner muss angenommen werden, dass ein stationärer Renditegenerierungsprozess gilt, d. h. die erwarteten Renditen für einen uninformierten Anleger konstant sind.[491] Die Wertpapiergewichtungen dieses Anlegers haben dann keinen Zusammenhang mit den zukünftigen realisierten Wertpapierrenditen, d. h. sie sind nicht korreliert. Folglich wird die Kovarianz zwischen den Wertpapiergewichten im Portfolio und den realisierten Renditen für ihn Null, während bei privaten Informationen ein positiver Wert erwartet wird.[492] Mit der Kovarianz wird daher die Fähigkeit des informierten Anlegers gemessen, eine positive Zusatzrendite zu erzielen[493]

$$\sum_{i=1}^{N} \mathrm{Cov}(w_i, R_i) = \sum_{i=1}^{N} \left(\mathrm{E}[w_i\, R_i] - \mathrm{E}[w_i]\, \mathrm{E}[R_i] \right). \qquad (64)$$

Die Summe der Kovarianzen entspricht der Differenz zwischen der tatsächlich erwarteten Portfoliorendite ($\Sigma\, \mathrm{E}[w_i R_i]$) und der von einem uninformierten Anleger erwarteten Rendite ($\Sigma\, \mathrm{E}[w_i]\, \mathrm{E}[R_i]$), für den Portfoliogewichte und Wertpapierrendite unkorreliert sind. Das Produkt aus erwarteten Gewichten $\mathrm{E}[w_i]$ und

---

489 CORNELL (Asymetric Information, 1979), S. 386-389.

490 BÜHLER (Erfolgsanalyse, 1994), S. 42, spricht von "Performanceanalyse ohne effiziente Benchmark".

491 Die Unterstellung eines stationären Renditegenerierungsprozesses ist als problematisch anzusehen. Die Annahme ist aber für Maße, die auf Ereignisstudien beruhen, noch wichtiger als für die gängigen Maße, die ein Benchmarkportfolio als Referenz betrachten. GRINBLATT/TITMAN (Persistence, 1992), S. 34; CORNELL (Asymetric Information, 1979), S. 386; GRINBLATT/TITMAN (Performance Measurement, 1993), S. 49.

492 GRINBLATT/TITMAN (Performance Measurement, 1993), S. 49-50; GRINBLATT/TITMAN (Portfolio Performance, 1989), S. 399. In einem einfachen Zwei-Aktien-Modell kann gezeigt werden, dass ein Portfolio, das in seiner Zusammensetzung nicht verändert wird, d. h. die Gewichte verändern sich lediglich durch die unterschiedliche Performance der beiden Aktien, eine Kovarianz ungleich Null erzielen kann.

493 GRINBLATT/TITMAN (Performance Measurement, 1993), S. 49. Vgl. auch Abschnitt 2.4.1, Gleichung (61).

erwarteten Renditen $E[R_i]$ kann alternativ auch als Risikoadjustierung interpretiert werden. Summiert über alle Wertpapiere ($i = 1, ..., N$) gibt es die erwartete Rendite eines konstant-gewichteten Portfolios wieder, das ein durchschnittliches Risiko aufweist, das identisch zum Risiko des bewerteten Portfolios ist.[494]

Die verschiedenen Ansätze unterscheiden sich lediglich in der Art der Kovarianzmessung. Die unterschiedliche Umformung der Kovarianz (64) ergibt die Basis für das Ereignisstudienmaß (*ESM*) und das Portfolio Änderungsmaß (*PCM*):

$$\sum_{i=1}^{N} \mathrm{Cov}(w_i, R_i) = \sum_{i=1}^{N} \mathrm{E}\big[w_i\,(R_i - \mathrm{E}[R_i])\big], \qquad (65)$$
$$= \sum_{i=1}^{N} \mathrm{E}\big[(w_i - \mathrm{E}[w_i])R_i\big].$$

Entsprechend ergibt sich die Formulierung der Stichproben-Kovarianz aus[495]

$$\mathrm{sCov}(w_i, R_i) = \frac{1}{T}\sum_{t=1}^{T} w_{it}(R_{it} - \overline{R}_i)$$
$$= \frac{1}{T}\sum_{t=1}^{T} (w_{it} - \overline{w}_i)R_{it} \qquad (66)$$

mit $\overline{R}_i$ = Mittelwert der Wertpapierrendite R_i im Zeitraum $t = 1, ..., T$

$\overline{w}_i$ = Mittelwert des Wertpapiergewichts w_i im Zeitraum $t = 1, ..., T$.

2.4.2.2 Ereignisstudien Maß

Das von CORNELL entwickelten Ereignisstudien Performancemaß (*ESM*) misst also, ob ein Anleger in der Lage ist, die Zeiträume zu identifizieren, in denen eine Aktie eine überproportionale Rendite im Vergleich zu ihrer sonstigen Rendite aufweist.[496] Dazu werden die Differenzen der Wertpapierrenditen während die Wertpapiere im Portfolio enthalten sind (Ereignisperiode) und den Renditen zu späteren Zeitpunkten (Vergleichsperiode) gebildet.[497] Das Ereignisstudien-

---

494 GRINBLATT/TITMAN (Performance Measurement, 1993), S. 49.

495 GRINBLATT/TITMAN (Performance Measurement, 1993), S. 50.

496 CORNELL (Asymetric Information, 1979), S. 386-389; vgl. auch GRINBLATT/TITMAN (Performance Measurement, 1993), S. 48.

497 CORNELL (Asymetric Information, 1979), S. 386, hat ursprünglich eine Vergleichsperiode *vor* der Ereignisperiode verwendet. Dazu wurde der Schätzwert der erwarteten Rendite vereinfachend durch $R_{i,t-k}$ substituiert. Da einige Manager aber Aktien auf der Basis der vergangenen Performance auswählen, treten dadurch systematische Verzerrungen auf. Da-

maß *ESM* für ein Portfolio leitet sich daher aus der ersten Definition der Stichproben-Kovarianz (66) ab

$$ESM = \sum_{t=1}^{T} \sum_{i=1}^{N} [w_{it}(R_{it} - R_{i,t+k})] / T \tag{67}$$

mit k = Anzahl der Perioden, um die die Vergleichsrendite $R_{i,t+k}$ auf der Zeitachse nach vorne verschoben ist.[498]

GRINBLATT/TITMAN zeigen, dass das *ESM* (auch Cornell-Maß genannt) der Summe aus den Maßen *TM* (59) und *SM* (60) entspricht und daher ebenso die Verzerrung des Jensen-Alpha vermeidet.[499] Das Maß ist unabhängig von einer Benchmarkdefinition. Es kann aber erst nach Ablauf der Vergleichsperiode eingesetzt werden. Eine zeitnahe Performanceauswertung ist damit nicht möglich. Zudem ist die Definition der Periodenlängen maßgeblich für das Maß. Es können zudem Kalkulationsprobleme entstehen, wenn Wertpapiere zum Ende der Vergleichsperiode nicht mehr existieren.[500]

2.4.2.3 Portfolio Änderungsmaß

Ein alternatives Maß von GRINBLATT/TITMAN, das nicht vom Survivor Bias betroffen ist, stellt nicht auf die Schätzung der Rendite (wie beim *ESM*), sondern auf die Schätzung des erwarteten Gewichts der Wertpapiere ab.[501]

Als Schätzer für das erwartete Gewicht in Periode t wird das Portfoliogewicht w_i der vorgelagerten Periode t-k eingesetzt, während für das *ESM* als Schätzer für die erwartete Wertpapierrendite die realisierte Rendite der nachgelagerten Periode t+k benutzt werden. Unter Verwendung der zweiten Definition der Stichproben-Kovarianz (66) ergibt sich das Portfolio Änderungsmaß *PCM*

---

gegen kann die nachgelagerte Vergleichsperiode dann zu Verzerrungen führen, wenn die Aktie danach nicht mehr besteht oder gehandelt wird. Vgl. COPELAND/MAYERS (Value Line Enigma, 1982), S. 295 und 311-313.

498 GRINBLATT/TITMAN (Performance Measurement, 1993), S.51; GRINBLATT/TITMAN (Portfolio Performance, 1989), S. 399-400; WITTROCK (Performance, 1995), S. 156.

499 Für die Maße *TM* und *SM* vgl. Abschnitt 2.4.1; GRINBLATT/TITMAN (Portfolio Performance, 1989), S. 399 und 404-405. Der Begriff "Event Study Measure" (*ESM*) wurde von GRINBLATT/TITMAN geprägt. Das Maß wird sonst auch als Cornell-Maß bezeichnet.

500 Zur Problematik der Survivor-Verzerrung, vgl. Fn. 151 in Abschnitt 1.2.2.2.1.

501 GRINBLATT/TITMAN (Performance Measurement, 1993), S. 50-51. Die zukünftigen Gewichte können nicht als Schätzer für die erwarteten Portfoliogewichte benutzt werden, weil dadurch Verzerrungen entstehen. Analog können beim Ereignisstudienmaß keine vergangenen Renditen als Schätzer für die Renditen benutzt werden.

$$PCM = \sum_{t=1}^{T} \sum_{i=1}^{N} [R_{it}(w_{it} - w_{i,t-k})] / T \qquad (68)$$

mit k = Anzahl der Perioden, um die das Vergleichsgewicht $w_{i,t-k}$ verschoben ist.[502]

Die Nullhypothese, dass keine private Information besteht, bedeutet, dass aktuelle und vergangene Portfoliogewichte mit den aktuellen Renditen unkorreliert sind. In großen Stichproben tendieren dann *ESM* und *PCM* gegen Null. Bei der Alternativhypothese, dass der Investor private Informationen hat, konvergieren beide Maße gegen die durchschnittliche Kovarianz aus Wertpapierrenditen und -gewichten. Voraussetzung für beide Maße und damit die Kovarianz ist die Annahme, dass die vergangenen Gewichte $w_{i,t-k}$ mit aktuellen Renditen R_{it} unkorreliert sind. Besteht jedoch eine positive Korrelation, dann ist die Kovarianzschätzung in Richtung Null verzerrt.[503]

Beide Maße *PCM* und *ESM* eignen sich, unter Beachtung der dargestellten restringierenden Annahmen, für die Bewertung des Entscheidungsprozesses zur Portfoliogewichtung, aber sie geben keine Auskunft über die Zielerreichung im Verhältnis zu einer (vom Kunden) vorgegebenen Referenzgröße.

2.5 Methoden zur empirischen Messung von Timingfähigkeit

Mit der Messung von Timingfähigkeit ist die Frage gestellt, ob Manager in der Lage sind, die Richtung der zukünftigen Marktentwicklung zu prognostizieren und das Portfolio entsprechend zu positionieren.[504] Da im Kontext des CAPM

---

[502] GRINBLATT/TITMAN (Performance Measurement, 1993), S. 51.

[503] Statistisch ist der Signifikanztest des *PCM* einfacher als für das *ECM*, weil dieses zukünftige Renditen als Vergleichsmaß verwendet, die dann zu Korrelationen in der Zeitreihe der Renditedifferenzen führt. GRINBLATT/TITMAN (Performance Measurement, 1993), S. 51-52. Zur Anwendung des *PCM* vgl. GRINBLATT/TITMAN (Performance Measurement, 1993), S. 55-59.

[504] Empirische Tests auf Timingfähigkeiten bei Fonds finden sich z. B. bei CHANG/LEWELLEN (Market Timing, 1984), S. 63-66, HENRIKSSON (Market Timing, 1984), S. 80-91; LEHMAN/MODEST (Timing Ability, 1988), S. 3; CONNOR/KORAJCZYK (US Mutual Funds, 1991), S. 15-21; CUMBY/GLEN (International Funds, 1990), S. 517-518, die alle Anzeichen für ein widersinniges Timing finden. Erklärungsansätze dafür sehen JAGANNATHAN/-KORAJCZYK (Managed Portfolios, 1986), S. 219-224, und CONNOR/KORAJCZYK (US Mutual Funds, 1991), S. 19, in optionsähnlichen Verhaltensmustern der Fondsrenditen, während LEHMANN/MODEST (Timing Ability, 1988) die Ergebnisse als trügerisch beurteilen und auf kleine Stichprobenverteilungen zurückführen. CUMBY/GLEN (International Funds, 1990), S. 517-518, testen die Aussage von LEHMANN/MODEST und finden z. T. unterstützende Hinweise. Insbesondere wenn der Oktober 1987 aus der Untersuchungsstichprobe

das Portfoliobeta als Ausdruck dieser Marktrenditeerwartung interpretiert wird und das bezahlte Risiko quantifiziert, basierten die ersten Modelle zur Messung von Timingfähigkeiten auf dem systematischen Risiko.[505] Wie bei der Analyse des Jensen-Alphas ersichtlich wurde, verzerren Timingaktivitäten die Messung der Selektionsfähigkeit. Vor diesem Hintergrund wurden Korrekturverfahren zur Beseitigung der Verzerrungen angestrebt.[506] Mit der Zerlegung des Jensen-Alphas durch GRINBLATT/TITMAN wurde in Abschnitt 2.4.1 bereits ein Beispiel dargestellt.

Im folgenden Abschnitt 2.5.1 wird zunächst die Rolle der Beta-Instationarität im Rahmen der Timingmessung diskutiert. Anschließend werden zwei regressionsbasierte Ansätze dargestellt: Neben der klassischen Methode der quadratischen Regression von TREYNOR/MAZUY wird als neuerer Ansatz der Optionsansatz von HENRIKSSON und MERTON betrachtet.[507] Für beide Modelle werden zunächst die unbedingten Originalmodelle dargestellt. Davon abgeleitete bedingte Formulierungen werden in Abschnitt 2.5.2 beschrieben.

Als einfachste Kontrolle für Modelle, die Timing- und/oder Selektionsfähigkeiten lokalisieren sollen, kann die naive Strategie (buy-and-hold) betrachtet werden. Da diese definitionsgemäß keine Timing- oder Selektionsfähigkeit besitzt, sollten unverzerrte Modelle auch keine positiven oder negativen Fähigkeiten finden.[508]

---

ausgeschlossen wird und Bootstrap t-Werte anstelle der asymptotischen t-Werte verwendet werden, reduzieren sich die Hinweise auf widersinniges Timing deutlich.

505 Während Timinginformationen sich auf bezahlte Risiken beziehen, sind Selektionsinformationen mit nicht bezahlten, diversifizierbaren Risiken verbunden. GRINBLATT/TITMAN (Portfolio Performance, 1989), S. 411.

506 GRINBLATT/TITMAN (Performance Evaluation, 1994), S. 27.

507 TREYNOR/MAZUY (Mutual Funds, 1966), S. 132-134; MERTON (Market Timing, 1981), S. 366-380; HENRIKSSON/MERTON (Market Timing, 1981), S. 525-531; HENRIKSSON (Market Timing, 1984), S. 75-78.

508 FERSON/SCHADT (Changing Economic Conditions, 1996), S. 448. Ergebnisse bei FERSON/-SCHADT und JAGANNATHAN/KORAJCZYK (Managed Portfolios, 1986), S. 219-224, mit unbedingten TREYNOR/MAZUY- und MERTON/HENRIKSSON-Modellen zeigen, dass diese mitunter negative Timingkoeffizienten und positive Alphas aufweisen, also eine optionsähnliche Charakteristik haben. Dies deutet auf klare Fehlspezifikationen der Timingmodelle hin. Vgl. GRINBLATT/TITMAN (Performance Evaluation, 1994), S. 27-31.

2.5.1 Regressionsbasierte Ansätze

2.5.1.1 Timing-Identifikation durch Beta-Instationarität

Timing wird durch die zeitliche Veränderung des systematischen Portfoliorisikos gemessen. D. h. es wird unterstellt, dass Änderungen im Beta eines Portfolios Ausdruck einer aktiven Handlung des Managers sind, die als Timing interpretiert werden können. Timing besteht allgemein darin, das Risiko des Portfolios in Abhängigkeit von der erwarteten Rendite zu variieren. Dabei wird Sinnvollerweise ein hohes systematisches Risiko eingegangen, wenn die Renditeerwartung entsprechend hoch ist; wird eine geringe Rendite erwartet, wird das systematische Risiko reduziert. Diese Reduktion kann allgemein durch zwei Vorgehensweisen bewirkt werden: Einerseits kann der Manager eine Kasseposition aufbauen. Da Liquidität ein Beta von annähernd Null aufweist, reduziert sich das Portfoliobeta.[509] Alternativ kann der Manager seine Titelselektion so anpassen, dass Wertpapiere mit niedrigem Beta höher und Wertpapiere mit hohem Beta niedriger gewichtet werden.

Bei Unterstellung der beschriebenen Handlungsweisen wird jedoch außer acht gelassen, dass das systematische Risiko eines Wertpapiers im Allgemeinen nicht stationär ist.[510] Zusätzlich verschieben sich die Gewichtungen der Wertpapiere im Portfolio durch unterschiedliche Periodenrenditen der einzelnen Wertpapiere.[511] Damit kann, auch ohne dass Transaktionen vorgenommen wer-

---

[509] Die theoretischen Überlegungen zum Timing gehen davon aus, dass der Investor entsprechend dem klassischen CAPM eine beliebige Mischung aus der risikolosen Anlage und dem Marktportfolio hält. Damit gibt das Portfoliobeta den Anteil des Marktportfolios am Gesamtportfolio an. GRANT (Portfolio Performance, 1977), S. 838.

[510] Die Hinweise der empirischen Forschung auf instationäre Wertpapierbetas sind zahlreich. Vgl. z. B. OHLSON/ROSENBERG (Systematic Risk, 1982), S. 121; BLUME (Assessment of Risk, 1971), S. 6-7; BLUME (Betas, 1975), S. 785-788, und Überblick bei KLEMKOSKY/-MANESS (Predictability, 1978), S. 631-633. FERSON/SCHADT stellen fest, dass Fondsbetas reduziert werden, wenn öffentliche Informationen eine hohe erwartete Rendite antizipieren lassen. Dagegen erhöhen sich die Betas, wenn relativ niedrige Marktrenditen erwartet werden. Die Begründung dieser paradoxen Verhaltensweise könnte in den Wertpapieren liegen, die in den Fonds enthalten sind. Für hochkapitalisierte Aktien haben FERSON/-HARVEY (Economic Risk Premiums, 1991), S. 411, und JAGANNATHAN/WANG (Conditional CAPM, 1996), S. 24, negative Korrelationen der Betas mit den erwarteten Marktrenditen festgestellt.

[511] Auch der Zufluss von Liquidität in Publikumsfonds, insbesondere bei hohen, erwarteten Renditen, können eine Betaveränderung bewirken. FERSON/WARTHER (Fund Performance, 1996), S. 23-26.

den, ein nichtstationäres Portfoliobeta für Portfolios unterstellt werden, oder anders ausgedrückt, eine Veränderung des Portfoliobetas kann nicht ohne weitere Informationen auf Transaktionen des Managers zurückgeführt werden.[512] Auf Timingfähigkeiten kann daher aus der Betaveränderung des Portfolios nur geschlossen werden, wenn zusätzlich unterstellt wird, dass der Manager bewusst die Beta-Instationarität und die renditebasierten Veränderungen der Wertpapiergewichte im Portfolio berücksichtigt und gegebenenfalls darauf reagiert. In diesem Fall kann auch eine Betaveränderung, die ohne Wertpapiertransaktionen entsteht, als Timingentscheidung – durch Unterlassen von Aktion – interpretiert werden.

Die Verfahren, mit denen die Veränderungen bzw. die Stationarität des systematischen Portfoliorisikos analysiert werden sollen, sind vielfältig. Allgemein können diese Verfahren in Regressionsverfahren nichtüberlappender Perioden[513], Regressionsverfahren mit Dummyvariablen[514] und die Abbildung der Betaveränderung als stochastischer Prozess[515] eingeteilt werden. Bei allen Ver-

---

[512] Diese Einflüsse können aber sicherlich nicht Erklärung für alle negativen gemessenen Timingfähigkeiten sein. FERSON/SCHADT (Changing Economic Conditions, 1996), S. 455-456. Betas diversifizierter Portfolios weisen zudem empirisch eine deutlich höhere Stationarität als Wertpapierbetas auf. Vgl. BLACK/JENSEN/SCHOLES (CAPM, 1972), S. 113, und Untersuchungen von BLUME (Assessment of Risk, 1971), S. 6-7; BLUME (Betas, 1975), S. 793-794. SUNDER (Stationarity, 1980), S. 894, weist darauf hin, dass die Varianz des Marktrisikos eines Portfolios umgekehrt proportional von dessen Größe abhängig ist. Größe wird dabei mit der Anzahl der Titel gemessen.

[513] KLEMKOSKY/MANESS (Predictability, 1978), S. 634-639; JENSEN (Performance of Mutual Funds, 1968), S. 394-396; MILLER/GRESSIS (Nonstationarity, 1980), S. 643.

[514] Die Regression wird auch als Schaltregression bezeichnet, weil Dummyvariablen zwischen der Berücksichtigung der verschiedenen Parameter schalten. Verschiedene Ansätze finden sich bei FABOZZI/FRANCIS (Systematic Risk, 1979), S. 1244; ALEXANDER/STOVER (Consistency, 1980), S. 220-222; HENRIKSSON/MERTON (Market Timing, 1981), S. 525-531, die die statistische Grundlage für die Anwendung der Dummyvariablen Regression zur Timingidentifikation legen. KON/JEN (Systematic Risk, 1978), S. 469-471; KON/JEN (Investment Performance, 1979), S. 272-277 und KON (Market-Timing, 1983), S. 325-329, finden deutliche Beta-Instationaritäten in Fondsbetas, die sie vollständig als Timing interpretieren. CHEN/STOCKUM (Selectivity, 1986), S. 88, verwenden eine verallgemeinerte Regressionsmethode mit variablen Parametern, um Selektivität, Timing und Beta-Instationarität simultan zu schätzen. Ein ähnlicher Ansatz wurde auch von LEE/CHEN (Beta Stability, 1982), S. 202-203, und CHEN/LEE/RAHMAN/CHAN (Cross-Sectional Analysis, 1992), S. 661-663, angewendet und basiert weitgehend auf einem Ansatz von HILDRETH/HOUCK (Linear Model, 1968), S. 584-589.

[515] OHLSON/ROSENBERG (Systematic Risk, 1982), S. 125-131. Andere Ansätze zur Beschrei-

fahren ist zu beachten, dass die Instationarität des Portfoliobetas keine hinreichende Bedingung für Timing darstellt.[516] Die Interpretation der Ergebnisse vieler Untersuchungen, die Instationaritäten der Betas auf Timingversuche der Manager zurückführen, ist daher vor diesem Hintergrund zu bewerten.[517]

2.5.1.2 Quadratische Regression von Treynor und Mazuy

TREYNOR/MAZUY haben das JENSEN Renditegenerierungsmodell (53) um eine quadrierte Markt-Risikoprämie erweitert, um auch Timing messen und berücksichtigen zu können.[518] Die quadratische Regressionsmethode von TREYNOR/-MAZUY kann auch als polynomische Approximation interpretiert werden.[519] Die Portfolio-Überschussrendite lässt sich danach durch eine quadratische Funktion der Markt-Überschussrendite beschreiben

$$R_{Pt} - R_{ft} = \alpha_P + \beta_P(R_{Mt} - R_{ft}) + \gamma(R_{Mt} - R_{ft})^2 + \xi_{Pt}. \quad (69)$$

mit γ = Koeffizient der quadrierten Markt-Risikoprämie,

ξ_{Pt} = Fehlerterm.

Ein erfolgreicher Markttimer hält einen höheren Anteil am Marktportfolio je höher die Rendite des Marktes ist. Ein statistisch signifikanter Wert für γ zeigt also erfolgreiches Timing an, da das Portfolio auf hohe positive Marktrenditen sensitiver reagiert als auf hohe negative.[520] Die Selektionsfähigkeit wird durch

---

bung des Betaprozesses finden sich bei SUNDER (Stationarity, 1980), S. 883-896, und FRANCIS/FABOZZI (Stability, 1980), S. 268. Vgl. auch Beschreibung bei ALEXANDER/-BENSON/EGER (Timing, 1982), S. 586-587.

516 ALEXANDER/BENSON/EGER (Timing, 1982), S. 597.

517 KON/JEN (Systematic Risk, 1978), S. 469-471, KON/JEN (Investment Performance, 1979), S. 278-287, und KON (Market-Timing, 1983), S. 340-341, vgl. Fn. 514. Ähnliche verzerrende Interpretationen der Beta-Instationarität als Timing finden sich bei KLEMKOSKY/-MANESS (Predictability, 1978), S. 639; FABOZZI/FRANCIS (Systematic Risk, 1979), S. 1247-1248; ALEXANDER/STOVER (Consistency, 1980), S. 222-223; CHEN/STOCKUM (Selectivity, 1986), S. 88.

518 TREYNOR/MAZUY (Mutual Funds, 1966), S. 132-134. Vgl. auch Darstellung bei GRINBLATT/TITMAN (Evaluation Techniques, 1994), S. 420 und 440-441, sowie empirischen Vergleich zu PPWM und Jensen-Maß bei GRINBLATT/TITMAN (Evaluation Techniques, 1994), S. 430-433.

519 GLOSTEN/JAGANNATHAN (Contingent Claims, 1994), S. 158.

520 Voraussetzung dafür, dass γ die Timingfähigkeit des Managers kennzeichnet, ist die Annahme einer multivariaten Normalverteilung und der Maximierung des erwarteten Nutzens

den Ordinatenabstand α_P ausgedrückt.[521] Das TREYNOR-MAZUY Gesamtperformancemaß (*TMGP*) ergibt sich so aus der Summe von Timing- und Selektionsfähigkeit[522]

$$TMGP = \alpha_P + \gamma\, \sigma^2_{r_M}\,. \tag{70}$$

Der Wert von γ eignet sich nicht als Rankingkriterium oder als Ausdruck für die Stärke des Timings, da er sowohl die Qualität der Information des Managers enthält, als auch die Reaktion des Managers auf diese Information.[523] Empirische Tests von CUMBY/GLEN und GRINBLATT/TITMAN haben überwiegend negative Werte für den Regressionskoeffizienten γ gefunden, während bei Verwendung der bedingten Formulierung des TREYNOR-MAZUY Modells nichtsignifikante Schätzer für γ ermittelt wurden.[524] Aus letzterem könnte auf das Fehlen von Timingfähigkeiten bei Managern geschlossen werden.

---

bei konstanter absoluter Risikoaversion (exponentielle Nutzenfunktion). Aus diesen Annahmen folgt, dass das Portfoliobeta eine lineare Funktion des Timingsignals ist. Vgl. ADMATI/BHATTACHARYA/PFLEIDERER/ROSS (Timing and Selectivity, 1986), S. 722-723, 727; CONNOR/KORACZYK (US Mutual Funds, 1991), S. 15-16, und GRINBLATT/TITMAN (Performance Evaluation, 1994), S. 27, sowie Darstellung bei FERSON/SCHADT (Changing Economic Conditions, 1996), S. 434-435. Vgl. auch Diskussion über nichtlineare Reaktionsverhalten bei JAGANNATHAN/KORAJCZYK (Managed Portfolios, 1986), S. 232. Zur absoluten Risikoaversion vgl. u. a. ELTON/GRUBER (Modern Portfolio Theory, 1995), S. 216-218.

521 JENSEN (Investment Performance, 1972), S. 312; ADMATI/BHATTACHARYA/PFLEIDERER/-ROSS (Timing and Selectivity, 1986), S. 719-721; GRINBLATT/TITMAN (Performance Evaluation, 1994) S. 27.

522 GRINBLATT/TITMAN (Evaluation Techniques, 1994), S. 440. Vgl. dort auch t-Teststatistik für die Signifikanz des TREYNOR/MAZUY Performancemaßes.

523 CUMBY/GLEN (International Funds, 1990), S. 517, Fn. 22. Bei linearem Zusammenhang von Risiko (Beta) und Timingsignalen misst γ die relative Schiefe im Verhältnis zum Benchmarkportfolio, d. h. $\gamma\,\sigma^2_{r_M}$ ist abhängig von der Timingfähigkeit. $\sigma^2_{r_M}$ ist die Varianz der Benchmark-Überschussrenditen. Ein positives γ indiziert positive Timingfähigkeit. Voraussetzung ist die Annahme, dass Wertpapierrenditen keine relative Schiefe zur Benchmarkrendite aufweisen, d. h. keine optionsähnliche Renditeverteilung haben. Diese Annahme kann im Allgemeinen nicht als gültig unterstellt werden. KRAUS/LITZENBERGER zeigen, dass viele Aktien eine relative Schiefe zur Benchmark aufweisen. KRAUS/LITZENBERGER (Skewness Preferences, 1976), S. 1095-1098; GRINBLATT/TITMAN (Performance Evaluation, 1994), S. 30. Für einen formalen Test des Modells von TREYNOR/MAZUY vgl. PFLEIDERER/BHATTACHARYA (Performance Evaluation, 1983) und ADMATI/BHATTACHARYA/PFLEIDERER/ROSS (Timing and Selectivity, 1986), S. 722-725.

524 CUMBY/GLEN (International Funds, 1990), S. 514-519; GRINBLATT/TITMAN (Evaluation

2.5.1.3 Optionsansatz von Henriksson und Merton

HENRIKSSON und MERTON gehen davon aus, dass ein Manager zwischen zwei systematischen Risikohöhen, d. h. Portfoliobetas, abhängig von seiner erwarteten Marktrendite, wählen kann.[525] Sie unterscheiden daher zwischen einem Beta bei positiver und einem bei negativer erwarteter Überschussrendite:

$$R_{Pt} - R_{ft} = \alpha_P + \beta_P(R_{Mt} - R_{ft}) + \gamma_P \operatorname{Max}(0, R_{ft} - R_{Mt}) + \varepsilon_{Pt}. \qquad (71)$$

Ein signifikant positives γ_P zeigt erfolgreiches Timing an.[526] HENRIKSSON und MERTON interpretieren die Maximumfunktion $\operatorname{Max}(0, R_{ft} - R_{Mt})$ als Ertrag einer Put-Option auf das Marktportfolio mit einem Ausübungspreis gleich dem risikolosen Zins.[527] Auch dieses Modell unterliegt, durch die Unterstellung von zwei möglichen diskreten Portfolio-Betaniveaus, engen Verhaltensannahmen.[528] Verzerrungen entstehen bei HENRIKSSON/MERTON ähnlich wie bei TREYNOR/-MAZUY durch schiefe Verteilungen einzelner Aktienrenditen im Vergleich zur Benchmark-Renditeverteilung.[529] Selbst bei multivariat normalverteilten Ren-

---

Techniques, 1994), S. 426. Für die bedingte Formulierung vgl. Abschnitt 2.5.2 und FERSON/WARTHER (Fund performance, 1996), S. 26.

525 HENRIKSSON/MERTON (Market Timing, 1981), S. 516-517; MERTON (Market Timing, 1981), S. 364-365; HENRIKSSON (Market Timing, 1984), S. 74-75.

526 Vgl. auch Darstellung bei FERSON/SCHADT (Changing Economic Conditions, 1996), S. 435-436. Beim Signifikanztest des Modells muss beachtet werden, dass die Fehler in Gleichung (71) heteroskedastisch sind, wenn der Manager Timingfähigkeiten hat. D. h. die Standardfehler müssen aus einer Heteroskedastizitäts-korrigierten Kovarianzmatrix geschätzt werden. Das Berechnungsverfahren beruht auf WHITE (Covariance Estimator, 1980), S. 818-821, und wurde u. a. auch von HANSEN (GMM, 1982), S. 1032-1038, und JAGANNATHAN/KORAJCZYK (Managed Portfolios, 1986), S. 223-224, angewendet. Vgl. zur Berechnung JAGANNATHAN/KORAJCZYK (Managed Portfolios, 1986), S. 224, Fn. 10.

527 Während HENRIKSSON und MERTON noch davon ausgehen, dass mit dieser Regression zwischen Timing und Selektion differenziert werden kann, zeigen JAGANNATHAN/-KORAJCZYK (Managed Portfolios, 1986), S. 221, dass dies, ähnlich wie bei TREYNOR/-MAZUY, problematisch ist.

528 Das Modell wird bei CHANG/LEWELLEN (Market Timing, 1984), S. 59-61, und HENRIKSSON (Market Timing, 1984), S. 80-88, angewendet, die beide keine signifikanten Hinweise auf systematische Timingfähigkeiten finden. CONNOR/KORAJCZYK (US Mutual Funds, 1991), S. 15-21, wenden die HENRIKSSON/MERTON-Methodik auf eine Multiportfolio-Benchmark anstelle eines gleich- oder marktgewichteten Indexes an, finden aber auch keine signifikante positive Timingfähigkeit.

529 Untersuchungen zeigen, dass Aktien unterschiedliche Ausprägungen einer optionsähnlichen Renditeverteilung besitzen. JAGANNATHAN/KORAJCZYK (Managed Portfolios, 1986), S. 225. KON und JEN entwickeln eine ähnliche Schaltregressions-Methodik, die aber an-

diten können durch dynamische Portfoliostrategien, z. B. synthetische Put-Optionen auf den Marktindex, schiefe Verteilungen erzeugt werden. Dadurch würde selbst für Manager ohne Timinginformationen, d. h. für eine naive Anlagestrategie, eine positive (bzw. negative) Timingfähigkeit und eine negative (bzw. positive) Selektionsfähigkeit analysiert.[530] D. h. die Aussagefähigkeit dieses Modells ist zumindest stark eingeschränkt.

Darüber hinaus unterliegen die Verfahren der Dummyvariablen-Regression wie der Ansatz von HENRIKSSON/MERTON wesentlichen Kritikpunkten: Erstens können unterschiedliche Definitionen für steigende und fallende Märkte zu deutlichen Ergebnisunterschieden führen. Dummyvariablen-Tests können Unterschiede im Betaniveau nur dann aufdecken, wenn die Prognosen im richtigen Zeitpunkt sowie wert- oder richtungsmäßig richtig gestellt und umgesetzt werden.[531] Drittens geht man bei der Teilung der Stichprobe in zwei Zeiträume implizit davon aus, dass das systematische Risiko in diesen Zeiträumen konstant ist. D. h. der Manager selektiert zwischen zwei diskreten Betaniveaus (statt graduell sein systematisches Marktrisiko zu verändern), eine Annahme, die nicht gerade realitätsnah ist.[532]

2.5.2 Bedingte Performancemessung als Weiterentwicklung der klassischen Performancemessung

Die klassischen Methoden der Performancemessung zur Bestimmung von Timing- und Selektionsfähigkeiten eines Managers nutzen unbedingte, erwartete Renditen als Ausgangsbasis. Das Jensen-Alpha berechnet sich so z. B. aus

---

nimmt, dass der Manager zwischen verschiedenen Betaniveaus wählt. Vgl. KON/JEN (Investment Performance, 1979), S. 272-277, KON (Market-Timing, 1983), S. 325-329, sowie GRINBLATT/TITMAN (Performance Evaluation, 1994), S. 30, für die Darstellung der Unterschiede der genannten Methoden.

530 Der Kauf einer einperiodischen Call-Option auf den Marktindex erzeugt in der quadratischen Regression eine negative Selektionsfähigkeit und einen positiven Koeffizienten (γ) des quadrierten Terms, also positive Timingfähigkeit. Der Kauf eines Index-Calls enthält aber weder Timinginformationen noch Selektionsfähigkeit. Er darf also bei unverzerrten Performancemaßen zu keiner Timing- oder Selektionsfähigkeit führen. JAGANNATHAN/-KORAJCZYK (Managed Portfolios, 1986), S. 218-221; PFLEIDERER/BHATTACHARYA (Performance Evaluation, 1983); GRINBLATT/TITMAN (Performance Evaluation, 1994), S. 30-31.

531 ALEXANDER/STOVER (Consistency, 1980), S. 220-222.

532 CHEN/STOCKUM (Selectivity, 1986), S. 88.

der realisierten Portfolio-Überschussrendite abzüglich der auf Basis des konstanten Portfoliobetas erwarteten Rendite. Diese unbedingte Berechnung ist verzerrt, wenn erwartete Renditen oder das Risiko, hier das Beta, über die Zeit schwanken. Zeitliche Veränderungen des Risikos oder der Risikoprämie werden dann als Performancebeitrag fehlinterpretiert.[533] Dieses Zuordnungsproblem wurde schon früh erkannt, und dennoch wurden die Parameterveränderungen immer wieder als superiore Information oder Timingfähigkeit interpretiert.[534] Die Performance einer Strategie, die lediglich öffentliche Informationen nutzt, kann offensichtlich nicht als superior angesehen werden. Unbedingte Modelle billigen aber solchen Strategien eine außerordentliche Performance zu.[535]

Die klassischen Performancemaße gehen davon aus, dass jede Information, die mit zukünftigen Marktrenditen korreliert ist, ein Zeichen für superiore Information ist, d. h. es sind unbedingte Maße. Bei der Entwicklung bedingter Maße wird nur eine halbstrenge Markteffizienz unterstellt.[536] Die implizite Idee der bedingten Formulierung besteht darin, dass das Marktrisiko eines gemanagten Portfolios β_P vorhersagbar schwankt. Das Portfoliobeta lässt sich z. B. nach FERSON/SCHADT zeitabhängig durch verzögerte ökonomische Informationsvariablen formulieren, die den Wirtschaftszyklus beschreiben.[537] Da diese Informa-

---

533 FERSON/SCHADT (Changing Economic Conditions, 1996), S. 425-426.

534 JENSEN (Performance of Mutual Funds, 1968), S.394-395, GRANT (Portfolio Performance, 1977), S. 842-844, KLEMKOSKY/MANESS (Predictability, 1978), S. 639.

535 Vgl. z. B. Ergebnisse bei BREEN/GLOSTEN/JAGANNATHAN (Economic Significance, 1989), S. 1182-1186.

536 Vgl. FERSON/WARTHER (Fund performance, 1996), S. 20; FAMA (Efficient Capital Markets, 1970), S. 404, 409-410. Zur Entwicklung bedingter Performancemaße vgl. insbesondere ADMATI/BHATTACHARYA/PFLEIDERER/ROSS (Timing and Selectivity, 1986), S. 722-728, und FERSON/SCHADT (Changing Economic Conditions, 1996), S. 434-435. Zur halbstrengen Markteffizienz vgl. z. B. ELTON/GRUBER (Modern Portfolio Theory, 1995), S. 406-408; FAMA (Efficient Capital Markets, 1970), S. 404, und FAMA (Efficient Capital Markets II, 1991), S. 1576-1577 und 1599-1602, und Abschnitt 1.2.1.2. Einige Studien gehen auch auf die dynamischen Renditeänderungen ein. So nutzen GRINBLATT/TITMAN (Mutual Fund Performance, 1989), S. 394-395, vorbestimmte Informationen über Unternehmensattribute um Performance-Benchmarks zu definieren, aber sie nutzen unbedingte erwartete Renditen als Grundlage für die Performancemessung. GLOSTEN/JAGANNATHAN (Contingent Claims, 1994), S. 146-152, nutzen einen 'contingent claims' Ansatz um Nichtlinearitäten zu beachten, die bei dynamischen Managementstrategien auftreten können. Aber auch sie benutzen unbedingte Renditen.

537 FERSON/WARTHER (Fund Performance, 1996), S. 23.

tionsvariablen öffentliche Informationen darstellen, kann eine darauf basierende systematische Veränderung des Portfoliobetas nicht den Timingfähigkeiten des Managers zugerechnet werden. Damit lässt sich zwischen Markttiming, basierend auf öffentlichen Informationen, und Timinginformationen, die superior zu den verzögerten Informationsvariablen sind, unterscheiden. Anders ausgedrückt, wird die Veränderung des systematischen Portfoliorisikos β_P in zwei Komponenten zerlegt, eine erwartete Veränderung und eine aktive Veränderung durch Umschichtungen des Managers.[538] Die erwartete Marktperformance muss daher angepasst werden, wenn Modelle existieren, die eine verlässliche Vorhersage von Renditen und Risiken der Wertpapiere ermöglichen.[539]

Empirische Analysen der unbedingten Markt-Timingmaße von TREYNOR/-MAZUY und MERTON/HENRIKSSON ergaben negative Timingfähigkeiten der Manager.[540] Werden jedoch bedingte, von öffentlichen Informationen abhängige Maße gebildet, deuten die empirischen Ergebnisse nicht mehr auf negative Timingfähigkeiten hin.[541] Ebenso zeigt ein bedingter Jensen-Alpha Ansatz empirisch, dass Fonds im Mittel eine neutrale Performance erzielen, während unbedingte Alphaberechnungen eine negative Performance erwarten lassen.[542] Die bedingten Modelle erlauben darüber hinaus, zeitlich variable Betas zu schätzen.[543] Auf eine detaillierte Darstellung der bedingten Modelle wird an dieser

---

[538] Theoretisch müssten dabei drei Komponenten in die ex-post Betrachtung der Portfoliorisikoveränderung einbezogen werden. Zusätzlich zu den beiden beschriebenen Komponenten entsteht durch den Fehlerterm der Risikoschätzung aus öffentlichen Informationen eine dritte, residuale Komponente.

[539] D. h. die vom Anleger verlangte, risikokompensierende Rendite muss die Erwartungen beinhalten, die auf öffentlichen Informationen basieren. FERSON/SCHADT (Changing Economic Conditions, 1996), S. 426.

[540] Vgl. Abschnitt 2.5.1.1 und 2.5.1.3.

[541] FERSON/SCHADT (Changing Economic Conditions, 1996), S. 448–453. HENRIKSSON (Market Timing, 1984), S. 88-90, und MERTON (Market Timing, 1981), S. 380-384, vgl. auch Abschnitt 2.5.1. Die negativen Timingfähigkeiten werden teilweise auch als 'widersinnig' bezeichnet, weil die Fonds in den untersuchten Stichproben ein hohes Marktrisiko hatten, wenn die Renditen niedrig waren und umgekehrt. Vgl. Untersuchungen bei CHANG/-LEWELLEN (Market Timing, 1984), S. 63-65, HENRIKSSON (Market Timing, 1984), S. 81-86, GRINBLATT/TITMAN (Monthly Performance, 1988).

[542] Vgl. Ergebnisse von FERSON/SCHADT (Changing Economic Conditions, 1996), S. 445-448 und für unbedingte Alphas z. B. von JENSEN 1968; ELTON/GRUBER/DAS/HLAVKA (Efficiency, 1993), S. 10-11.

[543] Die Analysen von FERSON/SCHADT zeigen, dass Fondsbetas mit öffentlichen Informatio-

Stelle verzichtet, da die bedingte Renditen im Folgenden explizit nicht mehr verwendet werden.

2.6 Performancezerlegung

Performancezerlegung ist – im Rahmen der Performanceanalyse – die Aufteilung des Anlageergebnisses in seine Teilkomponenten.[544] Wie oben im Abschnitt 2.1 beschrieben, wird die Performance durch die Dimensionen Rendite und Risiko bestimmt; die gängige Praxis analysiert dagegen fast ausschließlich die Renditekomponenten.[545] Die Zerlegung der Performance wird dabei regelmäßig auf eine ex-post Periode bezogen, für die eine Konstanz der Portfoliozusammensetzung unterstellt wird. Die Periodenlänge muss daher entsprechend dieser Annahme gewählt werden. Eine Dynamisierung der Analyse ist dann über die Verknüpfung der Periodenergebnisse möglich.

Da die Performanceattribution eine zerlegende Analyse ist und nicht Teilergebnisse zusammenführt, kann sie auch als top-down Ansatz klassifiziert werden. Dazu wird das Anlagespektrum in geeignete oder naheliegende eindeutige Teilmengen vollständig geteilt, u. U. in mehreren Ebenen. Für diese Mengen können dann Rendite- und Risikobeitragskomponenten berechnet werden. Durch diese disjunkte, d. h. eindeutige und vollständige Aufteilung des Portfolios auf jeder Analyseebene in die Teilmengen, setzt sich die Performance dann auf jeder Ebene aus den einzelnen Komponenten zusammen. D. h. es wird eine Zerlegung nach verschiedenen Ordnungskriterien vorgenommen. Über mehrere Analyseperioden lassen sich die so berechneten Performancekomponenten zu Zeitreihen zusammenfassen, die dann in der Performanceanalyse auch mit den

---

nen korreliert sind. Weniger signifikante Zusammenhänge für unbedingte Betaschätzungen lassen sich durch Instabilitäten der Fondsbetas und der erwarteten Marktrenditen erklären, die nicht berücksichtigt werden. Negative Korrelationen zwischen den bedingten Fondsbetas und den erwarteten Marktrenditen könnten vor allem im Publikumsfondssektor durch Nettozuflüsse in die Fonds erklärbar sein. Analysen bestätigen, dass Änderungen der bedingten Betas negativ zu diesen Nettozuflüssen korreliert sind, während Kassepositionen positiv zu ihnen korrelieren. FERSON/SCHADT (Changing Economic Conditions, 1996), S. 425-427.

[544] Analog dem englischen Begriff wird auch im Deutschen der Begriff *Performanceattribution* verwendet.

[545] Performanceberichte der Deutschen Performancemessungs-Gesellschaft für Wertpapierportfolios mbH (DPG) beinhalten z. B. lediglich eine Renditezerlegung. Risiko wird nur auf der Ebene des Gesamtportfolios gemessen.

bereits dargestellten Instrumenten bewertet werden können. Ziel der Zerlegung ist, die Bewertung des Performancebeitrags einzelner (Entscheidungs-) Ebenen, z. B. der gesamten Titelselektion oder der Länderallokation, zu ermöglichen.

2.6.1 Rendite- und Risikozerlegung

Im Rahmen der Performanceanalyse wird ex-post nach den Ursachen für eine positive oder negative Abweichung der Performance von der Benchmark gesucht. Neben Methoden, die ohne Kenntnis der Portfoliozusammensetzung die Zerlegung aus Sicht des externen Betrachters ermöglichen, dominieren die Verfahren zur internen Analyse. Deren Ziel ist die nachträgliche Erklärung der Rendite- oder Risikoabweichung. Dazu müssen die wertmäßigen Gewichtsanteile der einzelnen Anlagen oder der Assetklassen am Portfolio, auch über den Zeitablauf, bekannt sein.

2.6.1.1 Renditezerlegung nach Fama

Aufbauend auf den zweidimensionalen, einparametrischen und risikoadjustierten Renditemaßen von SHARPE, TREYNOR und JENSEN hat FAMA 1972 als erster eine weitere Aufteilung der Rendite in Selektions- und Timingkomponente dargestellt; vgl. Abbildung 16. Dazu wird zusätzlich zur Portfoliorendite R_P auch eine Benchmarkrendite R_B benötigt, die auch als Marktrendite interpretiert werden kann. Diese Renditezerlegung lässt sich im Rendite/Risiko-Raum auch graphisch interpretieren, vgl. Abbildung 17.

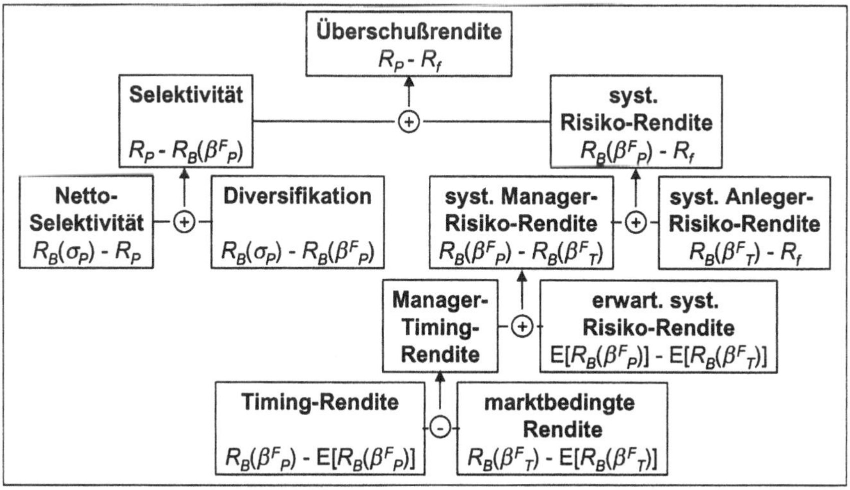

Quelle: nach FAMA (Investment Performance, 1972), S. 556-562.

Abbildung 16: Zerlegung der Rendite nach Fama

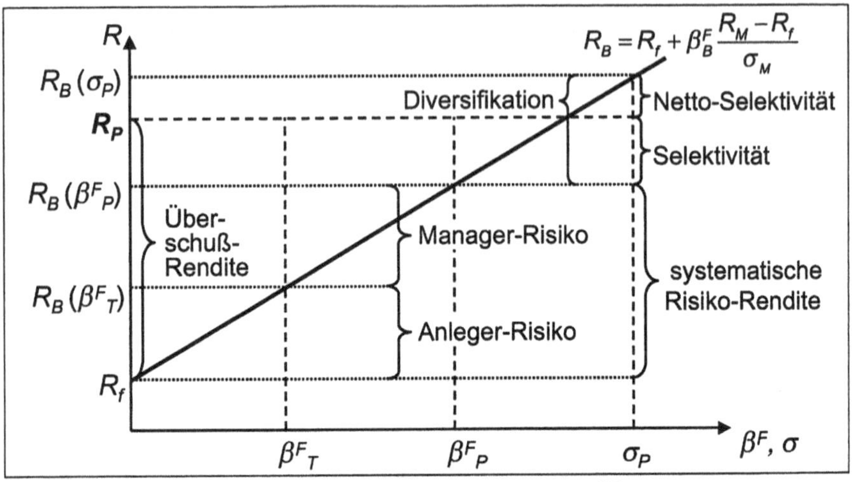

Quelle: FAMA (Investment Performance, 1972), S. 558.[546]

Abbildung 17: Graphische Herleitung der Zerlegung nach Fama

Die Überschussrendite eines Portfolios (R_P - R_f) setzt sich aus der risikofreien Rendite R_f, einer Benchmarkrendite, die auf dem systematischen Risiko des Portfolios basiert ($R_B(\beta^F{}_P)$), und einer Selektionsrendite zusammen. Das systematische Risiko wird dabei von FAMA anders definiert:

$$\beta_i^F = \text{Cov}(r_i, r_M) / \sigma_M ,$$

so dass $\beta^F = \beta / \sigma_M$.[547] Die sog. Risiko-Rendite ist die risikoäquivalente Marktrendite

$$R_B(\beta_P) - R_f = \beta_P^F \frac{R_M - R_f}{\sigma_M} = \beta_P (R_M - R_f).^{548} \quad (72)$$

Sie kann, wenn ein (systematisches) Zielrisiko $\beta^F{}_T$ mit dem Kunden vereinbart wurde, in zwei Komponenten geteilt werden. Die systematische Rendite des Zielrisikos wird vom Anleger verantwortet ($R_B(\beta^F{}_T)$), während der systematische Renditeanteil aus der Abweichung von der Zielrendite vom Manager ver-

---

[546] FAMA (Investment Performance, 1972), S. 558, beschreibt die Überschussrendite als Gesamtrendite ("overall performance") und die systematische Risiko-Rendite als "risk".

[547] FAMA (Investment Performance, 1972), S. 554.

[548] Die Gleichung lässt leicht aus Abbildung 17 ableiten. Sie entspricht der Rendite auf der Geraden R_B bei einem Risiko $\beta^F{}_B = \beta^F{}_P$.

antwortet wird ($R_B(\beta^F{}_P) - R_B(\beta^F{}_T)$). Die Selektionsrendite besteht ihrerseits aus einer Rendite, die auf der Diversifikation beruht, und einer Residualrendite, die der Netto-Selektionsrendite entspricht.[549] Die Diversifikationsrendite bestimmt sich aus der Differenz der Marktrenditen bei gegebenem Gesamt-Portfoliorisiko $R_B(\sigma_P)$ und bei gegebenem systematischen Portfoliorisiko $R_B(\beta^F{}_P)$. Da das systematische Portfoliorisiko nicht größer als das Gesamt-Portfoliorisiko sein kann ($\beta_P^F \leq \sigma_P$), wird die Diversifikationsrendite nicht negativ.[550]

Das Modell lässt sich vereinfachend darstellen, indem das Risiko anders zerlegt wird. Besteht z. B. kein Zielrisiko, kann der Renditebeitrag unter Beachtung des systematischen Portfoliorisikos als Summe aus dem gesamten "Timing" und dem erwarteten, systematischen Risiko definiert werden:[551]

$$\underbrace{R_B(\beta_P^F) - R_f}_{\text{syst. Risiko-Rendite}} = \underbrace{\left[R_B(\beta_P^F) - \mathrm{E}[R_B(\beta_P^F)]\right]}_{\text{Timing-Rendite}} + \underbrace{\left[\mathrm{E}[R_B(\beta_P^F)] - R_f\right]}_{\text{erwartete syst. Risiko-Rendite}} \quad (73)$$

mit $\mathrm{E}[R_B(\beta^F{}_P)]$ = ex-ante erwartete Benchmarkrendite bei einem systematischen Risiko in Höhe von $\beta^F{}_P$.

Das Modell von FAMA ist kapitalmarkttheoretisch durch das Marktmodell unterlegt. Die Gültigkeit der Betas als relevantes Risikomaß wird damit zur zentralen Annahme dieser Zerlegungssystematik. Die Renditezerlegung, die im Abschnitt 2.2.1.2 in Abbildung 7 dargestellt wurde, basiert auf einer ähnlichen theoretischen Grundannahme. Die folgenden Ansätze zerlegen dagegen entweder die Rendite oder das Risiko als unterschiedliche Dimensionen der Performance; unter zusätzlicher Verwendung von Parametern wie der Wertpapiergewichte, werden so andere Zerlegungsmöglichkeiten erschlossen.

---

549 Die Netto-Selektionsrendite $R_B(\sigma_P) - R_P$ ist in Abbildung 17 negativ.

550 FAMA (Investment Performance, 1972), S. 558-559. Das systematische Risiko kann nicht größer als das Gesamtrisiko sein, weil der Korrelationskoeffizient zwischen Portfolio- und Marktrendite (R_P, R_M) kleiner oder gleich Eins ist ($\rho_{PM} \leq 1$). Der Korrelationskoeffizient ist dabei definiert als $\rho_{PM} = \mathrm{Cov}(R_P,R_M) / [\sigma(R_P)\ \sigma(R_M)]$. Da die Betadefinition von FAMA mit dem Korrelationskoeffizienten umformuliert werden kann $\beta^F{}_P = \mathrm{Cov}(R_P,R_M) / \sigma(R_M) = \rho_{PM}\ \sigma(R_P)$, folgt, dass $\beta^F{}_P = \sigma(R_P)$, abhängig von $\rho_{PM} \leq 1$.

551 Die hier von FAMA verwendete Bezeichnung "Timing" entspricht nicht der ansonsten verwendeten Bedeutung. Die Herleitung ist einfach, wenn die Teilkomponenten in Abbildung 16 entsprechend kombiniert werden. Die *Risikorendite* setzt sich dann einerseits aus der "*Timingrendite*" und andererseits aus der Addition der *systematischen Anleger-Risiko-Rendite* und der *erwarteten systematischen Risiko-Rendite* abzüglich der *marktbedingten Rendite* zusammen. FAMA (Investment Performance, 1972), S. 562.

2.6.1.2 Renditezerlegung nach Brinson, Hood und Beebower

Der weit verbreitete Ansatz nach BRINSON/HOOD/BEEBOWER (BHB) ermöglicht im Gegensatz zu FAMA lediglich eine Zerlegung der aktiven Rendite eines Portfolios.[552] Da das Risiko unberücksichtigt bleibt, muss keine Annahme über die Gültigkeit eines Kapitalmarktmodells getroffen werden. Als zusätzlichen Parameter verwenden Sie die Gewichtung der Anlagen im Gesamtportfolio und in der Benchmark.

Drei wesentliche Einflussgrößen werden unter Verwendung einer Benchmark isoliert:

- Die Renditen der passiven Anlagestrategie; d. h. die Strategie- bzw. Benchmarkrendite, die durch die vorgegebene oder vereinbarte Strategie ohne zusätzliche aktive Positionierung, also mit den "normalen" Investitionsgewichten, erzielt wird (passive Asset Allocation).
- Aktive Asset-Allokationrendite, die durch aktive Abweichungen der Gewichte von definierten Wertpapiermengen (z. B. Assetklassen) von der Normalgewichtung erzielt wird.[553]
- Selektionsrendite, die durch die Auswahl und Gewichtung einzelner Wertpapiere erzielt wird.

Werden die jeweils möglichen Positionierungen *aktiv* oder *passiv* in beiden Entscheidungsfelder Selektion und Allokation kombiniert, lässt sich die aktive

---

552 BRINSON/HOOD/BEEBOWER (Portfolio Performance I, 1986), S. 40-41; BRINSON/SINGER/-BEEBOWER (Portfolio Performance II, 1991), S. 40-42; BRINSON/FACHLER (Equity Portfolio Performance, 1985), S. 75-76. Ein numerisches Beispiel dieses Verfahrens findet sich z. B. bei ZIMMERMANN/RUDOLF/JAEGER/ZOGG-WETTER (Performance-Messung, 1996), S. 93-98.

553 Asset-Allokation soll hier als systematische Verteilung der verfügbaren Ressourcen auf Gruppen von Anlageobjekten im Rahmen des Investitionsprozesses verstanden werden. Die Gruppen der Anlageobjekte werden auch als Assetklassen bezeichnet. Die Definition der Assetklassen ist bestimmten Kriterien unterworfen: Die Klassifizierung der Anlageobjekte sollte so vorgenommen werden, dass innerhalb der Assetklassen die Objekte eine hohe Korrelation zueinander haben, während die Korrelation zu den Anlageobjekten außerhalb der Assetklasse niedrig sein sollte. Zusätzlich sollten die Assetklassen so definiert werden, dass sie die Verarbeitung von Informationen für die Entscheidungsfindung begünstigen. D. h. willkürlich gewählte Zusammensetzungen der Assetklassen nach einem nicht entscheidungsorientierten Kriterium erschweren die Entscheidungsfindung im Investitionsprozess. Vgl. YOUNG/SULLIVAN/GEORGE/NOKHASTEH (Sector versus Country, 1998), S. 4-5; BERNSTEIN (Asset Allocation, 1992), S. 9-11.

Rendite eines Portfolios unter Verwendung dieser Renditekomponenten ableiten.

Zur Aggregation werden hier allgemein $i = 1, ..., N$ Teilsegmente unterstellt. Der Beitrag der aktiven Asset-Allokation zur aktiven Rendite ergibt sich in Abbildung 18 aus der Differenz der Quadranten II - I, die Selektionsrendite aus III – I. Das Kreuzprodukt quantifiziert den Interaktionseffekt zwischen Selektions- und Allokationsentscheidung.[554] Dieser kumulativer Effekt kann als Differenz der tatsächlichen Portfoliorendite (IV) und der Strategie- und Allokationsrendite (II), d. h.

$$\sum_{i=1}^{N} w_{P_i}(R_{P_i} - R_{B_i})$$

plus der Differenz aus Benchmarkrendite (I) und der Strategie- und Selektionsrendite (III), d. h.

$$\sum_{i=1}^{N} -w_{B_i}(R_{P_i} - R_{B_i}),$$

berechnet werden.

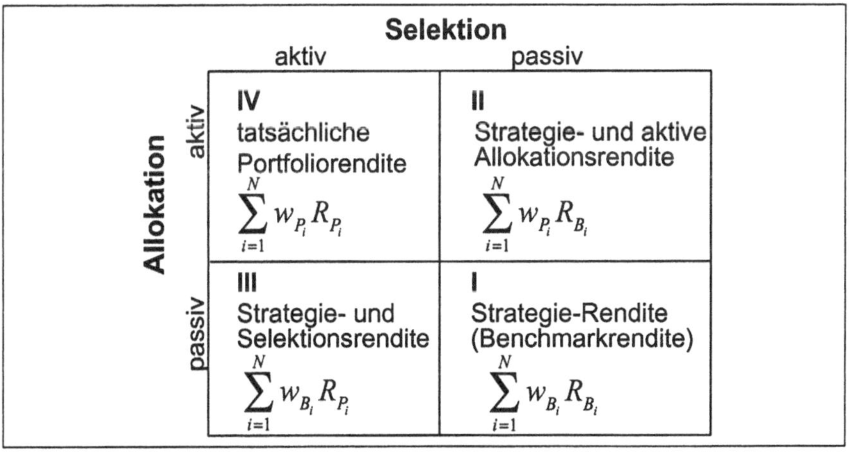

Quelle: BRINSON/HOOD/BEEBOWER (Portfolio Performance I, 1986), S. 40; BRINSON/SINGER/BEEBOWER (Portfolio Performance II, 1991), S. 41.

Abbildung 18: Zerlegungsschema nach Brinson, Hood und Beebower

---

[554] Zur ausführlicheren Interpretation des Kreuzproduktes vgl. Abschnitt 2.6.2.1.

Die aktive Rendite ergibt sich dann als Summe aus Selektions-, Allokations- und Kreuproduktrendite:

$$
\begin{aligned}
R_a &= \underbrace{\sum_{i=1}^{N}(R_{P_i} - R_{B_i})w_{B_i}}_{\text{Selektion}} + \underbrace{\sum_{i=1}^{N}(w_{P_i} - w_{B_i})R_{B_i}}_{\text{Allokation}} + \underbrace{\sum_{i=1}^{N}(w_{P_i} - w_{B_i})(R_{P_i} - R_{B_i})}_{\text{Kreuzprodukt}} \\
&= \sum_{i=1}^{N}[\underbrace{(w_{P_i}\ R_{P_i})}_{\substack{\text{Portfolio-}\\ \text{rendite}}} - \underbrace{(w_{B_i}\ R_{B_i})}_{\substack{\text{Benchmark-}\\ \text{rendite}}}]\ .
\end{aligned}
\tag{74}
$$

Das Folgende *Beispiel* verdeutlicht, dass diese Zerlegungssystematik sich nicht nur auf der Portfolioebene anwenden lässt, sondern auch auf alle Analyseebenen, die das Anlageuniversum in Teilmengen zerlegen.

Es wird ein gemischtes Portfolio untersucht, dessen Strategie- bzw. Normalgewichtung aus 50% Aktien und 50% Renten besteht. Der Einfachheit halber wird angenommen, dass nur in zwei Ländern investiert werden darf, in denen zwei Branchen und zwei Restlaufzeitklassen existieren.[555] Die Länder, Branchen und Restlaufzeitklassen sind in der vorgegebenen Benchmark jeweils gleichgewichtet; vgl. Tabelle 3.[556]

Auf der *ersten* Analyseebene bezieht sich die Allokationsrendite auf die Gewichtsabweichungen der Aktien/Renten-Gewichtung.[557] Die Selektionsrendite

---

[555] Diese Vereinfachung beschränkt in keiner Weise die Aussage, sondern kann jederzeit aufgehoben werden. Sie dient lediglich der einfacheren Darstellung. R1 stellt die Restlaufzeit von einem Jahr dar, R10 die von 10 Jahren. Als Länder werden hier Deutschland (D) und Schweiz (CH) angenommen.

[556] D. h. das Normalportfolio (Benchmark) besteht aus je 12,5% deutschen Industrie- und Finanzaktien. Die schweizer Branchen haben die gleiche Gewichtung, so dass insgesamt 25% Industrie- und 25% Finanzwerte enthalten sind, also 50% Aktien sind. Dazu enthält das Portfolio 12,5% deutsche einjährige Anleihen, 12,5% deutsche zehnjährige Anleihen und wiederum die gleiche Gewichtung an schweizer Anleihen. Das Portfolio hat 60% Aktien und 40% Renten, deren Aufteilung auf die Branchen und Restlaufzeitklassen in den ersten Zeilen der Tabelle wiedergegeben sind. Die letzten beiden Spalten enthalten die resultierende aktive Gewichtung und die aktive Rendite für die einzelnen Anlagen und die aggregierten Mengen (Assetklassen, Branchen bzw. Restlaufzeitklassen).

[557] Rechnerisch ergibt sich der Allokationsbeitrag aus den Komponenten für Aktien und Renten. Die Aktien-Allokationskomponente berechnet sich aus dem Produkt der Benchmarkrendite für Aktien 4,3% und der aktiven Aktiengewichtung (+10%) = 0,4% (für die Renditen und Gewichte vgl. Tabelle 3). Analog für Renten: 0,45% · (-10%) = -0,045% (bzw. gerundet -0,0% in Tabelle 4). Der gesamte Allokationsbeitrag beträgt also 0,4% + (-0,0%) = 0,4%.

gibt dagegen auf der Aktienseite den kumulierten Effekt der Länder-, Branchen- und Titelauswahl gegenüber dem jeweiligen Benchmarkindex wieder. Für die Anleihen wird die Länder-, Restlaufzeit- und Titelselektion kumuliert. Die Aussage ist also auf die Wirkung der Assetklassenwahl gerichtet; vgl. Tabelle 4.

			Benchmark		Portfolio		Aktiv	
Asset-klasse	**Land**	**Branche/ RLZ**	**Ge-wicht**	**Ren-dite**	**Ge-wicht**	**Ren-dite**	**Ge-wicht**	**Ren-dite**
Aktien	D	Industrie	12,5%	5,0%	20,0%	6,0%	7,5%	1,0%
Aktien	D	Finanz	12,5%	4,2%	15,0%	3,0%	2,5%	-1,2%
Aktien	CH	Industrie	12,5%	2,5%	5,0%	3,0%	-7,5%	0,5%
Aktien	CH	Finanz	12,5%	5,5%	20,0%	5,4%	7,5%	-0,1%
Renten	D	R1	12,5%	1,0%	5,0%	0,2%	-7,5%	-0,8%
Renten	D	R10	12,5%	-0,1%	0%	-0,1%	-12,5%	-0,0%
Renten	CH	R1	12,5%	0,5%	20,0%	0,3%	7,5%	-0,2%
Renten	CH	R10	12,5%	0,4%	15,0%	0,1%	2,5%	-0,4%
Aktien			**50,0%**	**4,3%**	**60,0%**	**4,8%**	**10,0%**	**0,5%**
Renten			**50,0%**	**0,5%**	**40,0%**	**0,2%**	**-10,0%**	**-0,3%**
GESAMT			**100,0%**	**2,4%**	**100,0%**	**3,0%**	**0%**	**0,58%**
	D-Aktien *		50,0%	4,6%	58,3%	4,7%	8,3%	0,1%
	CH-Aktien *		50,0%	4,0%	41,7%	4,9%	-8,3%	0,9%
	D-Renten *		50,0%	0,5%	12,5%	0,2%	-37,5%	-0,3%
	CH-Renten *		50,0%	0,5%	87,5%	0,2%	37,5%	-0,3%
		Industrie *	50,0%	3,8%	41,7%	5,4%	-8,3%	1,7%
		Finanz *	50,0%	4,9%	58,3%	4,4%	8,3%	-0,5%
		R1 *	50,0%	0,8%	62,5%	0,3%	12,5%	-0,5%
		R10 *	50,0%	0,2%	37,5%	0,1%	-12,5%	-0,1%

Tabelle 3: Beispielportfolio für die mehrstufige Rendite-Attributionsanalyse

* Die Gewichtungen beziehen sich jeweils auf das Segment Aktien bzw. Renten.

Ab der *zweiten* Analyseebene wird isoliert nach Aktien und Renten untersucht. D. h. die Gewichtungen beziehen sich jeweils nur noch auf die gesamte Aktien- bzw. Rentenposition.[558] Zunächst wird der Allokationsbeitrag aus der Ländergewichtung innerhalb der Assetklassen analysiert.[559] Die Selektion kumuliert hier

[558] D. h. das Normalgewicht z. B. für deutsche Aktien beträgt jetzt 50%, das Normalgewicht schweizer Renten mit Restlaufzeit von 10 Jahren beträgt 25%.

[559] Es wäre auch möglich die Länderebene über das Gesamtportfolio zu analysieren. Dies wäre dann sinnvoll, wenn ein Manager in jeweils einem Land für Aktien und Renten zu-

die Branchen- und Titelselektion, bzw. Restlaufzeit- und Titelselektion. Die Aussage richtet sich damit auf die Wirkung der Ländergewichtung innerhalb der jeweiligen Assetklassen und die Selektionsfähigkeit innerhalb des Landes; vgl. Tabelle 5.[560]

ASSETKLASSE	Allokation	Selektion	Kreuzprodukt	SUMME
Aktien	0,4%	0,3%	0,1%	**0,73%**
Renten	-0,0%	-0,1%	0,0%	**-0,15%**
GESAMT	**0,4%**	**0,1%**	**0,1%**	**0,58%**

Die Aktienübergewichtung hat wesentlich zur Überperformance beigetragen. Die Zusammensetzung der positiven Aktienselektion muss näher untersucht werden.

Tabelle 4: Analysestufe 1 — Aktien/Renten-Allokation

LAND	Allokation	Selektion	Kreuzprodukt	SUMME
D-Aktien	0,4%	0,1%	0,0%	**0,45%**
CH-Aktien	-0,3%	0,5%	-0,1%	**0,05%**
AKTIEN	**0,1%**	**0,5%**	**-0,1%**	**0,50%**
D-Renten	-0,2%	-0,1%	0,1%	**-0,20%**
CH-Renten	0,2%	-0,1%	-0,1%	**-0,07%**
RENTEN	**-0,0%**	**-0,3%**	**-0,0%**	**-0,27%**

Aktien: Die aktive Ländergewichtung hat netto nur 0,1% erbracht. Die Selektion der Branchen bzw. Titel war in der Schweiz sehr positiv (0,5%), in Deutschland nur leicht positiv (0,1%).

Renten: Die aktive Länderauswahl hat netto keinen Beitrag geliefert, da beide Länder die gleiche Performance aufweisen. Die Laufzeiten- bzw. Titelselektion war in beiden Ländern negativ (insgesamt -0,3%).

Tabelle 5: Analysestufe 2 — Beitrag der Ländergewichtung

ständig wäre. Hier wird unterstellt, dass ein Manager jeweils für eine Assetklasse zuständig ist.

560 Der Allokationsbeitrag aus der Ländergewichtung für Aktien berechnet sich z. B. aus der Summe der Komponenten für die einzelnen Länder, wobei jeweils das aktive Segmentgewicht mit der Benchmarkrendite multipliziert wird. Für deutsche Aktien ist der Allokationsbeitrag daher 4,6% · 8,3% = 0,4%, für Schweizer Aktien analog 4,0% · (-8,3%) = -0,3% (für die Renditen und Gewichte vgl. Tabelle 3). Der Allokationsbeitrag aus der Ländergewichtung summiert sich daher für Aktien zu 0,4% + (-0,3%) = 0,1%.

In einer *dritten* Analysestufe kann dann die Branchenallokation bzw. die Allokation der Restlaufzeitenklassen untersucht werden. Die Gewichte beziehen sich wie in der vorhergehenden Stufe auf die Aktien- bzw. Rentenposition. Anstatt nach Ländern zu aggregieren, wird jetzt nach Branchen bzw. Restlaufzeitklassen aggregiert, unabhängig von der Länderzugehörigkeit der Wertpapiere. Die Aussage dieser Analysestufe besteht in der Bewertung der Auswahl von Branchen bzw. Restlaufzeitklassen sowie der Selektionsfähigkeit auf Titelebene innerhalb dieser Gruppen; vgl. Tabelle 6.[561]

BRANCHE/ RLZ	Allokation	Selektion	Kreuzprodukt	SUMME
Industrie	-0,3%	0,8%	-0,1%	**0,38%**
Finanz	0,4%	-0,2%	-0,0%	**0,13%**
AKTIEN	**0,1%**	**0,6%**	**-0,2%**	**0,50%**
R1	0,1%	-0,2%	-0,1%	**-0,22%**
R10	-0,0%	-0,1%	0,0%	**-0,06%**
RENTEN	**0,1%**	**-0,3%**	**-0,0%**	**-0,27%**

Aktien: Die Branchengewichtung hat netto 0,1% Rendite erbracht, weil die innerhalb der Aktien übergewichtete Finanzbranche eine höhere Indexrendite erzielte als die Industriebranche (4,9% vs. 3,8%). Die Selektion war besonders in der Branche Industrie sehr hoch (0,8%).

Renten: Die Laufzeitauswahl war netto leicht positiv (0,1%), aber die Anleiheselektion, besonders im kurzen Laufzeitbereich, war im Verhältnis zur Gesamtrendite der Renten deutlich negativ (0,2%).

Tabelle 6: Analysestufe 3 — Beitrag der Branchen/Laufzeit-Gewichtung und der Titelselektion

Die Analyse verfeinert sich also von einer Stufe zur nächsten und kann, wenn geeignete Ordnungskriterien vorhanden sind, auch in weiteren Stufen erfolgen.[562] Wichtig ist es, zuerst die Beurteilungskriterien der jeweiligen Stufe fest-

---

561 Analog zum Beispiel der Länderallokation ergibt sich für die Branchenallokation der Beitrag bei Aktien aus der Summe der Komponenten für die einzelnen Branchen, wobei jeweils das aktive Segmentgewicht mit der Benchmarkrendite multipliziert wird. D. h. für Industrie 3,8% · (-8,3%) = -0,3% und für Finanz 4,9% · 8,3% = 0,4%. In Summe ergibt dies einen Allokationsbeitrag aus der Branchengewichtung von (-0,3% + 0,4% =) 0,1%.

562 So kann z. B. bei Aktien zunächst die Sektorrendite-Zerlegung vorgenommen werden und innerhalb der Sektoren die Industriegruppen-Analyse. Ob in diesem Fall die Industriegruppen-Analyse über die gesamte Aktienposition berechnet wird und so Effekte aus der Sek-

zulegen. So würde die Analyse der zweiten Stufe in diesem Beispiel ein verzerrtes Bild liefern, wenn nicht nach Aktien und Renten getrennt untersucht würde, weil hier ein für beide Assetklassen getrenntes Management unterstellt wird. Die Verzerrung besteht darin, den Allokationseffekt aus der ersten Ebene nicht eliminiert zu haben.

Die dritte Analysestufe in dem Beispiel benötigt eine solche Abgrenzung nicht, weil sie hierarchisch nicht unterhalb der Länderanalyse einzuordnen ist, sondern gleichberechtigt neben ihr steht, und lediglich ein alternatives Aggregationsmerkmal verwendet.[563] Wird die Anlageentscheidung nicht isoliert für Länder (2. Stufe) oder länderübergreifende Branchen/Restlaufzeiten (3. Stufe) getroffen, sondern innerhalb der Assetklassen Aktien und Renten über die jeweils vier Teilsegmente simultan entschieden, dann kann die folgende Analyse alternativ zu der zweiten und dritten Stufe eingesetzt werden; vgl. Tabelle 7.[564]

Das Beispiel zeigt, dass in Abhängigkeit von den Entscheidungsebenen im Investitionsprozess eine angepasste Renditezerlegung ermöglicht wird, wenn entsprechende Ordnungskriterien vorhanden sind, die eine eindeutige und vollständige Zuordnung der Anlagen ermöglichen.[565]

Für die Renditezerlegung von Anleihen ist i. d. R. die Verwendung von Ländern- und Restlaufzeitklassen nicht ausreichend. Vielmehr muss der Manager in zunehmenden Maß wissen, welcher Renditebeitrag der Durations-, der Konve-

---

tor-Analyse erneut beinhaltet, oder für jeden Sektor getrennt vorgenommen wird, hängt von der geforderten Aussage und dem Entscheidungsprozess ab. Ist die Sektoranalyse kein eigenständiges Entscheidungskriterium in der Allokation, ist die erste Alternative der Analyse naheliegend. Vgl. auch Fn. 563.

563 Grundsätzlich ist bei der Konstruktion der Analyseebenen auch die Verteilung der Anlageentscheidungskompetenz zu berücksichtigen. Ist ein Manager für Aktien und Renten in jeweils einem Land zuständig, kann auch eine Analyse der Länderrendite-Komponenten über das gesamte Portfolio sinnvoll sein. Tendenziell ist aber die hier verwendete Aufteilung zweckmäßig.

564 In dieser Analyse ist zu beachten, dass die aktiven Gewichtungen innerhalb der Assetklassen kalkuliert werden. Deutsche Industrieaktien sind z. B. 8,3% (= 20% / 60% – 12,5% / 50%) übergewichtet, deutsche Renten (R1) 12,5% (= 5% / 40% – 12,5% / 50%) untergewichtet. Der Allokationsbeitrag für Aktien ergibt sich aus der Summe der Länder/Branchen-Komponenten, die jeweils aus dem Produkt dieser aktiven Gewichtung und der Benchmarkrendite. Für deutsche Industrieaktien also z. B. 8,3% · 5% = 0,4%.

565 Für die Zerlegungssystematik und die Zuordnung des Kreuzproduktes kann zusätzlich zwischen top-down und bottom-up Investitionsentscheidungsprozessen unterschieden werden. Vgl. BURNIE/KNOWLES/TEDER (Attribution, 1998), S. 65.

xitäts- oder der Bonitätsentscheidung zuzuordnen ist.[566] Ein solches System der Performancezerlegung stellt LORD vor, von einer ausführlichen Darstellung wird in dieser Arbeit allerdings abgesehen.[567]

TEILSEGMENTE	Allokation	Selektion	Kreuzprodukt	SUMME
D-Industrie	0,4%	0,3%	0,1%	**0,8%**
D-Finanz	0%	-0,3%	0%	**-0,3%**
CH-Industrie	-0,4%	0,1%	-0,1%	**-0,4%**
CH-Finanz	0,5%	-0,0%	-0,0%	**0,4%**
AKTIEN	**0,5%**	**0,0%**	**-0,0%**	**0,50%**
D-R1	-0,1%	-0,2%	0,1%	**-0,2%**
D-R10	0,0%	-0,0%	0,0%	**0,0%**
CH-R1	0,1%	-0,1%	-0,1%	**0,0%**
CH-R10	0,1%	-0,1%	-0,0%	**-0,1%**
RENTEN	**0,1%**	**-0,3%**	**0,0%**	**-0,27%**

Aktien: Die Auswahl der vier Teilsegmente hat netto sehr positiv auf die aktive Gesamtperformance gewirkt (0,5%), insbesondere die Übergewichtung von D-Industrie und CH-Finanz. Die Selektion war lediglich bei deutschen Industriewerten deutlich positiv, während die Auswahl der deutschen Finanzwerte negativ war.

Renten: Die Allokation der Teilsegmente war durch die Übergewichtung der CH-Segmente (R1 und R10) positiv. Die Titelselektion war hingegen in allen vier Segmenten negativ. Besonders schlecht war die Abbildung der Laufzeitklasse bei deutschen Kurzläufern (D-R1).

Tabelle 7: Alternative Performancezerlegung nach Aktien- bzw. Rententeilsegmenten

2.6.1.3 Externe und interne Risikopositionierung

Die Allokationsentscheidung, wie sie bisher in der Renditezerlegung interpretiert wurde, besteht in der Aufteilung der verfügbaren Mittel auf verschiedene

---

[566] Insbesondere die Bonitätsentscheidung gewinnt derzeit im Euro-Währungsraum an Bedeutung, u.a. weil die Spreads zwischen den Ländern entfallen sind.

[567] LORD (Attribution in Fixed Income, 1997), S. 46-50. Die Gesamtrendite wird danach zunächst in die Kurs- und die Kuponrendite zerlegt. Die Kursrendite wird anschließend in die Faktoren Duration, Spread, Zeitfaktor und residuale Rendite aufgeteilt, die teilweise weiter zerlegt werden können. So kann die Durationsrendite additiv aus der Rendite durch Parallelverschiebung der Zinsstrukturkurve und aus der Drehung der Zinsstrukturkurve zusammengesetzt werden. Die (Credit-) Spread-Rendite lässt sich in eine Sektorrendite und eine Aussteller spezifische Rendite zerlegen.

Segmente in den unterschiedlichen Aggregationsebenen. Diese Gewichtungsentscheidung wird auch als externe Risikopositionierung beschrieben. Zusätzlich kann aber auch innerhalb der Assetklassen eine Risikopositionierung vorgenommen werden, die dann als interne Risikopositionierung zu bezeichnen ist.[568] Diese Beeinflussung des systematischen Risikos innerhalb der Assetklasse kann durch unterschiedliche Maßnahmen erfolgen: Neben der Titelselektion, die das Beta bei Aktien bestimmt, oder der Laufzeitklassenauswahl bei Renten, die die Duration steuert, können z. B. Absicherungspositionen durch Futures das systematische Risiko verändern.

Bevor die Risiken explizit zerlegt und den einzelnen Aggregationsebenen zugeordnet werden, wird zunächst angenommen, dass die interne Risikopositionierung durch die Bildung bzw. Auflösung von realen oder synthetischen Kassepositionen vorgenommen wird.[569] Der Aufbau von Kasse senkt das Beta bzw. die Duration des Segments oder Portfolios. Um diesen Einfluss abzubilden, wird der Allokationsanteil als Risikopositionierung in eine externe und eine interne Komponente sowie ein Kreuzprodukt der beiden Anteile aufgeteilt. Die aktive Rendite wurde bisher als Summe von Selektion, Allokation und einem gemischten Term definiert

$$R_a = \sum_{i=1}^{N} (R_{Pi} - R_{Bi}) w_{Bi} + (w_{Pi} - w_{Bi}) R_{Bi} + (w_{Pi} - w_{Bi})(R_{Pi} - R_{Bi}) \qquad (74)$$

mit w_{Pi} = wertmäßiger Gewichtungsanteil von Teilsegment i am Portfolio P,
w_{Bi} = wertmäßiger Gewichtungsanteil von Teilsegment i am Benchmarkportfolio B,
R_{Pi} = Rendite des Teilsegments i im Portfolio P,
R_{Bi} = Rendite des Teilsegments i im Benchmarkportfolio B.

Diese Definition limitiert die Risikopositionierung auf die Veränderung der Aggregationsebenengewichte w_P. Diese Limitierung wird aufgehoben, indem die Portfoliorenditen der Teilsegmente i (z. B. Assetklassen) in jeweils zwei Komponenten aufgespaltet werden[570]

---

568 BRINSON/SINGER/BEEBOWER (Portfolio Performance II, 1991), S. 47.

569 Synthetische Bargeldpositionen werden allgemein durch den Aufbau von Futurepositionen erzeugt. So stellt der Verkauf eines Futures zusätzliches synthetisches Bargeld dar. Real kann die gleiche Position durch den Verkauf von Wertpapieren erzielt werden.

570 BRINSON/SINGER/BEEBOWER (Portfolio Performance II, 1991), S. 46-48. Zur vereinfachten

$$R_{Pi} = (1-c_i)R_{Si} + c_i\, R_{Hi} \tag{75}$$

mit R_{Si} = Rendite aus Selektion von Wertpapieren (Segmentrendite der Wertpapiere),
R_{Hi} = Rendite der tatsächlichen oder synthetischen Kasse,[571]
c_i = Kasseanteil im Segment i.

Setzt man diese Definition der Segmentrendite (R_P) in die Formel für die aktive Rendite R_a ein, erhält man drei Komponenten für ein Segment i:

$$\begin{aligned} R_{ai} &= (R_{Si} - R_{Bi})w_{Bi} && \text{Selektionsrendite} \\ &+(w_{Pi} - w_{Bi})R_{Bi} + c_i(R_{Hi} - R_{Bi})w_{Pi} && \text{Risikopositionierungs-Rendite} \\ &+\left[(1-c_i)w_{Pi} - w_{Bi}\right](R_{Si} - R_{Bi})\,. && \text{Kreuzproduktrendite} \end{aligned} \tag{76}$$

Der Renditeanteil der Risikopositionierung (R_{RP}) lässt sich nun durch Erweiterung in einen externen (Allokations-) Anteil und einen internen Anteil aufteilen. Zusätzlich wird noch ein Teil der Kreuzproduktrendite in (76) der Risikopositionierung zugerechnet, der aus den zuvor isolierten internen und externen Anteilen entsteht:

$$\begin{aligned} R_{RPi} &= (w_{Pi} - w_{Bi})R_{Bi} && \text{externe Risikopositionierung} \\ &+c_i(R_{Hi} - R_{Bi})w_{Bi} && \text{interne Risikopositionierung} \\ &+c_i(w_{Pi} - w_{Bi})(R_{Hi} - R_{Bi})\,. && \text{Kreuzprodukt der Risikopositionierung} \end{aligned} \tag{77}$$

Die Rendite der Risikopositionierung wird Null, wenn keine externe Risikopositionierung, d. h. die Portfoliogewichte der Aggregationsebenen entsprechen denen der Benchmark ($w_{Pi} = w_{Bi}$), und auch keine interne Risikopositionierung vorgenommen wird, d. h. der Kasseanteil ist Null ($c = 0$). Die Portfoliorendite besteht in diesem Fall nur aus der Selektionsrendite ($R_P = R_S$). Die aktive Rendite (76) ergibt dann für dieses *Selektionsszenario* ohne Risikopositionierung

$$R_a^{\text{Selektion}} = \sum_{i=1}^{N} w_{Bi}(R_{Si} - R_{Bi}) \qquad \text{mit} \sum_{i=1}^{N} w_{Bi} = 1\,. \tag{78}$$

Darstellung werden hier die Summen über alle Teilsegmente in den Formeln nicht dargestellt. Die Renditen R, Gewichte w und Bargeldanteile c beziehen sich im Folgenden immer auf Portfolio-Teilsegmente.

571 Die Rendite der Kasseposition sollte theoretisch in den einzelnen Segmenten nicht divergieren. Daher wäre auch ein Verzicht auf die Indizierung dieser Rendite vorstellbar ($R_H = R_{Hi}$). Hier wird dennoch die allgemeinere Darstellung von Kasse-Renditen vorgezo-

Wird dagegen nur eine interne aber keine externe Risikopositionierung vorgenommen ($w_{Pi} = w_{Bi}$, aber $c_i \neq 0$), erhält man durch Umformung von (76) für die aktive Rendite bei ausschließlich interner Risikopositionierung (*Hedgeszenario*)

$$R_a^{\text{Hedge}} = \sum_{i=1}^{N} w_{Bi}(R_{Pi} - R_{Bi}) \,. \tag{79}$$

Der Nettoeffekt der internen Risikopositionierung, d. h. des Hedges in einer Assetklasse, errechnet sich dann aus der Differenz der aktiven Rendite mit Hedge und der aktiven Rendite ohne jede Risikopositionierung

$$\begin{aligned} R_{a\,\text{netto}}^{\text{Hedge}} = R_a^{\text{Hedge}} - R_a^{\text{Selektion}} &= \sum_{i=1}^{N} w_{Bi}(R_{Pi} - R_{Si}) \\ &= \sum_{i=1}^{N} c_i(R_{Hi} - R_{Bi})w_{Bi} - c_i(R_{Si} - R_{Bi})w_{Bi} \,. \end{aligned} \tag{80}$$

Der erste Term drückt den reinen Effekt des Hedges aus. Der zweite Term beschreibt den Interaktionseffekt des Hedges auf den Renditeanteil aus der Selektion und ist damit ein Teil des Kreuzproduktes. Für den Erfolg eines Hedges ist also nicht nur wichtig, dass die Rendite der (synthetischen) Kasse R_H größer als die Benchmarkrendite R_B ist, sondern durch weitere Umformung von (80) sieht man, dass R_H auch größer als die Rendite aus der reinen Selektion R_S sein muss:

$$R_{a\,\text{netto}}^{\text{Hedge}} = \sum_{i=1}^{N} c_i w_{Bi}(R_{Hi} - R_{Si}) \,. \tag{81}$$

In der Praxis ist eine isolierte Kassehaltung für Teilsegmente des Portfolios nicht üblich, oft auch nicht möglich. Damit können oft nur synthetische Kassepositionen berücksichtigt werden.

2.6.1.4 Risikozerlegung

Die Renditezerlegungsmethode von BHB geht implizit davon aus, dass das Risiko des Portfolios nicht von der Benchmark abweicht. Während dies für ein gut diversifiziertes, vollinvestiertes Portfolio einer Assetklasse näherungsweise gelten könnte, kann dies spätestens für gemischte Portfolios, bei Kassehaltung oder dem Einsatz von Derivaten nicht mehr angenommen werden.[572] Da die Per-

gen, die von Segment zu Segment differieren können.

[572] Unter "gemischtem" Portfolio soll hier in erster Linie ein Portfolio verstanden werden, das aus mehr als einer Assetklasse besteht, deren Kovarianzen kleiner als Eins und deren Risi-

formance aus Rendite und Risiko besteht, sollte neben der Analyse der Renditebeiträge unterschiedlicher Entscheidungsfelder auch das Risiko für die gleichen Entscheidungsebenen analysierbar sein. Liegt für ein Teilsegment sowohl eine Renditezerlegung als auch eine Risikozuordnung vor, können risikoadjustierte Renditen für die relevanten Entscheidungsebenen des Investitionsprozesses analysiert werden.

Analog zum Vorgehen bei der Renditezerlegung, kann auch eine Zerlegung des Risikos vorgenommen werden.[573] Abhängig davon ob das gesamte Risiko (Varianz) oder nur das systematische Risiko (Beta) analysiert wird, ergeben sich die vier Komponenten analog zur Abbildung 18:

I: Benchmark Risiko

$$\sigma_B^2 = \sum_{i=1}^{N}\sum_{j=1}^{N} w_{Bi} w_{Bj} \mathrm{Cov}(r_{B i,j}) \qquad \beta_B = \sum_{i=1}^{N} w_{Bi}\beta_{Bi} \tag{82}$$

II: Risiko der Benchmark mit Allokationsentscheidung

$$\sigma_{B+A}^2 = \sum_{i=1}^{N}\sum_{j=1}^{N} w_{Pi} w_{Pj} \mathrm{Cov}(r_{B i,j}) \qquad \beta_{B+A} = \sum_{i=1}^{N} w_{Pi}\beta_{Bi} \tag{83}$$

III: Risiko der Benchmark mit Selektionsentscheidung

$$\sigma_{B+S}^2 = \sum_{i=1}^{N}\sum_{j=1}^{N} w_{Bi} w_{Bj} \mathrm{Cov}(r_{P i,j}) \qquad \beta_{B+S} = \sum_{i=1}^{N} w_{Bi}\beta_{Pi} \tag{84}$$

IV: Risiko des Portfolios

$$\sigma_P^2 = \sum_{i=1}^{N}\sum_{j=1}^{N} w_{Pi} w_{Pj} \mathrm{Cov}(r_{P i,j}) \qquad \beta_P = \sum_{i=1}^{N} w_{Pi}\beta_{Pi} \tag{85}$$

mit $\mathrm{Cov}(r_{P\,i,j})$, $\mathrm{Cov}(r_{B\,i,j})$ = Kovarianz der Renditen der Teilsegmente (z. B. Assetklassen) i,j im Portfolio und der Benchmark,
$\beta_{P\,i}$, $\beta_{B\,i}$ = Betafaktoren der Teilsegmente i im Portfolio und der Benchmark.

Die Risikozerlegung ergibt sich damit analog aus der Differenzbildung der Quadrate (hier exemplarisch für das systematische Risiko):

---

ken unterschiedlich sind.

[573] REHKUGLER (Zweistufige Performancemessung, 1995), S. 21-23.

syst. Allokationsrisiko	II-I	$\sum_{i=1}^{N} (w_{P_i} - w_{B_i})\, \beta_{B_i}$	(86)
syst. Selektionsrisiko	III-I	$\sum_{i=1}^{N} w_{B_i} (\beta_{P_i} - \beta_{B_i})$	(87)
Kreuzprodukt der syst. Risiken	IV-III-II+I	$\sum_{i=1}^{N} (w_{P_i} - w_{B_i}) (\beta_{P_i} - \beta_{B_i})$	(88)
aktives, syst. Portfoliorisiko	IV-I	$\sum_{i=1}^{N} (w_{P_i}\, \beta_{P_i}) - (w_{B_i}\, \beta_{B_i})$	(89)

Bei der Verwendung von Standardabweichungen ist zu beachten, dass nur Varianzen additiv sind. Die Standardabweichungen müssen also zunächst quadriert werden. Mit den Risikokomponenten kann zunächst eine Risikoattribution vorgenommen werden, um Quellen und Ursachen für die Risiken zu analysieren.

2.6.1.5 Risikoadjustierte Performancezerlegung

Werden sowohl Renditen als auch Risiken für die selben Analyseebenen zerlegt, dann liegt es nahe, dass sich unter Verwendung der bekannten einparametrischen Performancemaße (Abschnitt 2.3) dann auch eine isolierte, risikoadjustierte Performanceanalyse für Allokation, Selektion und die aktive Gesamtperformance darstellen lässt. Allerdings werden die beschriebenen Verzerrungen und Defizite dieser Maße dadurch nicht aufgehoben.

Von ANKRIM wurde eine Methode entwickelt, die eine Risikoadjustierung des ursprünglichen Ansatzes von FAMA in den gängigen Zerlegungsansatz von BHB integriert.[574] Ziel des kombinierten Ansatzes ist es, Überschussrenditen, die lediglich auf einem von der Benchmark abweichenden systematischen Risiko beruhen, als erwartete Renditen zu betrachteten. Erwartete Renditen stellen aber keine aktive Leistung des Managers dar.[575]

Ausgehend von der Renditezerlegung nach BHB wird eine Adjustierung für das eingegangene systematische Marktrisiko vorgenommen.[576] Die risikoadjustier-

---

[574] ANKRIM (Performance Attribution, 1992), S. 77-82.

[575] Vgl. Performancezerlegung bei BARRA (Equity Performance, 1994), S. 9, die eine ähnliche Klassifizierung wählen. Vgl. auch Abbildung 7 (Renditezerlegung) in Abschnitt 2.2.1.

[576] Die Marktüberschussrendite r_M (= R_M - R_f) muss nicht identisch mit der Benchmarkrendite

ten, aktiven Renditen r_a ergeben sich aus der Differenz der aktiven Rendite nach der oben beschriebenen Renditezerlegung und dem Risiko-Adjustierungsbetrag. Dieser bestimmt sich aus der Multiplikation der Markt-Risikoprämie ($r_M = R_M - R_f$) mit der Risikokomponente aus der Risikozerlegung des vorhergehenden Abschnitts:[577]

$$r^{adj}_{Selektion} = r_{Selektion} - [r_M \sum_{i=1}^{N} (\beta_{Pi} - \beta_{Bi}) w_{Bi}] \quad \text{Selektion} \quad (90)$$

$$r^{adj}_{Allokation} = r_{Allokation} - [r_M \sum_{i=1}^{N} (w_{Pi} - w_{Bi}) \beta_{Bi}] \quad \text{Allokation} \quad (91)$$

$$r^{adj}_{Kreuzprodukt} = r_{Kreuzprodukt} - [r_M \sum_{i=1}^{N} (\beta_{Pi} - \beta_{Bi})(w_{Pi} - w_{Bi})] \quad \text{Kreuzprodukt} \quad (92)$$

Die gesamte risikoadjustierte, aktive Rendite ergibt sich aus der Addition der drei Komponenten (90), (91) und (92) zu

$$\begin{aligned} r^{adj}_a &= r^{adj}_{Selektion} + r^{adj}_{Allokation} + r^{adj}_{Kreuzprodukt} \\ &= r_a - \left[r_M \sum_{i=1}^{N} (w_{Pi}\beta_{Pi} - w_{Bi}\beta_{Bi}) \right]. \end{aligned} \quad (93)$$

Fasst man die Terme der Summe zu mittleren Portfolio- bzw. Benchmarkbetas zusammen, dann ergibt sich die risikoadjustierte, aktive Überschussrendite des Managers aus

$$r^{adj}_a = r_a - \left[r_M (\bar{\beta}_P - \bar{\beta}_B) \right] = r_a - r_M \beta_a \quad (94)$$

mit $\bar{\beta}_P = \sum_{i=1}^{N} w_{Pi}\beta_{Pi}$, $\bar{\beta}_B = \sum_{i=1}^{N} w_{Bi}\beta_{Bi}$, $\beta_a = \bar{\beta}_P - \bar{\beta}_B$.

Der gesamte Adjustierungsbetrag für die aktive Abweichung des systematischen Risikos setzt sich also, wie bereits im Rahmen der Renditekomponenten gezeigt, aus dem aktiven Beta (β_a) und der Marktrendite zusammen.[578] Im Rahmen der Attributionsanalyse ist aber insbesondere die Risikoadjustierung auch auf Teilsegmentebene von Bedeutung, um Entscheidungsebenen beurteilen zu können.

---

r_B sein.

[577] Unterstellt wird hier das systematische Risiko als relevantes Maß. Zur Risikozerlegung vgl. vorhergehenden Abschnitt 2.6.1.4; zur Renditezerlegung vgl. Abschnitt 2.6.1.2.

[578] Vgl. Abbildung 7 (Renditezerlegung) in Abschnitt 2.2.1.

2.6.2 Kreuzproduktinterpretation

2.6.2.1 Interpretation des Kreuzproduktes

Das Kreuzprodukt wird auch als Interaktionseffekt zwischen Selektion und Allokation bezeichnet. Es beschreibt im positiven Sinn den Vorteil auf Gesamtportfolioebene durch die Übergewichtung (Untergewichtung) in Assetklassen mit relativ höheren (niedrigeren) aktiven Segmentrenditen. Das Kreuzprodukt wird negativ, wenn überwiegend Übergewichtungen (Untergewichtungen) in Assetklassen mit relativ niedrigen (hohen) aktiven Segmentrenditen bestehen.[579] Die Interaktionsrendite besteht also in dem Kombinationseffekt, der nicht eindeutig auf eine der beiden aktiven Entscheidungsebenen – Selektion oder Allokation – zurückzuführen ist.

$$R_{Kreuzprodukt} = \sum_{i=1}^{N} \underbrace{(w_{Pi} - w_{Bi})}_{\text{aktive Gewichtung}} \underbrace{(R_{Pi} - R_{Bi})}_{\text{aktive Rendite}} \tag{95}$$

Ist eine der beiden Entscheidungsebenen passiv, d. h. die aktive Gewichtung oder die aktive Rendite gleich Null, kann es keinen Interaktionseffekt geben. Die aktive Rendite kann dann nur auf der jeweils anderen, nicht passiven Entscheidung beruhen. Das Kreuzprodukt wird in der Praxis der Einfachheit halber oft der Selektion zugerechnet.[580] Implizit wird dabei ein top-down Investitionsprozess unterstellt.[581] Wie sich im nachfolgenden Abschnitt zeigt, kann diese Verfahrensweise auch mit der Annahme einer vom Manager erwarteten aktiven Segmentrendite von Null begründet werden.

2.6.2.2 Zerlegung des Kreuzproduktes auf Basis erwarteter aktiver Segment-Selektionsrenditen

Wie die Interpretation des Kreuzproduktes zeigt, ist eine eindeutige Zuordnung dieses aktiven Renditeanteils nicht möglich oder zumindest schwer verständlich, da diesem Teil keine Entscheidungsebene des Managers zugrunde liegt. Eine Möglichkeit, diese Interaktionsrendite in die beiden Renditekomponenten

---

[579] HIGGS/GOODE (Target Active Returns, 1993), S. 78.

[580] Diese Interpretation findet sich z. B. bei HIELSCHER (Investmentanalyse, 1996), S. 43-47; JOBELIUS (Reporting, 1995), S. 346-348; HIELSCHER (Performanceauswertung, 1994), S. 260-262.

[581] BURNIE/KNOWLES/TEDER (Attribution, 1998), S. 65.

Selektion und Allokation aufzuteilen, würde daher die aktiven Renditeanteile eindeutig den Entscheidungsparametern des Managers zuordnen.

HIGGS und GOODE zeigen, dass das Kreuzprodukt in einen Selektions- und einen Allokationsanteil aufteilbar ist, wenn erwartete aktive Segmentrenditen in der Allokation berücksichtigt werden.[582] Als *erwartete* aktive Rendite wird dabei die vom Manager prognostizierte aktive Segmentrendite R_{Zi} (Zielrendite) verstanden, die nicht mit der von allen Marktteilnehmern erwarteten Rendite $E[R_i]$ als Risikokompensation zu verwechseln ist. Der Manager muss dazu neben der erwarteten absoluten Segmentrendite auch die erwartete Abweichung seines Segmentportfolios von dieser letzteren, im Markt erwarteten Segmentrendite spezifizieren und in der Allokationsentscheidung berücksichtigen.[583] In der Zerlegung bestimmt dann die Differenz zwischen seiner individuell erwarteten aktiven Segmentrendite R_{Zi} und der tatsächlich erzielten aktiven Rendite R_{ai} dann die Höhe des Selektionsanteils am Kreuzprodukt

$$R_{Kreuzprodukt} = \underbrace{\sum_{i=1}^{N}(w_{Pi} - w_{Bi})R_{Zi}}_{Allokationsanteil} + \underbrace{\sum_{i=1}^{N}(w_{Pi} - w_{Bi})(R_{a,i} - R_{Zi})}_{Selektionsanteil}. \qquad (96)$$

$R_{a,i}$ ist dabei die aktive Rendite des Segmentes i ($R_{a,i} = R_{Pi} - R_{Bi}$), R_{Zi} die vom Manager erwartete aktive Rendite (Zielrendite) des Segmentes. Der Parameter w beschreibt die Gewichte der Segmente im Portfolio und in der Benchmark. Die erste Summe entspricht dem aktiven Allokationsanteil am Kreuzprodukt, während die zweite Summe der Wertpapierselektion zuzuschreiben ist. Damit ergeben sich die beiden Komponenten der Renditezerlegung – ohne das schwer interpretierbare Kreuzprodukt – aus[584]

$$R_{Allokation} = \sum_{i=1}^{N}(w_{Pi} - w_{Bi})(R_{Bi} + R_{Zi}) \qquad (97)$$

---

[582] HIGGS/GOODE (Target Active Returns, 1993), S. 78-80.

[583] Beispielsweise erwartet der Manager für Aktien eine Rendite von 8% und für Renten von 2%. Im Aktienbereich erwartet der Manager durch Branchen- und Titelselektion das Erzielen einer zusätzlichen Rendite von 0,5%. Die aktive Zielrendite für das Segment Aktien beträgt also 0,5%. Für die Allokationsentscheidung zwischen Aktien und Renten muss jedoch die Summe der erwarteten Segmentrendite und der erwarteten aktiven Zielrendite berücksichtigt werden, d. h. 8,5% für Aktien.

[584] Summiert wird immer über alle Segmente i der zugrundeliegenden Wertpapiermenge.

$$R_{Selektion} = \sum_{i=1}^{N} w_{Bi} R_{a,i} + (w_{Pi} - w_{Bi})(R_{a,i} - R_{Zi}) \tag{98}$$

$$R_{a,P} = R_{Allokation} + R_{Selektion}\,. \tag{99}$$

Das Kreuzprodukt ist so vollständig auf die beiden Komponenten der aktiven Portfoliorendite $R_{a,P}$ aufgeteilt. Werden keine aktiven Zielrenditen erwartet ($R_{Zi} \equiv 0, \forall\, i$), wird das Kreuzprodukt vollständig der Selektion zugerechnet. Die Allokationsrendite entspricht dann der ursprünglichen Allokationsrendite nach BRINSON/HOOD/BEEBOWER. Die vollständige Zurechnung des Kreuzproduktes zur Selektion ist also als Spezialfall in dieser Zerlegungsmethodik enthalten.

Die auf der Allokationsentscheidung aufbauende Renditezerlegungsmethode ist effizient in dem Sinne, dass kein Anreiz gegeben wird, für ein Segment eine falsche (zu hohe oder zu niedrige) Zielrenditeerwartung R_{Zi} anzugeben. Sowohl die tatsächlich höhere aktive Rendite, die zu einer höheren Gewichtung des betroffenen Segmentes geführt hätte, wenn sie ex-ante erwartet worden wäre, als auch eine niedriger als erwartet eintretende aktive Rendite, werden in der Performancezerlegung negativ für das betroffene Segment interpretiert und berücksichtigt. Eine höhere tatsächliche aktive Rendite $R_{a,i}$ als die erwartete aktive Zielrendite R_{Zi} eines Segmentes wirkt aber immer positiv auf die Selektionsperformance. Dies lässt sich leicht aus der Umformung von (98) ersehen:

$$\begin{aligned} R_{Selektion} &= \sum_{i=1}^{N} w_{Bi} R_{a,i} + (w_{Pi} - w_{Bi})(R_{a,i} - R_{Zi}) \\ &= \sum_{i=1}^{N} w_{Bi} R_{Zi} + w_{Pi}(R_{a,i} - R_{Zi})\,. \end{aligned} \tag{100}$$

D. h. bei der sinnvollen Annahme, dass die vom Manager erwartete aktive Rendite positiv ist ($R_Z > 0$) und sowohl die Portfolio- als auch die Benchmarkgewichtung größer Null sind ($w_P > 0$ und $w_B > 0$), kann gezeigt werden, dass die Selektionsrendite größer ist, wenn die tatsächliche aktive Rendite über der erwarteten liegt, d. h. [585]

$$R_{\text{Selektion}}(R_a > R_Z) > R_{\text{Selektion}}(R_a = R_Z).$$

[585] Die Erwartung einer negativen aktiven Segmentrendite ist nicht schlüssig, weil der Manager dann seine Selektion innerhalb des Segmentes passiv ausrichten kann und so keine aktive Segmentrendite ($R_Z = 0$) erwarten würde. Diese Aussage ist zumindest solange gültig, wie keine Transaktionskosten oder Steuern berücksichtigt werden.

Die Selektionsrendite erhöht sich dann um die gewichtete Differenz zwischen der tatsächlichen Segmentrendite $R_{a,i}$ und der vom Manager erwarteten aktiven Segmentrendite R_{Zi}:[586]

$$\Delta R_{Selektion} = \sum_{i=1}^{N} w_{Pi}(R_{a,i} - R_{Zi}).$$

Wird in dem *Beispiel* der Renditezerlegung aus Abschnitt 2.6.1.2 für die Branchen jeweils eine aktive Zielrendite von 1% erwartet, lässt sich exemplarisch das Kreuzprodukt der Performancezerlegung auf Branchenebene (hier -0,2%, vgl. Tabelle 6) aufteilen. Entsprechend Gleichung (96) wird der Allokationsbeitrag aus dem Interaktionseffekt per Saldo nicht verändert, der negative Beitrag muss vollständig der Selektion zugerechnet werden; vgl. Tabelle 8.[587]

BRANCHE	Ziel-rendite R_Z	Kreuzprodukt-Zerlegung Allokations-anteil	Kreuzprodukt-Zerlegung Selektions-anteil	resultierende Renditezerlegung Allokation	resultierende Renditezerlegung Selektion
Industrie	1%	-0,1%	-0,1%	-0,4%	0,8%
Finanz	1%	0,1%	-0,1%	0,5%	-0,4%
SUMME		**0,0%**	**-0,2%**	**0,1%**	**0,4%**

Tabelle 8: Beispiel für die Zerlegung des Kreuzproduktes

Der gesamte Selektionsbeitrag für Aktien in der Analysestufe 3 beträgt also 0,4% (= 0,6% - 0,2%), der Allokationsbeitrag der Industriebranche wird negativer (-0,4% anstelle -0,3%), während der Beitrag der Finanzbranche positiver wird (0,5%).[588] An diesem Beispiel wird deutlich, dass die Zerlegung des Kreuzproduktes nur gelingt, wenn die Analyseebene eine Entscheidungsebene darstellt. Dies bedeutet, dass Renditeerwartungen für die zu allokierenden Teilsegmente gebildet werden und diese in die Allokationsentscheidung ex-ante einbezogen werden.

586 HIGGS/GOODE (Target Active Returns, 1993), S. 80.

587 Für die Gewichtung der Segmente und die aktiven Segmentrenditen vgl. Tabelle 3.

588 Die ursprünglichen Ergebnisse wurden in Tabelle 6 dargestellt. Im Beispiel wurden die Renditebeiträge auf eine Nachkommastelle gerundet.

2.7 Beurteilung der klassischen Performanceanalyse

Die klassische Performanceanalyse, wie sie im Kapitel 2 bis zur Performancezerlegung in Abschnitt 2.6.2 dargestellt wurde, baut auf dem Gesamtrisikokonzept der Varianz und dem systematischen Risiko, für Aktien quantifiziert durch das Beta, auf. Alle einparametrischen Maße versuchen, eine Risikoadjustierung der Überschussrendite zu erzielen, um Ergebnisse unterschiedlicher Investitionen vergleichen zu können. Die Risikoadjustierung erfolgt also, um eine vergleichbare Basis für verschiedene Portfolios, Anlagestile und unterschiedliche Anlagesegmente zu bilden.

Beide Risikomaße sind für sich genommen plausibel. Durch die Verwendung des systematischen Risikos wird aber deutlicher zwischen einer systematischen Renditekomponente, die durch die relative Risikopositionierung zum Markt entsteht, und einer unsystematischen Komponente getrennt. Die Tatsache, dass dabei u. a. die Unterstellung einer Stationarität der Risikopositionierung, d. h. des Portfoliobetas, über die Messperiode erforderlich ist, stellt die Aussagen in Zweifel.[589] Diese Stationaritätsannahme wird ebenso für die Varianzen und die Kovarianzen der Wertpapiere implizit getroffen. Damit sind Gesamtrisiko und systematisches Beta-Risiko und folglich alle Performancemaße, die auf ihnen aufbauen, nur unter dieser restriktiven Annahme gültig. Die Verwendung des systematischen Beta-Risikos unterliegt aber einer noch wichtigeren Einschränkung. Es wird unterstellt, dass das Marktbeta das einzige bzw. dominierende systematische Risiko ist. Entgegen dieser Annahme werden in den empirischen Analysen zur APT bei statistischer Faktorextraktion im Allgemeinen zwischen drei und sechs bezahlte Faktoren gefunden. Auch die empirischen Analysen zur Signifikanz des Marktbetas haben in vielen Fällen Zweifel an der Gültigkeit der oben getroffenen Annahme begründet.

Für die Diskussion über die Nichtbeobachtbarkeit des Marktportfolios und die Notwendigkeit, das Beta gegen ein Substitut des Marktes zu bestimmen, hat insbesondere die Veränderung der europäischen Kapitalmärkte in den 90er Jahren ein plastisches Beispiel geliefert. Die Veränderungen auf dem Weg zu einem europäischen Binnenmarkt und nachfolgend zu einem einheitlichen Währungsraum haben dafür gesorgt, dass nicht nur der nationale Kapitalmarkt als Maßstab für nationale Wertpapieranlagen gelten kann, sondern bei vielen Unternehmen die Abhängigkeit vom europäischen Kapitalmarkt deutlich sichtbar

---

[589] Vgl. Abschnitte 2.3.2 und 2.3.4.

wurde. Die Geschwindigkeit, mit der sich diese Kapitalmarktkonvergenz nicht nur auf den Rentenmärkten, sondern auch für Aktien vollzogen hat, lässt eine statische Sensitivitätsmessung über mehrere Jahre zur Bestimmung des systematischen Risikos als wenig realitätsnah erscheinen.

Einparametrische Maße sind vornehmlich für die externe Performanceanalyse geeignet. Durch die Kenntnis der Portfoliozusammensetzung wird aber insbesondere die Messung der Risikoparameter vereinfacht und verbessert. Da hier der Schwerpunkt auf der internen Performanceanalyse liegt, ist die Verwendung weiterer Informationen, insbesondere der Portfoliogewichte, hilfreich und notwendig. Dabei müssen die Kosten der Verfügbarkeit und der daraus resultierende Zusatznutzen in Form höherer Genauigkeit gegeneinander abgewogen werden.

Performancemaße, die ohne ein Risiko-Preis Modell auskommen, ersetzen die exogene Definition einer effizienten Benchmark durch eine alternative, endogene Referenzgröße. Letztere besteht darin, Renditen identischer Portfoliozusammensetzungen in verschiedenen Perioden zu vergleichen. Die Ansätze beruhen ausschließlich auf Wertpapierrenditen und gehen davon aus, dass die Renditen eine angemessene Risikoprämie enthalten. Das Risiko wird also nicht explizit betrachtet. Ferner wird ein stationärer Renditegenerierungsprozess, d. h. die Konstanz der Wirkungszusammenhänge, unterstellt. Die Ansätze lösen das Problem des nicht beobachtbaren Marktportfolios also nur durch eine restriktive Stationaritätsannahme. Zudem werden die Quellen der Performance nicht isoliert, so dass die Performancemaße für die weitergehende Zerlegung nicht geeignet sind.

Die Performancezerlegung verwendet die intern verfügbaren Portfoliogewichte, um Aussagen über die Fähigkeiten des Managers ableiten zu können. D. h. sie ist nicht wie externe Analysemethoden, etwa die Regressionsansätze, auf Annahmen über die aktive Änderung des systematischen Risikos durch den Manager angewiesen. Vielmehr zerlegt sie das Anlagespektrum vollständig in sich nicht überschneidende Teilmengen (disjunkte Mengen), wie z. B. Assetklassen, Sektoren oder Länder. Diese Ordnungskriterien für die Zerlegung ermöglichen Rückschlüsse auf die Leistung der Manager in diesen Teilsegmenten. Dabei wird grundsätzlich auf jeder Ebene zwischen der Allokations- und der Selektionsfähigkeit unterschieden. Die Verwendung dieser Ergebnisse ist jedoch nur dann sinnvoll, wenn die Ordnungskriterien auch mit den Entscheidungs- und Verantwortungsfeldern der Manager übereinstimmen. D. h. nur wenn ein Manager für die Selektion von Aktien innerhalb einer Branche verantwortlich ist, kann die Selektionsperformance für diese Branche auch als Bewertungselement sinnvoll eingesetzt werden.[590] Die bisher übliche Performancezerlegung leistet aber genau diese Orientierung der Performancezerlegung an den Entscheidungsstrukturen des Asset Allocation Prozesses nur bedingt. Bei einer nicht primär an Ländern oder Branchen orientierten fundamentalen bottom-up Strategie, decken sich die Entscheidungsparameter nicht mehr mit den klassischen Ordnungskriterien. Auch für Anleihen gilt, dass die Entscheidungsebenen nicht notwendigerweise mit den üblichen Ebenen der Zerlegung (Länder und Restlaufzeitklassen) übereinstimmen.

Die Kritik an den klassischen, einparametrischen Performancemaßen lässt sich daher in drei Punkten zusammenfassen: Die Messung des Risikos über lange Zeiträume unterstellt eine Stationarität der systematischen Zusammenhänge, die nicht unbedingt gegeben ist. Die Reduktion des systematischen Risikos auf nur einen Einflussfaktor, den Markt, ist zu vereinfachend und berücksichtigt nicht das dynamische Verhalten der Kapitalmärkte, die in unterschiedlichen Phasen unterschiedliche Faktoren bewerten. Schließlich erfordert die fehlende Beobachtbarkeit des Marktportfolios eine Operationalisierung, die u. U. einem starken strukturellen Wandel unterliegt.

Die Performancezerlegung verwendet einerseits die definierten Risikomaße und ist somit implizit durchaus kritisch zu bewerten. Andererseits werden bei der Zerlegung Teilmengen des Anlageuniversums definiert, für die Performancebeiträge und deren Zuordnung zu Allokations- und Selektionsentscheidungen quantifiziert werden. Die Abgrenzung der Teilmengen richtet sich aber nicht unbedingt nach den Entscheidungsfeldern im Anlageprozess.

Aus diesen Kritikpunkten lassen sich die Anforderungen an eine alternative Performanceanalyse ableiten: Erstens müssen mehrdimensionale, systematische Einflüsse anstelle nur einer Risikoquelle verwendet werden, und ihre Definition muss dynamisch erfolgen, weil Einflussfaktoren möglicherweise nur phasenweise wirken. Die systematischen Einflüsse sollten konsequent auch die Entscheidungsdimensionen im Wertpapiermanagement definieren, d. h. die Manager verwenden diese Faktoren als maßgebliche Parameter für die aktive Positionierung des Portfolios. Zweitens müssen die Wirkungszusammenhänge zwischen Einflussfaktoren und Wertpapieren zeitnah und dynamisch gemessen

---

[590] Die Diskussion zur Zerlegung des Kreuzproduktes in Abschnitt 2.6.2.2 zeigt die Notwendigkeit einer kongruenten Performancezerlegung und Entscheidungsfindung im Anlageprozess deutlich. Ohne diese Voraussetzung können keine, den Allokationsprozess beeinflussenden Zielrenditen für die einzelnen Anlagesegmente gebildet werden.

werden, weil i. d. R. die Stationaritätsannahme für diese Sensitivitäten nicht gilt. Drittens muss schließlich die Performancezerlegung an die Entscheidungsdimensionen im Wertpapiermanagement angepasst werden, um die Kenntnis der Wirkungszusammenhänge und der Risikofaktoren als Steuerungsinstrument verwenden zu können.

3 Mehrdimensionale Risikopositionierung im Wertpapiermanagement

Ziel dieses Kapitels 3 ist, eine Formulierung des systematischen Risikos zu finden, die eine entscheidungsorientierte Beurteilung der aktiven Positionierung des Wertpapierportfolios ermöglicht. Dabei wird bewusst der langfristige Zusammenhang zwischen Wertpapierrenditen und Einflussfaktorbewegung in Frage gestellt.[591] Es wird vielmehr davon ausgegangen, dass Einflussfaktoren nur phasenweise signifikante Bedeutung erhalten. Eine solche zeitnahe Bewertungsmethodik der Risikopositionierung führt durch den Einsatz einer entscheidungsparameter-orientierten Performanceanalyse zu einer aktiven Wertpapierselektion auf Basis systematischer Risikokomponenten.[592] In der weiteren Analyse wird ein strukturierter, fundamentaler Managementstil unterstellt. Daher wird ein Modell angestrebt, das auf fundamentalen, makroökonomischen Faktoren basiert, die als Einflussfaktoren für die Allokationsentscheidung von Aktienportfolios gelten können.[593] Aus diesem Modell ist dann ein fundamentales Risikomaß abzuleiten, das die eindimensionale, systematische Risikobetrachtung über das Kapitalmarktbeta in den Dimensionen zumindest ergänzt.

---

[591] Der oft zur Berechnung von Zusammenhängen verwendete Zeitraum von 5 Jahren bzw. 60 Monaten wurde ursprünglich so gewählt, weil er einen Marktzyklus abdeckt. SURZ (Performance Evaluation, 1997), S. 58-59; Beispiel für die Anwendung dieser Regressionslänge bei FERSON/HARVEY (Economic Risk Premiums, 1991), S. 389. Ob sich ein Marktzyklus tatsächlich über fünf Jahre erstreckt, wird dabei nicht untersucht. Entscheidend ist aber die Motivation für diesen Zeitraum: Er liefert eine hinreichend lange Historie um statistisch signifikante Aussagen zu ermöglichen. Die Abdeckung eines Zyklus, zielt insbesondere darauf ab, einen gemittelten Zusammenhang zu erhalten, der dann weitgehend von Verzerrungen durch kürzerfristige Schwankungen befreit ist. Für die hier angestrebte Analyse ist diese geglättete Darstellung nicht geeignet, weil sie nicht die dynamischen Marktveränderungen berücksichtigt. Plastisch kann die Notwendigkeit für eine kürzerfristige Betrachtung an einem Beispiel festgemacht werden. Wenn ein Portfoliomanager versucht die Branchenrotation im Aktienmarkt auszunutzen, dann kann er sich nicht auf die relative Rendite der Branchen der letzten fünf Jahre stützen, sondern er wird versuchen, sein Beobachtungsintervall an die Marktdynamik anzupassen. Als zweites Beispiel sei auf die Veränderungen der Unternehmen bezüglich der Anzahl ihrer Geschäftsfelder und ihrer geographischen Diversifikation hingewiesen. Diese lassen es unwahrscheinlich erscheinen, dass z. B. Wechselkurssensitivitäten über Jahre konstant geblieben sind. Vgl. auch COLE/HELWEGE/LASTER (Valuation Indicators, 1996), S. 56-61, für Beispiele der dynamischen Veränderung von unternehmensspezifischen Variablen in der Marktbewertung wie z. B. Dividendenrendite oder P/E.

[592] Zum Begriff der Risikopositionierung vgl. BRINSON/SINGER/BEEBOWER (Portfolio Performance II, 1991), S. 41 und 46-47.

[593] Der Einfluss weiterer Faktorgruppen, insbesondere der Mikrofaktoren, wird hiermit nicht explizit ausgeschlossen. Vgl. auch Abschnitt 3.2.3.

In einem strukturierten, aktiven Wertpapiermanagement werden unter Berücksichtigung von Rahmendaten Schätzungen für bestimmte Parameter, z. B. Renditen und Risiken, auf unterschiedlichen Aggregations- und Abstraktionsebenen erstellt. So kann die Renditeschätzung explizit für einzelne Wertpapiere oder auch für Wertpapiergruppen oder Assetklassen erstellt werden. Neben der direkten also expliziten Schätzung der Rendite und des Risikos der alternativ auszuwählenden und zu gewichtenden Anlageinstrumente ist aber auch die Schätzung von übergeordneten Steuerungsgrößen möglich. So kommt kaum eine Aktienselektion ohne die Bildung von Erwartungen bezüglich makroökonomischer Rahmendaten, wie z. B. der Zins-, Konjunktur- oder Wechselkursentwicklung, aus. Vielfach wird aber die Umsetzung der Schätzung dieser fundamentalen Rahmendaten eher pauschal vorgenommen.[594] D. h. die Wirkung der Fundamentaldaten wird nur richtungsmäßig berücksichtigt und nur auf Wertpapiergruppen bezogen.[595] Die Divergenz zwischen dem teilweise erheblichen Schätzaufwand für die makroökonomischen Rahmendaten und deren geringe systematische Nutzung erscheint widersinnig. Daher werden die Entscheidungsdimensionen bei der Renditeschätzung für den Manager reduziert, indem die globalen Einflussfaktoren geschätzt werden, anstatt für jedes Unternehmen eine explizite Renditeschätzung vornehmen zu müssen.[596] An die Stelle der Renditeerwartung tritt so eine explizite Abbildung der Einflussfaktoren des Entscheidungsprozesses. Die Positionierung von Portfolios gegenüber diesen Einflussfaktoren lässt sich als Risikoposition bezeichnen. Analog zu der eindimensio-

---

[594] So werden bei hohem konjunkturellen Wachstum Wertpapiere zyklischer Unternehmen bevorzugt, bei Zinsrückgängen oft zinssensitive Branchen wie z. B. die Versicherungen oder Versorgungsunternehmen, die kapitalintensive Anlagen betreiben.

[595] Vgl. Ansatz von SPIRO (Economics, 1976), S. 34-37, der eine Methode zur Transformation der geschätzten ökonomischen Szenarien in Sektorgewichtungen darstellt.

Die Wertpapiergruppen sind i. d. R. Branchen oder Sektoren, die mutmaßlich ähnliche Unternehmen zusammenfassen. Dabei bezieht sich die Ähnlichkeit primär auf das Betätigungsfeld des Unternehmens. Wie grob diese Gruppierung ausfallen kann, zeigt z. B. die Zusammensetzung der Branche "Chemie" im DAX100 der Deutschen Börse AG. Dort werden Unternehmen der Konsumchemie (Henkel, Beiersdorf), der Bauchemie (SKW Trostberg), Pharmaunternehmen (Schering) und Unternehmen, deren Schwerpunkt in Basis- und Agrochemie liegt (BASF), zusammengefasst. Ähnliche Beispiele lassen sich auch für andere Branchen und andere Indexsysteme finden. Ein Indiz für die Heterogenität der Branchen sind niedrigen Korrelationskoeffizienten zwischen den jeweiligen Unternehmen.

[596] Normalerweise werden fundamentale, (makro-)ökonomische Einflussfaktoren aber nicht die alleinige Quelle der Attraktivitätsschätzung einzelner Wertpapiere darstellen. Vielmehr werden auch unternehmensindividuelle Variablen und Informationen berücksichtigt. Zu Mikrofaktoren und Attributen vgl. Abschnitt 3.2.3.

nalen Betrachtung des Beta-Faktors für ein Portfolio gegenüber dem Markt bzw. seiner Benchmark lassen sich signifikante Sensitivitätsausprägungen ökonomischer Einflussfaktoren gegenüber dem Portfolio und dem Markt analysieren. Abweichungen in der Sensitivität bedeuten analog zur Beta-Abweichung eine aktive Risikopositionierung. Der Aufbau des Mehrfaktorenmodells und die Zerlegung der systematischen Rendite unter Berücksichtigung dieser Faktoren wird in Abschnitt 3.1 beschrieben. Von elementarer Bedeutung ist dazu die ökonometrische Schätzung der Wertpapiersensitivitäten [597] zu den in Abschnitt 3.2 beschrieben fundamentalen Faktoren. Diese sind vorabspezifizierte, ökonomisch interpretierbare Faktoren, die in vielen empirischen Studien verwendet wurden. Der zu entwickelnde Ansatz der Steuerung auf Basis der Performanceanalyse soll aber allgemeingültig und nicht abhängig von einem spezifischen Faktormodell für einen bestimmten Kapitalmarkt sein. Es wird also kein explizites Risikofaktormodell für einen bestimmten Markt abgeleitet, sondern nur die Existenz eines solchen unterstellt.[598] Für die Schätzung der Wertpapiersensitivitäten und der Faktor-Risikoprämien werden in Abschnitt 3.3 unterschiedliche Verfahren erläutert und bewertet.

Auf dieser Basis kann in Abschnitt 3.4 die mehrdimensionale Performancezerlegung als Grundstein für die Analyse der Managerleistung, des Entscheidungsprozesses und als Instrument für die Steuerung der Portfoliozusammensetzung entwickelt werden. Dazu wird zunächst von einem allgemeinen Mehr-Faktorenmodell ausgegangen, das dann näher durch ein APT-Modell spezifiziert wird. Einerseits kann durch die Zerlegung in erwartete und unerwartete, systematische Renditekomponenten eine Beurteilung der Managerleistung, auch in Bezug auf einzelne Faktoren auf risikoadjustierter Basis, erfolgen. Andererseits ist die Renditezerlegung, im Hinblick auf die Entscheidungsstruktur, in Faktorallokations- und Selektionsbeiträge für die einzelnen Faktoren möglich. Ziel ist es, für fundamentale Mehrfaktorenmodelle eine Performancezerlegung zu ermöglichen, deren Analyse als Information über die Anlageentscheidungsparameter wieder Eingang in den Entscheidungsprozess erhält. Dazu müssen die Entschei-

---

[597] Diese Schätzungen lassen sich aber durch einen einmal definierten Algorithmus automatisieren und unterliegen dann nur statistischen Schätzfehlern. Der Vorteil liegt also nicht nur in der Reduktion der Dimension der expliziten Renditeschätzungen, sondern vielmehr in der Beschränkung auf Schätzungen, deren Schätzfehler besser kontrolliert werden können. Dies unterstellt, dass Schätzungen über die Entwicklung ökonomischer Variablen sicherer sind als Schätzungen der relativen Wertpapierrenditen.

[598] In der Literatur findet sich eine Fülle solcher Faktormodelle für die verschiedensten Wertpapier-Marktsegmente. Vgl. z. B. in Tabelle 9, Abschnitt 3.2.2 aufgeführte Studien.

dungsebenen des Anlageprozesses und die Zerlegungskriterien für die Performance aufeinander abgestimmt sein. Die klassische ex-post Aufteilung der erzielten Performance in Assetklassen und deren Untergliederungen nach verschiedenen Ordnungskriterien kann diesem Anspruch nicht gerecht werden.

Wenn sich die Performance nach den fundamentalen Einflussfaktoren zerlegen lässt, dann ist aus den einzelnen Risikokomponenten auch ein aggregiertes systematisches Risiko ableitbar. Diese Risikosynthese zu einem Abweichungsmaß wird im Abschnitt 3.5 dargestellt. Im Vergleich mit den klassischen Risikomaßen kann dann analysiert werden, ob ein höherer Renditenanteil systematisch durch die Einflussfaktoren erklärt werden kann. Dieses Risikomaß ist auch für die Portfoliooptimierung geeignet: Hierbei werden explizite Renditeschätzungen fundamental aus verschiedenen Faktoren abgeleitet, die somit auch die Wertpapierselektion beeinflussen. Die Selektion wird allgemein auf Basis einer Optimierung durchgeführt, die erwartete Renditen und erwartete Risiken gegeneinander abwägt. Die Definition einer Nutzenfunktion legt dabei die Relation zwischen Rendite und Risiko fest. Bei der Rendite wird die klassische, eindimensional entstandene Schätzung durch eine mehrdimensional entstandene Schätzung ersetzt.[599] Das Risiko wird aber üblicherweise weiterhin über die historische Kovarianzmatrix der Wertpapierrenditen definiert.[600] Für aktive Portfolios, die auf dieser Basis konstruiert werden, entsteht dann ein Steuerungsproblem, wenn die Schätzung für einen Faktor der Renditeteilkomponenten revidiert werden muss. Sinnvoll wäre es in diesem Fall das Portfolio gegen den Einfluss der entsprechenden Entscheidungsvariable zu immunisieren. Dies bedeutet, das Risiko, das durch die Fehleinschätzung einer renditegenerierenden Variablen entsteht, derart zu mindern, dass die aktive Positionierung hinsichtlich dieser Variable reduziert oder sogar neutralisiert wird. Verwendet der Manager aber die Varianz bzw. die Standardabweichung der gesamten aktiven Position des Portfolios als Risikomaß, dann kann er bei eintretender Unsicher-

---

[599] Unter Dimensionen wird hier die Anzahl der Renditeteilkomponenten verstanden, die aggregiert die Renditeschätzung des Wertpapiers ergeben. Die eindimensionale Schätzung erfolgt für die einzelnen Wertpapiere i. d. R. implizit über eine Marktrenditeschätzung und den jeweiligen Betafaktor der Wertpapiere.

[600] Die Optimierungsmodelle unterscheiden sich i. d. R. nur darin, dass entweder die Renditevarianz oder Rendite-Semivarianz minimiert wird. Vgl. Optimierungsmodelle von BARRA "Aegis", das wie die meisten Programme die Varianz als Risikomaß verwendet, während z. B. das Programm "The Expert Allocator" von Sponsor-Software Systems, Inc. auch die Semivarianz berücksichtigt; FERGUSON (Expert Allocator, 1996), S. 48; BARRA (Aegis, 1996), S. 292.

heit hinsichtlich einer Entscheidungsvariablen nur das gesamte aktive Risiko (TE) pauschal reduzieren.

3.1 Grundlagen für ein mehrdimensionales Risikomodell fundamentaler Faktoren

Im Abschnitt 1.2.1.4 wurden Faktormodelle und Bewertungsmodelle abgegrenzt. Danach stellen Bewertungsmodelle spezielle Faktormodelle dar, die bestimmten Anforderungen an die verwendeten Faktoren genügen und auf der Kapitalmarkttheorie basieren. Im Rahmen der APT ist die wesentliche Anforderung dabei die Verwendung von nicht prognostizierbaren Faktoren mit einer signifikanten Risikoprämie, d. h. Faktoren, die im Sinne der Kapitalmarkttheorie durch den Zusatzertrag bezahlt werden.[601] Die Anforderungen an Steuerungsgrößen im Anlagemanagement stehen diesen z. T. gegenüber: So haben statistisch generierte Faktoren, wie sie aus der Faktoranalyse gewonnen werden, keine Steuerungsfunktionalität, wenn sie nicht mit bekannten Einflussgrößen interpretiert werden können.[602] D. h. eine Performancezerlegung, die auf statistischen Faktoren aufbaut, lässt keine Bewertung des Entscheidungsprozesses zu.

Bezahlte Risikofaktoren können gemäß empirischen Analysen oft nicht die Zeitreiheneigenschaften der Wertpapiere abbilden, während Faktoren, die Zeitreiheneigenschaften der Wertpapiere abbilden, nicht notwendigerweise bezahlte Risikofaktoren sind.[603] Die Definition der auf makroökonomischen Variablen basierenden Faktoren wird in empirischen Studien zudem sehr heterogen behandelt, auch werden Saisonalitäten nur zum Teil berücksichtigt.[604]

---

601 Die Faktoren müssen im Sinne der halbstrengen Markteffizienz öffentliche Informationen bereits eskomptieren, da nur unerwartete Faktoränderungen ein Risiko darstellen, das gegebenenfalls bezahlt wird, vgl. Abschnitt 1.2.3.1. Daher werden insbesondere Schätzer, die auf öffentlichen, ökonomischen Daten beruhen als erwartete Faktorausprägungen betrachtet. Als Konsequenz können nur private Informationen des Portfoliomanagers über einen Faktor zu einer aktiven Positionierung in Bezug auf diesen Faktor führen, vgl. ausführliche Darstellung im folgenden Abschnitt 3.1.2.

602 Eine solche Interpretation gelingt im Allgemeinen bei der Hauptkomponentenanalyse von Anleiherenditen über verschiedene Restlaufzeitsegmente. Die erste Hauptkomponente beschreibt dabei die Parallelverschiebung der Renditestrukturkurve, die Zweite die Drehung und die dritte Komponente die Biegung oder Krümmung; vgl. LITTERMAN/SCHEINKMAN (Common Factors, 1991), S. 57-58; HESS (Zinsstruktur, 1995), S. 155-158; KAHN (Bond Performance Analysis, 1991), S. 20-22.

603 KRYZANOWSKI/ZHANG (Economic Forces, 1992), S. 228.

604 So werden die Faktoren "Zinsstruktur" und "Risikoprämie" z. B. nur in wenigen empirischen Untersuchungen so transformiert, dass die Anforderung eines Mittelwertes von Null

Basis für die weitere Untersuchung und anschließende Modellbildung ist ein allgemeines Mehrfaktorenmodell wie die APT. Es beschreibt die Renditegenerierung auf der Basis mehrerer, vorabspezifizierter, interpretierbarer Faktoren. Durch die Verwendung statistischer Faktoren ist aber eine effiziente Überprüfung des Bewertungsmodells mit vorabspezifizierten ökonomischen Faktoren möglich.[605] Ziel der Untersuchung ist es, eine alternative, entscheidungsorientierte Performancezerlegung zu definieren, die eine prinzipielle Aufspaltung in die Entscheidungskomponenten ermöglicht. Darüber hinaus soll ein Risikomaß spezifiziert werden, das die systematischen Risikokomponenten einerseits unverzerrt aggregiert und andererseits eine Zerlegung dieses Risikos in die Faktorbeiträge ermöglicht.

3.1.1 Lineares Mehrfaktorenmodell

Ausgangspunkt der Überlegung ist die Annahme, dass die tatsächliche Rendite eines Wertpapiers durch ein lineares Faktormodell (LFM) beschreibbar und in drei additive Anteile – 1) die erwartete Rendite des Wertpapiers, 2) die systematische Rendite und 3) die unsystematische, wertpapierspezifische Rendite – zerlegbar ist:[606]

---

erfüllt wird. Die durchschnittliche Risikoprämie ist im Allgemeinen positiv, d. h. Risiko wird durch eine positive Rendite bezahlt, und auch die Zinsstruktur ist i. d. R. normal, d. h. der Zins für langfristig gebundenes Kapital ist höher als der kurzfristige Zinssatz. Vgl. KRYZANOWSKI/ZHANG (Economic Forces, 1992), S. 232.

Zu widerstreitenden Ergebnissen in der Literatur bei der Verwendung gleicher Faktoren vgl. z. B. CHEN/ROLL/ROSS (Economic Forces, 1986), S. 395-399, und POON/TAYLOR (Macroeconomic Factors, 1991), S. 624-633. CHANG/PINEGAR (Stock Market Seasonals, 1990), S. 523-525 (Risikoprämien) und S. 525-528 (Sensitivität), zeigen z. B., dass die Faktorrisikoprämien und -sensitivitäten von CHEN/ROLL/ROSS (Economic Forces, 1986), S. 395-399, im Januar starke Instationaritäten gegenüber den restlichen Monaten des Jahres aufweisen. GULTEKIN/GULTEKIN (Return Anomalies, 1987), S. 1220-1222, finden ebenfalls nur für den Monat Januar signifikante Risikoprämien. Ein ähnliches Ergebnis für die Risikoprämie des CAPM findet sich bei ROZEFF/KINNEY (Capital Market, 1976), S. 390-395, und für das Zwei-Parameter CAPM bei TINIC/WEST (Risk, 1986), S. 140. Für einen Überblick über empirische Untersuchungen vgl. KRYZANOWSKI/ZHANG (Economic Forces, 1992), S. 228, und Abschnitt 1.2.2.2.1.

605 Vgl. Abschnitt 1.2.3.1. Auf diese Analyse wird jedoch verzichtet, weil es nicht das Ziel dieser Arbeit ist, ein gültiges Faktormodell für einen bestimmten Markt zu spezifizieren. Es soll lediglich dazu verwendet werden, die systematischen Analyseinstrumente darzustellen.

606 ROLL/ROSS (Strategic Portfolio Planning, 1984), S. 15; BURMEISTER/MCELROY (Joint Estimation, 1988), S .722.

$$R = E + b\delta + \varepsilon \tag{101}$$

mit R = tatsächliche Wertpapierrendite,
E = erwartete Wertpapierrendite $E[R]$,
b = Sensitivität des Wertpapiers gegenüber Änderungen des systematischen Faktors,
δ = tatsächliche Rendite des systematischen Faktors,
ε = Rendite der unsystematischen Faktoren.[607]

Empirisch wird, bei Verwendung mehrerer Risikofaktoren, für jedes Wertpapier i die Zeitreihenregression zur Bestimmung der Sensitivitätskoeffizienten des linearen Faktormodells geschätzt:[608]

$$R_{it} = \alpha_{it} + \sum_{j=1}^{k} b_{ij}\,\delta_{jt} + \varepsilon_{it} \tag{102}$$

mit t = Zeitraum 1, ..., T,[609]
α_{it} = Absolutglied des Wertpapiers i im Zeitraum t der die erwartete Rendite $E[R_i]$ schätzt,

---

[607] Vgl. Gleichung (17) im Abschnitt 1.2.3.1 zur APT.

[608] Anstelle eines Wertpapiers kann auch ein Portfolio mit dem Index i bezeichnet sein. Viele empirische Untersuchungen bevorzugen die Bildung von Portfolios nach unterschiedlichen Kriterien, um so eine Diversifikation der Renditen zu erzeugen. Kriterien zur Portfoliobildung können dabei u. a. die Marktkapitalisierung (Size) oder die Branchenzugehörigkeit sein. Beispiele für Branchenportfolios finden sich z. B. bei LIVINGSTON (Industry Movements, 1977), S. 868; JORION (Exchange Rate Risk, 1991), S. 369-371; CHEN/JORDAN (Empirical Tests, 1993), S. 67-68 und 77-78. Size-Portfolios werden u. a. von SHANKEN/-WEINSTEIN (Macroeconomic Variables, 1990), S. 6, POON/TAYLOR (Macroeconomic Factors, 1991), S. 621, und CHEN/ROLL/ROSS (Economic Forces, 1986), S. 394, verwendet.

Empirisch wird oftmals die Überschussrendite r anstelle der Gesamtrendite R als abhängig Variable verwendet; z. B. CLARE/THOMAS (Macroeconomic Factors, 1994), S. 316; FERSON/HARVEY (Sources of Risk, 1994), S. 776. Dies erscheint sinnvoll, um die Sensitivitäten gegen die gleichen Renditezeitreihen zu schätzen, wie anschließend die Risikoprämien, vgl. Gleichung (103). Dabei ist dann aber zu beachten, dass in Gleichung (104) die Konstante γ_{0t} nicht mehr der risikolosen Rendite entspricht, sondern den Erwartungswert Null aufweist. FERSON/HARVEY (Sources of Risk, 1994), S. 777, geben dazu eine Relation zwischen den Sensitivitäten der Überschussrenditen b_r und den Sensitivitäten der Gesamtrenditen b_R an. Danach ist $b_r = b_R - b_f$, mit b_f als Sensitivität der abhängigen Variablen zur risikolosen Anlage.

[609] Die Wahl der Regressionslänge hat einen nicht zu vernachlässigenden Einfluss auf die statistischen Eigenschaften der Schätzer. SUNDER (Stationarity, 1980), S. 887, weist bei der Messung der Stationarität der Marktbetas auf die Tatsache hin, dass die Instationarität der geschätzten Beta-Zeitreihe mit abnehmender Anzahl der Beobachtungen T und kürzeren Messintervallen (Länge von T z. B. in Tagen, Monaten oder Jahren) abnimmt.

k = Anzahl der Faktoren.

Das Faktormodell beschreibt also die Differenz zwischen tatsächlicher und erwarteter Rendite durch die Linearkombination der Faktorveränderungen und einen unsystematischen Term ε_i.[610] Unter der zusätzlichen Annahme, dass die Faktoren die wesentlichen Komponenten der systematischen Rendite beschreiben[611], werden in einer zweiten Stufe die Risikoprämien der Faktoren für die Erklärung der Überschussrenditen zu jedem Zeitraum t durch Querschnittsregressionen über alle Wertpapier i berechnet:[612]

$$r_{it} = R_{it} - R_{ft} = \lambda_{0t} + \sum_{j=1}^{k} \lambda_{jt} b_{ij} + \varepsilon_{it} \tag{103}$$

mit r_{it} = Wertpapier-Überschussrendite im Zeitraum t,
R_{it} = tatsächliche Wertpapierrendite im Zeitraum t,
R_{ft} = risikofreie Rendite im Zeitraum t,
λ_{0t} = Absolutglied (Achsenabschnitt) im Zeitraum t,
λ_{jt} = geschätzte Risikoprämie des Faktors j im Zeitraum t,
b_{ij} = Sensitivität des Wertpapiers i gegenüber dem Faktor j,[613]
ε_{it} = residualer Fehler im Zeitraum t des Wertpapiers i, der der unbedingten, unerwarteten Rendite entspricht.

Hier wird der risikofreie Zins in der Definition der Überschussrendite verwendet. Alternativ kann in der APT auch die Zero-Beta Portfoliorendite eingesetzt

---

610 BERRY/BURMEISTER/MCELROY (Sorting out Risks, 1988), S. 31.

611 Die Annahme, daß die Faktoren die wesentlichen Komponenten der systematischen Rendite beschreiben, gilt als erfüllt, wenn die Störterme in (102) mit der zugrundeliegenden Gleichgewichtsbenchmark, d. h. der Marktrendite, unkorreliert sind. Vgl. SHANKEN/-WEINSTEIN (Macroeconomic Variables, 1990), S. 8.

612 Die zweistufige Vorgehensweise geht auf BLACK/JENSEN/SCHOLES (CAPM, 1972), S. 83-98, und FAMA/MACBETH (Risk, 1973), S. 614-616, zurück; vgl. Abschnitt 1.2.2.1. Für eine Diskussion dieser Methode, insbesondere der Querschnittsregression bei großen Stichproben, vgl. SHANKEN (Beta-Pricing Models, 1992), S. 1-33, der von einer bedingten Heteroskedastizität der Renditen ausgeht, und JAGANNATHAN/WANG (Asymptotic Theory, 1998), S. 1291-1295, die allgemeiner bedingte, heteroskedastische Renditen unterstellen.

Unterschiede gibt es auch in der zeitlichen Anordnung der verwendeten Daten. Während u. a. CHAN/CHEN/HSIEH (Firm Size Effect, 1985), S. 456, und CHEN/ROLL/ROSS (Economic Forces, 1986), S. 394, die Faktorsensitivitäten in einem zur Querschnittsregression vorgelagerten Zeitraum kalkulieren, bestimmt GIBBONS (Financial Models, 1982), S. 12, die Risikopreise der Faktoren im gleichen Zeitraum, in dem auch die Sensitivitäten bestimmt werden. Vgl. Abschnitt 3.3.4.

613 Die Sensitivitäten sind hier als exogene Variablen zu betrachten.

werden.[614] Während die Zeitreihenregression (102) vielfach über eine Kleinste-Quadrat Schätzung (OLS) bestimmt wird, verwenden einige Autoren zur Schätzung der Querschnittsgleichung (103) eine GLS-Regression – eine generalisierte Form der OLS.[615] Dies wird mit der Annahme begründet, dass die Fehlervarianzen der Wertpapiere Var(ε_i) nicht identisch sind, d. h. eine Strukturbruch (Heteroskedastizität) in den Wertpapieren zu vermuten ist.[616] Die Signifikanz der in (103) geschätzten Risikoprämien der Faktoren λ_{jt} können anschließend durch einen t-Test überprüft werden.[617] Da aber im Allgemeinen nichtstationäre Risikoprämien zu erwarten sind, müssen die Testintervalle entsprechend kurz gewählt werden. Tests über 5 bis 10 Jahre sind im Rahmen der hier angestrebten Performanceanalyse und Positionierungssteuerung nicht sinnvoll.[618]

Sollen die unterschiedlichen Signifikanzen der in der Zeitreihenregression (102) gemessenen Wirkungszusammenhänge berücksichtigt werden, kann eine Gewichtung der Überschussrenditen und Faktorbetas in der Querschnittsregression vorgenommen werden

$$g_i r_{it} = \lambda_{0t} + \sum_{j=1}^{k} \lambda_{jt} (g_i b_{ij}) + \varepsilon_{it},$$

---

614 Zum Zero-Beta Konzept vgl. Abschnitt 1.2.2.1 (CAPM) und Abschnitt 1.2.3.1 (APT).

615 JAGANNATHAN/WANG (Asymptotic Theory, 1998), S. 1291, führen, neben den möglichen ökonometrischen Effizienzvorteilen der GLS, auch die ökonomische Interpretierbarkeit des Bestimmtheitsmaßes R^2, als Grad der Ineffizienz des im CAPM verwendeten Indexportfolios, als Vorteil an. Dazu wird die Kovarianzmatrix der Renditen als Gewichtungsmatrix verwendet. Bei der OLS können das R^2 und die Koeffizienten bei ineffizientem Indexportfolio hingegen beliebige Werte annehmen; KANDEL/STAMBAUGH (Portfolio Inefficiency, 1995), S. 169-170.

616 CHEN/JORDAN (Empirical Tests, 1993), S. 77-78. SHANKEN/WEINSTEIN verweisen dagegen darauf, daß in großen Stichproben die exakte Schätzung der Kovarianzmatrix und ihrer Inversen nur schwer möglich ist. Die GLS-Methode wird daher für große Stichproben ineffizient. Zusätzlich besteht die Gefahr, daß die Varianz der GLS-Schätzer in großen Stichproben unterschätzt wird. Sie bevorzugen daher OLS- oder WLS-Schätzungen bei großen Stichproben. Vgl. SHANKEN/WEINSTEIN (Macroeconomic Variables, 1990), S. 11; JAGANNATHAN/WANG (Asymptotic Theory, 1998), S. 1302. Es wird daher hier in den empirischen Berechnungen weiter eine OLS-Schätzung als spezielle Form der allgemeineren WLS verwendet.

617 Vgl. Abschnitt 3.3.4.

618 CLARE/THOMAS (Macroeconomic Factors, 1994), S. 319. Tests über lange Zeiträume werden dennoch bei CHEN/ROLL/ROSS (Economic Forces, 1986), S. 394-401, und CHAN/CHEN/HSIEH (Firm Size Effect, 1985), S. 457-459, vorgenommen. Die Interpretation der Risikoprämiensignifikanz kann sich bei diesen Studien aber nur auf die mittlere, langfristige Risikoprämie richten.

mit g_i = Gewicht des Wertpapiers i in der Querschnittsregression.

Das Gewicht kann z. B. durch die Inverse des Standardfehlers der Zeitreihenregression bestimmt werden ($g_i = 1 / \sigma_{\varepsilon,i}$).[619]

Die erwartete Rendite a_i, das Absolutglied in der Zeitreihenregression (102), muss gemäß der APT-Restriktion der Summe aus risikofreiem Zins und den sensitivitätsgewichteten Risikofaktorpreisen λ_j entsprechen[620]

$$a_{it} = R_{ft} + \sum_{j=1}^{k} b_{ij} \lambda_{jt} . \tag{104}$$

Wird dies in die empirische Zeitreihenregression (102) eingesetzt, so ergibt sich für die Überschussrendite r_{it}

$$r_{it} = R_{it} - R_{ft} = \sum_{j=1}^{k} \lambda_{jt} b_{ij} + \sum_{j=1}^{k} b_{ij} \delta_{jt} + \varepsilon_{it} .^{621} \tag{105}$$

Der Vergleich von (105) mit der Querschnittsregressionsgleichung (103) verdeutlicht, dass λ_0 in (103) die unerwartete Rendite durch das Produkt aus Sensitivitäten und Faktorrenditen schätzt, weil für den Erwartungswert der Faktorrendite Null angenommen wird ($E[\delta] = 0$). Daher ist auch für λ_0 der Erwartungswert Null. Als Test des Mehrfaktorenmodells (APT) kann die Signifikanz des Absolutglieds λ_0 der Querschnittsregression der mittleren Wertpapier-Überschussrenditen $\bar{r}_i$ dienen

$$\bar{r}_i = \lambda_0 + \sum_{j=1}^{k} \lambda_j b_{ij} + \varepsilon_i , \tag{106}$$

mit $\bar{r}_i = \frac{1}{T} \sum_{t=1}^{T} r_{it}$, wenn r_{it} stetige Renditen sind.[622]

---

619 CHEN/JORDAN (Empirical Tests, 1993), S. 78. Es unterliegt keiner Beschränkung in der Form, dass die Gewichte über alle Wertpapiere aggregiert Eins ergeben müssen.

620 BURMEISTER/MCELROY (Joint Estimation, 1988), S. 724-725; vgl. Abschnitt 1.2.3.1, Gleichung (18).

621 Anstelle der zweistufigen Bestimmung der Bewertungsgleichung kann auch mit Hilfe der Methode der nichtlinearen, scheinbar unverbundenen Regressionen eine simultane Schätzung der Parameter b und λ vorgenommen werden. Vgl. dazu Abschnitt 1.2.3.1.4. Hier würde das zu lösende Gleichungssystem der Gleichung (105) entsprechen. Die Risikoprämien λ_j stellen dabei die Querschnittsrestriktionen des Gleichungssystems dar, d. h. sie müssen über alle Wertpapiere i identisch sein.

3.1.2 Erwartete und unerwartete Renditen

Die Risikoprämien λ_j stellen die vom Investor für die Übernahme von Risiko erwartete Rendite dar. Die Erwartung basiert auf öffentlichen Informationen, d. h. dem Investor ist das Ausmaß des Risikos bewusst und er bewertet dies einheitlich. Bezogen auf ökonomische Faktoren bedeutet dies, dass der Investor für die Übernahme eines Risikos, d. h. einer von Null verschiedenen Sensitivität, eine Prämie fordert. Da die Veränderungen der erklärenden Variable, die der Faktor abbildet, per Definition einen Erwartungswert von Null aufweisen, wird für dennoch eintretende Faktorveränderungen keine Rendite erwartet. Änderungen der Faktoren sind daher unerwartete Ereignisse, die nur durch nicht öffentliche (private) Informationen antizipiert werden können. Erwartete Renditen basieren dagegen auf öffentlichen Informationen, während unerwartete Renditen auf der Basis ausschließlich öffentlicher Informationen einen Erwartungswert von Null haben. Besitzt ein Manager aber darüber hinausgehende (private) Informationen, kann u. U. für diesen informierten Manager ein von Null verschiedener Erwartungswert für die unerwarteten Renditen bestehen. Damit sind 'erwartet' und 'unerwartet' im Sinne einer halbstrengen Kapitalmarkteffizienz zu verstehen.[623] Diese geht davon aus, dass öffentliche Informationen in den Wertpapierpreisen enthalten sind, während private, nicht kostenlos zu erlangende Informationen nicht automatisch eskomptiert werden. Zumindest wird sich die Berücksichtigung dieser Informationen langsamer vollziehen und möglicherweise nur zu einem Teil in den Preisen widerspiegeln. Dabei muss der Preis der Informationsgewinnung berücksichtigt werden. In diesem Sinn müssen die im folgenden Abschnitt verwendeten Begriffe der erwarteten und unerwarteten Renditen interpretiert werden.

---

622 CHEN/JORDAN (Empirical Tests, 1993), S. 80-82. Zur Berechnung mittlerer Überschussrenditen vgl. Abschnitt 2.2.1.1. λ_0 sollte gleich Null sein und kann als durchschnittliche Überschussrendite des Mittelwert-Varianz minimalen Zero-Beta Portfolios interpretiert werden. D. h. signifikante Achsenabschnitte weisen auf eine mögliche unvollständige Spezifikation des Faktormodells hin. Vgl. CHEN/JORDAN (Empirical Tests, 1993), S. 82, zu Einschränkungen über die Aussagefähigkeit. Danach ist dies ein schwacher Test für die Gültigkeit der APT.

623 Zur Kapitalmarkteffizienz nach FAMA vgl. Abschnitt 1.2.1.2 und FAMA (Efficient Capital Markets, 1970), S. 388, 404; FAMA (Efficient Capital Markets II, 1991), S. 1577; TINIC/-WEST (Investing in Securities, 1979), S. 98-99 und 490-492; COPELAND/WESTON (Financial Theory, 1988), S. 332; SÜCHTING (Finanzmanagement, 1995), S. 397-398.

3.1.3 Renditezerlegung im Mehrfaktorenmodell

In der klassischen Performancezerlegung wurden bereits zwei Konzepte für die Aufteilung der Performancekomponenten in Entscheidungs- und Verantwortungssegmente dargestellt. Während der Ansatz von FAMA auf der kapitalmarkttheoretischen Definition des Risikos basiert und abgeleitete Zerlegungen auf dem CAPM und verwandten Kapitalmarktmodellen basieren, kommt der Ansatz von BRINSON/HOOD/BEEBOWER für die Attribution aktiver Renditen ohne Risikodefinition aus.[624] Dies kann allerdings als Schwäche des Ansatzes interpretiert werden. Daher wurde durch die Risikozerlegung, die wiederum eine Definition des relevanten Risikos erfordert, in Abschnitt 2.6.1.5 das Risiko als Adjustierung in das Konzept von BHB integriert.

Die tatsächliche Rendite eines aktiv gemanagten Portfolios lässt sich in erwartete und unerwartete sowie aktive und passive Komponenten zerlegen.[625] Ausgehend von dem in Abschnitt 3.1.1 beschriebenen allgemeinen, linearen Renditegenerierungsprozess lässt sich die Überschussrendite eines Wertpapiers r_i als Summe aus systematischer und unsystematischer Rendite beschreiben

$$r_i = \sum_{j=1}^{k} b_{ij}\lambda_j + \sum_{j=1}^{k} b_{ij}\delta_j + e_i \qquad (105)$$

mit $E[\delta] = E[e] = 0$.

Die systematische Rendite lässt sich dann ihrerseits für beliebige Portfolios in erwartete und unerwartete Komponenten teilen. Wird diese Zerlegung auch für die Benchmark (Marktportfolio) vorgenommen, so ergibt die Differenzen der jeweiligen Portfolio- und Benchmarkkomponenten den aktiven Beitrag. Ausgangspunkt dieser Systematik ist aber, dass stabile, durchschnittliche Risikoprämien λ_j bestimmbar sind, die auch für die jeweils nächste Periode anzunehmen sind. Sind diese Risikoprämien nicht bestimmbar, bzw. insignifikant, wandelt sich das Erklärungsmodell zu einem Mehr-Indexmodell, in dem die Indexrenditen durch die Faktoränderungen δ substituiert werden.

---

[624] Die Systematik der Renditezerlegung von BRINSON/HOOD/BEEBOWER wurde in Abschnitt 2.6.1.2 dargestellt. Vgl. BRINSON/HOOD/BEEBOWER (Portfolio Performance I, 1986), S. 40-41; BRINSON/SINGER/BEEBOWER (Portfolio Performance II, 1991), S. 40-42.

[625] Die 'erwartete Rendite' ist dabei als bedingte Erwartung im kapitalmarkttheoretischen Sinn unter Berücksichtigung der öffentlichen Informationen zu verstehen. Dazu zählt auch die erwartete Kompensation für ein aktives Risiko, auch wenn es auf Basis privater Informationen eingegangen wurde. Werden dagegen erwartete Faktoränderungen, die auf privaten Informationen basieren, gezielt durch eine aktive Positionierungen ausgenutzt, so sind die resultierenden Renditekomponenten unerwartet. Vgl. vorhergehenden Abschnitt 3.1.2.

Ausgehend von der kapitalmarkttheoretischen Unterteilung in erwartete und unerwartete, systematische Renditekomponenten, werden lediglich unerwartete Renditen als Leistung des Managers bewertet. Erwartete Renditen stellen eine Kompensation für eingegangene Risiken dar und sind bei risikoadjustierter Betrachtung nicht als Managerleistung zu interpretieren. Demnach sind für die Leistungsbeurteilung des Managers besonders seine Fähigkeit zur Schätzung unerwarteter Faktoränderungen und die konsequente Positionierung in Form der Faktorladungen von zentraler Bedeutung.

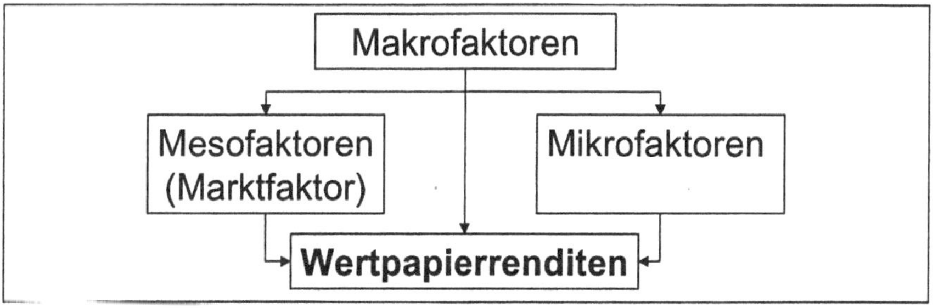

Abbildung 19: Wirkungszusammenhang der erklärenden Faktorgruppen auf Wertpapierrenditen

3.2 Fundamentale ökonomische Erklärungsfaktoren

Zur Erklärung von Wertpapierrenditen kommen verschiedene Gruppen von Faktoren in Betracht. Diese gliedern sich grob in volkswirtschaftliche, makroökonomische Faktoren, in unternehmensspezifische Mikrofaktoren oder Faktoren, die aus dem Markt selbst abgeleitet werden, sogenannten Mesofaktoren. Die letztere Gruppe soll hier zunächst nur durch den Marktfaktor, d. h. das Markt-Beta, dargestellt werden. Zu dieser Gruppe werden aber auch Stimmungsindikatoren, sogenannte Sentiment-Indikatoren, oder Kennzahlen über Liquiditätsströme gerechnet. Die Wirkung der einzelnen Gruppen muss dabei nicht direkt auf die Wertpapierrenditen erfolgen. Vielmehr kann angenommen werden, dass Makrofaktoren neben der direkten Wirkung auch implizit über Mikro- oder Mesofaktoren wirken, vgl. Abbildung 19.

3.2.1 Anforderungen an Erklärungsfaktoren

Für die empirische Umsetzung der APT wurde zunächst die Faktoranalyse als Methode zur Generierung von Erklärungsfaktoren verwendet.[626] Der Vorteil

[626] Vgl. Abschnitt 1.2.3.2.1 und GEHR (Tests of Arbitrage Pricing, 1978), S. 91-105; ROLL/ROSS (Empirical Investigation, 1980), S. 1073-1103.

dieser Methode liegt darin, vorab kein Wissen über die Faktoren zu erfordern. Zusätzlich besteht immer die Möglichkeit, Arbitrageportfolios zu konstruieren, die jedes Faktorrisiko eliminieren.[627] Die Nachteile liegen vor allem in der fehlenden ökonomischen Interpretierbarkeit der (statistischen) Faktoren und der Abhängigkeit von den Charakteristika der untersuchten Wertpapierstichprobe.[628] Um diesen Nachteil ausgleichen zu können, wurde von CHEN/ROLL/ROSS die Vorabspezifikation ökonomischer Variablen als Risikofaktoren eingeführt.[629] Für die Auswahl der ökonomischen Faktoren existiert aber kein theoretisches Modell.[630] Da ökonomische Faktoren z. T. untereinander hoch korreliert sind, existiert kein eindeutiges theoretisches Modell, so dass die Kriterien für die Variablenauswahl kausal hergeleitet werden müssen.

In effizienten Märkte sind in den aktuellen Wertpapierpreisen alle öffentlichen und antizipierbaren Informationen eingegangen.[631] Preisveränderungen werden ausschließlich durch unerwartete Informationen initiiert.[632] Das gängigste Verfahren ist dazu die Berechnung einer einfachen Wachstumsrate. Diese kann entweder als diskrete Rendite, als stetige Rendite oder als einfache Differenz gebildet werden. Andere Verfahren sind z. B. der Kalman-Filter[633], ARIMA-

---

627 CHEN/JORDAN (Empirical Tests, 1993), S. 65-66.

628 Die Anzahl der Faktoren und die Sensitivitäten sind z. B. abhängig von der Größe des analysierten Wertpapieruniversums. Vgl. LIVINGSTON (Industry Movements, 1977), S. 861-863; DHRYMES/FRIEND/GULTEKIN (Reexamination, 1984), S. 323-346.

629 Vgl. CHEN/ROLL/ROSS (Economic Forces, 1983), S. 2-5; CHEN/ROLL/ROSS (Economic Forces, 1986), S. 385-391; CHAN/CHEN/HSIEH (Firm Size Effect, 1985), S. 452-455, und Abschnitt 1.2.3.2.3 sowie den folgenden Abschnitt 3.2.2. Bereits SCHIPPER/THOMPSON (Common Stocks, 1981), S. 310-314, haben das Verhältnis von makroökonomischen Variablen zu Wertpapierrenditen untersucht. Allerdings wurde dabei nicht getestet, ob diese Faktoren auch bezahlt werden. Daher basiert die Faktordefinition von vielen empirischen Analysen auf den bei CHEN/ROLL/ROSS entwickelten Faktoren.

630 Dennoch wird eine theoretische Fundierung der verwendeten Faktoren z. B. von ELTON/-GRUBER gefordert, weil ihrer Ansicht nach dadurch die statistischen Tests eine stärkere Aussage erhalten. Das Fehlen einer allgemein gültigen Theorie für die richtigen Faktoren oder Unternehmenscharakteristika lässt die Kontroverse über empirisch oder theoretisch abgeleitete Faktoren offen. ELTON/GRUBER (Modern Portfolio Theory, 1995), S. 380.

631 FAMA (Efficient Capital Markets, 1970), S. 384.

632 Damit die Faktoren nicht vorhersagbar sind, werden die Faktoren so konstruiert, dass ihr Erwartungswert Null ist. BERRY/BURMEISTER/MCELROY (Sorting out Risks, 1988), S. 30.

633 Der Kalman-Filter bestimmt rekursiv, unter Verwendung aller bis zum Zeitpunkt der Schätzung vorhandenen Beobachtungen ($y_1, ..., y_T$), eine Schätzung des Zustandsvektors z_t. D. h. der optimale Schätzer, der durch den Kalman-Filter erstellt wird, ist der bedingte Erwartungswert eines Zustandsvektors, d. h. $E[z_t | y_1, ..., y_T]$. Zusätzlich erhält man die be-

Modelle[634] oder die Orthogonalisierungen[635]. Bei Variablen, die nicht als Prozentsatz notieren, wird die Berechnung als stetige Rendite vorgezogen. Dagegen werden Wachstumsraten von Variablen, die als Prozentsatz notieren, wie z. B. Zinssätze, i. d. R. als Differenzen berechnet. Im Einzelnen ist jedoch zusätzlich zu prüfen, ob diese Transformationen hinreichend sind, damit die Erwartungswerte Null sind.[636] Mehrere Autoren zerlegen z. B. die Variable 'Inflation' in eine erwartete und eine unerwartete Komponente. Die erwartete Infla-

---

dingte Kovarianzmatrix Cov $(z_t \mid y_1, ..., y_T)$, die als Maß der Schätz- bzw. Prognoseunsicherheit dient. Wird $t > T$ gewählt, dann wird der Zustandsvektor geschätzt, ansonsten $(t = 1, ..., T)$ spricht man von Glättung oder Filterung. Vgl. zur mehr statistischen Beschreibung der Kalman-Filterung LÜTKEPOHL (Time Series Analysis, 1991), S. 428; HARVEY (Zeitreihenmodelle, 1995), S. 105-107; SCHLITTGEN/STREITBERG (Zeitreihenanalyse, 1997), S. 220-228. Angewendet wird das Verfahren insbesondere zur Generierung des unerwarteten Inflationsfaktors z. B. bei BURMEISTER/WALL/HAMILTON (Using Kalman Filtering, 1986), 158-160; BURMEISTER/WALL (Macroeconomic Factor Measures, 1986), S. 1-20, BERRY/BURMEISTER/MCELROY (Sorting out Risks, 1988), S. 32; MCELROY/BURMEISTER (Arbitrage Pricing Theory, 1988), S. 35-36, und YOUNG/BERRY/HARVEY/PAGE (Systematic Risk, 1987), S. 73-76.

634 Zur Bestimmung der Innovationen in den ökonomischen Variablen mit Hilfe von ARIMA-Modellen vgl. BEENSTOCK/CHAN (Economic Forces, 1988), S. 32; POON/TAYLOR (Macroeconomic Factors, 1991), S. 626-628; BODURTHA/CHO/SENBET (Economic Forces, 1989), S. 30-32.

635 Orthogonalisierungen werden u. a. von JORION (Exchange Rate Risk, 1991), S. 366 verwendet. JORION verwendet dazu eine einfache Regression (OLS). In seinem Zweifaktor-Modell wird der zweite Faktor (Wechselkurs) zunächst gegen den ersten Faktor (Marktrendite) regressiert. Die Residuenzeitreihe dieser Regression, die per Definition mit dem ersten Faktor unkorreliert ist, geht als zweiter Erklärungsfaktor in das Modell ein.

Übersichten über die Anwendung der verschieden Verfahren in empirischen Analysen finden sich bei NOWAK (Faktormodelle, 1994), S. 122-125, und LOCKERT (Risikofaktoren, 1996), S. 86-88.

636 Ob die abgeleitete Zeitreihe einen Erwartungswert von Null hat und somit keinen Trend aufweist, wird allgemeiner durch einen Test auf serielle Abhängigkeit festgestellt. Liegt diese Abhängigkeit vor, kann z. B. durch die Residuen eines autoregressiven Modells erster Ordnung die unerwartete Änderung modelliert werden. Vgl. z. B. CHEN/JORDAN (Empirical Tests, 1993), S. 70, die für den Faktor Ölpreis eine Autokorrelation feststellen. Würden die seriellen Abhängigkeiten nicht bereinigt, so können nach POON/TAYLOR (Macroeconomic Factors, 1991), S. 632-633, zufällige Zusammenhänge entstehen. Ein Beispiel für gefilterte Faktorzeitreihen, die keine Saisonalitäten oder seriellen Abhängigkeiten mehr enthalten (ARIMA), findet sich bei POON/TAYLOR (Macroeconomic Factors, 1991), S. 624-628. Ungefilterte Faktorzeitreihen wurden u. a. von CHEN/ROLL/ROSS (Economic Forces, 1986), S. 385-391; SHANKEN/WEINSTEIN (Macroeconomic variables, 1990), S. 7-8; HAMAO (Empirical Examination, 1988), S. 48-52, und MARTINEZ/RUBIO (Arbitrage Pricing, 1989), S. 7-11, eingesetzt.

tion lässt sich durch den Zinssatz für kurzfristige Termingelder (z. B. T-Bill Rendite) und der Änderung des Verbraucherpreisindizes beschreiben.[637]

Schließlich muss die Multikollinearität der ökonomischen Faktoren geprüft werden, damit die zu schätzenden Modellparameter verzerrungsfrei sind.[638] Existiert eine Variable, die durch andere Variablen geschätzt werden kann, muss diese entweder ausgeschlossen oder so verändert werden, dass nur der unerwartete, nicht zu schätzende Teil als Faktor verwendet wird.[639] Multikollinearität wird dadurch weitgehend vermieden, und fehlende Faktoren werden in einer Art Sammelfaktor aufgefangen.[640]

Die zweite zentrale Forderung besteht darin, dass Faktoren einen signifikanten Einfluss auf die Wertpapierrenditen haben sollen. Dieser Einfluss soll sich entsprechend der Kapitalmarkttheorie auf alle Wertpapiere erstrecken. Unternehmensspezifische Einflüsse werden daher nicht als Faktoren modelliert.[641]

---

[637] Für verschiedene Modelle zur Vorhersage der Inflationsrate vgl. FAMA/GIBBONS (Inflation Forecasts, 1984), S. 328-333. Vgl. auch Darstellung der von CHEN/ROLL/ROSS (Economic Forces, 1986), S. 388, eingeführten intuitiven makroökonomischen Faktoren in Abschnitt 3.2.1.

[638] Ein Test auf signifikant von Null abweichende, paarweise Korrelation der Faktoren kann Aufschluß über mögliche Redundanzen in den Faktoren geben. Z. B. kann dafür der Durban/Watson-Test verwendet werden, vgl. Abschnitt 3.3.3.1. Vgl. auch Beispiel bei CHEN/-JORDAN (Empirical Tests, 1993), S. 71-73.

[639] Ein Beispiel ist der Marktfaktor. Nach Überzeugung vieler Marktteilnehmer stellt der Marktindex die Wirkung der Summe aller relevanten Einflussfaktoren dar, ohne diese Faktoren näher zu spezifizieren. CHANG (Empirical Return Generating Models, 1991), S. 377-380. Nach dieser Auffassung kann die Marktrendite kein Faktor im Rahmen der APT sein, wenn sie nicht der einzige Faktor ist, weil sonst redundante Informationen verwendet würden. Die Abhängigkeit des Marktindexes von fundamentalen Faktoren lässt sich durch eine Zeitreihenregression des Marktindexes mit den ökonomischen Faktoren als erklärenden Variablen messen (vgl. Abbildung 19). Das Residuum dieser Regression wird dann als zusätzlicher Faktor (*residualer Marktfaktor*) in das Erklärungsmodell aufgenommen, weil es den Teil der systematischen Marktbewegung darstellt, der nicht durch die verwendeten ökonomischen Faktoren erklärt wird.

[640] CHEN/JORDAN (Empirical Tests, 1993), S. 82, finden keine signifikanten Unterschiede in den Modellen, wenn entweder die Marktrendite oder das nicht durch ökonomische Faktoren erklärte Residuum der Marktrendite als Faktor verwendet wird. Dies widerspricht weitgehend den theoretischen Überlegungen und empirischen Untersuchungen von CHANG (Empirical Return Generating Models, 1991), S. 380 und 383. Demnach würde die Verwendung der Marktrendite als Faktor in einem Mehrfaktorenmodell zu schwerwiegenden Kollinearitätsproblemen führen, die dann Testergebnisse fälschlich als insignifikant erscheinen lassen.

[641] BERRY/BURMEISTER/MCELROY (Sorting out Risks, 1988), S. 30.

Schließlich sollen die Faktoren erwartete Renditen beeinflussen, so dass ihre Risikopreise λ ungleich Null sein müssen.

Eine Qualitätsbeurteilung dieses Kriteriums lässt sich durch eine Regression der Risikoprämien, die aus der Faktoranalyse gewonnen werden, auf die unerwarteten Änderungen der ökonomischen Faktoren erreichen.[642] Dazu wird für jeden Faktor der Faktoranalyse eine multiple Regression mit den ökonomischen Faktoren als erklärenden Variablen geschätzt. Um die Signifikanz einer bestimmten ökonomischen Variablen zu beurteilen, muss dann die verbundene Hypothese getestet werden, dass ihr Regressionskoeffizient in allen Regressionen Null ist.[643]

Neben den ökonometrischen und kapitalmarkttheoretischen Anforderungen an die Definition der Faktoren muss aber auch der Einsatz in der angestrebten fundamentalen Performancezerlegung als Basis für eine Steuerung des Entscheidungsprozesses beachtet werden. Daher werden die Faktoren so konstruiert, dass sie mit den Entscheidungsparametern im Investitionsentscheidungsprozess konform sind. Dabei können aber sehr wohl die in der Analyse lokalisierten, relevanten Erklärungsfaktoren auch als Basis für die Strukturierung der Entscheidungsfindung dienen. Vordergründig stellen die beiden Anforderungssysteme einen Widerspruch dar, da in der Entscheidungsfindung auf Parameter zurückgegriffen wird, die prognostizierbar sind. Tatsächlich ist dies jedoch unschädlich, solange diese auf privaten Informationen beruhen. Nur öffentliche Informationen sind in den Preisen enthalten, private Informationen ermöglichen aber eine Schätzung für die zukünftige Ausprägung relevanter Risikofaktoren.

3.2.2 Makroökonomische Faktoren

Im Abschnitt 1.2.3.2.3 wurden bereits einige makroökonomische Faktoren erwähnt, die als Erklärungsfaktoren in der empirischen Forschung Verwendung gefunden haben. Da es aber keine generell akzeptierte Theorie gibt, die Wertpapierrenditen mit der Ökonomie verbindet, existiert auch keine eindeutige Auswahl "richtiger" Makrovariablen.[644] Im Weiteren soll deshalb auf die breit anerkannte Auswahl von fünf ökonomischen Faktoren nach ROLL/ROSS und

---

642 Z. B. CHEN/JORDAN (Empirical Tests, 1993), S. 73-75.

643 Vgl. Beispiel für einen solchen verbundenen F-Test auf Signifikanz der Parameter über mehrere Regressionsgleichungen bei CHEN/JORDAN (Empirical Tests, 1993), S. 73-74.

644 KRYZANOWSKI/ZHANG (Economic Forces, 1992), S. 232.

CHEN/ROLL/ROSS[645] verwiesen werden, die auf der intuitiv überzeugenden Überlegung, dass Wertpapierrenditen auf diskontierten Cash-Flow Erwartungen der Unternehmen basieren, beruht.[646] Demnach sind die folgenden Variablen als potentielle Einflussgrößen auf die Wertpapierrenditen zu betrachten:

- Wachstumsrate der Industrieproduktion,[647]
- Änderung der erwarteten Inflation,[648]
- unerwartete Inflation, wobei die Inflationsrate (I_t) als Änderung der natürlichen Logarithmen des Verbraucherpreisindizes (CPI) definiert wird,[649]
- Ausfall-Risikoprämie des Anleihemarktes, die durch die Differenz der monatlichen Renditen zwischen langlaufenden Staatsanleihen der Bonität Aaa und Anleihen niedriger Bonität (Baa oder niedriger) definiert wird,[650]
- Zinsstruktur als Renditedifferenz zwischen langlaufenden Staatsanleihen und dem Einmonats-Zins.[651]

---

645 ROLL/ROSS (Strategic Portfolio Planning, 1984), S. 19; CHEN/ROLL/ROSS (Economic Forces, 1986), S. 386-390. Beispiele für die Anwendung der Faktoren finden sich z. B. bei GANGOPADHYAY (Risk-Return, 1994), S. 348-350; LOCKERT (Risikofaktoren, 1996), S. 220, 231; SHANKEN/WEINSTEIN (Macroeconomic Variables, 1990), S. 2.

646 Vgl. dazu auch die Darstellung bei ROLL/ROSS (Strategic Portfolio Planning, 1984), S. 19, YOUNG/BERRY/HARVEY/PAGE (Systematic Risk, 1987), S. 73-74. Die Änderungen der Industrieproduktion verändern die erwarteten Cash-Flows der Unternehmen und damit den Zähler der Discounted Cash-Flow Formel. Die Risikoprämie und die Zinsstruktur wirken dagegen über den risikoadjustierten Diskontierungsfaktor auf den Nenner. Die unerwartete Inflation wirkt sowohl auf den Diskontierungsfaktor als auch auf die erwartete Rendite; CLARE/THOMAS (Macroeconomic Factors, 1994), S. 311-312. Zum Discounted Cash-Flow Modell vgl. das häufiger verwendete Dividend Discount Modell, das auf die erwarteten Dividendenzahlungen abstellt, bei HIELSCHER (Investmentanalyse, 1996), S. 15-18 und FARRELL (Portfolio Management, 1997), S. 162-163.

647 Definiert durch: ln $[IP_t \,/\, IP_{t-1}]$. Vgl. Analyse von FAMA (Inflation, 1981), S. 551-560, zur Korrelation der Marktrenditen mit zukünftigen Wachstumsraten der Industrieproduktion. Für eine Methode der saisonalen Bereinigung der Industrieproduktion vgl. CHAN/CHEN/-HSIEH (Firm Size Effect, 1985), S. 453.

648 Mathematisch ergibt sich die erwartete Inflation aus der Differenz $E[I_{t+1} \mid t] - E[I_t \mid t-1]$. $E[I_t \mid t-1]$ bezeichnet die Erwartung für die Inflationsrate des Monats t, die auf den Informationen des Monats $t-1$ beruhen. Vgl. FAMA/GIBBONS (Inflation Forecasts, 1984), S. 333.

649 Mathematisch kann die unerwartete Inflation durch $I_t - E\,[I_t \mid t-1]$ definiert werden.

650 Die Bonität von Anleihen wird von verschiedenen Rating-Agenturen bewertet. Dazu werden verschiedene Ratingklassen definiert. Die Ratingklasse "Baa" stammt dabei aus der Einteilung von Moody's. Bei der Ratingskala von Standard & Poor's entspricht dies "BBB". Vgl. EVERLING (Rating, 1996), S. 213-216.

Tabelle 9 zeigt eine Auswahl über verwendete vorabspezifizierte, makroökonomische Faktoren in empirischen Kapitalmarktanalysen. Demnach basieren die empirischen Analysen weitgehend auf den von CHEN/ROLL/ROSS verwendeten Faktoren. Die Ergebnisse über die Signifikanz der Faktorrisiken variieren aber z. T. deutlich. Dies kann zum Teil auf unterschiedliche Untersuchungsmethoden, unterschiedliche Zeiträume und andere Kapitalmärkte zurückgeführt werden. Zusätzlich zu den ökonomischen Faktoren wird in vielen Analysen ein Aktienindex, normalerweise zur Bestimmung eines Residualmarktfaktors, als Erklärungsfaktor verwendet.[652] Mit der zunehmenden internationalen Diversifikation der Investoren auf den Aktienmärkten sind auch in einigen Studien die Fremdwährungseinflüsse gezielt analysiert worden.[653]

---

[651] $TERM_t = LBOND_t - TBILL_{t-1}$. LBOND bezeichnet hier die Rendite langlaufender Staatsanleihen mit höchster Bonität (Aaa) bis zur Endfälligkeit, TBILL bezeichnet die Rendite einmonatiger Termingelder. Vgl. z. B. KRYZANOWSKI/ZHANG (Economic Forces, 1992), S. 232; CHEN/ROLL/ROSS (Economic Forces, 1986), S. 389-390; HAMAO (Empirical Examination, 1988), S. 51.

[652] Eine der wenigen Analysen, die nicht ausschließlich auf den weitverbreiteten Faktoren aufbaut, die in der Tabelle 9 angegeben sind, ist die von BODURTHA/CHO/SENBET. Sie untersuchen den Einfluss internationaler ökonomischer Faktoren und die Gleichheit der Risikoprämien in verschiedenen Ländern. Die Ergebnisse deuten darauf hin, dass internationale ökonomische Faktoren einen wesentlichen Einfluss auf lokale Aktienmärkte habe und die Risikoprämien im bilateralen Vergleich weitgehend identisch sind; eine Ausnahme bildet der Vergleich zwischen den U.S.A. und Japan. BODURTHA/CHO/SENBET (Economic Forces, 1989), S. 34-44.

[653] Lediglich in Ländern, die eine hohe Exportquote in Fremdwährungsregionen aufweisen, wurde der Einfluss schon früher auch auf lokale Wertpapierrenditen untersucht. So z. B. für den japanischen Aktienmarkt bei HAMAO (Empirical Examination, 1988), S. 55-57. Die unerwartete Änderung wird dabei durch die Differenz des logarithmierten Terminkurses und des Spotpreises ermittelt. HAMAO (Empirical Examination, 1988), S. 51-52. JORION empfiehlt bei der Verwendung von Wechselkursen als Erklärungsfaktoren für erwartete Renditen einen Index der Wechselkurse zu bilden. Insbesondere positiv korrelierte Wechselkurszeitreihen führen sonst zu Multikollinearität. JORION (Exchange-Rate Exposure, 1990), S. 331-345; CHOW/LEE/SOLT (Exchange-Rate Risk, 1997), S. 110.

Bei der Analyse muss beachtet werden, dass Wechselkursveränderungen möglicherweise von Faktoren ausgelöst werden, die direkt die Wertpapierkurse beeinflussen. Führt z. B. eine Geldmengenverknappung zum Anstieg der kurzfristigen nominalen Zinsen, wird dies einerseits die Unternehmen unterschiedlich stark betreffen, andererseits zu einer Wechselkursveränderung führen. Werden also Aktienkurse und Wechselkurse vom gleichen Faktor bewegt, darf daraus nicht auf die Wechselkurssensitivität der Wertpapiere geschlossen werden. Vgl. SOLNIK (International Arbitrage Pricing, 1983), S. 451-454; JORION (Exchange Rate Risk, 1991), S. 364. Zur Interdependenz der erwarteten Änderungen der Wechselkurse mit Änderungen im Zinssatz und in der Inflationsrate unter dem Theorem der Kaufkraftparität vgl. GIDDY (Exchange Rate Equilibrium, 1976), S. 883-891. Die Zu-

Quelle	**Datenbasis**[I]	**Makroökonomische Zeitreihen**[III]
CHAN/CHEN/-HSIEH 1985	U.S.A. 01/1953-12/1977	Industrieproduktion, Inflation[II], Bonitäts-Risikoprämie, Zinsstruktur, net business formation[V]
CHEN/ROLL/ROSS 1986	U.S.A. 01/1953-11/1983	Industrieproduktion, Inflation, Bonitäts-Risikoprämie, Zinsstruktur, Ölpreis, realer Konsum
YOUNG/BERRY/-HARVEY/PAGE 1987	U.S.A. 01/1973-12/1982	Zinsstruktur, Inflation, realer Konsum[IV], Risikoprämie, (14 Bilanzdaten)
BURMEISTER/-MCELROY 1988	U.S.A. 01/1972-12/1982	Realer Konsum[IV], Inflation, risikoloser Zinssatz
MCELROY/-BURMEISTER 1988	U.S.A. 01/1972-12/1982	Realer Konsum[IV], Inflation, Bonitäts-Risikoprämie, Zinsstruktur
HAMAO 1988	Japan 01/1975-12/1984	Industrieproduktion, Inflation, Bonitäts-Risikoprämie, Zinsstruktur, Wechselkurs, Ölpreis
SHANKEN/-WEINSTEIN 1990 (working paper)	U.S.A. 01/1953-12/1984	Industrieproduktion, Inflation, Bonitäts-Risikoprämie, Zinsstruktur, Ölpreis, realer Konsum
CHANG/PINEGAR 1990	U.S.A. 01/1953-12/1984	Industrieproduktion, Inflation, Bonitäts-Risikoprämie, Zinsstruktur
CHANG 1991	U.S.A. 01/1966-12/1986	Industrieproduktion, Inflation, Bonitäts-Risikoprämie, Zinsstruktur, Arbeitslosigkeit, Devisenkursindex
JORION 1991	U.S.A. 01/1971-12/1987	Industrieproduktion, Inflation, Bonitäts-Risikoprämie, Zinsstruktur, US-$ Außenwert
POON/TAYLOR 1991	UK 01/1965-12/1984	Industrieproduktion, Inflation, Bonitäts-Risikoprämie, Zinsstruktur
FERSON/HARVEY 1993	18 Länder 01/1970-12/1989	gewichteter Außenwert des US-$, Inflation, Zinsspread (T-Bill vs. Eurodollar), realer Zins, Ölpreis, Industrieproduktion, Zinsstruktur

Fortsetzung →

sammenhänge gelten hingegen im Wesentlichen über sehr lange Zeiträume; FARRELL (Portfolio Management, 1997), S. 358-359. Die Fremdwährungs-Sensitivität der Wertpapiere werden z. B. in Studien von ADLER/DUMAS (Currency Risks, 1984), S. 45-47, GUPTA/FINNERTY (Currency Risk, 1992), S. 248-254, untersucht.

Fortsetzung der Tabelle 9

Quelle	Datenbasis[I]	Makroökonomische Zeitreihen[III]
CHEN/JORDAN 1993	U.S.A. 01/1971-12/1986	Industrieproduktion, Inflation, Bonitäts-Risikoprämie, Zinsstruktur, Ölpreis
GANGOPADHYAY 1994	U.S.A. 01/1932-12/1990	Industrieproduktion, Inflation, Bonitäts-Risikoprämie, Zinsstruktur
NOWAK 1994	Deutschland 01/1968-12/1991	Auftragseingänge, Geldmenge, Zinsstruktur, Energiepreisindex, Geschäftsklima, DM-Außenwert, terms of trade
SAUER 1994	Deutschland 01/1970-12/1989	Industrieproduktion, Auftragseingänge, Inflation, Arbeitslosigkeit, Geldmenge, Risikoprämie, Zinsstruktur, Wechselkurs (DM/USD), Export, u. a.
LOCKERT 1996	Deutschland 04/1976-05/1991	Industrieproduktion, Auftragseingang verarbeitendes Gewerbe, Inflation, Zinsstruktur, Wechselkurs (DM/USD), terms of trade

Quelle: eigene Zusammenstellung; ähnliche Aufstellungen bei LOCKERT (Risikofaktoren, 1996), S. 86-88; NOWAK (Faktormodelle, 1994), S. 122-125.[654]

Tabelle 9: Überblick über ausgewählte Analysen mit makroökonomischen Faktoren

I) alle Analysen verwenden monatliche Daten, die dann monatliche Renditen ergeben. II) Die Inflation wird im Allgemeinen aus dem Verbraucherpreisindex (CPI) berechnet und geht bei einigen Analysen sowohl als unerwartete Inflation als auch als Veränderung der erwarteten Inflation ein. III) Alle hier erwähnten Analysen nutzten im Rahmen der APT vorab spezifizierte Faktoren. IV) Die Definition der Zeitreihe "real final sales" ist z. B. bei BURMEISTER/MCELROY (Joint Estimation, 1988), S. 725, MCELROY/-BURMEISTER (Arbitrage Pricing Theory, 1988), S. 38, und der dort angegebenen Literatur beschrieben und soll den realen Endverbrauch (Konsum) ohne Dienstleistungen messen. V) "Net Business Formation" ist ein Wirt-

[654] Weitere empirische Analysen, die vor allem für den deutschen Aktienmarkt durchgeführt wurden, sind bei NOWAK angegeben. Dabei wurden Faktoren wie z. B. Zins, Umlaufrendite, Geschäftsklimaindex, Industrieproduktion, Importe und Inflation in Modellen verwendet, die z. T. aber nicht als kapitalmarkttheoretische Modelle aufzufassen sind. NOWAK (Faktormodelle, 1994), S. 143.

schaftszyklus-Indikator, der vom Bureau of Economic Analysis (U.S.A.) bereitgestellt wird.[655]

Basierend auf den in empirischen Studien verwendeten Faktoren, die aus makroökonomischen Variablen abgeleitet werden, wird in Abschnitt 4.1.1 ein Faktorset definiert, das als Grundlage für die empirischen Analysen dient.

3.2.3 Mikroökonomische Faktoren

Neben makroökonomischen Erklärungsfaktoren sind vor allem mikroökonomische Faktoren zur Erklärung der Renditebewegung einzelner Wertpapiere oder homogener Wertpapiergruppen geeignet. Dies erscheint um so wichtiger, als sie oft als Auswahlkriterium in der Anlageentscheidung herangezogen werden. Die Verwendung als Auswahlkriterium garantiert aber nicht, dass die Abweichung vom Marktmittelwert des Faktors, die eine aktive Positionierung darstellt, vom Markt auch bezahlt wird. D. h. auch für mikroökonomische Faktoren muss die Signifikanz des Faktoreinflusses nachgewiesen werden, damit sie als bezahlte Risikofaktoren gelten können. Obwohl im Folgenden nicht weiter auf mikroökonomische Faktoren eingegangen wird, soll zur Vollständigkeit die Berücksichtigung von mikroökonomischen Faktoren kurz beschrieben werden.

Im Gegensatz zu fundamentalen, makroökonomischen Faktoren existiert bei Mikrofaktoren bzw. Attributen keine einheitliche Faktorzeitreihe für alle Wertpapiere.[656] Vielmehr weist jedes Wertpapier seine individuelle Attributausprägung auf, die sich dann für Gruppen von Wertpapieren aggregieren lässt (Cluster). So liegt z. B. für jede Aktie eine individuelle Zeitreihe des Kurs-

---

[655] Vgl. CHAN/CHEN/HSIEH (Firm Size Effect, 1985), S. 455 und 462. Der Indikator setzt sich aus zwei gewichteten Komponenten zusammen. Zum einen wird die Differenz der Unternehmens-Neugründungen und der Konkurse gebildet. Die zweite Komponente misst die Anzahl der geschäftlich genutzten Telefonanschlüsse. Die Qualität des Indikators ist aufgrund der Datenerhebung jedoch nur zu einer groben Beschreibung des Wirtschaftszyklusses geeignet. Zudem muss auch dieser Faktor saisonal adjustiert werden. Der Faktor wird von CHAN/CHEN/HSIEH benutzt um den Effekt des Faktors Bonitäts-Risikoprämie zu duplizieren. Es wird also versucht, die Änderungen der Risikoprämie auf Änderungen im Wirtschaftszyklus zurückzuführen. CHAN/CHEN/HSIEH (Firm Size Effect, 1985), S. 462-463.

[656] Als Mikrofaktoren werden Variablen bezeichnet, die Bilanzgrößen darstellen oder auf ihnen beruhen. Attribute sind dagegen unternehmensspezifische Kennzahlen, die die Charakteristik des Unternehmens beschreiben, z. B. die Größe gemessen an der Marktkapitalisierung. Vgl. zur Abgrenzung NOWAK (Faktormodelle, 1994), S. 126-128; ELTON/GRUBER (Modern Portfolio Theory, 1995), S. 381-383. Im Folgenden wird, wenn nicht ausdrücklich Mikrofaktoren angeführt werden, die Bezeichnung "Attribut" für beide unternehmensspezifischen Größen gewählt.

Gewinn Verhältnisses (KGV) vor.[657] Unter Verwendung von Marktgewichten lassen sich diese aber zu einem Markt-KGV verdichten. Die so gewonnene Zeitreihe, lässt sich als Erklärungsfaktor verwenden. Auch diese Faktoren sollten aber einen Erwartungswert von Null haben, da sie ausschließlich auf öffentlichen Informationen beruhen. Abweichungen können jedoch durch den Verlust von Information bei der Aggregation der unternehmensspezifischen Ausprägung entstehen, weil nicht mehr die wertpapierindividuellen Kennzahlen verwendet werden, sondern die Sensitivität gegenüber dem aggregierten, durchschnittlichen Marktfaktor.

Alternativ kann über Querschnittsregressionsanalysen eine Attributsensitivität der einzelnen Aktien gemessen werden. D. h. für eine Periode t werden alle Beobachtungen der Rendite-/Attribut-Wertepaare regressiert. Die Attribute werden dazu i. d. R. standardisiert bzw. normalisiert. Bei der Annahme eines linearen Zusammenhangs ergibt sich folgende Querschnittsregressionsanalyse deren Parameter a und b dann z. B. nach der OLS-Methode geschätzt werden:

$$R_{i,t} = a_t + b_t \; A_{i,t} + \varepsilon_t \qquad \text{für } i = 1..n \tag{107}$$

mit a, b = Regressionsparameter,
A_i = Ausprägung des Attributs für das Wertpapier i.

Die Schwierigkeit besteht oft darin, dass der Zusammenhang nicht notwendigerweise linear ist. Empirisch wurde für verschiedene Attribute (z. B. Dividendenrendite) gezeigt, dass deren Rendite-/Attribut-Verteilung z. B. eher U-förmig ist.[658] Die Gleichung (107) kann aber auch anders interpretiert werden: Entspricht der Parameter b der Risikoprämie des Attributs, dann definiert der Achsenabschnitt α den nicht erklärten Renditeanteil. Dieser Anteil kann z. B. durch ein Renditegenerierungsmodell vom Typ der Querschnitts-Regressionsgleichung (103) dargestellt werden. Die Signifikanz der Risikoprämie des Attributs wird anschließend durch die Stabilität der Zeitreihe des Parameters b_t getestet.[659]

---

[657] Im Allgemeinen wird auch bei mikroökonomischen Faktoren nicht der Faktor als solcher verwendet, sondern eine Transformation dieser Rohzeitreihe erstellt. Die hier verwendete Variable KGV bedarf einer näheren Spezifikation der verwendeten Gewinnreihe, um eindeutig zu sein. Es kann sich dabei um realisierte Gewinne, oder um eine oder mehrere Perioden vorausgeschätzte Gewinne handeln.

[658] FAMA/FRENCH (Cross-Section, 1992), S. 448; JAFFE/KEIM/WESTERFIELD (Earnings Yields, 1989), S. 138-144; MEI (Cross-Section, 1993), S. 336-337.

[659] Dies setzt allerdings – einschränkend – eine konstante Risikoprämie des Attributs voraus.

Eine weitere Alternative zur Berücksichtigung von Mikro-Attributen liegt in der Clusterung der Wertpapiergesamtheit. Dabei werden z. B. die Wertpapiere entsprechend ihrer Attributausprägung sortiert und in Perzentilportfolios unterteilt.[660] Diese können entweder wert- oder aber gleichgewichtet zusammengesetzt werden. In der anschließenden Analyse werden für diese Portfolios, über einen hinreichend langen Zeitraum, aktive Renditen zum Marktportfolio gebildet. Diese Zeitreihen der aktiven Attribut-Portfoliorenditen werden auf eine statistisch signifikante Abweichung von Null getestet. Weist ein solches Attribut-Portfolio eine signifikante, aktive Rendite auf, dann bildet sich die Attributsensitivität des Portfolios $\hat{b}_{h,j}$ aus dem Quotienten der durchschnittlichen, aktiven Periodenrenditen zur mittleren Attributabweichung zwischen Portfolio und Marktportfolio:

$$\hat{b}_{h,j} = \left(\overline{R}_{P,h,j} - R_M\right) / \left(\overline{A}_{P,h,j} - \overline{A}_M\right) \quad \text{oder} \quad \overline{R}_{P,h,j} = \hat{b}_{h,j}(\overline{A}_{P,h,j} - \overline{A}_M) + R_M$$

mit $\hat{b}_{h,j}$ = Sensitivität des Attribut-Perzentilportfolios für das Attribut j und das Perzentil h,

$\overline{R}_{P,h,j}$ = durchschnittliche Periodenrendite des Portfolios,

R_M = Periodenrendite des Marktes,

$\overline{A}_{P,h,j}$ = durchschnittliche Attributausprägung des Perzentilportfolios,

$\overline{A}_M$ = durchschnittliche Attributausprägung des Marktes.

D. h. die Attributsensitivität ergibt sich aus dem Verhältnis der aktiven Rendite zur aktiven Attributausprägung gegenüber dem Markt. Graphisch lässt sich dieser Zusammenhang an einem Beispiel verdeutlichen: vgl. Abbildung 20.

Die geschätzte Sensitivität für ein signifikantes Perzentil wird allen Wertpapieren dieses Segments zugeordnet. Wertpapiere, deren Perzentilportfolio eine nicht signifikant von Null verschiedene aktive Rendite erreicht, weisen für diese Ausprägung keine Attribut-Sensitivität auf.[661]

Unter der Annahme, dass die mittlere Perzentilportfoliorendite nur gering von der individuellen Rendite der im Portfolio enthaltenen Wertpapiere abweicht, kann ein Attribut auch in die multiple Schätzung integriert werden. In einigen empirischen Analysen wird ein leicht veränderter Ansatz gewählt, der diese

---

660 Als Perzentilabgrenzung werden oft Quartile oder Quintile benutzt. Dabei kann u. U. auch die ausschließliche Betrachtung der Randperzentile sinnvoll sein.

661 Die dargestellte Methodik erlaubt eine Bestimmung der Sensitivität gegenüber einem Attribut. Für eine multiple Schätzung der Sensitivitäten für mehrere Attribute und Faktoren muss die Portfoliobildung wieder aufgegeben werden.

restriktive Annahme nicht erfordert: Die Wertpapiermenge wird in nur zwei, nicht notwendigerweise gleich große Teilmengen, geteilt, aus denen dann ein Differenzindex konstruiert wird. D. h. es wird die Rendite des einen Portfolios von der Rendite des anderen Teilmengenportfolios abgezogen. Der so konstruierte Index kann als Proxy für den Attributeinfluss in die multiple Analyse (makro-)ökonomischer Faktoren integriert werden.[662]

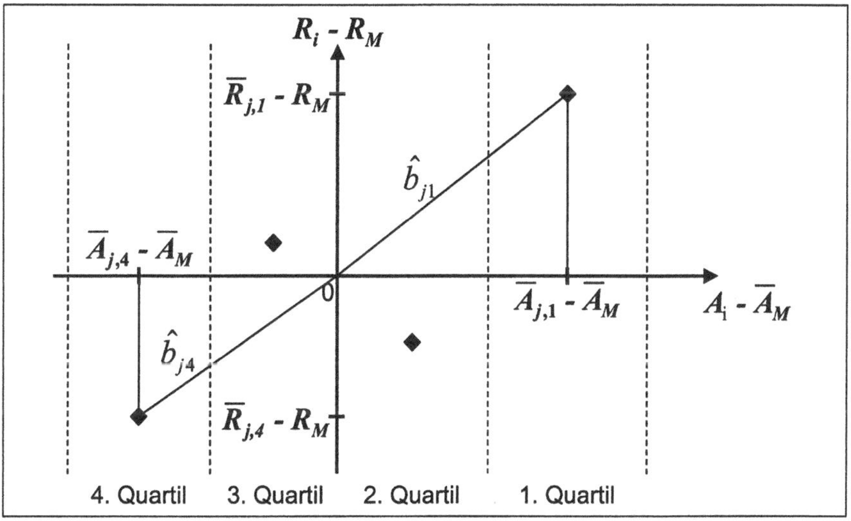

Abbildung 20: Graphische Herleitung der Attributsensitivität für Perzentilportfolios

Hier wurde eine Teilung des Universums in Quartile vorgenommen. Die Renditen des ersten und vierten Quartils wurden als signifikant angenommen. Für diese Quartile wurde eine Regressionsgerade eingezeichnet, deren Steigung dem geschätzten Parameter $\hat{b}$ entspricht.

3.3 Schätzung von Wirkungszusammenhängen und Risikoprämien

Unabhängig von der Anzahl und Art der Faktoren kommt der Schätzung der Wirkungszusammenhänge zwischen erklärendem Faktor und zu erklärenden Wertpapierrenditen grundlegende Bedeutung zu. Daher sollen Schätzverfahren im Abschnitt 3.3.1 zunächst formal strukturiert werden, bevor verschiedene Verfahren zur Schätzung von Wertpapier-Faktorsensitivitäten im Abschnitt 3.3.2 dargestellt werden. Nach der Bewertung der Verfahren im Abschnitt 3.3.3

[662] Ein häufig verwendetes Beispiel ist der Size-Index, dessen Rendite sich aus der Renditedifferenz eines Portfolios gering kapitalisierter Wertpapiere und eines Portfolios hochkapitalisierter Wertpapiere ergibt. Vgl. FAMA/FRENCH (Common Risk Factors, 1993), S. 9.

werden unter Verwendung der geschätzten Sensitivitäten die Risikoprämien der Faktoren bestimmt (Abschnitt 3.3.4).

3.3.1 Grundlagen der Schätzung

Allgemein wird zwischen verschiedenen Schätztechniken unterschieden.[663] So werden pragmatische, intuitive und qualitative Verfahren als *subjektive* Schätz- bzw. Prognoseverfahren klassifiziert.[664] Zu ihnen gehören z. B. Einzel- und Gruppenurteile oder die Delphimethode. Dagegen sind *extrapolierende* Schätzverfahren in die Zeitreihenanalyse einzuordnen. Sie analysieren Trends, Zyklen oder saisonale Muster. Zur Trendanalyse zählt die Mittelwertbildung, die Methode der gleitenden Durchschnitte, die aus der technischen Chartanalyse bekannt ist, Methoden der exponentiellen Glättung erster und zweiter Ordnung sowie langfristige Vorhersageverfahren, die auf logistischen Funktionen basieren. Auch die Regressionsmethoden werden zur Trendanalyse gezählt, wenn auch nur als Einfachregression über die Zeit, um eine Trendgerade zu bestimmen. Alle anderen Regressionsmethoden beinhalten erklärende Variablen und werden daher als *kausale* Schätzverfahren eingeordnet. Im Folgenden werden nur noch diese kausalen Verfahren beschrieben, da in der Untersuchung die Verbindung von Ursache und Wirkung für die Wertpapierrenditen dargestellt werden soll.

Kausale Schätzverfahren zeichnen sich dadurch aus, dass sie eine Wirkungsbeziehung zwischen der zu erklärenden Größe und anderen, sie beeinflussenden

---

663 Die folgende Klassifizierung beruht auf PERRIDON/STEINER (Finanzwirtschaft, 1991), S. 536-550. Aber auch andere Einordnungen sind gebräuchlich. So wird u. a. zwischen qualitativen und quantitativen Methoden differenziert. HÜTTNER (Prognoseverfahren, 1994), S. 349; ABRAHAM/LEDOLTER (Forecasting, 1983), S. 2-3. Letztere unterteilen sich in kausale Methoden und Zeitreihenprojektionen, vgl. PETERS (Intelligente Datenanalyse, 1995), S. 12. Andere Ordnungskriterien sind die Anzahl der Zeitreihen (uni- oder multivariate Verfahren) oder die Methode der Komponentenzerlegung (klassisch, d. h. sukzessive Zerlegung oder modern, d. h. simultane Zerlegung). Nach der Art der Datenanalyse, in Abhängigkeit vom Vorwissen des Schätzenden, kann zwischen arithmetischen Verfahren, Neuronalen Netzen oder wissensbasierten Systemen differenziert werden. Vgl. PETERS (Intelligente Datenanalyse, 1995), S. 12-13. Darüber hinaus sind auch hybride Prognosesysteme bekannt, die aus Kombinationen verschiedener Schätz- bzw. Prognoseverfahren bestehen. Ein Beispiel dafür ist die Verbindung von Expertensystemen und Neuronalen Netzen. Vgl. JANETZKE/FALK (Künstliche Intelligenz, 1994), S. 337-340; PETERS (Intelligente Datenanalyse, 1995), S. 18-19.

664 In der wissenschaftlichen Literatur werden die Schätzmethoden allgemein als Prognoseverfahren bezeichnet. Sie umfassen Methoden zur Schätzung von zukünftigen Zuständen oder Zusammenhängen. Z. B. PERRIDON/STEINER (Finanzwirtschaft, 1991), S. 536.

Faktoren herstellen und spezifizieren. D. h. die Vorhersage der gesuchten Größe wird über die Bestimmung des Wirkungszusammenhanges zu den erklärenden Variablen und möglicherweise deren erwarteten Ausprägungen abgeleitet. Die kausalen Verfahren sind jedoch zunächst nach dem funktionalen Ursache-Wirkungszusammenhang zu unterscheiden. Liegt ein eindeutiger Zusammenhang vor, d. h. bestehen sichere Erwartungen und basieren darauf auch eindeutige Schätzungen, dann handelt es sich um *deterministische* Prognosen. Ist der Ursache-Wirkungszusammenhang aber nur durch eine Wahrscheinlichkeitsverteilung anzugeben, liegt eine unsichere Schätzung vor. Der Schätzwert einer solchen *stochastischen* Schätzung wird dann ebenfalls durch eine Wahrscheinlichkeitsverteilung beschrieben.[665]

Zu den Methoden der stochastischen Schätzungen zählen insbesondere Regressionsverfahren. Das Ziel von Regressionsverfahren ist die Analyse der Zusammenhänge zwischen einer abhängigen Größe und unabhängigen Größen. Abhängig von der Anzahl der erklärenden Faktoren spricht man von *uni-* oder *multivariaten* Regressionen.[666] Die funktionalen Formen der zu analysierenden Zusammenhänge werden in lineare und nichtlineare untergliedert.[667] Die vermutete Form des Zusammenhanges muss vorgegeben werden oder vorab geschätzt werden. Die Regressionsmethoden sind nicht, wie bei den extrapolierenden Schätzungen, auf die Zeitreihenanalyse beschränkt, sondern können auch zur Querschnittsanalyse verwendet werden.[668]

---

665 PERRIDON/STEINER (Finanzwirtschaft, 1991), S. 548.

666 Z. T. werden als univariate Regressionen nur Methoden bezeichnet, die ausschließlich auf die eigene Historie der zu schätzenden Größe beruhen. Vgl. z. B. STÖTTNER (Finanzanalyse, 1989), S. 38. Alle Schätzverfahren, die eine Abhängigkeit zu anderen Größen herstellen, wären danach als multivariate Verfahren zu charakterisieren, unabhängig von der Anzahl dieser anderen Größen. Im Folgenden soll *univariat* im Sinne von *einem* Einflußfaktor verwendet werden, während Verfahren mit mehr als einem erklärenden Faktor als *multivariate* Verfahren bezeichnet werden.

667 Nichtlineare Regressionen enthalten verschiedenste Funktionstypen, wie z. B. exponentielle, logarithmische, parabolische Funktionen oder Potenzfunktionen.

668 Querschnittsanalysen betrachten den Zusammenhang einer Ausprägungsmenge in einer Periode *t*. Z. B. werden die Renditen verschiedener Wertpapiere in einer bestimmten Periode auf ihren Zusammenhang mit den jeweiligen Betafaktoren der Wertpapiere untersucht. D. h. es wird der Zusammenhang zwischen zwei Parametern anhand einer Stichprobe analysiert. Die Stichprobe besteht hier z. B. aus verschiedenen Wertpapieren, während eine Zeitreihenanalyse ein Stichprobe verschiedener Parameterausprägungen über die Zeit für ein Wertpapier untersucht.

Das Ergebnis der Vorhersage kann als Punktschätzung oder auch als Bereichs- bzw. Richtungsschätzung ausgestaltet sein. Die Punktschätzung nennt einen quantitativen Schätzer für die zu schätzende Größe, z. B. das Beta einer Aktie. Dabei kann mit Hilfe statistischer Signifikanztests die Wahrscheinlichkeit getestet werden, dass dieser Schätzwert gegen eine Nullhypothese signifikant ist. Die Punktschätzung lässt sich in eine Intervall- oder Bereichsschätzung transformieren, wenn eine genaue Vorstellung über das erforderliche Signifikanzniveau einer Schätzung vorliegt. Das abgeleitete Intervall beschreibt dann mit dem gewählten Grad der Sicherheit den Bereich, in dem der "wahre" Wert der geschätzten Größe liegt.[669]

Nur die stochastischen Kausalprognosen werden im Folgenden weiter behandelt, weil sie der Aufgabenstellung gerecht werden, Wirkungszusammenhänge zu analysieren, die nicht deterministisch sind.[670] Als Wirkung wird dabei allgemein die Rendite eines Wertpapiers oder Portfolios unterstellt, die zu erklären ist. Die Ursachen können Ausprägungen verschiedener Faktoren sein. Diese Faktoren können statistische, ökonomisch nicht oder nur schwer interpretierbare Größen sein, oder ökonomische Faktoren.[671]

3.3.2 Schätzverfahren zur Analyse von Wirkungszusammenhängen

Alle Verfahren zur Schätzung von Wirkungszusammenhängen gehen letztlich von einem systematischen Zusammenhang zwischen abhängiger und unabhängigen Variablen aus.[672] Dieser kann aber im Einzelfall durch Ausreißer verzerrt

---

[669] Ein Beispiel verdeutlicht den Zusammenhang: Wird das Beta einer Aktie geschätzt, so ergibt die Regressionsschätzung einen Punktschätzer $\hat{b}$ und dessen Standardabweichung $\hat{\sigma}_b$. Unter der Annahme normalverteilter Renditen ist der standardisierte Schätzer t-verteilt. Wird nun getestet, ob der Parameterschätzer zu 95% ($\alpha = 5\%$) signifikant von Null verschieden ist (H_0: $b = 0$), ergibt sich die Prüfgröße zu $t = (\hat{b} - b) / \hat{\sigma}_b$. Der kritische t-Wert der Studentverteilung ist $t_{1-\alpha;\, n-2}$. Ist $t = t_{1-\alpha;\, n-2}$, dann kann die Nullhypothese, daß der Schätzer gleich Null ist, verworfen werden. Die Intervallschätzung für den Parameter b ergibt sich durch Auflösen der Bedingung zu $\hat{b} - t_{1-\alpha/2;\, n-2}\, \hat{\sigma}_b = b = \hat{b} + t_{1-\alpha/2;\, n-2}\, \hat{\sigma}_b$. Vgl. z. B. ECKEY/KOSFELD/DREGER (Ökonometrie, 1995), S. 188; ASSENMACHER (Ökonometrie, 1991), S. 121-122.

[670] Die theoretische Existenz deterministischer, also sicherer Wirkungszusammenhänge, kann man aber in der Kapitalmarktforschung ohne Beschränkung der Allgemeinheit annehmen, weil diese als Extremfall in den stochastischen Schätzungen enthalten sind.

[671] Zur Beschreibung der ökonomischen Faktoren vgl. Abschnitt 3.2.

[672] Es wird bewusst keine Aussage zu einer möglichen Verzögerung des Wirkungszusammenhangs getroffen. Grundsätzlich können Erklärungsfaktoren vor-, gleich- oder nachlaufend

werden. Nicht beachtet wird hier eine mögliche Saisonalität der Wirkungszusammenhänge. Insbesondere der Januareffekt lässt aber die Vermutung zu, dass in bestimmten Zeiten qualitativ andere Wirkungszusammenhänge vorhanden sind.[673] So belegen Studien, dass die systematische Markt-Risikoprämie, d. h. die Kompensation für die Übernahme des systematischen Marktrisikos, signifikant nur im Januar und zum Teil im Juli bezahlt wird.[674] Ähnliche saisonale Muster können daher auch auf andere, fundamentale ökonomische Faktoren zutreffen.[675]

Im Folgenden werden verschiedene Verfahren zur Schätzung stabiler Wirkungszusammenhänge dargestellt. Durch die Einführung von Dummyvariablen lassen sich bei allen Verfahren auch Tests auf saisonal unterschiedliche Ausprägungen der Zusammenhänge implementieren.

---

einen Zusammenhang zur unabhängigen Variablen darstellen. Vgl. Beispiel eines ökonomischen Zyklusses bei BULMASH/TRIVOLI (Time-Lagged Interactions, 1991), S. 62-64.

673 Zum Januareffekt vgl. Abschnitt 1.2.2.2.1. Zur Analyse der Saisonalität in den Faktorsensitivitäten werden i. d. R. Dummyvariablen in die Regressionsgleichungen eingefügt, die die Analyse eines bestimmten Kalendermonats ermöglichen. Vgl. KRYZANOWSKI/ZHANG (Economic Forces, 1992), S. 229; CHANG/PINEGAR (Stock Market Seasonals, 1990), S. 525-528, und BURMEISTER/MCELROY (Joint Estimation, 1988), S. 726-727. Erklärungsansätze für schwankende Sensitivitätskoeffizienten insbesondere im Januar bestehen zum einen im Zusammenfallen von Jahreswechsel und Finanzjahresende der Unternehmen, steuerlich motivierten Handelsverhalten von Investoren (sog. "tax-loss selling" Strategien) oder möglichen Saisonalitäten in den makroökonomischen Erklärungsvariablen. Zumindest die ersten beiden Ansätze können den Januareffekt aber nicht vollständig erklären, weil die Ergebnisse der Unternehmen schon weit im Voraus geschätzt und am Markt eskomptiert werden und auch in Märkten ohne entsprechende steuerliche Anreize der Januareffekt auftritt; vgl. KRYZANOWSKI/ZHANG (Economic Forces, 1992), S. 228-229.

674 TINIC/WEST (Risk, 1986), S. 130-140; TINIC/WEST (Risk and Return, 1984), S. 571-574; ROZEFF/KINNEY (Capital Market, 1976), S. 390-395. Ähnliche Ergebnisse in Tests von APT-Modellen finden sich bei GULTEKIN/GULTEKIN (Return Anomalies, 1987), S. 1220-1222, für Multibeta-Preismodelle bei SHANKEN (Intertemporal Asset Pricing, 1990), S. 108-117, und CHANG/PINEGAR (Stock Market Seasonals, 1990), S. 523-525. Es bleibt ungeklärt, in wieweit dies wenigstens zum Teil auf den Größeneffekt, der besonders im Januar hervortritt, zurückzuführen ist. Vgl. TINIC/WEST (Risk and Return, 1984), S. 573, und Abschnitt 1.2.2.2.1.

675 Vgl. GANGOPADHYAY (Risk-Return, 1994), S. 351-359, dessen Modell im Wesentlichen auf den intuitiv definierten ökonomischen Variablen basiert, die von CHEN/ROLL/ROSS (Economic Forces, 1986), S. 385-391, definiert wurden. Für diese Variablen schließt GANGOPADHYAY die Erklärung der Saisonalität durch den Größeneffekt empirisch aus.

3.3.2.1 Schätzverfahren bei Verwendung von einem unabhängigen Faktor

Regressionsverfahren stellen die dominante Methode bei stochastischen Kausalprognosen im Kapitalmarktbereich dar. Die einzelnen Regressionsmodelle unterscheiden sich zunächst durch die unterstellte funktionale Form des Zusammenhangs. Aber auch Modelle einer bestimmten Funktionsform, z. B. lineare Regressionsmodelle, unterscheiden sich zum einen hinsichtlich des Kriteriums zur Beurteilung der Qualität (des Optimums) des geschätzten Modells, d. h. der Fehlermessung. Zum anderen können verschiedene Annahmen zur Schärfe der abhängigen und unabhängigen Variablen oder der Regressionsparameter getroffen werden.[676] So unterstellt das klassische, lineare Regressionsmodell (OLS) scharfe Variablen und Parameter, während fuzzy lineare Regressionsmodelle mindestens eine der Komponenten als unscharf annehmen.[677]

Im Folgenden werden drei ausgewählte Verfahren zur Schätzung von Wirkungszusammenhängen dargestellt. Dabei werden grundsätzlich scharfe Variablen und Parameter unterstellt. Ausgehend von der geläufigen linearen Regressionsschätzung wird die segmentweise lineare Schätzung vorgestellt. Für diese wird das Schätzintervall in Abhängigkeit von der erklärenden Variablen in sinnvolle Teilsegmente unterteilt, da für bestimmte Segmente ein unterschiedlicher linearer Zusammenhang angenommen werden kann. Zusätzlich wird die Gruppe der nichtlinearen Schätzverfahren kurz charakterisiert.

3.3.2.1.1 Klassische lineare Schätzung (OLS-Methode)

Die einfachste funktionale Form, die in einer Wirkungsanalyse unterstellt werden kann, ist die lineare Beziehung zwischen der abhängigen, zu erklärenden Variable und den erklärenden, unabhängigen Variablen

$$y = a + b\,x + \varepsilon\,. \tag{108}$$

mit a, b = Regressionsparameter,
x = erklärende Variablen,
y = abhängige Variable,

---

[676] PETERS (Intelligente Datenanalyse, 1995), S. 25.

[677] Zu Modellen der fuzzy linearen Regression vgl. PETERS (Intelligente Datenanalyse, 1995), S. 32-63. Modelle der fuzzy linearen Regression weisen nicht, wie die klassischen linearen Regressionsmodelle, eine große Homogenität auf. Einerseits können die unterschiedlichen Variablen unscharf, d. h. fuzzy, definiert werden. Andererseits kann z. B. der funktionale Zusammenhang unscharf gefaßt werden. Zu Grundprinzipien der Fuzzy Regression vgl. Literatur bei PETERS (Intelligente Datenanalyse, 1995), S. 33.

ε = Fehlerterm.

Sie ist Grundlage für die in Kapitel 1 dargestellten Kapitalmarktmodelle, wie z. B. das Indexmodell oder das CAPM. Das Optimalitätskriterium für die Methode der kleinsten Quadrate (OLS) besteht in der Minimierung der quadrierten Abweichungssumme über alle *n* Beobachtungen durch Variation der Parameter *a* und *b* [678]

$$\sum_{i=1}^{n} \varepsilon_i^2 = \sum_{i=1}^{n} (y_i - \hat{y}_i)^2 \xrightarrow{!} \underset{a,b_j}{Min} . \qquad (109)$$

Die Regressionsparameter *a* und *b* einer OLS-Schätzung sind konstant, d. h. identisch für alle *n* Beobachtungen. Zusätzlich müssen einige Annahmen für die Fehlervariable ε getroffen werden:

- der Erwartungswert der Fehler ist Null für alle *i*: $E[\varepsilon_i] = 0; \forall i$;
- die Fehler sind untereinander unkorreliert, d. h. die Kovarianzen beliebiger Wertepaare der Fehlervariablen sind Null: $Cov(\varepsilon_i,\varepsilon_j) = 0; \forall\, i, j$ mit i ? j;[679]
- die Fehler haben die gleiche Varianz, d. h. die Fehler sind homoskedastisch: $Var(\varepsilon_i) = \sigma^2; \ \forall i$;[680]
- zusätzlich wird eine Normalverteilung der Fehler unterstellt: $\varepsilon_i \sim N(0, \sigma^2)$; $\forall i$.[681]

Dann berechnet sich der lineare Schätzer für *b* aus [682]

---

[678] Das Modell wird auch als 'klassische lineare Regression' bezeichnet; vgl. HEIL (Ökonometrie, 1996), S. 38. Allgemeiner wird das Zielkriterium der Methode der kleinsten Quadrate auch als L_2-Norm bezeichnet und gehört so zur Klasse der L_n-Normen, deren Zielfunktion allgemein durch $Min(\Sigma\, |\varepsilon_i|^n)$ mit $n > 0$ gegeben ist. Neben der OLS-Methode sind die L_1-Norm und L_∞-Norm bekannte Kriterien. Letztere minimiert den absolut größten Fehler, ist also sehr sensitiv gegenüber großen Abweichungen, während bei $n = 1$ alle Abweichungen gleichgewichtet berücksichtigt werden. Vgl. PETERS (Intelligente Datenanalyse, 1995), S. 29-32.

[679] Dies bedeutet, daß auch die y_i unkorreliert sind; HEIL (Ökonometrie, 1996), S. 41.

[680] Es folgt, daß $Var(\varepsilon_i) = Var(y_i) = \sigma^2$. Diese Bedingung und die erste Bedingung, daß der Mittelwert der Fehler Null ist werden im Allgemeinen als "IID"-Bedingung (temporally independently and identically distributed) in der Literatur bezeichnet. Sie besagt, dass die Renditen über die Zeit unabhängig und gleichverteilt einer Normalverteilung entsprechen; vgl. z. B. CAMPBELL/LO/MACKINLAY (Econometrics of Financial Markets, 1997), S. 15. Diese Bedingung wird in der GLS gegenüber der OLS aufgeweicht. Es wird lediglich angenommen, daß die Fehler einen Mittelwert von Null und eine Kovarianzmatrix Σ haben.

[681] Dies impliziert auch eine Normalverteilung der y_i; HEIL (Ökonometrie, 1996), S. 41.

[682] Die Summen werden jeweils über die Beobachtungen $i = 1, ..., n$ berechnet, eine entsprechende Kennzeichnung erfolgt für eine bessere Lesbarkeit nicht. Der Schätzer für *a* be-

$$\hat{b} = \beta = \frac{n\sum x_i y_i - \sum x_i \sum y_i}{n\sum x_i^2 - (\sum x_i)^2} = \frac{\sum (x_i - \bar{x}) y_i}{\sum (x_i - \bar{x})^2}.$$

Zum Testen der Signifikanz der geschätzten Regressionskoeffizienten wird deren Varianz benötigt. Dazu wird zunächst die der erwartungstreue Schätzer für die Varianz der Residuen bestimmt:[683]

$$\text{Var}(\varepsilon_i) = \sigma^2 = (n-2)^{-1} \sum (\hat{y}_i - y_i)^2 .$$

Die Varianz des Parameterschätzers ergibt sich dann aus [684]

$$\text{Var}(b) = \sigma_b^2 = \text{E}\left[(b - \text{E}[b])^2\right] = \sigma^2 / \sum (x_i - \bar{x})^2 = n\,\sigma_a^2 / \sum x_i^2 . \quad (110)$$

Die Teststatistik t für die Testhypothese, dass die Schätzparameter signifikant von Null verschieden sind, ergibt sich unter Annahme der Student t-Verteilung mit $v = n - 2$ Freiheitsgraden aus dem Quotienten der Schätzparameter und deren Standardabweichung

$$\text{t}_b = \beta / \sigma_b \; ; \qquad \text{t}_a = \alpha / \sigma_a$$

Zum Konfidenzniveau $1 - \alpha$ ergeben sich die Konfidenzintervallgrenzen aus $-\text{t}_{1-\alpha/2,v}$ und $+\text{t}_{1-\alpha/2,v}$.

Die verwendeten Zeitreihen bestehen aus einperiodischen Renditen. D. h. bei monatlich vorliegenden Daten werden monatliche Veränderungen berechnet. Die Verwendung von überlappenden Beobachtungen, z. B. monatlich berech-

---

rechnet durch $\hat{a} = \left(\sum y_i \sum x_i^2 - \sum x_i \sum x_i y_i\right) / \left(n\sum x_i^2 - (\sum x_i)^2\right) = \bar{y} - \hat{b}\,\bar{x}$. Vgl. ABRAHAM/LEDOLTER (Forecasting, 1983), S. 14; BLEYMÜLLER/GEHLERT/GÜLICHER (Statistik, 1985), S. 141. In Matrixform lassen sich beide Parameter in einer Schätzung des Vektors B bestimmen $B = [\beta_0\ \beta_0\ ..\ \beta_{k-1}]' = (X'\,X)^{-1}\,X'\,Y$. Dabei ist X die $n \times k$ Matrix, die die n Beobachtungen der k unabhängigen Variablen enthält. Y ist ein n-Vektor mit den n Beobachtungen der abhängigen Variablen. Im Allgemeinen wird der Achsenabstand in der Matrixform nicht gesondert geschätzt. Die Matrix X enthält in der ersten Spalte Einsen. Der Schätzer B enthält so als ersten Parameter den Achsenabstand ($\beta_0 = a$). Für die GLS ergibt sich der Schätzer der Regressionsparameter aus $B = (X'\,\Sigma^{-1}\,X)^{-1}\,X'\,\Sigma^{-1}\,Y$. Dabei ist Σ die Kovarianzmatrix.

683 Z. B. SCHNEEBERGER (Regressionsanalyse, 1994), S. 103.

684 Die Varianz des Achsenabschnitts a berechnet sich daher nach Umformung von (110) durch: $\text{Var}(a) = \sigma_a^2 = \text{E}\left[(a - \text{E}[a])^2\right] = \left(\sigma^2 \sum x_i^2\right) / \left(n\sum (x_i - \bar{x})^2\right)$.

Für eine multiple Regression ergibt sich die Varianz der Regressionskoeffizienten aus $\sigma_b^2 = \sigma^2\,(X'X)^{-1}$, d. h. die Varianz des Koeffizienten der k-ten unabhängigen Variablen ist das Produkt aus der Varianz der Residuen und dem k-ten Diagonalelement der Kovarianzmatrix $(X'X)^{-1}$. ASSENMACHER (Ökonometrie, 1991), S. 101-104 und 110-111.

nete Dreimonats-Renditen, führt im Allgemeinen zu einer Autokorrelation im Fehlerterm der Ordnung $T-1$.[685] T ist dabei die Anzahl der Perioden, über die die Renditen berechnet werden. D. h. es würde hier zu einem Fehler zweiter Ordnung mit $T = 3$ führen.

3.3.2.1.2 Segmentweise lineare Schätzung

Die Annahme, dass der Wirkungszusammenhang zwischen einem Einflußfaktor und einem Wertpapier im gesamten Wertebereich konstant ist, erscheint intuitiv nur bedingt haltbar. So könnte der Wirkungszusammenhang beispielsweise zum Wirtschaftswachstum bei geringen Steigerungsraten nur schwach ausgeprägt sein. Ab einem bestimmten Schwellwert, der das Wachstum spürbar auf Rahmenbedingungen wie z. B. Konsumnachfrage, Ausrüstungsinvestitionen o. ä. wirken lässt, könnte dieser Wirkungszusammenhang dann eine andere Größenordnung einnehmen. Bei einer linearen Schätzung über den gesamten Wertebereich werden diese Wirkungsmuster gemittelt. Können einzelne Segmente isoliert werden, sollte die Varianz der Residuen, das residuale Risiko, abnehmen. Unter dieser Annahme kann eine segmentweise Schätzung der Sensitivitäten sinnvoll erscheinen. So kann z. B. auch für das Markt-Beta eine Größe für Aufwärts- und eine für Abwärtsbewegungen des Marktes verwendet werden (Bull- und Bear-Beta), um optionsähnliche Wirkungsmuster, die empirisch belegbar sind, zu berücksichtigen

$$y_{ic} = a_{ic} + b_{ic} x_c + \varepsilon_{ic} \qquad (111)$$

mit x_c $\in [c_u; c_o[$, wobei c_u die untere und c_o die obere Schranke des Segmentes c ist,

y_i = abhängige Variable, hier die Wertpapierrendite.

Wird der Schätzbereich des Einflussfaktors in zwei oder mehr Segmente unterteilt, so ergeben sich entsprechend viele Segment-Sensitivitäten, -Achsenabschnitte und -Fehlervarianzen. Letztere sind ein Maß für die Güte der linearen Sensitivitätsschätzung, d. h. für den Zusammenhang zwischen Wertpapierrendite und Faktoränderung.

---

[685] Zusätzlich wird die Kovarianzmatrix der geschätzten Regressionskoeffizienten inkonsistent. Vgl. CHOW/LEE/SLOT (Exchange-Rate Risk, 1997), S. 110; HANSEN/HODRICK (Exchange Rates, 1980), S. 832-833; CAMPBELL/CLARIDA (Term Structure, 1987), S. 34-35; FAMA/FRENCH (Business Conditions, 1989), S. 26. Zur Korrektur der inkonsistenten Kovarianzmatrix vgl. auch WHITE (Covariance Estimator, 1980), S. 818-821; HANSEN (GMM, 1982), S. 1032-1038 und Fn. 534 in Abschnitt 2.5.1.3.

Die Segmente werden isoliert z. B. auf Signifikanz analysiert. Mögliche Strukturwechsel werden durch die Trennung in Segmente berücksichtigt und statistisch durch die Heteroskedastizität getestet.[686] Die Schwierigkeit der Interpretation der Sprungstellen zwischen den Segmenten verhindert einen sinnvollen Einsatz einer solchen Segmentierung. Damit ist lediglich die Teilung in einen positiven und einen negativen Wertebereich mit einem erzwungenen, identischen Achsenabschnitt sinnvoll, wenn eine signifikante Verringerung des residualen Risikos dadurch erreicht wird.

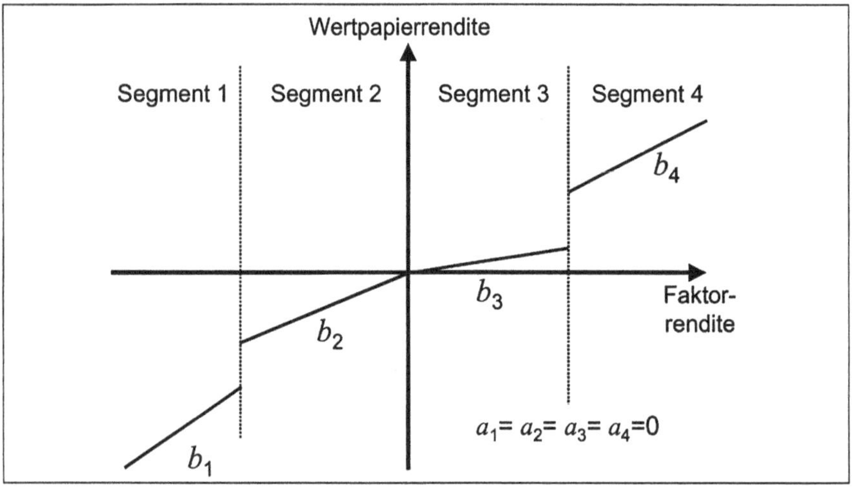

Abbildung 21: Segmentweise Schätzung der systematischen Faktorsensitivität

Ein identischer Achsenabschnitt ist z. B. dann bestimmbar, wenn die Schätzung der partiellen Sensitivitäten simultan erfolgt. Die zu schätzende Funktion mit den Koeffizienten b^+ für positive und b^- für negative Ausprägungen der exogenen Variable x bestimmt auch den gemeinsamen Achsenabschnitt a:[687]

---

[686] Problematisch erscheint der Übergang zwischen den Segmenten, zumal für jedes Segment ein eigenes Absolutglied (Achsenabschnitt) geschätzt wird. Damit sind Sprünge in der Sensitivitätskurve über den gesamten Wertebereich nicht zu vermeiden. Dies kann auch nicht durch einen erzwungenen Achsenabschnitt von Null beseitigt werden, wenn mehr als zwei Segmente vorhanden sind oder die Segmente nicht bei Null getrennt werden. Bei Regressionen durch einen vorgegebenen Punkt muß zudem beachtet werden, daß die Varianz der Fehler nur in der Nähe des vorgegebenen Punktes konstant ist. Vgl. HARTUNG/-ELPELT/KLÖSENER (Statistik, 1998), S. 584.

[687] DE BONDT/THALER (Investor Overreaction, 1987), S. 565.

$$y_i = a + b^{+}(x_i | x_i \geq 0) + b^{-}(x_i | x_i < 0).$$

Damit wird erreicht, dass die Schätzfunktion keine Sprungstellen, sondern lediglich einen Knick im Achsenabschnitt a aufweist.

3.3.2.1.3 Nichtlineare Schätzung

Die Unterstellung eines segmentweisen, linearen Zusammenhanges wurde mit der Abhängigkeit des Wirkungszusammenhanges vom Niveau der Faktoränderung begründet. Ähnlich kann auch die Annahme nichtlinearer Zusammenhänge begründet werden. Der Vorteil gegenüber der segmentweisen Untersuchung liegt in der Stetigkeit der Funktion, d. h. es treten keine Sprungstellen auf. Es sind verschiedene Funktionsformen möglich, z. B. eine exponentielle oder quadratische Funktion:

$$y_i = a\,x_i^{\,b} + \varepsilon, \quad y_i = a + b_1 x_i + b_2 x_i^2 + \varepsilon.$$

Einige dieser Funktionsformen sind linearisierbar, d. h. sie können in eine lineare Regressionsgleichung durch Koordinatentransformation oder bei mehreren unabhängigen Variablen durch Substitution überführt werden.[688]

Aufgrund der Komplexität, die Transformationen von nichtlinearen Funktionen beinhalten, ist die Anwendung solcher Funktionsformen in Mehrfaktorenmodellen nur bedingt möglich. Dies gilt um so mehr, wenn verschiedene Funktionsformen für verschiedene Einflussfaktoren verwendet werden.

3.3.2.2 Schätzverfahren in Multifaktorenmodellen

Bei der Einbeziehung mehrerer, signifikanter Faktoren muss das Verfahren der Faktorsensitivitätsschätzung auch die Verknüpfung der einzelnen Faktorsensitivitäten zu einem Gesamtmodell berücksichtigen. So ist einerseits die isolierte Schätzung der Faktorsensitivitäten, Faktor für Faktor, und eine anschließende Verknüpfung unter Beachtung von Korrelationen zwischen den Faktoren zu einem Modell möglich. Oder die Faktorsensitivitäten werden simultan, d. h. gleichzeitig in einem Schritt durch eine multiple Regression geschätzt, die definitionsgemäß die Korrelationen einzelner Faktoren untereinander berücksichtigt. Verzerrungen der Faktorladungen bei der multiplen Schätzung treten dann gegenüber der univariaten Schätzung auf, wenn korrelierte Faktoren verwendet

---

688 Für eine Liste der durch Transformation linearisierbaren Funktionen vgl. HARTUNG/-ELPELT/KLÖSENER (Statistik, 1998), S. 588 oder Hinweis bei SCHNEEBERGER (Regressionsanalyse, 1994), S. 114-115.

werden.[689] Die Interpretation der Faktorsensitivitäten gestaltet sich dann schwieriger, weil i. d. R. nur jeder Faktor isoliert auf seinen Wirkungszusammenhang analysiert wird.

Eine simultane, multiple Schätzung der Sensitivitäten ist bei entsprechender Konstruktion der Faktoren rechentechnisch der einfachste Weg. Liegen jedoch korrelierte Faktoren vor, kann über die univariate Schätzung zunächst der isolierte Wirkungszusammenhang des Faktors zur Renditezeitreihe festgestellt werden. Der Quotient aus multiplem und univariatem Schätzer gibt dann die Höhe der Korrelationsverzerrung w_j an

$$w_j = \beta_j^m / \beta_j^e . \tag{112}$$

mit β^m_j = Sensitivität zum Faktor *j* aus der multiplen Regression,
β^e_j = Sensitivität zum Faktor *j* aus der Einfachregression.

Univariate und multiple Schätzung sind identisch, wenn der Quotient w_j Eins ist. Liegt er zwischen Null und Eins, wurde der Wirkungszusammenhang durch die Korrelation des Faktors zu anderen Erklärungsfaktoren gemindert, über Eins wurde er absolut gesehen erhöht. Als Indiz für einen schwachen Erklärungsbeitrag des Faktors lässt sich werten, wenn der Quotient negativ wird, d. h. ein Vorzeichenwechsel der Sensitivitäten vorliegt. Die multiplen Faktorladungen lassen sich demnach aus dem Produkt des (univariaten) Wirkungszusammenhanges und des Korrelationsparameters w_j zusammensetzen. Dieser Zusammenhang wird im Abschnitt 3.4.1 für die Ableitung eines Faktorgewichts weiterverwendet.

3.3.2.3 Alternative Methoden zur Sensitivitätsbestimmung

Unabhängig von der gewählten Funktionsform ist die OLS-Schätzung der Regressionskoeffizienten u. U. sehr sensitiv gegenüber einzelnen extremen Beobachtungen, sogenannte Ausreißerdaten. Die Modellierung solcher Verteilungen kann durch eine sogenannte *kontaminierte* Normalverteilung vorgenommen werden. Deren Dichtefunktion setzt sich aus zwei Funktionen zusammen, die unterschiedlichen Varianzen unterliegen. Bei gegebenem Grad der Datenverschmutzung υ ergibt sich die Dichtefunktion der kontaminierten Normalverteilung[690]

---

689 D. h. es kann dann z. B. ein Faktor durch eine insignifikant von Null verschiedene Ladung eliminiert werden, der isoliert eine hohe Signifikanz aufweist.

690 SCHLITTGEN (Inferenzen, 1996), S. 243. Allgemein wird angenommen, das die Dichte symmetrisch um Null verteilt ist.

$$f(x) = (1-\upsilon)\,\frac{1}{\sigma_1}\,\varsigma_1\!\left(\frac{x-\mu_1}{\sigma_1}\right) + \upsilon\,\frac{1}{\sigma_2}\,\varsigma_2\!\left(\frac{x-\mu_2}{\sigma_2}\right) \qquad (113)$$

mit $\zeta_1(x)$ = Dichtefunktion der unverzerrten Verteilung,
$\zeta_2(x)$ = Dichtefunktion der verzerrten Verteilung,
μ_1, σ_1 = Mittelwert und Standardabweichung der unverzerrten Verteilung,
μ_2, σ_2 = Mittelwert und Standardabweichung der verzerrten Verteilung,
υ = Grad der Datenverschmutzung [0;1].

Es wird angenommen, dass die verzerrten Beobachtungen aus einer Verteilung mit der Dichte $\zeta_2(x)$ stammen. Um die Ausreißer zu modellieren, wird i. d. R. angenommen, dass auch $\zeta_2(x)$ normalverteilt ist, aber eine deutlich höhere Varianz aufweist als die unverzerrte Verteilung ($\sigma_2 > \sigma_1$).

Sowohl die LMS-Regression, die die Kriteriumsfunktion der OLS durch die Minimierung des Medians der Residuenquadrate ersetzt, als auch die gewichteten Regressionen versuchen Ausreißer in den Beobachtungen geringer oder gar nicht mit in die Analyse einzubeziehen. Beide Methoden werden in den folgenden Abschnitten dargestellt.

3.3.2.3.1 Kleinster Median der Residuenquadrate (LMS-Regression)

Im Gegensatz zur Summe der Residuenquadrate (OLS) oder anderer Regressionsmethoden, die meistens die Definition der Summanden verändert haben, ersetzt die "least median of squares"-Methode (LMS) das Summieren der Residuen.[691] Mit der Minimierung des Medians der Residuenquadrate wird eine robustere Schätzung der Koeffizienten erzielt. Geometrisch gesehen, wird dabei die Gerade gebildet, die in der Mitte des kleinsten Streifens liegt, der die Hälfte der Beobachtungen beinhaltet.[692] Der LMS-Schätzer einer allgemeinen linearen Funktion $y_i = \sum_{j=1}^{k} x_{ij}\beta_j + e_i$ ist definiert als Vektor $B = (\beta_1, ..., \beta_k)'$, der der Be-

---

[691] Für einen Überblick über Regressionsmethoden, die alternative Definitionen der Summanden verwenden vgl. ROUSSEEUW (Least Median, 1984), S. 871-872. Zu diesen zählt z. B. auch die L_1-Norm (Summe der absoluten Residuen). Zur L_1-Norm vgl. auch Fn. 678.

[692] ROUSSEEUW (Least Median, 1984), S. 871; ROUSSEEUW/LEROY (Robust Regression, 1987), S. 24 und S. 169. Zu den Eigenschaften der sehr robusten LMS-Methode vgl. ROUSSEEUW (Least Median, 1984), S. 872-874; ROUSSEEUW/LEROY (Robust Regression, 1987), S. 112-115.

dingung genügt, dass der Median der quadrierten Fehlerwerte ein Minimum annimmt:

$$\text{Med}(e_i^2) \xrightarrow{!} \underset{\beta_j}{Min} \tag{114}$$

$$\text{mit } e_i = y_i - \sum_{j=1}^{k} x_{ij}\,\beta_j = y_i - \hat{y}_i.$$

Die Kriteriumsfunktion (114) ist nicht konvex und kann mehrere lokale Minima besitzen.[693] Der Bruchpunkt ε^* dieser Methode liegt bei 50% und gibt an, wie viele Datenpunkte gerade nicht mehr durch willkürlich gewählte Beobachtungen ersetzt werden können, ohne dass der neue Schätzer vom ursprünglichen Schätzer beliebig hoch abweicht. Sowohl die OLS-Methode als auch die L_1-Norm haben zum Vergleich einen asymptotischen Bruchpunkt von 0%.[694]

Exemplarisch soll für ein Wertpapier eine LMS-Regression gezeigt werden. Für die Aktie der Dresdner Bank wird als erklärender Fundamentalfaktor der Zinssatz für 10-jährige Bundesanleihen (Z_{10}) gewählt. Der Zeitraum wird hier mit 150 Monaten (vom 31.12.1984 bis 30.06.1997) sehr lang gewählt. Die Parameter *a* und *b* des Erklärungsmodells

$$R_{DresdnerBank} = a + b\, R_{Z10} + \varepsilon$$

können aber nicht direkt geschätzt werden. Vielmehr wird die Kriteriumsfunktion

$$\text{Med}(e^2) = \text{Med}(R_{DresnderBank} - (a + b\, R_{Z10}))^2 \xrightarrow{!} \underset{a,b}{Min}$$

---

693 Vgl. exemplarische Darstellung im Anhang . Zur Bestimmung des Minimums wird daher ein Approximations-Algorithmus vorgeschlagen. Vgl. ROUSSEEUW/WAGNER (Robust Regression, 1990), S. 3.

694 ROUSSEEUW/WAGNER (Robust Regression, 1990), S. 2. Die Definition des Bruchpunktes geht auf HAMPEL (Robustness, 1971), S. 1887-1896, zurück. Exakt ist der Bruchpunkt für die OLS $\varepsilon^* = 1/n$, wobei *n* die Anzahl der Beobachtungen der Stichprobe ist. Für die LMS-Regression bestimmt sich der Bruchpunkt exakt aus $\varepsilon^* = [(n/2) - p + 2] / n$, mit p = Anzahl der erklärenden Faktoren und der Konstanten, d. h. $p > 1$. Ein Bruchpunkt über 50% ist nicht erreichbar, weil dann die Differenzierung der unverfälschten, "guten" Datenpaare von den verzerrten, "schlechten" Daten nicht mehr möglich ist. Vgl. SCHLITTGEN (Inferenzen, 1996), S. 244-246; ROUSSEEUW (Least Median, 1984), S. 871-872; BADRINATH/-CHATTERJEE (Systematic Risk, 1993), S. 6-8. Zur graphischen Darstellung der Bruchpunkte vgl. CHATTERJEE/JACQUES (Outlier-Resistant Approach, 1994), S. 70-71. Zur L_1-Norm vgl. auch Fn. 678.

für verschiedene Parameterkombinationen bestimmt. Dabei werden die Parameter a und b iterativ in diskreten, abnehmenden Intervallschritten variiert.[695] Anhang zeigt den Median der Residuenquadrate für die Parameterkombinationen in den angegebenen Grenzen. Das Minimum wird approximativ bei $a = 0{,}002$ und $b = -0{,}088$ mit einem Median von $1{,}137 \cdot 10^3$ erreicht.[696] Dass die Fläche, die die Kriteriumsfunktion beschreibt, kein eindeutiges Minimum aufweist, zeigen die Abbildungen im Anhang .

Der Standardfehler $\hat{\sigma}$ der Residuen der LMS-Regression ergibt sich aus der Wurzel des Medians der Residuenquadrate e_i^2 multipliziert mit einem konstanten Faktor C, der den Standardfehler korrigiert, damit er unter einer Normalverteilung unverzerrt ist:[697]

$$\hat{\sigma} = C\sqrt{\text{Med}_t(e_{it}^2)}\,. \tag{115}$$

Die Standardfehler der Koeffizientenschätzer berechnen sich auf der Basis der geschätzten Residuenvarianz.[698]

Die LMS-Methode eignet sich durch die Eigenschaften der Kriteriumsfunktion nicht gut für direkte Schätzung der Sensitivitäten. Sie wird aber allgemein zur Klassifizierung der Ausreißer eingesetzt. D. h. Werte deren standardisierte Residuen

$$e_i^* = (y_i - \hat{y}_i)/\hat{\sigma}$$

---

695 Die Intervallgrößen wurden auf der Basis der OLS-Schätzung bestimmt und dann sukzessive verkleinert.

696 Das OLS-Beta liegt zum Vergleich bei –0,074.

697 C wird bei ROUSSEEUW/LEROY (Robust Regression, 1987), S. 44, mit $C = 1{,}4826\ (1 + 5 / (n - p))$ angegeben (für n und p vgl. Fn. 694). Der Wert 1,4826 entspricht dabei dem reziproken Wert des 0,75-Quantils der Standardnormalverteilung ($\Phi_{0,75}^{-1} = 0{,}6745$), vgl. HARTUNG/ELPELT/KLÖSENER (Statistik, 1998), S. 865; bzw. dem reziproken Wert des Durchschnitts des Medians der absoluten Abweichungen der Renditen vom Median (MAD) bei Normalverteilung; vgl. ROUSSEEUW (Least Median, 1984), S. 874. Die Konstante $(1 + 5 / (n - p))$ ist ein Korrekturfaktor für endliche Stichproben, der die Unverzerrtheit des Standardfehler-Schätzers sicherstellen soll, wenn Fehler normalverteilt sind. Mit $n \to \infty$ geht diese Konstante gegen Eins, da $n >> p$. Die Approximation des Minimums setzt i. d. R. $n > 2p$ voraus; vgl. ROUSSEEUW/WAGNER (Robust Regression, 1990), S. 3. Zur Spezifikation des Korrekturfaktors C vgl. auch LI (Robust Regression, 1985), S. 302; ECKEY/KOSFELD/DREGER (Ökonometrie, 1995), S. 231; KOSFELD (Kapitalmarktmodelle, 1996), S. 115.

Im Beispiel ergibt sich ein Standardfehler von $\hat{\sigma} = 0{,}05$, wenn $C = 1{,}4826$.

698 Vgl. Gleichung (110) und Fn. 684.

absolut größer als ein Grenzwert e_c sind, werden als Ausreißer klassifiziert, z. B. $|e_i^*| > e_c = 2{,}5$.[699] Die Klassifikation führt dann in der weiteren Verwendung (z. B. im Rahmen einer gewichteten Regressionsschätzung) zur Bestimmung des Gewichts des entsprechenden Datenpunktes.[700]

3.3.2.3.2 Gewichtete Kleinste-Quadrat Schätzung

Die als 'weighted least squares' (WLS) bezeichnete Methode der linearen Regression berücksichtigt unterschiedliche Gewichte für die einzelnen n Datenpunkte in der Regressionsgleichung. Die Kriteriumsfunktion (109) wird verallgemeinert durch

$$\sum_{i=1}^{n} \varepsilon_i^2 = \sum_{i=1}^{n} w_i (y_i - \hat{y}_i)^2 \xrightarrow{!} \underset{a,b_j}{Min}\,. \tag{116}$$

Für den Spezialfall, dass der Gewichtungsvektor $w_i \equiv 1$ für alle i, ergibt sich die lineare Einfachregression (OLS), die die Summe der Fehlerquadrate minimiert. Die Spezifikation der Gewichte w_i kann auf sehr unterschiedlichen Annahmen beruhen. Eine Möglichkeit ist die zeitliche Gewichtung der Zeitreihe in einer Zeitreihenregression. Damit werden Datenpunkte, die weiter in der Vergangenheit liegen, weniger stark berücksichtigt als aktuellere Ausprägungen.[701] Eine andere Bestimmung der Gewichtung kann durch die Wahrscheinlichkeit vorgenommen werden, dass das Wertepaar einen Ausreißer darstellt. Hierzu kann der in Abschnitt 3.3.2.3.1 dargestellte standardisierte Fehler $|e_i^*|$ eingesetzt werden.[702]

Die Schätzung der Regressionsparameter kann direkt vorgenommen werden.[703] In Matrixschreibweise berechnet sich die gemeinsame Matrix der Schätzparameter B aus

---

699 ROUSSEEUW/WAGNER (Robust Regression, 1990), S. 4.

700 Vgl. nachfolgenden Abschnitt 3.3.2.3.3 zur RLS-Methode.

701 Eine verbreitete Gewichtungsmethodik ist die exponentielle Glättung vgl. z. B. FAMA/-GIBBONS (Inflation Forecasts, 1984), S. 332. Dazu muß lediglich ein Gewichtungsparameter θ bestimmt werden. Die Gewichtung des i-ten Elements ergibt sich dann aus $w_{t-i} = \theta^i - \theta^{i+1}$ für $i = 0 \ldots T-1$. Damit $\sum_{t=1}^{T} w_t = 1$, muss die Länge der Zeitreihe (T) hinreichend groß gewählt werden.

702 Eine ausführlichere Beschreibung dieser Gewichtungsfunktion wird im folgenden Abschnitt 3.3.2.3.3 vorgenommen.

703 PETERS (Intelligente Datenanalyse, 1995), S. 199-201.

$$B = (X'wX)^{-1} X'wY \tag{117}$$

mit w = diag (w_1, ..., w_i).[704]

Formt man diese Definition um, so zeigt sich, dass mit der Transformation $Y^* = \sqrt{w}Y$ und $X^* = \sqrt{w}X$ die gewichtete Regressionsgleichung durch die Lösung der ungewichteten Regression (OLS)

$$B = (X^{*\prime}X^*)^{-1} X^{*\prime}Y^*$$

gelöst wird. Der Standardfehler σ der Regression ergibt sich dabei unter Ausnutzung der Transformationen aus den gewichteten Fehlerquadraten [705]

$$\sigma = \sqrt{(n-k-1)^{-1}\sum_{i=1}^{n} w_i(\hat{y}_i - y_i)^2} = \sqrt{(n-k-1)^{-1}\sum_{i=1}^{n}(\hat{y}_i^* - y_i^*)^2}\ . \tag{118}$$

Da die Gewichtungsmatrix w nur aus Diagonalelementen besteht, erfolgt in multiplen Regressionsmodellen die Gewichtung jeweils für alle zugehörigen Beobachtungswerte einheitlich. Dies bedeutet, dass bei einer Zeitreihenregression jedem Zeitpunkt eine Gewichtung zugeordnet wird, die für alle Beobachtungswerte dieses Zeitpunktes gelten. Damit ist eine individuelle Gewichtung einzelner Beobachtungswerte in multiplen Regressionsmodellen so nicht darstellbar.

Für die zeitliche Gewichtung ist eine Potenz- bzw. Wurzelfunktion geeignet, die mit zunehmendem zeitlichen Abstand der Beobachtungen zum aktuellen Datum eine zunehmend geringere Gewichtung vornimmt. Eine solche Funktion lässt sich allgemein darstellen durch

$$w_t = (T - t + 1)^a / T^a \quad , a \geq 0$$

mit T = Länge der Regressionsstichprobe,
t = Zeitindex (1, ..., T) mit $t = 1$ für die jüngste Beobachtung und $t = T$ für die älteste Beobachtung,
a = Potenzparameter.

Für a = 0,5 ergibt sich eine Quadratwurzelfunktion, für a = 0 werden die Beobachtungen gleichgewichtet. Eine lineare Gewichtung ergibt sich für a = 1.

---

[704] Die Funktion diag (x) erzeugt eine Diagonalmatrix mit den Elementen x auf der Diagonalen und den Werten Null abseits dieser Diagonalen.

[705] k gibt die Anzahl der erklärenden Faktoren an, während n die Größe der Stichprobe angibt, d. h. die Anzahl der Datenpunkte in der Zeitreihenregression bzw. die Anzahl der Wertpapiere in der Querschnittsregression.

Die gewichtete Schätzung unterliegt als Verallgemeinerung der OLS zunächst der gleichen Bewertung. Durch die mögliche Gewichtung wird die Robustheit der Methode aber nur verbessert, wenn die Gewichtung abhängig vom Grad der Verzerrtheit einzelner Datenpunkte (Ausreißer) vorgenommen wird. Eine zeitliche Gewichtung verbessert die Robustheit nicht, ist aber für eine dynamischere Sensitivitätsschätzung geeignet. Zusätzlich kann mit dem Vergleich zur ungewichteten Schätzung auch die Stabilität des Wirkungszusammenhanges abgeschätzt werden. Je höher die relative Abweichung zwischen ungewichteten und gewichteten ($a \neq 0$) Regressionskoeffizienten ist, desto niedriger ist die zeitliche Stabilität des Zusammenhanges im Stichprobenzeitraum.[706]

3.3.2.3.3 Robuste Schätzung (RLS-Methode)

Für die klassische OLS-Schätzung der Sensitivitäten ist die Annahme zu treffen, dass die Kovarianzmatrix der Residuen aus der isolierten Schätzung der Sensitivitäten für jedes Wertpapier ($i = 1, ..., N$) und zu jedem Zeitpunkt t eine Diagonalmatrix ist.[707] Neben der scheinbaren Unverbundenheit der Schätzungen ist aber der Effizienzverlust, der durch Ausreißer in den Daten verursacht wird, Grund für Verzerrungen in den geschätzten Betas. Als Ausreißer werden dabei Renditedaten interpretiert, die durch einen anderen Mechanismus als die Mehrzahl der Beobachtungen generiert werden.[708] Da der systematische Zusammenhang zwischen erklärendem Faktor und abhängiger Wertpapierrendite untersucht werden soll, sollten unsystematische, nicht zu erwartende singuläre Ereignisse die Messung des systematischen Einflusses nicht verzerren.[709] Die OLS-

---

[706] Ein Beispiel ist in Tabelle 10, Seite 246 angegeben.

[707] KOSFELD (Kapitalmarktmodelle, 1996), S. 105-106. Bei der klassischen Beta-Schätzung wird aus den scheinbar unverbundenen Einzelgleichungen ein Mehrgleichungssystem der Form

$$\begin{array}{ccccccc} R_{1t} & = \alpha_1 & + & \beta_1 & R_{Mt} & + & e_{1t} \\ R_{2t} & = \alpha_2 & + & \beta_2 & R_{Mt} & + & e_{2t} \\ \vdots & \vdots & & \vdots & \vdots & & \vdots \\ R_{Nt} & = \alpha_N & + & \beta_N & R_{Mt} & + & e_{Nt} \end{array}$$

gebildet. Nur unter der beschriebenen Annahme ist eine OLS-Schätzung dieses Gleichungssystems durch N Zeitreihenregressionen möglich. KOSFELD (Kapitalmarktmodelle, 1996), S. 106.

[708] KOSFELD (Kapitalmarktmodelle, 1996), S. 107.

[709] Zumindest kann durch den Vergleich der robusten Schätzung mit der verzerrten OLS-Schätzung der Einfluss von Ausreißerdaten der Höhe nach beurteilt werden; KNEZ/READY (Robustness, 1997), S. 1362.

Schätzung der Sensitivitätskoeffizienten, die den systematischen Zusammenhang und damit das systematische Risiko quantifizieren, spiegelt also nicht unbedingt den Zusammenhang im Gleichgewicht wider.

In der robusten Regression wird daher Ausreißern ein geringeres Gewicht in der Schätzung des systematischen Zusammenhanges gegeben, oder sie werden vollständig eliminiert.[710] Damit wird implizit eine Unterteilung in Gleichgewichts- und singuläre Ereignisbeobachtungen oder in "gute" und "schlechte" Daten vorgenommen. Die Messung der Sensitivitätskoeffizienten wird damit auf die Daten beschränkt, die für die Erwartungsbildung der Marktteilnehmer relevant sind.

Als Methoden stehen z. B. die Verallgemeinerung der Maximum-Likelihood-Methode auf Mischverteilungen oder die Reweighted-OLS-Methode (RLS) von ROUSSEEUW zur Verfügung.[711]

Der Vorteil der RLS liegt in der Bereinigung von Ausreißern in der Regression und in der endogenen Variablen. Dazu wird die Minimierung der gewichteten Residuenquadrate bei der Bestimmung der Regressionsparameter der Schätzgleichung $R_{it} = \alpha_i + \beta_i \, R_{Mt} + e_{it}$ vorgenommen:[712]

$$\sum_{t=1}^{T} w_{it} e_{it}^2 \xrightarrow{!} \underset{\alpha_i, \beta_i}{Min} . \tag{119}$$

Die Gewichte w_{it} ergeben sich in Abhängigkeit von der Ausprägung des Wertepaares (R_i; R_M). Wird bei einer Normierung für die Gewichte ein Intervall von [0;1] gewählt, ist die Kriteriumsfunktion (119) als Verallgemeinerung der OLS-Methode zu betrachten.[713] Die Gewichtungsfunktion kann unterschiedlich definiert werden. Eine 'harte' Funktion wählt lediglich die Intervallgrenzen Null und

---

710 Robuste Verfahren werden allgemein durch die Anzahl der tolerierten Fehler charakterisiert. Eine Fehlertoleranz von 0% bedeutet, daß ein einziger Fehler im Datenmaterial einen Fehler im Ergebnis, d. h. hier in der Messung, bewirkt. Eine 50%ige Fehlertoleranz entspricht der Methode des kleinsten Medians der Abweichungsquadrate, d. h. die Hälfte der Daten kann fehlerhaft oder verzerrt sein. Vgl. Darstellung des Bruchpunktes in Fn. 694.

Zur robusten Regression vgl. LI (Robust Regressions, 1985), S. 281-340; ROUSSEEUW/-LEROY (Robust Regression, 1987), S. 21-25; ECKEY/KOSFELD/DREGER (Ökonometrie, 1995), S. 229-235; KOENKER (Robust Methods, 1982), S. 233-246, sowie HARTUNG/-ELPELT (Multivariate Statistik, 1992), S. 116.

711 ROUSSEEUW (Least Median, 1984), S. 871-874.

712 Die Methode ist nicht auf Ein-Faktormodelle beschränkt. Für eine bessere Übersichtlichkeit wird sie aber am Beispiel des Ein-Faktormodells dargestellt.

713 Bei der OLS würde die Gewichtsfunktion $w_{it} = 1$ für alle t gelten.

Eins als gültige Gewichte, während eine 'glatte' Funktion auch Gewichtsausprägungen innerhalb des Intervalls wählt. Als Kriterium für die Gewichtung wird das standardisierte Residuum $e^* = e_{it} / \hat{\sigma}_i^*$ gewählt.[714] Dabei ist $\hat{\sigma}_i^*$ der robuste Schätzer für den Standardfehler der Regression.[715] Damit können die Grenzwerte in der Gewichtungsfunktion in Form der x-fachen Standardabweichungen definiert werden. Ein Beispiel für eine 'glatte' Gewichtungsfunktion ist[716]

$$w_{it} = \begin{cases} 1 & ,\text{wenn} \quad |e_{it} / \hat{\sigma}_i^*| \leq 2 \\ ]0;1[& ,\text{wenn} \quad 2 < |e_{it} / \hat{\sigma}_i^*| \leq 3 \\ 0 & ,\text{wenn} \quad |e_{it} / \hat{\sigma}_i^*| > 3 \end{cases} \qquad (120)$$

Dabei werden Beobachtungen innerhalb von zwei Standardabweichungen nicht unmittelbar über die Gewichtung als Ausreißer verworfen. Die Gewichtung zwischen dem oberen und unteren Grenzwert kann z. B. linear vorgenommen werden. Jenseits von drei Standardabweichungen ist bei Normalverteilung die Wahrscheinlichkeit der Signifikanz kleiner als 1%, diese Daten werden daher mit Null gewichtet.

Wie der Name der RLS-Methode beschreibt, werden die Gewichte nicht endgültig festgelegt. Vielmehr muss bei unbekannter Gewichtung ein Ausgangswert gefunden werden, damit der Standardfehler und die Residuen berechnet werden können. Die Möglichkeit, von einer OLS-Schätzung auszugehen, wird dabei von KOSFELD verworfen, da Ausreißer die Schätzung verzerren.[717] Nach

---

[714] Dieses standardisierte Residuum kann auch für eine OLS-Schätzung berechnet werden. Wie Analyse von BADRINATH/CHATTERJEE zeigt, werden dabei nicht alle Ausreißer identifiziert. Sie sprechen in diesem Zusammenhang von einem "maskierenden Effekt" der OLS-Methode. Vgl. BADRINATH/CHATTERJEE (Systematic Risk, 1993), S. 15-20; CHATTERJEE/JACQUES (Outlier-Resistant Approach, 1994), S. 71; ROUSSEEUW/WAGNER (Robust Regression, 1990), S. 2.

[715] Er wird auch als robuster Skalenschätzer bezeichnet. Vgl. KOSFELD (Kapitalmarktmodelle, 1996), S. 109.

[716] Nach ROUSSEEUW/LEROY (Robust Regression, 1987), S. 208-210, und KOSFELD (Kapitalmarktmodelle, 1996), S. 109-110, ist der Unterschied zwischen dieser "glatten" Gewichtungsfunktion und einer "harten" Verwerfungsregel, die z. B. alle Beobachtungen, die mehr als 2,5 Standardabweichungen abweichen, mit dem Gewicht Null, alle anderen mit Eins belegt, nicht entscheidend. Beide Methoden liefern robuste, effiziente Schätzungen im Vergleich zur OLS-Schätzung, wenn Verteilungen mit Ausreißern (sogenannte kontaminierte Verteilungen) vorliegen.

[717] KOSFELD (Kapitalmarktmodelle, 1996), S. 110.

ROUSSEEUW wird die Ausgangslösung durch Minimierung des Medians der Residuenquadrate, die LMS ermittelt[718]

$$\mathrm{Med}_t(e_{it}^2) \xrightarrow{!} \underset{\alpha_i, \beta_i}{Min}. \tag{121}$$

Der vorläufige Standardfehler $\hat{\sigma}_i^{*(0)}$ basiert auf dieser Kriteriumsfunktion der LMS-Methode (115). Nach der Bestimmung der Gewichte über die Gewichtsfunktion (120) unter Verwendung des vorläufigen Standardfehlers $\hat{\sigma}_i^{*(0)}$, kann die RLS Schätzung mit den gewichteten Beobachtungen durchgeführt werden.[719] D. h. es wird die Summe der gewichteten, quadrierten Fehler gemäß der Kriteriumsfunktion (119) minimiert.[720] Der neue Standardfehler der Regression ergibt sich aus

$$\hat{\sigma}_i^{*(1)} = \sqrt{\sum_{t=1}^{T}(w_{it}e_{it}^2) \Big/ \sum_{t=1}^{T}(w_{it} - N)} \tag{122}$$

mit N = Anzahl der Wertpapiere.[721]

Unter Verwendung dieses Schätzers für den Standardfehler $\hat{\sigma}_i^{*(1)}$ wird die Gewichtsfunktion (120) erneut bestimmt. Die gewichteten Beobachtungen werden dann in der RLS-Schätzung verwendet. Die Faktorsensitivität $\hat{\beta}_i^*$ ergibt sich aus dem Quotienten der Kovarianz zwischen exogenem Faktor und zuerklärender Variable $\hat{\sigma}_{ij}^*$ und der Varianz der letzteren $\hat{\sigma}_i^{*2}$:

$$\hat{\beta}_i^* = \hat{\sigma}_{ij}^* / \hat{\sigma}_i^{*2}.$$

Der endgültige Standardfehler $\hat{\sigma}_i^*$ entspricht der Definition (122) mit den Gewichten und Residuen aus der RLS-Schätzung.[722]

Zur Schätzung des Wirkungszusammenhanges zwischen Sensitivitäten und der mittleren Wertpapierrendite muss zusätzlich zur robusten Sensitivität auch die mittlere Rendite $\hat{\mu}_i^*$ robust geschätzt werden

$$\hat{\mu}_i^* = \gamma_0 + \gamma_1 \hat{\beta}_i^* + \xi_i \tag{123}$$

---

[718] Vgl. zur LMS Abschnitt 3.3.2.3.1.

[719] ROUSSEEUW/LEROY (Robust Regression, 1987), S. 45; ROUSSEEUW/WAGNER (Robust Regression, 1990), S. 5; vgl. auch ausführliche Darstellung dieser Systematik bei KOSFELD (Kapitalmarktmodelle, 1996), S. 112-117.

[720] CHATTERJEE/JACQUES (Outlier-Resistant Approach, 1994), S. 72.

[721] ROUSSEEUW/LEROY (Robust Regression, 1987), S. 45.

[722] Anwendung bei BADRINATH/CHATTERJEE (Systematic Risk, 1993), S. 12-24.

mit ξ_i = Störvariable mit $E[\xi_i] = 0$ und $Var(\xi_i)$ = konstant.[723]

Wenn alle bewertungsrelevanten Informationen in dem Modell enthalten sind, dürfen die Residuen ξ_i zusätzlich keine Autokorrelation aufweisen.[724] Die Parameter γ_0 und γ_1 werden dann in der Querschnittsregression (123) bestimmt. Bezieht sich die Gleichung auf die empirische Wertpapierlinie, entspricht γ_0 dem risikolosen Zinssatz bzw. der Rendite eines Zero-Beta-Portfolios. Es kann daher eine positive Ausprägung von γ_0 erwartet werden. γ_1 stellt dann die Überschussrendite des Marktportfolios dar. Im CAPM würde daher ein positiver, signifikant von Null verschiedener Schätzer für die Risikoprämie erwartet.[725]

Der Beta-Faktor in der Querschnittsregression zur Schätzung der Risikoprämien entspricht aber nicht mehr einer "echten" exogenen Variablen und enthält aufgrund der Schätzmethodik Messfehler. Auch die endogene Variable weist aus diesem Grund Messfehler auf.[726] Die robuste Schätzung wird hier also angewendet, weil Messfehler existieren, die zu Ausreißern führen können, und weniger

---

[723] ROUSSEEUW/LEROY (Robust Regression, 1987), S. 160.

[724] Besteht weiterhin eine Systematik in den Residuen, dann kann daraus auf eine Fehlspezifikation des Erklärungsmodells geschlossen werden. Diese Fehlspezifikation kann durch fehlende Erklärungsvariablen und eine falsche Funktionsform der Erklärung verursacht werden. D. h. der hier unterstellte lineare Zusammenhang wäre falsch; KOSFELD (Kapitalmarktmodelle, 1996), S. 112.

Autokorrelation, d. h. die Abhängigkeit zeitlich aufeinander folgender Residuen, kann durch einen Durbin-Watson-Test identifiziert werden. Dabei wird die Nullhypothese fehlender Autokorrelation gegen die Alternativhypothese positiver oder negativer Autokorrelation getestet. DURBIN/WATSON (Testing for Serial Correlation II, 1951), S. 161; DURBIN/WATSON (Serial Correlation, 1971), S. 1; ASSENMACHER (Ökonometrie, 1991), S. 146-150, und Abschnitt 3.3.3.1. Zur Anwendung des Durbin-Watson-Tests bei fehlenden Beobachtungen vgl. DUFOUR/DAGENAIS (DW-Test, 1985), S. 373-377; SAVIN/WHITE (Autocorrelation, 1978), S. 59-67. Eine analoge Anwendung der dort vorgestellten Verfahren für gewichtete Regressionen, die nicht nur die Gewichte Null und Eins enthalten, ist aber nicht ohne Anpassung möglich. Eine Möglichkeit auch bei autokorrelierten Residuen effiziente Schätzer zu erhalten besteht in der Anwendung eines verallgemeinerten OLS-Verfahrens (GLS). Vgl. ASSENMACHER (Ökonometrie, 1991), S. 151-153; ECKEY/-KOSFELD/DREGER (Ökonometrie, 1995), S. 110-114. Zur GLS vgl. auch Ursprungswerk von AITKEN (Least Squares, 1935), S. 43-46.

[725] KOSFELD (Kapitalmarktmodelle, 1996), S. 114-115.

[726] Das Problem ist als Modell mit Fehlern-in-den-Variablen (errors in variables) in der Ökonometrie bekannt. SCHNEEWEIß (Ökonometrie, 1990), S. 216-218. Die Schätzung der Parameter durch eine RLS-Regression an Stelle einer OLS-Schätzung liefert robustere Ergebnisse, auch wenn die Anwendung der robusten Schätzung in der Zeitreihenregression stringenter als in der Querschnittsregression erscheint. Vgl. KOSFELD (Kapitalmarktmodelle, 1996), S. 116-117.

weil ausreißerbehaftete Daten, die durch Bewertungsanomalien entstehen, vorliegen.[727]

Die RLS-Methode ist also auch eine Verallgemeinerung der OLS, wandelt die WLS-Methode aber insofern ab, dass die Gewichte in mehreren Stufen neu bestimmt werden. Für eine erste Schätzung wird die LMS-Methode eingesetzt. Damit werden die Vorteile der oben beschriebenen Methoden kombiniert. Die Anwendbarkeit in einer automatisierten Verarbeitung ist theoretisch gegeben aber komplex.

3.3.2.3.4 Kointegrationsmethode

Die Kointegrationsmethode gehört zum Bereich der linearen Fehlerkorrekturmodelle und wird primär zur Erstellung kurzfristiger Vorhersagen verwendet. Dazu wird zunächst ein langfristiges Gleichgewicht mit Niveaugrößen modelliert und anschließend auf dieser Basis durch Fehlerkorrektur die kurzfristige Zeitreihendynamik abgebildet.[728]

Der methodische Ansatz der Kointegrationsmodelle basiert auf multivariaten, linearen Regressionen, die einen langfristigen Wirkungszusammenhang zu den n ökonomischen Bestimmungsfaktoren x_i der zu erklärenden Niveaugröße y herstellen

$$y_t = c_1 + \sum_{i=1}^{n} b_i \, x_{i,t} + \varepsilon_t$$

mit y_t = zu erklärende Wertpapier-Kurszeitreihe,
$x_{i,t}$ = fundamentale Faktorzeitreihe (exogene Niveaugrößen),
c_1, b_i = Regressionsparameter,
ε_t = Fehlerterm der Niveauregression,
n = Anzahl der exogenen Variablen x_i.

Die geschätzten Regressionskoeffizienten b_i bilden dabei die Sensitivität zwischen endogener und exogener Größe ab. Von großer Bedeutung ist die Analyse des entstehenden Fehlerterms ε_t. Damit eine langfristige Wirkungsbeziehung statistisch gegeben ist, d. h. die Erklärung der endogenen Variable mit beschränkter Ungenauigkeit, muss der Fehler des Gleichgewichtsmodells stationär sein. Nur dann sind exogene und endogene Variablen kointegriert.

---

[727] KOSFELD (Kapitalmarktmodelle, 1996), S. 117.

[728] REHKUGLER/JANDURA (Fehlerkorrekturmodellen, 1997), S. 4.

Bei Unterstellung der langfristigen Gleichgewichtsbeziehung geht man davon aus, dass die Abweichungen von diesem Gleichgewichtszustand nur kurzfristig sind und durch Anpassungsprozesse hin zum Gleichgewicht führen. Im zweiten Schritt versucht man, diesen Anpassungsprozess über einen Fehlerkorrekturansatz zu modellieren. Dazu wird die Fehlergröße des Kointegrationsmodells als zusätzliche Erklärende in das neue Modell aufgenommen. Die übrigen exogenen Variablen gehen als erste Differenzen in die als *Autoregressive Distributed Lag* Modell dargestellte Regressionsgleichung ein [729]

$$\Delta y_t = \sum_{j=1}^{m} a_j \Delta y_{t-j} + \sum_{i=1}^{n} \sum_{k=1}^{l} \beta_{i,k}\, \Delta x_{i,t-k} - \lambda\, \hat{\varepsilon}_{t-1} + e_t \qquad (124)$$

mit $\hat{\varepsilon}_{t-1} = y_{t-1} - \hat{c}_1 - \sum_{i=1}^{n} \hat{b}_i\, x_{i,t-1} = y_{t-1} - \hat{y}_{t-1}$ als Schätzer des Fehlerterms des Kointegrationsmodells, der auch als Gleichgewichtsfehler bezeichnet wird,

e_t = Fehlergröße des Fehlerkorrekturmodells,

λ = Regressionskoeffizient für den Fehlerkorrekturmechanismus,[730]

j, k = Laufvariablen für die berücksichtigten Lags.

Die Größen *m* und *l* bestimmen die Länge der berücksichtigten Lags. Dieser Modellansatz wird gewählt, weil im Kointegrationsmodellansatz die Wahrscheinlichkeit eines autokorrelierten Fehlerprozesses recht hoch ist, die Gefahr der Multikollinearität der exogenen Niveauvariablen besteht und die Möglichkeit von Scheinkorrelationen bei Niveauvariablen durch eine nichtstationäre Verteilung sehr hoch ist.[731] Die Autokorrelation lässt sich jedoch bei den OLS-Verfahren durch einen Durban/Watson-Test zumindest in der ersten Ordnung testen. Gegebenenfalls wird dann durch ein GLS-Verfahren der Einfluss dieser Autokorrelation gemindert.[732] Da die Scheinkorrelationen insbesondere bei Ni-

---

[729] MATTHES (Zinsprognose, 1994), S. 42-43.

[730] Das negative Vorzeichen des Parameters deutet an, daß für die Periode *t* eine Korrektur des Fehlerterms der vorhergehenden Periode (*t*–1) erwartet wird (Feedback-Effekt); REHKUGLER/JANDURA (Fehlerkorrekturmodellen, 1997), S. 6.

[731] MATTHES (Zinsprognose, 1994), S. 43-44.

[732] Zum DW-Test und für Hinweise zur GLS vgl. Fn. 724 und Abschnitt 3.3.3.1. Multikollinearität der Faktoren kann u. a. durch das Auslassen eines der Faktoren gemindert werden. Eine statistische Möglichkeit Multikollinearität zu vermeiden, liegt in der Hauptkomponentenanalyse, die aus der Matrix der erklärenden Faktoren signifikante und orthogonal zueinander stehende Beobachtungsvektoren erzeugt. Die Regressoren dieser Erklärungs-

veaugrößen auftreten, wurden in den bisher beschriebenen Verfahren von vornherein stetige Renditen oder erste Differenzen der Zeitreihen gebildet. Insbesondere weil die Kointegration von langfristig stabilen Zusammenhängen ausgeht und lediglich kürzerfristige Anpassungsprozesse um diese beschreibt und so keine Anpassung auf Strukturbrüche vorsieht, wird im Folgenden darauf verzichtet, die Kointegration als mögliches Verfahren zur Sensitivitätsschätzung zu verwenden.[733]

3.3.2.3.5 Ansätze zur Schätzung von ex-ante Faktorsensitivitäten

Die bisher beschriebenen Verfahren zur Bestimmung von Faktorsensitivitäten beschränken sich auf die ex-post Betrachtung. Diese ex-post Sensitivitäten werden dann als naive Schätzung, die den Random Walk der Faktorsensitivitäten unterstellt, auch für die folgende Periode verwendet. Daneben sollen zwei Ansätze skizziert werden, die möglicherweise bessere ex-ante Schätzungen ermöglichen. Zum einen hat VASICEK ein Bayes-adjustiertes Beta vorgeschlagen.[734] Dabei wird die Sensitivität als gewichteter Mittelwert aus der wertpapierindividuellen Sensitivität b_i und der mittleren Sensitivität aller Wertpapiere $\bar{b}$ berechnet. D. h. die Kenntnis der Querschnittsverteilung der Sensitivitäten wird zur Adjustierung des geschätzten Betas genutzt.[735] Die Gewichtung wird anhand der

---

vektoren sind dann aber nicht mehr interpretierbar, so dass diese Methode der Bereinigung hier nicht sinnvoll ist. Vgl. ASSENMACHER (Ökonometrie, 1991), S. 139-142.

733 Dies schließt in keiner Hinsicht die Möglichkeit ihrer Verwendung aus. Da fundamentale Zeitreihen, die als Niveaugrößen z. T. deutlichen Trends unterliegen, zur Erklärung von Wertpapier-Renditebewegungen herangezogen werden, wird aber hier von einer Anwendung des Kointegrationsansatzes abgesehen.

734 Die Adjustierung wird vorgenommen, weil bei der OLS-Schätzung der Sensitivität definitionsgemäß der Schätzwert dem bedingten Erwartungswert entspricht: $E[b\,|\beta] = \beta$. Tatsächlich ist aber die Verteilung des Parameters nicht bekannt. Ohne weitere Informationen ist die OLS-Schätzung eines Markt-Betawertes von 0,2 mit gleicher Wahrscheinlichkeit über- wie unterschätzt. Tatsächlich ist aber bekannt, daß die Verteilung der Betas einen Mittelwert um Eins und eine bestimmte Standardabweichung hat. Daher wird der Schätzwert von 0,2 eher nach unten als nach oben verzerrt sein. Die Bayes- Adjustierung soll bewirken, daß der Schätzwert unter Verwendung der bekannten Querschnittsverteilung der Sensitivitäten, den Schätzwert so korrigiert, daß er mit gleicher Wahrscheinlichkeit über- oder unterschätzt ist. Vgl. VASICEK (Bayesian Estimation, 1973), S. 1233-1235. Zur Verdeutlichung der Grundgedanken der Bayes-Schätzung vgl. WRIGHT (Bayesian Approach, 1998).

735 VASICEK (Bayesian Estimation, 1973), S. 1234.

Varianzen der Sensitivitätsschätzung vorgenommen. Der Mittelwert b' und die Varianz $\sigma_b'^2$ der geschätzten normalverteilten Sensitivität ergeben sich aus [736]

$$b_i' = \left(\bar{b} / \bar{\sigma}_b^2 + b_i / \sigma_{b_i}^2\right) \Big/ \left(1 / \bar{\sigma}_b^2 + 1 / \sigma_{b_i}^2\right), \qquad (125)$$

$$\sigma_{bi}'^2 = \left(1 / \bar{\sigma}_b^2 + 1 / \sigma_{b_i}^2\right)^{-1}$$

mit $\bar{b}$, $\bar{\sigma}_b^2$ = Mittelwert und Varianz der Sensitivität in der Querschnittsverteilung, die auf den vorab bekannten Informationen beruhen,[737]

b_i, σ_{bi}^2 = Parameter (Sensitivität und Varianz des Sensitivität) der Stichprobenschätzung für i.

Der Bayes-Schätzer der Sensitivität entspricht dem Mittelwert b' der unter Verwendung aller bekannten Informationen geschätzten Verteilung.[738]

Ein zweites Verfahren besteht in der Verwendung von unternehmensspezifischen Kennzahlen (Mikrovariablen) zur Schätzung der Faktorsensitivität. Dazu wird über einen historischen Zeitraum das Verhältnis der Mikrovariablen zu den Faktorsensitivitäten in einer multiplen Zeitreihenregression bestimmt[739]

$$\beta_{ij} = a_j + \sum_{h=1}^{H} \beta_{ih} A_{ih} + e_{ij} \qquad (126)$$

mit β_{ij} = Faktorsensitivität des Wertpapiers i zum Faktor j,

β_{ih} = zu schätzende Sensitivität der Faktorsensitivität zur Mikrovariablen h,

A_h = Ausprägung der Mikrovariablen h für das Wertpapier (Unternehmen) i.

Die so geschätzten Sensitivitätskoeffizienten der Mikrovariablen β_{ih} zu den Makrofaktorsensitivitäten β_{ij} lassen dann die Schätzung der aktuellen Faktorsensitivitäten bei Kenntnis der Mikrovariablen-Ausprägungen zu. D. h. die ex-

---

[736] VASICEK (Bayesian Estimation, 1973), S. 1236-1237 (Gleichungen (15) und (16)).

[737] Sind keine Informationen über die Verteilung vor der Adjustierung bekannt, können die Parameter $\bar{b}$ und $\bar{\sigma}_b^2$ aus dem Querschnitt der Daten geschätzt werden. VASICEK (Bayesian Estimation, 1973), S. 1237.

[738] Der Bayesschätzer b' ist bei einer stichproben-theoretischer Argumentation nicht als unverzerrter Schätzer anzusehen. Dennoch konvergiert (entsprechend dem Gesetz der Großen Zahlen) nach VASICEK (Bayesian Estimation, 1973), S. 1238-1239, der Wahrscheinlichkeitsgrenzwert für b' genauso gegen β wie für den OLS-Schätzer b.

[739] YOUNG/BERRY/HARVEY/PAGE (Macroeconomic Forces, 1991), S. 562.

ante zu schätzende Makrofaktorsensitivität wird über ein Erklärungsmodell mit Mikrovariablen als Erklärende bestimmt. Eine empirische Analyse lässt vermuten, dass die Bayes-Schätzung und die Schätzung mit Mikrovariablen annähernd gleiche Schätzfehler aufweisen, während die naive Methode deutlich schlechtere Schätzer liefert.[740]

3.3.3 Bewertung der geschätzten Wirkungszusammenhänge

Die Bewertung der dargestellten Sensitivitätsschätzungen muss auf verschiedenen Ebenen ansetzen. Zunächst werden die zugrundeliegenden Faktorzeitreihen hinsichtlich der an sie gestellten Anforderungen analysiert. Anschließend muss das Verfahren der Schätzung als solches bewertet werden, und schließlich kann die Gesamtheit der Sensitivitätsschätzer und ihre Verteilung untersucht werden.

3.3.3.1 Autokorrelation und Multikollinearität der Faktoren

Bei der Definition von Faktorzeitreihen ist neben der Stationarität der Zeitreihe auch auf die Autokorrelation zu achten. Diese liegt u. a. vor, wenn der Faktor saisonalen Schwankungen unterworfen ist.[741] Neben Saisoneffekten können autoregressive Prozesse oder gleitende Durchschnittsprozesse den Faktorzeitreihen zugrunde liegen. Auch diese lassen Autokorrelation entstehen. Allgemein liegt Autokorrelation einer Faktorzeitreihe dann vor, wenn durch bekannte Faktorausprägungen der nächste Faktorwert "zuverlässig" geschätzt werden kann.[742] Damit würde eine Verletzung der Annahme der unerwarteten Faktorausprägung eintreten.[743]

Der empirische Autokorrelationskoeffizient r_k einer Zeitreihe δ für ein bestimmtes Lag k berechnet sich aus der Autokovarianz, die mit der empirischen Varianz der Zeitreihe normiert wird:[744]

---

[740] YOUNG/BERRY/HARVEY/PAGE (Macroeconomic Forces, 1991), S. 562-563.

[741] Die Saisonalität stört dagegen die Stationarität, d. h. einen Erwartungswert von Null, auch über längere Zeiträume nicht.

[742] Von der Autokorrelation der Faktoren ist der Effekt verzögerter Preisanpassungsprozesse an veränderte Informationsparameter zu trennen. Dabei kann die Wirkung des zu messenden Faktors verzögert eintreten. Eine Korrektur ist dann durch die Verwendung von Faktorrenditen mit einem Lag größer Null möglich. Vgl. Darstellung der Korrekturverfahren zur Marktrisikoberechnung von DIMSON und SCHOLES/WILLIAMS im Abschnitt 2.2.2.1.

[743] Vgl. CHEN/JORDAN (Empirical Tests, 1993), S. 70-72, die eine Autokorrelationsanalyse für ökonomische Faktoren für die Lags 1 bis 12 durchführen.

[744] Oft wird eine vereinfachte Berechnung der empirischen Autokorrelation verwendet, die identische Mittelwerte für alle Lags k annimmt, d. h. $\bar{\delta}_{t-k} = \bar{\delta}$. Zusätzlich werden die

$$r_k = \left(\frac{1}{(T-k)}\sum_{t=1}^{T}(\delta_t - \bar{\delta})(\delta_{t-k} - \bar{\delta}_{t-k})\right) \Big/ \left(\frac{1}{T}\sum_{t=1}^{T}(\delta_t - \bar{\delta})^2\right)$$

$$= \mathrm{Cov}(\delta_t;\delta_{t-k})\left[\mathrm{Var}(\delta_t)\mathrm{Var}(\delta_{t-k})\right]^{-1/2}$$

$$\cong \mathrm{Cov}(\delta_t;\delta_{t-k}) / \mathrm{Var}(\delta_t)\,. \qquad (127)$$

mit r_k = empirischer Autokorrelationskoeffizient für das Lag k,
δ = Faktoränderung,
T = Anzahl der Stützpunkte der Stichprobe.

Die Autokorrelation wird so für jedes Lag k getrennt bestimmt. Da der Quotient aus Kovarianz und Varianz aber der Definition des Regressionskoeffizienten der linearen Regression entspricht, können die Autokorrelationskoeffizienten r_k auch in linearen Einfachregressionen geschätzt werden

$$\delta_t = a + r_k\delta_{t-k} + \varepsilon\,.$$

Dabei ist darauf zu achten, dass die Anzahl der Lags k kleiner als die Anzahl der Stützpunkte der Regression minus Eins ist ($k < T - 1$). Der so entstehende Vektor der Autokorrelationskoeffizienten für Lags $k = 1$ .. K wird anschließend analysiert: Wenn r_k geometrisch mit zunehmendem Lag abklingt, kann der Zeitreihe ein autoregressiver Prozess (AR-Prozess) niedriger Ordnung zugrunde liegen. Wenn der Koeffizient dagegen nach wenigen Lags auf Null zurückgeht, kann ein Prozess gleitender Durchschnitte (MA-Prozess) niedriger Ordnung vermutet werden.

Die Signifikanz der Korrelation r_k lässt sich unter der Annahme, dass die zugrundeliegenden Zufallsvariablen normalverteilt sind, testen. Unter der Nullhypothese, dass der Autokorrelationskoeffizient Null ist, ist die Teststatistik $\mathrm{t}(r_k)$ [745]

$$\mathrm{t}(r_k) = \frac{r_k\sqrt{T-2}}{\sqrt{1-r_k^2}}$$

t-verteilt mit T-2 Freiheitsgraden. Die Nullhypothese wird verworfen, wenn

---

Terme $(T-k)^{-1}$ im Zähler und T^{-1} im Nenner weggelassen. Vgl. WATSHAM/PARRAMORE (Quantitative Methods, 1997), S. 239; CAMPBELL/LO/MACKINLAY (Econometrics of Financial Markets, 1997), S. 45. Diese vereinfachte Berechnung führt zu einer Verzerrung der Autokorrelation in Richtung Null in endlichen Stichproben.

[745] HARTUNG/ELPLET (Multivariate Statistik, 1992), S. 153. Für eine Auswertung der Autokorrelation für $n = 1, \ldots, 12$ vgl. Abschnitt 4.1.1.

$$|t(r_k)| > t_{T-2;1-\alpha/2}.$$ [746]

Der Durbin-Watson-Test eignet sich zur Überprüfung der Autokorrelation, wenn ein autoregressiver Prozess erster Ordnung, AR(1), unterstellt wird. D. h. es wird die Nullhypothese getestet, dass der Korrelationskoeffizient aufeinander folgender Fehler Null ist. Wird die Annahme der Nicht-Korreliertheit der Störvariablen verletzt, sind die OLS-Schätzer der Regressionskoeffizienten zwar unverzerrt, aber nicht absolut effizient. Die Standardfehler der Regressionskoeffizienten (σ_b) werden zudem unterschätzt. Die Ursachen für autokorrelierte Residuen können u. a. im Fehlen wichtiger Erklärungsvariablen oder einer falschen Funktionsform der Regressionsfunktion liegen.

Voraussetzung für den Durbin-Watson-Test ist die Normalverteilung der Residuen.[747] Die Teststatistik

$$d = \sum_{t=2}^{T} (\varepsilon_t - \varepsilon_{t-1})^2 \Big/ \sum_{t=1}^{T} \varepsilon_t^{\,2} \tag{128}$$

mit ε_t $= y_t - \hat{y}_t$, $t = 1, ..., T$,
T = Anzahl der Stützstellen,
y = abhängige Variable,
$\hat{y}$ = durch Regressionskoeffizienten geschätzte Ausprägung der abhängigen Variable.

entspricht für große Stichproben T etwa $d \approx 2(1 - \rho)$, wobei der Schätzer für den Korrelationskoeffizienten $\rho = \sum_{t=2}^{T} \varepsilon_t \, \varepsilon_{t-1} / \sum_{t=1}^{T} \varepsilon_{t-1}^2$ ist.

Bei vollständiger Korrelation ($\rho = 1$) wird die Teststatistik gleich Null ($d = 0$), bei $\rho = -1$ wird $d = 4$, und bei keiner Korrelation ($\rho = 0$) wird $d = 2$. In Abhängigkeit des Stichprobenumfangs T, der Anzahl der Regressoren k und dem Sig-

---

[746] WATSHAM/PARRAMORE (Quantitative Methods, 1997), S. 239, gehen davon aus, dass der Standardfehler der Korrelationskoeffizienten mit $\sigma(r_k) = T^{-1/2}$ bestimmt werden kann. Daher verwenden Sie eine etwas vereinfachte Teststatistik $t^*(r_k) = r_k\, T^{1/2}$. $|t^*(r_k)|$ wird gegen das (1 - α/2)-Quantil der Standardnormalverteilung ($\Phi^{-1}_{1-\alpha/2}$) getestet, um die Nullhypothese zu testen. Beide Tests führen zu etwa gleichen kritischen Autokorrelationsniveaus, zu denen die Nullhypothese fehlender Autokorrelation verworfen wird. Für $T = 24$ und $\alpha = 0{,}05$ ergibt sich z. B. $r_{k,krit} = 0{,}404$ und $r^*_{k,krit} = 0{,}400$.

[747] Ferner muss es sich um eine Regression mit einem konstanten Term (Achsenabschnitt) handeln. DURBIN/WATSON (Testing for Serial Correlation II, 1951), S. 161; HARTUNG/-ELPELT/KLÖSENER (Statistik, 1998), S. 740.

nifikanzniveau α lassen sich eine obere Schranke d_o und eine untere Schranke d_u für den zweiseitigen Test bestimmen.[748] Die Nullhypothese wird angenommen, wenn $d_u \leq d \leq 4\text{-}d_u$; die Alternativhypothese, dass die Störvariablen korreliert sind, wird angenommen, wenn $d \leq d_o$ oder $d \geq 4\text{-}d_o$. In allen anderen Fällen kann keine Aussage getroffen werden.[749]

Da den verwendeten Zeitreihen möglicherweise sowohl autoregressive als auch gleitende Durchschnittsprozesse zugrunde liegen, wird die Gesamtheit der Autokorrelationskoeffizienten mit dem Ljung-Box Q-Test gegen die Nullhypothese getestet, dass bis einschließlich zum Lag k keine Autokorrelation vorliegt. Diese Teststatistik ist besonders in kleinen Stichproben weniger verzerrt als der Box-Pierce Test und testet eine Gruppe von Autokorrelationskoeffizienten auf Signifikanz:[750]

$$Q_k^{LB} = T(T+2)\sum_{j=1}^{k}\left(r_j^2 / (T-j)\right). \qquad (129)$$

mit r_j = Autokorrelationskoeffizient zum Lag j.

Die Teststatistik Q ist asymptotisch χ^2-verteilt mit k-p-q Freiheitsgraden. Dabei ist p die Ordnung des zugrundeliegenden autoregressiven Prozesses und q die Ordnung des MA-Prozesses.

Partielle Autokorrelationskoeffizienten ϕ_k messen dagegen die Autokorrelation bis zu einer bestimmten Ordnung k, indem die Einflüsse der Zeitreihen der Ordnung 1 bis k - 1 ausgeschaltet werden.[751] Sie lassen sich rekursiv aus den Autokorrelationskoeffizienten r_k bestimmen

748 Die Werte für d_o, d_u lassen sich aus statistischen Tafeln in Abhängigkeit von den angegebenen Parametern ablesen.

749 DURBIN/WATSON (Serial Correlation, 1971), S. 1; ASSENMACHER (Ökonometrie, 1991), S. 146-150; HARTUNG/ELPELT/KLÖSENER (Statistik, 1998), S. 740-741. Zur Anwendung des Durbin-Watson-Tests bei fehlenden Beobachtungen vgl. DUFOUR/DAGENAIS (DW-Test, 1985), S. 373-377; SAVIN/WHITE (Autocorrelation, 1978), S. 59-67.

750 CAMPBELL/LO/MACKINLAY (Econometrics of Financial Markets, 1997), S. 47; WATSHAM/PARRAMORE (Quantitative Methods, 1997), S. 241; LJUNG/BOX (Likelihood Function, 1979), S. 266-269.

751 HARTUNG/ELPELT/KLÖSENER (Statistik, 1998), S. 677; WATSHAM/PARRAMORE (Quantitative Methods, 1997), S. 240.

$$\phi_k = \begin{cases} r_1 & ,wenn\ k = 1 \\ \dfrac{r_k - \sum_{j=1}^{k-1} \phi_{k-1,j}\, r_{k-j}}{1 - \sum_{j=1}^{k-1} \phi_{k-1,j}\, r_j} & ,wenn\ k > 1 \end{cases} \tag{130}$$

mit $\phi_{k,j} = \phi_{k-1,j} - \phi_k\, \phi_{k-1,k-j}$.

Alternativ ist aber auch die Schätzung der partielle Autokorrelationskoeffizient ϕ_k der Ordnung k über eine multiple, lineare Regression möglich:

$$\delta_t = a + \beta_1 \delta_{t-1} + \ldots + \beta_{k-1} \delta_{t-(k-1)} + \phi_k \delta_{t-k} + \varepsilon \ ,$$

mit δ = Faktoränderungen,
a, β = Regressionskoeffizienten.

Für jeden Koeffizienten ϕ_k muss dazu eine eigene Schätzung vorgenommen werden. Der Grad der Autokorrelation einer Zeitreihe bestimmt sich durch den letzten signifikanten partiellen Autokorrelationskoeffizienten.

Verzerrungen in den geschätzten Parametern können auch auftreten, wenn die erklärenden Faktoren untereinander derart korreliert sind, dass sie durch Linearkombinationen der anderen Faktoren signifikant erklärt werden können. Diese Multikollinearität wird durch eine annähernde Singularität des Matrixproduktes ($F'F$) der erklärenden Faktoren (F) analysiert.[752] Die annähernde Singularität zeigt eine weitgehende lineare Abhängigkeit der Spalten von F, also der Faktorzeitreihen. Für die Analyse der paarweisen Korrelation von Faktoren wird eine Korrelationsmatrix erstellt, durch die dann gegebenenfalls hochkorrelierte Faktoren erkannt werden können.[753]

Neben den statistischen Anforderungen an die Zeitreihe muss die Periodizität der verwendeten Daten gewählt werden. Diese wird einerseits von der Verfügbarkeit der fundamentalen Variablen bestimmt. Um statistisch abgesicherte Aussagen zu erhalten sollte hingegen die Anzahl der Beobachtungen möglichst hoch sein, während die Forderung nach Aktualität der Wirkungszusammenhänge alte Daten tendenziell ausschließt. Andererseits führen kurze Messinter-

---

[752] Die Matrix F ist annähernd singulär, wenn die Determinante von $F'F$ klein ist (F' entspricht der transponierten Matrix F). Vgl. HARTUNG/ELPELT (Multivariate Statistik, 1992), S. 88.

[753] Ein Beispiel für eine Korrelationsmatrix befindet sich im Abschnitt 4.1.1, Tabelle 20.

valle der Daten auch zu Verzerrungen bei den Sensitivitätsschätzungen.[754] In der empirischen Analyse im Kapitel 4 werden daher Monatsdaten verwendet.

3.3.3.2 Vergleichende Analyse der Verfahren zur Sensitivitätsschätzungen

Wenn die Regressionsresiduen nicht signifikant ungleich Null und normalverteilt sind, kann von einer guten Approximation des Wirkungszusammenhanges ausgegangen werden. Dies wird normalerweise bei der fundamentalen Erklärung von Wertpapierrenditen nur in multiplen Bewertungsmodellen erreicht. Bewertungsmodelle mit nur einem erklärenden Faktor dienen insbesondere zur Schätzung der Faktor-Einfachsensitivität. Die Residuen dieser Schätzgleichungen werden nur im Fall eines dominanten Erklärungsfaktors die geforderte Normalverteilung und den Erwartungswert Null aufweisen. Ansonsten weisen die Verteilungsparameter der Residuen auf fehlende Erklärungsfaktoren im Ein-

---

[754] Bei COHEN/HAWAWINI/MEIER/SCHWARTZ/WHITCOMB (Intervalling Effect, 1983), S. 315-137, werden zwei Verfahren beschrieben, die Sensitivitätsschätzer korrigieren, die durch die Verwendung kurzer Messintervalle verzerrt sind. Als Messintervall werden dabei Tagesdaten unterstellt. Das erste Verfahren zur Korrektur dieses sogenannten Intervalling-Effekts berechnet unverzerrte Betaschätzer als asymptotische Schätzer, d. h. Grenzwerte der OLS-Regressionsschätzer, wenn das Messintervall ohne Grenze steigt. Im zweiten Verfahren wird die Differenz zwischen asymptotischen Schätzer und OLS-Schätzer für ein bestimmtes Messintervall bestimmt und die Abhängigkeit von einer Proxy für die Preisanpassungsverzögerung untersucht. Als Proxy wird die Marktkapitalisierung verwendet. Bei stabilen Zusammenhängen kann dann das asymptotische Beta auf Basis der OLS-Betaschätzung und der Marktkapitalisierung bestimmt werden. Die Methode ist besonders dann vorteilhaft, wenn für einige Wertpapiere nur kurze Zeitreihen vorliegen, die eine Sensitivitätsberechnung auf Basis von Monats- oder Jahresrenditen unmöglich macht. Voraussetzung ist aber die Stabilität des systematischen Zusammenhanges zwischen Marktkapitalisierung und Betaverzerrung. Dieser systematische Zusammenhang ist für die Markt-Betaschätzung intuitiv und empirisch belegbar; vgl. COHEN/HAWAWINI/MEIER/-SCHWARTZ/WHITCOMB (Intervalling Effect, 1983), S. 136-137. Für die Sensitivitätsmessung gegenüber beliebigen ökonomischen Faktoren ist aber intuitiv eine Abhängigkeit der Preisanpassungsgeschwindigkeit ausschließlich von der Marktkapitalisierung nicht nachvollziehbar. Vielmehr kann unterstellt werden, dass auch andere Parameter einen Einfluss auf die Reaktionsgeschwindigkeit auf neue Informationen (Faktoränderungen) haben. Dies gilt um so mehr als verschiedene Faktoren nur auf bestimmte Wertpapier (z. B. Branchen) einen signifikanten, systematischen Einfluss haben, andere aber keine oder verzögerte systematische Relation zu dem Faktor aufweisen. Entscheidungsparameter für die Verzögerung ist dabei nicht die Größe des Unternehmens (Kapitalisierung) sondern z. B. die Branchenzugehörigkeit. Die Abhängigkeit von mehreren Parametern kann somit bei ökonomischen Faktoren nicht ausgeschlossen werden. Die zweite Korrekturmethode erscheint daher nicht allgemein für Faktorsensitivitäten anwendbar.

Faktor-Modell hin. In der weiteren Analyse werden daher multiple Schätzungen unterstellt.

Die vorgestellten Verfahren zur Schätzung der Wirkungszusammenhänge (Abschnitt 3.3.2) müssen hinsichtlich ihrer Qualität bewertet werden, den tatsächlichen aber nicht definierbaren Wirkungszusammenhang zu messen. Ziel ist es, ein Verfahren auszuwählen, das unter Abwägung von Qualität und Aufwand für die Verwendung in der fundamentalen Performancezerlegung geeignet ist.

Unter der Qualität des Schätzverfahrens soll hier die effiziente und möglichst exakte Schätzung des tatsächlichen Wirkungszusammenhanges verstanden werden. D. h. das Verfahren sollte robust gegenüber zufälligen Zusammenhängen und gegenüber Ausreißern in den Beobachtungen sein. Aus der weiteren Verwendung der Sensitivität ergibt sich die Anforderung, dass insbesondere die relative Qualität der Schätzung von Bedeutung ist. D. h. im Rahmen der Performance-Zerlegungsanalyse ist es wichtig, dass die Sensitivitätsschätzungen für zwei Wertpapiere in Relation zueinander unverzerrt sind. Auch die Höhe der geschätzten Faktorsensitivität ist wichtig, weil eine unverzerrte Bewertung des Faktoreinflusses nur erfolgt, wenn die Faktorsensitivitäten verschiedener Faktoren zueinander unverzerrt sind. Diese Anforderung an die relative Richtigkeit der Schätzungen erfordert daher ein einheitliches Schätzverfahren für alle Faktoren und Wertpapiere.

Der Aufwand wird zum einen dadurch bestimmt, dass die Schätzverfahren einheitlich, mit den selben Parametern, auf alle Wertpapiere angewendet werden.[755] Andererseits ist der erforderliche Rechenaufwand und die Anforderungen an die Verfügbarkeit von Daten für die einzelne Schätzung zu berücksichtigen. Liegen der Untersuchung Wertpapiermengen mit mehreren hundert Titeln zugrunde, und kommen eine Vielzahl von Faktoren potentiell für die Erklärung in Betracht, dann steigt der Rechenbedarf für eine automatisierte und zeitnahe Verarbeitung sehr schnell.[756]

---

[755] D. h. wenn für jedes Wertpapier eine individuelle Funktionsform oder eine individuelle Abgrenzung der Analysesegmente vorgenommen werden muss, erhöht sich der Aufwand der Verfahren deutlich gegenüber einheitlich anzuwendenden Verfahren wie z. B. der OLS-Regression. Soll eine wertpapierindividuelle Spezifikation vorgenommen werden, sollten zumindest quantifizierbare Kriterien für die spezifische Ausformung der Schätzgleichung vorliegen.

[756] Zunehmende Rechengeschwindigkeiten von Computern lassen diesen Aspekt aber immer weiter in den Hintergrund treten.

Die OLS-Schätzung ist hinsichtlich der Kriterien Einheitlichkeit und Rechenaufwand das einfachste Verfahren. Es besteht keine individuelle Parametrisierung der Schätzung, wenn von der Länge der Regression abgesehen wird, die aber auf alle Verfahren gleichermaßen zutrifft.[757] Die segmentweise Schätzung (z. B. mit Hilfe des OLS-Verfahrens) erfordert dagegen eine Zerlegung des Wertebereichs in zwei oder mehrere disjunkte Segmente. Die Unterteilung wird normalerweise anhand des Wertebereichs der erklärenden Variablen vorgenommen. Bei Faktoren mit Erwartungswert Null kann bei der Zerlegung in zwei Segmente die Trennung im Ursprung, d. h. bei Null, vorgenommen werden. Jede weitere Segmentierung erhöht die Komplexität, vornehmlich weil für jedes Segment sichergestellt werden muss, dass eine hinreichende Beobachtungsanzahl zur Verfügung steht. Ansonsten ist die gesicherte Signifikanz der Sensitivitätsschätzung nicht zu erreichen. Damit wird auch deutlich, dass mit der Segmentanzahl auch die erforderliche Länge des Analysezeitraums ansteigt und so dynamische Veränderungen in der Sensitivität nur sehr stark verzögert in die Schätzung eingehen oder sich gegenseitig glätten. Die Anwendung einer segmentweisen Regression erscheint daher nur dann sinnvoll, wenn deutlich unterschiedliche Sensitivitäten in zwei auch logisch abgrenzbaren Bereichen zu erwarten sind und diese nicht für den gesamten Wertebereich durch Variablentransformation linearisierbar sind oder durch nichtlineare Funktionsformen beschrieben werden können. Schätzverfahren, die nichtlineare Funktionsformen nutzen, lassen sich oft durch Variablentransformation Linearisieren und damit einfacher und einheitlich berechnen. Der Aufwand besteht in der Identifikation der zugrundeliegenden Funktionsform. Durch Transformation der Faktorzeitreihe wird dann der Übergang zur OLS-Regression ermöglicht.

Die LMS-Regression verwendet dagegen eine neue Kriteriumsfunktion, deren Berechnung keinen höheren Aufwand darstellt. Da aber im Extremfall lediglich 50% der Beobachtungen in die Bestimmung der Regressionskoeffizienten eingehen, erfordert diese Methode im Allgemeinen eine höhere Anzahl Stützstellen, um die Signifikanz der Sensitivitätsschätzung zu sichern. Folglich wird die dynamische Anpassung der geschätzten Wirkungszusammenhänge bei der LMS-Regression analog zur segmentweisen Regression gemindert. Die LMS-Regression wird daher, wie oben beschrieben, vornehmlich zur Identifikation

---

[757] Die Länge der Regression, d. h. die Anzahl der verwendeten Stützstellen, wird im Allgemeinen für alle Wertpapiere vorgegeben. Bei Wertpapieren, die eine kürzere Kurshistorie aufweisen als der Regressionszeitraum, muß u. U. der Regressionszeitraum verkürzt werden oder das Wertpapier vollständig aus der Analyse ausgeschlossen werden. Vgl. hierzu auch Diskussion im Abschnitt 3.4.3.1.

von Ausreißern in der Beobachtungen genutzt, die dann in gewichteten Regressionen geringer gewichtet werden. Für gewichtete Regressionen ist daher eine zweistufige Schätzung erforderlich. Da die Ausreißeridentifikation für jede Wertpapier-/Faktor-Kombination und für jeden Kalkulationszeitpunkt neu durchgeführt werden muss, erhöht sich der Berechnungsaufwand deutlich. Zudem kann auch hier die faktische Reduktion der Anzahl der Beobachtungen eine Verlängerung des Analysezeitraums erforderlich machen. Unter dem Qualitätskriterium erscheint aber diese Methode am besten geeignet, um die Schätzung der Wirkungszusammenhänge zwischen fundamentalen Erklärungsfaktoren und Wertpapierrenditen zu verbessern. Die zeitgewichtete Regression stellt dagegen keine bedeutende Erhöhung des Berechnungsaufwandes dar, weil ihre Gewichte für jede Beobachtung abhängig vom Zeitpunkt der Beobachtung vorgegeben sind. D. h. die Gewichtungsfunktion muss nur einmal mit der Zeit als unabhängiger Variablen festgelegt werden. Diese Methode lässt sich daher auch mit anderen Gewichtungsverfahren kombinieren. Für die Kointegrationsmethode wurde bereits im Abschnitt 3.3.2.3.4 begründet, warum diese Methode hier nicht verwendet wird.

Abschließend soll für einige ausgewählte Verfahren eine exemplarische Darstellung der Berechnungsergebnisse für die Sensitivitäten und deren t-Werte bei der Verwendung eines fundamentalen Erklärungsfaktors gegenüber ausgewählten Wertpapieren dargestellt werden (vgl. Tabelle 10). Als Faktor wird hier die Veränderung des Zinssatzes für 10-jährige Bundesanleihen (Z_{10}) verwendet. Analog zu Tabelle 10 werden in der Tabelle 11 die Achsenabschnitte der Schätzverfahren und deren Signifikanz dargestellt.

Im Anhang C sind für die Aktie BVM die geschätzten Wirkungszusammenhänge der Tabelle 10 zum Faktor Z_{10} nach den dargestellten Verfahren graphisch aufgetragen. Dabei wird deutlich, dass ungewichtete und gewichtete OLS im Wesentlichen identische Sensitivitäten ergeben. Dies liegt vor allem am relativ geringen Gewichtungsfaktor ($a = 0{,}2$) der gewichteten OLS. Auch die quadratische Regressionsfunktion weicht nur in den Randbereichen vom linearen Zusammenhang ab. Dies wird auch dadurch verdeutlicht, dass der Koeffizient b_2 des quadratischen Terms nicht signifikant von Null verschieden ist (vgl. Tabelle 10). Die Regressionsmethode, die als Kriteriumsfunktion den Median der Residuenquadrate verwendet (LMS), weicht kaum in der Steigung, mehr aber im Achsenabschnitt von der OLS-Regression ab. Dies ist dadurch gut erklärbar, dass bei dem analysierten Wertpapier BVM einige sehr hohe positive

Renditen im Beobachtungszeitraum vorkommen, die durch den Median nicht berücksichtigt werden.[758]

Verfahren	Z_{10}	DAX-30	DAI	RWE	VEB	THY	BAY	DGS	SIE	MAN	ALV	BVM	CBK
OLS	b	**-0,10**	**-0,13**	**-0,10**	**-0,07**	-0,06	**-0,09**	**-0,11**	**-0,09**	-0,09	**-0,14**	**-0,13**	**-0,09**
	$\lvert b/\sigma\rvert$	3,14	2,68	2,72	2,11	1,44	2,24	2,54	2,27	1,90	3,65	2,83	2,69
OLS + I	b	0,00	0,04	0,06	-0,03	0,02	-0,06	-0,03	0,07	0,01	-0,03	-0,03	-0,07
	$\lvert b/\sigma\rvert$	0,02	0,33	0,85	0,34	0,30	0,58	0,29	0,78	0,09	0,32	0,40	0,95
OLS – II	b	-0,09	-0,10	-0,14	-0,15	-0,03	-0,06	-0,14	-0,01	0,09	-0,13	-0,08	-0,09
	$\lvert b/\sigma\rvert$	1,10	0,78	1,27	1,61	0,22	0,61	1,16	0,12	0,69	1,15	0,53	0,83
OLS partiell III	b^+	-0,06	-0,06	-0,01	-0,02	-0,03	-0,09	-0,07	-0,04	-0,11	-0,10	-0,10	-0,08
	$\lvert b^+/\sigma\rvert$	0,95	0,72	0,17	0,29	0,45	1,18	0,81	0,62	1,35	1,33	1,24	1,30
	b^-	**-0,16**	-0,22	**-0,22**	-0,14	-0,09	-0,09	-0,18	-0,14	-0,05	**-0,20**	-0,16	-0,10
	$\lvert b^-/\sigma\rvert$	2,14	1,93	2,58	1,81	0,95	0,97	1,67	1,61	0,45	2,23	1,49	1,29
quadr. OLS IV	b_1	**-0,11**	**-0,16**	**-0,12**	**-0,08**	-0,07	**-0,09**	**-0,13**	**-0,10**	-0,09	**-0,15**	**-0,14**	**-0,09**
	$\lvert b_1/\sigma_1\rvert$	3,32	3,02	3,08	2,25	1,47	2,10	2,64	2,36	1,82	3,55	2,81	2,41
	b_2	0,15	0,27	0,22	0,12	0,07	0,03	0,16	0,12	0,05	0,10	0,12	-0,00
	$\lvert b_2/\sigma_2\rvert$	1,09	1,30	1,41	0,82	0,41	0,18	0,81	0,73	0,25	0,60	0,61	0,03
zeit-gew. OLS V	b	**-0,10**	**-0,13**	**-0,10**	**-0,07**	-0,05	**-0,09**	**-0,12**	**-0,09**	-0,08	**-0,14**	**-0,12**	**-0,09**
	$\lvert b/\sigma\rvert$	3,08	2,61	2,72	2,06	1,29	2,29	2,66	2,19	1,84	3,52	2,63	2,45
relativ VI	b_{gew}/b_{OLS}	0%	-2%	1%	0%	-12%	5%	6%	-1%	-4%	-0%	-3%	-5%
LMS VII	b	**-0,09**	**-0,08**	**-0,12**	**-0,07**	**-0,08**	-0,04	**-0,10**	-0,03	**-0,12**	-0,05	**-0,14**	**-0,10**
	$\lvert b/\sigma\rvert$	3,84	2,05	4,98	2,81	2,93	1,72	2,95	0,98	3,18	1,78	4,83	4,99

Quelle: eigene Berechnungen; zugrundeliegende Zeitreihen: Datastream[759]

Tabelle 10: Vergleich der Sensitivitäts-Schätzverfahren am Beispiel eines Faktors für den langfristigen Zins deutscher Bundesanleihen (Z_{10}) für 11 Wertpapiere und einen Marktindex

Die Sensitivitätsschätzungen wurden für einen Stichprobenzeitraum von 60 Monaten (31.03.1993 bis 31.03.1998) mit stetigen monatlichen Gesamtrenditen berechnet. Die Sensitivität ist dann **fett** gedruckt, wenn der

---

758 Die maximale monatliche Rendite im Beobachtungszeitraum betrug 34,83%.

759 Als Wertpapiere werden hier der DAX30-Index und die Aktien der Unternehmen Daimler-Benz AG (DAI; heute Daimler-Chrysler AG), RWE AG (RWE), Veba AG (VEB, heute E.ON AG), Thyssen AG (THY, heute Thyssen-Krupp AG), Bayer AG (BAY), Degussa AG (DGS, heute Degussa-Huels AG), Siemens AG (SIE), MAN AG (MAN), Allianz AG (ALV), Bayerische Vereinsbank AG (BVM, heute Bayerische Hypotheken und Vereinsbank AG) und der Commerzbank AG (CBK) verwendet. Die Unternehmen sind für den Zeitraum der Analyse im DAX30 vertreten und hier stellvertretend ausgewählt.

Quotient aus geschätzter Sensitivität b und dessen Standardfehler σ (= σ_b) auf einem 95% Konfidenzniveau signifikant von Null verschieden ist.[760]

[I)] OLS Regression für alle Beobachtungen, deren Faktorrendite ≥ 0; der Regression liegen 21 (von 60) Beobachtungen zugrunde; [II)] OLS Regression für alle Beobachtungen, deren Faktorrendite <0; der Regression liegen 39 (von 60) Beobachtungen zugrunde; [III)] Hier werden die Sensitivitätskoeffizienten simultan geschätzt, vgl. Abschnitt 3.3.2.1.2. [IV)] Quadratische Regression mit der Funktionsform $y = a + b_1 x + b_2 x^2$.[761] Keiner der Koeffizienten b_2 der quadratischen Terme ist signifikant. [V)] Die Gewichtung wurde hier durch eine Wurzelfunktion $w = (T - t + 1)^a / T^a$ (mit $0 \leq a < 1$; $t = 1..60$; $T = 60$) berechnet. Dabei ist t der Zeitindex, der für den jüngsten Beobachtungswert Eins ist und für den ältesten Beobachtungswert hier den Wert T = 60 annimmt. Der Parameter a wurde hier mit 0,20 gewählt, so dass der erste Wert (t = 1) mit 100%, der zweite (t = 2) mit 99,7% und der letzte Wert (t = 60) noch mit 44,1% gewichtet wird. [VI)] Mit dem prozentualen Abstand zwischen zeitgewichtetem OLS-Beta und ungewichtetem OLS-Beta kann die Stabilität des Wirkungszusammenhanges abgeschätzt werden. Je höher die relativen Abweichungen zwischen ungewichteten und gewichteten Regressionskoeffizienten sind, desto niedriger ist die zeitliche Stabilität des Zusammenhangs im Stichprobenzeitraum (vgl. Abschnitt 3.3.2.3.2). [VII)] Die LMS Regression wurde durch Kalkulation der Kriteriumsfunktion mit vorgegebenen Parametern bestimmt. Die Parameter wurden in unterschiedlich großen Intervallen verändert, so dass die Ebene der Kriteriumsfunktion erzeugt wurde. Dieses Verfahren ist notwendig, weil die Ebene der Kriteriumsfunktion kein eindeutiges absolutes Minimum erzeugt. (Vgl. Abschnitt 3.3.2.3.1 und Anhang B).

Die partiellen Regressionen fallen insbesondere durch deutlich unterschiedliche Achsenabschnitte auf. Im negativen Bereich entspricht die Regressionsgerade annähernd der OLS-Geraden. Im positiven Bereich, der auf nur 21 Stützstellen basiert, gleicht sich die Gerade im höheren Faktorrendite-Bereich der quadratischen Funktion an.

Unter Abwägung der Qualität und des Aufwands der einzelnen Verfahren wird für die folgenden Untersuchungen eine OLS-Regression verwendet.[762]

---

[760] Für die Berechnung des Standardfehlers für die Koeffizientenschätzer b vgl. Abschnitt 3.3.2.1.1; HARTUNG/ELPELT/KLÖSENER (Statistik, 1998), S. 576. Lediglich für die quadratische Regressionsfunktion werden die Ergebnisse für den Standardfehler mit der statistischen Software EasyReg, Version 1.19 von H. J. BIERENS berechnet.

[761] Die Berechnungen der quadratischen Regressionen wird mit der Statistik-Software EasyReg, Version 1.19 von H. J. BIERENS durchgeführt. Vgl. auch HARTUNG/ELPELT/-KLÖSENER (Statistik, 1998), S. 589-591.

[762] Verbesserungen lassen sich durch die Beseitigung oder geringere Gewichtung von Ausreißerdaten erzielen, die im Rahmen der gewichteten Regression dargestellt wurde. Die

Verfahren	Z_{10}	DAX 30	DAI	RWE	VEB	THY	BAY	DGS	SIE	MAN	ALV	BVM	CBK
OLS	a	**0,02**	0,01	0,01	**0,02**	0,01	**0,02**	0,02	0,01	0,01	0,01	0,02	0,01
	$\|a/\sigma\|$	2,41	1,43	1,95	3,11	1,60	2,38	1,90	1,23	1,30	1,70	1,90	1,98
OLS + I)	a	-0,01	-0,03	-0,03	0,01	-0,01	0,01	-0,00	-0,04	-0,02	-0,02	-0,01	0,01
	$\|a/\sigma\|$	0,56	1,04	1,43	0,67	0,48	0,43	0,08	1,50	0,81	0,76	0,52	0,41
OLS – II)	a	0,02	0,02	0,01	0,01	0,02	0,02	0,02	0,03	**0,05**	0,02	0,03	0,02
	$\|a/\sigma\|$	1,29	1,07	0,69	0,50	0,96	1,34	0,74	1,58	2,00	0,99	1,16	0,84
OLS partiell III)	a	0,01	0,00	-0,00	0,01	0,01	0,02	0,01	0,00	0,02	0,00	0,01	0,01
	$\|a/\sigma\|$	0,55	0,05	0,25	0,83	0,54	1,26	0,47	0,06	1,02	0,28	0,74	0,92
quadr. OLS IV)	a_1	0,01	0,00	0,00	0,02	0,01	0,02	0,01	0,00	0,01	0,01	0,01	0,01
	$\|a_1/\sigma_1\|$	0,98	0,14	0,45	1,67	0,87	1,58	0,81	0,39	0,76	0,81	0,94	1,44
zeitgew. OLS V)	a	**0,01**	0,01	0,01	**0,02**	0,01	**0,02**	0,02	0,01	0,01	0,01	0,02	0,01
	$\|a/\sigma\|$	2,39	1,45	1,95	3,03	1,58	2,29	1,84	1,26	1,31	1,69	1,94	1,97
LMS VII)	a	**0,03**	**0,03**	0,00	**0,02**	0,01	**0,01**	**0,02**	**0,04**	0,01	-0,00	**-0,02**	**0,02**
	$\|a/\sigma\|$	7,20	4,18	0,59	3,53	1,43	2,62	2,31	5,75	1,06	0,69	3,85	4,28

Quelle: eigene Berechnung; zugrundeliegende Zeitreihen: Datastream

Tabelle 11: Vergleich der Achsenabschnitte der Sensitivitäts-Schätzverfahren am Beispiel des Faktors Z_{10} für 11 Wertpapiere und einen Marktindex

Die Parameterschätzungen wurden für einen Stichprobenzeitraum von 60 Monaten (03/1993 bis 03/1998) mit stetigen monatlichen Gesamtrenditen berechnet. Der Achsenabschnitt ist dann **fett** gedruckt, wenn der Quotient aus geschätztem Achsenabschnitt a und dessen Standardfehler σ (= σ_a) auf einem 95% Konfidenzniveau signifikant von Null verschieden ist.[763] Für I) bis V) und VII) vgl. Beschriftung zu Tabelle 10.

3.3.3.3 Signifikanzanalyse der Sensitivitäten über alle Wertpapiere

Bei der Bewertung der Schätzgröße wird die Signifikanz der geschätzten Parameter, d. h. die Güte der Anpassung der Schätzgleichung untersucht. Dazu muss

---

Gewichte werden dann durch eine Kleinste-Median Regression (LMS) bestimmt, die ein robustes Schätzverfahren darstellt. Da für dieses Verfahren aber keine Algorithmen in den gängigen Statistikprogrammen vorhanden sind, wurde auf die Anwendung hier verzichtet. Implementiert ist der Algorithmus im Programm PROGRESS von ROUSSEEUW, vgl. KOSFELD (Kapitalmarktmodelle, 1996), S. V.

763 Für die Berechnung des Standardfehlers für den Schätzer des Achsenabschnitts a vgl. Abschnitt 3.3.2.1.1; HARTUNG/ELPELT/KLÖSENER (Statistik, 1998), S. 576. Lediglich für die quadratische Regressionsfunktion werden die Ergebnisse für den Standardfehler mit der statistischen Software EasyReg berechnet. Vgl. vorhergehende Fn.

die Verteilung der Sensitivitätsschätzer und deren Lage betrachtet werden. Die Differenz zwischen wahrer Sensitivität b und dem Erwartungswert der geschätzten Sensitivität $E[\beta_i]$ gibt die Verzerrung der Schätzung (BIAS) an, während die Varianz der Schätzung die Streuung der Schätzwerte um den Erwartungswert quantifiziert. Damit können beide Kriterien im mittleren quadratischen Fehler (MSE) zusammengefasst werden, der sich additiv aus der Varianz des Schätzers und der quadrierten Verzerrung ergibt

$$\mathrm{MSE}(\beta_i) = \mathrm{Var}(\beta_i) + \left[\mathrm{BIAS}(\beta_i)\right]^2 \tag{131}$$

mit $\mathrm{BIAS}(\beta_i) = b_i - E[\beta_i]$ (Verzerrung der Schätzung) und $E[\beta_i]$.[764]

Bei unverzerrter Schätzung (BIAS = 0) entspricht dieses Maß erwartungsgemäß der Varianz der Verteilung. Wird der mittlere quadratische Fehler als Maß für die Qualität der Schätzung verwendet, muss beachtet werden, dass er eine Gewichtung der beiden Abweichungsmaße Verzerrung und Varianz enthält.[765]

Die Analyse geschätzter Sensitivitäten auf ihre Signifikanz kann auch für die gesamte Wertpapiermenge durch zwei unterschiedliche Methoden vorgenommen werden:

Die *Querschnittsregressionsanalyse* testet die Faktorsignifikanz über alle Wertpapiere zu einem bestimmten Zeitpunkt *t*. Dazu wird die Querschnittsregressionsgleichung für einen Faktor *j* geschätzt[766]

$$r_i = \lambda_0 + \beta_{ij}\lambda_j + \varepsilon$$

mit λ_j = zu schätzende Faktor-Risikoprämie des Faktors *j*,
β_{ij} = Sensitivitäten der Wertpapiere *i* zum Faktor *j*,
r_i = Überschussrendite des Wertpapiers *i*,
ε = Fehlerterm.

Ob der Faktor *j* ein bezahlter Risikofaktor für alle Wertpapiere ist, zeigt die Signifikanz der geschätzten Risikoprämie λ_j. Diese wird durch einen t-Test gegen die Nullhypothese, dass λ_j gleich Null ist, getestet. Dabei ist zu beachten, dass dieser Test keine Aussage darüber liefert, ob die geschätzten Wirkungszu-

---

764 EUBANK/ZUMWALDT (Forecast Error Impact, 1979), S. 26; KLEMKOSKY/MARTIN (Adjustment of Beta Forecasts, 1975), S. 1124.

765 ROSENBERG/GUY (Prediction of Beta, 1976), S. 67.

766 Vgl. Gleichung (103). Alternativ können auch alle Faktoren in die Renditeerklärung einbezogen werden. Dazu sind dann aber die multiplen Sensitivitäten zu verwenden. Für die alternative Verwendung der Überschussrendite r_i anstelle der Gesamtrendite R_i vgl. Fn. 608.

sammenhänge für jedes Wertpapier signifikant sind. Vielmehr wird nur getestet, ob über alle Wertpapiere gesehen ein signifikanter Zusammenhang besteht. Erklärungsfaktoren, die nur für einige Wertpapiere Erklärungskraft aufweisen, werden durch einen solchen Test nicht bestätigt. Die Verfahren zur Schätzung der Risikoprämien und deren Signifikanz werden in Abschnitt 3.3.4 skizziert.

Die zweite Analysemöglichkeit besteht darin, die *Sensitivität als Ordnungskriterium* zu testen. Dazu wird die Gesamtheit der Wertpapiere entsprechend ihrer Sensitivitätshöhe sortiert. Aus der sortierten Gesamtheit werden Portfolios gebildet, indem z. B. das oberste Quartil ein Portfolio bildet, das nächste Quartil ein weiteres Portfolio usw. So entstehen hier z. B. vier Portfolios, die darauf getestet werden, ob durch dieses Selektionskriterium eine signifikante Über- oder Unterperformance erzielt werden kann.[767] Dazu sind weitere Parameter der Analyse festzulegen. Es muss entschieden werden, wie lang der Analysezeitraum der Portfoliorenditen ist und in welchem Rhythmus die Portfoliozusammensetzung in diesem Analysezeitraum geändert wird.[768] Vergleichsmaßstab ist im Allgemeinen das Marktportfolio, das durch einen breiten Marktindex operationalisiert wird. Durch einen t-Test lässt sich dann die Zeitreihe der aktiven Rendite für alle Portfolios auf ihre Signifikanz testen. Da bei mehr als zwei Portfolios die Aussagen möglicherweise kein klares Bild ergeben, wird normalerweise nur die Rendite des obersten und des untersten Perzentilportfolios analysiert. Die Aussage, die aus dieser Analyse ableitbar ist, gibt aber nur Aufschluss darüber, ob die Faktorsensitivität grob dazu geeignet ist, als Selektionskriterium in der Portfoliokonstruktion zu dienen. Die Ergebnisse erlauben keine Aussage darüber, ob die gemessenen Sensitivitäten in ihrer absoluten Höhe richtig sind und ob jenseits der groben Clusterung in Perzentile die Reihenfolge und der relative Abstand der Sensitivitäten aussagekräftig ist.[769] Schließlich ist nur dann eine signifikante Aussage möglich, wenn sichergestellt ist, dass nicht

---

767 Die Gewichtung der Wertpapiere in den Portfolios kann entweder gleichgewichtet oder anhand der Marktkapitalisierung erfolgen.

768 Damit eine hinreichende Signifikanz erreicht wird, sollten 36 Stützstellen vorhanden sein, d. h. bei monatlichen Daten drei Jahre. Die Länge des Zeitraums, in dem die Zusammensetzung der Portfolios beibehalten wird, sollte sich am Allokationshorizont des Managers orientieren. Für fundamental orientierte Anleger ist eine monatliche Änderung der Portfoliozusammensetzung sicherlich zu kurz. Die Zusammensetzung dagegen nur einmal jährlich zu verändern widerspricht dagegen im Allgemeinen der Anlagepraxis. Daher erscheinen Änderungen im Quartalsrhythmus praxisnah.

769 Die Signifikanz der Reihenfolge und des relativen Abstands lässt sich durch eine entsprechende Gewichtung in den Portfolios testen. Dazu wird die Wertpapiergewichtung in Abhängigkeit von der Höhe der für die Selektion relevanten Sensitivität vorgenommen.

andere Faktoren, z. B. die Unternehmensgröße, zu den Renditeunterschieden geführt haben. Für die Signifikanzanalyse der Sensitivitäten über alle Wertpapiere wird daher die vergleichsweise einfacher einzusetzende Querschnittsregressionsanalyse vorgezogen.

3.3.3.4 Verteilungsfunktion der Faktorsensitivitäten

Die Faktorsensitivitäten werden üblicherweise als normalverteilt angenommen. Für die Verteilung von Markt-Betas wird diese normalerweise unterstellt, auch wenn im Allgemeinen die Enden der Verteilung eine höher Wahrscheinlichkeit als in der Normalverteilung aufweisen. Dieses "fat tails" Phänomen kann aber zum größten Teil auf die verzerrte Schätzung der Betafaktoren zurückgeführt werden.[770] Die Verteilung fundamentaler Sensitivitäten wurde in der Literatur wenig analysiert. Für die hier verwendeten fundamentalen Faktoren wurde eine Analyse der OLS-Sensitivitäten auf Normalverteilung durchgeführt. Nach dem Kolmogorov-Smirnov (KS) Anpassungstest sind sowohl die OLS-Sensitivitäten als auch die um Ausreißer adjustierten Sensitivitätsschätzer annähernd normalverteilt.[771] Daher wird in den Analysen die Normalverteilungsannahme unterstellt.

3.3.4 Schätzung der Risikoprämien

3.3.4.1 Verfahren zur Schätzung von Risikoprämien

Risikoprämien sind erwartete Kompensationen für die Übernahme von Risiko. Im Rahmen der APT wurde ein zweistufiges Verfahren vorgestellt, das zunächst die Faktorsensitivitäten in einer Zeitreihenregression (102) schätzt. In der zweiten Stufe werden durch eine Querschnittsregression

$$r_{it} = R_{it} - R_{ft} = \lambda_{ot} + \sum_{j=1}^{k} \lambda_{jt} b_{ij} + \varepsilon_{it} \qquad (103)$$

die Risikoprämien der Faktoren bestimmt. Dabei werden die im ersten Schritt geschätzten Sensitivitäten als exogen vorgegebene Parameter behandelt.[772] Für diesen zweiten Schritt werden die Wertpapiere normalerweise zu Portfolios zusammengefasst, um dem bereits beschriebenen EIV-Problem zu entgehen, das

---

770 Vgl. Fn. 359 in Abschnitt 2.2.2.1, in dem beschrieben wurde, dass niedrige Betas oft nach unten und hohe Betas oft nach oben verzerrt sind.

771 Zum KS-Test vgl. z. B. SCHLITTGEN (Statistik, 1996), S. 391-398.

772 JOHN/REISMAN (Multibeta Models, 1991), S. 2.

durch die Verwendung der geschätzten Sensitivitäten entsteht.[773] Die Risikoprämien und deren Signifikanzen sind aber nicht unabhängig von der Portfoliostruktur.[774]

Bei diesem auf FAMA/MACBETH und BLACK/JENSEN/SCHOLES zurückgehenden Verfahren ist die Regressionsmethode nicht vorgegeben.[775] In großen Stichproben werden aber OLS- oder WLS-Schätzung dem GLS-Verfahren vorgezogen.[776] Die WLS-Schätzung ermöglicht die Gewichtung der Wertpapiere in der Querschnittsregression nach der Marktkapitalisierung. Damit wird die Marktrisikoprämie direkt mit einer aggregierten Portfolio-Risikoprämie vergleichbar.[777] Alternativ müssen für das Marktportfolio, bzw. die Benchmark, separat die gewichteten Risikoprämien berechnet werden.

In Gleichung (103) wurde nicht spezifiziert, über welchen Zeitraum die Sensitivitäten b_{ij} im Verhältnis zur Risikoprämienschätzung zum Zeitpunkt t geschätzt

---

773 Zum EIV-Problem (Fehler-in-Variable-Problem) vgl. Fn. 227 in Abschnitt 1.2.3.1. Die Standardfehler der Regressionskoeffizienten der Querschnittsregression sind verzerrt, da der Stichprobenfehler der Betaschätzung aus der Zeitreihenregression nicht berücksichtigt wird. Eine mögliche Lösung liegt in der Verzerrungskorrektur nach SHANKEN (Beta-Pricing Models, 1992), S. 11-12, 29-31; KIM (Errors in the Variables, 1995), S. 1610-1611; JAGANNATHAN/WANG (Conditional CAPM, 1996), Anhang B und S. 16. Für die Vermeidung der EIV-Verzerrung durch Portfoliobildung vgl. z. B. CHEN/ROLL/ROSS (Economic Forces, 1986), S. 394.

774 MCELROY/BURMEISTER (Arbitrage Pricing Theory, 1988), S. 31. Die Methoden zur Portfoliodefinition sind vielfältig: Ordnungskriterien können z. B. die Marktkapitalisierung (Size) oder die Industriegruppenzugehörigkeit sein, vgl. Fn. 608. Die Bildung von Size-Portfolios dominiert in den empirischen Analysen. Ein Grund kann in der Rolle der Marktkapitalisierung als Erklärungsvariable für Renditedifferenzen liegen. Vgl. Abschnitt 1.2.2.2.1. Da diese Erklärungskraft aber besonders im Januar ausgeprägt ist, kann durch die Größensortierung der Wertpapierstichprobe auch eine Saisonalität in der Signifikanz der Risikoprämien induziert werden, die u. a. von GANGOPADHYAY (Risk-Return, 1994), S. 353-356, festgestellt wurde. Alternative Ordnungskriterien (Marktbeta, Residuenvarianz, Preisniveau der Aktien) wurden von CHEN/ROLL/ROSS (Economic Forces, 1986), S. 394-395, getestet. Sie haben aber nicht die gewünschte Streuung in den erwarteten Renditen der Portfolios erzeugt.

775 BLACK/JENSEN/SCHOLES (CAPM, 1972), S. 83-98, und FAMA/MACBETH (Risk, 1973), S. 614-616; vgl. auch Fn. 612 und Abschnitt 1.2.2.1.

776 Vgl. Abschnitt 3.3.3.1, Fn. 616.

777 Dieses naheliegende Vorgehen entspricht aber nicht der Praxis in empirischen Untersuchungen, in denen allgemein von Gleichgewichtungen ausgegangen wird. Dies erscheint für gleichgewichtete Marktportfolios angebracht. Wird allerdings als operationalisiertes Marktportfolio ein kapitalisierungsgewichteter Index verwendet, ist eine ebenso gewichtet Querschnittsregression zur Schätzung der Risikoprämien vorzuziehen.

wurden. Zwei unterschiedliche Vorgehensweisen sind möglich und werden in verschiedenen empirischen Analysen verwendet: Zum einen können die Sensitivitäten in einem der Risikoprämienschätzung vorgelagerten Zeitraum bestimmt werden.[778] Zum anderen kann aber auch eine zeitlich parallele Schätzung erfolgen.[779] Diese setzt allerdings voraus, dass die Risikoprämien über einen längeren Zeitraum bestimmt werden, weil für die Zeitreihenanalyse der ersten Stufe eine hinreichende Anzahl Stützstellen benötigt wird. Der Vorteil dieser parallelen Vorgehensweise liegt darin, die implizite Annahme einer Sensitivitätskonstanz zu vermeiden, die bei vorgelagerter Sensitivitätsschätzung zwingend ist.[780]

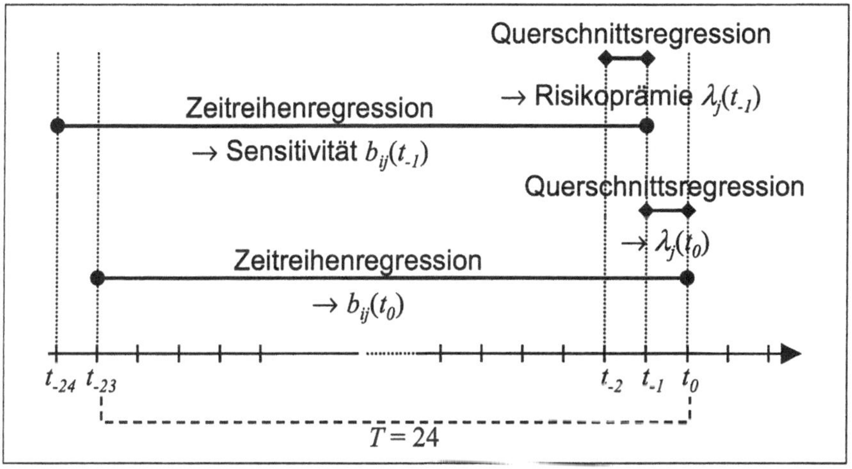

Abbildung 22: Messanordnung für die Sensitivitäts- und Risikoprämienschätzung

---

[778] Beispiel hierfür sind die Studien von CHAN/CHEN/HSIEH (Firm Size Effect, 1985), S. 456, CHEN/ROLL/ROSS (Economic Forces, 1986), S. 394, und CHANG (Empirical Return Generating Models, 1991), S. 384.

[779] GIBBONS (Financial Models, 1982), S. 12.

[780] Diese implizite Annahme der Sensitivitäts-Konstanz über den gesamten Zeitreihen- und Querschnittsregressionszeitraum wird nicht zuletzt von CHAN (Contrarian Investment, 1988), S. 158 und 160, und BALL/KOTHARI (Expected Returns, 1989), S. 59-60, in Zweifel gezogen. Zudem können bei einer vorgelagerten Sensitivitätsmessung die nach Unternehmensgröße gebildeten Portfolios im folgenden Zeitraum verzerrte, systematische Risiken aufweisen. Dies wird durch die Hinweise gestützt, dass das systematische Risiko eine Funktion der realisierten Renditen ist. BALL/KOTHARI (Expected Returns, 1989), S. 66 und 72. Zum Vergleich der beide Methoden siehe SHANKEN/WEINSTEIN (Macroeconomic Variables, 1990), S. 5-6.

Da hier ein besonderes Gewicht auf die Dynamik der Erklärungskraft der Faktoren gelegt werden soll, wird die Risikoprämienschätzung als Querschnittsregression nur über eine Periode (einen Monat) vorgenommen. Diese Periode t_0 entspricht der letzten Periode der Zeitreihenanalyse. Damit muss implizit unterstellt werden, dass der über T Perioden (t_{1-T}, ..., t_0) geschätzten Wirkungszusammenhang in gleicher Höhe auch noch in der letzten Periode t_0 besteht. Zur Verdeutlichung der Messanordnung vgl. Abbildung 22.

Anstelle der zweistufigen Bestimmung der Bewertungsgleichung kann auch mit Hilfe der Methode der nichtlinearen, scheinbar unverbundenen Regressionen ("seemingly unrelated nonlinear regressions") eine simultane Schätzung der Sensitivitäten b und Risikoprämien λ vorgenommen werden. Dazu wird bei Verwendung eines residualen Marktfaktors dieser zunächst durch eine OLS-Regression bestimmt. Anschließend wird ein nichtlineares Gleichungssystem bestimmt, das sich durch das Einsetzen der Definition der erwarteten Rendite in das lineare Faktormodell ergibt [781]

$$r_{it} = R_{it} - R_{ft} = \sum_{j=1}^{k} \lambda_j b_{ij} + \sum_{j=1}^{k} b_{ij} \delta_{jt} + \varepsilon_{it} \,.$$

Die Risikoprämien λ_j stellen dabei die Querschnittsrestriktionen des Gleichungssystems dar, d. h. sie müssen über alle Wertpapiere i identisch sein. Zur Lösung des Gleichungssystems stehen verschiedene Methoden zur Verfügung.[782] Der Vorteil dieser Vorgehensweise liegt u. a. darin, dass die Fehler nicht normalverteilt sein müssen.[783] Da die simultane Schätzung für N Wertpapiere und k Faktoren aber eine relativ lange Zeitreihe verwenden muss, um asymptotische Schätzer zu erhalten[784], wird das Verfahren hier nicht eingesetzt. Die dynamische Anpassung der Sensitivitäten über kurze Zeiträume ließe sich so nicht mehr darstellen.

---

[781] McElroy/Burmeister (Arbitrage Pricing Theory, 1988), S. 31-32, und Kryzanowski/-Zhang (Economic Forces, 1992), S. 231.

[782] Der Einsatz der unterschiedlichen Methoden hängt von den Annahmen bezüglich des Fehlerterms e_i ab. Zur Methode der Schätzung und den Annahmen vgl. Darstellung bei Ferson/Harvey (Sources of Risk, 1994), S. 779; Ferson/Foerster (Generalized Method of Moments, 1994), S. 31-34; Kryzanowski/Zhang (Economic Forces, 1992), S. 230-231 und Abschnitt 1.2.3.1.4.

[783] McElroy/Burmeister (Arbitrage Pricing Theory, 1988), S. 29. Der Erwartungswert von ε ist dennoch Null.

[784] McElroy/Burmeister (Arbitrage Pricing Theory, 1988), S. 35.

3.3.4.2 Bewertung der Signifikanz geschätzter Risikoprämien

Die Risikoprämien der Querschnittsregression (103) werden zu jedem Zeitpunkt t geschätzt und als unabhängige Stichprobe interpretiert, deren Mittelwert $\bar{\lambda}_j$ sich aus dem jeweiligen arithmetischen Mittel der Risikoprämienzeitreihe ergibt. Die Signifikanz der λ_{jt} kann durch den t-Test bei (T-1) Freiheitsgraden überprüft werden:[785]

$$t(\lambda) = \sqrt{T}\lambda_j / \sigma_\lambda$$

$$\text{mit } \sigma_\lambda^2 = \frac{1}{T-1}\sum_{t=1}^{T}(\lambda_{jt} - \bar{\lambda}_j)^2 \text{ und } \bar{\lambda}_j = \frac{1}{T}\sum_{t=1}^{T}\lambda_{jt}$$

wobei T = Größe der Stichprobe, bzw. Anzahl der Stützstellen.[786]

Der Schätzer für die Standardabweichung der Risikoprämien ist durch das EIV-Problem verzerrt. Anstelle der Portfoliobildung kann die Verzerrung durch eine Varianzkorrektur ausgeglichen werden.[787] Nach SHANKEN wird bei einem Einfaktormodell, z. B. dem CAPM, der Schätzer der Regressionsparametervarianz σ_λ^2 mit dem Faktor

$$1 + C = 1 + (\mu_M - \lambda_0)^2 / \sigma_M^2$$

mit C = Korrekturfaktor

korrigiert, so dass $\sigma_\lambda^{2*} = (1 + C)\,\sigma_\lambda^2$. Dabei ist μ_M der Mittelwert und σ_M^2 die Varianz des erklärenden Faktors M, λ_0 ist die Regressionskonstant der Querschnittsregression. C entspricht also der quadrierten Sharpe-Ratio des Faktors M, der im CAPM der Markt ist.[788]

---

785 Z. B. CLARE/THOMAS (Macroeconomic Factors, 1994), S. 319; SCHLITTGEN (Statistik, 1996), S. 335; BLEYMÜLLER/GEHLERT/GÜLICHER (Statistik, 1985), S. 108. Da die Renditen der Wertpapiere annähernd normalverteilt, zeitlich unabhängig und gleichverteilt sind (IID-Annahme), gilt diese Annahme für die Risikoprämienschätzer ebenfalls. CAMPBELL/-LO/MACKINLAY (Econometrics of Financial Markets, 1997), S. 215. Zur IID-Annahme vgl. Fn. 680.

786 Für eine entsprechende GLS-Formulierung vgl. JAGANNATHAN/WANG (Asymptotic Theory, 1998), S. 1290-1291.

787 Der Ansatz beruht auf LITZENBERGER/RAMASWAMY (Effects of Personal Taxes, 1979), S. 190-192, und wurde von SHANKEN (Beta-Pricing Models, 1992), S. 11-13, weiterentwickelt.

788 CAMPBELL/LO/MACKINLAY (Econometrics of Financial Markets, 1997), S. 216; SHANKEN (Beta-Pricing Models, 1992), S. 13. Die Ableitung des Korrekturfaktors ist aber verschiedenen restriktiven Annahmen unterworfen; vgl. die Diskussion bei SHANKEN (Beta-Pricing Models, 1992), S. 11-14; KIM (Errors in the Variables, 1995), S. 1610-1616; JAGAN-

KAN/ZHANG zeigen, dass bei fehlspezifizierten Modellen sogenannte "nutzlose" Faktoren[789], denen keine signifikante Risikoprämie zugeordnet sein dürfte, sehr hohe t-Werte für die Risikoprämie erreichen. Die Wahrscheinlichkeit einer solchen Fehlspezifikationsverzerrung steigt mit zunehmender Datenlänge an.[790] Die Erwartung wäre dagegen eher eine abnehmende Verzerrung mit zunehmender Datenlänge, weil die Verzerrung auf den Schätzfehlern der Sensitivitäten beruht. Die Schätzfehler der nicht beobachtbaren Sensitivitäten nehmen aber mit zunehmender Datenlänge ab.[791] Zur Erklärung dieses Effektes trägt die absolute Höhe der Sensitivitäten bei: Für nutzlose Faktoren wird die wahre Sensitivität bei Null liegen. Die Risikoprämien der nutzlosen Faktoren sind daher undefiniert und steigen gegen unendlich, wenn die geschätzte Sensitivität gegen Null konvergiert, um die Renditestreuung im Querschnitt zu erklären.[792] Nur bei wenigen Stützstellen *T*, d. h. kurzen Testperioden, wird diese Fehlspezifikation des t-Tests weitgehend vermieden.

Die Verzerrung kann aber auch auftreten, wenn die fehlspezifizierten Faktoren mit den Wertpapierrenditen korreliert sind, d. h. im Sinne von KAN/ZHANG keine nutzlosen Faktoren darstellen. D. h. die Verwendung des t-Tests zur Bestimmung bezahlter Risikofaktoren kann bei fehlender ökonomischer Theorie über die Preisfaktoren zu grundsätzlich falschen Schlussfolgerungen führen.[793] Dies unterstreicht die Notwendigkeit einer ökonomischen Rechtfertigung für die verwendeten Faktoren.

NATHAN/WANG (Conditional CAPM, 1996), S. 16; JAGANNATHAN/WANG (Asymptotic Theory, 1998), S. 1286-1288; KAN/ZHANG (Two-Pass Tests, 1997), S. 1-3.

789 Nutzlose Faktoren (useless factors) sind Faktoren, die unabhängig von allen Wertpapierrenditen sind. Daher wird erwartet, dass solche Faktoren in Faktormodellen nicht als bezahlte Risikofaktoren identifiziert werden. Sie sollten vielmehr eine Risikoprämie von Null aufweisen. KAN/ZHANG (Two-Pass Tests, 1997), S. 1. Tatsächlich kann aber ein signifikanter t-Wert für diesen nutzlosen, fehlspezifizierten Faktor entstehen. JAGANNATHAN/WANG (Asymptotic Theory, 1998), S. 1287, zeigen, dass diese Fehlspezifikation oft durch die Verwendung unternehmensspezifischer Variablen, z. B. der Marktkapitalisierung oder Buchwert zu Marktwert Relation, identifiziert werden kann.

790 KAN/ZHANG (Two-Pass Tests, 1997), S. 23. Vgl. auch Kommentierung der Ergebnisse bei JAGANNATHAN/WANG (Asymptotic Theory, 1998), S. 1287: "[...] for any multifactor linear beta-pricing models, when factors are misspecified the t-value of a premium may converge to infinity in probability even when the true premium is zero."

791 KAN/ZHANG (Two-Pass Tests, 1997), S. 1-2.

792 KAN/ZHANG (Two-Pass Tests, 1997), S. 13. Eine gewisse Begrenzung der t-Wertverzerrung lässt sich durch die Verwendung der EIV-adjustierten t-Werte nach SHANKEN (Beta-Pricing Models, 1992), S. 12-13, erreichen. KAN/ZHANG (Two-Pass Tests, 1997), S. 15-16.

793 JAGANNATHAN/WANG (Asymptotic Theory, 1998), S. 1287.

Dagegen wird das gesamte Faktormodell durch den Hotelling T^2-Test gegen die Nullhypothese betrachtet, dass *alle* Risikoprämien $\lambda_j = 0$ sind.[794] Der Test entspricht damit im Ansatz dem F-Test eines Regressionsmodells. Der T^2-Teststatistik berechnet sich aus[795]

$$T^2 = T\left(\overline{\Lambda}\right)' \Sigma^{-1} \overline{\Lambda} \tag{132}$$

mit $\overline{\Lambda}$ $= (\lambda_t - \overline{\lambda})'(\lambda_t - \overline{\lambda})$ = Mittelwertvektor der Risikoprämien,
Σ = Kovarianzmatrix der geschätzten Risikoprämien,
T = Anzahl der Stützstellen, d. h. Anzahl der Beobachtungsperioden.

Die Nullhypothese, dass alle Risikoprämien der k Faktoren Null sind, wird zum Signifikanzniveau 1-α verworfen, wenn[796]

$$T^2 > (k-1)(T-1)(T-k+1)^{-1} F_{K-1,T-k+1,1-\alpha}.$$

Die korrekte Spezifikation des Mehrfaktorenmodells lässt sich durch die Verwendung eines Unternehmensattributs als zusätzlichen Faktor überprüfen. Wenn ein lineares Faktormodell korrekt spezifiziert ist, dürfen Unternehmensattribute keine signifikante Erklärung der Querschnittsvariation erwarteter Renditen liefern.[797] Als Attribute kommen u. a. die Unternehmensgröße (Size)[798] oder die Relation von Buch- zu Marktwert in Betracht; vgl. Abschnitt 1.2.2.2.1. Mit diesem Test werden aber nicht direkt die Risikoprämien getestet, so dass die Aussage nur komplementär zu den Signifikanztests gesehen werden kann.[799]

---

794 CHEN (Empirical Tests, 1983), S. 1400. Der Test entspricht damit der Hypothese, dass alle erwarteten Renditen konstant λ_0 entsprechen. Die Anwendung des T^2-Test ist umstritten, weil je nach Anzahl der berücksichtigten Faktoren die Fehler vom Typ 1 unterschätzt werden, oder der Test sehr schwach wird und große Typ 2 Fehler aufweist. CHEN (Empirical Tests, 1983), S. 1400. Unter Fehlern vom Typ 1 wird grundsätzlich bei statistischen Hypothesentests die irrtümlich Annahme der Alternativhypothese verstanden. Der Fehler vom Typ 2 besteht darin, die Nullhypothese nicht zu verwerfen, obwohl die Alternativhypothese zutrifft; z. B. HARTUNG/ELPELT (Multivariate Statistik, 1992), S. 46.

795 HARTUNG/ELPELT (Multivariate Statistik, 1992), S. 227; NOWAK (Faktormodelle, 1994), S. 191.

796 HARTUNG/ELPELT (Multivariate Statistik, 1992), S. 227; NOWAK (Faktormodelle, 1994), S. 191.

797 JAGANNATHAN/WANG (Asymptotic Theory, 1998), S. 1289. Die Signifikanz dieser Attribute wird durch den t-Test der Koeffizientenschätzer bestimmt.

798 Die Unternehmensgröße wird i. d. R. durch den Logarithmus der Marktkapitalisierung quantifiziert.

799 Zur Bewertung alternativer Faktormodelle den folgenden Abschnitt 3.3.5.

Die Signifikanz einzelner Risikoprämien lässt sich daher über den t-Test bestimmen, während der Hotelling T^2-Test alle Risikoprämien als Einheit testet und so das Faktormodell als Ganzes bewertet. Beide Test sind daher komplementär zu verwenden.

3.3.5 Statistische Tests zum Vergleich alternativer Renditeerklärungsmodelle

Die Definition eines fundamentalen, mehrdimensionalen Erklärungsmodells wurde mit dem Ziel vorgenommen, eine geschlossene Entscheidungskette in der Anlageentscheidung, -umsetzung und -erfolgsmessung zu ermöglichen. Damit steht das so definierte Renditeerklärungsmodell in Konkurrenz zu klassischen Erklärungsmodellen. Diese verwenden z. T. statistische, nicht interpretierbare Faktoren, oder Parameter wie das Kapitalmarktbeta im CAPM, die nicht oder nur bedingt den Entscheidungsparametern im Investitionsprozess entsprechen.

Um konkurrierende Renditeerklärungsmodelle bewerten zu können, werden zwei statistische Testkonzepte dargestellt, die eine vergleichende Bewertung ermöglichen.

3.3.5.1 Davidson und MacKinnon Test

Der Test von DAVIDSON und MACKINNON vergleicht die relative Fähigkeit von zwei Renditeerklärungsmodellen, die Unterschiede der tatsächlichen Überschussrendite zu erklären.[800] In einer gemeinsamen Querschnittsregression werden die Signifikanzen der geschätzten Regressionskoeffizienten der beiden Modelle getestet. Dazu werden zunächst für beide Modelle A und B die Zeitreihen der geschätzten Renditen gebildet

$$\hat{R}_{iA,t} = \lambda_{0t,A} + \sum_{j=1}^{k} \lambda_{jt,A} b_{ij,A} \text{ und}$$

$$\hat{R}_{iB,t} = \lambda_{0t,B} + \sum_{j=1}^{k} \lambda_{jt,B} b_{ij,B} .$$

Anschließend wird die Querschnittsregression der geschätzten Renditen $\hat{R}$ auf die tatsächliche Rendite R für jeden Zeitraum t gebildet

$$R_{it} = \theta_t \hat{R}_{iA,t} + (1-\theta_t)\hat{R}_{iB,t} + \xi_t . \tag{133}$$

---

[800] DAVIDSON/MACKINNON (Model Specification, 1981), S. 781-790.

Für die sich ergebende Zeitreihe des Koeffizienten θ_t ($t = 1,..,T$) wird der Mittelwert $\bar{\theta}$ und die Standardabweichung σ_θ berechnet, um die Signifikanz des Koeffizienten durch einen t-Test zu untersuchen.[801] Die Nullhypothese unterstellt, dass beide Modelle die tatsächliche Rendite gleich gut erklären, d. h. $E[\theta] = ½$. In Abhängigkeit davon, ob θ signifikant über- oder unterhalb des Erwartungswertes liegt, ist entsprechend die Erklärung des Modells A oder B besser.[802]

Das Verfahren eignet sich also besonders für den Vergleich zweier konkurrierender Erklärungsmodelle, ohne die Güte der Modelle zu quantifizieren.

3.3.5.2 Theil-U Test

Im Gegensatz zum Test von DAVIDSON/MACKINNON bewertet das Theilsche U'^2 Maß für jedes Modell isoliert die Verbesserung der Renditeerklärung gegenüber einem naiven Modell. Liefern beide zu vergleichende Modelle eine solche Verbesserung, kann die Differenz der beiden Maße durch einen Wilcoxon-Rangtest auf Signifikanz getestet werden.[803] Eine absolute Aussage ist durch das Maß nicht möglich.

Die Teststatistik des Theilschen U'^2 definiert sich durch den Quotienten aus den summierten Schätzfehlern des Modells und den summierten Schätzfehlern der naiven Strategie

$$U_i'^2 = \sum_{t=1}^{T} \varepsilon^2_{it,\text{Modell}} \bigg/ \sum_{t=1}^{T} \varepsilon^2_{it,\text{naiv}} .$$

Wenn als naive Strategie der Renditeschätzer deren Mittelwert ($\bar{R}$) ist, ergibt sich[804]

$$U_i'^2 = \sum_{t=1}^{T} (\hat{R}_{it} - R_{it})^2_{\text{Modell}} \bigg/ \sum_{t=1}^{T} (\bar{R}_i - R_{it})^2_{\text{naiv}} . \qquad (134)$$

---

[801] Es wird hier nicht der asymptotische Standardfehler der Koeffizientenschätzers aus Gleichung (133) verwendet, weil dieser nach DAVIDSON/MACKINNON (Model Specification, 1981), S.784-790, unterschätzt wird, sondern die tatsächliche Standardabweichung aus der Zeitreihe der θ bestimmt. Vgl. auch CHEN/JORDAN (Empirical Tests, 1993), S. 79.

[802] Anwendungen des Tests finden sich z. B. bei CHEN (Empirical Tests, 1983), S. 1393-1414; CHEN/JORDAN (Empirical Tests, 1993), S. 78-79.

[803] Für die Herleitung der Teststatistik vgl. THEIL (Forecasting, 1966), S. 59-60. Anwendungen dieses Tests finden sich bei BOWER/BOWER/LOGUE (Arbitrage Pricing, 1984), S. 1048-1050, und CHEN/JORDAN (Empirical Tests, 1993), S. 79-80.

Je kleiner der Quotient ist, desto mehr trägt das Modell zur Verbesserung der Renditeerklärung bei. Ein Quotient über Eins charakterisiert dabei ein Modell, das eine Verschlechterung der Erklärung bewirkt.

Um zwei Modelle mit U'^2 kleiner Eins gegeneinander zu vergleichen, wird für den Wilcoxon Vorzeichenrangtest ein Beobachtungsvektor d^U aus der Differenz der Quotienten $U_i'^2$ für die beiden Modelle über alle Wertpapiere i ($i = 1, .., N$) konstruiert[805]

$$d_i^U = U_{iA}'^2 - U_{iB}'^2. \qquad (135)$$

Da für die N Beobachtungen des Vektors d^U keine eindeutige Annahme über die Verteilung vorliegt, wird durch einen nichtparametrischen Test die Nullhypothese getestet, dass die Verteilungsfunktion der Grundgesamtheit, aus der die unabhängigen Beobachtungen d_i^U stammen, symmetrisch um den Wert ξ_0 verteilt ist. Da hier die Gleichheit der Theilschen Statistik für beide Modelle getestet werden soll, wird $\xi_0 = 0$ angenommen. Die Beobachtungen werden derart transformiert, dass

$$d_i^{U'} = d_i^U - \xi_0,$$

wobei Beobachtungen mit $d_i^{U'} = 0$ aus der weiteren Analyse ausgeschlossen werden. Auf der Basis der absoluten Wert $| d_i^{U'}|$ werden Rangzahlen Q_i von 1 für den kleinsten bis N für den größten Wert vergeben.[806] Anschließend wird Q_i mit dem Vorzeichen der $d_i^{U'}$ multipliziert:

$$Q_i^* = Q_i \operatorname{sign}(d_i^{U'}).$$

Die Teststatistik T^+ ergibt sich aus der Summe der so bestimmten positiven Rangzahlen Q_i^*

$$T^+ = \sum_{i=1}^{N} c_i Q_i^* \quad \text{mit } c_i = \begin{cases} 0, & \text{falls } Q_i^* < 0 \\ 1, & \text{falls } Q_i^* > 0 \end{cases} \qquad (136)$$

---

[804] CHANG (Empirical Return Generating Models, 1991), S. 388.

[805] Für den Wilcoxon Vorzeichenrangtest für zwei abhängige Messreihen (matched pairs Wilcoxon-Signed-Rank-Test) vgl. HARTUNG/ELPELT/KLÖSENER (Statistik, 1998), S. 539-541.

[806] Treten mehrere Beobachtungen mit gleichem $| d_i^{U'}|$ auf, werden für diese sogenannten Bindungen gemittelte Rangzahlen vergeben. Besteht z. B. der kleinste Wert zweimal, dann erhalten beide kleinsten Beobachtungen den Rang 1,5.

und wird mit den kritischen Werten für den Wilcoxon Vorzeichenrangtest verglichen. Die Nullhypothese, dass die Verteilungsfunktion der Grundgesamtheit symmetrisch um Null ist, d. h. die beiden Modelle nach dem Kriterium des Theilschen U'^2 die Erklärung der Renditen im gleichen Maß gegenüber der naiven Strategie verbessern, muss daher verworfen werden, wenn

$$T^+ < w_{N;\alpha/2} \text{ oder } T^+ > w_{N;1-\alpha/2}$$

mit $w_{N;\,\alpha/2}$ = kritischer Wert des Wilcoxon Vorzeichenrangtest zum Signifikanzniveau 1 - α/2.

Bei großen Stichproben N kann eine Approximation durch die Standardnormalverteilung angewendet werden. Der Erwartungswert der Teststatistik ist $E[T^+] = N(N+1)/4$, die Varianz ist $Var(T^+) = [N(N+1)(2N+1)]/24$. Damit ergibt sich die Approximation mit[807]

$$T^* = \frac{T^+ - E[T^+]}{Var(T^+)} = \frac{T^+ - N(N+1)/4}{\sqrt{N(N+1)(2N+1)/24}} \qquad (137)$$

Die Nullhypothese einer symmetrischen Verteilungsfunktion wird verworfen, wenn

$$T^* < \Phi^{-1}_{\alpha/2} \text{ oder } T^* > \Phi^{-1}_{1-\alpha/2}$$

mit Φ^{-1}_{γ} = γ-Quantil der Standardnormalverteilung.

Ist das erste Kriterium ($T^+ < w_{N;\,\alpha/2}$ bzw. $T^* < \Phi^{-1}_{a/2}$) zum Verwerfen der Nullhypothese erfüllt, kann angenommen werden, dass $d_i^U = d_i^{U'} < 0$, d. h. $U_{iA}'^2 < U_{iB}'^2$, also dass das Modell A eine höhere Verbesserung der Renditeerklärung gegenüber der naiven Strategie erreicht als Modell B. Beim zweiten Kriterium ($T^+ > w_{N;\,1-\alpha/2}$ bzw. $T^* > \Phi^{-1}_{1-a/2}$) wird angenommen, dass Modell B besser ist.

Voraussetzung auch für diesen Test ist eine alternatives Modell, gegen das getestet werden kann. Die Verwendung der naiven Strategie zur Identifikation von Modellen, die eine verbesserte Renditeerklärung liefern, eignet sich also insbesondere dazu, verschiedene Modelle gegen den gleichen Maßstab zu messen.

---

807 Treten Bindungen in den Beobachtungen $d_i^{U'}$ auf (vgl. Fn. 806), dann wird eine korrigierte approximative Teststatistik verwendet. Vgl. dazu HARTUNG/ELPELT/KLÖSENER (Statistik, 1998), S. 541 und 246. Bei der hier verwendeten Definition von d_i^U werden im Allgemeinen aber keine Bindungen auftreten, da $U'^2 \in 3$.

3.4 Ableitung einer mehrdimensionalen fundamentalen Performancezerlegung

Um eine Performancezerlegung auf Basis fundamentaler Faktoren zu definieren, wurden zunächst die Wirkungszusammenhänge geschätzt.[808] Als zusätzliche Informationsvariable dient der klassischen Performancezerlegung (Abschnitt 2.6) die Gewichtung der einzelnen Wertpapiere und deren Zugehörigkeit zu bestimmten Teilmengen, wie z. B. Branchen. Insbesondere diese eindeutige und vollständige Zuordnung eines Wertpapiers zu einer Teilmenge ist nicht mehr möglich, wenn fundamentale Faktoren die bisherigen Ordnungskriterien Branche, Land o. ä. ablösen. Der Abschnitt 3.4.1 stellt daher Möglichkeiten zur Zuordnung von Gewichten zu den einzelnen Faktoren dar. Dabei wird der Gewichtungsanteil eines Wertpapiers auf mehrere Faktoren verteilt.[809]

Abschnitt 3.4.2 differenziert zunächst grundsätzliche Vorgehensweisen in der Performancezerlegung mit fundamentalen Faktoren. Zwei Parameter sind danach für die Konstruktion der Analyse ausschlaggebend: Einerseits muss entschieden werden, ob die Performancebeiträge der einzelnen Faktoren nur auf der Portfolioebene oder auch für Einzeltitel analysiert werden. Andererseits muss zwischen dem kapitalmarkttheoretischem Ansatz (Faktorensatz gilt für Gesamtmarkt) und dem Einzeltitelansatz (jedes Wertpapier mit individuellen Faktoren) unterschieden werden.

Wird ein mehrdimensionales Faktorenmodell als renditegenerierender Prozess unterstellt, dann muss sich die Rendite eines beliebigen Portfolios aus der Summe der gewichteten Faktorrendite und einem nichterklärten Renditeanteil ergeben.[810] Im Abschnitt 2.6.1.5 wurde daher ein Ansatz vorgestellt, wie die

---

[808] Vgl. Abschnitt 3.3.2.

[809] Dies würde in der klassischen Performancezerlegung der Zuordnung eines Wertpapiers zu mehreren Branchen nach einem bestimmten Schlüssel entsprechen. Die Bestimmung der anteiligen Gewichte der verschiedenen Branchen an einem Unternehmen ist auf vielfältige Weise denkbar. So könnte z. B. der Umsatzanteil oder der Ertragsanteil als Bestimmungsgröße verwendet werden. Der Effekt wäre eine ständig schwankende Zuordnung zu den Branchen. Daher hat es sich bis heute nicht durchgesetzt, von der eindeutigen Zuordnung eines Wertpapiers zu einer Branche abzuweichen, auch wenn diese oft als unbefriedigend angesehen wird. Ein häufiges Beispiel ist die Einordnung der Mannesmann Aktien in die DAX100-Branche Maschinenbau, obwohl das Unternehmen offensichtlich besonders von der Phantasie seiner Telekommunikationssparte profitiert. Vgl. auch das Beispiel in Fn. 599 zur Heterogenität der Chemiebranche im DAX100.

[810] Die Summe der Gewichte dieser Faktoren muss dabei nicht gleich Eins sein und die Gewichte unterliegen nicht der Restriktion positiv sein zu müssen.

Performance aus der aktiven Risikopositionierung gegenüber den Risikofaktoren des Marktes oder aber aus der Selektion, d. h. der Abbildung dieser Risikopositionierung durch einzelne Wertpapiere, allgemein bestimmt werden kann. Auf dieser Basis transformieren dann die Abschnitte 3.4.3 bis 3.4.5 die klassische Performancezerlegung in eine Performancezerlegung auf Basis fundamentaler Faktoren. Ein Anwendung dieser Analysemethode findet sich im folgenden Kapitel 4.

3.4.1 Bestimmung der Faktorgewichtung in einem fundamentalen Multifaktormodell

In der klassischen Performancezerlegung werden Rendite und Risiko in verschiedenen, z. T. hierarchischen Ebenen auf definierte Teilsegmente (z. B. Branchen) verteilt.[811] Maßgeblich für die Zerlegung ist die Gewichtung der Teilsegmente, die sich aus dem wertmäßigen Anteil am untersuchten Portfoliosegment oder Gesamtportfolio ableitet. Als Ergebnis werden Aussagen darüber getroffen, wie gut oder schlecht die Allokation der Vermögenswerte auf die Teilsegmente und die Selektion der verfügbaren Anlagesegmente innerhalb der Teilsegmente für die Gesamtrendite war.[812]

Eine Alternative zu den klassischen Managementstrukturen, wie z. B. "Assetklasse", "Land", "Sektor/ Laufzeitklasse" oder "Titel", sind fundamentale Einflussgrößen. Ziel eines solchen fundamentalen Managementansatzes ist die Reduktion der Anzahl der Entscheidungsfelder auf einige wenige systematische Faktoren, anstatt für alle Wertpapiere, Branchen und Länder Renditeerwartungen explizit einzeln zu schätzen. Dabei muss für jede Größe der Performanceanteil aus der aktiven Positionierung gegenüber einzelnen fundamentalen Einflussfaktoren ermittelt werden. D. h. nicht mehr das Ordnungskriterium (Land, Sektor o. ä.) wird als Teilsegment definiert, das über- oder untergewichtet ist

811 Vgl. Abschnitt 2.6.1.2.

812 Um diese theoretische Überlegung in die Praxis zu transferieren, müssen die Definition der Teilsegmente und Ebenen, wie in Abschnitt 2.6.1.2 beschrieben, mit den Entscheidungsebenen des Managers übereinstimmen, da nur so sinnvolle Aussagen über dessen Fähigkeiten in den einzelnen Entscheidungsfeldern abgeleitet werden können. Die Analyse von Teilsegmenten, die nicht Entscheidungsgegenstand sind, kann aber u. U. zur Analyse des Aufbaus des Investitions-Entscheidungsprozesses beitragen. Werden z. B. – unabhängig vom jeweils gültigen ökonomischen Szenario – regelmäßig negative Selektionsbeiträge aus einer bestimmten Branche erzielt, dann könnte eine zukünftige passive Positionierung innerhalb dieser Brachen eine Performanceverbesserung ergeben. Die Analyse von Ebenen, die nicht im Entscheidungsprozess enthalten sind, kann die Notwendigkeit ihrer aktiven Beachtung im Investitions-Entscheidungsprozess anzeigen.

und durch eine Titelselektion durch einzelne Wertpapiere abgebildet wird. Statt dessen wird die Performancezerlegung auf der Basis der Positionierung gegenüber ökonomischen, systematischen Faktoren vorgenommen.

Damit eine Performancezerlegung auf systematische Einflussfaktoren möglich ist, müssen aber die Gewichte definiert werden, die den Teilsegmenten, die jetzt einzelne Faktoren entsprechen, zugeordnet sind. Einerseits muss der Anteil bestimmt werden, den jeder einzelne systematische Faktor am untersuchten Portfoliosegment hat. Andererseits muss die aktive Gewichtung, d. h. die aktive Positionierung gegenüber der Benchmark bzw. dem Markt, definiert werden.

Basierend auf der Grundannahme eines linearen Mehrfaktorenmodells wurden Methoden zur Bestimmung der Sensitivitäten dargestellt. Sie quantifizieren den Wirkungszusammenhang, den das zu erklärende Wertpapier oder Portfolio mit dem jeweiligen Faktor verbindet. Da für die Zerlegung der Rendite in einzelne, den Faktoren zuzuordnende Renditeanteile, die Gewichtungen der Faktoren innerhalb der Portfolios und Wertpapiere nötig sind, werden in diesem Abschnitt Möglichkeiten der Bestimmung der Faktorgewichtung dargestellt und bewertet. Ausgangspunkt ist das in Gleichung (102) definierte Mehrfaktorenmodell in Form eines impliziten Faktormodells:

$$R_{it} = \alpha_{it} + \sum_{j=1}^{k} b_{ij}\,\delta_{jt} + \varepsilon_{it}\,. \tag{102}$$

3.4.1.1 Ableitung der Faktorgewichtung aus der einfachen und multiplen Schätzung der Wirkungszusammenhänge

Ausgangspunkt für die Ableitung des Faktorgewichts ist die Annahme, dass der Wirkungszusammenhang zwischen einem Faktor und einem Wertpapier durch die Sensitivität des Ein-Faktormodells beschrieben wird. Diese Einfachsensitivität beinhaltet nur den Wirkungszusammenhang, nicht aber die Bedeutung des Faktors gegenüber anderen Faktoren, die sich u. a. aus der Korrelation der Faktoren ergibt. Die Sensitivität im Mehrfaktorenmodell beinhaltet dagegen neben dem Wirkungszusammenhang auch die relative Bedeutung des Faktors zu den anderen Faktoren in dem Modell, da die Parameter simultan in einer multiplen Regression geschätzt werden. Besteht eine hohe Korrelation zu anderen Faktoren, so wird der Wirkungszusammenhang abgeschwächt, d. h. verzerrt, weil ein Teil der Renditezeitreihe durch die korrelierten Faktoren bereits erklärt wird. Allgemein kann also z. B. die Annahme getroffen werden, dass die Mehrfaktoren-Sensitivität β_{ij}^{multi} eine lineare Funktion der Einfachsensitivität $\beta_{ij}^{einfach}$ ist

$$\beta_{ij}^{multi} = c_0 + c_1 \, \beta_{ij}^{einfach}$$

mit c_0, c_1 = Regressionsparameter.

Einschränkend wird hier angenommen, dass die Konstante Null ist ($c_0 = 0$), so dass c_1 als w_{ij} entsprechend Gleichung (112) interpretiert werden kann. D. h. die Gewichtung des Faktors j im Mehrfaktorenmodell ergibt sich aus dem Verhältnis der multiplen Sensitivität zu der Einfachsensitivität

$$w_{ij} = \beta_{ij}^{multi} \, / \, \beta_{ij}^{einfach} \, . \qquad (112)$$

Der Parameter w quantifiziert die Gewichtung des Risikofaktors in der Renditeerklärung. D. h. die Verzerrung des Wirkungszusammenhanges in der multiplen Schätzung wird mit der unterschiedlichen Gewichtung der Faktoren interpretiert. Der Parameter w entspricht damit dem Segmentgewicht in der klassischen Performancezerlegung. Die aktive Positionierung gegenüber einer Benchmark kann aus dem Vergleich der jeweiligen Sensitivitäten abgeleitet werden.[813]

Bei dieser Definition wird unterstellt, dass die geschätzten Wirkungszusammenhänge β_{ij} signifikant sind. Ihre Schätzfehler werden vernachlässigt. Da die Schätzer der Standardfehler bekannt sind, kann aber unter Annahme der Normalverteilung der Sensitivitäten die Verteilung der Gewichtung simuliert werden; vgl. Beispiel in Abbildung 23.

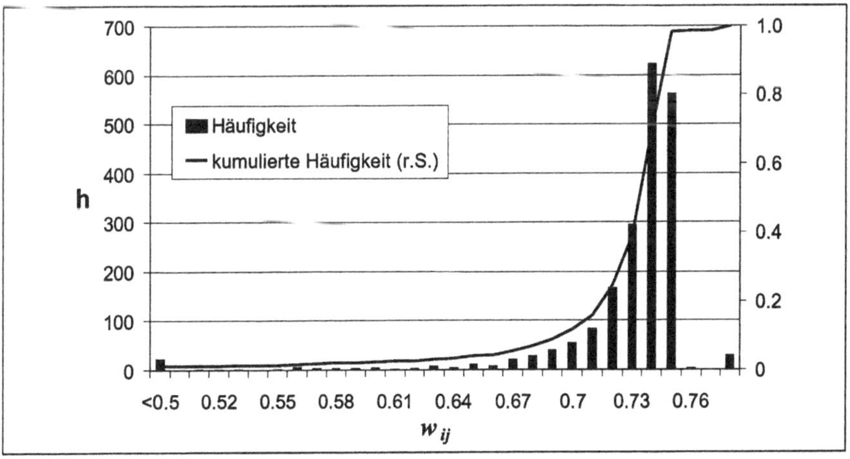

Quelle: eigene Berechnung; zugrundeliegende Zeitreihen: Datastream.

Abbildung 23: Beispiel für die Simulation einer Wahrscheinlichkeitsverteilung des Gewichtungsfaktors w_{ij}

[813] Dazu wird die Differenz der Sensitivitäten gebildet; vgl. dazu näher Abschnitt 3.5.2.

In dem Beispiel wird der Wirkungszusammenhang zwischen dem 10-jährigen Zinssatz in Deutschland und der DAX-Rendite untersucht. Im multiplen Modell werden zusätzlich die Faktoren *Pfund-Sterling Wechselkurs* und *Exporte* verwendet. Der Schätzzeitraum beträgt 36 Monate (04/95 bis 03/98). Verwendet werden Monatsrenditen, die jeweils mit Monatsultimowerten berechnet werden. Der Faktor *Exporte* geht mit einem Zeitlag von 2 Monaten ein, d. h. er liegt für den Zeitraum 02/95 bis 01/98 vor.

Die Schätzparameter für den Faktor *Zins* ergeben $\hat{\beta}^{einfach} = -0{,}085$; $\hat{\sigma}_\beta^{einfach} = 0{,}040$; $\hat{\beta}^{multi} = -0{,}063$; $\hat{\sigma}_\beta^{multi} = 0{,}031$. Die Zufallszahlen sind gleichverteilt zwischen Null und Eins, die Anzahl der Simulationen beträgt 2000. Daraus ergibt sich in diesem Beispiel ein Mittelwert für w von 0,734 bei einem Erwartungswert von $E[w] = 0{,}744$ (= –0,063 /–0,085). Der Median der Simulation beträgt als robusteres Lagemaß $Med(w) = 0{,}744$ und entspricht damit dem Erwartungswert.

Mit der Definition des Parameters w lässt sich die ursprüngliche Definitionen des Faktormodells entsprechend umformulieren. Die Zeitreihenregression zur Schätzung der Faktorladungen (102) wird dann

$$R_{it} = \alpha_{it} + \sum_{j=1}^{k} \delta_{jt} (\beta_{ij}^{einfach} w_{ij}) + \eta_{it} . \tag{138}$$

Analog lässt sich auch die Querschnittsregression (103) zur Bestimmung der Risikoprämien umformen:

$$r_{it} = \lambda_{0t} + \sum_{j=1}^{k} \lambda_{jt} (\beta_{ij}^{einfach} w_{ij}) + \varepsilon_{it} \tag{139}$$

Damit kann analog zur Ableitung von (105) unter Verwendung der APT Restriktion (104) die Überschussrendite aus den summierten Produkten der gewichteten Sensitivitäten, Risikoprämien und unerwarteten Faktoränderungen formuliert werden

$$r_{it} = \sum_{j=1}^{k} (\beta_{ij} w_{ij})(\lambda_{jt} + \delta_{jt}) + \varepsilon_{it} . \tag{140}$$

3.4.1.2 Direkte, regressionsbasierte Schätzung der Faktorgewichtung

Eine zweite Möglichkeit besteht in der direkten Schätzung der Faktorgewichte. Wie im vorhergehenden Abschnitt 3.4.1.1 wird unterstellt, dass die Einfachsensitivitäten den systematischen Wirkungszusammenhang unverzerrt darstellen.[814] Die Gewichte können dann durch eine multiple Regression geschätzt werden. Dazu werden die univariaten Sensitivitäten mit den Faktoränderungen δ_j multipliziert und als neue, erklärende Faktoren interpretiert. Die gesuchten Gewichte lassen sich dann als Regressionskoeffizienten aus der multiplen Zeitreihenregression schätzen

$$r_{it} = \sum_{j=1}^{k} w_{ij} (\beta_{ij}^{einfach} \delta_{jt}) + \varepsilon_{it} .$$

Die Schätzung der Koeffizienten lässt auch die Berechnung ihrer Standardfehler zu, so dass unter der Annahme über die Verteilungsform der geschätzten Koeffizienten eine Wahrscheinlichkeitsverteilung erzeugt wird. Problematisch ist jedoch, dass die Signifikanz der Sensitivitätsschätzung nicht berücksichtigt wird. Die Einfachsensitivitäten werden ohne Berücksichtigung ihrer Standardfehler mit den Faktoränderungen multipliziert und als erklärende Variable interpretiert. Wie in der in Abschnitt 3.4.1.1 beschriebenen Methode, wird auch hier die Signifikanz des jeweiligen Wirkungszusammenhanges durch eine nachgelagerte Analysestufe berücksichtigt. Anders als zuvor, werden aber nicht die Standardfehler der geschätzten Sensitivitäten sondern die Koeffizienten der multiplen Bestimmung der Gewichtsvariablen und deren Standardfehler berücksichtigt.

3.4.1.3 Bewertung und Vergleich der Methoden zur Bestimmung der Faktorgewichtung

Zusammenfassend wird festgestellt, dass beide Methoden zum identischen Ergebnis führen.[815] Während die erste Methode die Gewichtung aus dem Verhältnis der multiplen und der univariaten Sensitivität ableitet, werden diese in der zweiten Methode über eine Regressionsschätzung bestimmt. Zwar ist die erste Methode einfach durchzuführen, doch ist ein Signifikanztest wegen fehlenden univariaten Schätzern nicht möglich. Bei der zweiten, jedoch aufwendigeren Methode wird die Standardabweichung der Gewichtungskoeffizienten ermittelt. Darüber hinaus wird bei der multiplen Regression die Anpassungsgüte bestimmt.

---

[814] Vgl. Abschnitt 3.3.2.3.3.

[815] Auf einen analytischen Beweis wird an dieser Stelle verzichtet. Im Abschnitt 4.2.1.2 ist ein empirischer Vergleich der beiden Methoden dargestellt.

3.4.2 Modellspezifikation zur Schätzung der wertpapierspezifischen Parameter in einem gemanagten Portfolio

Für die genaue Beschreibung des Analyseprozesses muss neben den statistischen Schätzverfahren noch entschieden werden, ob das Portfolio als Ganzes analysiert wird, oder für jeden Einzeltitel gesondert Sensitivitäten gemessen werden. In Zusammenhang mit der fundamentalen, mehrdimensionalen Performanceanalyse und Risikopositionierung hängt diese Modellspezifikation unmittelbar vom Managementansatz ab. Bei einem "bottom-up" orientierten Managementstil, der die Einzeltitelanalyse und –bewertung in den Vordergrund stellt, muss auch die Messung der Wirkungszusammenhänge und der Faktorgewichte für die einzelnen Wertpapiere erfolgen.[816]

Dagegen werden bei einem "top-down" Ansatz die Entscheidungen über die Risikopositionierung des Gesamtportfolios in den Vordergrund gestellt. Die Wertpapierauswahl ist eine nachgelagerte Ebene ohne unabhängige aktive Positionierungsentscheidung. In diesem Fall steht die Portfoliostruktur als Analyseobjekt im Vordergrund. Die Titelselektion erfolgt nur noch innerhalb der vorher getroffenen Positionierungsentscheidungen. Eine Messung der Sensitivitäten und Faktorgewichte für einzelne Wertpapiere kann unterbleiben, weil zunächst die Strukturentscheidung zu beurteilen ist. Dennoch hilft die detailliertere Analyse bei der Beurteilung der nachgelagerten Entscheidung und der Umsetzung der Positionierung durch die Auswahl bestimmter Wertpapiere.

Der erste, detailliertere Ansatz lässt sich derart aggregieren, dass auch die Strukturentscheidung beurteilt werden kann. Dabei sind ein deutlich höherer Aufwand für die Schätzung der wertpapierspezifischen Parameter und der Auf-

---

[816] In den meisten empirischen Analysen werden Portfolios anstelle von einzelnen Wertpapieren untersucht. Der Grund liegt in dem EIV-Problem, dass in der Querschnittsregression der zweiten Stufe nach der Methode von FAMA/MACBETH (Risk, 1973), S. 614-616 (vgl. Fn. 616), auf Grund der kleinen Stichprobe entsteht. Vgl. CLARE/THOMAS (Macroeconomic Factors, 1994), S. 317-318. Die Verwendung von Portfolios eliminiert dieses Problem weitgehend, weil der Schätzfehler von Portfoliosensitivitäten gegenüber Einzeltitel-Sensitivitäten reduziert wird. Die Verwendung von EIV-korrigierten Standardfehlern behebt nicht die Verzerrung, die durch kleine Stichproben entsteht. Für die EIV-Korrektur vgl. Fn. 227 in Abschnitt 1.2.3.1 und SHANKEN/WEINSTEIN (Macroeconomic Variables, 1990), S. 9; SHANKEN (Beta-Pricing Models, 1992), S. 29-31. Andere Ansätze, die durch die Verwendung unterschiedlicher Schätzmethoden oder Korrekturverfahren diese Verzerrungen vermindern sollen, haben nicht zum Ziel geführt. SHANKEN/WEINSTEIN (Macroeconomic Variables, 1990), S. 6-7.

In den empirischen Beispielen (Kapitel 4) werden nicht einzelne Wertpapiere sondern Branchenindizes verwendet, die einen höheren Diversifikationsgrad als Einzeltitel besitzen. Das Ordnungskriterium für die Portfoliobildung ist die Branchenzugehörigkeit.

wand für die Aggregation zu berücksichtigen. Darüber hinaus wird die Aggregation ein komplexeres Modell erzeugen als dies durch die direkte Schätzung auf Portfolioebene entsteht. Dies kann insbesondere durch die höhere Anzahl signifikanter Faktoren auf Einzeltitelebene begründet werden, die für die Bewertung des aggregierten Portfolios nur eine untergeordnete Bedeutung haben.

Bei diesem, in der weiteren Analyse verfolgten, detaillierten Ansatz muss neben der Aggregationsebene der Wertpapiere auch die Auswahl der Faktoren definiert werden. Dabei sind wiederum zwei unterschiedliche Vorgehensweisen möglich: Entweder es wird eine individuelle Faktorauswahl für jedes Wertpapier getroffen oder es wird eine fixierte Auswahl allgemeingültiger, systematischer Faktoren berücksichtigt. Die beiden Ansätze werden im Weiteren entsprechend auch als selektive bzw. vollständige Faktorrepräsentation bezeichnet. Unabhängig von der gewählten Methodik der Faktorauswahl muss diese für die zu bewertende Wertpapiergesamtheit und die Benchmark einheitlich sein.

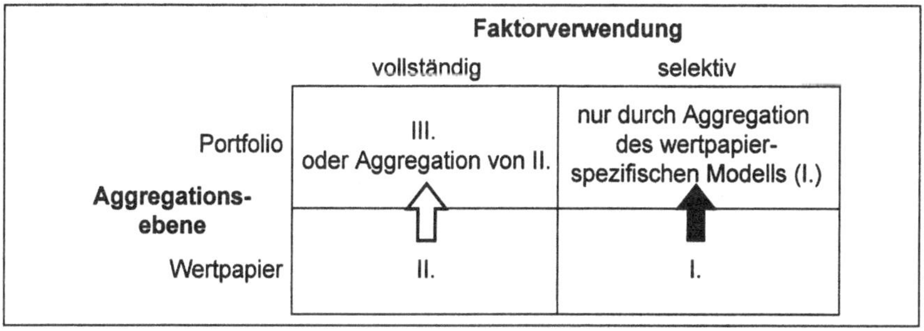

Abbildung 24: Alternative Ansätze zur Modellspezifikation

Grundsätzlich bestehen somit drei elementar verschiedene Analyseansätze, die sich aus der vollständigen oder selektiven Faktorverwendung und den beiden Aggregationsebenen (Gesamtportfolio oder individuelle Wertpapiere) ergeben. Die vierte, eine Kombination aus selektiver Faktorrepräsentation und der Analyseebene des Portfolios, kann aus der Analyse der individuellen Wertpapiere ableitet werden; vgl. Abbildung 24.

I. Für jedes Wertpapier wird eine individuelle Faktorauswahl getroffen. Die wertpapierspezifisch gemessenen Sensitivitäten und die Faktorgewichtungen werden jeweils in einem Vektor zusammengefasst. Für Faktoren, die bei dem entsprechenden Wertpapier keine Signifikanz besitzen, sind die Elemente des Sensitivitätsvektors und des Gewichtungsvektors gleich Null.

II. Für jedes Wertpapier wird individuell die Sensitivität und die Faktorgewichtung gegenüber einer allgemeingültig definierten Faktorauswahl bestimmt.

D. h. für alle Wertpapier bestehen wertpapierspezifische Gewichtungen und Sensitivitäten gegenüber einer identischen Faktorauswahl. Faktoren, die für bestimmte Wertpapiere nicht signifikant sind, weisen dennoch in den entsprechenden Elementen des Sensitivitäts- und Gewichtungsvektors einen Wert ungleich Null auf. Diese lassen sich dann auch mit Hilfe der Portfoliogewichte aggregieren.

III.Für jedes Portfolio wird die Sensitivität und die Faktorgewichtung gegenüber einer definierten Faktorauswahl bestimmt. Dabei werden beide Variablen für das Portfolio als Einheit geschätzt. D. h. die analysierte Zeitreihe entspricht der historischen Renditezeitreihe des Portfolios. Dadurch wird eine Akkumulation von Fehlern vermieden, die bei der Aggregation individueller Sensitivitäten bzw. Gewichtungen eintritt, weil diese anschließend mit den Wertpapier-Portfolioanteilen gewichtet aufsummiert werden. Für jedes Portfolio müssen so die beiden Variablenvektoren individuell neu geschätzt werden.[817]

Die dritte Alternative entspricht dem "top-down" Ansatz und lässt sich nur für die Analyse verwenden. Als Modell zur Portfoliokonstruktion erscheint diese Methode wenig geeignet, weil für jedes Portfolio ein neues Modell erstellt werden muss. Damit sind keine marginalen Risikobeiträge durch die Veränderung einer Position im Portfolio direkt berechenbar. Für die weitere Untersuchung wird ein "bottom-up" Ansatz unterstellt. Die Performancezerlegung wird sowohl für die selektive als auch für die vollständige Faktorrepräsentation (I. und II. in Abbildung 24) empirisch dargestellt. Die theoretische Entwicklung des Ansatzes ist davon unabhängig. In beiden Faktorauswahlmethoden ist die verfügbare Faktormenge identisch. Dieses ist aus Effizienzgründen nicht beliebig groß und wird, unter Beachtung der Zielsetzung der Analyse, Faktoren beinhalten, die maßgeblich die Renditegenerierung erklären und zumindest zeitweise signifikante Risikoprämien aufweisen.[818]

---

[817] Zu den dargestellten, drei prinzipiellen Methoden gibt es weitere Differenzierungen. So kann die Behandlung insignifikanter Sensitivitäts- oder Risikoprämienschätzer unterschiedlich erfolgen. Die im empirischen Teil, Kapitel 4, gewählte Vorgehensweise verwendet die Schätzer unabhängig von ihrer Signifikanz. Alternativ können insignifikante Schätzer neutralisiert werden. D. h. es wird für Sensitivität bzw. Risikoprämien eine Ausprägung von Null definiert. Eine dritte Möglichkeit besteht in einer abgestuften Vorgehensweise. Bei dieser werden Schätzer auf geringen Signifikanzniveaus zunehmend stärker in die Richtung des neutralen Niveaus (Null) adjustiert bzw. der Einfluss dieser Faktoren geringer gewichtet. Vgl. auch Abschnitt 3.4.3.1.

[818] Diese Faktoren sollten auch die in der Anlageentscheidung relevanten Faktoren sein. Wer-

3.4.3 Renditezerlegung auf Basis eines allgemeinen Faktormodells

Die Gewichte w_i sind im mehrdimensionalen Faktormodell nicht mehr als eindeutig zuzuordnende Gewichte ermittelbar, die Renditen der Teilsegmente (z. B. Assetklassen, Branchen u. a.) müssen durch Faktorrenditen ersetzt werden. Allgemein lässt sich die Überschussrendite eines Portfolios gemäß den Annahmen eines linearen Faktorenmodells als Linearkombination der systematischen Faktorrenditen R_j zuzüglich einer nicht erklärten Restrendite R_u definieren.[819] Verwendet wird ein simultan geschätztes Erklärungsmodell, dessen Regressionskoeffizienten die multiplen Sensitivitätsschätzer β^m sind

$$r_{Pt} = R_{u,Pt} + \sum_{j=1}^{k} \beta^m_{P,j} \; R_{jt} \tag{141}$$

mit r_{Pt} = Überschussrendite des Portfolio P in Periode t,
$R_{u,Pt}$ = unerklärte Rendite des Portfolios P in Periode t,
$\beta^m_{P,j}$ = multiple Sensitivität des Portfolios P zum Faktor j,
R_{jt} = Rendite des Faktors j.

Wie in den Abschnitten 3.3.2.2 und 3.4.1 bereits gezeigt, lässt sich dieser multiple Regressionskoeffizient in den Wirkungszusammenhang β^e und einen Gewichtungsfaktor w zerlegen. Mit der Definition des Faktorgewichts w in (112): $\beta_j^m = w_j \, \beta_j^e$, d. h. $w_j = \beta_j^m \, / \, \beta_j^e$, folgt

$$r_{Pt} = R_{u,Pt} + \sum_{j=1}^{k} w_j \beta^e_{P,j} \; R_{jt}$$

mit w_j = Gewichtungsfaktor für Faktor j,
$\beta^e_{P,j}$ = univariate Sensitivität des Portfolios P zum Faktor j.

Da einerseits der Gewichtungsfaktor w_j nach Abschnitt 3.4.1.3 nicht begrenzt ist, aber andererseits für die Zerlegung gefordert wird, dass die Summe der Gewichte Eins ergibt, wird der multiple Regressionskoeffizient β^m weiter zerlegt. Um die Forderung zu erfüllen, dass die Summe der Gewichte gleich Eins ist, wird die bekannte Gewichtung w_j in eine neue normierte Gewichtungsvariable w_j^* und einen Korrekturfaktor x_j zerlegt: $w_j = w_j^* x_j$. D.h. die multiple Faktorsensitivität β^m formt sich um zu

---

den weitere Entscheidungsvariablen verwendet, so können diese zusätzlich in das Erklärungsmodell aufgenommen werden.

[819] Vgl. dazu Abschnitte 3 und 3.4.1.

$$\beta_j^m = w_j\, \beta_j^e = w_j^* \,(x_j\, \beta_j^e)\,.$$

Die Variable x_j wird dabei als Korrekturfaktor der Einfachsensitivitäten β^e interpretiert. Zusätzlich wird angenommen, dass die absoluten Gewichte der Faktoren entsprechend ihrer Bedeutung zueinander in Relation stehen.[820] Dann ergibt sich das normierte Gewicht aus dem Anteil an der Summe der absoluten Gewichte

$$w_j^* = \left|w_j\right| \Big/ \sum_{j=1}^{k} \left|w_j\right|. \tag{142}$$

Die Gewichtung w_j^* erfüllt dann die Bedingung, dass die Gewichtssumme Eins ist. Der Korrekturfaktor x_j ergibt sich damit aus dem Quotienten der ursprünglichen Gewichtung w_j zur neuen, normierten Gewichtung w_j^*:

$$x_j = w_j \,/\, w_j^* = \frac{w_j}{\left|w_j\right|} \sum_{j=1}^{k} \left|w_j\right| = \operatorname{sign}(w_j) \sum_{j=1}^{k} \left|w_j\right|. \tag{143}$$

Aus der Umformung wird deutlich, dass x_j für alle Faktoren j bis auf das Vorzeichen gleich groß ist. Für signifikante Faktoren kann das Vorzeichen von w_j positiv erwartet werden, weil signifikante Einflussfaktoren die Richtung des Wirkungszusammenhangs nicht ändern. Der Betrag von x_j entspricht also der Summe der Sensitivitäts-Änderungsquotienten w_j aller Faktoren. Würden im Extremfall sämtliche Faktoren ihren univariaten Wirkungszusammenhang β^e in der multiplen Schätzung beibehalten, entspricht x_j der Anzahl der verwendeten Faktoren. Mit der korrigierten Sensitivität

$$\beta_j = x_j \beta_j^e \tag{144}$$

ergibt sich die Bewertungsgleichung eines Wertpapiers

$$r_{it} = R_{u,it} + \sum_{j=1}^{k} w_j^* \beta_{i,j}\, R_{jt} \tag{145}$$

mit $\sum_{j=1}^{k} w_j^* \equiv 1$,

R_u = nicht systematisch erklärter Anteil der Überschussrendite,

---

[820] Tatsächlich sind die Gewichtungsfaktoren regulative Größen, die gemäß der Definition Änderungen zwischen der Einfachsensitivität und der multiplen Sensitivität korrigieren. Für signifikante Faktoren hat sich aber empirisch ergeben, dass diese Schwankungen nicht zu unendlich großen Gewichtungen führen. Das Vorzeichen gibt dabei lediglich an, ob ein Vorzeichenwechsel zwischen den beiden Sensitivitäten vorliegt und hat für die Bedeutung des Faktors kein Gewicht. Dennoch muss diese Annahme als restriktiv angesehen werden.

R_j = Faktorrendite.

Unter Verwendung der allgemeinen Definitionen aus Abschnitt 2.6.1.2 für die Strategie- und Allokationsrendite (II) und die Strategie- und Selektionsrendite (III) und die entsprechenden Risikokomponenten aus Abschnitt 2.6.1.4 lässt sich die gewünschte risikoadjustierte Renditezerlegung analog zur klassischen Attribution nach BHB auch für fundamentale Mehrfaktorenmodelle darstellen. Diese unterliegen nicht mehr der Voraussetzung einer direkten, eindeutigen und vollständigen Zuordnung einzelner Wertpapiere zu bestimmten Merkmalsgruppen:

Allokationsrendite (II–I)	$\sum_{j=1}^{k}(w^*_{P,j} - w^*_{B,j})\,\beta_{B,j}\,R_j$
Selektionsrendite (III–I)	$\sum_{j=1}^{k} w^*_{B,j}\,(\beta_{P,j} - \beta_{B,j})\,R_j$
Kreuzprodukt (IV–III–II+I)	$\sum_{j=1}^{k}(w^*_{P,j} - w^*_{B,j})\,(\beta_{P,j} - \beta_{B,j})\,R_j$
nicht erklärte Restrendite (V)	$R_{u,P} - R_{u,B}$
aktive Portfoliorendite (V+ IV–I)	$\left(R_{u,P} - R_{u,B}\right) + \sum_{j=1}^{k}\left(w^*_{P,j}\,\beta_{P,j} - w^*_{B,j}\beta_{B,j}\right)R_j$

Unter Allokation wird hier die aktive Positionierung des Risikoprofils definiert, während die Selektion den Renditeeffekt aus der Abbildung der Faktorrisiken durch die Wertpapierauswahl darstellt.

Die Differenz der nicht erklärten Restrenditen $R_{u,i}$ muss hier als zusätzliche Renditekomponente aufgenommen werden, weil eine vollständige Renditeerklärung durch fundamentale Faktoren i. d. R. nicht möglich ist. Anders als bei der eindeutigen Zerlegung in z. B. Assetklassen können die Wertpapiere nicht vollständig anteilsmäßig einzelnen Erklärungsfaktoren zugeordnet werden. Die Interpretation dieses Terms ist nicht eindeutig. Ausgehend von Gleichung (101) in Abschnitt 3.1.1 kann R_u als erwartete Rendite abzüglich des risikofreien Zinses interpretiert werden. Als Restgröße kann sie auch als unsystematischer Renditebeitrag gewertet werden, der dann als Selektionsrendite interpretiert wird. Hohe, nicht erklärte Renditebeiträge bei diversifizierten Portfolios weisen vor allem auf ein ungenügend spezifiziertes Erklärungsmodell hin, in dem möglicherweise wesentliche Erklärungsfaktoren fehlen.[821]

[821] Dies erfordert im Allgemeinen eine Korrektur des Erklärungsmodells.

3.4.3.1 Aggregation der wertpapierspezifischen Parameter des Bewertungsmodells

Für die Beitragsanalyse müssen die Wertpapierparameter auf Portfolioebene aggregiert werden. Der Renditegenerierungsprozess (105) summiert dabei die gewichteten Erklärungsanteile der Wertpapiere auf. Die Gewichtung entspricht dem wertmäßigen Portfolioanteil des Wertpapiers, so dass sich die Gewichte zu Eins addieren.

Die Korrelationen der Wertpapiere untereinander werden bei der Aggregation nicht mehr explizit berücksichtigt. Sie werden vielmehr durch die Sensitivitäten zu den fundamentalen Faktoren implizit in die Berechnung einbezogen, weil zwei Wertpapiere, die zueinander hoch korreliert sind, i. d. R. eine ähnliche Sensitivität gegenüber fundamentalen Faktoren aufweisen. Dagegen können niedrig oder negativ korrelierte Wertpapiere nicht identische oder ähnliche Sensitivitäten zu allen signifikanten Faktorzeitreihen haben.[822]

Probleme bereitet die Behandlung von Wertpapieren, die keine hinreichend lange Kurshistorie aufweisen, z. B. Neuemissionen. Für diese kann im Allgemeinen keine stabile Schätzung der Wirkungszusammenhänge vorgenommen werden Damit lassen sich folglich auch statistisch keine signifikanten Faktorgewichte für diese Wertpapiere ermitteln. Die Schätzung der Parameter erscheint selten möglich, weil die Faktoren als unerwartete Änderungen definiert sind und so definitionsgemäß nicht durch andere Variablen approximierbar sind.[823]

---

[822] Eine analoge Vorgehensweise besteht bei der Berechnung der erwarteten Portfoliorendite auf der Basis von Markt-Betafaktoren; vgl. Abschnitt 1.2.2.1.

[823] Für bestimmte Faktoren kann u. U. die Schätzung der Wirkungszusammenhänge analog zur fundamentalen Bestimmung eines Betafaktors erfolgen. Zur Ableitung fundamentaler Betas vgl. ROSENBERG/GUY (Prediction of Beta, 1976), S. 62-64. Dabei wird der Wirkungszusammenhang zwischen dem neuen Unternehmen und den erklärenden fundamentalen Faktoren aus den Kennzahlen und Charakteristika des Unternehmens abgeschätzt. Ein Beispiel kann der Verschuldungsgrad sein, der grobe Rückschlüsse auf die Sensitivität gegenüber den Zinsfaktoren erlaubt. Die regionale Umsatzverteilung, Lage von Produktionsstandorten und Fakturierungsgepflogenheiten lassen u. U. Rückschlüsse auf die Währungssensitivität zu. Die Schätzung dieser Wirkungszusammenhänge ermöglicht aber nicht die Bestimmung der Faktorgewichtung. Damit kann auf diese Weise keine Zerlegung bezüglich fundamentaler Einflussfaktoren für diese Wertpapiere vorgenommen werden.

Alternativ kann durch Analogiebildung zu ähnlichen Unternehmen eine Schätzung der Wirkungszusammenhänge vorgenommen werden. Da aber angenommen werden kann, dass nicht ein Unternehmen in jeder Hinsicht dem zu bewertenden Unternehmen entspricht, stellt sich die Bestimmung der Faktorgewichtung auch über diese Analogiebildung als kompliziert dar. Für diese muss neben dem isolierten Wirkungszusammenhang (univariat) auch die multiple Sensitivität bestimmt werden. Diese kann aber im Allgemeinen nur

Ohne diese Parameterausprägungen muss das Wertpapier aber aus der Analyse ausgeschlossen werden.[824]

Grundsätzlich muss bei Portfolios, die aus nur wenigen Wertpapieren bestehen, ein höherer unsystematischer Renditeanteil erwartet werden, der nicht durch die systematischen, fundamentalen Faktoren bestimmbar ist. Die Varianz des Fehlerterms, d. h. der nicht systematisch erklärbaren Rendite, nimmt aber mit zunehmender Diversifikation des Portfolio tendenziell ab.[825]

---

aus der Analogiebildung gewonnen werden, wenn einzelne Unternehmen oder Unternehmensgruppen (z. B. Branchen) die Charakteristik des zu bewertenden Unternehmens gut repräsentieren. Treten innerhalb der Gruppe dieser ähnlichen Unternehmen keine zu großen Divergenzen bezüglich der signifikanten Faktoren und der resultierenden multiplen Sensitivitäten auf, kann die Faktorgewichtung des neuen Unternehmens durch Mittelwertbildung über die ähnlichen Unternehmen geschätzt werden.

In beiden Fällen ist mit der Bestimmung der Parameter für Wertpapiere ohne eigene Renditezeitreihe ein hoher Aufwand verbunden. In Abhängigkeit von dem Gewicht des Unternehmens sollte daher abgewogen werden, ob dieser Aufwand gerechtfertigt ist.

824 Das Ausschließen aus der Analyse kann auf verschiedene Weise vorgenommen werden. Zum einen kann für ein neues Wertpapier angenommen werden, dass es keine aktive Risikoposition darstellt. Damit würden ihm die Faktorparameter des Marktes zugewiesen. Abhängig vom Gewicht dieses Wertpapiers am Portfolio, entsteht bei aktiv positionierten Portfolios aber eine Verminderung dieser Risikopositionierung, die de facto so nicht vom Manager vorgenommen wurde. Diese Vorgehensweise generiert also möglicherweise zu vermeidende Verzerrungen. Geht man davon aus, dass der Manager durch die Aufnahme des neuen Wertpapiers nicht die aktive Positionierung der Portfolio maßgeblich verändern will, dann erscheint es sinnvoll, diesem Wertpapier die Charakteristik des restlichen Portfolios zuzuschreiben. Die Verzerrung, die dadurch entsteht, hängt in ihrer Höhe von der Renditedifferenz zwischen dem neuen Wertpapier und dem restlichen Portfolio ab. Der Fehler erscheint im Allgemeinen aber klein gegenüber der ersten Methode und weitgehend konsistent im Hinblick auf die Informationen des Managers zum Zeitpunkt der Entscheidungsfindung.

Unverzerrt erscheint lediglich eine dritte Methode zur Behandlung dieser neuen Wertpapiere. Dazu wird aus der Renditezeitreihe des Portfolios die Rendite dieser nichtbewerteten Unternehmen herausgerechnet werden. Dies hat den Vorteil, dass keine Verzerrungen durch exogene Annahmen über die Parameter neuer Unternehmen entstehen. Bewertet wird in der Renditezerlegung lediglich der Portfolioanteil, über dessen Sensitivitäten auch der Manager bei der Konstruktion des Portfolios Kenntnis hatte. Der aktive Renditebeitrag von Wertpapieren, die keine Sensitivitätsbestimmung ermöglichen, kann in einem solchen Attributionsmodell dann nur als Renditebeitrag aus unsystematischen Risiken interpretiert werden, weil diese Wertpapiere für den Manager keine quantifizierbaren, systematischen Fundamentalfaktorrisiken darstellen. Klassische Zerlegungsverfahren, die Performance auf der Basis von Länder- oder Branchenzugehörigkeit zerlegen, unterliegen diesem Problem nicht, weil hier eine eindeutige, wenn auch manchmal willkürliche Zuordnung, erfolgt. Vgl. Abschnitt 2.6.1.2.

825 CHEN/COPELAND/MAYERS (Performance Methodologies, 1987), S. 410.

Für die Zerlegung unter Verwendung der Faktorgewichte muss bei der Aggregation zusätzlich eine Besonderheit beachtet werden. Dies zeigt sich an einem einfachen Beispiel. Werden z. B. die w^*_{ij} über alle Wertpapiere ($i = 1, ..., N$) aggregiert, so ergibt sich ein anderer Gewichtungsvektor, als wenn über die w_{ij} aggregiert wird und die w^*_{ij} rechnerisch nach Gleichung (142) abgeleitet werden. Es wird daher angenommen, dass die multiplen Regressionskoeffizienten β^m_{ij} der einzelnen Bewertungsgleichungen der Wertpapiere und die Verhältnisse der multiplen Sensitivitäten zu den Einfach-Sensitivitäten (w_{ij}) zu aggregieren sind

$$\beta^m_{jP} = \sum_{i=1}^{N} g_i \beta^m_{ji} \, , \; w_{jP} = \sum_{i=1}^{N} g_i w_{ji} \, , \qquad (146)$$

mit g_i = Gewicht des Wertpapiers i am Portfolio.

Diese Annahme lässt sich damit begründen, dass die multiplen Sensitivitäten die Ausgangsbasis für die Berechnung der Gewichtungsparameter (w_{ij}) sind, von denen dann wiederum die normierten Gewichtungen (w^*_{ij}) und die Korrekturparameter (x_{ij}) abgeleitet werden. Da neben den multiplen Sensitivitäten ein weiterer Parameter bestimmt werden muss, um das aggregierte Bewertungsmodell zu bestimmen, wird der Gewichtungsparameter (w_{ij}) aus der nächst niedrigeren Ableitungsebene ausgewählt.[826]

---

[826] Theoretisch könnten anstelle der Gewichtung w auch die Einfachsensitivitäten β^e zu Portfolio-Einfachsensitivitäten aggregiert werden. Die Gewichtung w würde sich dann aus den aggregierten Einfachsensitivitäten und multiplen Sensitivitäten berechnen. Dies führt aber dazu, dass die Bedeutung einzelner Faktoren nicht mehr entsprechend in der Gewichtung widergespiegelt wird, weil sowohl die multiple als auch die Einfachsensitivität mit dem Wertgewicht des Portfolios aggregiert werden. Damit eliminiert sich dieses Gewicht bei der Bildung des Gewichtungsquotienten w nach Gleichung (112) wieder. Deutlich wird dies an einem einfachen Beispiel: Ist in einem Portfolio ein Fundamentalfaktor bewertet, der nur für ein Wertpapier signifikant ist, dann wird sowohl die multiple Faktorsensitivität dieses Wertpapiers, als auch die Einfachsensitivität mit dem Portfoliogewicht des Wertpapiers multipliziert. Damit erhält man die multiple und die Einfachsensitivität des Portfolios. Die Gewichtung w berechnet sich aus dem Verhältnis dieser beiden Werte. Damit ist die Information, dass der Faktor nur bei einem Wertpapier signifikant war und somit in der Bewertung des Portfolios nur ein geringes Gewicht haben kann, verloren gegangen. D. h. Faktoren, die nur bei einem oder wenigen Wertpapieren signifikant sind würden auf Portfolioebene überbetont, andere Faktoren, die für viele Wertpapiere signifikant sind, dagegen zu gering berücksichtigt. Anders ist dies, wenn die Gewichtungen aggregiert werden. Dann wird die Faktorbedeutung mit dem wertmäßigem Gewicht des Wertpapiers bewertet in die Portfolio-Bewertungsgleichung einbezogen.

Die Aggregation der normierten Gewichte w^* und der multiplen Sensitivität β^m reicht dagegen nicht für eine eindeutige Bestimmung der restlichen Parameter, vor allem weil w

Die restlichen Parameter leiten sich dann aus diesen ab. Der normierte Gewichtungsparameter ergibt sich analog zur Definition bei einzelnen Wertpapieren

$$w_{jP}^{*} = \left|w_{jP}\right| \Big/ \sum_{j=1}^{k} \left|w_{jP}\right| \quad (\neq \sum_{i=1}^{N} w_{ji}^{*}).$$

Der Korrekturfaktor folgt dann aus

$$x_{jP} = w_{jP} \,/\, w_{jP}^{*} = \mathrm{sign}(w_{jP}) \sum_{j=1}^{k} \left|w_{jP}\right| \quad (\neq \sum_{i=1}^{N} x_{ji})$$

und die aggregierte Einfachsensitivität berechnet sich aus der Definition des Gewichtungsfaktors w

$$\beta_{jP}^{e} = \beta_{jP}^{m} \,/\, w_{jP},$$

wenn $w_{jP} \neq 0$, sonst $\beta_{jP}^{e} = 0$, d. h. $\beta_{jP}^{e} \neq \sum_{i=1}^{N} \beta_{ji}^{e}$.

Die korrigierte Einfachsensitivität β_{jP} folgt analog aus dem Korrekturfaktor x_{jP} und der aggregierten Einfachsensitivität β_{jP}^{e}

$$\beta_{jP} = x_{jP}\, \beta_{jP}^{e}.$$

Die Bewertungsgleichung des Portfolios ergibt sich mit den so definierten Parametern und der Nebenbedingung, dass die Summe der normierten Gewichtungen Eins ist $\sum_{j=1}^{k} w_j^{*} \equiv 1$:

$$\begin{aligned} R_P &= \sum_{j=1}^{k} w_{jP}^{*}\, x_{jP}\, \beta_{jP}^{e}\, R_j + R_{u,P} \\ &= \sum_{j=1}^{k} w_{jP}^{*}\, \beta_{jP}\, R_j + R_{u,P}. \end{aligned} \tag{147}$$

Damit lassen sich beliebige Portfolios einer Performancezerlegungsanalyse zuführen, da eine vollständige und eindeutige Aufteilung der korrigierten Faktorrenditen nun möglich ist.

Die Aggregation der Parameter β_{ij}^{m} und w_{ij} erfolgt gewichtet mit dem Portfolio- bzw. Indexgewicht g_i der Wertpapiere. Wird unterstellt, dass jedes Wertpapier ein individuelles Bewertungsmodell hat, dann besteht auch eine individuelle Signifikanz, die bisher nicht berücksichtigt wurde. D. h. die Aggregation ist unabhängig von der Erklärungsgüte der wertpapierindividuellen Modelle. Diese

---

nicht eindeutig bestimmbar ist. Vgl. Gleichung (142).

Erklärungsgüte kann auf zwei Ebenen gemessen werden. Zum einen kann das Erklärungsmodell als Ganzes analysiert werden, andererseits können die erklärenden Faktoren einzeln auf ihre Signifikanz oder ihren Beitrag zur Gesamtmodellsignifikanz untersucht werden.

Die Güte des Gesamtmodells wird, unter der Annahme der Normalverteilung, durch einen F-Test bestimmt.[827] Dieser bewertet das multiple Erklärungsmodell als Ganzes. Unter Berücksichtigung der Freiheitsgrade kann aus der F-Teststatistik unter Verwendung der Verteilungsfunktion der F-Verteilung ein Signifikanzniveau in Prozent bestimmt werden, das die Gesamtmodellgüte angibt

$$p_{\mathrm{F}_i} = 1 - \mathrm{w}(\mathrm{F}_{\nu 1,\nu 2} > \mathrm{F}_i)$$

mit ν_1, ν_2 = Anzahl der Freiheitsgrade,
$\mathrm{w}(\mathrm{F})$ = Wahrscheinlichkeit der Bedingung F,
F_i = F-Wert des analysierten Erklärungsmodells.

Der t-Test gibt Auskunft über die Signifikanz des einzelnen Regressionsparameters im Erklärungsmodell. Unter Berücksichtigung der Freiheitsgrade kann aus der t-Teststatistik unter Verwendung der Verteilungsfunktion der Studentverteilung ein Signifikanzniveau in Prozent bestimmt werden

$$p_{\mathrm{t}_{ij}} = 1 - \mathrm{w}(\mathrm{t}_\nu > \mathrm{t}_{ij})$$

mit ν = Anzahl der Freiheitsgrade
t_{ij} = t-Wert des analysierten Regressionsparameters.

In beiden Fällen wird also ein Signifikanzniveau p berechnet, das zur Adjustierung der gewichteten Aggregation genutzt werden kann. Auch hierbei soll zweistufig verfahren werden. In einem ersten Schritt werden die Portfoliogewichte mit Hilfe der Gesamtmodellgüte p_F adjustiert:

$$g_i^* = g_i \, p_{\mathrm{F}_i} \Big/ \sum_{i=1}^{N} g_i \, p_{\mathrm{F}_i} \tag{148}$$

Bei gleichem Portfoliogewicht der Wertpapiere wird das Gewicht in der fundamentalen Erklärung proportional zur Signifikanz der wertpapierindividuellen Erklärungsmodelle bestimmt.[828]

---

[827] Getestet wird die Hypothese, dass zwischen den erklärenden Variablen und der zuerklärenden, abhängigen Variable kein linearer Zusammenhang, d. h. keine Korrelation besteht (Nullhypothese). BLEYMÜLLER/GEHLERT/GÜLICHER (Statistik, 1985), S. 172-173. Für die Definition der F-Teststatistik vgl. auch Abschnitt 4.1.2. Liegt keine Normalverteilung der Renditen vor, dann verzerrt eine leptokurtische Verteilung die Signifikanz von t- und F-Teststatistik nach oben. Vgl. TINIC/WEST (Risk and Return, 1984), S. 564.

[828] Ein Erklärungsmodell, das ein Signifikanzniveau von 50% erreicht, wird unter sonst glei-

Die Signifikanz der Erklärungsmodelle ist also dann berücksichtigt, wenn die Parameter für die einzelnen erklärenden Faktoren mit diesen adjustierten Gewichten aggregiert werden. Dabei bleibt aber die Bedeutung der einzelnen Erklärungsfaktoren in den Modellen weiterhin unberücksichtigt. D. h. die Erklärungsgüte einiger Faktoren wird auf alle Faktoren des Erklärungsmodells eines Wertpapiers projiziert. Damit die Faktoren nach ihrer individuellen Erklärungsgüte in den einzelnen Erklärungsmodellen der Wertpapiere zusammengefasst werden, muss ihre spezifische Signifikanz berücksichtigt werden. Dazu werden die zu aggregierenden Parameterwerte mit einem Gewichtungsfaktor multipliziert, der die Signifikanzniveaus der einzelnen Faktoren in den Erklärungsmodellen berücksichtigt

$$\beta^m_{jP} = \sum_{i=1}^{N} \left(\beta^m_{ij} \, (g^*_{iP} \, p_{t_{ij}}) / \bar{g}^*_j \right) \sum_{i}^{N} \left\{ g^*_{iP} \middle| p_{t_{ij}} \neq 0 \right\} \qquad (149)$$

$$\text{mit } \bar{g}^*_j = \sum_{i=1}^{N} g^*_{iP} \, p_{t_{ij}} \, .$$

Der erste Produktterm in (149) summiert die multiplen Sensitivitäten β^m für den Faktor j, gewichtet mit dem signifikanzadjustierten Portfoliogewichten. Für Wertpapiere, in deren Erklärungsmodell der Faktor j nicht enthalten ist, ist $p_{t_{ij}}$ gleich Null. Der zweite Term wird zum Ausgleich dafür benötigt, dass nicht für alle Wertpapier-Erklärungsmodelle eine Sensitivität für den Faktor j vorhanden ist, also über weniger als 100% des Portfolios aggregiert wurde. Um die fehlende Portfoliogewichtung auszugleichen, wird die aggregierte Sensitivität mit dem prozentualen Anteil multipliziert, der in der Aggregation berücksichtigt wurde.[829]

---

chen Bedingungen nur halb so stark gewichtet, wie ein Modell mit 100% Signifikanzniveau (lineare Gewichtung).

829 Die Notwendigkeit dieser Korrektur ist leicht erkennbar, wenn ein einfaches Beispiel betrachtet wird. Wenn der Faktor j nur im Erklärungsmodell eines Wertpapiers verwendet wird, dann sollte, unabhängig von der Signifikanz des Faktors, der aggregierte Wert dem Ursprungswert entsprechen. Andererseits muss der Tatsache Rechnung getragen werden, dass die aggregierte Sensitivität nur auf dem Erklärungsmodell eines Wertpapiers beruht, dass einen (kleinen) Anteil g_i am Gesamtportfolio hat. Die aggregierte Sensitivität wird also mit dem der Aggregation zugrundeliegenden Gewicht multipliziert, um so den Wirkungszusammenhang des Gesamtportfolios zu dem Faktor richtig zu bewerten.

Die multiple Sensitivität des Faktors j für Wertpapier i ist z. B. 2,4, das Signifikanzniveau 80% und das Gewicht des Wertpapiers i sei 10% am Gesamtportfolio. Alle anderen Wertpapiere (90%) haben keine Ausprägung für den Faktor j, weil er in ihren individuellen Erklärungsmodellen nicht enthalten ist. Der erste Term der Gleichung (149) gibt die aggregierte Sensitivität mit $(2{,}4 \cdot 0{,}1 \cdot 0{,}8) / (0{,}1 \cdot 0{,}8) = 2{,}4$ richtig wieder. Die Portfoliosensiti-

Analog dazu ergibt sich auch die Aggregation der Bedeutungsgewichte w_j nach der gleichen Systematik:

$$w_{jP} = \sum_{i=1}^{N} \left(w_{ij} \, (g^*_{iP} \, p_{t_{ij}}) \, / \, \overline{g}^*_j \right) \sum_{i}^{N} \left\{ g^*_{iP} \middle| p_{t_{ij}} \neq 0 \right\}.$$

3.4.3.2 Bewertung der Renditezerlegung auf Basis eines allgemeinen Faktormodells

In der bisher erfolgten Definition des dargestellten, allgemeinen Ansatzes fehlt die operationalisierbare Interpretation der Faktorrenditen R_j. Wird (141) als implizites Faktormodell interpretiert, dann stellt R_j die Änderung des Erklärungsfaktors dar, d. h. $R_j = \delta_j$.[830] Die Faktorrendite gibt so die unerwartete Teilrendite des Faktors an. Der Achsenabschnitt $R_{u,p}$ wird hier als konstanter, unsystematischer Renditebestandteil interpretiert, der aus dem Durchschnitt der beobachteten unsystematischen Periodenrenditen besteht.

Die Faktorrendite kann aber auch als Summe der unerwarteten und der erwarteten Faktorrenditekomponenten interpretiert werden. In diesem Fall wird $R_j = \delta_j + \lambda_j$. Wenn die Renditezerlegung sowohl für die unerwartete als auch die gesamte Faktorrendite möglich ist, kann folglich auch die erwartete Faktorrendite ($R_j = \lambda_j$) getrennt zerlegt werden. Maßgeblich für die Wahl der Faktorrenditedefinition ist das Ziel der Analyse. Normalerweise steht aber die Leistung des Managers im Vordergrund der Untersuchung, daher wird in der weiteren Analyse die Faktorrendite als unerwartete Teilrendite definiert ($R_j = \delta_j$).[831]

Da die Wirkungszusammenhänge über einen längeren Zeitraum geschätzt werden müssen, kann die mittlere Renditeerklärung nur über einen ebenfalls längeren Zeitraum eine gute Anpassung liefern. Im Gegensatz zur zweistufigen Herleitung der APT-Gleichung, die neben der Zeitreiheneigenschaft auch die Querschnittsrelationen der Faktoren zu den Wertpapieren betrachtet, wird hier ausschließlich die Zeitreihenkovarianz verwendet. Die Anpassungsgüte der Modelle ist daher für einzelne Perioden qualitativ begrenzt. Auch die Interpretation des konstanten Regressionsterms bleibt offen; als erwartete Rendite, wie in der APT-Interpretation, ist seine Konstanz über eine längere Periode (mehrere Monate oder Jahre) widersprüchlich. Daher wird im nächsten Abschnitt 3.4.4

---

vität entspricht aber nur dieser aggregierten Sensitivität multipliziert mit dem Gewicht der Wertpapiere, die in diese Sensitivitätsberechnung eingegangen sind, d. h. 2,4 · 0,1 = 0,24.

[830] Zum impliziten Faktormodell vgl. Abschnitt 1.2.3.

[831] Vgl. Abschnitt 4.2.2 für die empirische Darstellung.

die kapitalmarkttheoretische Interpretation als Erklärungsmodell verwendet, die die erwartete Rendite über die APT-Restriktion funktional beschreibt.[832] So kann eine erste Zerlegung der Rendite in Komponenten vorgenommen werden, die auf der erwarteten Risikokompensation und unerwarteten Faktoränderungen beruhen.

3.4.4 Performancezerlegung bei Gültigkeit eines kapitalmarkttheoretischen Erklärungsmodells

Ausgehend von einem in Abschnitt 3.1.1 beschriebenen allgemeinen, linearen Renditegenerierungsprozess lässt sich die Überschussrendite eines Wertpapiers oder Portfolios als Summe aus systematischer und unsystematischer Rendite beschreiben[833]

$$r_{it} = R_{it} - R_{ft} = \sum_{j=1}^{k} \beta_{ij}\lambda_{jt} + \sum_{j=1}^{k} \beta_{ij}\delta_{jt} + e_{it} \qquad (105)$$

mit $\mathrm{E}[\delta] = \mathrm{E}[e] = 0$.

Vergleicht man diese Zerlegung (105) mit der im vorhergehenden Abschnitt verwendeten Ausgangsgleichung (141), wird deutlich, dass die Faktorrendite R_j durch die Summe aus Faktoränderung und Faktor-Risikoprämie ersetzt wurde

$$R_{jt} = \lambda_{jt} + \delta_{jt}.$$

Basierend auf dieser Definition kann die systematische Rendite eines Portfolios in vier Teilkomponenten zerlegt werden: die erwartete Überschussrendite der Benchmark, die unerwartete Überschussrendite der Benchmark aufgrund von unerwarteten Faktoränderungen, die erwartete aktive Rendite aus der Abweichung der Sensitivitäten zur Benchmark (Kompensation für das eingegangene Risiko) und die unerwartete aktive Rendite aus der Sensitivitätsabweichung durch unerwartete Faktoränderungen.[834]

Die *erwartete Überschussrendite* der Benchmark $\mathrm{E}[r_{BM}]$ berechnet sich unter der Annahme, dass die tatsächlichen den erwarteten Faktorrenditen entsprechen, d. h. $\delta_j = \mathrm{E}[\delta_j] \equiv 0$

---

[832] Vgl. Abschnitt 3.1.1.

[833] Der Subskript t wird zur Vereinfachung in den folgenden Gleichungen weggelassen. Die unsystematische Rendite r_u wurde hier durch die gebräuchlichere Variable e_i ersetzt, ohne dass sich die Bedeutung geändert hat.

[834] Vgl. auch Abschnitt 1.2.3.1.3 für eine erste Zerlegung der Überschussrendite im Rahmen der APT in eine erwartete und unerwartete Komponente. ELTON/GRUBER (Modern Portfolio Theory, 1995), S. 661-663.

$$\mathrm{E}[R_{BM}] - R_f = \mathrm{E}[r_{BM}] = \sum_{j=1}^{k} \beta_{BM,j} \lambda_j . \qquad (150)$$

Treten dagegen unerwartete Faktoränderungen auf, so dass $\delta_j \neq 0$, ergibt sich eine *unerwartete Überschussrendite der Benchmark.* Diese bestimmt sich aus der Differenz der tatsächlichen und der erwarteten Benchmarkrendite

$$R_{BM} - \mathrm{E}[R_{BM}] = \sum_{j=1}^{k} \beta_{BM,j} \delta_j . \qquad (151)$$

Addiert man diese beiden passiven Komponenten (150) und (151), ergibt sich die *Überschussrendite der Benchmark*

$$R_{BM} - R_f = r_{BM} = \sum_{j=1}^{k} \beta_{BM,j} \lambda_j + \sum_{j=1}^{k} \beta_{BM,j} \delta_j . \qquad (152)$$

Analog kann für ein beliebiges Portfolio *P* die systematische Überschussrendite in die beiden Komponenten zerlegt werden.[835] Da in systematischen Managementansätzen für institutionelle Anleger besonders die Abweichung des aktiven Portfolios von der Benchmark von Interesse ist, wird durch Differenzbildung zwischen Benchmark und Portfolio die Zerlegung der aktiven, systematischen Rendite erreicht.

Die *erwartete, aktive Rendite* des Portfolios, die als Kompensation für das zusätzlich eingegangene Risiko auf der aktiven Sensitivitätsabweichung von der Benchmarksensitivität basiert, ergibt sich aus der Multiplikation der Risikoprämien mit den aktiven Sensitivitäten, d. h. aus der Differenz der erwarteten Renditen beider Portfolios

$$\mathrm{E}[R_P] - \mathrm{E}[R_{BM}] = \mathrm{E}[r_a] = \sum_{j=1}^{k} (\beta_{P,j} - \beta_{BM,j}) \lambda_j . \qquad (153)$$

Die *unerwartete, aktive Rendite* resultiert dann aus der Wirkung der unerwarteten Faktorrendite ($\delta_j \neq 0$) bei einer aktiven Sensitivitätspositionierung, d. h. $\beta_{P,j} \neq \beta_{BM,j}$ für mindestens einen beliebigen Faktor F_j[836]

---

[835] Dazu wird nur der Index *BM* der Gleichungen (150), (151) und (152) durch den neuen Index *P* ausgetauscht.

[836] Es wird zur Vereinfachung unterstellt, dass die Benchmark dem Marktportfolio entspricht, also nur systematische Renditekomponenten enthält. Andernfalls müsste auch die Benchmarkrendite R_{BM} mit dem Index *syst* gekennzeichnet werden. Da aber hier die systematischen Renditekomponenten des Portfolios im Hinblick auf die Benchmark, unabhängig

$$(R_{P,syst} - \mathrm{E}[R_P]) - (R_{BM} - \mathrm{E}[R_{BM}]) = \sum_{j=1}^{k} (\beta_{P,j} - \beta_{BM,j})\delta_j \,. \quad (154)$$

Die Summe der beiden aktiven, systematischen Renditekomponenten (153) und (154) ergibt die *gesamte aktive, systematische Rendite* des Portfolios gegenüber der Benchmark

$$R_{P,syst} - R_{BM} = r_{a,syst} = \sum_{j=1}^{k} (\beta_{P,j} - \beta_{BM,j})(\lambda_j + \delta_j) \,. \quad (155)$$

Die *gesamte systematische Überschussrendite* lässt sich damit auch aus zwei systematischen Benchmark- und zwei aktiven Komponenten additiv zusammensetzen:[837]

$$R_{P,syst} - R_f = r_{P,syst} = \sum_{j=1}^{k} \beta_{Pj}(\lambda_j + \delta_j) \,. \quad (156)$$

Vgl. auch Darstellung in Abbildung 25. Die Differenz aus der tatsächlich erzielten Rendite und der systematischen, erklärbaren Rendite entspricht der unsystematischen Renditekomponente, die nicht durch die Faktoren des Erklärungsmodells erklärt werden kann:[838]

$$e_P = R_P - R_{P,syst} \Leftrightarrow r_P = r_{P,syst} + e_P \,. \quad (157)$$

Fasst man jeweils die erwarteten, systematischen Renditekomponenten (150) und (153) und die unerwarteten Renditen (151) und (154) zusammen und berücksichtigt zusätzlich entsprechend (157) die unsystematische, spezifische Rendite e_P, dann ergibt sich die Definition der Überschussrendite (105) für das Portfolio.[839]

davon, ob es sich um das Marktportfolio handelt, untersucht werden, wird die gesamte Rendite der Benchmark berücksichtigt.

[837] D. h. [(150) + (151)] + [(153) + (154)] = (152) + (155) = (156).

[838] Vgl. auch alternative Formulierung bei CHANG/LEWELLEN (Arbitrage Pricing Approach, 1985), S. 18-19, und CONNOR/KORAJCZYK (Performance Measurement, 1986), S. 378-379, die den Fehlerterm explizit in eine Konstante, das Jensen-Alpha im APT-Kontext, und eine neue Fehlergröße aufteilen, um so die Selektionsfähigkeit zu messen.

[839] Die unsystematische Rendite *e* entspricht hier dem unerklärten Rest, den die systematischen Faktoren nicht identifizieren konnten. Sie wird teilweise als Selektion interpretiert, weil sie die Kompensation für die unsystematischen Risiken quantifiziert.

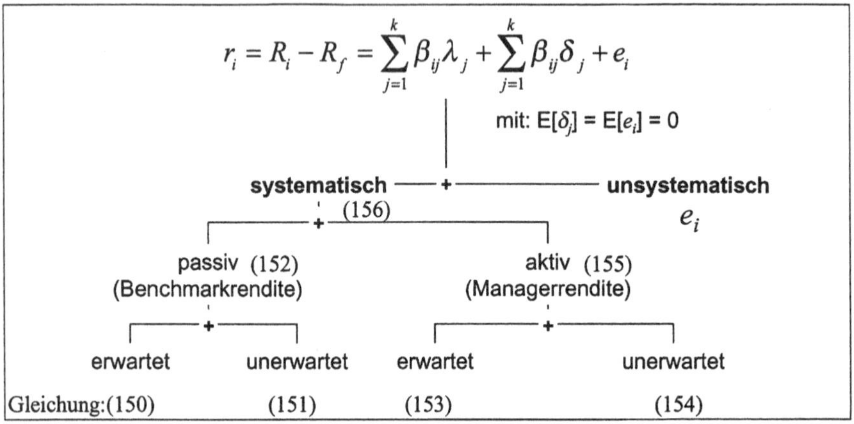

Abbildung 25: Zerlegung der Überschussrendite in systematische und unsystematische Renditekomponenten

Die gesamte aktive Rendite wird dann aus der Differenz der Gleichung (105) für das Portfolio und der entsprechenden Gleichung für den Markt berechnet:[840]

$$\underbrace{r_a}_{\substack{\text{aktive}\\\text{Rendite}}} = \underbrace{\sum_{j=1}^{k}(\beta_{Pj} - \beta_{Mj})\lambda_j}_{\substack{\text{erwartete systematische,}\\\text{aktive Rendite}}} + \underbrace{\sum_{j=1}^{k}(\beta_{Pj} - \beta_{Mj})\delta_j}_{\substack{\text{unerwartete systematische,}\\\text{aktive Rendite}}} + \underbrace{e_a}_{\substack{\text{spezifische}\\\text{Rendite}}} \quad . (158)$$

Wenn für das Marktportfolio und das zu analysierende Portfolio in der ersten Stufe die Sensitivitäten β_M bzw. β_P gemessen wurden, lassen sich in der zweiten Stufe die Risikoprämien λ_j des Marktes bestimmen. Unter Berücksichtigung der unerwarteten Faktoränderungen δ_j kann dann entsprechend Gleichung (158) die aktive Rendite r_a in ihre Komponenten zerlegt werden.

Anhand eines Beispiels für ein vier Faktorenmodell soll die Renditezerlegung verdeutlicht werden. Die vier Faktoren sind die unerwartete Inflation, Bruttoinlandsprodukt, Ölpreis und das Marktresiduum.[841] Tabelle 12 zeigt, dass neben der Zerlegung in erwartete und unerwartete systematische Renditen auch die Beiträge der einzelnen Erklärungsfaktoren zu den drei Komponenten gemessen werden können.

---

840 Wenn die Benchmark das Marktportfolio ist, ist die aktive unsystematische Rendite (e_a) identisch mit der unsystematischen Portfoliorendite e_P. Ansonsten bestimmt sie sich aus der Differenz der unsystematischen Portfolio- und Benchmarkrenditen. Vgl. Beispiel in Tabelle 13.

841 Die Zahlen, Faktoren und Portfolios dieses Beispiels sind frei gewählt und sollen lediglich das Vorgehen verdeutlichen.

In dem hier gewählten Beispiel hat der Faktor Ölpreis keine Sensitivität zur Benchmark und wird nicht als Risikofaktor bezahlt.[842] Der Beitrag dieses Faktors zur Benchmarkrendite muss daher Null sein. Da das Portfolio aber eine negative Sensitivität gegenüber dem Faktor aufweist, ist der aktive Renditebeitrag des Faktors in der unerwarteten Komponente hier negativ. Dagegen wirkt die deutlich höhere Sensitivität zum Faktor BIP für das Portfolio in der unerwarteten Komponente positiv, weil eine positive unerwartete Faktoränderung eingetreten ist. Die erwartete aktive, systematische Rendite wird ebenfalls besonders vom Faktor BIP beeinflusst. Auch die höhere Sensitivität zum residualen Marktfaktor trägt über einen Prozentpunkt zur aktiven, erwarteten Rendite bei.

			Benchmark				Portfolio				aktiv		
Faktor	λ	δ	β_{BM}	E[r]	r-E[r]	r_{BM}	β_P	E[r]	r-E[r]	r_P	E[r]	r-E[r]	r_a
Infl.	-4,32	0,7	-0,37	1,60	-0,26	1,3	-0,50	2,16	-0,35	1,8	0,56	-0,09	0,5
BIP	1,49	0,5	1,71	2,55	0,86	3,4	2,75	4,10	1,38	5,5	1,55	0,52	2,1
Öl	0,00	0,4	0,00	0,00	0,00	0,0	-1,00	0,00	-0,40	-0,4	0,00	-0,40	-0,4
Resid	3,96	1,0	1,00	3,96	1,00	5,0	1,30	5,15	1,30	6,4	1,19	0,30	1,5
Σ				8,11	1,60	9,70		11,41	1,93	13,33	3,30	0,33	3,63

Quelle: Das Beispiel basiert weitgehend auf Zahlen von ELTON/GRUBER (Modern Portfolio Theory, 1995), S. 389, 660-663; eigene Berechnungen

Tabelle 12: APT basierte Zerlegung der systematischen Renditeanteile

λ bezeichnet die Risikoprämie des Faktors, δ die unerwartete Faktoränderung in der betrachteten Periode. β bezeichnet die absolute bzw. aktive Sensitivität zu den Faktoren. E[r] ist die erwartete, systematische Überschussrendite, r die gesamte Überschussrendite. Die Differenz aus erwarteter und gesamter Überschussrendite (r-E[r]) ergibt die unerwartete, systematische Renditekomponente. Die Faktoren sind die unerwartete Änderung der Inflationsrate "Infl.", die Änderung des Bruttoinlandsprodukts ("BIP") als Konjunkturindikator, die Ölpreisänderung "Öl" und der residuale Marktfaktor ("Resid").

Wird zusätzlich die Gesamtrendite in die Analyse mit einbezogen, kann auch die spezifische Komponente als Residualgröße berechnet werden. Die Anteile der einzelnen Renditekomponenten und der Faktoren an den systematischen Komponenten wird in Tabelle 13 deutlich.

---

[842] D. h. die Risikoprämie des Faktors ist Null. Wenn die Benchmark hier dem Marktportfolio entspricht, dann würde eine Sensitivität von Null auch eine Risikoprämie von Null erzwingen. Vgl. Gleichung (103) zur Bestimmung der Risikoprämien.

Rendite-komponenten		Bench-mark r_{BM}	%	Portfolio r_P	%	aktiv r_a	%
Systematische Rendite		**9,70**	**97,0**	**13,33**	**91,8**	**3,63**	**80,3**
Erwartete Rendite	E[r]	8,11	81,1	11,41	78,6	3,30	73,0
Unerwartete Rendite	r-E[r]	1,60	16,0	1,93	13,3	0,33	7,3
Inflation	$r_{\text{Inflation}}$	1,3	13,4	1,8	12,5	0,5	10,4
BIP	r_{BIP}	3,4	34,0	5,5	37,7	2,1	45,8
Ölpreis	$r_{\text{Öl}}$	0,0	0	-0,4	-2,8	-0,4	-8,8
Residualer Marktfaktor	r_{RESID}	5,0	49,6	6,4	44,4	1,5	32,9
Unsystematische Rendite	e	**0,30**	**3,0**	**1,19**	**8,2**	**0,89**	**19,7**
Überschussrendite	r	**10,00**	**100**	**14,52**	**100**	**4,52**	**100**

Tabelle 13: Komponenten der gesamten Überschussrendite

Die prozentualen Anteile beziehen sich jeweils auf die tatsächliche Überschussrendite r bzw. die aktive Rendite r_a in der letzten Zeile der Tabelle. Die Anteile der Faktoren sind hier nur auf die gesamte Überschussrendite bezogen dargestellt. Wie aus Tabelle 12 ersichtlich, können diese aber auch in die systematischen Teilkomponenten zerlegt werden.

Die Abweichung der tatsächlichen Benchmarkrendite von der systematischen Benchmarkrendite erscheint auf den ersten Blick verwirrend. Entsprechen jedoch die Zeiträume für die Schätzung der Sensitivitäten und Risikoprämien nicht dem Zeitraum für die Renditezerlegung, können Differenzen zwischen tatsächlicher und systematischer Rendite auftreten. Die unsystematische Benchmarkrendite kann damit auch als Messfehler oder Fehlspezifikation des Erklärungsmodells interpretiert werden. Die unterschiedliche Länge der Zeiträume für die Modellschätzung und die Renditemessung lassen sich jedoch kaum umgehen. In der praktischen Anwendung würde eine Renditezerlegung über einen für die Modellschätzung hinreichend langen Zeitraum keine sinnvolle Anwendung sein. Die Portfoliozusammensetzung lässt sich über einen solchen Zeitraum, der viele Monate oder sogar Jahre umfasst, nicht als konstant annehmen.[843] Diese Annahme ist aber unumgänglich, weil sonst die Sensitivitätsberechnung für das Portfolio nur einen Durchschnittswert über verschiedene Investitionsphasen darstellt.[844] Dieser kann dann nicht ohne Messfehler mit der

---

[843] Stattdessen werden die Renditen von Teilperioden aggregiert, indem sie multiplikativ verknüpft werden.

[844] Dies entspricht der in den vorangehenden Kapiteln kritisierten Stationaritätsannahme für das Beta.

Risikoprämie oder der unerwarteten Faktoränderung zur Renditeberechnung verwendet werden. Diese Interpretation der unsystematischen Rendite trifft auch für das Portfolio zu. Dort wird sie als unsystematische Rendite des Portfoliomanagers gedeutet. Als Restgröße in der Renditezerlegung nimmt sie aber auch die Fehler auf.

Stimmt z. B. die Sensitivität eines Faktor β_{Pj} in der analysierten Periode nicht mit der durchschnittlichen, gemessenen Sensitivität $\hat{\beta}_{Pj}$ überein, dann wird dieser systematische Renditeanteil der unsystematischen Rendite e als Restgröße zugerechnet. Der Fehler in der erwarteten, systematischen aktiven Rendite (153) beträgt dann $\Delta E[r_a] = \lambda_j\,(\hat{\beta}_{Pj} - \beta_{Pj})$, der Fehler in der unerwarteten, aktiven Rendite (154) beträgt $\Delta(r_a - E[r_a]) = \delta_j\,(\hat{\beta}_{Pj} - \beta_{Pj})$. Der Fehler der systematischen Rendite summiert sich damit zu $\Delta r_a = (\delta_j + \lambda_j)\,(\hat{\beta}_{Pj} - \beta_{Pj})$. In dieser Höhe wäre dann die unsystematische Rendite e als Restgröße verzerrt ausgewiesen.

Grundsätzlich kann dem Manager aber nur die Rendite zugerechnet werden, die er aktiv beeinflusst. Da lediglich die Sensitivität, nicht aber die Risikoprämie oder die Faktorrendite aktiv gewählt werden kann, sind auch nur die Renditekomponenten dem Manager zuzuordnen, die durch die aktive Sensitivität beeinflusst werden. Dies sind die erwartete, aktive systematische Rendite (153) und die unerwartete, aktive systematische Rendite (154). Zusätzlich muss er die unsystematische Komponente verantworten.

Als Risikokompensation ist die erwartete, aktive systematische Rendite (153) bei einer risikoadjustierten Betrachtung jedoch nicht unmittelbar dem Manager als eigene Leistung zuzurechnen. Sie wird vielmehr als Kompensation für das eingegangene Risiko in Form höherer Sensitivitäten verstanden werden.[845] Ob dies also eine Leistung des Managers darstellt, hängt entscheidend von der Spezifikation der Benchmark und der Formulierung des Auftrags für den Manager ab.

Abschließend muss die Definition der Parameter in Bezug auf ihre zeitliche Verfügbarkeit geklärt werden. Der Zeitindex wurde daher in den vorangehenden Definitionsgleichungen bewusst nicht berücksichtigt. Sensitivität β und Risikoprämie λ sind dem Manager im Zeitpunkt t_0 der Entscheidung bekannt, wenn $\beta = \beta_{t0}$ und $\lambda = \lambda_{t0}$ definiert wird. Wird die Performance der abgelaufenen Periode zwischen t_0 und t_1 gemessen, dann bestehen zwei mögliche Ansätze zur Analyse.

---

[845] ELTON/GRUBER (Modern Portfolio Theory, 1995), S. 663-664.

Im ersten Ansatz kann untersucht werden, welche Parameterausprägungen dem Manager bei der Entscheidungsfindung zum Zeitpunkt t_0 bekannt sind und welche er schätzen soll. Dazu werden $\beta = \beta_{t0}$ und $\lambda = \lambda_{t0}$ angenommen, während die unerwarteten Faktoränderungen δ_j vom Manager geschätzt werden sollen, d. h. $\delta_j = \delta_{j,t1}$. Durch diese vorgelagerte Parameterbestimmung (β und λ) entstehen Differenzen zu den Parameterbestimmungen im Zeitpunkt t_1. Diese Differenzen können dann als zusätzliche Komponenten in der Renditeerklärung verwendet werden. Dabei ist aber strittig, ob diese Differenzen vom Manager zu verantworten sind. Dazu müsste der Manager die Änderungen der Parameter schätzen, um sie zu kontrollieren. Andererseits könnten die Differenzen Änderungen im Risiko bzw. der Risikokompensation darstellen. Diese abgrenzende Betrachtung geht allerdings von einer Analyse zweier Zeitpunktbetrachtungen aus, die zwischen den Zeitpunkten t_0 und t_1 keinerlei Aktionen oder Bewertungen des Managers unterstellt. Auch wenn Investitionsentscheidungen in einem regelmäßigen Rhythmus, z. B. monatlich, analysiert und angepasst werden, so unterbleibt in der Realität aber nicht die ständige Kontrolle und Bewertung der Einschätzungen und der Umfeldparameter. Insoweit erscheint diese abgrenzende Betrachtungsweise nicht gerechtfertigt, da die Anpassung an die sich verändernden Umfeldparameter zumindest theoretisch möglich erscheint.[846]

Wenn eine weitgehende Konstanz der Parameterausprägungen unterstellt werden kann, werden die Differenzen gering. Eine Abgrenzung zwischen Parameterausprägungen, die am Anfang der Periode bekannt waren, und den tatsächlichen Ausprägungen in der Messperiode kann unterbleiben. Für die Sensitivitäten kann diese Annahme getroffen werden, weil sich hier nur eine von T Beobachtungen in der Zeitreihenregression ändert. Die Risikoprämien werden hier aber nur über den Querschnitt der Renditen für eine Periode berechnet. Eine Annahme der Konstanz erscheint daher sehr unsicher.

Der zweite Ansatz besteht darin, die Erklärungsanteile aus den bekannten Risikoprämien λ_{t0} und der Veränderung der Risikoprämien vom Messzeitpunkt t_0 zu t_1 ($\lambda_{t1} - \lambda_{t0}$) zusammenzufassen und als erwartete Rendite zu interpretieren. Damit kann für die Sensitivitäten eine weitgehende Konstanz angenommen werden

846 Praktisch würde dies allerdings andere Messfrequenzen der Renditen voraussetzen oder die Verwendung von Kursintervallen, die nicht an den Kalendermonat gebunden sind. Dabei entsteht dann aber das Problem, dass z. B. ein Erklärungsmodell vom fünften Tag eins Monats, das dann jeweils die Renditen von einem fünften zum fünften des nächsten Monats verwendet, nicht mehr mit dem Modell vom folgenden Tag, dem sechsten vergleichbar ist, weil die Datenbasis der Wertpapierrenditen vollständig ausgetauscht wird.

($\beta_{ij,t0} \approx \beta_{ij,t1}$) und die aggregierten Effekte der Risikoprämien ermöglichen die Verwendung der periodengleichen Risikoprämien λ_{t1}:[847]

$$\sum_{j=1}^{k} \beta_{ij,t1}\lambda_{t0} + \beta_{ij,t1}(\lambda_{t1} - \lambda_{t0}) = \sum_{j=1}^{k} \beta_{ij,t1}\lambda_{t1}.$$

3.4.5 Portfolioadjustierung

Die aggregierten Portfoliosensitivitäten können sich bei ausgeprägten Änderungen der unerwarteten Faktoren oder unsystematischen Kursbewegungen einzelner Wertpapiere z. T. deutlich verschieben. Daher ist eine regelmäßige Überprüfung der Positionierung wichtig.

Die Portfoliosensitivität ist der gewichtete Mittelwert einzelner Wertpapiersensitivitäten, der demnach keine Aussage über die Streuung der Sensitivitäten innerhalb des Portfolios liefert. Im Extremfall kann z. B. eine Faktorsensitivität von Eins bei zwei gleichgewichteten Wertpapieren dadurch entstehen, dass ein Wertpapier die Sensitivität zwei, das andere Wertpapier die Sensitivität Null aufweist. Andererseits könnten beide Wertpapiere individuell die Sensitivität Eins zu dem Faktor haben. Beide Fälle führen zu einer mittleren Portfoliosensitivität von Eins. Unsystematische Kursänderungen in einem Wertpapier oder Änderungen eines anderen Faktors, zu dem beide Wertpapiere unterschiedlich sensitiv reagieren, können dann unterschiedliche Verschiebungen in der Portfoliosensitivität verursachen, obwohl die ursprüngliche Portfoliosensitivität identisch war.

Dies soll an einem einfachen Beispiel verdeutlicht werden. Es werden zwei Wertpapiere (X1 und X2) angenommen, die anfänglich zum Zeitpunkt t_0 gleichgewichtet mit identischem Wert (100) im Portfolio gehalten werden. Das Wertpapier X1 hat zu beiden Faktoren (A, B) eine geringe Sensitivität, das Wertpapier X2 eine hohe Sensitivität. Durch eine Änderung des Faktors A zwischen t_0 und t_1 um -20% verändern sich die Kurse der Wertpapiere und damit ihre Gewichtung. Vgl. Tabelle 14.

Die Wirkung dieser Gewichtsverschiebung um 7,5%-Punkte für beide Wertpapiere verdeutlicht Tabelle 15. Die Portfoliosensitivität zum Faktor A, der die Bewegung verursacht hat, verringert sich auf 0,91 gegenüber 1,0 vor dem Ereignis. Die Portfoliosensitivität zum Faktor B verändert sich dagegen mit +0,23

---

847 Im empirischen Beispiel von Kapitel 4 wird vereinfachend angenommen, dass die tatsächlichen Realisierungen der Parameter zum Zeitpunkt t_1 bekannt oder schätzbar sind.

deutlicher. Dabei wird unterstellt, dass die Wertpapiersensitivität zu den Zeitpunkten t_0 und t_1 identisch sind. Ursache für die unterschiedliche Wirkung ist die größere Streuung der Sensitivitäten beim Faktor B als beim Faktor A.

Wertpapier	Faktor		t_0		t_1		t_1	
	$\beta_{A,i}$	$\beta_{B,i}$	Wert	Portfoliogewicht	δ_A	δ_B	Wert	Portfoliogewicht
X1	0,4	0,5	100	50%	-20%	0%	92,0	57,5%
X2	1,6	2,5	100	50%	-20%	0%	68,0	42,5%
Portfolio	**1,0**	**1,5**	**200**	**100%**	-20%	0%	**160**	**100%**

Tabelle 14: Veränderung der Portfoliozusammensetzung durch eine unerwartete Faktoränderung

Beide Wertpapiere werden in t_0 gleichgewichtet. Das Produkt aus Faktoränderung und Faktorladung gibt die unerwartete Rendite des Wertpapiers an. So ergibt sich für X1 eine Rendite von -8,0% (= 0,4 · -0,2), d. h. ein neuer Wert von 92,0. Die unsystematischen Renditen werden hier für beide Wertpapiere mit Null angenommen.

Faktor	t_0		t_1		$t_1 - t_0$	
	$\beta_{j,X1}$	$\beta_{j,X2}$	$\beta_{j,P}$	δ_j	$\beta_{j,P}$	$\Delta\,\beta_{j,P}$
A	0,4	1,6	1	-20%	0,91	-0,09
B	2,5	-0,5	1	0%	1,23	0,23

Tabelle 15: Veränderung der Portfoliosensitivität

Dieses einfache und extreme Beispiel verdeutlicht, dass die Sensitivitätspositionierung einer fortwährenden Kontrolle unterliegen muss. Dabei kann der Grad der Positionierungsabweichung, gemessen durch das fundamentale, mehrdimensionale Abweichungsmaß, nur eine vage Indikation für die mögliche Elastizität der Sensitivitätspositionierung sein. Ausschlaggebend ist vielmehr die Streuung der Wertpapiersensitivitäten für die einzelnen Faktoren im Portfolio bzw. die Streuung der Differenzen der gewichteten Faktorladungen bei der aktiven Positionierung gegenüber einer Benchmark.

3.4.6 Qualitätsbewertung geschätzter Wirkungszusammenhänge in der Performanceanalyse

Die Qualität der Performanceanalyse, die auf geschätzten Faktor-Wirkungszusammenhängen basiert, lässt sich an den Parametern der Schätzverfahren beurteilen. Zu diesen zählen die geschätzte Regressionsgleichung mit den Koeffizientenschätzern und deren Standardfehlern sowie die Stichprobenparameter, vor allem die Stichprobengröße.

Die Standardabweichungen der Sensitivitätsschätzer werden im Allgemeinen in den nachgelagerten Analysen nicht berücksichtigt. Dadurch entsteht des EIV-Problem, das zu einer Verzerrung in der Risikoprämienschätzung führt.[848] Ebenso werden die Standardabweichungen der Risikoprämien nicht weiter berücksichtigt. Lediglich die Signifikanz der Schätzer wird überprüft. Parameter, die diesen Filter durchlaufen haben, werden de facto als sichere Ereignisse behandelt. Robuste Regressionsverfahren, die die Standardfehler für die Gewichtung der Beobachtungen verwenden, reduzieren das Problem. Ebenso ermöglicht es die Verwendung von Simulationsverfahren wie der Hertzschen Risikoanalyse, die Verteilungen der Parameter zu berücksichtigen.[849]

Die Rolle des Achsenabschnitts a_i in den Schätzgleichungen variiert. Bei der Zeitreihenregression nach Gleichung (102) ist dieser die erwartete Rendite des Wertpapiers i. Dabei kann es vorkommen, dass a_i als Regressionsparameter negativ wird. Bei der Interpretation des Achsenabschnitts muss zusätzlich darauf geachtet werden, ob Renditen oder Überschussrenditen der Wertpapiere als abhängige Variablen eingesetzt werden. Bei Überschussrenditen enthält der Achsenabschnitt nicht mehr die risikofreie Rendite und kann nur noch als Alphakoeffizient interpretiert werden, der einer multiplen Version des Jensen-Alphas entspricht. Dem Achsenabschnitt kommt bei der Bewertung der Qualität von geschätzten Wirkungszusammenhängen aber keine Bedeutung zu.

Bei der Querschnittsregression zur Bestimmung der Risikoprämien gemäß Gleichung (103) schätzt der Achsenabschnitt λ_0 die unerwartete Rendite. Diese setzt sich aus dem Produkt von unerwarteter Faktoränderung und Faktorladung zusammen, wie in Abschnitt 3.1.1 gezeigt wurde. Da für die Faktoränderung ein

---

[848] SHANKEN (Beta-Pricing Models, 1992), S. 29-31. Zum EIV-Problem vgl. Darstellung in Fn. 227 im Abschnitt 1.2.3.1.

[849] Zur Herzschen Risikoanalyse vgl. HERTZ (Risk Analysis, 1964), S. 95-106. HERTZ geht bei seiner Analyse von dem Problem alternativer Kapitalinvestitionsmöglichkeiten aus. Sein Ziel ist es, diese zu bewerten. Das Problem bei der Bewertung sind die Annahmen und ihre Auswirkungen auf die Bewertung. Jede Annahme unterliegt dabei einem eigenen Grad der Unsicherheit. In der Summe beschreiben diese Unsicherheiten die Verteilung der Eintrittswahrscheinlichkeit einer Bewertung, geben also das Risiko der Bewertung wider. Klassisch wird die erwartete Rendite, als zu maximierende Zielfunktion der Bewertung, mit einem Wert μ angegeben. In der Risikoanalyse wird demgegenüber die Verteilung der erwarteten Rendite simuliert. Dazu werden geschätzte Verteilungen für die Einflussfaktoren verwendet. Sie entspricht also einer Monte-Carlo Methode zur Bestimmung der Verteilungsform und ersetzt den klassischen Ansatz der parametrischen Methode, die eine Verteilungsform für die Zielvariable unterstellt und lediglich die funktionsbestimmenden Parameter ermittelt (bei einer Normalverteilung also μ und σ).

Erwartungswert von Null angenommen wird, weil die Änderungen unerwartet sind, besteht auch für λ_0 der Erwartungswert Null. In den hier betrachteten kurzen Analysezeiträumen kann aber eine unerwartete Faktoränderung auftreten, so dass $\delta_j \neq E[\delta_j] = 0$. Damit kann auch der Schätzer für λ_0 signifikant ungleich Null sein, ohne dass daraus auf eine Fehlspezifikation des Modells geschlossen werden kann.

Die Anzahl der Beobachtungen ist ein wesentlicher Parameter der zu analysierenden Stichprobe. Sie bestimmt in einer Regression teilweise den Grad der statistischen Absicherung von geschätzten Wirkungszusammenhängen, aber auch deren Fähigkeit, sich dynamisch an Veränderungen anzupassen. Die Schätzung von Wirkungszusammenhängen durch Regressionsschätzung bewirkt immer eine Schätzung von mittleren Zusammenhängen über diesen Zeitraum oder den Querschnitt. Zeitgewichtete Zeitreihenregressionen verändern diese Mittelwertbildung dadurch, dass alte Beobachtungen weniger Gewicht erhalten als neuere.[850] Je länger der Schätzzeitraum für einen Zusammenhang ist, desto mehr werden langfristige, mittlere Zusammenhänge analysiert. Wird dagegen ein kurzer Zeitraum gewählt, wird die jüngste Ursache-Wirkungsrelation analysiert. Dabei besteht auf grund der geringen Anzahl der Stützstellen die Gefahr der Verzerrung durch wenige Ausreißer in den Daten oder Schocks. Je nach Methode sorgt der Bruchpunkt eines Schätzverfahrens dafür, dass die Schätzung sensitiver oder robuster auf solche verzerrenden Einflüsse reagiert.[851]

Analysen belegen, dass Faktoreinflüsse nicht kontinuierlich, gleichbleibend wirken, sondern Zyklen unterworfen sind. Daher muss auch die Wirkungsanalyse diese kürzerfristige Betrachtung annehmen, da der Investitions- und besonders der Kontrollhorizont des Investors im Allgemeinen nicht mehrere Jahre umfasst.[852]

Auch die Auswahl der zu bewertenden Wertpapierstichprobe muss sorgfältig erfolgen. Da das Marktportfolio nicht beobachtbar ist, muss ein Portfolio als operationalisiertes Substitut verwendet werden. Die Risikoprämien werden über den Querschnitt dieser Portfoliowertpapiere ermittelt. Daher werden Faktoren in

---

[850] Analog wirkt die signifikanzgewichtete Aggregation, die im Abschnitt 3.4.3.1, Gleichung (149) dargestellt wurde.

[851] Vgl. Abschnitt 3.3.2.3.1 zur Definition des Bruchpunktes für verschiedene Schätzverfahren.

[852] Nur dann wäre eine Anlagestrategie, die langfristige Wirkungseinflüsse berücksichtigt, sinnvoll. Problematisch ist dann jedoch der ebenfalls deutlich verlängerte Schätzhorizont der unerwarteten Faktoränderungen.

kleinen Stichproben, die möglicherweise von bestimmten Branchen oder Sektoren dominiert werden, andere Risikoprämien erhalten, als in breiter diversifizierten Wertpapiermengen.

Die Verwendung geschätzter Parameter in der Performanceanalyse führt zu einer abschätzbaren Unschärfe in den Ergebnissen, die so in der klassischen Renditezerlegung in eindeutige Teilmengen nicht auftritt. Dabei wird aber die Verzerrung der Analyseergebnisse dieser klassischen Methode nur durch eine vermeintliche eindeutige Klassifizierung einzelner Wertpapiere vermieden. Da nicht davon auszugehen ist, dass die Masse der Wertpapiere eindeutig einer bestimmten Branche oder einem Land zuzuordnen sind, muss folglich auch die Genauigkeit dieser Rendite- und Risikozerlegung in Zweifel gezogen werden. Die Qualität der fundamentalen, mehrdimensionalen Performancezerlegung im Vergleich zu ebenfalls kapitalmarkttheoretisch fundierten Zerlegungen, die auf einem einzelnen Faktor (i. d. R. Marktbeta) beruhen hängt entscheidend von der Qualität des Erklärungsmodells ab. Dazu wurden insbesondere im Abschnitt 3.3 eine Vielzahl statistischer und ökonometrischer Verfahren dargestellt, die die Analyse und Bewertung der Modelle erleichtern. Von zentraler Bedeutung ist dabei immer die ökonomische Fundierung der verwendeten Faktoren, ohne die schnell die Gefahr des Data-Mining auftritt. Verwertbare Informationen für die Rück- und Vorkopplung zur Anlageentscheidung wären dann nicht zu erwarten.

3.5 Definition eines fundamentalen, mehrdimensionalbasierten Risikomaßes

Damit eine Performancezerlegung nach fundamentalen Faktoren Aussagen liefert, die den Prozess der Anlageentscheidung bewerten und steuern können, muss sichergestellt sein, dass die Steuerung der Portfoliokonstruktion nach diesen Faktoren die angestrebte Risikopositionierung ermöglicht. Bisher wurde insbesondere die Renditezerlegung und -analyse in den Vordergrund gestellt. Dabei wurden die geschätzten Faktorladungen und -risikoprämien zur Definition der erwarteten Rendite verwendet. Die Erwartung basiert auf dem Anspruch der Risikokompensation.

Um neben der mehrdimensionalen Renditezerlegung in erwartete und unerwartete, systematische und unsystematische Anteile auch das Risiko eines Portfolios zu messen, müssen die Faktorrisiken geeignet aggregiert werden. Die aktive Definition dieses mehrdimensional basierten Risikos ist als Äquivalent zur Kenngröße Tracking Error zu sehen. Die Kenntnis der Rendite- und Risikobeiträge der einzelnen Faktoren erlaubt es dann, die aktive Risikopositionierung des Portfolios im Investitionsprozess gezielt zu steuern.

3.5.1 Anforderungen an ein Maß zur fundamentalen, mehrdimensionalen Risikopositionierung

Im definierten, linearen Mehrfaktorenmodell tragen zwei Komponenten zur Erklärung der Überschussrenditen bei. Zum einen wird für die Übernahme von Risiko eine Rendite als Kompensation erwartet, die erwartete Rendite $E(R_i)$. Diese definiert sich aus der Summe der risikofreien Rendite und den gewichteten Risikoprämien der verwendeten Faktoren. Die Gewichtung erfolgt dabei durch die Sensitivitäten, also die Faktorladungen. Zum anderen wird die Differenz zwischen erwarteter Rendite und tatsächlicher Rendite durch eine unsystematische, aktienspezifische Rendite und eine systematische, unerwartete Rendite bestimmt. Die unsystematische Komponente fängt als Residuum alle Renditeanteile auf, die nicht durch die Erklärungsfaktoren beschrieben werden. Die systematische, unerwartete Rendite bestimmt sich aus den gewichteten Faktoränderungen. Diese Änderungen sind entsprechend der Faktordefinition unerwartet. Die Gewichtung wird wiederum mit den Faktorladungen vorgenommen.

In der aggregierten Darstellung der Bewertungsgleichung (105) sind somit drei Parameter enthalten: 1) unerwartete Faktoränderungen, die erst ex-post gemessen werden können; 2) Risikoprämien, die ex-ante bekannt sind und den Preis für die Übernahme von Risiko quantifizieren; 3) Faktorladungen, die den Grad der Abhängigkeit der Wertpapierrendite von den beiden ersten Parametern beschreiben. Damit wird deutlich, dass die Parameter Faktoränderung (δ) und Risikoprämie (λ) die Risikofaktoren beschreiben, die Faktorladungen (b) aber das Risiko darstellen.[853] Ein Maß für die fundamentale, mehrdimensionale Risikopositionierung muss daher auf den Faktorsensitivitäten aufbauen.

Ein Mehrfaktorenmodell oder allgemeiner ein Mehr-Indexmodell, das zur Renditeerklärung und -zerlegung im Rahmen eines systematischen Investitionsprozesses verwendet wird, kann aber neben – im kapitalmarkttheoretischen Sinn – bezahlten Risikofaktoren auch andere Faktoren beinhalten. Diese weisen dann zwar keine Risikoprämie auf, werden aber zur Steuerung der Investitionsentscheidung einbezogen. Mikroökonomische Faktoren sind ein Beispiel dafür.[854] Daher ist es bei der Definition eines aggregierten, fundamentalen Abweichungsmaßes wichtig, nur Faktoren einzubeziehen, die eine Risikoprämie aufweisen und daher auch Risikofaktoren sind.

---

853 JOHN/REISMAN (Multibeta Models, 1991), S. 2.

854 Vgl. Abschnitt 3.2.3.

Die Messung von Risiko erfolgt in der klassischen Kapitalmarkttheorie entweder als Gesamtrisiko, z. B. durch die Varianz, oder als systematisches Risiko, z. B. in Form des Marktbetas. Beide Risikodarstellungen können absolut oder relativ zu einer Benchmark erfolgen.[855] Das hier verwendete Erklärungsmodell und der unterstellte Investitions-Entscheidungsprozess stellen auf die Steuerung systematischer Positionierungen ab. D. h. es wird implizit davon ausgegangen, dass die gebildeten Portfolios einen bestimmten Grad der Diversifikation erreichen. Zum einen hängt der Grad der Diversifikation weitgehend von der Anzahl der Titel in einem Portfolio und deren Gewichtung ab:[856] Mit zunehmender Anzahl reduziert sich dabei tendenziell das unsystematische, spezifische Risiko. Zum anderen setzt messbare Diversifikation aber auch ein gutes Erklärungsmodell voraus, dessen Faktoren nur einen kleinen Teil der tatsächlichen Renditen als unerklärte, unsystematische Rendite in Form des Residuums übrig lassen.

Das Abweichungsmaß sollte für ein Portfolio sowohl absolut als auch relativ im Vergleich zu einer Benchmark darstellbar sein. In der systematischen Investitionssteuerung hat insbesondere die relative Positionierung eine hohe Bedeutung. Die Erwartung an ein solches aggregiertes Abweichungsmaß in der relativen Definition zu einer Benchmark besteht darin, ein Maß für das fundamentale, systematische Tracking Risiko zu erhalten. Dieses sollte dann – eine hinreichende Diversifikation unsystematischer Risiken vorausgesetzt – eine sinnvolle Bewertungskennziffer darstellen, die eine Alternative zum oft verwendeten (aber pauschalen) Tracking Error ist. Entscheidungsadäquat bedeutet in diesem Zusammenhang, dass das Risikomaß die Positionierung in der Einheit angibt, die auch im Investitionsprozess Gegenstand der Entscheidung ist. Bei dem unterstellten fundamentalen, systematischen Managementansatz werden Entscheidungen zur Über- oder Untergewichtung der Positionierung gegenüber bestimmten Faktoren getroffen. Der Tracking Error misst aber nicht die systematischen Positionierungen, sondern berechnet unter Verwendung der historischen Kovarianzmatrix die normale, historische Abweichung von der definierten Benchmark. Ein fundamentales Abweichungsmaß entspricht daher eher einem mehrdimensional basierten aktiven Marktbeta. Wenn das unsystematische Risiko eines Portfolios jedoch gegen Null geht, entspricht der verbleibende systematische Anteil dem Gesamtrisiko.[857]

---

[855] Vgl. ausführliche Darstellung in Abschnitt 2.2.2.

[856] Vgl. exemplarisch HIELSCHER (Investmentanalyse, 1996), S. 60.

[857] Voraussetzung dafür sind standardisierte, systematische Faktoren, vgl. Abschnitt 3.5.2.

Schließlich muss ein aggregiertes Abweichungsmaß effizient in der Darstellung sein. D. h. die Verdichtung mehrerer Faktorladungen zu einer Maßzahl muss weiterhin die eindeutige Zuordnung einer erwarteten Rendite ermöglichen.

3.5.2 Definition eines mehrdimensionalen Abweichungsmaßes der Risikopositionierung

Folgt man der Faktormodelldefinition der APT setzt sich die Renditevarianz aus einer systematischen und einer unsystematischen Komponente additiv zusammen; nur Varianzen sind additiv. Die unsystematische Komponente wird durch die Varianz der unerklärten Rendite e berechnet. Die systematische Risikokomponente ergibt sich aus den quadrierten Faktorsensitivitäten b_{ij}^2 [858]

$$\operatorname{Var}(r_i) = \sum_{j=1}^{k} b_{ij}^2 + \operatorname{Var}(e_i)\,. \tag{159}$$

Voraussetzung für diese Berechnung ist, dass das Risiko über standardisierte, unkorrelierte Erklärungsfaktoren aggregiert wird. Wenn der Residualmarktfaktor nicht standardisiert ist, würde seine Berücksichtigung zu Verzerrungen im Risikomaß führen, weil er eine andere Varianz als die übrigen Faktoren aufweist.[859] Ebenso können bestehende Korrelationen der Faktoren das Maß verzerren. Daher wird eine varianzadjustierte Definition des systematischen Risikos unter Verwendung der Faktor-Kovarianzmatrix F vorgezogen:

$$\operatorname{Var}(r_i) = B_i \, \mathrm{F} B_i' + \operatorname{Var}(e_i) \tag{160}$$

mit B_i = Vektor der Faktorsensitivitäten b_{ij} für das Wertpapier i,
F = Kovarianzmatrix der Faktorzeitreihen über den Schätzzeitraum der Sensitivitäten.

Ist die Kovarianzmatrix F eine Einheitsmatrix, dann kann die Berechnung auch über Gleichung (159) vorgenommen werden.[860] Aus beiden Berechnungsmethoden können die Risikobeiträge der einzelnen Faktoren leicht abgelesen werden. In Gleichung (159) sind es die Summanden b_{ij}^2, in Gleichung (160) sind es die Summanden der zweiten Vektormultiplikation. Zum einfacheren Ablesen kann die systematische Risikokomponente in (160) auch umformuliert werden:

---

858 LOCKERT (Risikofaktoren, 1996), S. 14.

859 Zudem ist zu beachten, dass Abweichungen zwischen dem Schätzzeitraum der Sensitivität und dem Zeitraum, über den die Standardisierungen vorgenommen wird, zu Abweichungen in der Stichprobenvarianzen führen, die wiederum das Risikomaß verzerrt.

860 Zur Einheitsmatrix vgl. insbesondere die Anforderungen der exakten APT-Bewertung im Abschnitt 1.2.3.1.2; LOCKERT (Risikofaktoren, 1996), S. 12.

$$B_i \, \mathrm{F} \, B_i' = \sum_{j=1}^{k} (B_i \, \mathrm{F})_j \, b_{ij}$$

mit $(B_i \, \mathrm{F})_j$ = j-tes Element des resultierenden Vektors aus dem Matrixprodukt (B_i F).

Zur Berechnung des systematischen Gesamtrisikos ist es darüber hinaus sinnvoll, die vollständige Faktorrepräsentation zu verwenden. Besonders bei weniger diversifizierten Portfolios kann sonst die Differenz in einem Faktor, der für dieses gering diversifizierte Portfolio nicht bewertet wurde, zu Verzerrungen im Risikomaß führen.

Da für den institutionellen Anleger oft nicht das absolute sondern das relative Risiko gegenüber einer Benchmark relevant ist, muss auch die mehrdimensionale Risikopositionierung dieses aktive Risiko wiedergeben. Dazu wird in den Gleichungen (159) bzw. (160) anstelle der Rendite r_i die aktive Rendite r_a als Differenz der Portfolio- und Benchmarkrendite eingesetzt. Als Sensitivitäten sind demnach ebenfalls die aktiven Sensitivitäten zu verwenden, so dass sich (159) zu

$$\mathrm{Var}(r_P - r_{BM}) = \sum_{j=1}^{k} (b_{P,j} - b_{BM,j})^2 + \mathrm{Var}(e_{P-BM})$$

mit $e_{P\text{-}BM}$ = unerklärter Anteil der aktiven Rendite zwischen P und BM

ergibt. Die Umformung von (160) erfolgt analog.

3.5.3 Vergleich des mehrdimensionalen Risikomaßes mit den klassischen Risikomaßen

Das mehrdimensionale Risikomaß aggregiert die zu fundamentalen Faktoren bestehenden systematischen Wirkungszusammenhänge. Um eine Einordnung im Vergleich zum klassischen, systematischen Risikomaß, dem Marktbeta, zu erhalten, werden beide Maße entweder direkt oder jeweils mit dem Gesamtrisiko verglichen. Der direkte graphische und quantitative Vergleich setzt voraus, dass geklärt ist, welche der Größen die abhängige Variable ist. Wird das mehrdimensionale systematische Risiko aus einem Faktormodell bestimmt, das auch den Residualmarktfaktor enthält, dann kann angenommen werden, dass das Marktbeta nur einen Teil des mehrdimensional gemessenen Risikos beschreibt. Das mehrdimensionale Risiko ist in diesem Fall als abhängige Variable anzusehen, da der Vergleich den Anteil des Marktbetas am mehrdimensionalen Risiko analysieren soll. Die graphische Analyse erfolgt z. B. durch die

Gegenüberstellung der Maße für verschiedene Portfolios oder Wertpapiere in einem xy-Diagramm.

Aus dem Diagramm kann die Funktionsform geschätzt werden, die für die quantitative Analyse durch eine Querschnittsregression erforderlich ist. Das mehrdimensionale Risiko (BFB') wird hier als abhängige Variable und das quadrierte Marktbeta β^2_M multipliziert mit der Marktvarianz σ^2_M als erklärende, unabhängige Größe verwendet:

$$B_i F B_i' = c_0 + c_1(\beta^2_{iM}\sigma^2_M) \tag{161}$$

Der Grad der Erklärung wird durch das Bestimmtheitsmaß R^2 bestimmt. Auch die Signifikanz der Regressionskoeffizienten c_0 und c_1 kann mit einem t-Test analysiert werden.[861]

Eine weitgehende Erklärung des mehrdimensionalen Risikomaßes durch das Marktbeta würde dafür sprechen, dass das Marktbeta die wesentlichen systematischen Einflüsse subsumiert. Eine Abweichung des mehrdimensionalen Risikomaßes vom Marktbeta und gleichzeitige Annäherung an das Gesamtrisiko σ^2 kann dagegen als Erklärung weiterer, durch das Marktbeta nicht erfasster, systematischer Zusammenhänge interpretiert werden.[862]

Der Vergleich mit dem Gesamtrisiko kann analog graphisch und quantitativ erfolgen. Dabei wird das Gesamtrisiko als abhängige Variable definiert und mit den systematischen Risikomaßen als erklärenden Größen verglichen.

3.6 Einordnung der mehrdimensionalen Risikopositionierung in den Steuerungsprozess im Wertpapiermanagement

Der Investitionsprozess ist als Kreislauf zu betrachten, an dessen Anfang die Aufgaben- und Zieldefinition des Managers in Zusammenarbeit mit dem Kunden steht. Das Ende des Kreislaufs wird durch die Berichterstattung und externe Kontrolle des Anlageergebnisses gekennzeichnet. Diese können zur Adjustierung der Positionierung, bzw. Rückführung auf die Ausgangscharakteristik im Rahmen eines stetigen Kreislauf führen, indem der Manager Informationen und deren Bewertung zu Entscheidungen verarbeitet, die dann stringent in eine Portfoliostruktur transferiert und umgesetzt werden.[863] Vor dem Hintergrund einer fundamentalen, systematischen Anlagephilosophie wurden in diesem Kapitel

---

[861] Vgl. graphische Darstellung in Anhang E-V, Abb. A-10.

[862] Ein empirisches Beispiel findet sich in Abschnitt 4.3 (Anhang E-V).

[863] Vgl. Ausführliche Darstellung im Abschnitt 1.1.

Methoden der Performancezerlegung und Risikoattribution dargestellt, die Werkzeuge zur Rück- und Vorkopplung im Investitionsprozess sind. Kern eines solchen Anlageprozesses ist die Kongruenz zwischen der Performanceanalyse und den Entscheidungsobjekten in der Informationsverarbeitung.

Bisher wurden vornehmlich Renditebeiträge aus unterschiedlichen Wertpapiergruppen, getrennt nach Allokations- und Selektionswirkung, gemessen. Diese liefern dann einen Beitrag zur Regelung des Investitionsentscheidungsprozesses, wenn die Investitionsentscheidung auch organisatorisch in Verantwortungsbereiche gegliedert ist, die diesen Wertpapiergruppen entsprechen. D. h. eine Messung und Bewertung der Performancebeiträge für gemischte Mandate (Aktien und Renten) wird gut durch die bisherige Systematik der Rendite- und Risikozerlegung erreicht, weil im Allgemeinen diese Verantwortungsbereiche organisatorisch getrennt sind und die Entscheidung der Gewichtung der beiden Assetklassen oft in einem top-down Ansatz getroffen wird.[864] Allerdings kann auch bei dieser Grobstrukturentscheidung die Bewertung auf Basis einer fundamentalen, mehrdimensionalen Analyse erfolgen, wenn die zugrundeliegenden Entscheidungsfaktoren als Mehrfaktoren-Bewertungsmodell darstellbar sind.[865]

Es hängt von der Entscheidungsstruktur und den Entscheidungsobjekten ab, ob die Messung und Bewertung des Teilsegments Aktien besser durch die eindeutige und vollständige Performancezerlegung in z. B. Länder- oder Branchen-Performancebeiträge erfolgt, oder durch die hier abgeleitete fundamentale, mehrdimensionale Analyse. Maßgeblich ist die Kenntnis der zu bewertenden Entscheidungsstrukturen und -objekte.

Wenn die Vorteilhaftigkeitseinschätzungen und die darauf aufbauenden Anlageentscheidungen auf der Basis fundamentaler Faktoren getroffen werden, dann muss die Messung und Bewertung des Anlageerfolgs anhand dieser entscheidungsrelevanten Faktoren erfolgen. Das Ziel ist eine effiziente Kontrolle, die Vor- und Rückkopplung zum Investitionsentscheidungsprozess und die Ressourcenallokation im Wertpapiermanagement. Der Manager kann so die Faktoren lokalisieren, in denen er seine Schätzung über unerwartete Faktoränderun-

---

864 Vgl. auch Diskussion zur Zerlegung des Kreuzproduktes mit Hilfe von erwarteten Segmentrenditen, wenn diese in den Allokationsprozess eingehen, im Abschnitt 2.6.2.2.

865 Die Grobstrukturentscheidung, die hier nur vereinfachend auf die beiden Anlagesegmente Aktien und Renten verkürzt wurde, wird oft auf der Basis von Rendite- bzw. Performanceerwartungen für die Segmente getroffen. Diese Performanceerwartungen basieren aber oft wiederum auf fundamentalen Faktoren. D. h. die Möglichkeit einer Messung und Bewertung auf der Basis dieser eigentlich zugrundeliegenden Faktoren hängt entscheidend von der Kenntnis der eigenen Entscheidungsstruktur und deren Entscheidungsobjekten ab.

gen verbessern muss. Er kann die Abbildung der angestrebten Faktorpositionierungen durch einzelne Wertpapiere überwachen und gezielt Risiken verändern, wenn Änderungen im Entscheidungsumfeld entstehen.

Wenn Störungen einzelner Faktoren frühzeitig erkannt werden und die Kenntnis ihrer aktiven Wirkungszusammenhänge eine schnelle Reaktion in der Sensitivitätspositionierung des Portfolios ermöglichen, dann geht die systematische Performancemessung und -zerlegung über die einfache Regelungsfunktion als Feedback hinaus. Die Steuerungsfunktion basiert also auf der nicht sofort, im Augenblick der Faktoränderung, abgeschlossenen Preisanpassung. Je nach Geschwindigkeit dieses Anpassungsprozesses hat der Manager u. U. die Möglichkeit, steuernd die Risikopositionierung anzupassen. Die Kontrolle seiner aktiven Positionierung auch im Rahmen der Kundenrestriktionen wird ihm durch die Aggregation des Gesamtrisikos aus den systematischen Risiko-Faktorkomponenten und der diversifizierbaren, unsystematischen Komponente ermöglicht. Mit den systematischen Risikokomponenten kann die Wirkung gezielter Veränderungen der Risikopositionierung, z. B. bei der Abweichung der tatsächlichen Faktoränderung von der erwarteten, auf die erwartete Rendite quantifiziert werden. Die Steuerungsfunktion basiert aber auf der Annahme, dass Sensitivitäten kurzfristig konstant oder erklärbar sind. D. h. der geschätzte Wirkungszusammenhang muss auch für die nächste Periode als Schätzer dienen oder seine Veränderung erklärbar sein. Die Möglichkeit zur Portfoliosteuerung ist darüber hinaus dann gegeben, wenn der Manager Erwartungen für die Faktoränderungen bilden kann. Diese müssen allerdings auf privaten Informationen basieren.

Kapitel 4 setzte die in diesem Kapitel beschriebene Methodik der mehrdimensionalen Risikopositionierung in einem empirischen Beispiel um. Dabei wird gezeigt, dass die Performance anhand fundamentaler Erklärungsfaktoren zerlegt werden kann. Das mehrdimensionale, systematische Risikomaß beschreibt die Risikostruktur eines Portfolios und ermöglicht so die gezielte Steuerung der Risikopositionierung.

4 Umsetzung der mehrdimensionalen Risikopositionierung im Wertpapiermanagement

Im Kapitel 3 wurde eine Performanceanalyse entwickelt, die als Instrument in der Steuerung systematischer Anlagestrategien einzusetzen ist. Die Basis für diese Steuerung bildet das Faktormodell, das die Renditegenerierung und -streuung für eine definierte Anlagestichprobe erklärt. Beispiele für empirische Erklärungsfaktoren und Möglichkeiten diese in unterschiedlich theoretisch fundierten Modellen einzusetzen, wurden in den vorangehenden Kapiteln beschrieben. In diesem vierten Kapitel soll die erarbeitete Analysemethodik auf ein Modell exemplarisch angewendet werden. Abschnitt 4.1 definiert dieses Modell und die Anlagestichprobe hinsichtlich der verwendeten Daten, der eingesetzten Schätzverfahren und des theoretischen Erklärungsmodells. Im folgenden Abschnitt 4.2 wird nach der Schätzung der Modellparameter dann die Performanceanalyse in zwei Ebenen vorgenommen. Zunächst wird entlang der kapitalmarkttheoretischen Differenzierung nach erwarteten und unerwarteten Renditeanteilen getrennt, um die Leistung des Managers bewerten zu können. Anschließend wird die systematische Rendite weiter in Faktorallokations- und –selektionsbeiträge getrennt, so dass die einzelnen Entscheidungsebenen im Anlageprozess bewertet werden können.

Abschnitt 4.3 stellt abschließend die Analyse der systematischen Risikokomponenten dar. Dabei werden die verschiedenen Faktorrisiken zu einem gesamten, systematischen Risikomaß aggregiert, wodurch die Qualität der Erklärung des Gesamtrisikos durch die systematischen Faktoren bestimmbar wird. Weiter können die systematischen Risikobeiträge der einzelnen Faktoren unter Berücksichtigung der verwendeten Faktorstruktur bestimmt werden.

4.1 Definition einer Mehrfaktorenumgebung

4.1.1 Datendefinition

Zur empirischen Umsetzung der in Kapitel 3 dargestellten Analysemethoden der Performancezerlegung und der Synthese der fundamentalen Risikopositionierungen werden Faktoren und eine Wertpapiermenge bestimmt. Als Wertpapiere werden die sechzehn Branchenindizes des CDAX-Aktienindexes verwendet.[866]

---

[866] Der CDAX ist der kapitalisierungsgewichtete Index aller Aktien, die an der Deutschen Börse in Frankfurt im amtlichen Handel, im geregelten oder Neuen Markt notiert sind. Er umfasste im Februar 1999 523 Titel. Die Branchenindizes sind im Einzelnen die Indizes für Automobile AUT, Kreditbank BNK, Brauereien BRW, Chemie CHM, Bau CON, Elektro ELC, Versicherungen INS, Investmentgesellschaften INV, Maschinenbau MCH, Hypothekenbanken MRG, Papier PAP, Einzelhandel RET, Stahl STL, Textil TXT, Transport TRN und Versorger UTL. Quelle der Kurszeitreihen ist Datastream. Die Auswahl dieser Branchenklassifikation beruht auf der Anforderung, eine hinreichende Kurshistorie

Für diese werden die stetigen monatlichen Überschussrenditen zu Monatsultimokursen berechnet. Die Indizes sind um sämtliche Kapitalmaßnahmen und Dividendenzahlung der enthaltenen Wertpapiere bereinigt. Die Renditezeitreihen liegen vom 31.01.1992 bis zum 30.11.1998 vor.[867] Die Datenquelle ist Datastream. Als Zeitreihe des risikofreien Zinses wird der durchschnittliche DM-Tagesgeldzins zum Monatsultimo verwendet.[868] Für die Mehrzahl der Branchenindizes kann die Normalverteilung (statistisch) nicht ausgeschlossen werden, vgl. Tabelle 16.

Im Folgenden sollen die Wirkungszusammenhänge vielfach in bisherigen Studien (vgl. Tabelle 2 in Abschnitt 3.2.2) verwendeter, ökonomischer Faktorzeitreihen zu einzelnen Wertpapieren analysiert werden. Mit der Beschränkung auf bekannte, oft analysierte Faktoren soll hier die Gefahr des Datamining minimiert werden.[869] Dieses Vorgehen erscheint gerechtfertigt, da das Ziel der Arbeit nicht in der Beschreibung gültiger Risikofaktoren für den deutschen Aktienmarkt besteht, sondern vielmehr in der Darstellung der Systematik einer Performancezerlegung, die sich auf Fundamentalfaktoren stützt. Dennoch ist es wichtig darauf hinzuweisen, dass im Rahmen von Renditeerklärungsmodellen nach der Kapitalmarkttheorie, nur ökonomische Variablen eingesetzt werden, die auf viele Wertpapierrenditen einen deutlichen Einfluss haben, und so als globale Risikofakto-

---

zur Verfügung zu haben. Die im institutionellen Management deutscher Aktien gängigere Einteilung nach DAX100 Branchen steht aber erst seit Juli 1996 zur Verfügung. Die Sektor- und Industriegruppenklassifikation von MSCI erscheint dagegen weniger geeignet. Die Vertretene Anzahl der ökonomischen Sektoren liegt mit sieben sehr niedrig, während die Industriegruppen mit über 30 in einigen Segmenten wenig diversifizierte Branchengruppen entstehen lassen. Zudem liegen für den MSCI keine Industriegruppenindizes für einzelne Länder vor.

[867] D. h. die zugrundeliegenden Kurszeitreihen beginnen am 31.12.1991.

[868] Die Quelle der Zeitreihe ist Datastream, die exakte Bezeichnung der Zeitreihe ist "BD 1 DAY LENDING RATE ON DAY-TO-DAY MONEY - PERIOD AVERAGE", das Kürzel ist "BDDAYMONR". Diese Zeitreihe divergiert von der 3-Monats Tagesgeldverzinsung nur insignifikant um einen Mittelwert von 0,01%. Als Zeitreihe für den 3-Monats Zins wird die Datastream-Zeitreihe "BD3MONTHR" ("BD 3 MONTH MONEY MARKET LENDING RATE") verwendet. Die mittlere Differenz der beiden Zeitreihen für den Zeitraum 12/95 bis 11/98 beträgt 0,0075%, die Standardabweichung 0,0080%.

[869] Als Datamining wird allgemein die intensive, z. T. auch systematische Analyse von Daten verstanden, die auch jenseits ex-ante vermuteter Strukturen nach (zufälligen) Zusammenhängen sucht. BLACK (Estimating Expected Return, 1993), S. 37, BLACK (Beta and Return, 1993), S. 9, FERSON/SCHADT (Changing Economic Conditions, 1996), S. 441. Zu den Gefahren des Datamining vgl. KRÄMER/RUNDE (Kalendereffekt, 1993), S. 93-94. Daneben besteht aber auch die Gefahr, Informationen mehrfach zu benutzen. Empirisch geschieht dies oft bei der Konstruktion von Portfolios, deren Renditen anschließend getestet werden. Dabei kann es zu Verzerrungen kommen, weil das Kriterium für die Portfoliokonstruktion nicht unabhängig von der Rendite der Wertpapiere ist. Vgl. LO/MACKINLAY (Data-Snooping, 1990), S. 434-465, für die Analyse dieser 'Data-Snooping'-Verzerrung.

ren bezeichnet werden können. Als potentielle erklärende Faktoren werden hier neben der residualen Marktrendite im Folgenden makroökonomische Variablen auf monatlicher Basis verwendet, Tabelle 17. Die fundamentalen Variablen und die daraus abgeleiteten Faktoren liegen für den Zeitraum 31.01.1992 bis zum 30.11.1998 vor.[870]

Wertpapier	μ	σ	D_{max}	L_{max}
DAX100	0,86%	5,34%	1,42	0,84 *
CDAX	0,74%	4,94%	1,47	0,94
AUT	0,95%	7,35%	1,20 **	0,72 **
BNK	0,67%	6,44%	1,16 **	0,85 *
BRW	-0,40%	3,85%	0,88 **	0,73 **
CHM	0,95%	5,41%	1,29 *	0,66 **
CON	-0,64%	5,72%	0,88 **	0,49 **
ELC	1,10%	6,66%	1,27 *	0,67 **
INS	0,91%	6,53%	1,32 *	0,85 *
INV	0,22%	4,40%	0,75 **	0,69 **
MCH	0,82%	5,90%	1,25 *	0,75 **
MRG	0,44%	3,13%	1,17 **	1,04
PAP	-0,03%	2,64%	0,75 **	0,71 **
RET	0,25%	5,09%	0,56 **	0,39 **
STL	-0,00%	5,89%	0,81 **	0,81 *
TXT	0,66%	6,24%	0,67 **	0,45 **
TRN	0,68%	7,69%	0,91 **	0,59 **
UTL	0,81%	3,86%	1,38	0,64 **

Tabelle 16: Charakteristika der Branchenindex-Überschussrenditezeitreihen und Tests auf Normalverteilung

Die ersten beiden Spalten geben die Mittelwerte und Standardabweichungen der Renditezeitreihen an. Die dritte Spalte gibt die Teststatistik des KS-Anpassungstests auf Normalverteilung an (D_{max}). Die vierte Spalte gibt den Test nach Lilliefors (L_{max}) an, der besser geeignet ist, weil die Parameter der Normalverteilung (μ_0 und σ_0^2) nicht festgelegt sind; vgl. HARTUNG/ELPELT/KLÖSENER (Statistik, 1995), S. 184-185. Zeitreihen, für die der Test auf Normalverteilung zum Konfidenzniveau von 95% nicht abge-

---

[870] Wenn nicht anders angegeben, werden bei Kapitalmarktgrößen die Monatsendwerte verwendet. Die volkswirtschaftlichen Daten liegen monatlich vor und werden dem Monatsendwert zugeordnet, unabhängig vom Zeitpunkt der Veröffentlichung während des Monats. Für Zeitreihen, die ein Publikationslag aufweisen, fehlen die entsprechende Anzahl an Datenpunkten am Ende der Zeitreihe. Bei einem Lag von 2 Monaten endet die Zeitreihe dann am 30.09.1998. Die Quelle der Daten ist Datastream. Dabei wurden im Einzelnen folgende Datenreihendefinitionen verwendet: IP: BDOCIPRDI; AW: BDI.. NEUF; AE: BDNEWORDE; CPI: BDCP....F; Z_{10}: REXA10Y(RY); Z_1: REXA01Y(RY); S: WGMRKUS; F: WG30DUS; GEW: BDIFOEXPE.

lehnt werden kann, sind mit * gekennzeichnet, zum Konfidenzniveau von 90% mit **.

Faktor	Beschreibung	Lag[a]	Berechnung
MP	monatliche Wachstumsrate der Industrieproduktion (IP)	2	$MP_t = \ln (IP_t/IP_{t-1})$
UMP	unerwarteter Anteil der monatlichen Wachstumsrate der Industrieproduktion (IP)	2	$UMP_t = MP_t - \frac{1}{4}(MP_{t-12} + MP_{t-24} + MP_{t-36} + MP_{t-48})$
DOR	Änderung des Auftragseingangs des verarbeitenden Gewerbes [manufacturing orders] (AE); saisonbereinigt	1	$DOR_t = \ln(AE_t / AE_{t-1})$
IFO	Änderung des ifo-Geschäftserwartungsindexes (GEW)	1	$IFO_t = \ln(GEW_t / GEW_{t-1})$
AI	Änderung der Inflation gemessen an der Veränderung des Verbraucherpreisindex (CPI)	0	$AI_t = \ln (CPI_t / CPI_{t-1})$
TERM	Änderung der Zinsstruktur zwischen öffentlichen deutschen zehnjährigen Renditen (Z_{10}) und 1 Jahresrenditen (Z_1), jeweils gemessen am entsprechenden REX-Subindex	0	$TERM_t = (Z_{10,t} - Z_{1,t}) - (Z_{10,t-1} - Z_{1,t-1})$
UDS	unerwartete US-Dollar Wechselkursänderung; Veränderung zwischen Kassakurs (S) und 1-Monats-Terminkurs (F)	0	$UDS_t = \ln (S_t/F_{t-1})$

Tabelle 17: Definition der makroökonomischen Faktoren

[a] Das Lag gibt die Anzahl der Perioden (Monate) an, die die Veröffentlichung der Beobachtungen dem Kalender hinterher läuft. D. h. bei einem Monat Lag werden die Daten für November jeweils erst im Dezember veröffentlicht. Die Zeitreihe wird daher in der Sensitivitätsberechnung um eine Periode verschoben, weil die Publikation der Daten als relevanter Zeitpunkt angesehen wird, zu dem die Wirkung auf die Wertpapierkurse eintritt.

Als Konjunkturvariablen werden die Industrieproduktion und die Auftragseingänge des verarbeitenden Gewerbes verwendet. Die Industrieproduktion wird monatlich in DM gemessen. Als Faktoren werden die logarithmische monatliche (MP) sowie eine saisonal adjustierte monatliche Veränderung (UMP) gemessen. Da die Auftragseingänge bereits als saisonbereinigte Zeitreihe vorliegen, wird hier die monatliche logarithmierte Veränderung (DOR) berechnet. Zusätzlich wird als Stimmungsindikator die monatliche Veränderung des ifo-Geschäftserwartungsindex betrachtet.[871]

Als Zinsvariable wird die Änderung der Zinsdifferenz zwischen den Endfälligkeitsrenditen der REX-Subindizes für 10 Jahre und 1 Jahr gebildet.[872] Eine Berechnung der Risikoprämie als Differenz zwischen öffentlichen Anleihen und Industrieanleihen mit geringerer Bonität kann auf Grund fehlender Industrieanleihen in Deutschland nicht berechnet werden. Abweichend von der empirischen Literatur wird als Inflationsfaktor lediglich die tatsächliche Inflation verwendet. Auf die komplexe Berechnung einer erwarteten Inflation, um durch diese die unerwartete Komponente zu erhalten, wird verzichtet.[873] Als Währungsfaktor wird die unerwartete Wechselkursänderung DM/US-$ betrachtet. Diese bestimmt sich aus dem logarithmierten Quotienten des Kassakurses und des eine Periode vorher festgestellten Terminkurses.

Als Aktienmarktfaktoren werden zunächst die stetigen Überschussrenditen des DAX-100 Performanceindexes (DAX100) und des CDAX Kursindexes (CDAX) berechnet. Der DAX100 umfasst die 100 Aktien am deutschen Aktienmarkt, die nach Marktkapitalisierung und Börsenumsatz die größten sind.[874] Der CDAX umfasst dagegen alle an der Frankfurter Wertpapierbörse im amtlichen Handel notierten Aktien. Beide Indizes gewichten die Wertpapiere nach der Marktkapitalisierung. Verwendet werden die Schlusskurse der Präsenzbörse.

Dabei ist bei einigen Zeitreihen ein Publikationslag zu beachten. Bei diesen wird die Analyse mit zeitlich versetzten Daten vorgenommen. D. h. es wird unterstellt, dass nicht die Periode der Entstehung der Daten, sondern vielmehr der

---

871 Ebenfalls analysierte Faktoren, wie die Veränderungen der Exporte oder des Ölpreises wurden als relevante Faktoren verworfen, weil z. T. hohe Korrelationen zu anderen Faktoren bestehen und der marginale Erklärungsbeitrag gering ausfiel.

872 Im Vergleich zu einer ebenfalls untersuchten Zeitreihe der Renditedifferenzen zwischen dem REX-Subindex 10 Jahre und dem 3 Monatszinssatz (lending rate) ergaben sich nur geringfügige statistische Unterschiede. Die Zeitreihe der hier verwendeten Definition weist eine geringfügig niedrigere Autokorrelation bis zu 12 Lags auf. Sie hat dafür aber eine höhere Kurtosis, die zu einer geringeren Wahrscheinlichkeit für eine Normalverteilung auf Basis der dritten und vierten Momente der Stichprobenverteilung führt als dies bei der alternativ untersuchten Definition der Fall war.

873 Im Folgenden wird zur Vereinfachung der Faktor *tatsächliche Inflation* (AI), da hier kein allgemeingültiges Faktormodell für einen bestimmten Markt abgeleitet werden soll, sondern mit Hilfe eines Faktormodells die Wirkung der fundamentalen, mehrdimensionalen Performanceanalyse darzustellen ist.

874 Zusätzlich müssen die Unternehmen i. d. R. weitere Kriterien erfüllen. So muss der Freefloat der Aktien hinreichend groß sein, das Unternehmen sollte drei Jahre an der Börse notiert sein und neue Unternehmen müssen den Übernahmecodex unterzeichnet haben.

Zeitpunkt der Veröffentlichung der Daten relevant für die Bewertung am Kapitalmarkt ist.[875]

Einige fundamentale Zeitreihen unterliegen nachträglichen Korrekturen. Diese lassen sich rückwirkend nicht mehr rekonstruieren. Sie können in diesem Fall Verzerrungen bewirken, weil der ursprünglich veröffentlichte Wert des Faktors ein anderer war, auf den dann möglicherweise eine Reaktion folgte. Da die meisten verwendeten Zeitreihen frei von diesen Korrekturen sind und gleichzeitig eine hohe Anzahl an Stützstellen verwendet wird, wird der Effekt dieser Korrekturen hier als vernachlässigbar angesehen.[876]

Zur Charakterisierung der so definierten Zeitreihen werden in Tabelle 18 zunächst die ersten vier Momente der Stichprobenverteilung, der Median und die Extrema berechnet. Die Annahme der Normalverteilung kann für die empirische Verteilung durch einen Anpassungstest nach Lilliefors und für das dritte und vierte Moment der Verteilung durch eine Teststatistik von Jarque-Bera getestet werden.

Faktor	μ [a]	*med*	σ	*S*	*K*	Max	Min	NV-Test [b]	JB[c]	prob
MP	0,003	-0,015	0,083	0,712	-0,353	0,201	-0,136	0,96 *	7,1	0,029
UMP	0,002	-0,001	0,038	0,575	2,664	0,153	-0,091	0,73**	26,7	0,000
TERM	0,021	0,000	0,202	0,648	1,003	0,691	-0,449	0,78**	8,8	0,012
AI	0,002	0,002	0,003	2,210	10,498	0,018	-0,003	1,10	437,9	0,000
IFO	0,000	0,000	0,018	-0,506	0,201	0,034	-0,047	0,72**	3,6	0,166
DOR	0,001	0,001	0,018	-0,309	-0,041	0,040	-0,051	0,36**	1,3	0,524
UDS	-0,001	0,003	0,029	-0,384	0,169	0,059	-0,080	0,66**	2,1	0,352
DAX 100[d]	0,009	0,019	0,053	-0,936	1,828	0,139	-0,193	0,84**	23,1	0,000
CDAX[d]	0,007	0,013	0,049	-0,963	1,904	0,128	-0,181	0,94	24,8	0,000

Tabelle 18: Deskriptive Statistiken der Faktoren

Die Statistiken sind für den Zeitraum 01/1992 bis 11/1998 berechnet. Bei Faktoren, die einem Publikationslag unterliegen, wird die Zeitreihe um die entsprechende Anzahl an Monaten gekürzt. Für Zeitreihen ohne Publikationslag liegen so 83 Datenpunkte vor, die kürzeste Stichprobe enthält 81 Datenpunkte.

[a] Berechnet werden der Mittelwert μ, der Median *med*, die Standardabweichung σ, die Schiefe *S*, die Kurtosis *K* und die Extrema (Max, Min) der Stichprobe.

---

875 Die Quelle für die Daten ist Datastream.

876 Durch die zusätzliche Berücksichtigung autoregressiver Terme könnten diese Effekte ausgeglichen werden. Andererseits erhöht sich so die Anzahl der zu schätzenden Parameter, d. h. die Anzahl der Freiheitsgrade nimmt ab.

[b] Der Test entspricht dem Test von Lilliefors auf Normalverteilung, vgl. HARTUNG/ELPELT/KLÖSENER (Statistik, 1998), S. 184-185. Er kommt dem Kolmogoroff-Smirnov-Anpassungstest (KS-Test) für Verteilung mit unbekannter Varianz und Mittelwert nahe. Der Test wurde mit $1\text{-}\alpha = 0{,}95$ berechnet. Der kritische Wert ergibt sich bei 83 Stützstellen zu 0,89. ** bedeutet, die Hypothese der Normalverteilung der Zeitreihe kann nicht abgelehnt werden. Wenn dies nicht der Fall ist, bedeutet *, dass unter der Annahme, dass der Zeitreihenmittelwert Null ist, der schwächere KS-Anpassungstest eine Normalverteilung mit $1\text{-}\alpha = 0{,}90$ nicht abgelehnt werden konnte (Die Werte des KS-Tests sind hier nicht wiedergegeben).

[c] Die Jarque-Bera Teststatistik ermöglicht eine parallele Überprüfung der Schiefe und Kurtosis einer Verteilung auf Normalverteilung. Die Teststatistik ist χ^2 verteilt mit 2 Freiheitsgraden. Ein kleiner Wahrscheinlichkeitswert (prob) führt zur Ablehnung der Nullhypothese einer Normalverteilung, vgl. VON AUER (Ökonometrie, 1999), S. 308-309.

[d] Für die Aktienindizes kann nicht wie bei den makroökonomischen Faktoren von einem Mittelwert von Null ausgegangen werden. Daher wird für diese, wenn der Lilliefors-Test nicht signifikant ist, kein KS-Anpassungstest mit Mittelwert Null vorgenommen.

Die beiden Tests auf Normalverteilung liefern unterschiedliche Aussagen. Der Anpassungstest lehnt die Normalverteilung für den Faktor AI und die CDAX-Überschussrendite ab. Für die nicht dargestellte Gesamtrendite des CDAX ist nach diesem Test hingegen die Normalverteilung nicht abzulehnen. Ferner ist für den Faktor MP nur nach dem schwächeren KS-Test mit der Annahme, dass der Mittelwert Null und die Varianz bekannt ist und der empirischen Stichprobenvarianz entspricht, die Normalverteilung nicht abzulehnen. Auf der Basis der dritten und vierten Momente der Stichprobenverteilung kann dagegen nur für die Faktoren UDS und DOR eine Normalverteilung signifikant nicht verworfen werden. Insbesondere für den Faktor UMP und die Aktienindizes kann die Normalverteilungsannahme des Anpassungstests durch den JB-Test nicht bestätigt werden.

Neben der Normalverteilung ist die Betrachtung der Autokorrelation der Zeitreihen wichtig für die Beurteilung der Faktoren. Nur wenn keine signifikante Autokorrelation vorliegt, kann davon ausgegangen werden, dass der Faktor unerwartet ist, d. h. er kann nicht aus den bereits bekannten Änderungen der vorhergehenden Monate geschätzt werden; vgl. Tabelle 19.[877]

Schließlich muss die Korrelation der Faktorzeitreihen zueinander berücksichtigt werden, um redundante Informationen in den Faktoren zu vermeiden. Hohe Korrelationen weisen darauf hin, dass Faktoren ähnliche Informationen abbilden. Dies können auch vordergründig unterschiedliche Informationen sein, die aber zeitlich parallele und ähnliche, d. h. abhängige Prozesse initiieren. Es wer-

[877] Eine Auswertung der partiellen Autokorrelationen ist im Anhang D-I wiedergegeben.

den zwei Korrelationsmatrizen berechnet. Zunächst werden in Tabelle 20 die Publikationslags der einzelnen Zeitreihen berücksichtigt, indem diese Zeitreihen um die Anzahl der Lags in der Zeitachse nach vorne verschoben werden. Der Korrelationszeitraum verkürzt sich dann um die entsprechende Anzahl Lags. Diese Analyse stellt die Zeitreihen so gegeneinander, wie sie später auch zur Erklärung der Wertpapierrenditen verwendet werden, weil nur die Informationen zum Zeitpunkt *t* zur Erklärung genutzt werden können, die auch tatsächlich in der Vergangenheit zu diesem Zeitpunkt bereits publiziert waren.

Die Tabelle 20 zeigt unterhalb der Diagonalen die Korrelationen für einen langen Beobachtungszeitraum von 81 Monaten und im oberen Dreieck eine kurze Betrachtungsperiode von 24 Monaten. Deutliche Änderungen in den Korrelationen bleiben weitgehend aus. Eine Ausnahme bildet die UDS-AI Korrelation, die im kurzen Zeitraum mit –0,49 signifikant von Null verschieden ist. Analog erhöht sich auch die Korrelation von AI zu den Aktienindizes, was durch die hohe Korrelation zwischen UDS und Aktienindizes dann konsequenterweise zu erwarten ist.

Zusätzlich werden die Korrelationen der Zeitreihen Tabelle 21 bei zeitlich paralleler Berücksichtigung berechnet. Zeitreihenausprägungen von Faktoren, die keinem Lag unterliegen, werden dabei nicht verwendet. D. h. im Korrelationspaar zweier Faktorzeitreihen determiniert die Zeitreihe mit dem höchsten Lag den Beginn des Analysezeitraums. Die Länge des Zeitraums variiert jeweils zwischen 81 und 83 Beobachtungspaaren. Mit dieser Analyse werden Faktorzusammenhänge aufgedeckt, die durch die Lagverschiebung nicht erkannt werden.

Analog zur Tabelle 20 wird auch in Tabelle 21 der lange Analysezeitraum dem kurzen gegenüber gestellt. Auffällig ist die betragsmäßige Erhöhung der Faktorkorrelationen zum Faktor UDS und die allgemein höheren Korrelationen im Vergleich zur langen Betrachtungsperiode.[878] Dies kann als Indiz für eine Zyklizität der Korrelationen gewertet werden, die bei langen Korrelationszeiträumen geglättet wird.[879]

---

[878] Dies lässt sich rechnerisch leicht durch die Summe der absoluten Korrelationskoeffizienten aus Tabelle 20 belegen, die für den kurzen Zeitraum für die makroökonomischen Faktoren 7,1, bzw. für die Faktoren einschließlich der Indizes 16,0 entspricht. Für den langen Zeitraum ergibt sich analog 2,5 bzw. 10,1. Daraus wird ersichtlich, dass sich insbesondere die Korrelation der erklärenden Faktoren deutlich erhöht. Die Auswertung der Tabelle 21 liefert ähnliche Relationen. Ebenso ist das Ergebnis gegen Verschiebungen des kurzen Analysezeitraums in der Aussage robust. Das Ergebnis darf als isoliertes Beispiel aber nicht überbewertet werden. Ähnlich stabil über die Zeit ist die Anzahl signifikanter Korrelationen zwischen den makroökonomischen Faktoren. Sie schwankt zwischen Null und vier mit dem häufigsten Wert bei Eins.

[879] Für die weitere Analyse hat dies zunächst keine Auswirkung. Für die Kovarianzadjustierung der systematischen Risiken in Abschnitt 4.3 ist allerdings eine zeitnahe Korrelationsmatrix vorzuziehen.

	Autokorrelationskoeffizienten mit Lag													
Faktor	1	2	3	4	5	6	7	8	9	10	11	12	Q_{12}[b]	prob
MP	0,875	-0,105	-0,460	-0,010	0,017	-0,077	0,368	-0,111	-0,006	0,021	-0,421	-0,142	130,481	0,000
UMP	0,099	-0,032	-0,151	-0,014	0,147	-0,109	0,033	0,091	-0,139	0,095	0,098	-0,309	20,459	0,059
IFO	-0,088	-0,029	-0,013	-0,099	0,045	0,038	0,067	0,051	-0,020	0,124	0,312	0,342	25,483	0,013
TERM	0,101	0,146	0,138	-0,034	0,092	-0,040	0,081	0,209	0,118	0,113	-0,002	0,096	14,698	0,258
AI	0,666	0,353	0,113	-0,084	-0,201	-0,026	0,141	-0,002	-0,167	-0,055	0,087	0,325	78,796	0,000
DOR	-0,093	-0,016	-0,026	0,106	-0,021	0,018	0,096	0,018	0,180	0,035	0,140	-0,266	15,429	0,219
UDS	0,091	-0,042	-0,041	0,161	0,135	-0,045	-0,054	0,014	-0,065	-0,040	-0,127	0,206	12,446	0,411

Tabelle 19: Autokorrelationen der Faktoren[a]

[a] Zur Berechnung der Autokorrelationen vgl. HARTUNG/ELPELT/KLÖSENER (Statistik, 1998), S. 675.

[b] Q_{12} gibt die Ljung-Box Q-Statistik für das Lag 12 an. Diese testet die Nullhypothese, daß bis zum Lag 12 keine Autokorrelation der Faktorzeitreihe besteht. In der letzten Spalte wird hierfür die Wahrscheinlichkeit angegeben. Q ist asymptotisch χ^2 verteilt. Die Freiheitgrade entsprechen dabei der Anzahl der Autokorrelationen. Der Test ist aber nicht unumstritten, weil die Wahl der Lags entscheidend für die Aussage ist. Eine zu geringe Anzahl Lags läßt mögliche Autokorrelationen bei höheren Lags unberücksichtigt, während eine zu große Anzahl Lags die Aussagekraft deutlich abschwächt. LJUNG/BOX (Time Series Models, 1979), S. 265-270.

ρ_{ij}	MP	UMP	IFO	TERM	AI	DOR	UDS	CDAX	DAX100
MP	1	0,39	0,12	0,12	0,11	-0,12	-0,05	-0,08	-0,09
UMP	**0,42**	1	0,27	-0,01	-0,23	-0,26	0,16	-0,09	-0,09
IFO	-0,02	-0,03	1	-0,28	0,23	0,18	0,15	-0,14	-0,15
TERM	-0,10	-0,02	-0,18	1	-0,09	0,04	0,11	0,03	0,02
AI	-0,06	-0,13	**0,24**	0,12	1	0,32	**-0,49**	0,38	0,37
DOR	-0,14	**-0,25**	0,14	0,02	-0,06	1	0,04	0,03	0,01
UDS	-0,20	-0,02	0,19	0,02	-0,04	-0,04	1	**-0,54**	**-0,54**
CDAX	0,11	0,07	-0,03	-0,09	0,12	0,05	**-0,46**	1	**1,00**
DAX100	0,12	0,08	-0,04	-0,11	0,12	0,04	**-0,47**	**1,00**	1

Tabelle 20: **Korrelationsmatrix der Faktoren unter Berücksichtigung der Publikationslags für zwei Beobachtungszeiträume**

Korrelationen jenseits der Diagonalen, die signifikant zum Konfidenzniveau 95% sind, werden fett gedruckt. Der kritische Wert der Korrelation unterhalb der Diagonalen beträgt absolut 0,22 bei 79 Freiheitsgraden, oberhalb der Diagonalen bei 22 Freiheitsgraden 0,40. Die Korrelationen werden über eine Zeitspanne von 81 Monaten (unterhalb) bzw. 24 Monaten (oberhalb) berechnet. Bei Werten ohne Publikationslag entspricht dies dem Zeitraum 31.03.1992 bis 30.11.1998, bzw. 31.12.1996 bis 30.11.1998. Entsprechend der Höhe des Publikationslags verschiebt sich die Zeitreihe in die Vergangenheit. Da maximal zwei Monate Lag auftreten, werden Daten bis zum 31.01.1992 bzw. 31.10.1995 verwendet.

ρ_{ij}	MP	UMP	IFO	TERM	AI	DOR	UDS	CDAX	DAX100
MP	1	0,39	-0,31	-0,35	**-0,54**	0,08	0,16	0,27	0,28
UMP	**0,42**	1	-0,07	-0,29	0,02	**0,43**	**-0,49**	**0,46**	**0,46**
IFO	-0,03	0,17	1	0,6	**0,46**	0,18	**-0,54**	0,36	0,35
TERM	0,02	0,00	-0,06	1	-0,09	-0,12	0,11	0,03	0,02
AI	**-0,37**	-0,13	0,10	0,12	1	0,06	**-0,49**	0,38	0,37
DOR	0,11	**0,33**	0,14	**-0,23**	-0,06	1	-0,32	0,14	0,13
UDS	0,10	-0,22	-0,11	0,02	-0,04	0,04	1	**-0,54**	**-0,54**
CDAX	0,01	**0,26**	0,20	-0,09	0,12	0,08	**-0,46**	1	**1,00**
DAX100	0,00	**0,25**	0,18	-0,11	0,12	0,08	**-0,47**	**1,00**	1

Tabelle 21: **Korrelationsmatrix der Faktoren bei zeitlich parallelen Faktorzeitreihen für zwei Beobachtungszeiträume**

Korrelationen jenseits der Diagonalen, die signifikant zum Konfidenzniveau 95% sind, werden fett gedruckt. Der kritische Wert der Korrelation beträgt absolut 0,22 bei 79 Freiheitsgraden, oberhalb der Diagonalen bei 22 Freiheitsgraden 0,40. Die Zeiträume entsprechen den Angaben in Tabelle 20. Um eine zeitlich parallele Berechnung zu gewährleisten, werden die Zeitreihen um die höhere Anzahl der Lags verschoben. D. h. wenn eine Zeitreihe um 2 Perioden, die andere um eine Periode gelagt ist, wird der Berechnungszeitraum um zwei Perioden in die Vergangenheit verschoben, so dass die Zeitreihen bei am 30.09.1998 aufsetzen.

Aus der Korrelationsmatrix Tabelle 20 wird ersichtlich, dass die beiden Faktoren der Industrieproduktion (MP, UMP) hoch miteinander korreliert sind. Die unerwartete Industrieproduktion (UMP) weist dabei die deutlich geringere Autokorrelation auf, vgl. Tabelle 19. Es werden dennoch beide Faktoren im Erklärungsmodell weiterverwendet.

Die Aktienindizes sind untereinander fast vollständig korreliert, so dass die Verwendung nur eines Aktienmarktindizes sinnvoll ist. Als Marktindex wird daher der DAX100 Index verwendet, der CDAX wird als Benchmark in der Analyse betrachtet, weil er die Gesamtheit der 16 Branchenindizes gewichtet in einem Index vereint. Aber auch der US-Dollar (UDS) weist eine hohe negative Korrelation zu den Aktienindizes auf. Damit wird entweder die hohe Abhängigkeit der deutschen Unternehmen vom US-Dollar u. a. durch den hohen Exportanteil deutlich, oder zumindest die Bedeutung, die dieser Währung bei der Beurteilung des deutschen Kapitalmarktes zukommt. Die Publikationslags der Industrieproduktion (MP, UMP) und der Auftragseingänge (DOR) sorgt für eine deutliche Verschiebung der Korrelationskoeffizienten zwischen der parallelen Korrelation und der gelagten Analyse. Bei zeitlich parallel gemessenen Korrelationen werden die Korrelationen positiv. Am stärksten verändert sich die Korrelation zwischen UMP und DOR von –0,25 auf 0,33. Dieser positive Zusammenhang entspricht der Erwartung, da Auftragseingänge mit einiger Verzögerung zu Umsätzen führen. Eine Analyse der Korrelationsmaße bei unterschiedlichen Lag-Verhältnissen der beiden Faktoren zeigt aber kein eindeutiges Muster.[880] Schließlich erhöht sich die negative Korrelation der Inflation (AI) zur monatlichen Industrieproduktionsveränderung (MP) bei paralleler Betrachtung deutlich.[881]

---

[880] Für die Lag-Verhältnisse –3 bis +6 ergeben sich folgende Korrelationskoeffizienten: -3: -0,05; -2: 0,21; -1: -0,27; 0: 0,33; +1: -0,02; +2: 0,02; +3: 0,19; +4: -0,15; +5: -0,03; +6: 0,22. Dabei bezeichnet "+3", dass der Faktor UMP um drei Monate nach vorne verschoben ist, d. h. Auftragseingänge würden drei Monate später in der Produktion sichtbar. Eine Verschiebung von "0" betrachtet die Zeitreihen parallel.

[881] Durch die parallele Betrachtung der Zeitreihen werden die Daten in ihren Entstehungsperioden gegenübergestellt anstatt die Veröffentlichungszeitpunkte als relevant zu betrachten. Die Faktoren AI und MP scheinen daher (teilweise) von einander abhängig zu sein bzw. sich zu bedingen. Lediglich der Publikationslag für MP In den betrachteten Zeiträumen hat der Faktor AI daher eine vorlaufende Erklärungskraft für die später publizierte Industriepoduktionsveränderung MP. Würde eine Optimierung der verwendeten Lags vorgenommen, müsste die Eliminierung einer der beiden Zeitreihen geprüft werden.

4.1.2 Spezifikation der Schätzverfahren

Im Kapitel 3 wurden für die Schätzung der Wirkungszusammenhänge und der Risikoprämien unterschiedliche Ansätze und Regressionsmethoden dargestellt. Für die empirische Umsetzung wird zunächst festgelegt, welches Schätzverfahren verwendet wird.[882] Als Ansatz wird die weithin verwendete Methode der zweistufigen Bestimmung der Bewertungsgleichung gewählt. In der ersten Stufen werden in einer Zeitreihenregression die Sensitivitäten mit Hilfe einer multiplen OLS-Regression für jedes Wertpapier getrennt geschätzt. Die Sensitivitäten gegenüber den Erklärungsfaktoren für Überschussrenditen als abhängige Variable geschätzt, damit die gleichen Renditezeitreihen wie für die Risikoprämienschätzung verwendet werden.

In der zweiten Stufe werden die Risikoprämien unter Verwendung einer multiplen OLS-Querschnittsregression geschätzt. Als abhängige Variablen werden auch hier Überschussrenditen der Wertpapiere eingesetzt. Das durch die Verwendung der geschätzten Sensitivität entstehende EIV-Problem in dieser zweiten Stufe kann hier nicht durch die Bildung von Portfolios gemindert werden, weil bereits Branchenindizes in der ersten Stufe verwendet wurden. Die t-Werte zum Test der Risikoprämiensignifikanz sind daher nach oben verzerrt, weil die Varianz der Regressionsschätzer unterschätzt wird.[883]

Um der Anforderung an die dynamische Anpassung der Schätzer an die variierende Bedeutung der Faktoren in der Renditeerklärung zu erreichen, werden die Wirkungszusammenhänge rollierend über einen Zeitraum von 24 Monaten berechnet. Die Querschnittsregression wird jeweils für die Renditen und Faktoränderungen eines Monats geschätzt.[884]

4.1.3 Methode der Faktorauswahl

Zwar gibt es in der Literatur keine festgeschriebene Vorgehensweise zur Faktorauswahl, doch muss, um signifikante Erklärungsmodelle für einzelne Wertpapiere oder Portfolios zu erhalten, die Faktorenauswahl über eine nachvollziehbare Methodik dargestellt werden. Diese Systematik sollte durch eine Zielfunktion definiert werden.[885]

Ein gängiges Gütemaß für das gesamte lineare Mehrfaktoren-Regressionsmodell ist die F-Teststatistik. Sie beurteilt die Signifikanz der linearen Abhängigkeit zwischen erklärenden Faktoren und abhängigem Faktor. Da die linearen Abhän-

---

[882] Vgl. dazu die jeweiligen Diskussion in den entsprechenden Abschnitten des Kapitel 3.

[883] Vgl. Abschnitt 3.3.4; SHANKEN (Beta-Pricing Models, 1992), S. 11-12.

[884] Vgl. Darstellung in Abschnitt 3.3.4, .

[885] Ein nicht unwichtiges Kriterium für die Spezifikation der Faktorauswahlsystematik ist nach THOMPSON (Selection of Variables I, 1978), S. 2, der notwendige rechentechnische Aufwand sein.

gigkeiten in Form der Regressionskoeffizienten quantifiziert werden, wird getestet, ob diese signifikant von Null verschieden sind. Anstatt jeden Parameter einzeln zu testen, kann, durch das Verhältnis der erklärten Variation zur nicht erklärten Variation, das Regressionsmodell als Ganzes beurteilt werden.[886] Damit lässt sich die F-Statistik als zu maximierende Zielgröße definieren[887]

$$F(\hat{r}_i) = \frac{\text{erklärte Variation}}{\text{nicht erklärte Variation}} = \frac{\sum_{t=1}^{T} (\hat{r}_{i,t} - \bar{\hat{r}}_{i,T})^2 / k}{\sum_{t=1}^{T} \hat{\varepsilon}_{i,t}^2 / (n-k-1)} \sim F_{k,n-k-1}$$

mit k = Anzahl der erklärenden Faktoren,
n = Stichprobenlänge, d. h. Anzahl der Stützstellen.

Die Nullhypothese des F-Tests unterstellt, dass die Parameter β_j für alle Faktoren j gleich Null sind. Liegt der Wert der Teststatistik $F(\hat{r}_i)$ über dem kritischen Wert der Verteilung, so wird diese Annahme verworfen. Der kritische Wert der Verteilung ist abhängig vom gewählten Signifikanzniveau α. Als Koeffizient für die Höhe der Signifikanz der Modellparameter und damit des Modells als Ganzes, bietet sich daher der Quotient aus F-Teststatistik zum kritischen F-Wert als Kriteriumsfunktion an

$$F(\hat{r}_i) / F^{\alpha}_{k,n-k-1} \xrightarrow{!} \text{Max}. \tag{162}$$

mit $F^{\alpha}_{k,n-k-1}$ = Wert der F-Verteilung bei k und n–k–1 Freiheitsgraden beim geforderten Signifikanzniveau α.

Je größer der Quotient wird, desto größer ist die Erklärungskraft des Modells, weil die Erklärungskraft der einzelnen erklärenden Variablen steigt. Um das Maximum der Kriteriumsfunktion zu finden, könnten alle möglichen Faktorkombinationen berechnet werden. Die Kombination mit dem höchsten F-Quotienten wird als optimal angesehen. Bei einer großen Faktorstichprobe steigt die Anzahl der Kombinationsmöglichkeiten aber sehr schnell an, der Rechenauf-

---

[886] Die Variation wird als mittlere Abweichungsquadratsumme berechnet. Vgl. z. B. BLEYMÜLLER/GEHLERT/GÜLICHER (Statistik, 1985), S. 171-172.

[887] Die vorgeschlagene Vorgehensweise stellt nur eine Möglichkeit unter vielen dar. Neben der hier definierten Zielgröße ist es u. U. sinnvoll partielle F-Tests für die einzelnen aufzunehmenden oder zu eliminierenden Faktoren zu berechnen. Damit kann getestet werden, ob der Faktor signifikant zur Erhöhung der erklärten Variation beiträgt. Vgl. z. B. BLEYMÜLLER/GEHLERT/GÜLICHER (Statistik, 1985), S. 173-174; THOMPSON (Selection of Variables I, 1978), S. 8-9. Auch auf Basis partieller Korrelationskoeffizienten sind sequentielle Auswahlverfahren, die entweder in Form von Vorwärtsauswahl oder Rückwärtselimination die Faktorzusammensetzung bestimmen, möglich. Vgl. THOMPSON (Selection of Variables I, 1978), S. 9-18 auch für weitere Faktorauswahlverfahren.

wand nimmt zu.[888] Es wird daher ein iterativer Algorithmus zur Approximation des Maximums verwendet.[889] Dazu wird zunächst das multiple Modell unter Verwendung aller Faktoren berechnet. Der F-Wertquotient des Modells wird als Vergleichswert F_k gespeichert. Auf Basis der resultierenden Parameterschätzungen und deren Standardfehlern kann die Signifikanz der einzelnen Variablen in dem Erklärungsmodell durch die t-Statistik ausgedrückt werden. Die Variable mit dem absolut kleinsten t-Wert wird aus dem Modell eliminiert. Das reduzierte Modell wird neu berechnet und sein F-Wertquotient mit dem gespeicherten F_k verglichen. Ist die neue F-Statistik größer, wird er als neues Maximum gespeichert. Die Elimination der Faktoren wird solange fortgesetzt, bis ein Abbruchkriterium erreicht wird.

Die Abbruchkriterien können unterschiedlich definiert sein. Das wesentliche Kriterium ist die Anzahl der Faktoren. Wenn nur noch ein Faktor im Modell vorhanden ist, kann kein weiterer eliminiert werden.[890] Das Modell mit dem bis dahin maximalen F-Wertquotienten wird als Approximation des optimalen Modells verwendet. Weitere, restriktivere Abbruchkriterien können z. B. darin bestehen, beim Erreichen einer geforderten Signifikanzschwelle für Gesamtmodell (F-Test) und Faktoren (t-Test) die Faktorreduktion abzubrechen. Damit wird nicht die F-Statistik maximiert, sondern das Modell gesucht, das mit möglichst vielen signifikanten Erklärungsfaktoren die geforderte Signifikanz des Modells erreicht. Dieses Kriterium ist dann sinnvoll, wenn damit vermieden wird, dass z. B. nur ein einziger Faktor zur Erklärung im optimalen Modell verwendet wird. Die Verwendung mehrerer Faktoren erscheint vor dem Hintergrund der Zielsetzung, die Renditezerlegung auf der Basis von erklärenden Faktoren zu betrachten, sinnvoll. Als Parameter dieses Abbruchkriteriums muss das geforderte Signifikanzniveau für F-Test und t-Test bestimmt werden.[891]

---

888 Die Anzahl der möglichen Kombinationen ergibt sich entsprechend der Kombinatorik für das Ziehen ohne Wiederholungen (jeder Faktor wird nur einmal berücksichtigt) und ohne Berücksichtigung der Reihenfolge (es ist unerheblich welcher Faktor in welcher Reihenfolge ausgewählt wird) aus der Summe der Binomialkoeffizienten

$$\sum_{k=1}^{N}\binom{N}{k} = \sum_{k=1}^{N} N!/\left(k!(N-k)!\right) = 2^N - 1.$$

Mit N = Anzahl der Faktoren in der Stichprobe; k = Anzahl der Faktoren im Modell. Vgl. BLEYMÜLLER/GEHLERT/GÜLICHER (Statistik, 1985), S. 52. Bei 10 Faktoren ergeben sich so z. B. schon 1023 Kombinationsmöglichkeiten. Vgl. THOMPSON (Selection of Variables II, 1978), S. 135-138 für ein Verfahren diese Anzahl zu reduzieren.

889 Für einen Überblick über mögliche sequentielle Auswahlalgorithmen, die auf der F-Statistik beruhen, vgl. THOMPSON (Selection of Variables I, 1978), S. 8-11.

890 Die maximale Anzahl der Iterationen ist also gleich der maximalen Anzahl der Faktoren.

891 Die Berücksichtigung weitere Nebenbedingungen bzw. Abbruchkriterien ist denkbar. Sie sollten mit der Zielsetzung der Modellspezifikation konform sein.

Die Faktoren, die für diesen Algorithmus zur Verfügung stehen, wurden bereits im Abschnitt 4.1.1, Tabelle 17 bestimmt. Da in der angestrebten fundamentalen Performancezerlegung der Quotient aus linearer Einfachsensitivität und multipler Sensitivität gebildet wird, muss sichergestellt werden, dass die Einfachsensitivitäten nicht zufällig zustande kommen. Daher wird in dem Auswahlalgorithmus eine Faktorvorselektion vorgenommen, bei der die Faktoren mit zu geringer Signifikanz in der univariaten Analyse an Hand der t-Teststatistik eliminiert werden.[892] Das geforderte Signifikanzniveau sollte für die Vorauswahl nicht zu restriktiv gewählt werden, weil in dem anschließenden Optimierungsprozess insignifikante Faktorkombinationen, wie beschrieben, eliminiert werden.[893]

Empirische Tests haben gezeigt, dass mit einem solchen Faktorreduktions-Algorithmus eine gute Approximation des F-Wert-maximalen Modells erreicht wird, ohne alle Kombinationen berechnen zu müssen. Bei einer großen Faktorstichprobe wird damit eine deutliche Reduktion des Berechnungsaufwands erreicht.[894]

4.2 Performancemessung auf der Basis von Faktorsensitivitäten

In Abschnitt 4.1.1 wurden bereits die Wertpapiere, Indizes und Faktoren definiert und der Zeitraum der verfügbaren Daten angegeben. Für die empirische Zerlegung der Portfolioperformance soll in diesem Abschnitt der 31.12.1996 als Analysezeitpunkt gewählt werden. D. h. die Sensitivitäten werden für den 24-Monatszeitraum bis einschließlich Dezember 1996 bestimmt. Für den relevanten Schätzzeitraum der Faktorsensitivitäten haben die Aktienindizes eine mittlere Rendite von 0,88% bzw. 0,70% pro Monat erzielt, bei einer Standardabweichung von 13,0% bzw. 11,6% annualisiert; vgl. Abbildung 26.[895]

Der DAX100-Index wird als (operationalisierter) Marktindex definiert und zur Bestimmung des Residualmarktfaktors verwendet.[896] Der CDAX dient als Bei-

---

[892] Neben der Eliminierung sehr schwach signifikanter Einfachzusammenhänge wird z. T. auch eine Verbesserung des Optimierungsergebnisses in dem beschriebenen Algorithmus erreicht. Dieser Effekt lässt sich am besten mit auftretenden Zufallskorrelationen einzelner Faktoren, die isoliert keine Erklärungskraft haben, erklären. Dies führt dann u. U. zur Elimination stabilerer Erklärungsfaktoren auf Basis des verwendeten Eliminationskriteriums t-Statistik.

[893] Als Untergrenze wird hier ein gefordertes Signifikanzniveau der Einfachsensitivität von 50% definiert.

[894] Bei zehn Faktoren werden pro Wertpapier zehn Berechnungen durchgeführt, anstelle von 1023 Berechnungen. Damit wird der Berechnungsaufwand in diesem Beispiel auf 10% reduziert.

[895] Jeweils die erste Zahl beschreibt den DAX100, die zweite den CDAX. Sämtliche Wertpapierrendite werden als stetige Rendite angegeben.

[896] Eine Analyse über die Effizienz des Index wird nicht explizit vorgenommen, weil es das

spiel für die Definition einer Benchmark, deren Sensitivitäten nicht aus den zugrunde liegenden Wertpapieren aggregiert werden, sondern direkt aus der Indexzeitreihe ermittelt werden.

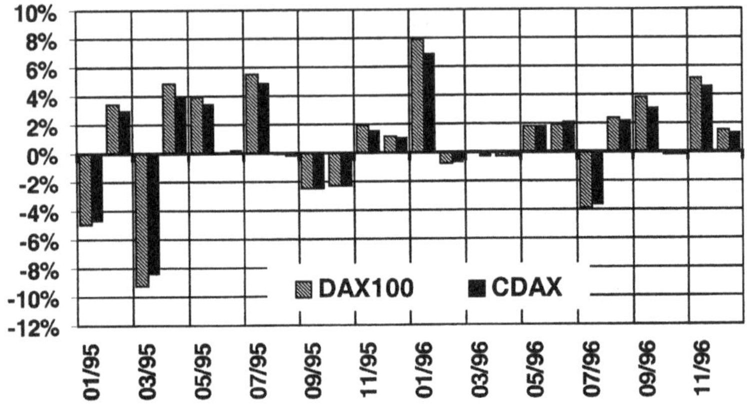

Datenquelle: Datastream

Abbildung 26: Monatliche Rendite für DAX100 und CDAX im Analysezeitraum 1/95 bis 12/96

Im Abschnitt 4.2.1 wird zunächst, basierend auf der Kapitalmarkttheorie, die Zerlegung der Performance in erwartete und unerwartete Komponenten vorgenommen. Die gängige, vollständige Faktorrepräsentation verwendet, unabhängig von der Signifikanz der Sensitivitätsschätzer, für jedes Wertpapier zu jedem Faktor einen Wirkungszusammenhang in der Risikoprämienschätzung und Performancezerlegung. Abweichend davon wird zusätzlich die Schätzung der Risikoprämien und die anschließende Zerlegung auch für eine nur selektive Faktorrepräsentation beschrieben. Dabei werden für jedes Wertpapier nur die Faktoren verwendet, deren Faktorladungen signifikant sind. Im dargestellten Beispiel wird davon ausgegangen, dass für jedes Wertpapier ein spezifisches, multiples Erklärungsmodell geschätzt wird. Alle anderen Faktoren haben eine Ladung von Null für das entsprechende Wertpapier. Damit verringert sich die Anzahl der Stützstellen in der Risikoprämienschätzung nicht. Die Risikoprämien werden monatlich über den Querschnitt der Wertpapiere geschätzt. Die Performanceanalyse wird für die Renditen der drei letzten Monate der Schätzperiode (Oktober bis Dezember 1996 $\hat{=}$ $t_{-2}, ..., t_0$) vorgenommen.

Ziel der Arbeit ist die Methodik zur Performancezerlegung und zur Aggregation eines fundamentalen Abweichungsmaßes darzustellen. Das hier definierte Faktormodell dient lediglich zur Veranschaulichung der Systematik. Vgl. Einleitung zu Kapitel 4. Durch die Verwendung eines signifikanten Faktormodells und eines effizienten Marktportfolios kann die Aussagekraft der Analyse aber weiter gesteigert werden.

Im Abschnitt 4.2.2 wird dann die weitergehende Analyse der erklärten, systematischen Renditen dargestellt und mit der klassischen Zerlegung in Anlagesegmentbeiträge verglichen. Abschnitt 4.2.3 zeigt dann die Analyse mehrerer, getrennt bewerteter Perioden und deren Aggregation.

4.2.1 Empirische Performancezerlegung auf der Basis eines mehrdimensionalen Faktormodells

Im Abschnitt 3.4 wurde die Performancezerlegung unter der Annahme dargestellt, dass durch Risikoprämien erwartete Renditeanteile entstehen, die risikoadjustiert nicht als Leistung des Managers zu interpretieren sind. Die Leistung des Managers besteht daher in der korrekten Erwartungsbildung auf Basis privater Informationen für unerwartete Faktoränderungen.

4.2.1.1 Schätzung der Wirkungszusammenhänge

Im Kapitel 3 wurden verschiedene Verfahren zur Schätzung von Wirkungszusammenhängen beschrieben. Basierend auf der OLS-Regression sollen hier zunächst Einfachsensitivitäten zur Einordnung der multiplen Wirkungszusammenhänge und für die anschließende Analyse der systematischen, unerwarteten Renditen im Abschnitt 4.2.2 geschätzt werden. Die Mehrheit der empirischen Untersuchungen verwendet nicht die univariaten Schätzungen, sondern multiple Schätzer der Sensitivitäten. Diese werden allgemein wertpapierspezifisch für alle Faktoren simultan bestimmt. Diese vollständige Faktorrepräsentation im Abschnitt 4.2.1.1.2 steht der selektiven Faktorberücksichtigung gegenüber.[897] Diese alternative Formulierung der Erklärungsmodelle, die insignifikante Sensitivitätsschätzer vermeiden soll, wird im Abschnitt 4.2.1.1.3 geschätzt.

4.2.1.1.1 Lineare Einfachschätzung

Zunächst werden die linearen Einfachsensitivitäten der Faktoren zu den Wertpapieren gebildet. Diese Wirkungszusammenhänge werden nicht von der Korrelation zu anderen Faktoren verzerrt. Tabelle 22 gibt die Sensitivitätsschätzer und deren t-Werte wieder. Zusätzlich werden die Sensitivitäten des Residualmarktfaktors angegeben.

Der untere Teil der Tabelle 22 zeigt, dass von den sieben Erklärungsfaktoren maximal drei und für den CDAX vier Faktoren signifikante Faktorladungen aufweisen. Basierend auf diesem Ergebnis erscheint eine Analyse der selektiven Verwendung der Faktoren in den Erklärungsmodellen wichtig.

---

[897] Zur Abgrenzung zwischen selektiver und vollständiger Faktorrepräsentation vgl. Abschnitt 3.4.2.

4.2.1.1.2 Multiple Schätzung mit vollständiger Faktorrepräsentation

Die Schätzer für das multiple Faktormodell unter Verwendung aller Erklärungsfaktoren (vollständige Faktorrepräsentation) sind mit dem Residualmarktfaktor in Tabelle 23 dargestellt.[898] Dabei ist zu beachten, dass sich die makroökonomischen Faktorsensitivitäten durch den Residualmarktfaktor nicht ändern. Lediglich die Standardfehler der Schätzer werden durch diesen zusätzlichen Erklärungsfaktor verringert, so dass sich insgesamt höhere absolute t-Werte ergeben. Die Erklärungsmodelle werden alternativ mit und ohne Marktfaktor berechnet. Durch die Verwendung des Marktfaktors muss das nicht beobachtbare Marktportfolio operationalisiert werden, d. h. ein Proxy definiert werden. Dies wurde zuvor durch die ausschließliche Verwendung der vorab spezifizierten, ökonomischen Faktoren umgangen.[899]

Beim Vergleich der multiplen und univariaten Sensitivitäten fällt insbesondere der Vorzeichenwechsel beim Faktor AI für einige Wertpapier auf. Während drei Wertpapiere signifikante Einfachsensitivitäten zu AI aufweisen, erhöht sich aber die Anzahl in den multiplen Modellen. Ohne Residualmarktfaktor weisen sechs Wertpapiere, mit dagegen neun Wertpapiere einen signifikanten Wirkungszusammenhang zum Faktor AI auf. Die Änderungen in den Faktorladungen sind bei einige Wertpapieren sehr deutlich. So wird für MCH aus einer insignifikanten Ladung von -1,13 (Tabelle 22) bei univariater Betrachtung eine signifikante, multiple Faktorladung von +8,29 (Tabelle 23).

Die Qualität, mit der die Faktoren den Renditegenerierungsprozess beschreiben, ist insbesondere für die kleineren Branchen, die im Wesentlichen aus Nebenwerten bestehen, niedrig. Für die Branchen MRG, INV, RET und BRW führt auch die Verwendung des Residualmarktfaktors nicht zu einem signifikanten Erklärungsmodell. Ihre F-Werte liegen weiter deutlich unterhalb des kritischen F-Wertes. Erstaunlich ist dies besonders für die Branche Konsum (RET), die einige größere Unternehmen enthält. Zudem ist der Sektor der konsumnahen Unternehmen in der CDAX-Definition mit den Branchen für Brauereien (BRW), Textil (TXT), Papier (PAP) und Handel/Konsum (RET) in homogenere Segmente getrennt, als dies z. B. in der DAX100-Branchensegmentierung der Fall ist.[900]

---

[898] Die Einfachsensitivitäten wurden bereits in Tabelle 22 dargestellt.

[899] Vgl. Diskussion im Abschnitt 2.7. Die entsprechenden Ergebnisse ohne Residualmarktfaktor sind im Anhang D-II wiedergegeben.

[900] Der DAX100 fasst weitgehend die genannten Branchen in der einen Branche "Konsum" zusammen.

β [a]	CDAX	AUT	BNK	BRW	CHM	CON	ELC	INS	INV	MCH	MRG	PAP	RET	STL	TXT	TRN	UTL
MP	0,22	0,45	0,27	0,01	0,22	0,35	0,22	0,06	0,00	0,30	0,03	-0,01	0,09	0,35	0,01	0,20	0,14
UMP	0,34	0,48	0,32	0,15	0,49	0,40	0,53	0,08	-0,08	0,68	-0,06	0,02	-0,02	0,62	0,43	0,55	0,24
TERM	-0,07	-0,10	-0,10	0,01	-0,06	-0,07	0,00	-0,10	-0,01	-0,10	-0,04	-0,02	-0,04	-0,06	0,05	-0,01	-0,07
AI	-1,29	-7,86	-0,26	4,06	-4,01	-0,47	5,03	0,60	8,23	-1,13	-0,24	4,65	1,84	0,14	-0,45	11,32	-2,82
DOR	-0,45	-0,73	-0,43	-0,47	-0,46	-1,07	-0,65	-0,37	-0,17	-0,71	0,07	0,14	0,21	-0,59	-0,02	-0,15	-0,33
IFO_ERW	0,40	0,38	0,15	-0,26	0,94	0,30	-0,56	0,59	0,22	0,25	0,28	0,04	0,50	-0,00	0,49	-0,34	0,46
UDS	-0,71	-1,54	-0,36	0,02	-1,08	-0,94	-0,52	-0,21	0,03	-1,20	-0,03	-0,02	-0,47	-1,32	-1,04	-0,80	-0,51
RESID	0,90	1,19	0,57	0,30	0,96	1,14	0,92	1,00	0,52	1,04	0,25	0,56	1,01	0,57	0,56	1,16	0,86

t [b]	CDAX	AUT	BNK	BRW	CHM	CON	ELC	INS	INV	MCH	MRG	PAP	RET	STL	TXT	TRN	UTL
MP	2,66*	3,46*	3,51*	0,13	1,78*	2,81*	1,85*	0,58	0,04	2,40*	0,68	-0,20	0,81	3,17*	0,10	1,27	1,71*
UMP	1,83*	1,47	1,64	1,06	1,85*	1,34	2,20*	0,34	-0,45	2,60*	-0,60	0,19	-0,07	2,47*	1,44	1,71*	1,35
TERM	-1,92*	-1,46	-2,71*	0,21	-1,08	-1,05	0,05	-2,42*	-0,22	-1,65	-1,92*	-0,72	-0,89	-1,10	0,78	-0,16	-2,06*
AI	-0,33	-1,19	-0,06	1,51	-0,72	-0,08	0,97	0,13	2,67*	-0,19	-0,12	1,99*	0,40	0,02	-0,07	1,77*	-0,76
DOR	-1,49	-1,38	-1,33	-2,26*	-1,03	-2,40*	-1,58	-0,99	-0,61	-1,53	0,43	0,69	0,56	-1,33	-0,04	-0,27	-1,12
IFO_ERW	0,94	0,52	0,33	-0,85	1,62	0,45	-1,00	1,19	0,56	0,38	1,38	0,15	1,03	-0,01	0,74	-0,45	1,14
UDS	-3,32*	-4,90*	-1,39	0,12	-3,58*	-2,59*	-1,53	-0,67	0,11	-3,92*	-0,22	-0,12	-1,64	-5,18*	-2,95*	-1,90*	-2,26*
RESID	3,50*	2,40*	1,84*	1,33	2,30*	2,58*	2,36*	3,15*	1,95*	2,40*	1,65	3,31*	3,30*	1,28	1,14	2,31*	3,48*

Tabelle 22: Lineare Einfachsensitivitäten und t-Werte der Faktoren

[a] Die Faktorsensitivitäten sind Koeffizienten der linearen Einfachregression der Wertpapierrendite auf den jeweiligen Faktor.

[b] Der t-Wert gibt den Quotienten des Sensitivitätsschätzers (β), dividiert durch dessen Standardfehler (σ_β) wieder. t-Werte, die zum Konfidenzniveau 90% signifikant sind, sind mit * gekennzeichnet.

β	CDAX	AUT	BNK	BRW	CHM	CON	ELC	INS	INV	MCH	MRG	PAP	RET	STL	TXT	TRN	UTL
Konst.	0,00	0,01	0,00	-0,02	0,02	-0,02	-0,01	0,00	-0,03	-0,01	-0,00	-0,01	-0,01	-0,02	0,01	-0,02	0,01
MP	0,11	0,21	0,25	-0,01	0,11	0,24	0,19	-0,04	0,03	0,09	0,03	-0,02	0,04	0,17	-0,10	0,14	0,05
UMP	0,23	0,19	0,19	0,00	0,57	0,09	0,44	-0,13	-0,13	0,51	-0,06	0,07	0,04	0,48	0,71	0,65	0,15
TERM	-0,03	-0,02	-0,06	-0,01	0,03	-0,01	0,03	-0,11	-0,02	-0,04	-0,03	-0,03	-0,02	-0,00	0,12	0,02	-0,04
AI	4,97	2,49	4,96	4,68	4,24	7,76	9,33	4,68	10,22	**8,29**	0,89	5,87	5,99	9,54	4,56	18,33	1,83
DOR	-0,28	-0,50	-0,20	-0,48	-0,12	-0,96	-0,28	-0,50	-0,32	-0,34	0,02	0,15	0,20	-0,21	0,34	0,29	-0,23
IFO	0,66	0,72	0,36	-0,14	1,59	0,78	0,18	0,26	0,30	0,72	0,16	0,05	0,56	0,62	1,31	0,53	0,52
UDS	-0,57	-1,20	-0,00	-0,07	-0,91	-0,70	-0,36	-0,28	-0,15	-1,07	0,01	-0,13	-0,52	-1,15	-1,23	-0,85	-0,41
RESID	0,90	1,19	0,57	0,30	0,96	1,14	0,92	1,00	0,52	1,04	0,25	0,56	1,01	0,57	0,56	1,16	0,86

t-Wert	CDAX	AUT	BNK	BRW	CHM	CON	ELC	INS	INV	MCH	MRG	PAP	RET	STL	TXT	TRN	UTL
Konst.	7,56	1,72	0,06	-3,34	3,40	-3,35	-0,61	0,19	-3,74	-1,23	-0,41	-2,89	-0,85	-3,20	0,70	-2,10	2,52
MP	17,36	2,59	3,06	-0,11	1,32	2,40	1,56	-0,37	0,32	1,43	0,46	-0,28	0,32	2,44	-0,77	1,04	0,67
UMP	17,38	1,11	1,11	0,02	3,45	0,42	1,79	-0,58	-0,67	3,82	-0,52	0,53	0,19	3,38	2,55	2,31	1,07
TERM	-10,84	-0,63	-1,85	-0,25	0,96	-0,25	0,71	-2,57	-0,59	-1,49	-1,32	-1,19	-0,49	-0,10	2,12	0,35	-1,49
AI	21,65	0,86	1,73	1,59	1,50	2,18	2,21	1,24	3,14	3,59	0,42	2,74	1,51	3,94	0,95	3,78	0,76
DOR	-14,18	-2,04	-0,82	-1,91	-0,48	-3,15	-0,78	-1,56	-1,15	-1,72	0,13	0,84	0,60	-0,99	0,83	0,71	-1,11
IFO_ERW	23,84	2,05	1,04	-0,39	4,64	1,80	0,35	0,57	0,76	2,56	0,63	0,20	1,16	2,11	2,24	0,91	1,76
UDS	-32,86	-5,53	-0,02	-0,31	-4,26	-2,60	-1,13	-1,01	-0,61	-6,18	0,04	-0,82	-1,75	-6,31	-3,40	-2,34	-2,23
RESID	52,81	5,49	2,68	1,35	4,54	4,31	2,91	3,57	2,14	6,04	1,56	3,51	3,40	3,17	1,57	3,20	4,76

R^2	1,00	0,90	0,72	0,39	0,86	0,81	0,64	0,63	0,52	0,91	0,32	0,60	0,57	0,90	0,66	0,71	0,76
R^2_{korr}	1,00	0,84	0,57	0,06	0,78	0,71	0,45	0,44	0,26	0,87	-0,04	0,38	0,34	0,84	0,48	0,56	0,64
F	973,54	16,28	4,85	1,18	11,42	8,12	3,36	3,25	2,03	20,17	0,89	2,76	2,50	16,12	3,61	4,65	6,10
$F_{krit, 95\%}$	2,64	2,64	2,64	2,64	2,64	2,64	2,64	2,64	2,64	2,64	2,64	2,64	2,64	2,64	2,64	2,64	2,64
F/F_{krit}	368,65	6,16	1,84	0,45	4,33	3,08	1,27	1,23	0,77	7,64	0,34	1,05	0,95	6,11	1,37	1,76	2,31

Tabelle 23: Multiple Wirkungszusammenhänge mit residualem Marktfaktor

Die hohe Erklärungskraft für den CDAX-Index in Tabelle 23 lässt sich einfach durch die fast vollständige Korrelation zum DAX100 erklären. Da dieser als Residualmarktfaktor in das Modell eingeht, lässt sich die Varianz des CDAX fast vollständig durch die Faktoren erklären (Bestimmtheitsmaß $R^2 = 1,0$).

4.2.1.1.3 Multiple Schätzung mit selektiver Faktorrepräsentation

Alternativ zur vollständigen Faktorrepräsentation soll parallel ein Modell mit nur selektiver Verwendung einzelner Faktoren zur Erklärung der Wertpapierrendite eingesetzt werden. Die Erklärungsmodelle der einzelnen Wertpapiere werden gemäß Abschnitt 4.1.3 gebildet. Dabei ergibt sich die in Tabelle 24 dargestellte Faktorauswahl und deren Sensitivitäten sowie t-Werte. Die Qualität der Faktormodelle ist in Tabelle 25 durch die Betrachtung des Bestimmtheitsmaßes R^2 und des F-Tests für das Modell dargestellt.

Im Gegensatz zur bisherigen Definition der Faktormenge, soll zusätzlich der residuale Marktfaktor als erklärender Faktor in der Performancezerlegung verwendet werden. Dazu wird der residuale Marktfaktor aus einer multiplen Regression der DAX100 Überschussrendite auf alle erklärenden Faktoren geschätzt. Die so generierte Zeitreihe wird als erklärender Faktor in die Erklärungsmodelle der analysierten Wertpapiere einbezogen.[901] Offensichtlich erhöht sich die Erklärung der Modelle gegenüber den Erklärungen in Tabelle 25 deutlich. Dies war zu erwarten, weil der residuale Marktfaktor die nicht durch die erklärenden Faktoren erfassten Einflüsse auffängt und somit auch als unsystematisches Marktbeta interpretiert werden kann.[902] Andererseits könnte der Residualmarktfaktor aber auch einen oder mehrere ausgelassene Faktoren ersetzen. Die Signifikanzen der Regressionskonstanten nehmen zumindest im Gegensatz zum Modell ohne Residualmarktfaktor zu und die insignifikanten Erklärungsfaktoren in den individuellen Erklärungsmodellen der Branchen MRG, PAP und RET werden vollständig eliminiert. Der erklärte Anteil der Varianz, gemessen durch das R^2, hat sich in einigen Modellen verdoppelt und liegt jetzt zwischen 0,25 und 0,93, während die Spanne vorher zwischen 0,16 und 0,62 lag.[903]

---

[901] Die linearen Einfachsensitivitäten und die t-Werte sind in Tabelle 22 wiedergegeben. Die neu geschätzten Erklärungsmodelle und die Qualität der Erklärungsmodelle sind im Anhang D-III dargestellt.

[902] 'Unsystematisch' ist dabei im Sinne der fundamentalen Erklärungsfaktoren als unsystematisch zu verstehen.

[903] Die Veränderungen des korrigierten Bestimmtheitsmaßes sind vergleichbar.

β [a]	CDAX	AUT	BNK	BRW	CHM	CON	ELC	INS	INV	MCH	MRG	PAP	RET	STL	TXT	TRN	UTL
Konst.	0,01	0,01	0,01	-0,02	0,03	-0,02	-0,00	0,01	-0,02	0,00	-0,00	-0,01	-0,00	-0,01	0,01	-0,02	0,01
MP			0,22				0,23										
UMP	0,34				0,54		0,49			0,54				0,46	0,61	0,50	
TERM			-0,07					-0,10			-0,03	-0,03			0,13		-0,06
AI				4,45			8,50		8,23			5,42				17,34	
DOR		-0,68		-0,49		-1,04		-0,35									
IFO_ERW	0,62				1,30						0,18		0,50		1,35		
UDS	-0,63	-1,52			-0,95	-0,91				-1,07			-0,47	-1,21	-1,01	-1,05	-0,46

t [b]	CDAX	AUT	BNK	BRW	CHM	CON	ELC	INS	INV	MCH	MRG	PAP	RET	STL	TXT	TRN	UTL
Konst.	1,68	1,20	1,01	-3,72*	3,81*	-2,14*	-0,30	0,94	-3,54*	0,16	-0,17	-2,45*	-0,04	-1,00	1,47	-1,87*	2,37*
MP			2,98*				2,07*										
UMP	2,14*				2,76*		2,16*			2,58*				2,67*	2,39*	1,89*	
TERM			-2,13*					-2,40*			-1,54	-1,32			2,59*		-1,91*
AI				1,83*			1,86*		2,67*			2,28*				3,19*	
DOR		-1,87*		-2,49*		-2,67*		-1,05									
IFO_ERW	1,84*				3,11*						0,86		1,08		2,39*		
UDS	-3,15*	-5,12*			-3,82*	-2,85*				-3,86*			-1,65	-5,28*	-3,28*	-2,87*	-2,11*

Tabelle 24: Multiple Faktorsensitivitäten und t-Werte der wertpapierindividuellen Erklärungsmodelle

[a] Die Faktorsensitivitäten sind multiple Koeffizienten. Die Auswahl der Erklärungsfaktoren erfolgt nach einem einfachen Optimierungsalgorithmus, vgl. Abschnitt 4.1.2.

[b] Der t-Wert gibt den Quotienten des Sensitivitätsschätzers (β), dividiert durch dessen Standardfehler (σ_β) wieder. t-Werte, die zum Konfidenzniveau 90% signifikant sind, sind mit * gekennzeichnet.

	CDAX	AUT	BNK	BRW	CHM	CON	ELC	INS	INV	MCH	MRG	PAP	RET	STL	TXT	TRN	UTL
R^2	0,49	0,59	0,47	0,30	0,62	0,43	0,38	0,25	0,25	0,55	0,17	0,22	0,16	0,66	0,54	0,48	0,31
R^2_{korr}	0,41	0,55	0,42	0,23	0,56	0,37	0,28	0,18	0,21	0,51	0,09	0,14	0,08	0,63	0,44	0,41	0,24
F [a]	6,39 **	15,15 **	9,41 **	4,50 *	10,89 **	7,85 **	4,01 *	3,48 *	7,15	12,98 **	2,19	2,91	1,94	20,71 **	5,58 **	6,23 **	4,69 *
$F_{krit,95\%}$	3,10	3,47	3,47	3,47	3,10	3,47	3,10	3,47	4,30	3,47	3,47	3,47	3,47	3,47	2,90	3,10	3,47
F/F_{krit}	2,06	4,37	2,71	1,30	3,52	2,26	1,29	1,01	1,66	3,74	0,63	0,84	0,56	5,97	1,93	2,01	1,35

Tabelle 25: Kennzahlen der multiplen, wertpapierindividuellen Erklärungsmodelle

Für die in Tabelle 24 dargestellten Modelle der einzelnen Wertpapiere werden das Bestimmtheitsmaß R^2, das korrigierte Bestimmheitsmaß, der F-Wert des Modells, der Betrag des kritischen F-Wertes zum Konfidenzniveau 95% und der Betrag des Quotienten aus F-Wert und kritischem F-Wert abgetragen.

[a] Die F-Verteilung wurde zum Konfidenzniveau $1-\alpha = 95\%$ berechnet. F-Werte, die signifikant zum Konfidenzniveau 95% sind, werden durch * gekennzeichnet, bei einem Konfidenzniveau 99% mit **.

4.2.1.2 Schätzung der Faktorgewichtung

Zum Vergleich der im Abschnitt 3.4.1 beschriebenen beiden Schätzalternativen wird exemplarisch das Beispiel der vollständigen Faktorrepräsentation für den CDAX dargestellt.[904] Die Einfachsensitivitäten und multiplen Wirkungszusammenhänge wurden bereits im Abschnitt 4.2.1.1 berechnet.

CDAX	**Sensitivitäten**		w_1		w_2	
	β_e	β_m	$w_1 = \beta_m / \beta_e$	$w_1[\%]$	$\hat{w}_2$	$t(\hat{w}_2)$
Konstante		0,00			**0,00**	0,57
MP	0,22	0,11	**0,52**	6%	**0,52**	1,31
UMP	0,34	0,23	**0,69**	8%	**0,69**	1,31
TERM	-0,07	-0,03	**0,39**	5%	**0,39**	0,82
AI	-1,29	4,97	**-3,86**	45%	**-3,86**	-1,64
DOR	-0,45	-0,28	**0,61**	7%	**0,61**	1,07
IFO	0,40	0,66	**1,68**	20%	**1,68**	1,80
UDS	-0,71	-0,57	**0,80**	9%	**0,80**	2,48

Tabelle 26: Vergleich der zwei Methoden zur Bestimmung der Faktorgewichtung

Die Berechnungen basieren auf dem bereits dargestellten 24 Monatszeitraum bis zum 31.12.1996. Die ersten beiden Spalten geben die univariate und multiplen Sensitivitätsschätzer an, die bereits im Abschnitt 4.2.1.1 wiedergegeben wurden. Die dritte Spalte gibt den berechneten Gewichtungsfaktor w_1 wieder, die fünfte Spalte den geschätzten Gewichtungsfaktor $\hat{w}_2$. Zusätzlich ist in Spalte 4 der prozentuale Anteil der Gewichtung dargestellt, der dem normierten Gewichtungsfaktor w_j^* (Gleichung (142) im Abschnitt 3.4.3) entspricht. Die letzte Spalte gibt den t-Wert für den Schätzer w_2 an.

Das Bestimmtheitsmaß (R^2) für die zweite Methode entspricht $R^2 = 0,64$, die F-Teststatistik ist $F = 4,08$. Bei einem Konfidenzniveau von 95% ($a = 0,05$) ergibt sich ein kritischer F-Wert $F_{krit}(24; 7; 0,05) = 2,66$. Da $F > F_{krit}$ kann das gewählte Modell als signifikantes Erklärungsmodell nicht abgelehnt werden.

Die Ergebnisse der zwei Methoden werden in Tabelle 26 gegenübergestellt. Die erste Methode leitet die Gewichtung aus dem Verhältnis der multiplen Sensitivitäten zu den Einfachbetas ab. Sie entspricht im Ergebnis der zweiten Methode. Diese leitet die Gewichtung aus der Regression der mit den univariaten Sensitivitäten transformierten Faktorrenditen ab. Beim Faktor AI sorgt die deutliche Divergenz zwischen univariatem und multiplem Wirkungszusammenhang dafür, dass der Gewichtungsfaktor negativ wird und gegenüber den anderen Gewichten

---

[904] Auf die Verwendung des Marktfaktors wird hier zur Vereinfachung verzichtet.

groß ist. Diese Verzerrung belegt die bereits diskutierte Problematik dieses Faktors, der nicht unerwartet ist, signifikante Autokorrelationen besitzt und dessen Verteilung keiner Normalverteilung entspricht.[905]

4.2.1.3 Schätzung der Risikoprämien

Die Risikoprämien werden in einer Querschnittsregression über die hier verwendeten 16 Branchenindizes des CDAX geschätzt. Die Schätzung erfolgt für jede Periode getrennt. Die daraus resultierenden Zeitreihen der Risikoprämien für die einzelnen Faktoren lassen sich anschließend auf ihre Signifikanz untersuchen. Hier steht aber zunächst die Bestimmung der Risikoprämien für die vollständige und die selektive Faktorrepräsentation, jeweils mit und ohne Residualmarktfaktor im Vordergrund. Die Tabellen mit den geschätzten Risikoprämien, deren Zeitreihenmittelwerten und -standardabweichungen sowie den verzerrten t-Tests sind im Anhang D-IV wiedergegeben.

Anders als die Wirkungszusammenhänge werden die multiplen Schätzer der Risikoprämien durch die zusätzliche Verwendung des Residualmarktfaktors für alle Faktoren beeinflusst. Bei der vollständigen Faktorrepräsentation ändern sich die signifikanten Faktoren UMP und AI nicht durch die zusätzliche Aufnahme des Marktfaktors, der selbst eine signifikante Risikoprämie aufweist.[906] Auffällig ist dagegen die weitere Reduktion der t-Werte für die Faktoren TERM und IFO. Für den Zinsstrukturfaktor senkt sich die mittlere, geschätzt Risikoprämie, während bei Faktor IFO die Varianz zunimmt.

Die Risikoprämien der selektiven Faktorrepräsentation variieren dagegen stärker. Die Faktoren MP und IFO behalten ihre Signifikanz auch nach der Aufnahme des Marktfaktors. Ebenso bleibt die Regressionskonstante signifikant. Anders als bei der vollständigen Faktorrepräsentation weist der Marktfaktor aber keine stabile Risikoprämie auf. Dafür gewinnt der Faktor DOR durch einen merklich gestiegenen Zeitreihenmittelwert an Bedeutung, während die Signifikanz des Zinsstrukturfaktors TERM nicht bestätigt wird. Die stärkeren Veränderungen in der Zusammensetzung der Faktoren mit signifikanten Risikoprämien lässt sich auf die veränderten Zusammensetzungen der Erklärungsmodelle der Wertpapiere zurückführen.[907]

---

905 Vgl. Berechnungen und Diskussion in Abschnitt 4.1.1.

906 Durch das EIV-Problem sind die Standardfehler der mittleren Risikoprämien nach unten verzerrt. Die Verzerrung führt also zu niedrigeren, tatsächlichen t-Werten, als diese durch die verzerrten Standardfehler angegeben werden. Da die Signifikanzen der Risikoprämien hier aber nicht weiter verwendet werden, wird auf eine eingehendere Analyse und komplexe Bereinigung der Verzerrung verzichtet. Vgl. Hinweise auf solche Verfahren in Fn. 820.

907 Für die Veränderungen in den wertpapierspezifischen Erklärungsmodellen vgl. Tabelle 24 (ohne Marktfaktor) und Anhang D-III (mit Marktfaktor).

			CDAX				gleichgew. Index				Portfolio			
	λ	δ	β	$\beta\lambda$	$\beta\delta$	r_{syst}	β	$\beta\lambda$	$\beta\delta$	r_{syst}	β	$\beta\lambda$	$\beta\delta$	r_{syst}
MP	-3,2%	-7,4%	0,11	-0,4%	-0,8%	**-1,2%**	0,09	-0,3%	-0,6%	**-0,9%**	0,11	-0,4%	-0,8%	**-1,2%**
UMP	-3,4%	-1,8%	0,23	-0,8%	-0,4%	**-1,2%**	0,24	-0,8%	-0,4%	**-1,2%**	0,19	-0,7%	-0,4%	**-1,0%**
TERM	-31,0%	-16,6%	-0,03	0,9%	0,5%	**1,3%**	-0,01	0,4%	0,2%	**0,6%**	-0,04	1,2%	0,7%	**1,9%**
AI	-0,5%	0%	4,97	-2,6%	0%	**-2,6%**	6,48	-3,3%	0%	**-3,3%**	3,64	-1,9%	0%	**-1,9%**
DOR	-0,4%	-1,8%	-0,28	0,1%	0,5%	**0,6%**	-0,19	0,1%	0,4%	**0,4%**	-0,31	0,1%	0,6%	**0,7%**
IFO	1,7%	1,5%	0,66	1,1%	1,0%	**2,1%**	0,53	0,9%	0,8%	**1,7%**	0,69	1,1%	1,0%	**2,2%**
UDS	-1,8%	0,3%	-0,57	1,0%	-0,1%	**0,9%**	-0,56	1,0%	-0,1%	**0,9%**	-0,56	1,0%	-0,1%	**0,9%**
		$r_{syst,ges.}$		**-0,59%**	**0,55%**	**-0,03%**		**-2,04%**	**0,14%**	**-1,90%**		**0,64%**	**0,91%**	**1,55%**
		r				**-0,22%**				**-1,55%**				**1,61%**
		e				-0,19%				0,35%				0,06%

	Portfolio - CDAX				Portfolio – gleichgew. Index			
	β	$\beta\lambda$	$\beta\delta$	r_{syst}	β	$\beta\lambda$	$\beta\delta$	r_{syst}
MP	0,00	-0,0%	-0,0%	**-0,0%**	0,03	-0,1%	-0,2%	**-0,3%**
UMP	-0,04	0,1%	0,1%	**0,2%**	-0,04	0,1%	0,1%	**0,2%**
TERM	-0,01	0,4%	0,2%	**0,6%**	-0,03	0,9%	0,5%	**1,3%**
AI	-1,33	0,7%	0%	**0,7%**	-2,84	1,5%	0%	**1,5%**
DOR	-0,03	0,0%	0,1%	**0,1%**	-0,12	0,1%	0,2%	**0,3%**
IFO	0,02	0,0%	0,0%	**0,1%**	0,16	0,3%	0,2%	**0,5%**
UDS	0,01	-0,0%	0,0%	**-0,0%**	0,00	-0,0%	0,0%	**-0,0%**
$r_{syst,ges.}$		**1,23%**	**0,36%**	**1,58%**		**2,68%**	**0,77%**	**3,45%**
r				**1,83%**				**3,16%**
e				0,25%				-0,29%

Die obere Teiltabelle zeigt die Performancezerlegung für den CDAX, den Index und das Beispielportfolios. Die ersten beiden Spalten zeigen die Parameter Risikoprämie (λ) und unerwartete Faktoränderung (δ). Die Zerlegung erfolgt in Abhängigkeit der Sensitivität (β) in eine erwartete Komponente ($\beta\,\lambda$) und eine unerwartete Komponente ($\beta\,\delta$). Die Summe dieser beiden Komponenten steht als systematische Rendite (r_{syst}) in der jeweils letzten Spalte. Beide Komponenten und die Summe lassen sich über die Faktoren aggregieren ($r_{syst,ges.}$). Die unsystematische Rendite (e) ist die Differenz zur tatsächlichen Periodenüberschussrendite (r).

Tabelle 27: Performancezerlegung für ein Beispielportfolio mit Vergleich zum CDAX und zum gleichgewichteten Index per 30.10.1996 bei vollständiger Faktorrepräsentation (Aufspaltung: erwartete und unerwartete systematische Renditekomponenten)

4.2.1.4 Performancezerlegung und –analyse

Für die Performancezerlegung wird ein Portfolio definiert, das aus fünf Wertpapieren (Branchenindizes) besteht. Diese werden in jeder Periode gleichgewichtet, m. a. W. es wird eine monatliche Rebasierung des Portfolios unterstellt.

Performancezerlegung bei vollständiger Faktorrepräsentation in den Erklärungsmodellen

Alle Faktoren werden für die Erklärung der Rendite und die anschließende Schätzung der Risikoprämien verwendet. D. h. jedes Wertpapier hat einen Wirkungszusammenhang zu jedem der verwendeten Faktoren, unabhängig von der Signifikanz diese Zusammenhanges. In der zweiten Stufe der Risikoprämienschätzung werden daher auch Wirkungszusammenhänge einbezogen, deren Ausprägung nicht signifikant von Null verschieden ist. Dadurch werden Verzerrungen in den Risikoprämien induziert, die über die Verzerrung durch die Verwendung von geschätzten Sensitivitäten hinaus gehen.[908]

Dieser Fehler wird jedoch in Kauf genommen, da hierdurch die Wirkungszusammenhänge für alle Faktoren berücksichtigt werden können. Die weiter unten dargestellte Analyse, die wertpapierspezifisch optimierte Erklärungsmodelle zugrunde legt, hat dagegen den Nachteil mögliche Wirkungszusammenhänge, die in der linearen Einfachregression signifikant sind, im multiplen Modell zu verwerfen. D. h. Wertpapiere, die eine Einfachsensitivität gegenüber einem bestimmten Faktor aufweisen, diesen aber nicht im multiplen Erklärungsmodell berücksichtigen, weisen in der Risikoprämienschätzung und der Performancezerlegung eine Sensitivität von Null gegenüber diesem Faktor aus.

Tabelle 27 zeigt die Performancezerlegung in erwartete und unerwartete systematische Renditekomponenten nach der in Kapitel 3 beschriebenen Systematik. Für die gewählte Periode wird für das Portfolio eine systematische Rendite von +1,55% erklärt. Diese setzt sich aus einer erwarteten Rendite von +0,64% und einer unerwarteten Rendite von 0,91% zusammen. Die systematische Leistung des Managers wird hingegen mit +0,91% positiv bewertet. Da die systematische Rendite aber niedriger als die tatsächliche Überschußrendite des Zeitraums liegt, wurde zusätzlich eine positive, unsystematische Renditekomponente in Höhe von 0,06% erzielt.

Vergleicht man die aktive Rendite des Portfolios zum Index, so liegt aufgrund eingegangener Risiken die erwartete systematische Rendite mit 2,68% deutlich im positiven Bereich. Dies wurde vor allem durch die relative Risikopositionierung gegenüber dem Faktor AI erreicht, zu dem bei negativer Risikoprämie (-0,5%) eine negative aktive Sensitivität (-2,84) bestand. Die unerwartete, syste-

---

[908] Die geschätzten Sensitivitäten verursachen das EIV-Problem.

matische Rendite, die die Fähigkeit des Managers mißt, Faktoränderungen mit privaten Informationen zu schätzen, ist ebenfalls mit 0,77% positiv. Aggregiert wird eine systematische, aktive Rendite von 3,45% erreicht, die unsystematische Rendite reduziert dies aber um 0,29%.

Aus diesen Ergebnissen lässt sich folgendes ableiten: Im Vergleich zum Index hat der Manager des Portfolios eine gute Fähigkeit in der Schätzung der Zinsstrukturveränderung gezeigt. Ebenfalls positiv haben die Einschätzungen für die Faktoren DOR und IFO gewirkt. Dagegen lag er mit der Erwartung für die Änderung der Industrieproduktion falsch, d. h. er hatte eine höhere Portfoliosensitivität gewählt obwohl der Faktor einer negative Veränderung unterlag. Werden erwartete und unerwartete Komponenten gemeinsam betrachtet, haben besonders die Positionierungen gegenüber den Faktoren TERM und AI die hohe aktive Rendite bewirkt. Gemindert wurde diese durch den Faktor MP und die unsystematische Rendite.

Im Anhang D-V wird die gleiche Analyse für das Portfolio und den Index bei zusätzlicher Verwendung des Marktfaktors dargestellt. Die Aussagen werden hier weitgehend bestätigt. Durch den negativen Renditebeitrag des Marktfaktors reduziert sich die systematische Rendite jedoch leicht, so dass eine geringe positive, unsystematische Residualrendite verbleibt. Offensichtlich war die zuvor festgestellte negative unsystematische Rendite auf den fehlenden Erklärungsfaktor zurückzuführen.

Performancezerlegung bei optimierten Erklärungsmodellen mit selektiver Faktorrepräsentation

Analog zur vollständigen Faktorrepräsentation zeigt Anhang D-V ebenfalls die Ergebnisse der Performancezerlegung bei nur selektiver Berücksichtigung der Erklärungsfaktoren. Die Bedeutung des Faktors AI fällt dabei im Vergleich zurück, während der positive Renditebeitrag des Faktors UMP besonders in der erwarteten Komponente steigt. Der negative Beitrag zur aktiven Rendite der Industrieproduktion (MP) und des Marktfaktors wird bestätigt. Auch die Relation zwischen erwarteter und unerwarteter Teilkomponente bleibt bestehen. Der nicht systematisch erklärbare Renditeanteil liegt weiterhin für beide Faktormengen sehr niedrig.

Ein abschließender Vergleich der vier unterschiedlichen Spezifikationen für die Periode t_{-2} wird in Tabelle 28 gegeben. Die unerklärte, unsystematische Rendite schwankt leicht. Dies entsteht einerseits durch die zusätzliche Verwendung des Marktfaktors, der im dargestellten Zeitraum eine Reduktion des unerklärten Anteils bewirkt.[909] Andererseits sorgt die unterschiedliche Methodik der Faktor-

[909] Dies ist aber keine systematische Wirkung des Faktors. In der Periode t_{-1} erhöht er den unerklärten Anteil, in t_0 reduziert er in wieder. Auffällig ist jedoch, dass die Wirkungsrichtung für die selektive und die vollständige Faktorrepräsentation in allen drei Perioden

berücksichtigung in den Erklärungsmodellen für eine leichte Schwankung der erklärten, systematischen Anteile zwischen den Modellen.

Faktorrepräsentation	vollständig ohne RESID	vollständig mit RESID	selektiv ohne RESID	selektiv mit RESID
MP	-0,31%	-0,25%	-0,36%	-0,43%
UMP	0,22%	0,24%	0,66%	0,97%
TERM	1,33%	1,62%	1,62%	2,31%
AI	1,46%	1,19%	0,85%	0,51%
DOR	0,26%	0,28%	0,04%	-0,03%
IFO	0,49%	0,66%	0,16%	0,45%
UDS	-0,01%	-0,01%	0,02%	0,07%
RESID		-0,65%		-0,70%
$\Sigma\beta\lambda$	2,68%	2,48%	2,19%	2,73%
$\Sigma\beta\delta$	0,77%	0,60%	0,80%	0,45%
$r_{syst,ges.}$	**3,45%**	**3,08%**	**2,99%**	**3,17%**
r	3,16%	3,16%	3,16%	3,16%
e	**-0,29%**	**0,08%**	**0,17%**	**-0,02%**

Tabelle 28: Vergleich der Performancezerlegung der aktiven Rendite bei selektiver und vollständiger Faktorrepräsentation

Die aktive Rendite wird zwischen dem Beispielportfolio und dem gleichgewichteten Index der Branchenindizes bestimmt. In den ersten acht Zeilen werden die erklärten systematischen Renditebeiträge der Faktoren bestimmt. Die folgenden zwei Zeilen geben die Summen der erwarteten und unerwarteten Teilkomponenten wieder. Die Summe der Teilkomponenten ergibt jeweils die gesamte erklärte, systematische Überschussrendite ($r_{syst,ges.}$), die der tatsächlichen Überschussrendite (r) gegenübergestellt wird. Die nichterklärte Differenz (e) ergibt sich als Residuum und ist in der letzten Zeile abgetragen.

4.2.2 Empirische Zerlegung der systematischen Renditekomponenten

Im Abschnitt 3.4.3.2 wurde die Anwendbarkeit der Renditezerlegung des allgemeinen Faktorportfolios aus Abschnitt 3.4.3 gezeigt. Da die Managerleistung risikoadjustiert in der unerwarteten Rendite quantifiziert wird, ist speziell die Analyse dieser Renditekomponente für die Vor- und Rückkopplung im Investmentprozess wichtig.

---

identisch ist. Werden alle 24 Perioden des Schätzzeitraums betrachtet, wobei die Sensitivitätsschätzungen nicht rollierend angepasst werden, weisen 17 dieser Perioden eine gleichgerichtete Wirkung des Residualmarktfaktors auf den unerklärten Renditeanteil auf.

4.2.2.1 Renditezerlegung der unerwarteten Rendite

Die weitergehende Analyse der systematischen, unerwarteten Rendite wird durch die Definition der Faktorrendite als Änderung der Faktorausprägung ($R_j = \delta_j$) möglich.[910] Die Rendite lässt sich dann der Zerlegung des allgemeinen Faktormodells zuführen.[911] Daher werden zunächst die Faktorrenditen für die drei analysierten Perioden berechnet (vgl. Anhang D-VI, Tabelle A-12). Zusätzlich werden die Wirkungszusammenhänge in den Gewichtungsparameter w^* und die bereinigte Sensitivität b zerlegt.[912] Unter Verwendung dieser beiden Parameter und der Faktorrendite lässt sich die systematische, unerwartete Rendite in einen Faktorallokations- und Faktorselektionsbeitrag sowie das Kreuzprodukt zerlegen; Tabelle 29.[913] Eine ausführliche Ergebnistabelle befindet sich im Anhang D-VI, Tabelle A-14.

	Allokation	Selektion	Kreuzprodukt	unerw. Rendite
CDAX	0,00%	-0,20%	0,30%	**0,10%**
AUT	1,10%	0,00%	-0,30%	**0,80%**
BNK	-2,10%	0,30%	1,20%	**-0,60%**
BRW	1,40%	0,10%	-0,70%	**0,80%**
CHM	-0,10%	0,00%	0,80%	**0,60%**
CON	1,10%	0,20%	0,30%	**1,60%**
ELC	-2,00%	-0,80%	0,20%	**-2,60%**
INS	1,90%	0,70%	-0,30%	**2,30%**
INV	-0,10%	-0,10%	0,10%	**-0,10%**
MCH	-1,60%	-0,50%	0,70%	**-1,30%**
MRG	1,40%	0,20%	-0,90%	**0,70%**
PAP	0,50%	0,10%	-0,10%	**0,50%**
RET	0,70%	0,10%	-0,20%	**0,60%**
STL	-1,50%	-0,50%	0,80%	**-1,20%**
TXT	0,50%	-1,80%	-0,30%	**-1,70%**
TRN	-0,90%	-0,80%	0,40%	**-1,20%**
UTL	0,00%	0,30%	0,50%	**0,90%**
aktiv	0,19%	0,59%	0,02%	**0,80%**

Tabelle 29: Renditezerlegung der systematischen, unerwarteten aktiven Renditen
Die aktiven Renditen werden jeweils gegen den gleichgewichteten Index für die Periode, die zum Zeitpunkt t_{-2} (31.10.1996) endet, berechnet. Als

[910] Vgl. Abschnitt 3.4.3.2.

[911] Vgl. Abschnitte 3.4.3.2 und 3.4.3.

[912] Vgl. Berechnung im Anhang D-VI, Tabelle A-13.

[913] Für die Berechnungsmethodik vgl. Abschnitt 3.4.3, Seite 273.

Erklärungsmodell liegt das Modell der selektiven Faktorrepräsentation ohne Residualmarktfaktor zugrunde.

4.2.2.2 Renditezerlegung der gesamten, systematischen Rendite

Abhängig von der Definition der Faktorrendite R_j können neben der unerwarteten Rendite auch die erwartete Rendite und die gesamte, systematische Rendite nach der gleichen Methodik zerlegt und analysiert werden. Dies wird anhand des Beispiels für den Fall der selektiven Faktorrepräsentation ohne Marktfaktor für die aktive Rendite des Beispielportfolios gegenüber dem gleichgewichteten Index dargestellt.

Im oberen Segment der Tabelle 30 werden die drei unterschiedlichen Definitionen der Faktorrendite für die sieben Erklärungsfaktoren aufgeführt. Danach werden die Teilrenditen für die Allokation, Selektion und das Kreuzprodukt jeweils für die einzelnen Faktoren berechnet und aggregiert. Die Summe dieser Teilrenditen ergibt dann die erklärte, aktive systematische Rendite, wie sie bereits in Abschnitt 4.2.1.4 (Anhang D-V, Tabelle A-10) berechnet wurde.

4.2.2.3 Vergleich der Renditezerlegung mit der disjunkten Zerlegung nach Anlagesegmenten

Wenn die Performanceanalyse der fundamentalen, mehrdimensionalen Risikopositionierung mit der klassischen, Wertpapiersegment orientierten Renditezerlegung verglichen werden soll, müssen die Wertpapiere Segmenten zugeordnet werden. In der bisherigen empirischen Untersuchung wurden die 16 Branchenindizes als Wertpapiere behandelt. Als solche besitzen sie aber noch keine Aggregationsstufe, deren Segmentrenditen miteinander vergleichbar sind. Werden alle Wertpapiere als jeweils ein Segment definiert, kann aber keine Aussage über die Selektionsfähigkeit getroffen werden, weil die Segmentrenditen identisch wären. Daher werden die 16 Wertpapiere hier zu Darstellungszwecken in vier Sektoren zusammengefasst.[914] Tabelle 31 zeigt die Gewichtung und die Renditen der Sektoren im Portfolio und im Index.

Damit kann die aktive Rendite zwischen dem Beispielportfolio und dem gleichgewichteten Index der Wertpapiere nach den Segmenten in Allokations- und Selektionsbeiträge zerlegt werden. Tabelle 32 zeigt die Matrix der Renditebeiträge. Die aktive Rendite wird also zu einem überwiegenden Teil aus der Titelselektion innerhalb der Sektoren erzeugt. Lediglich im Finanzsektor hat die Titelselektion eine negative aktive Rendite bewirkt. Da der Renditeanteil des Kreuzproduktes oft zur Selektion zugerechnet wird, hat besonders die Titelaus-

---

[914] Die Zuordnung erfolgt hier beispielhaft ohne Anspruch auf eine fundamental richtige Aggregation. Die Wertpapiere BRW, RET, PAP und TXT werden dem Sektor KONSUM zugeordnet, BNK, MRG, INS, INV dem Sektor FINANZ, AUT, MCH, CHM, ELC, STL dem Sektor INDUSTRIE und TRN, UTL, CON dem Sektor SONST.

wahl im Industriesektor das Ergebnis positiv beeinflusst. Die Gewichtungsentscheidung zwischen den Sektoren, wenn sie aktiv gefällt wurde, hat dagegen einen deutlich niedrigeren, aber positiven Beitrag (0,38%) erbracht.

In der klassischen Zerlegung wird die Branchen- bzw. Sektorbeiträge zur Allokation und die Titelauswahl innerhalb dieser Segmente betrachtet. Die aktive Rendite von 3,16% wird vollständig den Teilsegmenten zugeordnet. Dagegen hat die Zerlegung auf der Basis fundamentaler Faktoren nur einen Teil der aktiven Rendite erklärt (vgl. Tabelle 27 bzw. Anhang D-V). Eine Restgröße verbleibt als unerklärte, unsystematische Renditekomponente. Wie der Vergleich der vier alternativen Erklärungsmodelle zeigt, schwankt diese Restgröße je nach Definition des Erklärungsmodells und der Faktormenge (Tabelle 28). Zudem ist der Anteil der systematischen Renditeerklärung in den einzelnen Perioden unterschiedlich hoch (vgl. Tabelle 33 im nachfolgenden Abschnitt 4.2.3).

Die Aussagen der Tabelle 32 unterstreichen aber, dass die Methode der Performancezerlegung vom Anlageentscheidungsprozess abhängt. Nur wenn mikro- oder makroökonomische Faktoren in der Entscheidung eingesetzt werden, ist die Zerlegung der systematischen Rendite für die Steuerung des Prozesses einsetzbar. Andererseits sind die Informationen der Segmentrenditebeiträge nur zur Steuerung geeignet, wenn die Entscheidungen explizit auf die relativen Segmentgewichtungen ausgerichtet sind.

4.2.3 Performancezerlegung über mehrere Perioden

Die einzelnen Analysezeiträume bzw. Renditezerlegungsintervalle sind bewusst kurz gewählt worden, um dynamische Veränderungen der Fundamentalfaktoren zeitnah erfassen zu können und diese entsprechend in der Portfoliostruktur zu berücksichtigen. Dabei ist es wichtig, die Analyse über mehr als eine Periode zu erstrecken, um die abgeleiteten Aussagen statistisch besser abzusichern. Die Wahl der Periodenanzahl stellt jedoch eine Gradwanderung zwischen der Aktualität und der statistischen Absicherung dar.

Dazu werden die beiden Modelle mit Residualmarktfaktor für die drei letzten Monate in der Betrachtungsperiode aggregiert. Da stetige Renditen verwendet werden, kann die Aggregation der Perioden additiv erfolgen. Tabelle 33 stellt zunächst die Komponenten der drei Perioden nebeneinander für beide Modelle dar. Tabelle 34 gibt dann die aggregierten Renditekomponenten wieder.

	MP	UMP	TERM	AI	DOR	IFO	UDS	Summe
$R_j = \lambda_j$	-14.20%	-5.70%	-27.40%	-0.30%	1.00%	1.50%	-0.80%	
$R_j = \delta_j$	-7.40%	-1.80%	-16.60%	0.00%	-1.80%	1.50%	0.30%	
$R_j = \lambda_j + \delta_j$	-21.60%	-7.60%	-44.00%	-0.30%	-0.80%	3.00%	-0.50%	
Allokationsrendite								
erwartet	-0.11%	0.06%	-0.10%	-7.57%	0.24%	-0.57%	2.43%	**-5.62%**
unerwartet	-0.26%	0.03%	-0.05%	0.00%	1.00%	-0.51%	-0.35%	**-0.14%**
systematisch	-0.37%	0.09%	-0.16%	-7.57%	1.24%	-1.09%	2.08%	**-5.76%**
Selektionsrendite								
erwartet	0.01%	0.09%	1.32%	2.76%	-0.05%	2.38%	-0.72%	**5.80%**
unerwartet	0.03%	0.05%	0.71%	0.00%	-0.21%	2.13%	0.10%	**2.82%**
systematisch	0.04%	0.14%	2.03%	2.76%	-0.26%	4.52%	-0.61%	**8.62%**
Kreuzprodukt								
erwartet	0.01%	-0.01%	-0.35%	6.27%	-0.14%	-1.55%	-1.72%	**2.50%**
unerwartet	0.01%	0.00%	-0.19%	0.00%	-0.58%	-1.39%	0.25%	**-1.91%**
systematisch	0.02%	-0.01%	-0.54%	6.27%	-0.73%	-2.94%	-1.47%	**0.59%**
systematische Rendite								
erwartet	-0.09%	0.14%	0.87%	1.46%	0.05%	0.26%	-0.01%	**2.68%**
unerwartet	-0.22%	0.08%	0.46%	0.00%	0.21%	0.23%	0.00%	**0.77%**
Summe	**-0.31%**	**0.22%**	**1.33%**	**1.46%**	**0.26%**	**0.49%**	**-0.01%**	**3.45%**

Tabelle 30: Zerlegung der aktiven, systematischen Renditekomponenten in Allokations- und Selektionsbeiträge

Das Beispiel bezieht sich auf die aktive Rendite des Beispielportfolios gegenüber dem gleichgewichteten Index für den Zeitpunkt t_{-2} (31.10.1996). Als Erklärungsmodell liegt das Modell der selektiven Faktorrepräsentation ohne Residualmarktfaktor zugrunde.

	KONSUM	FINANZ	INDUSTRIE	SONST	Σ
GEWICHTUNG					
Portfolio	0%	40,0%	40,0%	20,0%	**100%**
INDEX	25,0%	25,0%	31,75%	18,75%	**100%**
RENDITE					
Portfolio	0,00%	0,11%	2,78%	2,28%	**1,61%**
INDEX	-2,06%	0,25%	-1,50%	-3,33%	**-1,55%**

Tabelle 31: **Sektorgewichte und –renditen**
Die Berechnung ist hier beispielhaft für den Zeitpunkt t_{-2} dargestellt.

	KONSUM	FINANZ	INDUSTRIE	SONST	Σ
Allokation	0,52%	0,04%	-0,13%	-0,04%	**0,38%**
Selektion	0,51%	-0,04%	1,34%	1,05%	**2,87%**
Kreuzprodukt	-0,51%	-0,02%	0,37%	0,07%	**-0,09%**
Σ	**0,52%**	**-0,02%**	**1,58%**	**1,08%**	**3,16%**

Tabelle 32: **Klassische Zerlegung der aktiven Rendite nach der Sektorklassifikation**

Ausgeprägt ist besonders die Abweichung des Faktors AI zwischen den Modellen. Wie bereits bei der Faktordefinition diskutiert, ist dieser Faktor aber zugleich sehr umstritten, da viele empirische Studien davon ausgehen, dass die Änderung der Inflationsrate vorhersagbar ist.[915] Die unterschiedliche Bewertung des Faktors in den beiden Modellansätzen kommt bereits bei der Signifikanzanalyse der Risikoprämien zum Tragen. In der vollständigen Faktorrepräsentation hat AI eine signifikante Risikoprämie, bei selektiver Faktorrepräsentation nicht.[916] Die hohe Bedeutung des Faktors TERM für die Realisation des positiven erwarteten als auch des unerwarteten aktiven Teilrenditebeitrags wird in Tabelle 34 besonders deutlich. Dagegen hat sich die Übersensitivität gegenüber dem Marktfaktor für die analysierte Periode negativ ausgewirkt, auch wenn dies als erwartete Komponente risikoadjustiert nicht dem Manager zuzurechnen ist.

Die Qualität der systematischen Renditeerklärung ist in diesem Beispiel durch die vollständige Faktorrepräsentation höher. Wie wichtig aber die exakte Definition der Faktoren für die Analyse ist, zeigt die unterschiedliche Wirkung einzelner Faktoren in den beiden dargestellten Ansätzen.

---

915 Vgl. Diskussion im Abschnitt 3.2.2 und 4.1.1.

916 Vgl. Anhang D-IV.

aktive	31.10.96				30.11.96				31.12.96			
Rendite	β	$\beta\lambda$	$\beta\delta$	r_{syst}	β	$\beta\lambda$	$\beta\delta$	r_{syst}	β	$\beta\lambda$	$\beta\delta$	r_{syst}
MP	0,03	-0,2%	-0,2%	**-0,4%**	0,03	0,8%	0,5%	**1,3%**	0,03	-0,1%	0,0%	**-0,1%**
UMP	-0,09	0,8%	0,2%	**1,0%**	-0,09	1,0%	0,1%	**1,1%**	-0,09	0,1%	0,4%	**0,5%**
TERM	-0,04	1,7%	0,6%	**2,3%**	-0,04	1,8%	1,2%	**2,9%**	-0,04	0,6%	-0,6%	**-0,0%**
AI	-2,70	0,5%	0%	**0,5%**	-2,70	0,3%	0,2%	**0,5%**	-2,70	-0,5%	-0,7%	**-1,2%**
DOR	0,01	-0,0%	-0,0%	**-0,0%**	0,01	0,1%	0,0%	**0,1%**	0,01	-0,0%	0%	**-0,0%**
IFO	0,09	0,3%	0,1%	**0,5%**	0,09	0,6%	0,2%	**0,8%**	0,09	0,0%	-0,0%	**-0,0%**
UDS	-0,02	0,1%	-0,0%	**0,1%**	-0,02	0,2%	0,0%	**0,2%**	-0,02	0,1%	0,0%	**0,1%**
RESID	0,18	-0,5%	-0,2%	**-0,7%**	0,18	-0,1%	0,2%	**0,1%**	0,18	0,0%	0,2%	**0,2%**
$r_{syst, ges.}$		**2,73%**	**0,45%**	**3,17%**		**4,50%**	**2,43%**	**6,93%**		**0,18%**	**-0,76%**	**-0,58%**
r				**3,16%**				**4,55%**				**0,21%**
e				**-0,02%**				**-2,38%**				**0,79%**

Tabelle 33: Vergleich der Performancezerlegung in drei aufeinanderfolgenden Perioden

Die Zerlegung der aktiven Performance wird hier für die Differenz aus Beispielportfolio und gleichgewichtetem Index der Branchenindizes berechnet. Die obere Tabelle gibt die vollständige, die untere die selektive Faktorrepräsentation wieder. Vgl. Erläuterungen zu Tabelle 27.

	vollständige Faktorrepräsentation				selektive Faktorrepräsentation			
$t_{-2} .. t_0$	β	$\Sigma\beta\lambda$	$\Sigma\beta\delta$	Σr_{syst}	β	$\Sigma\beta\lambda$	$\Sigma\beta\delta$	Σr_{syst}
MP	0,03	0,01	0,3%	**0,84%**	0,03	0,5%	0,3%	**0,75%**
UMP	-0,04	0,1%	0,3%	**0,44%**	-0,09	1,9%	0,6%	**2,55%**
TERM	-0,03	3,0%	0,8%	**3,81%**	-0,04	4,1%	1,2%	**5,24%**
AI	-2,84	2,3%	-0,5%	**1,84%**	-2,70	0,2%	-0,5%	**-0,23%**
DOR	-0,12	-0,5%	-0,0%	**-0,56%**	0,01	0,1%	0,0%	**0,06%**
IFO	0,16	1,3%	0,5%	**1,72%**	0,09	0,9%	0,3%	**1,20%**
UDS	0,00	-0,0%	-0,0%	**-0,04%**	-0,02	0,4%	0,0%	**0,39%**
RESID	0,13	-0,5%	0,1%	**-0,37%**	0,18	-0,6%	0,2%	**-0,43%**
Σr_{syst}		**6,20%**	**1,49%**	**7,68%**		**7,41%**	**2,11%**	**9,53%**
Σr				**7,92%**				**7,92%**
Σe				**0,23%**				**-1,61%**

Tabelle 34: Über drei Perioden aggregierte Performancezerlegung
Die Performance wird über die drei Perioden t_{-2} bis t_0, die der bisherigen Analyse zugrunde lagen, aggregiert. In der jeweils ersten Spalte der beiden dargestellten Erklärungsmodelle sind die aktiven Sensitivitäten angegeben.

Die weitergehende Analyse, die systematische Renditekomponenten in einen Allokations- und Selektionsbeitrag zerlegt, zeigt für die selektive Faktorberücksichtigung ohne Marktfaktor, dass die aktive Faktorpositionierung nur etwa ein Drittel der aktiven Rendite erbracht hat.[917] Besonders die Übersensitivität gegenüber dem Faktor UMP und die aktive negative Sensitivität gegenüber den US-Dollaränderungen hat die positive Allokationsrendite (2,62%) bewirkt. In der Faktorabbildung wurde aber vor allem beim Zinsstrukturfaktor eine sehr hoher Beitrag (3,5%) erzielt.

4.3 Vergleichende Analyse des fundamentalen Risikokonzeptes mit dem klassischen Kovarianzrisiko

Für die Steuerung der Portfoliopositionierung sind die relativen Sensitivitätspositionierungen des Portfolios gegenüber der Benchmark die maßgeblichen Parameter. Um diese aktive Positionierung zu verdeutlichen, soll diese zunächst graphisch dargestellt werden. Dabei wird sowohl das Ausmaß der aktiven Sensitivitätspositionierung als auch die Richtung im Vergleich zur Benchmark (höheres oder niedrigeres Risiko) deutlich. Dazu wird folgendes Beispiel definiert:

- Die Wertpapierstichprobe zum Vergleich der Risikomaße entspricht dem in Abschnitt 4.1.1 definierten Branchenindizes.

[917] Vgl. Tabelle A-15 im Anhang D-VII.

- Der Index ist der gleichgewichtete Mittelwert der 16 Branchenindizes und der CDAX die Zeitreihe des gewichteten Index aller Aktien, die im amtlichen Handel in Frankfurt notiert sind.
- Das Portfolio entspricht dem in Abschnitt 4.2.1.4 definierten Portfolio aus fünf gleichgewichteten Branchenindizes.
- Die Wirkungszusammenhänge entsprechen den für den Zeitraum 31.01.1995 bis 31.12.1996 geschätzten fundamentalen Sensitivitäten.
- Es wird das Modell der vollständigen Faktorrepräsentation mit Marktresidualfaktor verwendet.[918]
- Die Marktbetas werden gegen den hier als Marktindex definierten DAX100-Index für den gleichen Zeitraum berechnet.[919]
- Die Varianz berechnet sich ebenfalls für den 24 Monatszeitraum aus den Renditezeitreihen der Wertpapiere und Portfolios.[920]

Die Sensitivitäten des Beispielportfolios und des Indexes sind bereits im Abschnitt 4.2 geschätzt und aggregiert worden. Abbildung 27 zeigt die relative Sensitivitätspositionierung des Portfolios im Vergleich zum Index. Aufgabe der nachfolgenden Untersuchung ist es, die Abweichungen zu einer aggregierten Risikokennzahl zu verdichten.

Zunächst wird die Stationarität der ersten beiden Momente der Faktorzeitreihen analysiert. Anhand der Kovarianzmatrix kann entschieden werden, ob eine Kovarianzadjustierung der systematischen Risiken erforderlich ist.

Die Faktorzeitreihen wurden für die Stichprobe von 1992 bis 1996 standardisiert.[921] Der Residualmarktfaktor wird nach der Regression der übrigen Erklärungsfaktoren auf die Marktrendite aus dem Residuum generiert. Er wird nicht zusätzlich standardisiert.[922] Werden abweichende Zeiträume untersucht, so weisen die vorher standardisierten Faktoren dann abweichende Momente auf. Beispielhaft wird dies in Tabelle 35 gezeigt.[923]

---

[918] Vgl. Abschnitt 4.2.

[919] Dabei wird unterstellt, das der DAX100 als Operationalisierung des Marktportfolios gelten kann. Diese Annahme wird hier nicht weiter untersucht. Sie Analyseergebnisse müssen aber vor dem Hintergrund dieser Annahme interpretiert werden.

[920] Die Tabelle der geschätzten, klassischen Risikomaße ist im Anhang E-I wiedergegeben.

[921] *Standardisiert* bedeutet, dass die Zeitreihen so transformiert werden, dass ihr Mittelwert Null und ihre Standardabweichung Eins ist.

[922] Vgl. Datenspezifikation in Abschnitt 4.1.1.

[923] Abweichend vom 5 Jahreszeitraum wird eine Analyseperiode von 24 Monaten (01/1995 bis 12/1996) gewählt. Besonders auffällig ist die Abweichung der Varianz beim Faktor AI. Aber auch andere Faktoren weisen deutliche Abweichungen im Mittelwert (IFO, AI) und Varianz (DOR, IFO) auf.

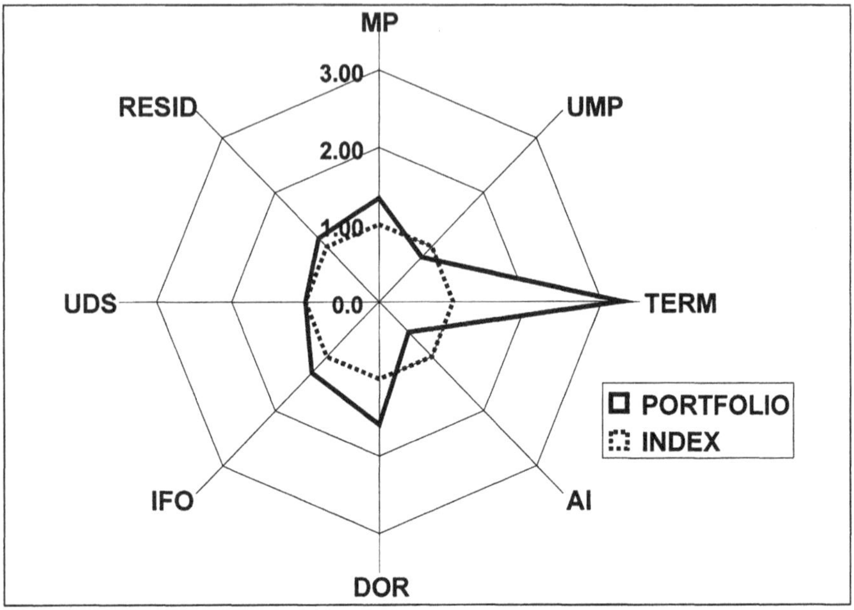

Abbildung 27: Relative Sensitivitätspositionierung des Portfolios gegenüber dem Index
Die Portfoliosensitivitäten sind relativ zu den INDEX-Sensitivitäten dargestellt. Die Indexwerte sind per Definition = 1.

	MP	UMP	TERM	AI	DOR	IFO	UDS	RESID
01/1992-12/1996								
Mittelwert	-0,00	-0,00	0,00	-0,00	0,00	-0,00	0,00	-0,01
Varianz	1,00	1,00	1,00	1,00	1,00	1,00	1,00	0,04
01/1995-12/1996								
Mittelwert	-0,03	-0,12	-0,12	-0,29	-0,02	-0,21	-0,08	0,00
Varianz	0,89	0,97	0,83	0,37	1,24	0,75	0,83	0,00

Tabelle 35: Stichprobenmomente der Faktorzeitreihen für zwei unterschiedliche Perioden

Die Kovarianzmatrix in Tabelle 36 belegt, dass auch einige Kovarianzen signifikant von Null verschieden sind. Daher erscheint eine Adjustierung der geschätzten Faktorladungen bei der Aggregation als Risikoausprägungen sinnvoll.[924]

In Tabelle 37 wird deutlich, dass die Adjustierung der Sensitivitäten mit der Kovarianzmatrix (*BFB'*) das systematische Risiko gegenüber der Summe der

[924] Die Ergebnisse für die nichtadjustierte Berechnung nach Gleichung (159), Abschnitt 3.5.2, sind zusätzlich im Anhang E-IV angegeben.

quadrierten Sensitivitäten ($\sum \beta^2$) für einige Wertpapiere deutlich verändert (z. B. INV). Andere Wertpapiere (z. B. AUT) bleiben dagegen nahezu unverändert.[925] Zudem wird nur mit der Adjustierung die Berücksichtigung des Residualmarktfaktors möglich, da dieser nicht standardisiert ist.

F	MP	UMP	TERM	AI	DOR	IFO	UDS	RESID
MP	**0,85**	0,16	-0,25	-0,14	-0,16	-0,13	-0,43	0,00
UMP	0,16	**0,93**	-0,17	-0,06	-0,47	-0,25	-0,15	0,00
TERM	-0,25	-0,17	**0,80**	0,13	0,02	-0,24	0,11	0,00
AI	-0,14	-0,06	0,13	**0,35**	0,04	-0,08	0,17	0,00
DOR	-0,16	-0,47	0,02	0,04	**1,18**	0,10	0,03	0,00
IFO	-0,13	-0,25	-0,24	-0,08	0,10	**0,72**	0,00	0,00
UDS	-0,43	-0,15	0,11	0,17	0,03	0,00	**0,80**	0,00
RESID	0,00	0,00	0,00	0,00	0,00	0,00	0,00	**0,00**

Tabelle 36: Kovarianzmatrix der standardisierten Erklärungsfaktoren und des Residualmarktfaktors für die Analyseperiode 1/95 bis 12/96

Der graphische und rechnerische Vergleich der kovarianzadjustierten, systematischen Risiken mit dem Gesamtrisiko (Varianz der Renditezeitreihe) zeigt den hohen Anteil der systematischen Risikokomponente.[926] Der deutliche Zusammenhang der beiden Risikomaße wird durch ein R^2 von 0,95 und einen Regressionskoeffizienten (1,2330) mit hoch signifikantem t-Wert (15,80) belegt. Aber auch der Achsenabschnitt (0,031%) ist mit einem t-Wert von 2,74 signifikant von Null verschieden.[927]

Zusätzlich soll die mehrdimensionale, systematische Risikodefinition mit der üblichen, eindimensionalen Definition des Marktbetas verglichen werden.[928] Das eindimensionale, systematische Risiko ergibt sich dabei aus dem Quadrat des Marktbetas, das mit der Marktvarianz multipliziert wird. Als Funktionsform

---

925 Maßgeblich dafür ist die unterschiedliche Stabilität der Stichprobenmomente (vgl. Tabelle 35). Insbesondere der Faktor AI weicht deutlich von einem standardisierten Faktor ab. Für die Branche INV ist der Faktor AI aber der einzige signifikante Erklärungsfaktor neben dem Residualmarktfaktor (vgl. Tabelle 23).

926 Vgl. Abb. A-6 im Anhang E-II.

927 Für die aktiven Risiken belegt die Querschnittsregression der beiden Risikomaße, dass der Zusammenhang sehr gering ist, das R^2 beträgt 0,05. Der Regressionskoeffizienten (0,378) ist mit einem t-Wert von 0,81 nichtsignifikant. Der Achsenabschnitt (0,074%) ist dagegen mit einem t-Wert von 3,05 signifikant von Null verschieden. Vgl. Abb. A-7 im Anhang E-III.

928 Die Berechnung und die graphische Gegenüberstellung ist im Anhang E-V wiedergegeben.

wird ein linearer Zusammenhang der Risikomaße unterstellt.[929] Die Abbildungsgüte wird so in linearen Querschnittsregressionen über die verwendeten Wertpapiere durch das Bestimmtheitsmaß und den t-Wert der Regressionskoeffizienten bestimmt.[930] Die Berechnung in Tabelle 38 bestätigt damit die graphische Analyse: Die Abbildung des mehrdimensionalen Risikos durch das klassische, systematische Risiko (Markt-Beta) ist im Querschnitt der Wertpapiere sehr gering. Dagegen besteht, wie oben gezeigt, ein hoch signifikanter Zusammenhang zum Gesamtrisiko. Daraus kann geschlossen werden, dass das mehrdimensionale Risiko offensichtlich mehr systematische Zusammenhänge berücksichtigt, als dies durch das Marktbeta möglich ist.

	Überschussrendite				aktive Rendite vs. Index			
	Var(r)	$\Sigma \beta^2$ ohne RESID	B F B' ohne RESID	B F B' mit RESID	Var(r_a)	$\Sigma \beta_a^2$ ohne RESID	B F B' ohne RESID	B F B' mit RESID
INDEX	0,087%	0,090%	0,052%	0,074%	0%	0%	0%	0%
PORT-FOLIO	0,123%	0,081%	0,075%	0,105%	0,019%[a]	0,012%	0,010%	0,010%
CDAX	0,113%	0,088%	0,069%	0,099%	0,007%	0,004%	0,004%	0,005%
AUT	0,332%	0,198%	0,219%	0,258%	0,125%	0,066%	0,079%	0,080%
BNK	0,121%	0,087%	0,068%	0,085%	0,073%	0,057%	0,028%	0,028%
BRW	0,058%	0,030%	0,017%	0,022%	0,086%	0,058%	0,044%	0,051%
CHM	0,232%	0,236%	0,148%	0,175%	0,082%	0,078%	0,041%	0,041%
CON	0,277%	0,195%	0,154%	0,203%	0,095%	0,047%	0,043%	0,048%
ELC	0,204%	0,146%	0,086%	0,122%	0,098%	0,036%	0,029%	0,030%
INS	0,159%	0,088%	0,049%	0,093%	0,113%	0,080%	0,041%	0,044%
INV	0,090%	0,107%	0,032%	0,046%	0,085%	0,050%	0,048%	0,048%
MCH	0,257%	0,233%	0,175%	0,206%	0,063%	0,041%	0,040%	0,040%
MRG	0,028%	0,007%	0,006%	0,009%	0,079%	0,079%	0,048%	0,056%
PAP	0,046%	0,037%	0,012%	0,026%	0,066%	0,042%	0,043%	0,044%
RET	0,151%	0,072%	0,035%	0,074%	0,082%	0,014%	0,021%	0,023%
STL	0,232%	0,263%	0,183%	0,188%	0,068%	0,052%	0,045%	0,049%
TXT	0,278%	0,346%	0,160%	0,162%	0,193%	0,192%	0,095%	0,100%
TRN	0,336%	0,448%	0,166%	0,218%	0,168%	0,171%	0,063%	0,069%
UTL	0,102%	0,040%	0,040%	0,069%	0,036%	0,026%	0,011%	0,011%

Tabelle 37: Vergleich der adjustierten und nichtadjustierten Berechnung systematischer Risiken für die Faktorstichprobenmenge mit und ohne Residualmarktfaktor

Für die Überschussrenditen und die aktiven Rendite gegenüber dem Index sind jeweils die Varianz der Renditezeitreihe, die Summe der quadrierten

---

[929] Vgl. theoretische Beschreibung in Abschnitt 3.5.3.

[930] Die abhängige Variable ist das eindimensionale Risiko, die unabhängige, erklärende Variable das mehrdimensionale Risikomaß.

Sensitivitäten ($\Sigma\beta^2$; ohne Residualmarktfaktor) und die kovarianzadjustierte Berechnung der systematischen Risiken ($B\,FB'$) jeweils ohne und mit Residualmarktfaktor dargestellt. Zur Kovarianzmatrix vgl. Tabelle 36.

[a] Die Varianz der aktiven Portfoliorendite von 0,019% entspricht einem annualisierten TE von 4,77% ($= \sqrt{0{,}019\%} \cdot \sqrt{12}$).

$B_i FB_i' = c_0 + c_1(\beta^2_{iM}\sigma^2_M)$	alle Wertpapiere		16 Wertpapiere	
	Regressions-koeff. (t-Wert)	R^2	Regressions-koeff. (t-Wert)	R^2
Steigung (c_1)	-0,41 (-1,30)	0,09	-0,86 (-1,28)	0,10
Achsenabschnitt (c_0)	0,0015 (5,03)*		0,0017 (3,92)*	

Tabelle 38: Lineare Querschnittsregression der Risikomaße
In die Querschnittsbetrachtung werden zum einen die 16 Wertpapiere (Branchenindizes), der CDAX-Index, das Portfolio und der gleichgewichtete Index der 16 Wertpapiere einbezogen (alle). Alternativ wurden ausschließlich die 16 Wertpapiere betrachtet. Als Marktindex wird der DAX100 Index verwendet. t-Werte, die signifikant zum 99% Konfidenzniveau sind, werden mit * gekennzeichnet.

	INDEX	%	PORTFOLIO	%	aktiv	%
MP	0,0048%	5,3%	0,0086%	10,7%	0,0006%	4,5%
UMP	0,0074%	8,2%	0,0050%	6,2%	0,0002%	2,0%
TERM	0,0006%	0,6%	0,0061%	7,5%	0,0029%	23,8%
AI	0,0372%	41,3%	0,0118%	14,6%	0,0071%	58,0%
DOR	0,0015%	1,7%	0,0039%	4,8%	0,0005%	4,3%
IFO	0,0105%	11,6%	0,0176%	21,8%	0,0009%	7,4%
UDS	0,0282%	31,2%	0,0278%	34,4%	0,0000%	0,0%
syst. Risiko	**0,0902%**		**0,0806%**		**0,0123%**	

Tabelle 39: Analyse der systematischen, mehrdimensionalen Risiken nach Faktorbeiträgen
Analysiert werden der gleichgewichtete Index der 16 Branchen, das Beispielportfolio und die aktive Rendite des Portfolios. Gemessen werden die nichtadjustierten, additiven Risikobeiträge (Quadrate der Sensitivitäten). Jeweils in der Spalte neben dem Risikobeitrag ist der prozentuale Anteil am gesamten (aktiven) systematischen Risiko angegeben.

Abschließend soll der Beitrag der einzelnen Erklärungsfaktoren zum systematischen Risiko am Beispiel der Index- und Portfoliorenditen für die nichtadjustierte Berechnung des systematischen Risikos dargestellt werden. Tabelle 39 zeigt die Anteile der einzelnen Erklärungsfaktoren am systematischen Risiko.

Dabei fällt auf, dass die Sensitivitätsdifferenz zwischen Index und Portfolio für den Faktor TERM relativ gesehen besonders groß ist.[931] Das Gewicht des Faktors in der absoluten, systematischen Rendite bleibt aber in beiden Portfolios recht klein (0,6% bzw. 7,5%). Der Anteil an der aktiven, systematischen Rendite wird dadurch aber besonders hoch (23,8%).

4.4 Bewertung der mehrdimensionalen Risikopositionierung

In der dargestellten Analyse wird gezeigt, dass mit unterschiedlichen, fundamentalen Faktormodellen eine Performancezerlegung erreicht wird, die eine Beurteilung der Leistung, gegliedert nach den fundamentalen Entscheidungsfaktoren ermöglicht. Zusätzlich ist die Trennung zwischen erwarteter und unerwarteter Rendite für die einzelnen Faktoren möglich, so dass auch zwischen den Beiträgen aus der aktiven Faktorpositionierung und deren Abbildung durch Einzeltitel unterschieden werden kann.

Für die Steuerung des Portfolios ist insbesondere die detaillierte Aufgliederung der Risikopositionierung maßgeblich. Es wird dargestellt, dass die einzelnen Risikopositionen gegenüber den Fundamentalfaktoren quantifizierbar und zu einem gesamten, systematischen Risikomaß aggregierbar sind. Damit ist wiederum eine Risikobewertung des Portfolios (absolut und relativ) anhand der fundamentalen Entscheidungsfaktoren möglich. Ein nach klassischer Analyse weitgehend passives Portfolio (geringer Tracking Error) kann demnach deutliche fundamentale Risikopositionen aufweisen. Nur mit Kenntnis dieser Risikopositionen kann eine aktive Steuerung des Gesamtportfolios – unter Beachtung der Entscheidungsfaktoren des Investitionsprozesses – gezielt durchgeführt werden. Schließlich ist ein aggregiertes Risikomaß Voraussetzung für die Portfoliokonstruktion.

Damit kann ein dynamischer Investitionsprozess als durchgehender, geschlossener Regelungs- und Steuerungskreis implementiert werden.

---

[931] Die Faktorsensitivität des Portfolios ist etwa 3,3 mal so groß wie die Sensitivität des Indizes. Vgl. dazu auch Abbildung 27.

5 Zusammenfassung

Gegenstand der vorliegenden theoretischen und empirischen Untersuchungen war die Performanceanalyse als Instrument im Steuerungs- und Kontrollprozess der Teil eines strukturierten, systematischen Wertpapier-Managementprozesses ist. Dieser Gesamtprozess basiert auf der Planung, die Soll-Größen vorgibt (vgl. Abschnitt 0.1). In einem Regelkreis wird dann kontinuierlich auf der Basis der Analyse und später der Kontrolle die Prozessregelung vorgenommen. Die Analyse verarbeitet Informationen zu Anweisungen, die anschließend durch die strukturierte Umsetzung in den eigentlichen Leistungserstellungsprozess, hier die risikoadjustierte Renditeerzielung durch Investitionen in Wertpapiere, als Aktionen einfließen. Dieser Leistungserstellungsprozess stellt die Regelstrecke dar. Am Ende der Regelstrecke, bzw. während des Investitionsprozesses wird das Ergebnis der Leistungserstellung als Ist-Größe periodisch gemessen und planmäßig mit den Sollvorgaben verglichen. Bei Erreichen oder Überschreiten von Grenzwerten setzt der Regelmechanismus zur Rückführung in den zulässigen Investitionsbereich ein.

Darüber hinausgehend kann aber auch versucht werden, die analysierten Störgrößen und ihre Auswirkungen zeitnah zur steuernden Anpassung im Regelungsprozess zu nutzen. Die Verarbeitung der verfügbaren Informationen führt dann, unter Verwendung der Benchmarkdefinition, zur Portfoliokonstruktion. Diese legt die tatsächlichen absoluten und aktiven Gewichtungen der einzelnen Wertpapiere bzw. Wertpapiergruppen in den einzelnen Portfoliostrukturierungsebenen fest und bestimmt damit die Risikostruktur des Portfolios (vgl. Abschnitte 0.2). Daraus entsteht das aktive Musterportfolio.

Nach dem Zeitpunkt der Umsetzung beginnt die Investitionshaltephase. Während dieser Zeit wirken diverse Umfeldeinflüsse auf die Kapitalanlagen. Die Reaktion einzelner Wertpapiere oder Wertpapiergruppen auf unterschiedliche Einflüsse ist aber in Stärke und Richtung unterschiedlich. Nach Ablauf einer definierten Periode, z. B. ein Monat, ist daher das Ergebnis der Investition, die realisierte Rendite, zu messen. Die Abweichung dieser Ist-Größe von der Soll-Größe hat dann möglicherweise Einfluss auf die weitere Investition oder sogar auf die strategische Positionierung.[932] Die Performancemessung wirkt damit einerseits ex-post, ist also vergangenheitsorientiert in einer nachlaufenden Betrachtung. Andererseits muss die Kongruenz der Mess- und Analyseobjekte mit den Objekten der Anlageentscheidung (Planung) zukunftsorientiert sichergestellt

---

[932] Als Beispiel kann ein Investor dienen, der über eine längere Zeitspanne Verluste vermeiden will. Wird in einer Teilperiode eine positive, absolute Rendite erzielt, kann möglicherweise in der nächsten Teilperiode der Anteil risikoreicherer Anlagen erhöht werden. Wird dagegen eine negative Rendite erreicht, müssen eventuell in der nächsten Teilperiode risikoärmere Anlagen stärker gewichtet werden, um einen Verlust über die Gesamtperiode zu vermeiden.

werden. Ebenso muss die Analyse von Störfaktoren, die den Erfolg der Anlage gefährden können, umgesetzt werden, um Maßnahmen für präventive Veränderung der Wertpapieranlagen treffen zu können (Steuerung).

Grundsätzlich gibt es verschiedene Managementformen, Investmentstile und Anlagephilosophien (vgl. Abschnitt 1.1). Letztere variieren vom passiven Management über kontrollierte Abweichungen von einer Benchmark bis hin zum aktiven Management, dessen Primärziel z. B. die Renditemaximierung unter Einhaltung bestimmter vereinbarter Restriktionen sein kann. Im Rahmen nichtpassiver Anlagephilosophien werden in der Arbeit ein systematischer kontinuierlicher Managementstil unterstellt. In diesem Rahmen werden speziell private Informationen direkt in die ex-ante Bewertung der Anlagen übersetzt.

Die Bewertungsmodelle basieren auf den beiden grundlegenden Konzepten der Kapitalmarkttheorie, dem CAPM und der APT (vgl. Abschnitt 1.2). Beide Renditegenerierungsmodelle transformieren dabei die Rendite- und Risikoerwartungen in Gleichgewichtsrenditen. Durch die Aufspaltung des Risikos differenzieren sie zwischen zu erwartenden, systematischen Renditen und diversifizierbaren, unsystematischen Renditen. Während die unsystematischen Risiken durch geeignete Diversifikation im Portfolio eliminierbar sind, werden systematische Risikofaktoren am Kapitalmarkt bezahlt und können nicht eliminiert werden. D. h. das aktive, systematische Risiko ist mit der Erwartung einer positiven Risikoprämie (Überschussrendite) verbunden.

Das CAPM geht in seiner Grundform nur von einem Risikofaktor aus, dem Marktportfolio. Mehrfaktoren-Definitionen des CAPM und die APT basieren demgegenüber auf mehreren Faktoren, deren Anzahl aber teilweise im Voraus nicht genau zu quantifizieren ist. Das Problem besteht also in der Definition der Faktoren (vgl. Abschnitt 1.2.3). Diese können als statistische Faktoren aus der Kovarianzstruktur der Renditen extrahiert oder aber durch ökonomische Variablen vorabspezifiziert werden. Da statistische Faktoren oft nicht interpretierbar sind und sich von Periode zu Periode in ihrer Auswirkung verändern können, wird die Vorabspezifikation durch ökonomische Variablen bevorzugt. Nur auf diese Weise lassen sich Faktoren generieren, die als Risikokomponenten auch Teil der Entscheidungsstruktur in der Anlageentscheidung sein können und damit die angestrebte Kongruenz der auf Bewertungsmodellen aufbauenden Performanceanalyse mit den Entscheidungsobjekten ermöglichen.

Performance wird im Weiteren als quantifizierte Leistung des Wertpapiermanagers definiert (vgl. Abschnitt 2.2). Diese Leistung besteht aus der erzielten Rendite unter gleichzeitiger Berücksichtigung des eingegangenen Risikos. Im Unterschied zur Renditedefinition (Gesamtrendite einerseits und Überschussrendite bzw. aktive Rendite andererseits), sind vielfältige Risikodefinitionen (wie Varianz, Standardabweichung oder aber Momente eines Teils der Renditeverteilung) gebräuchlich. Dies erklärt sich durch die unterschiedliche, individuelle Interpretation des Risikobegriffes.

Die klassischen Maße der Performancemessung verbinden im Allgemeinen verschiedene Definitionen von Rendite und Risiko, um eine Maßzahl zu berechnen, die unterschiedliche Anlagen im Hinblick auf die erzielte Vorteilhaftigkeit ex-post bewerten soll (vgl. Abschnitt 2.3). Da die Maße aus der Kursentwicklung abgeleitet werden, eignen sie sich auch für die externe Performanceanalyse durch Dritte, die keinen Zugang zu weiteren Informationen haben. Solche zusätzlichen Informationen bestehen im Wesentlichen aus der Gewichtung der einzelnen Wertpapiere in einem Portfolio, die zum einen zur analytischen Zerlegung der Bewertungsgleichung in Timing- und Selektionskomponenten verwendet werden können (vgl. Abschnitt 2.4). Zum anderen kann die Problematik der Benchmarkdefinition durch die Verwendung von Wertpapier-Portfoliogewichten vermieden werden. Anstelle einer Benchmark werden dann Performancebeiträge zu alternativen Portfolios berechnet, die sich aus den Gewichtungen desselben Portfolios zu einem vor- oder nachgelagerten Zeitpunkt ergeben.

Neben der risikoadjustierten Rendite einer Anlage ist besonders der Ursprung dieser Leistungsgenerierung für die externe und interne Bewertung des Managers bzw. des Anlageentscheidungsprozesses von Interesse. Im Sinne des CAPM bestehen dabei zwei Ebenen, auf denen diese Leistung entstehen kann. Die aktive, systematische Risikoposition gegenüber dem Markt kann zu einer höheren Rendite führen. Dies gelingt aber nur, wenn per Saldo in steigenden Märkten ein höheres und in fallenden Märkten ein niedrigeres systematisches Risiko eingegangen wird. Diese als Timing bezeichnete Fähigkeit des Managers oder Anlegers ist der eine Ursprung der Leistung. Der andere liegt in der Selektion einzelner Wertpapiere, die – um das systematische Risiko bereinigt – eine höhere Rendite als der Markt erzielen. Der Timingbeitrag lässt sich durch verschiedene, regressionsbasierte Ansätze ermitteln (vgl. Abschnitt 2.5). Die Selektion kann durch das Jensen-Alpha quantifiziert werden, obwohl dieses Maß nicht frei von Verzerrungen ist. Ansonsten wird die Selektion oft als residuale Größe nach Abzug der Timingrendite interpretiert.

Bei Kenntnis der Portfoliozusammensetzung kann die Performance darüber hinausgehend in Komponenten zerlegt werden (vgl. Abschnitt 2.6). Der verbreitete Ansatz von BRINSON/HOOD/BEEBOWER zerlegt allerdings nur die aktive Rendite innerhalb eindeutig und vollständig abgrenzbarer Anlagesegmente, z. B. Assetklassen. Durch verschiedene Segmentdefinitionen der Anlagemenge lässt sich eine Aussage zum Ursprung der aktiven Rendite treffen. So kann die Anlagemenge in mehreren Stufen immer detaillierter oder nach verschiedenen Kriterien zerlegt werden. Gängige Kriterien für die Segmentabgrenzung sind z. B. Assetklassen, Länder, Sektoren, Branchen, Laufzeitklassen und Bonität. Dabei wird grundsätzlich zwischen der Mittelallokation über die disjunkten Segmente und der Wertpapierselektion innerhalb dieser Segmente unterschieden. Die jeweils resultierende Restrendite, die zunächst keinem der Segmente eindeutig zuzuordnen ist, stammt aus der kombinierten Wirkung von Allokation und Selektion. Dieses Kreuzprodukt lässt sich unter bestimmten Voraussetzungen weiter aufspalten. Ansonsten wird es i. d. R. der Selektion zugerechnet. Analog zu dieser Systematik der Renditezerlegung lässt sich das gesamte oder systematische Risiko für die einzelnen Segmentdefinitionen getrennt in Allokations- und Selektionsrisiken aufteilen.

Obwohl Managementansätze, die nicht direkt Erwartungen für die eindeutig abgegrenzten Segmente bilden, sich auf diese Weise hinsichtlich der zugrundeliegenden Entscheidungsparameter nicht bewerten lassen, ist es dennoch möglich, signifikante Mehrfaktorenmodelle für den betrachteten Markt zu definieren (vgl. Abschnitt 3). Aus diesen Modellen lassen sich dann quantitative Maßzahlen für die durch den Manager eingegangenen aktiven Positionen gegenüber relevanten Risikofaktoren extrahieren. Damit kann der Manager seinen Entscheidungsprozess an diesen vorab bestimmten, ökonomisch interpretierbaren Faktoren ausrichten, wenn private Informationen zu unerwarteten Faktoränderungen zugängig sind.[933]

Unterstellt man ein lineares Mehrfaktorenmodell, wie z. B. die APT, das die Differenzen zwischen tatsächlicher und erwarteter Rendite erklärt, lässt sich die systematische Rendite in eine erwartete und eine unerwartete Komponente zerlegen (vgl. Abschnitt 3.1). Als Faktoren werden vorab spezifizierte, ökonomische Faktoren gebildet, die einen Erwartungswert von Null aufweisen und weitgehend unkorreliert sind. Neben makroökonomischen Faktoren, die teilweise aus dem Discounted Cash-Flow Modell ableitbar sind (z. B. die Wachstumsrate der Industrieproduktion), kommen auch mikroökonomische Variablen zur Erklärung der Renditegenerierung in Betracht (z. B. die Veränderung des Kurs-Gewinn Verhältnisses des Marktes). Obwohl sie im Allgemeinen keine (bezahlten) Risikoprämie aufweisen, können sie dennoch die unerwarteten Renditekomponenten erklären (vgl. Abschnitt 3.2).

Die Schätzung eines Mehrfaktorenmodells erfordert in einer zweistufigen Bestimmung zunächst die Schätzung der Faktorladungen (Sensitivitäten). Neben der gängigen Schätzung nach der Methode der kleinsten Quadrate (OLS) können andere Regressionsverfahren, insbesondere die reweighted-least-squares Schätzung (RLS), zu geringeren Verzerrungen in der Schätzung der Sensitivitäten (robustere Schätzer) führen, indem die Beobachtungen der Stichprobe entsprechend ihrer standardisierten Residuen gewichtet werden (vgl. Abschnitt 3.3).

Die Schätzung der Wirkungszusammenhänge zwischen Faktoren und zuerklärenden Renditen kann isoliert für jeden Faktor (univariate Schätzung) oder simultan für alle Faktoren (multivariate Schätzung) erstellt werden. Die multiplen Schätzungen berücksichtigen dabei die Kreuzkorrelationen der Faktoren, so dass die Faktorladungen nicht die individuellen Wirkungszusammenhänge wie-

[933] Ohne private Informationen ist lediglich eine passive Positionierung in Bezug auf die Risikofaktoren sinnvoll, weil jede Abweichung von der Benchmarkcharakteristik bei risikoaversen Anlegern eine Reduktion des erwarteten Nutzens bewirkt.

dergeben, sondern abhängig von der Auswahl der anderen Faktoren durch die Korrelation mit diesen unterschiedlich stark verzerrt werden. Da die isolierte Sensitivitätsschätzung aber gerade diese Interdependenzen der erklärenden Faktoren vernachlässigt, können sie nicht additiv zu einem Mehrfaktorenmodell verknüpft werden. Eine kombinierte Betrachtung der Resultate beider Ansätze, m. a. W. die Divergenz in der Bedeutung der univariaten und multiplen Schätzung, kann allerdings immerhin als Bedeutungsgewicht des Faktors im mehrdimensionalen Umfeld interpretiert werden (vgl. Abschnitt 3.4.1). Dieses Gewicht lässt sich entweder durch den Quotienten "multipler zu univariater Faktorladung" ermitteln oder alternativ durch die multiple Regression der univariaten Sensitivitäten, die mit den Faktoränderungen multipliziert als erklärende Variablen eingesetzt werden. Beide Methoden führen zu identischen Ergebnissen. Sie zerlegen die multiple Faktorladung in ein Produkt aus unverzerrtem Wirkungszusammenhang und Faktorgewicht. Die Verzerrungsfreiheit bezieht sich dabei jedoch lediglich auf die fehlende Interdependenzwirkung zu anderen Faktoren. Die Schätzung an sich kann weiterhin Verzerrungen, z. B. durch Ausreißer in den Beobachtungen, beinhalten. Die geschätzten Faktorladungen werden dann in der zweiten Stufe als erklärende Variablen zur Schätzung der Risikoprämien der Faktoren eingesetzt. Die Höhe der Schätzfehler bei der Bestimmung der Faktorladungen ist somit ausschlaggebend für die Fehler-in-Variablen-Verzerrung dieser zweiten Stufe. Alternativ kann anstelle der zweistufigen Vorgehensweise aber auch eine simultane Schätzung der Faktorladungen und Risikoprämien erfolgen.

Das so spezifizierte Mehrfaktoren-Renditeerklärungsmodell dient dann als Basis für die Analyse der erzielten Rendite. Unter Verwendung der kapitalmarkttheoretischen, halbstrengen Informationseffizienz lässt sich die Rendite zunächst in erwartete und unerwartete systematische Komponenten aufteilen (vgl. Abschnitt 3.4.4). Zusätzlich resultiert eine unsystematische Rendite als unerklärter Residualterm. Wird auch das Marktportfolio in der Analyse berücksichtigt, kann die systematische Portfoliorendite in eine passive Marktkomponente und eine aktive Abweichungskomponente aufgeteilt werden. Wenn der Portfoliomanager relativ an einer Benchmark gemessen wird, verantwortet er allerdings neben der unsystematischen Rendite nur die aktive, systematische Renditekomponente. Nur auf diese kann er durch die gezielte, aktive Sensitivitätspositionierung des Portfolios Einfluss nehmen. Offen bleibt zunächst aber noch, ob die aktive erwartete Rendite eine Leistung des Managers darstellt. Einerseits beeinflusst er diese aktiv durch die Positionierung, andererseits stellt diese Renditekomponente eine Kompensation für die eingegangenen Faktorrisiken dar. Letztlich hängt die Interpretation von der Aufgabendefinition des Managers ab.

Die so definierten, additiven, systematischen Renditekomponenten lassen sich für alle Faktoren getrennt ausweisen, so dass die Beiträge der einzelnen, aktiven Risikopositionierungen und die Fähigkeit, unerwartete Faktoren mit privaten Informationen zu schätzen, quantifizierbar werden.

Wird darüber hinaus die Trennung der multiplen Faktorladungen in einen korrelationsbedingt unverzerrten Wirkungszusammenhang und ein Faktorgewicht eingesetzt, kann mit Hilfe der Faktorgewichte eine vollständige Renditezerlegung in die einzelnen Faktorbeiträge erfolgen (vgl. Abschnitt 3.4.3). D. h. die Rendite lässt sich analog zu der Renditezerlegungsmethodik von BRINSON/-HOOD/BEEBOWER in Faktorallokations- und Faktorselektionsbeiträge trennen. Die Faktorallokation quantifiziert dabei den Renditeanteil, der auf die Positionierung zurückzuführen ist, während die Selektion die Abbildung der Portfolio-Risikopositionierung durch einzelne Wertpapier-Faktorsensitivitäten misst. Die Rendite kann sowohl in unerwartete wie in erwartete Komponenten weiter zerlegt werden, so dass nach dieser Methodik die gesamte systematische Rendite weiter analysierbar ist. Auch in dieser weitergehenden Renditezerlegung können die Faktorbeiträge isoliert bestimmt und damit die Beiträge auf die einzelnen Anlageentscheidungen in Bezug auf die Faktoren zurückgeführt werden.

Wenn Störungen, d. h. unerwartete Veränderungen, einzelner Faktoren frühzeitig erkannt werden und die Kenntnis ihrer aktiven Wirkungszusammenhänge eine schnelle Reaktion in der Sensitivitätspositionierung des Portfolios ermöglicht, geht das vorgestellte Instrument der systematischen Performancemessung und -zerlegung über die einfache Regelungsfunktion im Rahmen des Feedbacks (reaktive Anpassung) hinaus. Der Manager erhält dann die Möglichkeit, die Risikopositionierung aktiv zu steuern. Die Steuerungsmöglichkeit basiert dabei auf der Preisanpassung im Markt als Reaktion auf die Faktoränderung, die i. d. R. im Augenblick der Faktoränderung nicht sofort abgeschlossenen ist, sondern unterschiedlich schnell abläuft.

Bei der Aufspaltung der Renditen wirken die Faktorsensitivitäten als Risikoparameter, während die Risikoprämien den Preis für die Übernahme dieses Risikos quantifizieren. Damit besteht eine mehrdimensionale Risikodefinition, die zur Erklärung des gesamten Risikos einer Anlage aggregiert werden kann (vgl. Abschnitt 3.5). Da die Sensitivitäten systematische Risiken repräsentieren, erklärt die Summe der Faktorladungen jedoch nur das systematische Gesamtrisiko. Abhängig vom Grad der Diversifikation verbleibt eine Restgröße, die als unsystematische Risikokomponente interpretierbar ist. Um die Faktorladungen einer Anlage aggregieren zu können, müssen die systematischen Risikokomponente bei gleicher Ausprägung auch das gleiche Risiko darstellen. Dies ist nur dann der Fall, wenn die dem systematischen Risiko zugrundeliegenden Risikofaktoren den gleichen Erwartungswert und die gleiche Streuung haben, m. a. W. die Faktoränderungen müssen (im statistischen Sinn) standardisiert sein. Diese Anforderung war für die Performanceanalyse nicht notwendig, weil die Faktorladungen nicht kreuzweise mit denen anderer Faktoren verknüpft wurden. Alternativ zur Standardisierung der unerwarteten Faktoränderungen lässt sich die Kovarianzmatrix der Faktoränderungen zur Korrektur der unterschiedlichen Streuungsparameter einsetzen, wenn die Mittelwerte der Faktoränderungen Null sind.

Die in der vorliegenden Arbeit dargelegte, zielgerichtete Änderung von Faktorpositionierungen ermöglicht eine Quantifizierung der Rendite- und Risikowirkung im Rahmen eines aktiven Portfoliomanagementprozesses (vgl. Abschnitt 3.6). In Kapitel 4 wird beispielhaft für Portfolio deutscher Aktien anhand eines fundamentalen Faktormodells die abgeleitete Performancezerlegung (Abschnitt 4.2) und die mehrdimensionale Risikopositionierung (Abschnitt 4.3) dargestellt. Diesen werden jeweils auch die Ergebnisse der klassischen Performanceattribution bzw. der klassischen Risikomessung gegenübergestellt. Dabei wird nachgewiesen, dass das abgeleitete mehrdimensionale Risikomaß geeignet ist, die Portfoliocharakteristik absolut und relativ zum Markt zu quantifizieren. Damit lässt sich konzeptionell der gesamte Regelkreis eines aktiven, auf (fundamentalen) Risikofaktoren basierenden Wertpapiermanagements von der Messung der Anlageergebnisse hin zur Verwendung dieser Analysen zur reaktiven oder steuernden Portfolioanpassung schließen (vgl. Abschnitt 4.4).

In weiterführenden Untersuchungen kann insbesondere der Einfluss anderer Schätzverfahren für Sensitivitäten und Risikoprämien auf die Performancezerlegung und das Risikomaß betrachtet werden. Dazu wurden bereits robustere Verfahren im Kapitel 3 vorgestellt. Schließlich ist die empirische Anwendung der Methodik auf anderen Märkten mit unterschiedlichen Erklärungsmodellen sowie die Integration anderer Wertpapierarten noch weiter zu analysieren.

Abkürzungsverzeichnis

AE	Auftragseingang des verarbeitenden Gewerbes
AI	Faktor: Änderung der Inflation gemessen an der Veränderung des Verbraucherpreisindex
ALV	Allianz AG
APT	Arbitrage Pricing Theory
ARCH	autoregressive conditional heteroskedasticity
ARIMA	autoregressive intergrated moving average
ARMA	autoregressive moving average
AUT	Branchenindex Automobil
BAY	Bayer AG
BE/ME	Buchwert/Marktwert-Relation (bookequity/marketequity)
BGB	Bürgerliches Gesetzbuch
BHB	BRINSON/HOOD/BEEBOWER
BIAS	Verzerrung des Schätzers
BIP	Faktor: Bruttoinlandsprodukt
BNK	Branchenindex Banken
BRW	Branchenindex Brauereien
BE	Buchwert (book equity)
BVI	Bundesverband Deutscher Investment-Gesellschaften e.V.
BVM	Bayerische Vereinsbank AG
CAPM	Capital Asset Pricing Model
CBK	Commerzbank AG
CDAX	Composite DAX
CHM	Branchenindex Chemie
CON	Branchenindex Bau
Cov	Kovarianz
CPI	Faktor: Verbraucherpreisindex
D/P	Dividendenrendite (dividend/price)
DAI	Daimler-Benz AG
DAX	Deutscher Aktienindex der Deutschen Börse AG für 30 Standardwerte
DAX100	Aktienindex für 100 deutsche Aktien der Deutschen Börse AG
DGS	Degussa AG
DOR	Änderung des Auftragseingangs des verarbeitenden Gewerbes
DPG	Deutsche Performancemessungs-Gesellschaft für Wertpapierportfolios mbH

E/P	Gewinn/Kurs-Relation, Kehrwert des KGV; (earning/price)
ECM	Fehler Korrektur Mechanismus (error correction mechanism)
EIV	Fehler in Variablen (errors in variables)
ELC	Branchenindex Elektro
EMT	Theorie des effizienten Marktes (efficient market theory)
ESM	Ereignisstudienmaß
FA	Faktoranalyse
FAJ	Financial Analyst's Journal
Fn.	Fußnote
FuPM	Finanzmarkt und Portfolio-Management
GARCH	generalized autoregressive conditional heteroskedasticity
GLS	generalized least squares
HBR	Harvard Business Review
HGB	Handelsgesetzbuch
HKA	Hauptkomponenten-Analyse
Hrsg.	Herausgeber
IAS	International Accounting Standards
I-CAPM	Intertemporales CAPM
IFO	Faktor: Änderung des ifo-Geschäftserwartungsindex
IID	zeitlich unabhängig und gleichverteilt (independently and identically distributed)
INS	Branchenindex Versicherungen
INV	Branchenindex Investmentgesellschaften
IP	Industrieproduktion
IR	Information Ratio
ITNL3SLS	iterated nonlinear three stage least squares (iterative, nichtlineare dreistufige OLS-Methode)
ITNLSUR	iterated nonlinear seemingly unrelated regressions (iterative, nichtlineare scheinbar unverbundene Regression)
ITNLWLS	iterated nonlinear weighted least squares (iterative, nichtlineare gewichtete OLS-Methode)
JB	Jarque-Bera
JoB	The Journal of Business
JoBES	Journal of Business and Economic Statistics
JoBFA	Journal of Business Finance and Accounting
JoEF	Journal of Empirical Finance
JoETh	Journal of Economic Theory
JoF	The Journal of Finance
JoFE	Journal of Financial Economics

JoFQA	The Journal of Financial and Quantitativ Analysis
JoFR	The Journal of Financial Research
JoFR	The Journal of Financial Research
JoPE	The Journal of Political Economy
JoPM	The Journal of Portfolio Management
KAG	Kapitalanlagegesellschaft
KGV	Kurs-Gewinn Verhältnis
LPM	Lower Partial Moment
MA	gleitender Durchschnitt (moving average)
MAN	MAN AG
MCH	Branchenindex Maschinenbau
ML, ML-FA	Maximum Likelihood, ML-Faktoranalyse
MLS	median least squares
MP	Faktor: monatliche Wachstumsrate der Industrieproduktion
MPT	Moderne Portfolio Theorie (modern portfolio theory)
MRG	Branchenindex Hypothekenbanken
MSE	mittlerer quadratischer Fehler (mean square error)
ME, MV	Marktwert (market equity, market value)
NLSUR	nichtlineare scheinbar unverbundene Regression (nonlinear seemingly unrelated regressions)
NV	Normalverteilung
OLS	ordinary least squares; lineare kleinste Quadratregression
PAP	Branchenindex Papier
PPWM	Perioden-Gewichtungsmaß von GRINBLATT/TITMAN (positiv period weighting measure)
prob	Wahrscheinlichkeit
QRA	Querschnittsregressions Analyse
RESID	Residualmarktfaktor
RET	Branchenindex Einzelhandel, Konsum
REX	Deutscher Rentenindex der Deutschen Börse AG
RLS	reweighted least squares
RoFS	The Review of Financial Studies
ROI	Return on Investment
RoQFA	The Review of Quantitative Finance and Accounting
RQP	quadratische Regression
RWE	RWE AG
SD	Stochastische Dominanz
SIE	Siemens AG
SLM	Sharpe/Lintner/Mossin

SML	Wertpapiermarkt-Linie (Security Market Line)
STL	Branchenindex Stahl
SUR	scheinbar unverbundenen Regression (Seemingly unrelated regression)
SUR	seemingly unrelated regression
syst.	systematisch
TE	Tracking Error
TERM	Änderung der Zinsstruktur
THY	Thyssen AG
TRN	Branchenindex Transport
TXT	Branchenindex Textil
UDS	Faktor: unerwartete US-Dollar Wechselkursänderung
UMP	Faktor: unerwarteter Anteil der monatlichen Wachstumsrate der Industrieproduktion
US-GAAP	amerikanische Bilanzierungsrichtlinie
UTL	Branchenindex Versorger
Var	Varianz
VEB	Veba AG
WISU	Das Wirtschaftsstudium
WLS	weighted least squares
WM	The Worlds Markets Company Plc.
Z_1	Faktor: Rendite des 1Jahres REX-Subindex
Z_{10}	Faktor: Rendite des 10Jahres REX-Subindex
ZfB	Zeitschrift für Betriebswirtschaft

Symbolverzeichnis

1	Vektor von Einsen
a	definierter Punkt der Verteilung; Parameter der Potenzfunktion
a	Achsenabschnitt, Regressionsparameter
$\hat{a}$	unverzerrter Schätzer der potentiellen Performance $\hat{a}^*$
$\hat{a}^*$	potentielle Performance
A_i	Attribut
AR(n)	Autoregressiver Prozeß der Ordnung n
B ; B_i	Vektor der Faktorsensitivitäten; für Wertpapier i
BFB' ; $B_i F B_i'$	kovarianzadjustierter Sensitivitätsvektor (Matrixprodukt); für Wertpapier I
$\bar{b}$	Mittelwert der Sensitivität
b^-	partielle Sensitivität für negative Faktorausprägungen
b^+	partielle Sensitivität für positive Faktorausprägungen
b''	adjustierter Schätzer der mittleren Sensitivität
b_0	Achsenabschnitt, Regressionsparameter und Zero-Beta Rendite
b_e	Einfachsensitivität (univariat)
b_j	Sensitivität, Regressionsparameter
b_m	multiple Sensitivität
c	Bargeldanteil im Portfolio oder Teilsegment
C	Korrekturfaktor
c_0 , c_{vw}	Regressionsparameter
c_i	Regressionsparameter
$CLPM_{ij}$	Ko-LPM Maß für i und j
c_u , c_o	untere bzw. obere Schranke
Cov(x,y)	Kovarianz von x und y
Cov(x,y|Z)	bedingte Kovarianz von x und y in Abhängigkeit von der Information Z
d	Prüfgröße des Durbin-Watson Tests
D	Vektor der Faktoränderungen
DD	Maximum Drawdown
d_i	Differenz zweier Theilscher Teststatistiken
diag( )	Diagonale einer Matrix
D_{max}	Teststatistik des KS-Anpassungstests auf Normalverteilung
d_o	obere Schranke des Durbin-Watson Tests
D_p	Dummyvariable
DR	Differential Return
d_t	Zeit zwischen zwei Beobachtungen
d^U	Vektor der Differenzen der Theilschen U^2
d_u	untere Schranke des Durbin-Watson Tests

e	Fehlerterm
e^*	standardisierte Residuen
E	Vektor der mittleren, erwarteten Renditen μ
e_c	Grenzwert
$\mathrm{E}[x]$	Erwartungswert von x
$\mathrm{E}[x\|Z]$	bedingter Erwartungswert von x in Abhängigkeit von der Information Z
ESM	Ereignisstudienmaß (nach Cornell)
F	Matrix der (Risiko-)Faktorzeitreihen
F	Kovarianzmatrix der Faktorzeitreihen
F_j	(Risiko-)Faktor j
$f(x)$	Dichtefunktion
F( )	F-Teststatistik
$\mathrm{F}^{\alpha}_{k,n-k-1}$	Wert der F-Verteilung bei k und $n-k-1$ Freiheitsgraden beim geforderten Signifikanzniveau α.
g_i	Gewichtungsparameter des Wertpapiers i
g_i^*	Signifikanzadjustiertes Gewicht des Wertpapiers i
g_j^*	Normierter Faktor-Gewichtungsparameter
g_j'	Gewichtungsparameter des Faktors j
h	Laufindex zur Bezeichnung einer Mikrovariablen (Attribut) (h = 1, .., H)
i	Laufindex zur Bezeichnung eines Wertpapiers oder Portfolios (i= 1, ... , N)
I	Einheitsmatrix
IP_t	Industrieproduktion zum Zeitpunkt t
IR	Information Ratio
I_t	Inflationsrate zum Zeitpunkt t
j	Laufindex zur Bezeichnung eines konkreten Faktors (j= 1, ..., k)
k	Anzahl der Faktoren; Anzahl der Lags
K	Wölbung, Kurtosis
L_{it}	Alter des letzten Wertpapierpreises
$\mathrm{L}_{\max}$	Teststatistik auf Normalverteilung nach Lilliefors
LPM_n	Lower Partial Moment von der Höhe n
M	Index für das Marktportfolio
MAD	Median der absoluten Abweichungen
Max( )	Maximumfunktion
med	Median
Med( )	Medianfunktion
Min( )	Minimumfunktion
MSE(x)	mittlerer quadratischer Fehler von x
m_t	stochastischer Diskontierungsfaktor

n	Zählvariable
N	Anzahl der Wertpapiere
$\mathrm{N}(\mu,\sigma)$	Perzentil der Normalverteilung mit Mittelwert μ und Standardabweichung σ
PCM	Portfolio Change Measure
p_{F} , p_{t}	prozentuale Signifikanz der F-Statistik, bzw. t-Statistik
PW	Positive Period Weighting Measure
Q_i , $\tilde{Q}_i$	Rangzahl, Vorzeichen bewertete Rangzahl
Q^{LB}	Q-Teststatistik nach Ljung-Box
R	Gesamtrendite
$R^{(\mathrm{n})}$	n-tes Moment der Rendite
r_0	Rendite des risikolosen Wertpapiers
r_a, R_a	aktive Rendite
R^d	diskrete Rendite
$\bar{r}_E^*$	Stichprobenmittelwert der Benchmarkrendite
R_e	außerordentliche Rendite
R_f	risikoloser Zinssatz
R_H	Rendite des tatsächlichen oder synthetischen Bargelds
r_i , r_P	Überschußrendite von i , bzw. von P
$r_{it} = r_i(t)$	Überschußrendite von i zum Zeitpunkt t
R_i	Gesamtrendite von i
R_j	Rendite des Faktors j
r_k	Autokorrelationskoeffizient für das Lag k
r_r , R_r	Residualrendite
R_{RP}	Rendite aus systematischer Risikopositionierung
R_S	Selektionsrendite
R^s	stetige Rendite
r_{syst} , $r_{\mathrm{syst,ges.}}$	(gesamte) erklärte, systematische Überschußrendite
R_T	erwartete Zielrendite für einen Erklärungsfaktor (auf Basis privater und öffentlicher Informationen)
R_u , ($R_{u,P}$)	unerklärte Rendite (für Portfolio P)
R_z	Zielrendite für ein Anlagesegment
R_{Zi}	erwartete (geschätzte) Zielrendite für das Anlagesegment i
S	Schiefe der Verteilung
S^*	standardisierte Schiefe
$\mathrm{sCov}(x,y)$	Stichproben-Kovarianz von x und y
$\mathrm{S_F}$	Stichprobenkovarianzmatrix
$\tilde{s}_i$	Signal
sign( )	Vorzeichenfunktion

SM_{GT}, SM_{EG}	Selektionsmaß nach Grinblatt/Titman (GT) bzw. Elton/Gruber (EG)
SR	Sharpe-Maß
SR^*	korrigierte Sharpe-Maß
SV	Semivarianz
t	Zeitpunkt bzw. Zeitperiodenindex
T	Anzahl der Stützpunkte einer Stichprobe; Anzahl der Perioden
t(x)	t-Wert des Parameters x
T^*	approximative Teststatistik für die Differenz zweier Theilscher U-Werte
T^+	Teststatistik für die Differenz zweier Theilscher U-Werte
TE	Tracking Error
$TMGP$	Treynor/Mazuy-Gesamtperformancemaß
TM_{GT}, TM_{EG}	Timingmaß nach Grinblatt/Titman (GT) bzw. Elton/Gruber (EG)
T_P	Treynor-Maß für Portfolio P
u	Störvariable
U, U', U''	Nutzenfunktion, erste und zweite Ableitung der Nutzenfunktion
U[x]	unerwartete Komponente von x
$U_i'^2$	Theilsche Teststatistik
V	Varianz-Kovarianzmatrix der Renditen
Var(x)	Varianz von x
Var(x|Z)	bedingte Varianz von x in Abhängigkeit von der Information Z
w	kritischer Wert des Vorzeichenrangtest nach Wilcoxon
w( ), w(F)	Wahrscheinlichkeitsfunktion, Wahrscheinlichkeit der Bedingung F
w^*	normierter Gewichtungsparameter
w_j	Gewichtungsparameter von j
wlim[x]	Wahrscheinlichkeitsgrenzwert von x
w_{Pi}, w_{Bi}	Portfolioanteil des Wertpapiers i am Portfolio P, bzw. am Benchmarkportfolio B
W_t, W_0	Wert zum Zeitpunkt t bzw. t=0
x	Korrekturfaktor, Beobachtungswert
$\bar{x}$	Mittelwert einer Stichprobe
X	Matrix der unabhängigen Variablen
X'	transponierte Matrix oder Vektor
x_i	Gewicht des Wertpapiers i
x_i	unabhängige Variable
y	abhängige Variable, Beobachtungswert
Y	Vektor der abhängigen Variablen
z	Teststatistik

z_t	Vektor der unerwarteten Informationen zum Zeitpunkt t
Z_t	Vektor der Informationen zum Zeitpunkt t
Δ	Delta (Differenzfunktion)
Φ_α	Wert des α-Quantils der Standardnormalverteilung
Γ	Vektor der Stichprobenmittelwerte der $\hat{\lambda}$
α	Signifikanzniveau
α	Achsenabschnitt, Regressionsparameter
β	systematisches Risiko, Sensitivität
$\beta^{einfach}$, β^{e}	lineare Einfachsensitivität
β^{F}	systematisches Risiko nach FAMA
β_{ij}	Sensitivität des Wertpapiers i gegenüber dem Faktor j
$\beta_{ij}(Z_t)$	bedingte Sensitivität in Abhängigkeit vom Informationsvektor
β^{multi}, β^{m}	multipler Sensitivitätskoeffizient
χ^2	Chi-Quadrat
δ_j	Faktoränderungen des Faktors F_j
ε	Fehlerterm, stochastische Störvariable, unsystematische Renditekomponente
ε^*	Bruchpunkt
ϕ_0, ϕ_{vw}	Regressionsparameter
ϕ_k	partieller Autokorrelationskoeffizient zur Ordnung k
γ	Regressionskoeffizient zur Identifikation von Timing
γ_0	Achsenabschnitt, Regressionsparameter
γ_1	Regressionskoeffizient
λ_0	Zero-Beta-Rendite, Regressionsparameter
λ_j	Risikoprämie des Faktors j, Regressionsparameter
Λ	Vektor der Risikoprämien
μ_I	Mittelwert und Erwartungswert von i
ν	Anzahl der Freiheitsgrade
θ	Gewichtungsparameter
θ_t	Regressionskoeffizient
Θ	Risikoaversionsparameter
ρ	Korrelationskoeffizient
σ'', σ''^2	adjustierter Schätzer der mittleren Standardabweichung , Varianz
$\sigma_a{}^*$	optimales, aktives Risiko
σ_a^2	Varianz der aktiven Rendite
σ_b^2, $\overline{\sigma}_b^2$	Varianz der Sensitivität b, Mittelwert der Varianz der Sensitivität b
σ_I	Standardabweichung von i
σ_i^2	Varianz von i

σ_{ij}	Kovarianz zwischen *i* und *j*
$\sigma^2_{r_j}$, $\sigma^2_{r_M}$	Varianz der Rendite von *j*, Varianz der Marktrendite
Σ	Kovarianzmatrix
υ_E	Stichprobenvarianz der Benchmarkrendite
ω_P	Residualrisiko des Portfolios *P*
$\zeta(\,)$	Dichtefunktion
ξ	Fehlerterm, stochastische Störvariable
$\mathbb{R}$	Menge der reellen Zahlen
$\mathbb{N}$, $\mathbb{N}_0^+$	Menge der natürlichen Zahlen bzw. Menge der positiven natürlichen Zahlen einschließlich der Zahl Null

Abbildungsverzeichnis

Tabellenverzeichnis

Literaturverzeichnis[934]

Abel, Andrew B. (Time-Varying Dividend Risk, 1988): Stock prices under time-varying dividend risk: An exact solution in an infinite horizon general equilibrium model. In: Journal of Monetary Economics, 1988 (22), S. 375-393.

Abraham, Bovas; Ledolter, Johannes (Forecasting, 1983): Statistical Methods for Forecasting. John Wiley & Sons, New York, 1983.

Adam, Dietrich (Investitionscontrolling, 1994): Investitionscontrolling. Oldenbourg Verlag, München, 1994.

Adler, Michael; Dumas, Bernard (Currency Risks, 1984): Exposure to Currency Risks: Definition and Measurement. In: Financial Management, 1984 (13), Summer, S. 41-50.

Admati, Anat R.; Bhattacharay, Sudipto; Pfleiderer, Paul; Ross, Stephen A. (Timing and Selectivity, 1986): On Timing and Selectivity. In: JoF, 1986 (41), S. 715-732.

Admati, Anat R.; Pfleiderer (Factor Risk Premia, 1985): Interpreting the Factor Risk Premia in the Arbitrage Pricing Theory. In: JoETh, 1985 (35), S. 191-195.

Admati, Anat R.; Ross, Stephen A. (Investment Performance, 1985): Measuring Investment Performance in a Rational Expectations Equilibrium Model. In: JoB, 1985 (58), Heft 1, S. 1-26.

Aitken, A.C. (Least Squares, 1935): On Least Squares and Linear Combinations of Observation. In: Proceedings of the Royal Statistical Society of Edingburgh, 1935, S. 42-48.

Akgiray, Vedat (Conditional Heteroscedasticity, 1989): Conditional Heteroscedasticity in time series of stock returns: Evidence and Forecast. In: JoB, 1989 (62), Heft 1, S. 55-80.

Alexander, Carol (Estimating and Forecasting, 1996): Estimating and forecasting volatility and correlation: methods and applications. In: Financial Derivatives and Risk Management, 1996, 7, S. 64-72.

Alexander, Carol (RiskMetrics, 1996): Evaluating the use of RiskMetrics™ as a risk measurement tool for your opperation: What are its advantages and limitations? In: Derivatives Use, Trading & Regulation, 1996 (2), Heft 3, S. 277-285.

Alexander, Gordon J.; Benson, P. George; Eger, Carol E. (Timing, 1982): Timing Decision and the behavior of Mutual Fund Systematic Risk. In: JoFQA, 1982 (17), S. 579-602.

Alexander, Gordon J.; Francis, Jack Clark (Portfolio Analysis, 1986): Portfolio Analysis. 3. Aufl., Prentice Hall, Englewood Cliffs, N.J., 1986.

---

934 Die Groß- oder Kleinschreibung der Titel der Literaturquellen wird dem Originaltitel entsprechend wiedergegeben.

Alexander, Gordon J.; Sharpe, William F.; Bailey, Jeffery V. (Fundamentals of Investments, 1993): Fundamentals of Investments. 2. Aufl., Prentice Hall, Englewood Cliffs, N.J., 1993.

Alexander, Gordon J.; Stover, Roger D. (Consistency, 1980): Consistency of Mutual Fund Performance during varying Market Conditions. In: Journal of Economics and Business, 1980 (32), S. 219-226.

Alles, Laksham A.; Kling, John L. (Variation of Skweness, 1994): Regularities in the Variation of Skweness in Asset Returns. In: JoFR, 1994 (17), Heft 3, S. 427-438.

Altman, Edward I.; Jacqillat, Bertrand; Levasseur, Michel (Comparative Analysis, 1974): Comparative analysis of risk measures: France and the United States. In: JoF, 1974 (29), S. 1495-1511.

Amihud, Y.; Christensen, Bent Jesper; Mendelson, H. (Risk-Return Relationship, 1992): Further Evidence on the risk-return relationship. NY University & Stanford University, working paper, 1992.

Amihud, Yakov; Mendelson, Haim (Asset Pricing, 1986): Asset Pricing and the Bid-Ask Spread. In: JoFE, 1986 (17), S. 233-249.

Ankrim, Ernest M. (Performance Attribution, 1992): Risk-Adjusted Performance Attribution. In: FAJ, 1992 (48), Heft 2, S. 75-82.

Ankrim, Ernest M.; Hensel, Chris R. (Multicurrency, 1994): Multicurrency Performance Attribution. In: FAJ, 1994 (50), Heft 2, S. 29-35.

Appleyard, A.R.; Strong, N.;Walker, M. (Mutual Fund Performance, 1982): Mutual Fund Performance in the Context of Models of Equilibrium Capital Asset Pricing. In: JoBFA, 1982 (9), S. 289-295.

Arnott, Robert D. (Cluster Analysis, 1980): Cluster Analysis and Stock Price Movement. In: FAJ, 1980 (36), S. 56-62.

Assenmacher, Walter (Ökonometrie, 1991): Einführung in die Ökonometrie. 4. Aufl.; Oldenbourg, München, 1991 (5. Aufl. 1995).

Badrinath, S.G.; Chatterjee, S. (Systematic Risk, 1993): Systematic Risk Estimation in the Presence of Large and Many Outliers. In: RoQFA, 1993 (3), S. 5-27.

Bailey, Jeffery; Arnott, Robert D. (Cluster Analysis, 1986): Cluster Analysis and Manager Selection. In: FAJ, 1986 (42), Heft 6, S. 20-28.

Ball, Ray J.; Brown, Philip (Empirical Evaluation, 1968): An Empirical Evaluation of Accounting Numbers. In: Journal of Accounting Research, 1968 (6), Autumn, S. 159-178.

Ball, Ray; Kothari, S.P. (Expected Returns, 1989): Nonstationary expected returns: Implications for Tests of Market Efficiency and Serial Correlation in Returns. In: JoFE, 1989 (25), Heft 1, S. 51-74.

Balzer, Leslie A. (Investment Risk, 1994): Measuring Investment Risk: A review. In: The Journal of Investing, 1994, Fall, S. 47-58.

Bansal, Ravi; Hsieh, David; Viswanathan, S. (International Arbitrage Pricing, 1993): A new approach to international arbitrge pricing. In: JoF, 1993 (48), S. 1719-1747.

Bansal, Ravi; Viswanathan, S. (No Arbitrage, 1993): No Arbitrage and arbitrage pricing: A new approach. In: JoF, 1993 (48), S. 1231-1262.

Banz, R.W. (Return and Market Value, 1981): The Relationship between return and market value of common stocks. In: JoFE, 1981 (9), März, S. 3-18.

BARRA (Hrsg.) (Aegis, 1996): The Aegis System. User's Guide; Version 1.1. BARRA, Berkeley, 1996.

BARRA (Hrsg.) (Equity Performance, 1994): Equity Performance: Performance Analysis for PCs. BARRA, Berkeley, 1994.

Bartholdy, Jan; Riding, Allan (Thin Trading, 1994): Thin Trading and the Estimation of Betas: The Efficacy of Alternative Techniques. In: JoFR, 1994 (17), Heft 2, S. 241-254.

Basu, Sanjoy (Earnings' Yield, 1983): The Relationship between earnings' yield, market value and return for NYSE common Stock. In: JoFE, 1983 (12), S. 129-156.

Basu, Sanjoy (Investment Performance, 1977): Investment Performance of Common Stocks in Relation to Their Price-Earnings Ratios: A Test of Market Efficiency. In: JoF, 1977 (32), S. 663-682.

Bawa, Vijay S. (Ordering Uncertain Prospects, 1975): Optimal Rules for Ordering Uncertain Prospects. In: JoFE, 1975 (2), S. 95-121.

Bawa, Vijay S. (Safety-First, 1978): Safety-First, Stochastic Dominance, and Optimal Portfolio Choice. In: JoFQA, 1978 (13), June, S. 255-271.

Bawa, Vijay S. (Stochastic Dominance, 1982): Stochastic dominance: A Research Bibliography. In: Management Science, 1982 (28), June, S. 698-712.

Bawa, Vijay S.; Lindenberg, E.B. (Capital Market Equilibrium, 1977): Capital Market Equilibrium in a Mean-Lower Partial Moment Framework. In: JoFE, 1977 (5), S. 189-200.

Beckmann, Thomas (Tendenzen des Aktienmarktes, 1989): Die Erfassung von Tendenzen des Aktienmarktes: eine methodisch-statistische Untersuchung. In: Betriebswirtschafltiche Schriftenreihe Band 44, Lit-Verlag, Münster, 1989.

Beenstock, Michael; Chan, Kam-Fai (Economic Forces, 1988): Economic Forces in the London Stock Market. In: Oxford Bulletin of Economics and Statistics, 1988 (50), Heft 1, S. 27-39.

Ben-Horim, Moshe; Levy, Haim (Total Risk, 1980): Total Risk, diversifiable Risk and nondiversifiable risk: a pedagogic note. In: JoFQA, 1980 (15), Heft 2, S. 289-297.

Benos, Alexandros; Crouhy, Michel (Changes in the Structures, 1996): Changes in the Structure and Dynamics of European Securities Marktes. In: FAJ, 1996 (52), Heft 3, S. 37-50.

Berk, Jonathan B. (Size-Related Anomalies, 1995): A Critique of Size-Related Anomalies. In: RoFS, 1995 (8), Heft 2, S. 275-286.

Bernstein, Peter L. (Asset Allocation, 1992): Overview of the Total Asset Allocation Problem. In: Active Asset Allocation. Arnott, Robert D.; Fabozzi, Frank J. (Hrsg.), Probus, Chicago, Ill., 1992, S. 9-18.

Berry, Michael A.; Burmeister, Edwin; McElroy, Marjorie B. (Sorting out Risks, 1988): Sorting out Risks using known APT Factors. In: FAJ, 1988 (44), Heft 2, S. 29-42.

Bielinski, Brian; Sorensen, Eric H.; Mezrich, Joseph J.; O'Donnell, Mark (Risk Attribution Model, 1996): UK Risk Attribution Model: Estimating and Controlling Dynamic Risk in UK Equities. In: Salomon Brothers, 1996, Mai.

Black, Fischer (Beta and Return, 1993): Beta and Return. In: JoPM, 1993 (20), Fall, S. 8-18.

Black, Fischer (Capital Market Equilibrium, 1972): Capital Market Equilibrium with restricted Borrowing. In: JoB, 1972 (45), S. 444-455.

Black, Fischer (Estimating Expected Return, 1993): Estimating Expected Return. In: FAJ, 1993 (49), Heft 5, S. 36-38.

Black, Fischer; Jensen, Michael C.; Scholes, Myron (CAPM, 1972): The Capital Asset Pricing Model: Some Empirical Tests. In: Studies in the Theory of Capital Markets. Jensen, Michael C. (Hrsg.); Praeger Publishers, N.Y., 1972, S. 79-121.

Black, Fischer; Scholes, M. (Dividend Yield, 1974): The Effects of Dividend Yield and Dividend Policy on Common Stock Prices and Returns. In: JoFE, 1974 (1), S. 1-22.

Black, Fischer; Scholes, Myron (Pricing of Options, 1973): The Pricing of Options and Corporate Liabilities. In: JoPE, 1973 (81), S. 637-659.

Bleymüller, Josef; Gehlert, Günther; Gülicher, Herbert (Statistik, 1985): Statistik für Wirtschaftswissenschaftler. 4. Aufl., Franz Vahlen, München, 1985.

Blume, Marshall E. (Assessment of Risk, 1971): On the Assessment of Risk. In: JoF, 1971 (26), Heft 1, S. 1-10.

Blume, Marshall E. (Betas, 1975): Betas and their Regression Tendencies. In: JoF, 1975 (30), Heft 3, S. 785-795.

Blume, Marshall E.; Friend, Irwin (Asset Structure, 1975): The asset structure of individual portfolios and some implications for utility functions. In: JoF, 1975 (30), Heft 2, S. 585-603.

Blume, Marshall E.; Friend, Irwin (Capital Asset Pricing Model, 1973): A new look at the Capital Asset Pricing Model. In: JoF, 1973 (28), Heft 1, S. 19-33.

Bodie, Zvi (Risk of Stocks, 1995): On the Risk of Stocks in the Long Run. In: FAJ, 1995 (51), Heft 3, S. 18-22.

Bodurtha, James N.; Cho, D.Chinhyung; Senbet, Lemma W. (Economic Forces, 1989): Economic Forces and the Stock Market: An International Perspective. In: Global Finance Journal, 1989 (1), S. 21-46.

Bollerslev, Tim; Engle, Robert F.; Wooldridge, Jeffrey M. (CAPM, 1988): A Capital Asset Pricing Model with Time-varying Covariances. In: JoPE, 1988 (96), Heft 1, S. 116-131.

Bookstaber, Richard; Clarke, Roger (Problems in Evaluating, 1985): Problems in Evaluating the Performance of Portfolios with Options. In: FAJ, 1985 (41), Heft 1, S. 48-62.

Booth, David G.; Fama, Eugene F. (Diversification, 1992): Diversification Returns and Asset Contributions. In: FAJ, 1992 (48), Heft 3, S. 27-32.

Boudoukh, Jacob; Richardson, Matthew; Smith, Tom (Risk Premium, 1993): Is the ex ante risk premium always positive? A new approach to testing conditional asset pricing models. In: JoFE, 1993 (34), S. 387-408.

Böventer, Edwin von (Mikroökonomie, 1991): Einführung in die Mikroökonomie. 7. Aufl., Oldenbourg Verlag, München, 1991.

Bower, Dorothy H.; Bower, Richard S.; Logue, Dennis E. (Arbitrage Pricing, 1984): Arbitrage pricing theory and utility stock returns. In: JoF, 1984 (39), Heft 4, S. 1041-1054.

Box, George E.P.; Jenkins, Gwilym M. (Time Series Analysis, 1976): Time Series Analysis: Forecasting and Control. Revised Edition, Holden-Day, 1976.

Breen, William; Glosten, Lawrence; Jagannathan, Ravi (Economic Significance, 1989): Economic Significance of Predictable Variations in Stock Index Returns. In: JoF, 1989 (44), Heft 5, S. 1177-1190.

Brennan, Michael; Jegadeesh, Narasimhan; Swaminathan, Bhaskaran (Investment Analysis, 1993): Investment Analysis and the Adjustment of Stock Prices to Common Information. In: RoFS, 1993 (6), S. 799-824.

Brinson, Gary P.; Fachler, N. (Equity Portfolio Performance, 1985): Measuring non-U.S. equity portfolio performance. In: JoPM, 1985 (11), Spring, S. 73-76.

Brinson, Gary P.; Hood, L. Randolph; Beebower, Gilbert L. (Portfolio Performance I, 1986): Determinants of Portfolio Performance. In: FAJ, 1986 (42), Heft 4, S. 39-44.

Brinson, Gary P.; Singer, Brian D.; Beebower, Gilbert L. (Portfolio Performance II, 1991): Determinants of Portfolio Performance II: An Update. In: FAJ, 1991 (47), Heft 3, S. 40-48.

Brooks, Robert; Levy, Haim; Yoder, Jim (Using Stochastic Dominance, 1987): Using Stochastic Dominance to Evaluate the Performance of Portfolios with Options. In: FAJ, 1987 (43), Heft 2, S. 79-82.

Brown, Keith C.; Harlow, W.V.; Tinic, Seha M. (Risk Aversion, 1988): Risk aversion, uncertain information, and market efficiency. In: JoFE, 1988 (22), S. 355-385.

Brown, Philip; Kleidon, Allan W.; Marsh, Terry A. (New Evidence, 1983): New Evidence on the Nature of Size-Related Anomalies in Stock Prices. In: JoFE, 1983 (12), S. 33-56.

Brown, Stephen J. (Number of Factors, 1989): The number of factors in security returns. In: JoF, 1989 (44), Heft 5, S. 1247-1262.

Brown, Stephen J.; Warner, J.B. (Daily Stock Returns, 1985): Using daily stock returns: The Case of Event Studies. In: JoFE, 1985 (14), S. 3-31.

Brown, Stephen J.; Weinstein, Mark I. (Testing Asset Pricing Models, 1983): A New Approach to Testing Asset Pricing Models: The Bilinear Paradigm. In: JoF, 1983 (38), Heft 3, S. 711-743.

Bruns, Christoph; Meyer-Bullerdiek, Frieder (Portfoliomanagement, 1996): Professionelles Portfoliomanagement. Schäffer-Poeschel, Stuttgart, 1996.

Bühler, Wolfgang (Erfolgsanalyse, 1994): Grundprobleme der Erfolgsanalyse im Portfolio-Management. In: Erfolgsmessung und Erfolgsanalyse im Portfolio-Management. Gebauer, Wolfgang; Rudolph, Bernd (Hrsg.) Schriftenreihe des Instituts für Kapitalmarktforschung an der Universität Frankfurt am Main, Band 36. Fritz Knapp Verlag, Frankfurt am Main, 1994, S. 15-48.

Bulmash, Samuel B.; Trivoli, George W. (Time-lagged Interactions, 1991): Time-lagged interactions between stock prices and selected economic variables. In: JoPM, 1991 (17), Summer, S. 61-67.

Burmeister, Edwin; McElroy, Marjorie B. (Joint Estimation, 1988): Joint Estimation of Factor Sensitivities and Risk Premia for the Arbitrage Pricing Theory. In: JoF, 1988 (43), Heft 3, S. 721-735.

Burmeister, Edwin; McElroy, Marjorie B. (Residual Market Factor, 1991): The residual market factor, the APT, and Mean-Variance Efficiency. In: RoQFA, 1991 (1), S. 27-49.

Burmeister, Edwin; Roll, Richard; Ross, Stephen A. (Guide to APT, 1994): A Practitioner's Guide to Arbitrage Pricing Theory. In: FuPM, 1994 (8), Heft 3, S. 312-331.

Burmeister, Edwin; Wall, Kent D. (Macroeconomic Factor Measures, 1986): The Arbitrage Pricing Theory and Macroeconomic Factor Measures. In: Financial Review, 1986 (21), Heft 2, S. 1-20.

Burmeister, Edwin; Wall, Kent D.; Hamilton, James D. (Using Kalman Filtering, 1986): Estimation of Unobserved Expected Monthly Inflation Using Kalman Filtering. In: JoBES, 1986 (4), Heft 2, S. 147-160.

Burnie, Stephen J.; Knowles, James A.; Teder, Toomas J. (Attribution, 1998): Arithmetic and Geometric Attribution. In: The Journal of Performance Measurement, 1998 (3), Heft 1, S. 59-68.

Büschgen, Hans E. (Investmentanlage, 1971): Rentabilität und Risiko der Investmentanlage. Poeschel, Stuttgart, 1971.

Butler, KirtC.; Domian, Dale L. (Investment Horizon, 1991): Risk, diversification, and the investment horizon. In: JoPM, 1991 (17), Spring, S. 41-47.

Campbell, John P. (Conceptualization of Measurement, 1983): Some Possible Implications of "Modelling" for the Conceptualization of Measurement. In: Performance Measurement and theory. Landy, Frank J.; Zedeck, Sheldon; Cleveland, Jeanette (Hrsg.). Erlbaum, Hilldale, N.J., 1983, S. 277-298.

Campbell, John Y. (Intertemporal Asset Pricing, 1993): Intertemporal Asset Pricing without consumption data. In: American Economic Review, 1993 (83), S. 487-512.

Campbell, John Y. (Stock Returns, 1987): Stock Returns and the Term Structure. In: JoFE, 1987 (18), S. 373-399.

Campbell, John Y. (Understanding Risk, 1996): Understanding risk and Returns. In: JoPE, 1996 (104), Heft 2, S. 298-345.

Campbell, John Y.; Clarida, Richard H. (Term Structure, 1987): The term structure of Euromarket interest rates - an empirical investigation. In: Journal of Monetary Economics, 1987 (19), S. 25-44.

Campbell, John Y.; Lo, Andrrew W.; MacKinlay, A. Craig (Econometrics of Financial Markets, 1997): The Econometrics of Financial Markets. 2. Aufl.; Princeton University Press, Princeton, N.J., 1997.

Campbell; Hentschel (No News, 1992): No news is good news: An asymetric model of changing volatility in stock returns. In: JoFE, 1992 (31), S. 281-319.

Carlson, Robert S. (Aggregate Performance, 1970): Aggregate Performance of Mutual Funds, 1948-1967. In: JoFQA, 1970 (5), S. 1-32.

Chamberlain, Gary (Arbitrage Pricing Models, 1983): Funds, Factors, and Diversification in Arbitrage Pricing Models. In: Econometrica, 1983 (51), Heft 5, S. 1305-1323.

Chamberlain, Gary; Rothschild, Michael (Arbitrage, 1983): Arbitrage, factor structure, and mean-variance analysis on large asset markets. In: Econometrica, 1983 (51), S. 1281-1304.

Chan, K.C. (Contrarian Investment, 1988): On the Contrarian Investment Strategy. In: JoB, 1988 (61), S. 147-164.

Chan, K.C.; Chen, Nai-fu; Hsieh, David A. (Firm Size Effect, 1985): An Exploratory Investigation of the Firm Size Effect. In: JoFE, 1985 (14), S. 451-471.

Chan, K.C.; Karolyi, G. Andrew; Stulz, René M. (Global Financial Markets, 1992): Global financial markets and the risk premium on U.S. equity. In: JoFE, 1992, S. 137-167.

Chan, L.; Lakonishok, Josef (Beta's Death, 1993): Are the Reports of Beta's death premature. In: JoPM, 1993 (19), Summer, S. 51-62.

Chang, Eric C.; Lewellen, Wilbur G. (Arbitrage Pricing Approach, 1985): An Arbitrage Pricing Approach to evaluating mutual Fund Performance. In: JoFR, 1985 (8), S. 15-30.

Chang, Eric C.; Lewellen, Wilbur G. (Market Timing, 1984): Market Timing and Mutual Fund Investment performance. In: JoB, 1984 (57), S. 57-72.

Chang, Eric C.; Pinegar, J. Michael (Risk-Return Relationship, 1988): A fundamental study of the seasonal risk-return relationship: A note. In: JoF, 1988 (43), Heft 4-5, S. 1035-1039.

Chang, Eric C.; Pinegar, J. Michael (Stock Market Seasonals, 1990): Stock market seasonals and prespecified multifactor pricing relations. In: JoFQA, 1990 (25), Heft 4, S. 517-533.

Chang, J.S.K.; Shanker, L. (Risk-Return Measure, 1987): A Risk-Return Measure of Hedging Effectiveness: A Comment. In: JoFQA, 1987 (22), Heft 3, S. 373-376.

Chang, S.J. (Empirical Return Generating Models, 1991): A Study on Empirical Return Generating Models: A market Model, a Multifactor Model, and a unified model. In: JoBFA, 1991 (18), S. 377-391.

Chatterjee, Sangit; Jacques, William E. (Outlier-Resistant Approach, 1994): An Outlier-Resistant Approach to Risk Estimation. In: FAJ, 1994 (50), Heft 5, S. 69-75.

Chen, Carl R.; Lee, Cheng F.; Rahman, Shafiqur; Chan, Anthony (Cross-Sectional Analysis, 1992): A Cross-Sectional Analysis of Mutual Funds' Market timing and Security Selection Skill. In: JoBFA, 1992 (19), Heft 5, S. 659-675.

Chen, Carl R.; Stockum, Steve (Selectivity, 1986): Selectivity, Market Timing, and Random Beta Behaviour. In: JoFR, 1986 (9), Heft 1, S. 87-96.

Chen, Nai-Fu (Empirical Tests, 1983): Some Empirical Tests of the Theory of Arbitrage Pricing. In: JoF, 1983 (38), Heft 5, S. 1393-1414.

Chen, Nai-Fu (Investment Opportunities, 1991): Financial Investment opportunities and the macroeconomy. In: JoF, 1991 (46), Heft 2, S. 529-554.

Chen, Nai-fu; Copeland, Thomas E.; Mayers, David (Performance Methodologies, 1987): A Comparison of Single and Multifactor Portfolio Performance Methodologies. In: JoFQA, 1987 (22), S. 401-417.

Chen, Nai-fu; Ingersoll, Jonathan E. (Linear Factormodels, 1983): Exact Pricing in Linear Factor Models with Infinitely Many Assets: A Note. In: JoF, 1983 (38), June, S. 985-988.

Chen, Nai-fu; Roll, Richard; Ross, Stephen A. (Economic Forces, 1983): Economic forces and the stock market: Testing the APT and alternative asset pricing theories. CRSP Working paper No. 119, University of Chicago, Illinois, 1983.

Chen, Nai-fu; Roll, Richard; Ross, Stephen A. (Economic Forces, 1986): Economic Forces and the Stock market. In: JoB, 1986 (59), Heft 3, S. 383-403.

Chen, Su-Jane; Jordan, Bradford D. (Empirical Tests, 1993): Some Empirical Tests in the Arbitrage Pricing Theory: Macrovariables vs. Derived Factors. In: Journal of Banking and Finance, 1993 (17), S. 65-89.

Cho, D. Chinhyung; Elton, Edwin J.; Gruber, Martin J. (Robustness, 1984): On the Robustness of the Roll and Ross Arbitrage Pricing Theory. In: JoFQA, 1984 (19), Heft 1, S. 1-10.

Cho, D.Chinhyung; Taylor, William M. (Seasonal Stability, 1987): The Seasonal Stability of the Factor Structure of Stock Returns. In: JoF, 1987 (42), Heft 5, S. 1195-1211.

Chow, Edward H.; Lee, Wayne Y.; Solt, Michael E. (Exchange-Rate Risk, 1997): The Exchange-Rate Risk Exposure of Asset Returns. In: JoB, 1997 (70), Heft 1, S. 105-123.

Chow, K.Victor; Riley, Williamn B.; Formby, John P. (Portfolio Selection, 1992): International Portfolio Selection and Efficiency. In: RoQFA, 1992 (2), S. 47-67.

Chriss, Neil A. (Grip on Risk I, 1997): Getting a Grip on Risk, Part 1. In: Global Equity and Derivative Markets. The Risk Book. Morgan Stanley Dean Witter (Hrsg.), 1997, Nov 5 (Vol 1), S. 13-20.

Chriss, Neil A.; Fanelli, Peter R. (Grip on Risk IIb, 1997): Getting a Grip on Risk, Part 2B. In: Global Equity and Derivative Markets. Morgan Stanley Dean Witter (Hrsg.), 1997, Dec 9 (Vol 7), Nr. 12, S. 32-46.

Chriss, Neil A.; Polsky, Lisa; Martins, Roy (Correlation, 1997): Correlation, Tracking Risk, and dynamic asset allocation. In: Global Equity and Derivative Markets. The Risk Book. Morgan Stanley Dean Witter (Hrsg.), 1997, Nov 5 (Vol 1), S. 21-33.

Clare, Andrew D.; Thomas, Stephen H. (Macroeconomic Factors, 1994): Macroeconomic factors, the APT and the UK stockmarket. In: JoBFA, 1994 (21), Heft 3, S. 309-330.

Coenenberg, Adolf G. (Jahresabschluß, 1992): Jahresabschluß und Jahresabschluß-analyse. 13. Aufl. Verlag Moderne Industrie, Landsberg/Lech, 1992.

Cohen, Kalman J.; Hawawini, Gabriel A.; Maier, Steven F.; Schwartz, Robert A.; Whitcomb, David K. (Friction, 1983): Friction in the Trading Process and the Estimation of Systematic Risk. In: JoFE, 1983 (12), S. 263-278.

Cohen, Kalman J.; Hawawini, Gabriel A.; Maier, Steven F.; Schwartz, Robert A.; Whitcomb, David K. (Intervalling Effect, 1983): Estimating and adjusting for the intervalling effect bias in beta. In: Management Science, 1983 (29), S. 135-148.

Cohen, Kalman J.; Pogue, Jerry A. (Selection Models, 1967): An Empirical Evaluation of Alternative Portfolio Selection Models. In: JoB, 1967 (40), S. 166-193.

Cole, Kevin; Helwege, Jean; Laster, David (Valuation Indicators, 1996): Stock Market Valuation Indicators: Is this Time Different? In: FAJ, 1996 (52), Heft 3, S. 56-64.

Connor, Gregory (Notes on APT, 1989): Notes on the Arbitrag Pricing Theory. In: Theory of Valuation: Frontiers in Modern Finance Theory. Bhattacharya, Sudipto; Constantinides, George M. (Hrsg.), Band 1, Rowman&Littlefield, Totowa, N.J., 1989, S. 298-308.

Connor, Gregory (Types of Factor Models, 1995): The Three Types of Factor Models: A Comparison of Their Explanatory Power. In: FAJ, 1995 (51), Heft 3, S. 42-46.

Connor, Gregory (Unified Beta, 1984): A unified beta pricing theory. In: JoETh, 1984 (34), S. 13-31.

Connor, Gregory; Korajczyk, R.A. (Number of Factors, 1993): A Test for the Number of Factors in an Approximate Factor Model. In: JoF, 1993 (48), S. 1263-1291.

Connor, Gregory; Korajczyk, R.A. (Performance Measurement, 1986): Performance Measurement with the Arbitrage Pricing Theory. In: JoFE, 1986 (15), S. 373-394.

Connor, Gregory; Korajczyk, Robert A. (US Mutual Funds, 1991): The Attributes, Behavior and Performance of US Mutual Funds. In: RoQFA, 1991 (1), S. 5-26.

Constantinides, George M. (Intertemporal Asset Pricing, 1982): Intertemporal Asset Pricing with Heterogeneous Consumers and without Demand Aggregation. In: JoB, 1982 (55), Heft 2, S. 253-267.

Conway, Delores A.; Reinganum, Marc R. (Stable Factors, 1988): Stable Factors in Security Returns: Identification using cross-validation. In: JoBES, 1988 (6), Heft 1, S. 1-15 und 24-28.

Copeland, Thomas E.; Mayers, David (Value Line Enigma, 1982): The value line enigma (1965-1978). A case study of performance evaluation issues. In: JoFE, 1982 (10), S. 289-321.

Copeland, Thomas E.; Weston, J. Fred (Financial Theory, 1988): Financial Theory and Corporate Policy. 3. Aufl., Addison-Wesley; Reading, MA, 1988 (2. Aufl 1984).

Cornell, Bradford (Asymetric Information, 1979): Asymetric Information and Portfolio Performance Measurement. In: JoFE, 1979 (7), S. 381-390.

Cox, John C.; Ingersoll, Jonathan E.; Ross, Stephen A. (Model of Asset Prices, 1985): An Intertemporal general Quilibrium Model of Asset Prices. In: Econometrica, 1985 (53), Heft 2, S. 363-384.

Cragg, John G.; Malkiel, Burton G. (Expectations, 1982): Expectations and the Structure of Share Prices. University of Chicago Press, Chicago, Ill. (A National Bureau of Economic Research Monograph), 1982.

Cumby, Robert; Glen, Jack (International Funds, 1990): Evaluating the Performance of International mutual Funds. In: JoF, 1990 (45), Heft 1, S. 497-521.

Davidson, Russel; MacKinnon, James G. (Model Specification, 1981): Several Tests for model specification in the presence of alternative hypotheses. In: Econometrica, 1981 (49), Heft 3, S. 781-793.

Davis, James L. (Cross-Section, 1994): The cross-section of realized stock returns: The pre-Compustat Evidence. In: JoF, 1994 (49), Heft 5, S. 1579-1593.

De Bondt, Werner F.M.; Thaler, Richard (Investor Overreaction, 1987): Further evidence of investor overreaction and stock market seasonality. In: JoF, 1987 (42), Heft 3, S. 557-581.

Dembo, Ron S. (Risk, 1997): Risk, Regret and Return. AlgoResearch, Working paper series. Algorithmics Inc. (Hrsg.), Toronto, Ontario, 1997.

Dhrymes, Phoebus J.; Friend, Irwin; Gultekin, N.Bulent (Reexamination, 1984): A Critical Reexamination of the Empirical Evidence on the Arbitrage Pricing Theory. In: JoF, 1984 (39), Heft 2, S. 323-346.

Dimson, Elroy (Risk Measurement, 1979): Risk Measurement when shares are subject to infrequent trading. In: JoFE, 1979 (7), June, S. 197-226.

Dimson, Elroy; Marsh, Paul (Event Study, 1986): Event Study Methodologies and the Size Effect: The Case of UK Press Recommendations. In: JoFE, 1986 (17), S. 113-142.

Dimson, Elroy; Marsh, Paul R. (Thin Trading, 1983): The Stability of UK Risk Measures and The Problem of Thin Trading. In: JoF, 1983 (38), Heft 3, S. 753-783.

Divecha, Arjun; Grinold, Richard C. (Normal Portfolios, 1989): Normal Portfolios: Issues for Sponsors, Managers and Consultants. In: FAJ, 1989 (45), Heft 2, S. 7-13.

Dowen, Richard J.; Bauman, W. Scott (Fundamental Multifactor Model, 1986): A Fundamental Multifactor Asset Pricing Model. In: FAJ, 1986 (42), Heft 4, S. 45-51.

Drukarczyk, Jochen (Finanzierung, 1993): Theorie und Politik der Finanzierung. 2. Aufl., Franz Vahlen, München, 1993.

Dufour, Jean-Marie; Dagenais, Marcel G. (DW-Test, 1985): Durbin-Watson Tests for serial correlation in regressions with missing observations. In: Journal of Econometrics, 1985 (27), S. 371-381.

Durbin, J.; Watson, G.S. (Serial Correlation, 1971): Testing for serial correlation in least squares regressions. III. In: Biometrika, 1971 (58), Heft 1, S. 1-19.

Durbin, J.; Watson, G.S. (Testing for Serial Correlation II, 1951): Testing for serial correlation in least squares regressions. II. In: Biometrika, 1951 (38), S. 159-178.

Dybvig, Philip H. (Explicit Bound, 1983): An Explicit Bound on individual Assets' Deviations from APT Pricing in a Finite Economy. In: JoFE, 1983 (12), S. 483-496.

Dybvig, Philip H.; Ross, Stephen A. (APT is Testable, 1985): Yes, the APT is testable. In: JoF, 1985 (40), Heft 4, S. 1173-1188.

Dybvig, Philip H.; Ross, Stephen A. (Arbitrage, 1987): Arbitrage. In: The New Palgrave: A Dictionary of Economics, Vol 1. Eatwell, John; Milgate, Murray; Newman, Peter (Hrsg.); MacMillan Press Limited, London, 1987, S. 100-106.

Dybvig, Philip H.; Ross, Stephen A. (Differential Information, 1985): Differential Information and Performance Measurement Using a Security Market Line. In: JoF, 1985 (40), Heft 2, S. 383-399.

Dybvig, Philip H.; Ross, Stephen A. (Performance Measurement, 1985): The Analytics of Performance Measurement using a security market line. In: JoF, 1985 (40), Heft 2, S. 401-416.

Eckey, Hans-Friedrich; Kosfeld, Reinhold; Dreger, Christian (Ökonometrie, 1995): Ökonometrie: Grundlagen, Methoden, Beispiele. Gabler, Wiesbaden, 1995.

Efron, B. (Bootstrap, 1979): Bootstrap methods: Another look at the jackknife. In: Annals of Statistics, 1979 (7), Heft 1, S. 1-26.

Eleswarapu, Venkat R.; Reinganum, Marc R. (Seasonal Behavior, 1993): The seasonal behavior of the liquididty premium in asset pricing. In: JoFE, 1993 (34), S. 373-386.

Elton, Edwin J.; Gruber, Martin J. (1950 to Date, 1998): Modern Portfolio Theory, 1950 to Date. Leonard Stern School of Business, New York University, Department of Finance working paper series 1998, FIN-98-026, Februar 1998.

Elton, Edwin J.; Gruber, Martin J. (Differential Information, 1991): Differential Information and Timing Ability. In: Journal of Banking and Finance, 1991 (15), S. 117-131.

Elton, Edwin J.; Gruber, Martin J. (Modern Portfolio Theory, 1995): Modern Portfolio Theory and Investment Analysis. 5. Aufl., John Wiley & Sons, NY, 1995.

Elton, Edwin J.; Gruber, Martin J. (Portfolio Analysis, 1992): Portfolio Analysis with a non-normal multi-index return generating prices. In: RoQFA, 1992 (2), Heft 1, S. 5-16.

Elton, Edwin J.; Gruber, Martin J.; Blake, Christopher R. (Common Factors, 1998): Common Factors in Mutual Fund Returns. Leonard Stern School of Business, New York University, Department of Finance working paper series 1998, FIN-98-027, Januar 1998.

Elton, Edwin J.; Gruber, Martin J.; Das, Sanjiv; Hlavka, Matthew (Efficiency, 1993): Efficiency with costly information: a reinterpretation of evidence from managed portfolios. In: RoFS, 1993 (6), Heft 1, S. 1-22.

Eubank, Arthur A. Jr.; Zumwalt, J. Kenton (Forecast Error Impact, 1979): An Analysis of the Forecast Error Impact of Alternative Beta Adjustment Techniques and Risk Classes. In: JoF, 1979 (34), Heft 3, S. 761-776.

Everling, Oliver (Rating, 1996): Rating. In: Hielscher, Udo (Hrsg.): Investmentanalyse. Oldenbourg Verlag München, 2. Aufl., 1996. 209-231.

Fabozzi, Frank J.; Francis, Jack Clark (Systematic Risk, 1979): Mutual Fund Systematic Risk for Bull and Bear Markets: An Empirical Examination. In: JoF, 1979 (34), S. 1243-1250.

Fama, Eugene F. (Efficient Capital Markets II, 1991): Efficient Capital Markets II. In: JoF, 1991 (46), Heft 4/5, S. 1575-1617.

Fama, Eugene F. (Efficient Capital Markets, 1970): Efficient Capital Markets: A Review of Theory and Empirical Work. In: JoF, 1970 (25), S. 383-423.

Fama, Eugene F. (Foundations, 1976): Foundations of Finance: Portfolio Decisions and Securities Prices. Basic Books, N.Y., 1976.

Fama, Eugene F. (Inflation, 1981): Stock returns, real activity, inflation and money. In: American Economic Review, 1981 (71), S. 545-565.

Fama, Eugene F. (Investment Performance, 1972): Components of Investment Performance. In: JoF, 1972 (27), Heft 3, S. 551-567.

Fama, Eugene F.; French, Kenneth R. (Business Conditions, 1989): Business conditions and expected returns on stocks and bonds. In: JoFE, 1989 (25), Heft 1, S. 23-49.

Fama, Eugene F.; French, Kenneth R. (CAPM is Wanted, 1996): The CAPM is Wanted, Dead or Alive. In: JoF, 1996 (51), Heft 5, S. 1947-1958.

Fama, Eugene F.; French, Kenneth R. (Common Risk Factors, 1993): Common Risk factors in the returns on stocks and bonds. In: JoFE, 1993 (33), S. 3-56.

Fama, Eugene F.; French, Kenneth R. (Cross-Section, 1992): The Cross-Section of Expected Stock Returns. In: JoF, 1992 (47), S. 427-465.

Fama, Eugene F.; French, Kenneth R. (Dividend Yields, 1988): Dividend yields and expected stock returns. In: JoFE, 1988 (22), S. 3-25.

Fama, Eugene F.; French, Kenneth R. (Multifactor Explanations, 1996): Multifactor Explanations of Asset Pricing Anomalies. In: JoF, 1996 (51), Heft 1, S. 55-84.

Fama, Eugene F.; French, Kenneth R. (Size, 1995): Size and book-to-market factors in earnings and returns. In: JoF, 1995 (50), S. 131-155.

Fama, Eugene F.; Gibbons, Michael R. (Inflation Forecasts, 1984): A comparison of inflation forecasts. In: Journal of Monetary Economics, 1984 (13), S. 327-348.

Fama, Eugene F.; MacBeth, James D. (Risk, 1973): Risk, return and equilibrium: empirical tests. In: JoPE, 1973 (81), S. 607-636.

Fama, Eugene F.; Miller, Merton H. (Finance, 1972): The Theory of Finance. Holt, Rinehart and Winston, New York, 1972.

Fama, Eugene F.; Schwert, G. William (Returns and Inflation, 1977): Asset returns and inflation. In: JoFE, 1977 (5), S. 115-146.

Farrell, James L. Jr. (Portfolio Management, 1997): Portfolio Management: Theory and Application. 2. Aufl., McGraw-Hill, New York, 1997.

Farrell, James L. Jr. (Stock Groupings, 1975): Homogenous Stock Groupings: Implications for Portfolio Management. In: FAJ, 1975 (31), Heft 3, S. 50-62.

Farrell, James L. Jr. (Systematic Portfolio Management, 1993): Systematic Portfolio Management: Evolution, Current Practice and Future Direction. In: FAJ, 1993 (49), Heft 5, S. 12-16.

Farrelly, Gail; LeBaron, Dean (Assessing Risk Tolerance, 1989): Assessing Risk Tolerance Levels: A Prerequisite to Personalizing and Managing Portfolios. In: FAJ, 1989 (45), Heft 1, S. 14-16.

Felderer, Bernhard; Homburg, Stefan (Makroökonomik, 1991): Makroökonomik und neue Makroökonomik. 5. Aufl., Springer-Verlag, Berlin, 1991.

Ferguson, Kathleen W. (Expert Allocator, 1996): User's Guide for The Expert Allocator. Sponsor-Software Systems, Inc., N.Y., 16. Februar 1996.

Ferguson, Robert (Performance Measurement, 1980): Performance Measurement doesn't make sense. In: FAJ, 1980 (36), Heft 3, S. 59-69.

Ferson, Wayne E.; Foerster, Stephen R. (Generalized Method of Moments, 1994): Finite Sample properties of the Generalized Method of Moments in tests of conditional asset pricing models. In: JoFE, 1994 (36), S. 29-55.

Ferson, Wayne E.; Harvey, C.R. (Economic Risk Premiums, 1991): The variation of economic risk premiums. In: JoPE, 1991 (99), S. 385-415.

Ferson, Wayne E.; Harvey, C.R. (Equity Returns, 1993): The risk and predictability of international equity returns. In: RoFS, 1993 (6), Heft 3, S. 527-566.

Ferson, Wayne E.; Harvey, C.R. (Sources of Risk, 1994): Sources of risk and expected returns in global equity markets. In: Journal of Banking and Finance, 1994 (18), S. 775-803.

Ferson, Wayne E.; Harvey, Campbell R. (Fundamental Determinants, 1996): Fundamental determinants of national equity market returns. NBER Workingpaper Nr. 5860, 1996.

Ferson, Wayne E.; Kandel, Shmuel; Stambaugh, Robert F. (Asset Pricing, 1987): Tests of the asset pricing with time-varying expected risk premiums and market betas. In: JoF, 1987 (42), Heft 2, S. 201-220.

Ferson, Wayne E.; Schadt, Rudi W. (Changing Economic Conditions, 1996): Measuring Fund Strategy and Performance in Changing Economic Conditions. In: JoF, 1996 (51), Heft 2, S. 425-461.

Ferson, Wayne E.; Warther, Vincent A. (Fund Performance, 1996): Evaluating Fund Performance in a Dynamic Market. In: FAJ, 1996 (52), Heft 6, S. 20-28.

Fishburn, Peter C. (Mean-Risk Analysis, 1977): Mean-Risk Analysis with Risk associated with below Market Returns. In: American Economic Review, 1977 (67), Heft 2, S. 116-126.

Fishburn, Peter C. (Stochastic Dominance, 1980): Stochastic Dominance and the Foundations of mean-variance analyses. In: Research in Finance, 1980 (2), S. 69-97.

Fisher, Lawrence (New Indexes, 1966): Some new stock market indexes. In: JoB, 1966 (39), S. 191-225.

Foster, George (Financial Statement Analysis, 1986): Financial Statement Analysis. 2. Aufl.; Prentice Hall, Englewood Cliffs, N.J., 1986.

Fowler, David J.; Rorke, C.Harvey (Risk Measurement, 1983): Risk Measurement when Shares are Subject to infrequent Trading. In: JoFE, 1983 (12), S. 279-283.

Francis, Jack Clark (Investments, 1991): Investments: Analysis and Management. 5. Aufl., McGraw Hill, N.Y., 1991.

Francis, Jack Clark; Fabozzi, Frank J. (Stability, 1980): Stability of Mutual Funds. In: Journal of Business Research, 1980 (8), S. 263-275.

Franke, G. (Arbitrage Pricing Theory, 1984): On Tests of the Arbitrage Pricing Theory. In: Operations Research Spektrum, 1984 (6), S. 109-117.

Franke, Günter (Kapitalmarkt, 1983): Kapitalmarkt und Separation. In: ZfB, 1983 (53), Heft 3, S. 239-260.

Franke, Günter (Performancemessung, 1994): Performancemessung auf der Basis von Mehr-Faktoren-Modellen. In: Erfolgsmessung und Erfolgsanalyse im Portfolio-Management. Gebauer, Wolfgang; Rudolph, Bernd (Hrsg.), Schriftenreihe des Instituts für Kapitalmarktforschung an der Universität Frankfurt am Main, Band 36. Fritz Knapp Verlag, Frankfurt am Main, 1994, S. 125-144.

Franke, Günter; Hax, Herbert (Finanzwirtschaft, 1990): Finanzwirtschaft des Unternehmens und Kapitalmarkt. 2. Aufl., Springer Verlag, Berlin, 1990.

French, Kenneth R.; Schwert, G. William; Stambaugh, Robert F. (Returns and Volatility, 1987): Expected Stock Returns and Volatility. In: JoFE, 1987 (19), S. 3-29.

Friend, Irwin ; Blume, Marshall (Portfolio Performance, 1970): Measurement of Portfolio Performance and Uncertainty. In: American Economic Review, 1970 (60), S. 560-575.

Friend, Irwin ; Brown, F.; Herman, E.; Vickers, D. (Mutual Funds, 1962): A Study of Mutual Funds. Working paper, Wharton School of Finance and Commerce, University of Pennsylvannia, Washington, 1962.

Gangopadhyay, Partha (Risk-Return, 1994): Risk-Return Seasonality and Macroeconomic Variables. In: JoFR, 1994 (17), Heft 3, S. 347-361.

Gehr, Adam Jr. (Tests of Arbitrage Pricing, 1978): Some Tests of the Arbitrage Pricing Theory. In: Journal of the Midwest Finance Association, 1978 (7), S. 91-106.

Gennotte, Gerard; Marsh, Terry A. (Variations in Economic Uncertainty, 1993): Variations in economic uncertainty and risk premiums on capital assets. In: European Economic Review, 1993 (37), Heft 5, S. 1021-1041.

Gibbons, Michael (Financial Models, 1982): Multivariate test of financial models. In: JoFE, 1982 (10), S. 3-27.

Gibbons, Michael R.; Ferson, Wayne E. (Changing Expectations, 1985): Testing Asset Pricing Models with Changing Expectations and an Unobservable Market Portfolio. In: JoFE, 1985 (14), S. 217-236.

Gibbons, Michael R.; Ross, Stephen A.; Shanken, Jay (Efficiency, 1989): A Test of the Efficiency of a Given Portfolio. In: Econometrica, 1989 (57), Sept., S. 1121-1152.

Giddy, Ian H. (Exchange Rate Equilibrium, 1976): An Integrated Theory of Exchange Rate Equilibrium. In: JoFQA, 1976 (11), Dez., S. 883-892.

Glosten, Lawrence R.; Jagannathan, Ravi; Runkle, David E. (Nominal Excess Return, 1993): On the Relation between the Expected Value and the Volatility of the Nominal Excess Return on Stocks. In: JoF, 1993 (48), Heft 5, S. 1779-1801.

Glosten, Lawrence; Jagannathan, Ravi (Contingent Claims, 1994): A contingent claims appraoch to performance evaluation. In: Journal of Empirical Finance, 1994 (1), S. 133-166.

Good, Walter R. (Accountability, 1984): Accountability for Pension Fund Performance. In: FAJ, 1984 (40), Heft 1, S. 39-42.

Good, Walter R. (Measuring Performance, 1983): Measuring Performance. In: FAJ, 1983 (39), Heft 3, S. 19-23.

Grant, Dwight (Market Timing, 1978): Market Timing and Portfolio Management. In: JoF, 1978 (33), Sept., S. 1119-1131.

Grant, Dwight (Portfolio Performance, 1977): Portfolio Performance and the "Cost" of timing decisions. In: JoF, 1977 (32), S. 837-846.

Green, W.; Clarkin, W.; Gallimore, M. (Manager Style, 1989): Manager Style - Active or Passive. In: Managing Global Portfolios. Stoakes, Chris; Freeman, A.(Hrsg.); Euromoney Publication, London, 1989, S. 65-72.

Grinblatt, Mark; Titman, Sheridan (Evaluation Techniques, 1994): A Study of Monthly Mutual Fund Returns and Performance Evaluation Techniques. In: JoFQA, 1994 (29), Heft 3, S. 419-444.

Grinblatt, Mark; Titman, Sheridan (Factor Pricing, 1983): Factor Pricing in a Finite Economy. In: JoFE, 1983 (12), S. 497-507.

Grinblatt, Mark; Titman, Sheridan (Monthly Performance, 1988): The Evaluation of mutual funds performance: An analysis of monthly returns. University of California, L.A.; working paper, 1988.

Grinblatt, Mark; Titman, Sheridan (Mutual Fund Performance, 1989): Mutual Fund Performance: An Analysis of Quarterly Portfolio Holdings. In: JoB, 1989 (62), S. 393-416.

Grinblatt, Mark; Titman, Sheridan (Performance Evaluation, 1994): Performance Evaluation. Working Paper No. 3-92, John E. Anderson Graduate School of Management, University of California, LA, Juni 1994 (überarbeitete Originalfassung von 1992 Februar).

Grinblatt, Mark; Titman, Sheridan (Performance Measurement, 1993): Performance Measurement without benchmarks: an examination of mutual fund returns. In: JoB, 1993 (66), Heft 1, S. 47-68.

Grinblatt, Mark; Titman, Sheridan (Persistence, 1992): The Persistence of Mutual Fund Performance. In: JoF, 1992 (47), Heft 5, S. 1977-1984.

Grinblatt, Mark; Titman, Sheridan (Portfolio Performance, 1989): Portfolio Performance evaluation: Old issues and new insights. In: RoFS, 1989 (2), Heft 3, S. 393-421.

Grinblatt, Mark; Titman, Sheridan (Relation, 1987): The Relation between Mean-Variance Efficiency and Arbitrage Pricing. In: JoB, 1987 (60), S. 97-112.

Grinold, Richard C. (Fundamental Law, 1989): The fundamental law of active management. In: JoPM, 1989 (15), Spring, S. 30-37.

Grinold, Richard C.; Kahn, Ronald N. (Active Portfolio Management, 1995): Active Portfolio Management. Quantitative Theory and Applications. Probus Publishing, Chicago Illinios, 1995.

Grohmann, Heinz (Adäquationsproblem, 1985): Vom theoretischen Konstrukt zum statistischen Begriff: Das Adäquationsproblem. In: Allgemeines Statistisches Archiv, 1985 (69), Heft 1, S. 1-15.

Grossman, Sanford J.; Stiglitz, Joseph E. (Efficient Markets, 1980): On the Impossibility of Informationally Efficient Markets. In: American Economic Review, 1980 (70), June, S. 393-408.

Gultekin, Mustafa N.; Gultekin, N. Bulent (Return Anomalies, 1987): Stock Return Anomalies and the Tests of the APT. In: JoF, 1987 (42), Heft 5, S. 1213-1224.

Gupta, Manoj; Finnerty, Joseph E. (Currency Risk, 1992): The Currency Risk Factor in International Equity Pricing. In: RoQFA, 1992 (2), S. 245-257.

Hahn, Dietger (Kontrollrechnung, 1993): Planungs und Kontrollrechnung. 4. Aufl; Gabler, Wiesbaden, 1993, S. 42.

Hahn, Dietger (Planung, 1989): Integrierte Planung. In: Enzyklopädie der Betriebswirtschaftslehre, Band 9: Handwörterbuch der Planung, Szyperski, Norbert (Hrsg.). Schäffer-Poeschel, Stuttgart, 1989, S. 770-788.

Hamao, Yasushi (Empirical Examination, 1988): An Empirical Examination of the Arbitrage Pricing Theory: Using Japanese Data. In: Japan and the World Economy, 1988 (1), S. 45-61.

Hampel, Frank R. (Robustness, 1971): A General Qualitative Definition of Robustness. In: Annals of Mathematical Statistics, 1971 (42), S. 1887-1896.

Handa, Puneet; Kothari, S.P., Wasley, Charles (Sensitivity, 1993): Sensitivity of Multivariate Tests of the Capital Asset-Pricing Model to the Return Measurement Interval. In: JoF, 1993 (48), Heft 4, S. 1543-1551.

Handa, Puneet; Kothari, S.P.; Wasley, Charles (Return Interval and Betas, 1989): The relation between the return interval and betas: implications for the size effect. In: JoFE, 1989 (23), S. 79-100.

Hansen, Lars P. (GMM, 1982): Large sample properties of gernalized method of moments estimators. In: Econometrica, 1982 (50), Heft 4, S. 1029-1054.

Hansen, Lars Peter; Hodrick, Robert J. (Exchange Rates, 1980): Forward Exchange Rates as Optimal Predictors of Future Spot Rates: An Econometric Analysis. In: JoPE, 1980 (88), Heft 5, S. 829-853.

Harlow, W.V. (Asset Allocation, 1991): Asset Allocation in a Downside-Risk Framework. In: FAJ, 1991 (47), Heft 5, S. 28-40.

Harlow, W.V.; Rao, Ramesh K.S. (Assset Pricing, 1989): Assset Pricing in a Mean-Lower Partial Moment Framework: Theory and Evidence. In: JoFQA, 1989 (24), Heft 3 (Sept), S. 285-311.

Hartmann, Stefan; Burns, Patrick; Siokos, Stavros; Sorensen, Eric; Miller, Keith (Attribution Model, 1999): Introduction to the European Risk Attribution Model. In: Global Equity Research, Salomon Smith Barney (Hrsg.), London, 11.1.1999.

Hartung, Joachim; Elpelt, Bärbel (Multivariate Statistik, 1992): Multivariate Statistik. 4. Aufl.; Oldenbourg, München, 1992.

Hartung, Joachim; Elpelt, Bärbel; Klösener, Karl-Heinz (Statistik, 1998): Statistik. 11. Aufl.; Oldenbourg, München, 1998.

Harvey, Andrew C. (Zeitreihenmodelle, 1995): Zeitreihenmodelle. Aus dem englischen übertragen von Untiedt, Gerhard, 2. Aufl., Oldenbourg, München, 1995.

Harvey, Campbell R. (Conditional Covariances, 1989): Time-varying conditional covariances in tests of asset pricing models. In: JoFE, 1989 (24), S. 289-318.

Harvey, Campbell R. (Conditional Expectations, 1991): The specification of conditional expectations. Duke University, working paper, 1991.

Harvey, Campbell R. (Covariance risk, 1991): The Wolrd price of covariance risk. In: JoF, 1991 (46), S. 111-157.

Hauck, Wilfried (Erfolgsfaktoren, 1998): Künftige Erfolgsfaktoren von Asset Managern. In: Börsenzeitung, Sonderbeilage Investmentfonds, 14.11.1998, S. B11-B12.

Hawawini, Gabriel A. (Intertemporal Cross Dependence, 1980): Intertemporal cross dependence in securities daily returns and the short-run intervalling effect on systematic risk. In: JoFQA, 1980 (15), S. 139-150.

Hawawini, Gabriel A.; Keim, Donald B. (Common Stock Returns, 1995): On the predictability of common stock returns: world-wide evidence . In: Finance. Jarrow, Robert A.; Maksimovich, Vojislav; Ziemba, William T. (Hrsg.) In: Handbooks in Operations Research and Management Science; Band 9.

Nemhauser, G.L.; Kau, A.H.G. Rinnooy (Hrsg.); Elsevier, Amsterdam, 1995, S. 497-544.

Hax, Herbert; Neuss, Werner (Kapitalmarktmodelle, 1995): Kapitalmarktmodelle. In: Enzyklopädie der Betriebswirtschaftslehre, Band 6: Handwörterbuch des Finanz- und Bankwesens, 2. Aufl. Gerke, Wolfgang; Steiner, Manfred (Hrsg.). Schäffer-Poeschel, Stuttgart, 1995, S. 1165-1178.

He, Jia; Ng, Lilian K. (Ecomomic Forces, 1994): Ecomomic Forces, Fundamental Variables, and Equity Returns. In: JoB, 1994 (67), Heft 4, S. 599-609.

Heil, Johann (Ökonometrie, 1996): Einführung in die Ökonometrie. 5. Aufl., Oldenbourg, München, 1996.

Henriksson, Roy D. (Market Timing, 1984): Market Timing and Mutual Fund Performance: An Empirical Investigation. In: JoB, 1984 (57), S. 73-96.

Henriksson, Roy D.; Merton Robert C. (Market Timing, 1981): On market timing and investment Performance II. Statistical Procedures for Evaluating Forecasting skills. In: JoB, 1981 (54), Heft 4, S. 513-533.

Hertz, David B. (Risk Analysis, 1964): Risk Analysis in Capital Investment. In: HBR, 1964 (42), S. 95-106.

Hess, Dieter E. : Die Dynamik der Zinsstruktur: Modelle zur Erfassung des Zinsrisikos und deren Schätzung. Gabler, Wiesbaden, 1995.

Hielscher, Udo (Aktienportefeuille, 1969): Das optimale Aktienportefeuille. 3. Aufl., Fritz Knapp Verlag, Frankfurt am Main, 1969.

Hielscher, Udo (Investmentanalyse, 1996): Investmentanalyse. 2. Aufl., Oldenbourg Verlag, München, 1996.

Hielscher, Udo (Performanceauswertung, 1994): Performanceauswertung im modernen Effekten-Portfoliomanagement. In: Internationales Management: Beiträge zur Zusammenarbeit; Eberhard Dülfer zum 70. Geburtstag. Schiemenz, Bernd; Wurl, Hans-Jürgen (Hrsg.). Gabler Verlag, Wiesbaden, 1994. 253-268.

Hielscher, Udo; Heintzelmann, Hans (Beta-Faktoren, 1975): Beta-Faktoren. In: Beiträge zur Aktienanalyse. Deutsche Vereinigung für Finanzanalyse und Anlageberatung (Hrsg.), Heft 14, 1975, S. 5-25.

Higgs, Peter J.; Goode, Stephen (Target Active Returns, 1993): Target active returns and attribution analysis. In: FAJ, 1993 (49), Heft 3, S. 77-80.

Hildreth, Clifford; Houck, James P. (Linear Model, 1968): Some Estimators for a Linear Model with Random Coeficient. In: Journal of the American Statistical Association, 1968 (63), June, S. 584-595.

Hirschey, Mark; Spencer, Richard S. (Size Effects, 1992): Size Effects in the Market Valuation of Fundamental Factors. In: FAJ, 1992 (48), Heft 2, S. 91-95.

Hockmann, Heinz (Koreferat, 1994): Koreferat zu Uhlir. In: Erfolgsmessung und Erfolgsanalyse im Portfolio-Management. Gebauer, Wolfgang; Rudolph, Bernd (Hrsg.), Schriftenreihe des Instituts für Kapitalmarktforschung an der Universität Frankfurt am Main, Band 36. Fritz Knapp Verlag, Frankfurt am Main, 1994, S. 75-80.

Horváth, Péter (Controlling, 1995): Controlling und Führung. In: Enzyklopädie der Betriebswirtschaftslehre, Band 10: Handwörterbuch der Führung, Kieser, Alfred; Reber, Gerhard; Wunderer, Rolf (Hrsg.). Schäffer-Poeschel, Stuttgart, 1995, S. 211-226.

Huang, Roger D.; Jo, Hoje (Transformed Securities, 1992): Transformed Securities and Alternative Factor Structures. In: JoF, 1992 (47), Heft 1, S. 397-405.

Huberman, Gur (Arbitrage Pricing Theory, 1987): Arbitrage Pricing Theory. In: The New Palgrave: A Dictionary of Economics, Vol 1. Eatwell, John; Milgate, Murray; Newman, Peter (Hrsg.), MacMillan Press Limited, London, 1987, S. 106-110.

Huberman, Gur (Simple Approach, 1982): A simple approach to arbitrage pricing theory. In: JoETh, 1982 (28), S. 183-191.

Huberman, Gur; Kandel, Shmuel (Mean-Variance Spanning, 1987): Mean-Variance Spanning. In: JoF, 1987 (42), Heft 4, S. 873-888.

Huberman, Gur; Kandel, Shmuel; Stambaugh, Robert F. (Mimicking Portfolios, 1987): Mimicking Portfolios and Exact Arbitrage Pricing. In: JoF, 1987 (42), Heft 1, S. 1-9.

Hüttner, M. (Prognoseverfahren, 1994): Vergleich und Auswahl von Prognoseverfahren für betriebswirtschaftliche Zwecke. In: Prognoserechnung. Mertens, Peter (Hrsg.); 5. Aufl., Physica-Verlag, Heidelberg, 1994. 349-363.

Hwang, S.-W. (Information Quality, 1988): Information quality and portfolio performance measures: The degree of robustness and empirical evidence. New York University Ph.D. dissertation, 1988.

Ibbotson, Roger G. (Price Performance, 1975): Price Performance of common stock new issues. In: JoFE, 1975 (2), S. 235-272.

Ibbotson, Roger; Kaplan; Peterson (Small-Stock Betas, 1997): Estimates of Small-Stock Betas are much too low. In: JoPM, 1997 (23), Summer, S. 104-111.

Ingersoll, Jonathan E. (Theory of Arbitrage Pricing, 1984): Some Results in the Theory of Arbitrage Pricing. In: JoF, 1984 (39), Heft 4, S. 1021-1039.

Ingersoll, Jonathan E. Jr. (Financial Decision Making, 1987): Theory of Financial Decision Making. Rowman & Littlefield, Totwa, N.J., 1987.

Ippolito, Richard A. (Efficiency, 1989): Efficiency with costly Information: A Study of Mutual Fund Performance: 1965-1984 . In: Quarterly Journal of Economics, 1989 (104), S. 1-23.

Ippolito, Richard A. (Fund Performance, 1993); On Studies of mutual fund performance: 1962-1991. In: FAJ, 1993 (49), Heft 1, S. 42-50.

Jacobs, Bruce I.; Levy, Kenneth N. (Risidual Risk, 1996): Risidual Risk: How much is too much? In: JoPM, 1996 (22), Spring, S. 10-16.

Jaffe, Jeffrey; Keim, Donald B.; Westerfield, Randolph (Earnings Yields, 1989): Earnings Yields, Market Values,and Stock Returns. In: JoF, 1989 (44), Heft 1, S. 135-148.

Jagannathan, Ravi; Korajczyk, R.A. (Managed Portfolios, 1986): Assessing the Market Timing Performance of Managed Portfolios. In: JoB, 1986 (59), S. 217-235.

Jagannathan, Ravi; Wang, Zhanyu (Asymptotic Theory, 1998): An Asymptotic Theory for Estimating Beta-Pricing Models Using Cross-Sectional Regression. In: JoF, 1998 (53), Heft 4, S. 1285-1309.

Jagannathan, Ravi; Wang, Zhanyu (Conditional CAPM, 1996): The Conditional CAPM and the Cross-Section of Expected Returns. In: JoF, 1996 (51), Heft 1, S. 3-53.

James, Christopher; Edmister, Robert O. (Common Stock Returns, 1983): The Realtion between Common Stock Returns Trading Activity and Market Value. In: JoF, 1983 (38), Heft 4, S. 1075-1086.

Janetzke, Ph.; Falk, J. (Künstliche Intelligenz, 1994): Der Beitrag der Künstlichen Intelligenz zur betrieblichen Prognose. In: Prognoserechnung. Mertens, Peter (Hrsg.); 5. Aufl., Physica-Verlag, Heidelberg, 1994. 317-348.

Jean, William H. (Stochastic Dominance, 1992): Stochastic dominance Optimums and the capital asset pricing Model. In: JoBFA, 1992 (19), Heft 1, S. 103-112.

Jensen, Michael C. (Investment Performance, 1972): Optimal Utilization of market forecasts and the evaluation of investment performance. In: Mathematical Methods in Investment and Finance, Szegö, Giorgio P.; Shell, Karl (Hrsg.). North-Holland, Amsterdam, 1972, S. 310-335.

Jensen, Michael C. (Performance of Mutual Funds, 1968): The Performance of Mutual Funds in the Period of 1945-1964. In: JoF, 1968 (23), Heft 2, S. 389-415.

Jensen, Michael C. (Risk-Return Measurement, 1969): Risk, the Pricing of Capital Assets, and the Evaluation of Investment Portfolios. In: JoB, 1969 (42), April, S. 167-247.

Jobelius, Herbert (Reporting, 1995): Reporting und Performanceanalysen. In: Handbuch für Anlageberatung und Vermögensverwaltung. Cramer, Jörg-E.; Rudolph, Bernd (Hrsg.), Fritz Knapp Verlag, Frankfurt am Main, 1995, S. 337-355.

Jobson, J.D.; Korkie, Bob (Linear Asset Pricing, 1985): Some Tests of Linear Asset Pricing with Multivariate Normality. In: Canadian Journal of Administrative Science, 1985 (2), S. 114-138.

Jobson, J.D.; Korkie, Bob (Performance Hypothesis Testing, 1981): Performance Hypothesis Testing with the Sharpe and Treynor Measures. In: JoF, 1981 (36), Heft 4, S. 889-908.

John, Kose; Reisman, Haim (Multibeta Models, 1991): Fundamentals, Factor Structure, and Multibeta Models in Large Asset Markets. In: JoFQA, 1991 (26), Heft 1, S. 1-10.

Jorion, Philippe (Exchange Rate Risk, 1991): The Pricing of Exchange Rate Risk in the Stock Market. In: JoFQA, 1991 (26), Heft 3, S. 363-376.

Jorion, Philippe (Exchange-Rate Exposure, 1990): The Exchange-Rate Exposure of U.S. Multinationals. In: JoB, 1990 (63), Heft 3, S. 331-345.

Kahn, Ronald N. (Bond Performance Analysis, 1991): Bond Performance Analysis: A Multifactor Approach. In: Barra Newsletter, 1991, Juli/Aug., S. 15-25.

Kahn, Ronald N. (Quantitative Insights: 2, 1996): Seven Quantitative Insights into Active Management: Insight Two. In: Barra Newsletter, 1996, Fall, S. 1-2.

Kahn, Ronald N. (Quantitative Insights: 7, 1998): Seven Quantitative Insights into Active Management - Part 7: It's Hard to Distinguish Skill from Luck. In: Barra Newsletter, 1998, Summer, S. 1, 9.

Kahneman, Daniel; Tversky, Amos (Psychology of Preferences, 1982): The Psychology of Preferences. In: Scientific American, 1982 (246), Heft 1, S. 136-142.

Kan, Raymond; Zhang, Chu (Two-Pass Tests, 1997): Two-Pass Tests of Asset Pricing Models with useless Factors. zu erscheinen in: JoF (Februar 1999), Version vom Nov. 1997.

Kandel, Shmuel (Exclusion of Assets, 1984): On the Exclusion of Assets from Test of the Mean Variance Efficiency of the Market Portfolio. In: JoF, 1984 (39), Heft 1, S. 63-75.

Kandel, Shmuel; Stambaugh, Robert F. (Correlations, 1987): On Correlations and inferences about mean-variance Efficiency. In: JoFE, 1987 (18), S. 61-90.

Kandel, Shmuel; Stambaugh, Robert F. (Expectations, 1990): Expectations and volatility of consumption and asset returns. In: RoFS, 1990 (3), Heft 2, S. 207-232.

Kandel, Shmuel; Stambaugh, Robert F. (Modeling Expected Stock Returns, 1989): Modeling expected stock returns for long and short horizons. University of Pennsylvania, working paper, 1989.

Kandel, Shmuel; Stambaugh, Robert F. (Portfolio Inefficiency, 1995): Portfolio Inefficiency and the Cross-section of Expected Returns. In: JoF, 1995 (50), Heft 1, S. 157-184.

Kane, Alex; Marks, Stephen G. (Performance Evaluation, 1988): Performance Evaluation of Market Timers. In: JoFQA, 1988 (23), Heft 4, S. 425-435.

Kanto, Antti J.; Martikainen, Teppo (Financial Characteristics, 1992): A Test on a priori financial characteristics of the firm. In: European Journal of Operational Research, 1992 (57), S. 13-23.

Keane, Simon M. (Efficient Market Hypothesis, 1986): The Efficient Market Hypothesis on Trial. In: FAJ, 1986 (42), Heft 2, S. 58-63.

Keim, D.B.; Stambaugh, Robert F. (Predicting Returns, 1986): Predicting Returns in the Stock and Bond Market. In: JoFE, 1986 (17), S. 357-390.

Keim, Donald B. (Dividend Yields, 1985): Dividend Yields and Stock returns. In: JoFE, 1985 (14), S. 473-489.

Keim, Donald B. (Size-Related Anomalies, 1983): Size-Related Anomalies and Stock Return Seasonality. In: JoFE, 1983 (12), S. 13-32.

Kim, Dongcheol (Errors in the Variables, 1995): The Errors in the Variables Problem in the Cross-Section of Expected Stock Returns. In: JoF, 1995 (50), Heft 5, S. 1605-1634.

Kim, Dongcheol (Nonstationarity of Beta, 1993): The Extent of Nonstationarity of Beta. In: RoQFA, 1993 (3), S. 241-254.

Kleeberg, Jochen; Schlenger, Christian (Optimale Kombination, 1998): Optimale Kombination von Asset Managern. In: Die Bank, 1998, 11, S. 688-693.

Klemkosky, Robert C. (Composite Performance Measures, 1973): The Bias in Composite Performance Measures. In: JoFQA, 1973 (8), S. 505-514.

Klemkosky, Robert C.; Maness, Terry S. (Predictability, 1978): The Predictability of real Portfolio Risk Levels. In: JoF, 1978 (33), S. 631-639.

Klemkosky, Robert C.; Martin, John D. (Adjustment of Beta Forecasts, 1975): The Adjustment of Beta Forecasts. In: JoF, 1975 (30), Sept, S. 1123-1128.

Klingebiel, Norbert (Performance, 1997): Performance Measurement Systeme. In: WISU, 1997, 7, S. 655-662.

Knez, Peter J.; Ready, Mark J. (Robustness, 1997): On the Robustness of Size and Book-to-Market in Cross-Sectional Regressions. In: JoF, 1997 (52), Heft 4, S. 1355-1382.

Koenker, Roger (Robust Methods, 1982): Robust Methods in Econometrics. In: Econometric Reviews, 1982 (1), S. 213-255.

Kon, Stanley J. (Market-Timing, 1983): The Market-Timing Performance of Mutual Fund Managers. In: JoB, 1983 (56), S. 323-347.

Kon, Stanley J.; Jen, Frank C. (Investment Performance, 1979): The Investment Performance of Mutual Funds: An Empirical Investigation of Timing, Selectivity, and Market Efficiency. In: JoB, 1979 (52), S. 263-289.

Kon, Stanley J.; Jen, Frank C. (Systematic Risk, 1978): Estimation of time-varying systematic Risk and Performance. In: JoF, 1978 (33), S. 457-475.

Korkie, Bob (Performance Evaluation, 1983): External vs. Internal Performance Evaluation. In: JoPM, 1983 (9), Spring, S. 36-42.

Kosfeld, Reinhold (Kapitalmarktmodelle, 1996): Kapitalmarktmodelle und Aktienbewertung. Gabler, Wiesbaden, 1996.

Kothari, S.P.; Shanken, Jay; Sloan, Richard G. (Cross-Section, 1995): Another Look at the Cross-section of Expected Stock Returns. In: JoF, 1995 (50), S. 185-224.

Krämer, Walter; Runde, Ralf (Kalendereffekt, 1993): Kalendereffekt auf Kapitalmärkten. In: ZfbF-Sonderheft 31, Bühler, Wolfgang; Hax, Herbert; Schmidt, Reinhart (Hrsg.): Empirische Kapitalmarktforschung. Verlagsgruppe Handelsblatt, Düsseldorf, 1993, S. 87-98.

Kraus, Alan; Litzenberger, Robert (Skewness Preferences, 1976): Skewness Preferences and the Valuation of Risky Assets. In: JoF, 1976 (31), Sept, S. 1085-1100.

Kreis, Rudolph (Betriebswirtschaftslehre, 1998): Betriebswirtschaftslehre. In: Band 1: Einführung und Managementlehre. 5. Aufl., Oldenbourg, München, 1998.

Kritzman, Mark P. (Factor Models, 1993): What Practitioners Need to Know About Factor Models. In: FAJ, 1993 (49), Heft 1, S. 12-15.

Kritzman, Mark P. (Returns and Risk, 1993): What Practitioners Need to Know About Returns and Risk. In: FAJ, 1993 (49), Heft 3, S. 14-17.

Kritzman, Mark P. (Time Diversification, 1994): What Practitioners Need to Know About Time Diversification. In: FAJ, 1994 (50), Heft 1, S. 14-18.

Kroll, Yoram; Levy, Haim (Stochastic Dominance, 1982): Stochastic Dominance: A Note. In: JoF, 1982 (37), S. 871-876.

Kryzanowski, Lawrence; Lalancette, Simon; To, Minh Chau (Benchmark Invariancy, 1998): Benchmark Invariancy, Seosonality and APM-Free Portfolio Performance Measures. In: RoQFA, 1998 (10), S. 75-94.

Kryzanowski, Lawrence; To, Minh Chau (General Factor Models, 1983): General Factor Models and the Structure of Security Returns. In: JoFQA, 1983 (18), Heft 1, S. 31-37.

Kryzanowski, Lawrence; Zhang, Hao (Economic Forces, 1992): Economic Forces and Seasonality in Security Returns. In: RoQFA, 1992 (2), S. 227-244.

Lakonishok, Josef; Shleifer, Andrei; Vishny, Robert W. (Contrarian Investment, 1994): Contrarian investment, extrapolation, and risk. In: JoF, 1994 (49), Heft 5, S. 1541-1578.

Landy, Frank J.; Zedeck, Sheldon (Introduction, 1983): Introduction. In: Performance Measurement and theory. Landy, Frank J.; Zedeck, Sheldon; Cleveland, Jeanette (Hrsg.). Erlbaum, Hilldale, N.J., 1983, S. 1-7.

Larsen, Glen A.; Resnick, Bruce G. (Bootstrapping, 1993): Bootstrapping a Distance Test for Stochastic Dominance Analysis. In: RoQFA, 1993 (3), S. 61-69.

Lee, Cheng F. (Functional Form, 1977): Functional Form, Skewness Effect, and the Risk-Return Relationship. In: JoFQA, 1977 (12), S. 55-72.

Lee, Cheng F. (Investment Horizon, 1976): Investment Horizon and functional form of the CAPM. In: Review of Economics and Statistics, 1976 (58), Aug., S. 356-363.

Lee, Cheng F. (Risk and Investment Horizon, 1976): On the Relationship between Systematic Risk and the Investment Horizon. In: JoFQA, 1976 (11), Dez., S. 803-815.

Lee, Cheng F.; Chen, Carl R. (Beta Stability, 1982): Beta Stability and Tendency: An Application of a Variable Mean Response Regression Model. In: Journal of Economics and Business, 1982(34), July, S. 201-206.

Lee, Cheng F.; Rahman, Shafiqur (Market Timing, 1990): Market Timing, Selecitivity, and Mutual Fund Performance: An Empirical Investigation. In: JoB, 1990 (63), S. 261-278.

Lee, WayneY.; Rao, Ramesh K.S. (Mean Lower Partial Moments, 1988): Mean Lower Partial Moments Valuation and Lognormally Distributed Returns. In: Management Science, 1988 (34), S. 446-453.

Lehmann, Bruce N.; Modest, David (Arbitrage Pricing Theory, 1988): The empirical foundations of the arbitrage pricing theory. In: JoFE, 1988 (21), S. 213-254.

Lehmann, Bruce N.; Modest, David (Performance Evaluation, 1987): Mutual Fund Performance Evaluation: A Comparison of Benchmarks and Benchmark Comparisons. In: JoF, 1987 (42), S. 233-266.

Lehmann, Bruce N.; Modest, David (Timing Ability, 1988): Empirical issues in the measurement of market timing ability. University of California, Berkeley, working paper, 1988.

Levhari, David; Levy, Haim (Investment Horizon, 1977): The Capital Asset Pricing Model and the Investment horizon. In: Review of Economics and Statistics, 1977 (59), S. 92-104.

Levy, Haim (Investment Horizon, 1981): The CAPM and the investment horizon. In: JoPM, 1981 (7), Winter, S. 32-40.

Lhabitant, F.-S. (Mutual Funds Performance, 1995): Mutual Funds Performance: Empirical Tests on the Swiss Market. In: FuPM, 1995 (9), Heft 3, S. 330-351.

Li, G. (Robust Regression, 1985): Robust Regression. In: Exploring Data Tables, Trends, and Shapes. Hoaglin, David C.; Mosteller, F.; Tukey, G.W. (Hrsg.); Wiley, N.Y., 1985, S. 281-340.

Lim, Kian-Guan (Three-Moment CAPM, 1989): A New Test of the Three-Moment Capital Asset Pricing Model. In: JoFQA, 1989 (24), Heft 2, S. 205-216.

Lintner, John (Security Prices, 1965): Security Prices, Risk, and Maximal Gains from Diversification. In: JoF, 1965 (20), S. 587-615.

Litterman, Robert B.; Winkelmann, Kurt D. (Exposures, 1996): Managing Market Exposures. In: JoPM, 1996 (22), Summer, S. 32-48.

Litterman, Robert; Scheinkman, José (Common Factors, 1991): Common Factors Affecting Bond Returns. In: Journal of Fixed Income, 1991, June, S. 54-61.

Litzenberger, Robert H.; Ramaswamy, Krishna (Effects of Dividends, 1982): The effects of dividends on common stock returns: tax effects or information effects? In: JoF, 1982 (37), Heft 1-2, S. 429-443.

Litzenberger, Robert H.; Ramaswamy, Krishna (Effects of Personal Taxes, 1979): The Effects of personal taxes and dividends on capital asset prices: theory and empirical evidence. In: JoFE, 1979 (7), June, S. 163-195.

Livingston, Miles (Industry Movements, 1977): Industry movements of common stocks. In: JoF, 1977 (32), June, S. 861-874.

Ljung, Greta M.; Box, George E.P. (Likelihood Function, 1979): The likelihood function of stationary autoregressive-moving average models. In: Biometrika, 1979 (66), Heft 2, S. 265–270.

Lo, Andrew W.; MacKinlay, A. Craig (Contrarian Profits, 1990): When are Contrarian Profits due to stock market overreaction? In: RoFS, 1990 (3), Heft 2, S. 175-205.

Lo, Andrew W.; MacKinlay, A. Craig (Data-Snooping, 1990): Data-snooping biases in Tests of Financial Asset Pricing Models. In: RoFS, 1990 (3), Heft 3, S. 431-467.

Lockert, Gerd (Risikofaktoren, 1996): Risikofaktoren und Preisbildung am deutschen Aktienmarkt. In: Physica-Verlag, Heidelberg, 1996.

Lomnicki, Z.A. (Departure from Normality, 1961): Tests for departure from normality in the case of linear stochastic processes. In: Metrika, 1961 (4), S. 37-62.

Lord, Timothy J. (Attribution in Fixed Income, 1997): The Attribution of Portfolio and Index Returns in Fixed Income. In: The Journal of Performance Measurement, 1997 (2), Heft 1, S. 45-57.

Lütkepohl, Helmut (Time Series Analysis, 1991): Introduction to multiple time series analysis. Springer-Verlag, Berlin, 1991.

MacKinlay, A. Craig (Multifactor Models, 1995): Multifactor models do not explain deviations from the CAPM. In: JoFE, 1995 (38), Heft 1, S. 3-28.

Mains, Norman E. (Risk, 1977): Risk, the Pricing of Capital Assets, and the Evaluation of Investment Portfolios: Comment. In: JoB, 1977 (50), S. 371-384.

Mann, Rudolf (Controlling, 1989): Controlling und Planung. In: Enzyklopädie der Betriebswirtschaftslehre, Band 9: Handwörterbuch der Planung. Szyperski, Norbert (Hrsg.). Schäffer-Poeschel, Stuttgart; 1989, Sp. 219-228.

Markowitz, Harry M. (Portfolio Selection I, 1952): Portfolio Selection. In: JoF, 1952 (7), Heft 1, S. 77-91.

Markowitz, Harry M. (Portfolio Selection II, 1959): Portfolio Selection: Efficient Diversification of Investments. Yale University Press, New Haven, 1959 [2. Druck von 1970].

Marsh, Paul (Equity Rights, 1979): Equity rights and the efficiency of the UK stock market. In: JoF, 1979 (34), S. 839-862.

Martikainen, T.; Yli-Olli, P. (Accounting Information, 1990): A Test of the Arbitrage Pricing Theory Using Accounting Information. In: Economics Letters, 1990 (34), Heft 1, S. 55-59.

Martinez, Miguel A.; Rubio, Gonzalo (Arbitrage Pricing, 1989): Arbitrage Pricing with Macroeceonomic Variables: An Empirical Investigation using Spanish Data. Universidad del Pais Vasco, working paper, 1989.

Matthes, Rainer (Zinsprognose, 1994): Zinsprognose: Fehlerkorrekturmodelle vs. Neuronale Netze. In: Finanzmarktanwendungen neuronaler Netze und ökonometrische Verfahren. Bol, Georg; Nakhaeizadeh, Gholamreza; Vollmer, Karl-Heinz (Hrsg.), Physica-Verlag, Heidelberg, 1994. 41-60.

Mayers, David (Nonmarketable Assets, 1972): Nonmarketable assets and Capital market equilibrium under uncertainty. In: Studies in the Theory of Capital Markets. Jensen, Michael C.(Hrsg.); Praeger Publishers, N.Y., 1972, S. 223-248.

Mayers, David; Rice, Edward (Measuring Portfolio Performance, 1979): Measuring Portfolio Performance and the Empirical Content of Asset Pricing Models. In: JoFE, 1979 (7), S. 3-28.

McDonald, John G. (French Mutual Fund, 1973): French Mutual Fund Performance: Evaluation of internationally-diversified portfolios. In: JoF, 1973 (28), S. 1161-1180.

McElroy, Marjorie B.; Burmeister, Edwin (Arbitrage Pricing Theory, 1988): Arbitrage Pricing Theory as a restricted nonlinear Multiple Regression Model: ITNLSUR Estimates. In: JoBES, 1988 (6), Heft 1, S. 29-42.

McElroy, Marjorie B.; Burmeister, Edwin; Wall, Kent D. (Two Estimators, 1985): Two Estimators for the APT Model when Factors are Measured. In: Economics Letters, 1985 (19), S. 271-275.

Mech, Timothy S. (Autocorrelation, 1993): Portfolio return autocorrelation. In: JoFE, 1993 (34), S. 307-344.

Mei, Jianping (Cross-Section, 1993): Explaining the Cross-Section of Returns via a Multi-Factor APT Model. In: JoFQA, 1993 (28), S. 331-345.

Mei, Jianping (Semiautoregression, 1993): A Semiautoregression Approach to the Arbitrage Pricing Theory. In: JoF, 1993 (48), Heft 2, S. 599-622.

Mellerowicz, Konrad (Planung, 1961): Planung und Plankostenrechnung. Band 1. Rudolf Haufe Verlag, Freiburg i. Brsg., 1961.

Merton, Robert C. (Capital Market Theory, 1990): Capital Market theory and the pricing of financial securities. In: Handbook of monetary economics. Band 1. Friedman, Benjamin; Hahn, Frank (Hrsg.), North-Holland, Amsterdam, 1990, S. 497-581.

Merton, Robert C. (Expected Return, 1980): On Estimating the Expected Return on the Market. In: JoFE, 1980 (8), S. 323-361.

Merton, Robert C. (Intertemporal CAPM, 1973): An intertemporal capital asset pricing model. In: Econometrica, 1973 (41), Heft 5, S. 867-887.

Merton, Robert C. (Market Timing, 1981): On market timing and investment Performance I: An Equilibrium Theory of Value for Market Forecasts. In: JoB, 1981 (54), S. 363-406.

Meyer, Frieder (Hedging, 1994): Hedging mit Zins- und Aktienindex-Futures, eine theoretische und empirische Analyse des deutschen Aktienmarktes. In: Reihe: Finanzierung, Steuern, Wirtschaftsprüfung, Band 24. Steiner, Manfred (Hrsg.). Botermann & Botermann, Köln, 1994.

Miller, Merton H.; Scholes, Myron (Dividends and Taxes, 1982): Dividends and Taxes: some empirical evidence. In: JoPE, 1982 (90), S. 1118-1141.

Miller, Merton H.; Scholes, Myron (Rates of Return, 1972): Rates of Return in Relation to Risk: A Re-examination of Some Recent Findings. In: Studies in the Theory of Capital Markets. Jensen, Michael C.(Hrsg.); Praeger Publishers, N.Y., 1972, S. 47-78.

Miller, Robert E.; Gehr, Adam K. (Sample Size Bias, 1978): Sample Size Bias and Sharpe's Performance Measure. In: JoFQA, 1978 (13), Heft 5, S. 943-946.

Miller, T.W.; Gressis, Nicholas (Nonstationarity, 1980): Nonstationarity and Evaluation of Mutual Fund Performance. In: JoFQA, 1980 (15), Heft 3, S. 639-654.

Modigliani, Franco; Modigliani, Leah (Risk-Adjusted Performance, 1997): Risk-Adjusted Performance: How to measure it and why. In: JoPM, 1997 (23), Winter, S. 45-54.

Modigliani, Franco; Pogue, Gerald A. (Risk and Return II, 1974): An Introduction to Risk and Return. Teil 2. In: FAJ, 1974 (30), Heft 3, S. 69-86.

Modigliani, Franco; Pogue, Gerald A. (Risk and Return, 1974): An Introduction to Risk and Return. In: FAJ, 1974 (30), Heft 2, S. 68-80.

Modigliani, Leah (Risk-Adjusted Performance (III), 1997): Risk-adjusted Performance, Part 3. In: Global Equity and Derivative Markets. The Risk Book. Morgan Stanley Dean Witter (Hrsg.), 1997, Nov 5 (Vol 1), S. 54-57.

Möhlmann, Johannes (Zweidimensionale Performancemessung, 1993): Theoretische Grundlagen und Methoden zweidimensionaler Performancemessung von Investmentfonds. Schäffer-Poeschel, Stuttgart, 1993.

Möller, Hans Peter (Bilanzkennzahlen, 1986): Bilanzkennzahlen und Ertragsrisiken des Kapitalmarktes. Poeschel, Stuttgart, 1986.

Morris, R.C.; Pope, P.F. (Jensen Measure, 1981): The Jensen Measure of Portfolio performance in an arbitrage pricing theory context. In: JoBFA, 1981 (8), S. 203-220.

Mossin, Jan (Equilibrium, 1966): Equilibrium in a Capital Asset Market. In: Econometrica, 1966 (34), Okt., S. 768-783.

Mühlbradt, Frank W. (Kapitalanlagen-Performance, 1986): Ermittlung und Vergleichbarkeit der Kapitalanlagen-Performance deutscher Versicherer. In: Versicherungswirtschaft, 1986, 24, S. 1588-1595.

Mühlbradt, Frank W. (Wertpapier-Investmentfonds, 1986): Die Leistungen von Wertpapier-Investmentfonds in Deutschland: Überlegungen zur Neukonzeption eines Beurteilungskalküls. In: Die Aktiengesellschaft, 1986 (31), S. 36-45.

Nawrocki, David N. (Optimal Algorithms, 1991): Optimal Algorithms and Lower Partial Moment: Ex post results. In: Applied Economics, 1991 (23), S. 465-470.

Nelson, Ray D.; Pope, Rulon D. (Bootstrapped, 1991): Bootstrapped Insights into Empirical Applications of Stochastic Dominance. In: Management Science, 1991 (37), S. 1182-1194.

Ng, Lilian (Time-Varying Covariances, 1991): Tests of the CAPM with Time-Varying Covariances: A Multivariate GARCH Approach. In: JoF, 1991 (46), Heft 4, S. 1507-1521.

Nowak, Thomas (Faktormodelle, 1994): Faktormodelle in der Kapitalmarkttheorie. Botermann und Botermann, Köln, 1994.

Nuske, Manfred (Vermögensverwaltung, 1993): Vermögensverwaltung. In: Handbuch der Finanzdienstleistungen. Brunner, Wolfgang L.; Vollath, Johann (Hrsg.); Schäffer-Poeschel, Stuttgart, 1993, S. 339-359.

Ohlson, James ; Rosenberg, Barr (Systematic Risk, 1982): Systematic Risk of the CRSP Equal-Weighted Common Stock Index: A History Estimated by Stochastic-Parameter Regression. In: JoB, 1982 (55), Heft 1, S. 121-145.

Ohlson, James A.; Garman, Mark B. (Dynamic Equilibrium, 1980): A dynamic Equilibrium for the Ross Arbitrage Model. In: JoF, 1980 (35), Heft 3, S. 675-684.

Oldfield, George S. Jr.; Rogalski, Richard J. (Treasury Bill Factors, 1981): Treasury Bill Factors and Common Stock Returns. In: JoF, 1981 (36), Mai, S. 337-350.

Olsen, Robert A. (Investment Risk, 1997): Investment Risk: The Expert's Perspective. In: FAJ, 1997 (53), Heft 2, S. 62-66.

Ost, Friedmann (Faktorenanalyse, 1984): Faktorenanalyse. In: Multivariate statistische Verfahren. Fahrmeir, Ludwig; Hamerle, Alfred (Hrsg.); de Gruyter, Berlin, 1984, S. 575-662.

Peasnell, K.V.; Skerratt, L.C.L.; Taylor, P.A. (An Arbitrage Rationale, 1979): An Arbitrage Rationale for Tests of Mutual Fund Performance. In: JoBFA, 1979 (6), S. 373-400.

Perridon, Louis; Steiner, Manfred (Finanzwirtschaft, 1991): Finanzwirtschaft der Unternehmung. 6. Aufl., Franz Vahlen Verlag, München, 1991.

Peters, Georg (Intelligente Datenanalyse, 1995): Entwicklung von Verfahren zur Intelligenten Datenanalyse und ihre Anwendung auf die Prognose ökonomischer Daten. Dissertation RWTH Aachen, 1995.

Pettit, R. Richardson (Dividend Announcements, 1972): Dividend Announcements, Security Performance and Capital Market Efficiency. In: JoF, 1972 (27), Heft 5, S. 993-1007.

Pettit, R. Richardson; Westerfield, Randolph (Predict Security Returns, 1974): Using the Capital Asset Pricing Model and the Market Model to Predict Security Returns. In: JoFQA, 1974, Sept, S. 579-605.

Pfleiderer, Paul; Bhattacharya, S. (Performance Evaluation, 1983): A Note on Performance Evaluation. Graduate School of Business, Stanford University, Technical Report 714, 1983.

Pfohl, Hans-Christian; Stölzle, Wolgang (Planung, 1997): Planung und Kontrolle: Konzeption, Gestaltung, Implementierung. Franz Vahlen, München, 2. Aufl., 1997.

Pogue, Gerald A.; Solnik, Bruno H. (Market Model, 1974): The market model applied to European common stocks: Some empirical results. In: JoFQA, 1974 (9), S. 917-944.

Polsky, L. (Risk Management, 1997): Towards a more dynamic and realistic approach to risk management. In: Global Equity and Derivative Markets. The Risk Book. Morgan Stanley Dean Witter (Hrsg.), 1997, Nov 5 (Vol 1), S. 34-45.

Pontiff, Jeffrey; Schall, Lawrence D. (Predictors of Market Returns, 1998): Book-to-market ratios as predictors of market returns. In: JoFE, 1998 (49), S. 141-160.

Poon, S.; Taylor, S.J. (Macroeconomic Factors, 1991): Macroeconomic Factors and the UK Stock Market. In: JoBFA, 1991 (18), Heft 5, S. 619-636.

Poterba, James M.; Summers, Lawrence H. (Mean Reversion, 1988): Mean Reversion in Stock Prices: Evidence and Implications. In: JoFE, 1988 (22), S. 27-59.

Pulliam, Kenneth P. (Portfolio Measurement, 1981): How to produce value from portfolio measurement. In: JoPM, 1981 (8), Fall, S. 13-16.

Rahman, Shafiqur; Coggin, Daniel T.; Lee, Cheng-few (Tests, 1998): Some Tests of the Risk-Return Relationship Using Alternative Asset Pricing Models and Observed Expected Returns. In: RoQFA, 1998 (11), S. 69-91.

Rehkugler, Heinz; Jandura, Dirk (Fehlerkorrekturmodelle, 27.0): Prognose der G5-Aktienmärkte mit NN-gestützten Fehlerkorrekturmodellen. Vortrag zum 3. Symposium Softcomputing, Göttingen, 27.02.1997.

Rehkugler, Heinz; Schmidt-von Rhein, Aandreas; Roth, Hanno (Zweistufige Performancemessung, 1995): Zweistufige Performancemessung im Portfolio Management. Universität Freiburg, Freiburger Betriebswirtschaftliche Diskussionsbeiträge 10/95, 1995.

Reinganum, Marc R. (Anomalous Stock Market, 1983): The Anomalous Stock Market Behaviour of Small Firms in January. In: JoFE, 1983 (12), S. 89-104.

Reinganum, Marc R. (Misspecification, 1981): Misspecification of Capital Asset Pricing: Empirical Anomalies based on Earnings' Yields and Market Values. In: JoFE, 1981 (9), März, S. 19-46.

Reinganum, Marc R. (Roll's Conjecture, 1982): A Direct Test of Roll's Conjecture on the Firm Size Effect. In: JoF, 1982 (37), Heft 1, S. 27-35.

Reisman, Haim (APT, 1988): A general approach to the APT. In: Econometrica, 1988 (56), S. 473-476.

Reisman, Haim (Reference Variables, 1992): Reference Variables, factor structures, and the approximate multibeta representation. In: JoF, 1992 (47), S. 1303-1314.

Richard, Hermann-Josef (Aktienindizes, 1992): Aktienindizes. Eul, Bergisch-Gladbach/Köln, 1992.

Roll, Richard (Ambiguity, 1978): Ambiguity when Performance is measured with the Securities Market Line. In: JoF, 1978 (33), S. 1051-1070.

Roll, Richard (Asset Theories Tests, 1977): A Critique of the Asset Theory's Tests, Part I: On Past and Potential Testability of the Theory. In: JoFE, 1977 (4), Heft 3, S. 129-176.

Roll, Richard (Mean Returns, 1983): On Computing Mean Returns and the Small Firm Premium. In: JoFE, 1983 (12), S. 371-386.

Roll, Richard (Performance Evaluation, 1980): Performance Evaluation and Benchmark Errors I. In: JoPM, 1980 (6), Summer, S. 5-12.

Roll, Richard (Reply to Mayers and Rice, 1979): A Reply to Mayers and Rice. In: JoFE, 1979 (7), S. 391-400.

Roll, Richard (Vas ist das?, 1983): Vas ist das? In: JoPM, 1983 (9), S. 18-28.

Roll, Richard; Ross, Stephen A. (Critical Reexamination, 1984): A Critical Reexamination of the Empirical Evidence on the Arbitrage Pricing Theory: A Reply. In: JoF, 1984 (39), Heft 2, S. 347-350.

Roll, Richard; Ross, Stephen A. (Cross-Sectional Relation, 1994): On the Cross-sectional Relation between Expected Returns and Betas. In: JoF, 1994 (49), Heft 1, S. 101-121.

Roll, Richard; Ross, Stephen A. (Empirical Investigation, 1980): An Empirical Investigation of the APT. In: JoF, 1980 (35), S. 1073-1103.

Roll, Richard; Ross, Stephen A. (Strategic Portfolio Planning, 1984): The Arbitrage Pricing Theory Approach to Strategic Portfolio Planning. In: FAJ, 1984 (40), Heft 3, S. 14-26.

Rom, Brian M.; Ferguson, Kathleen W. (Post-Modern Portfolio Theary, 1994): Post-Modern Portfolio Theory comes of Age. In: The Journal of Investing, 1994, Fall, S. 11-17.

Rosenberg, Barr; Guy, James (Prediction of Beta, 1976): Prediction of Beta from Investment Fundamentals. In: FAJ, 1976 (32), Heft 3, S. 60-72.

Rosenberg, Barr; Marathe, Vinay (Capital Asset Pricing, 1979): Tests of capital asset pricing hypotheses. In: Research in Finance, 1979 (1), S. 115-223.

Ross, Stephen A. (Arbitrage Theory, 1976): The Arbitrage Theory of Capital Asset Pricing. In: JoETh, 1976 (13), Dec, S. 341-360.

Ross, Stephen A. (CAPM, 1977): The Capital Asset Pricing Model (CAPM), Short-Sale Restricions and realted Issues. In: JoF, 1977 (32), S. 177-183.

Ross, Stephen A. (Modifying Risk, 1983): Modifying Risk and Return in Managing Bond Portfolios. In: The Revolution in Techniques for Managing Bond Portfolios. The Institute of Chartered Financial Analysts (Hrsg.), Charlottesville, VA, 1983.

Ross, Stephen A. (Return, Risk and Arbitrage, 1977): Return, Risk and Arbitrage. In: Risk and Return in Finance. Friend, Irwin; Bicksler, James L. (Hrsg.); Ballinger, Cambridge, MA, 1977. 189-218.

Roßbach, Peter (Performance-Messung, 1991): Methoden und Probleme der Performance-Messung von Aktienportfolios. Knapp Verlag, Frankfurt am Main, 1991.

Rousseeuw, Peter J. (Least Median, 1984): Least Median of Least Squares Regression. In: Journal of the American Statistical Association, 1984, S. 871-880.

Rousseeuw, Peter J.; Leroy, Annick M. (Robust Regression, 1987): Robust Regression and Outlier Detection. John Wiley&Sons, N.Y., 1987.

Rousseeuw, Peter J.; Wagner, Joachim (Robust Regression, 1990): Robust Regression with a distributed Intercept using least median of Squares. Diskussionspapier No. 90, Fachbereich Wirschaftswissenschaften, Universität Hannover, 1990.

Rozeff, Michael S.; Kinney, William R. Jr. (Capital Market, 1976): Capital market seasonality: the case of stock returns. In: JoFE, 1976 (3), S. 379-402.

Rudd, Andrew; Clasing, Henry K. Jr. (Modern Portfolio Theory, 1982): Modern Portfolio Theory. 1. Aufl.; Rudd, Orinda, California, 1982.

Runte, Hans-Dieter (Koreferat, 1994): Koreferat zu Uhlir. In: Erfolgsmessung und Erfolgsanalyse im Portfolio-Management. Gebauer, Wolfgang; Rudolph, Bernd (Hrsg.) Schriftenreihe des Instituts für Kapitalmarktforschung an der Universität Frankfurt am Main, Band 36. Fritz Knapp Verlag, Frankfurt am Main, 1994, S. 81-88.

Rutterford, Janette (Stock Exchange Investment, 1993): Introductions to Stock Exchange Investment. 2. Aufl., Macmillan, Basingstoke, 1993.

Sachs, Lothar (Statistik, 1991): Angewandte Statistik. 8. Aufl., Springer Verlag, Berlin, 1991.

Samuelson, Paul A. (Long-Term Case for Equities, 1994): The Long-Term Case for Equities. In: JoPM, 1994 (21), Fall, S. 15-24.

Sauer, Andreas (Faktormodelle, 1994): Faktormodelle und Bewertung am deutschen Aktienmarkt. Knapp Verlag, Frankfurt am Main, 1994.

Savin, N.E.; White, Kenneth J. (Autocorrelation, 1978): Testing for autocorrelation with missing observations. In: Econometrica, 1978 (46), S. 59-67.

Schanz, Günther (Verhaltenswissenschaften und Betriebswirtschaftslehre, 1993): Verhaltenswissenschaften und Betriebswirtschaftslehre. In: Handwörterbuch der Betriebswirtschaft. Wittmann, Waldemar; Kern, Werner; Köhler, Richard; Küpper, Hans-Ulrich; Wysocki, Klaus von (Hrsg.), Bd. 3, 4. Aufl., Schaeffer-Poeschel, Stuttgart, 1993, S. 4521-4532.

Schipper, Katherine; Thompson, Rex (Common Stocks, 1981): Common Stocks as Hedges against Shifts in the Consumption or Investment Opportunity Set. In: JoB, 1981 (54), S. 305-328.

Schlenger, Chrsitian (Aktives Management, 1998): Aktives Management von Aktienportfolios. Uhlenbruch Verlag, Bad Soden/Ts., 1998.

Schlittgen, Rainer (Inferenzen, 1996): Statistische Inferenzen. Oldenbourg Verlag, München, 1996.

Schlittgen, Rainer (Statistik, 1996): Einführung in die Statistik. 6. Aufl., Oldenbourg, München, 1996.

Schlittgen, Rainer; Streitberg, Bernd H.J. (Zeitreihenanalyse, 1997): Zeitreihenanalyse. 7. Aufl., Oldenbourg Verlag, München, 1997.

Schmalensee, R. (Risk and Return, 1981): Risk and Return on Long-Lived Tangible Assets. In: JoFE, 1981 (9), S. 185-205.

Schmidt, Reinhart (Fundamentalanalyse, 1995): Fundamentalanalyse. In: Enzyklopädie der Betriebswirtschaftslehre, Band 6: Handwörterbuch des Finanz- und Bankwesens, 2. Aufl. Gerke, Wolfgang; Steiner, Manfred (Hrsg.). Schäffer-Poeschel, Stuttgart, 1995, S. 829-839.

Schmidt, Reinhart H. (Aktienkursprognose, 1976): Aktienkursprognose: Aspekte positiver Theorien über Aktienkursänderungen. Gabler, Wiesbaden, 1976.

Schneeberger, H. (Regressionsanalyse, 1994): Punkt-, Intervallprognose und Test auf Strukturbruch mit Hilfe der Regressionsanalyse. In: Mertens, Peter (Hrsg.): Prognoserechnung. 5. Aufl. Physica-Verlag, Heidelberg, 1994, S. 101-115.

Schneeweiß, Christoph (Operations Research, 1993): Operations Research. In: Handwörterbuch der Betriebswirtschaft. Wittmann, Waldemar; Kern, Werner; Köhler, Richard; Küpper, Hans-Ulrich; Wysocki, Klaus von (Hrsg.), Bd. 2, 4. Aufl., Schaeffer-Poeschel, Stuttgart, 1993, S. 2940-2953.

Schneeweiß, Hans (Ökonometrie, 1990): Ökonometrie. 4. Aufl., Physica, Heidelberg, 1990.

Scholes, Myron; Williams, Joseph (Estimating Betas, 1977): Estimating Betas from nonsynchronous data. In: JoFE, 1977 (5), S. 309-327.

Schwartz, Robert A.; Whitcomb, David K. (Time-Variance Relationship, 1977): The time-variance Relationship: evidence of autocorrelation in common stock returns. In: JoF, 1977 (32), mar, S. 41-45.

Schwert, G. William (Size, 1983): Size and Stock Returns, and other Empirical Regulatories. In: JoFE, 1983 (12), S. 3-12.

Schwert, G. William (Stock Exchange Seats, 1977): Stock exchange seats as capital assets. In: JoFE, 1977 (4), S. 51-78.

Schwert, G. William (Stock Market Volatility, 1989): Why does stock market volatility change over time? In: JoF, 1989 (44), Heft 5, S. 1115-1153.

Shanken, Jay (Arbitrage Pricing Theory, 1982): The Arbitrage Pricing Theory: Is it Testable? In: JoF, 1982 (37), Heft 5, S. 1129-1140.

Shanken, Jay (Beta-Pricing Models, 1992): On the Estimation of Beta-Pricing Models. In: RoFS, 1992 (5), Heft 2, S. 1-33.

Shanken, Jay (Intertemporal Asset Pricing, 1990): Intertemporal Asset Pricing: An Empirical Investigation. In: Journal of Econometrics, 1990 (45), S. 99-120.

Shanken, Jay (Multi-Beta CAPM, 1985): Multi-Beta CAPM or Equilibrium-APT?: A Reply. In: JoF, 1985 (40), Heft 4, S. 1189-1196.

Shanken, Jay (Multivariate Proxies, 1987): Multivariate proxies and asset-pricing relations: Living with the Roll critique. In: JoFE, 1987 (18), S. 91-110.

Shanken, Jay (Nonsynchronous Data, 1987): Nonsynchronous Data and the Covariance-Factor Strucutre of Returns. In: JoF, 1987 (42), Heft 2, S. 221-231.

Shanken, Jay; Weinstein, Mark I. (Macroeconomic Variables, 1990): Macroeconomic variables and asset pricing: Estimation and tests. Simon School of Business Administration, University of Rochester, Rochester, NY, Workingpaper, 1990.

Sharpe, William F. (Adjusting for Risk, 1977): Adjusting for Risk in Portfolio Performance Measurement. In: Portfolio Management and Efficient Markets. Bernstein, Peter C. (Hrsg.); Free Press, N.Y., 1977, S. 113-127.

Sharpe, William F. (Asset Allocation, 1992): Asset allocation, management style and performance measurement. In: JoPM, 1992 (18), Winter, S. 7 - 19.

Sharpe, William F. (Capital Asset Prices, 1964): Capital Asset Prices: A Theory of Market Equilibrium under Conditions of Risk. In: JoF, 1964 (19), S. 425-442.

Sharpe, William F. (Effective Asset Mix, 1988): Determining a Fund's Effective Asset Mix. In: Investment Management Review, 1988 (2), S. 59-69.

Sharpe, William F. (Factor Models, 1984): Factor models, CAPMs, and the ABT. In: JoPM, 1984 (11), Fall, S. 21-25.

Sharpe, William F. (Multi-Beta Interpretation, 1977): The Capital Asset Pricing Modell: A "Multi-Beta" Interpretation. In: Financial Decision Making under Uncertainty. Levy, Haim; Sarnat, Marshall (Hrsg.); Acad. Press, N.Y., 1977, S. 127-135.

Sharpe, William F. (Mutual Fund Performance, 1966): Mutual Fund Performance. In: JoB, 1966 (39), Heft 2, S. 119-138.

Sharpe, William F.; Alexander, Gordon J. (Investments, 1990): Investments. 4. Aufl., Prentice Hall, Englewood Cliffs, N.J., 1990.

Shawky, Hany A. (Mutual Funds, 1982): An Update on mutual funds: better grades. In: JoPM, 1982 (8), Winter, S. 29-34.

Shukla, Ravi; Trzcinka, Charles (Sequential Tests, 1990): Sequential Tests of the Arbitrage Pricing Theory: A Comparison of Principal Components and Maximum Likelihood Factors. In: JoF, 1990 (45), Heft 5, S. 1541-1564.

Siebenthal, W. von (Risikomessung, 1992): Aus der Praxis: Ist Risikomessung Kunst oder Wissenschaft? In: FuPM, 1992 (6), Heft 4, S. 442-447.

Simon, Frank (Unternehmerischer Erfolg, 1994): Unternehmerischer Erfolg und gesellschaftliche Verantwortung. Dt. Universitätsverlag, Wiesbaden, 1994.

Sinclair, N.A. (Multifactor, 1987): Multifactor Asset Pricing Models. In: Accounting and Finance, 1987 (27), Heft 1, S. 17-36.

Smith, Keith V. (Intervaling, 1978): The Effect of Intervaling on Estimating Parameters of the CAPM. In: JoFQA, 1978 (13), Juni, S. 313-332.

Solnik, Bruno (International Arbitrage Pricing, 1983): International Arbitrage Pricing Theory. In: JoF, 1983 (38), Heft 2, S. 449-457.

Sorensen, Eric H.; Hong, Li (Investment Style, 1999): Investment Style Disciplines - Global Trends. In: European Quantitative Conference Handbook 1999. Salomon Smith Barney (Hrsg.), Frankfurt, 11.02.1999.

Sorensen, Eric H.; Miller, Keith L.; Rowe, John Houdek, David; Hseih, George (Style, 1999): In Style. In: Quantitative Research: United States. Salomon Smith Barney (Hrsg.), o.O., Januar 1999.

Sorensen, Eric H.; Miller, Keith L.; Samak, Vele (Active and Passive Management, 1998): Allocating between Active and Passive Management. In: FAJ, 1998 (54), Heft 5, S. 18-31.

Sorensen, Eric H.; Thum, Chee Y. (Value Investing, 1992): The Use and Misuse of Value Investing. In: FAJ, 1992 (48), Heft 2, S. 51-58.

Sortino, Frank A.; Price, Lee N. (Downside Risk Framework, 1994): Performance Measurement in a downside risk Framework. In: The Journal of Investing, 1994, Fall, S. 59-64.

Spiro, Harvey M. (Economics, 1976): The use of economics in portfolio decisions. In: JoPM, 1976 (2), Spring, S. 34-38.

Spremann, Klaus (Performancemessung, 1994): Performancemessung und langfristige Asset Allocation. In: Erfolgsmessung und Erfolgsanalyse im Portfolio-Management. Gebauer, Wolfgang; Rudolph, Bernd (Hrsg.), Schriftenreihe des Instituts für Kapitalmarktforschung an der Universität Frankfurt am Main, Band 36. Fritz Knapp Verlag, Frankfurt am Main, 1994, S. 89-100.

Spremann, Klaus (Renditen, 1992): Zur Abhängigkeit der Renditen von Entnahmen und Einlagen. In: FuPM, 1992 (6), Heft 2, S. 179-192.

Stambaugh, Robert F. (Arbitrage Pricing, 1983): Arbitrage Pricing with Information. In: JoFE, 1983 (12), S. 357-369.

Stambaugh, Robert F. (Two-Parameter Model, 1982): On the exclusion of assets from tests of the two-parameter Model. A sensitivity analysis. In: JoFE, 1982 (10), S. 237-268.

Steiner, Manfred; Beiker, Hartmut; Bauer, Christoph (Aktienrisiken, 1993): Theoretische Erklärungen unterschiedlicher Aktienrisiken und empirische Überprüfungen. In: ZfbF-Sonderheft 31, Bühler, Wolfgang; Hax, Herbert; Schmidt, Reinhart (Hrsg.): Empirische Kapitalmarktforschung. Verlagsgruppe Handelsblatt, Düsseldorf, 1993, S. 99-129.

Steiner, Manfred; Bruns, Christoph (Wertpapiermanagement, 1994): Wertpapiermanagement. Schäffer-Poeschel, Stuttgart, 3. Aufl., 1994.

Steiner, Manfred; Nowak, Thomas (Mehrfaktorenmodelle, 1994): Mehrfaktorenmodelle. In: Enzyklopädie der Betriebswirtschaftslehre, Band 6: Handwörterbuch des Finanz- und Bankwesens, 2. Aufl. Gerke, Wolfgang; Steiner, Manfred (Hrsg.). Schäffer-Poeschel, Stuttgart, 1994, S. 1433-1443.

Steiner, Manfred; Nowak, Thomas (Risikofaktoren, 1994): Zur Bestimmung von Risikofaktoren am deutschen Aktienmarkt auf Basis der APT. In: Die Betriebswirtschaft, 1994 (54), S. 347-362.

Stöttner, Rainer (Finanzanalyse, 1989): Finanzanalyse: Grundlagen der markttechnischen Analyse. Oldenbourg Verlag, München, 1989.

Stöttner, Rainer (Instabilität von Finanzmärkten, 1989): Zur Instabilität von Finanzmärkten aus finanztechnologischer und theoretischer Sicht. In: Wirtschaftliche Dynamik und technischer Wandel: Alfred E. Ott zum 60. Geburtstag; Seitz, Tycho (Hrsg.), Gustav Fischer Verlag, Stuttgart, 1989. 145-161.

Stux, Ivan E. (Equity Investing, 1994): The active-analytical approach to equity investing. In: Global Equity and Derivative Markets. Morgan Stanley Dean Witter (Hrsg.), 1994, June 8. wiederabgedruckt in: Global Equity and Derivative Markets - Inside the investment process. Morgan Stanley Dean Witter (Hrsg.), o.J., S. 129-136.

Süchting, Joachim (Finanzmanagement, 1995): Finanzmanagement. 6. Aufl., Gabler, Wiesbaden, 1995.

Summers, Lawrence H. (Reflect Fundamental Values, 1986): Does the Stock Market Rationally Reflect Fudamental Values? In: JoF, 1986 (41), S. 591-601.

Sunder, Shyam (Stationarity, 1980): Stationarity of Market Risk: Random Coefficients Tests for Individual Stocks. In: JoF, 1980 (35), Heft 4, S. 883-896.

Surz, Ronald J. (Performance Evaluation, 1997): New and Improved Investment Performance Evaluation. In: The Journal of Performance Measurement, 1997 (2), Heft 1, S. 58-62.

Szyperski, Norbert; Mußhoff, Heinz J. (Planung, 1989): Planung und Plan. In: Enzyklopädie der Betriebswirtschaftslehre, Band 9: Handwörterbuch der Planung. Szyperski, Norbert (Hrsg.). Schäffer-Poeschel, Stuttgart; 1989, Sp. 1426-1438.

Szpiro, George G. (Risk Aversion, 1988): Insurance, Risk Aversion and Demand for Insurance. In: Studies in Banking and Finance: Essays on Risk Aversion and Insurance. Sarnat, Marshall (Hrsg.), Supplement to the Journal of Banking and Finance, 1988 (6), S. 1-125.

Tapley, Mark (Accounting, 1986): Accounting and performance measurement. In: International Portfolio Management. Tapley, Mark (Hrsg.), Euromoney Publ., London, 1986. 147-166.

Tehranian, H. (Empirical Studies, 1980): Empirical Studies in Portfolio Performance Using Higher Degrees of Stochastic Dominance. In: JoF, 1980 (35), Heft 1, S. 159-171.

Theil, Henri (Forecasting, 1966): Applied economic forecasting. North-Holland, Amsterdam, 1966.

Thompson, Mary L. (Selection of Variables I, 1978): Selection of Variables in Multiple Regression: Part I. A Review and Evaluation. In: International Statistical Review, 1978 (46), S. 1-19.

Thompson, Mary L. (Selection of Variables II, 1978): Selection of Variables in Multiple Regression: Part II. Chosen Procedures, Computations and Examples. In: International Statistical Review, 1978 (46), S. 129-146.

Thorley, Steven R. (Time-Diversification Controversy, 1995): The Time-Diversification Controversy. In: FAJ, 1995 (51), Heft 3, S. 68-76.

Tinic, Seha M.; West, Richard R. (Investing in Securities, 1979): Investing in Securities. An Efficient Market Approach. Addison-Wesley, Reading, MA, 1979.

Tinic, Seha M.; West, Richard R. (Risk and Return, 1984): Risk and Return: January vs. the Rest of the Year. In: JoFE, 1984 (13), S. 561-574.

Tinic, Seha M.; West, Richard R. (Risk, 1986): Risk, Return and Equilibrium: A Revisit. In: JoPE, 1986 (94), Heft 1, S. 126-147.

Tobin, James (Liquidity Preference, 1971): Liquidity preference as behaviour towards risk. In: Essays in Economics: Macroeconomics. Volume 1; Noth-Holland, Amsterdam, 1971, S. 242-271; [Wiederabdruck aus Review of Economic Studies, 1958 (25), S. 65-86.]

Treynor, Jack L. (CAPM, 1993): In Defence of the CAPM. In: FAJ, 1993 (49), S. 11-13.

Treynor, Jack L. (How to Rate, 1965): How to rate management of investment funds. In: HBR, 1965 (43), Heft 1, S. 63-75.

Treynor, Jack L.; Mazuy, Kay K. (Mutual Funds, 1966): Can Mutual Funds outguess the market? In: HBR, 1966 (44), Heft 4, S. 131-136.

Trzcinka, Charles (Number of Factors, 1986): On the number of factors in the arbitrage pricing model. In: JoF, 1986 (41), S. 347-368.

Uhlir, Helmut (Performancemessung, 1994): Grundsätze ordnungsmäßiger Performancemessung. In: Erfolgsmessung und Erfolgsanalyse im Portfolio-Management. Gebauer, Wolfgang; Rudolph, Bernd (Hrsg.), Schriftenreihe des Instituts für Kapitalmarktforschung an der Universität Frankfurt am Main, Band 36. Fritz Knapp Verlag, Frankfurt am Main, 1994, S. 65-74.

Uhlir, Helmut; Steiner, P. (Wertpapieranalyse, 1991): Wertpapieranalyse. 2. Aufl., Physica Verlag, Heidelberg, 1991.

Vasicek, Oldrich A. (Bayesian Estimation, 1973): A note on using cross-sectional information in bayesian estimation of security betas. In: JoF, 1973 (28), S. 1233-1239.

Veit, E. Theodore; Cheney, John M. (Market Timers, 1982): Are Mutual Funds Market Timers? In: JoPM, 1982 (8), Winter, S. 35-42.

Verrecchia, Robert E. (Mayers-Rice Conjecture, 1980): The Mayers-Rice Conjecture: a counterexample. In: JoFE, 1980 (8), S. 87-100.

von Auer, Ludwig (Ökonometrie, 1999): Ökonometrie – Eine Einführung. Springer Verlag, Berlin, 1999.

Watsham, Terry J.; Panamore, Keith (Quantitative Methods, 1997): Quantitative Methods in Finance. Thomson Business Press, London, 1997.

Wei, K.C.J. (Asset-Pricing Theory, 1988): An Asset-Pricing Theory Unifying the CAPM and APT. In: JoF, 1988 (43), Heft 4, S. 881-892.

White, Halbert (Covariance Estimator, 1980): A heteroskedasticity-consistent covariance matrix estimator and direct test for heteroskedasticity. In: Econometrica, 1980 (48), S. 817-838.

Whitelaw, Robert F. (Time Variations, 1994): Time Variations and Covariations in the Expectation and Volatility of Stock Market Returns. In: JoF, 1994 (49), Heft 2, S. 515-541.

Wilhelm, Stefan (Kapitalmarktmodelle, 2000) Kapitalmarktmodelle – lineare und nichtlineare Modellkonzepte und Methoden in der Kapitalmarkttheorie. Dissertation Universität Leipzig, 2000.

Witte, Eberhard (Entscheidungsprozesse, 1992): Entscheidungsprozesse. In: Enzyklopädie der Betriebswirtschaftslehre, Band 2: Handwörterbuch der Organisation, 3. Aufl.; Frese, Erich (Hrsg.). Schäffer-Poeschel, Stuttgart, 1992, S. 552-565.

Wittrock, Carsten (Performance, 1995): Messung und Analyse der Performance von Wertpapierportfolios. Uhlenbruch Verlag, Bad Soden/Ts., 1995.

Wright, Stephen (Bayesian Approach, 1998): A Bayesian Approach to Forecasting. Arbeitspapier, Warburg Dillon Read, London, 1998.

Young, S. David; Berry, Michael A.; Harvey, David W.; Page, John R. (Systematic Risk, 1987): Systematic Risk and Accounting Information under the Arbitrage Pricing Theory. In: FAJ, 1987 (43), Heft 5, S. 73-76.

Young, S. David; Berry, Michael A.; Harvey, David W.; Page, John R. (Macroeconomic Forces, 1991): Macroeconomic Forces, Systematic Risk and

Financial Variables: An Empirical Investigation. In: JoFQA, 1991 (26), Heft 4, S. 559-564.

Young; Sullivan; George; Nokhasteh (Sector versus Country, 20.0): Sector versus Country - When is an Asset Class an Asset Class. In: Portfolio Strategy. Goldman Sachs Investment Research (Hrsg.), 20.03.1998, S. 1-21.

Zenger, Christoph (Zeithorizont, 1992): Zeithorizont, Ausfallwahrscheinlichkeit und Risiko: Einige Bemerkungen aus der Sicht des Praktikers. In: FuPM, 1992 (6), Heft 1, S. 104-113.

Zijl, Tony van (Risk Decomposition, 1987): Risk Decomposition: Variance or Standard Deviation - a reexamination and extension. In: JoFQA, 1987 (22), Heft 2, S. 237-247.

Zimmermann, Heinz (Performance, 1992): Performance-Messung im Asset-Management. In: Controlling: Grundlagen - Informationssysteme-Anwendungen. Spremann, Klaus; Zur, Eberhardt (Hrsg.); Gabler, Wiesbaden, 1992. 49-109.

Zimmermann, Heinz (Replik, 1992): Replik zum Thema "Ausfallrisiko und Zeithorizont". In: FuPM, 1992 (6), Heft 1, S. 114-117.

Zimmermann, Heinz (Zeithorizont, 1991): Zeithorizont, Risiko und Performance: Eine Übersicht. In: FuPM, 1991 (5), Heft 2, S. 164-181.

Zimmermann, Heinz; Rudolf, Markus; Jaeger, Stefan; Zogg-Wetter, Claudia (Performance-Messung, 1996): Moderne Performance-Messung. Verlag Paul Haupt, Bern, 1996.

Anhang

Anhangverzeichnis

A Renditeberechnung

A-I Berechnungsmethoden von mittleren Portfoliorenditen

Bei der Berechnung einer durchschnittlichen Rendite eines Portfolios mit N Wertpapieren über T Perioden können verschiedene Methoden angewandt werden.[965] Im Folgenden werden mit Eins addierte diskrete Renditen unterstellt, d. h. $R_{i,t} = P_{i,t} / P_{i,t-1}$. Die Portfolioergebnisse werden alle τ Perioden überprüft, die Basis der Berechnung stellen hier exemplarisch tägliche Renditen dar.[966] Zur Vereinfachung wird von gleichgewichteten Portfolios ausgegangen.

Buy-and-hold Renditemittelwert

Ausgangspunkt ist ein Portfolio, das in seiner Zusammensetzung nicht geändert wird. Die täglichen diskreten Renditen der einzelnen N Wertpapiere werden zunächst über einen längeren Zeitraum (z. B. einen Monat) aggregiert. Aus diesen wird der Mittelwert für das gleichgewichtete Portfolio berechnet[967]

$$\overline{R}_{BH} = \frac{1}{N}\sum_{i=1}^{N}\left[\prod_{t=1}^{\tau} R_{it}\right]. \tag{1}$$

Diese Rendite entspricht dem tatsächlichen Resultat, das ein Investor erzielt, der N Wertpapiere für jeweils den gleichen Gegenwert kauft (Gleichgewichtung der Wertpapiere) und über τ Perioden hält, d. h. ein buy-and-hold Portfolio.

Sollen einzelne Betrachtungsperioden τ aggregiert werden, muss die Gewichtsverschiebung der Wertpapiere im Portfolio zwischen den oben berechneten Teilperioden-Renditeberechnungen berücksichtigt werden. So ist die annualisierte, aggregierte, mittlere Rendite für Jahr y ($y = 1, ..., Y$) mit Betrachtungsperioden, deren Länge τ-Handelstage beträgt,

$$\overline{R}_{BH}(y,\tau) = \prod_{j=(y-1)k_\tau+1}^{yk_\tau}\left(\frac{1}{N}\sum_{i=1}^{N}\left[\prod_{t=(j-1)\tau+1}^{j\tau} R_{it}\right]\right). \tag{2}$$

Dabei ist $k_\tau = T / (Y\,\tau)$ die Anzahl der Betrachtungsperioden pro Jahr und T die Anzahl der Handelstage über die gesamte Stichprobe. Sind die Betrachtungsperioden Monate, Jahre o. ä., dann variiert τ mit der tatsächlichen Anzahl an Handelstagen in der entsprechenden Periode. Die Formel wird für die folgenden beiden Methoden analog angewendet.

---

[965] Roll (Mean Returns, 1983), S. 371.

[966] D. h. bei monatlicher Betrachtung und täglichen Renditen ist $\tau = 21$.

[967] Roll (Mean Returns, 1983), S. 371-372.

Arithmetischer Renditemittelwert

Die täglichen Renditen werden über alle Wertpapiere und alle Tage für ein gleichgewichtetes Portfolio gemittelt. Dann wird die mittlere, tägliche Rendite für eine längere Periode hochgerechnet[968]

$$\overline{R}_{AR} = \left[\frac{1}{N\tau} \sum_{i=1}^{N} \sum_{t=1}^{\tau} R_{it} \right]^{\tau}. \tag{3}$$

Periodisch rebasierter Renditemittelwert

Bei dieser Methode wird davon ausgegangen, dass nach jeder Periode $t = 1, ..., \tau$ das Portfolio so angepasst wird, dass jedes Wertpapier wieder den gleichen DM-Wert hat. Die Rendite stellt dann die tatsächliche Investmentrendite (ohne Transaktionskosten) für den Investor dar.[969]

$$\overline{R}_{RB} = \prod_{t=1}^{\tau} \left[\frac{1}{N} \sum_{i=1}^{N} R_{it} \right] \tag{4}$$

Werden die Erwartungswerte der drei dargestellten Methoden gebildet, so sind folgende Annahmen notwendig: jede einzelne diskrete Wertpapierrendite kommt aus einer stationären Verteilung mit zeitlich unabhängigen Störtermen, d. h. $R_{it} = \mu_i + \varepsilon_{it}$ mit $E[R_{it}] = \mu_i$, konstant für alle t. Und $E[\varepsilon] = 0$, $Cov(\varepsilon_{i\,t}, \varepsilon_{i\,t-j}) = 0$ für $j \neq 0, j \in \{1, ..., \tau\}$.[970] Die Erwartungswerte ergeben sich dann aus

$$E\left[\overline{R}_{AR}\right] = E\left[\left(\frac{1}{N} \sum_{i=1}^{N} \mu_i + h \right)^{\tau} \right] \text{ mit } h \equiv \frac{1}{N\tau} \sum_{i}^{N} \sum_{t}^{\tau} \varepsilon_{it},$$

$$E\left[\overline{R}_{BH}\right] = \frac{1}{N} \sum_{i=1}^{N} \left(\mu_i^{\tau} \right),$$

$$E\left[\overline{R}_{RB}\right] = \left(\frac{1}{N} \sum_{i=1}^{N} \mu_i \right)^{\tau}.$$

Daraus ist ersichtlich, dass die drei Methoden nicht zum gleichen Erwartungswert führen müssen. Vielmehr ist der Erwartungswert der arithmetischen Renditen größer als die rebasierte Rendite ($E[\overline{R}_{AR}] > E[\overline{R}_{RB}]$), wenn $Var(h) > 0$. Der Erwartungswert der buy-and-hold Rendite ist dagegen größer als bei der rebasier-

---

968 ROLL (Mean Returns, 1983), S. 371-372.

969 ROLL (Mean Returns, 1983), S. 373

970 ROLL (Mean Returns, 1983), S. 374-375.

ten Rendite (E[$\bar{R}_{BH}$] > E[$\bar{R}_{RB}$]), wenn mehr als ein Wertpapier verwendet wird ($N > 1$) und mindestens zwei Wertpapiere unterschiedliche Renditen aufweisen.[971]

A-II Fremdwährungsrenditen

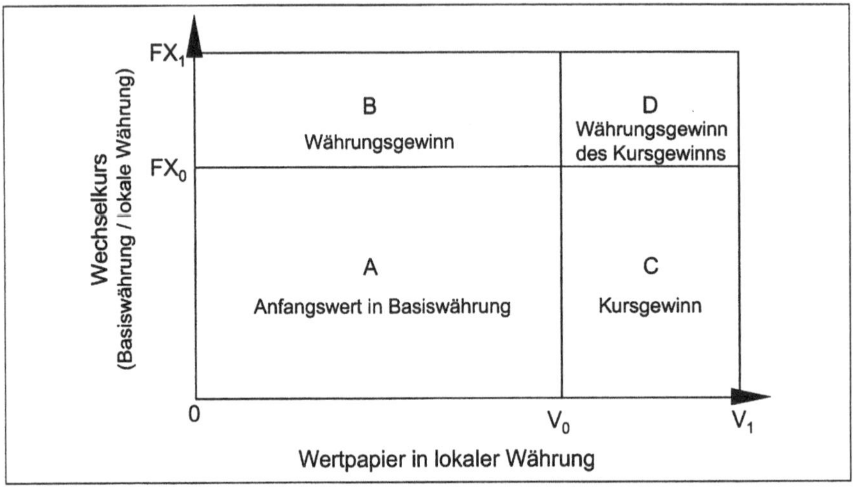

Quelle: nach TAPLEY (Accounting, 1986), S. 149.

Abb. A-1: Renditekomponenten einer Fremdwährungsanlage

Bei der Renditeberechnung von Wertpapieren, die in einer anderen als der Basiswährung des Investors notiert werden, muss neben der Wertpapierrendite in lokaler Währung auch der Beitrag aus dem Währungsrisiko berücksichtigt werden. Die Wertpapierrendite in der Basiswährung setzt sich somit aus der

---

[971] Für den arithmetischen Mittelwert und den buy-and-hold Mittelwert gibt es keine eindeutige Beziehung. Je größer die Querschnittsverteilung der individuellen erwarteten Rendite der Wertpapiere, desto größer wird E[$\bar{R}_{BH}$] relativ zu E[$\bar{R}_{AR}$] sein. Aber je größer die zeitliche Streuung der unerwarteten Renditen (h), desto größer wird E[$\bar{R}_{AR}$] relativ zu E[$\bar{R}_{BH}$] sein. ROLL (Mean Returns, 1983), S. 375.

Der Zustand, daß E[$\bar{R}_{AR}$] > E[$\bar{R}_{RB}$] und E[$\bar{R}_{BH}$] > E[$\bar{R}_{RB}$] kann nur eintreten, wenn keine serielle Abhängigkeit der Störterme vorliegt. Vgl. ROLL (Mean Returns, 1983), S. 375-376. Bei negativer serieller Abhängigkeit der wertpapierindividuellen Störterme (ε_i) oder positiver Abhängigkeit der Portfoliorenditen ($\bar{\varepsilon}$) wird E[$\bar{R}_{RB}$] immer größer und kann größer als E[$\bar{R}_{BH}$] werden. Damit würde auch E[$\bar{R}_{AR}$] größer als E[$\bar{R}_{BH}$] werden, weil E[$\bar{R}_{AR}$] > E[$\bar{R}_{RB}$].

Es gibt Gründe, die für eine serielle Abhängigkeit aufgrund der zeitlichen Charakteristika der Aktienrenditen sprechen. SCHOLES/WILLIAMS (Estimating Betas, 1977), S. 313-314, erläutern die wertpapierindividuelle, negative, serielle Abhängigkeit erster Ordnung und die positive Abhängigkeit diversifizierter Portfolios durch ein nicht synchrones Handeln einzelner Wertpapiere.

lokalen Wertpapierrendite, der Rendite der Fremdwährungsposition und einem Kreuzprodukt dieser beiden Positionen zusammen. Letzteres entsteht aus der Tatsache, dass auch der Kursgewinn oder -verlust dem Währungsrisiko ausgesetzt ist.[972]

Abbildung A-1 zeigt graphisch die Zusammensetzung der Fremdwährungsrendite aus den beiden originären Komponenten Währungsgewinn (B) und Kursgewinn des Basisinvestments (C) sowie die Überlagerung im Feld D, die zum Kreuzprodukt aus Währungs- und Kursgewinn führt. Die geometrischen Flächen lassen sich dann in die rechnerischen Renditekomponenten transformieren. Wird der Wert der Wertpapierposition in lokaler Währung mit V_t und der Wechselkurs mit FX_t angegeben, und kennzeichnet $t = 0$ den Zeitpunkt der Investition, so ergeben sich die Renditekomponenten zum Zeitpunkt $t = 1$:[973]

$$\text{reine Währungsrendite (B/A)}^{974} = \frac{V_0(FX_1 - FX_0)}{V_0 FX_0} = \frac{FX_1}{FX_0} - 1 \quad (5)$$

$$\text{lokale Wertpapierrendite (C/A)} = \frac{FX_0(V_1 - V_0)}{V_0 FX_0} = \frac{V_1}{V_0} - 1 \quad (6)$$

Kreuzprodukt[975] (D/A) =

$$\frac{V_1 FX_1 - FX_0 V_1 - V_0(FX_1 - FX_0)}{V_0\, FX_0} = \frac{(V_1 - V_0)(FX_1 - FX_0)}{V_0\, FX_0} \quad (7)$$

Aus der Addition der drei Komponenten ergibt sich die Gesamtrendite der Fremdwährungsposition in der Basiswährung aus dem Quotienten der Wertpapierpositionen in Basiswährung am Ende und am Anfang der Messperiode:

$$\text{Gesamtrendite ([B+C+D]/A)} = \frac{V_1 FX_1 - V_0 FX_0}{V_0 FX_0} = \frac{V_1 FX_1}{V_0 FX_0} - 1\,. \quad (8)$$

---

[972] Es wird hier von der Annahme ausgegangen, daß die Fremdwährungsposition nicht gesichert ist, das Fremdwährungsrisiko also vollständig vom Investor getragen wird. Bei abgesicherten Positionen ist u. U. zu beachten, daß Kursgewinne oder -verluste auch zu einer Veränderung der abzusichernden Position führen. Um das Währungsrisiko jederzeit auszuschließen, müßte eine laufende Anpassung der Währungssicherung an den Wert des zugrundeliegenden Wertpapiers vorgenommen werden. Andernfalls wird zumindest eine positive oder negative Währungsrendite auf die lokale Wertpapierrendite entstehen (Kreuzprodukt).

[973] Der Wechselkurs ist hier grundsätzlich als Quotient aus Basiswährung zu Fremdwährung definiert und entspricht damit der für viele Währungen in Deutschland üblichen Notierung. Z. B. wird der US-Dollar in dieser Relation festgestellt : 1,80 DM/$.

[974] Die Buchstaben A, B, C und D symbolisieren die Flächen in Abb. A-1.

Die dargestellte Zerlegung bezieht sich lediglich auf die Gesamtrendite. Wird für die Währung eine bestimmte Rendite erwartet, z. B. auf Basis des Terminkurses, lässt sich die Renditezerlegung weiter verfeinern.[976]

---

[975] Das Kreuzprodukt wird normalerweise der Selektion zugeschlagen, vgl. TAPLEY (Accounting, 1986), S. 149, und Abschnitt 2612.

[976] ANKRIM/HENSEL (Multicurrency, 1994), S. 29-31. ZIMMERMANN/RUDOLF/JAEGER/ZOGG-WETTER (Performance-Messung, 1996), S. 99-100, geben eine weitere Währungsrenditezerlegung an, die von der Differenz der strategischen und der tatsächlichen Fremdwährungsposition ausgeht.

B Beispiel einer Minimierung des Medians der quadrierten Fehler in diskreten Schritten

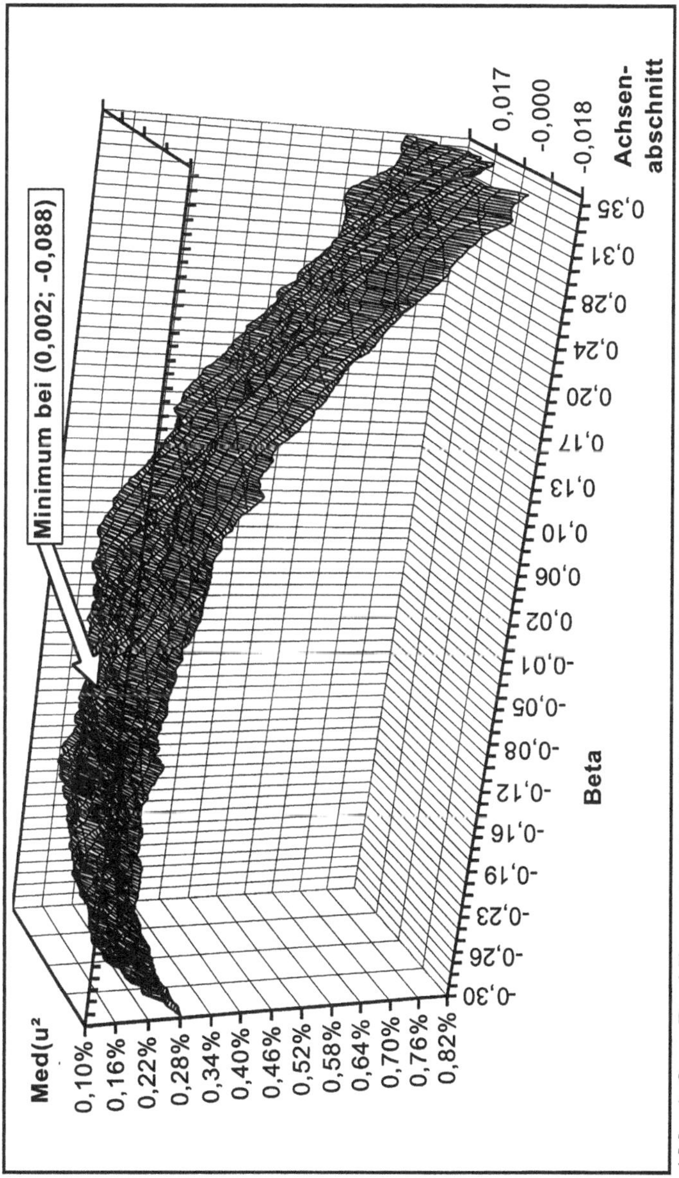

Abb. A-2: Dreidimensionale Abbildung des Median der quadrierten Fehler

Beispiel für die Aktie der Dresdner Bank AG als abhängige Variable und der Veränderung der Rendite der 10jährigen Bundesanleihen (Z10) als unabhängige Variable. Die Berechnung basiert auf monatlichen Renditen für den Zeitraum 28.02.1985 bis 31.07.1997. Das Minimum wird in diskreten Abständen empirisch bestimmt. Die Achsenabschnitte variieren im Intervall –0,018 bis 0,032 mit einer Schrittweite von 0,002. Die Sensitivitätsschätzer variieren im Intervall –0,13 bis –0,014 mit einer Schrittweite von 0,002.

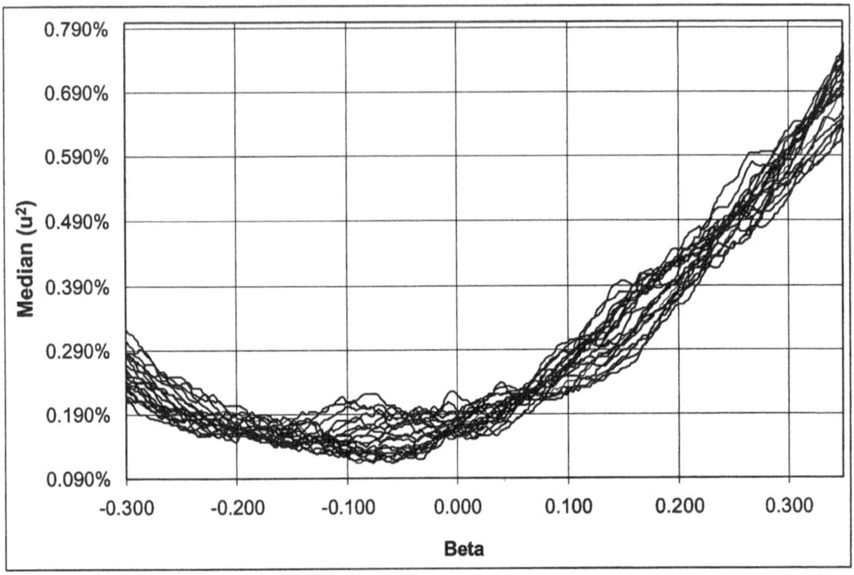

Abb. A-3: Median der Residuenquadrate bei variablen Achsenabschnitten

Die Achsenabschnitte variieren in der Abbildung im Intervall –0,018 bis 0,032 mit einer Schrittweite von 0,002.

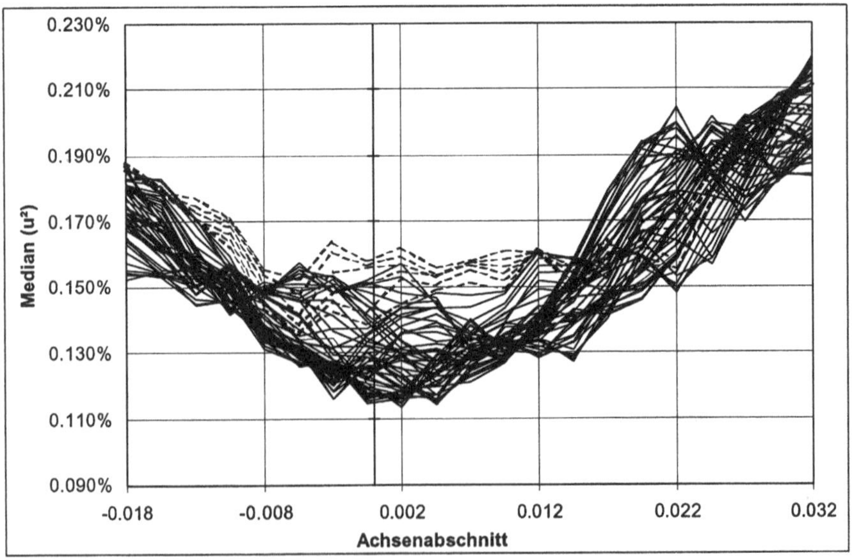

Abb. A-4: Median der Residuenquadrate bei variablen Sensitivitätsschätzern

C Graphischer Überblick der Verfahren zur Sensitivitätsmessung

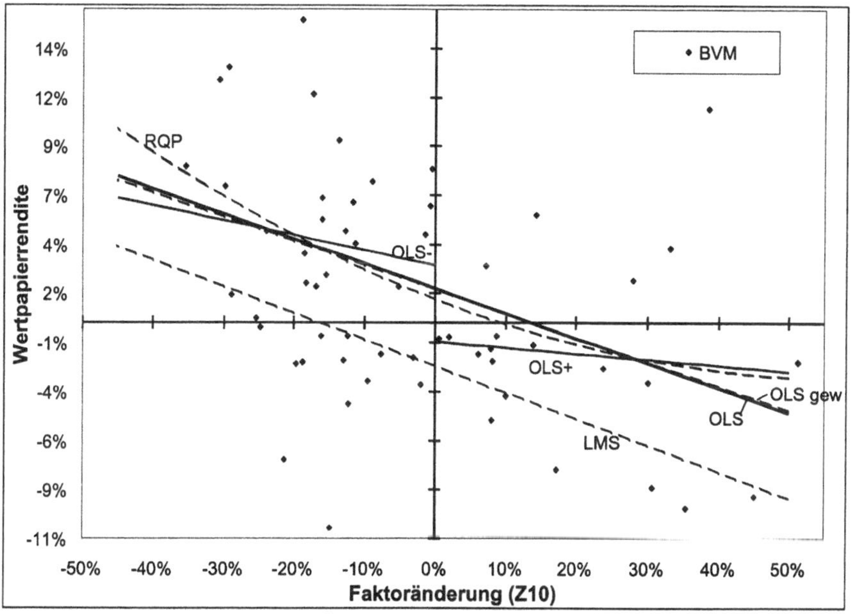

Abb. A-5: Graphischer Überblick der Verfahren zur Sensitivitätsmessung am Beispiel einer Wertpapier-/Faktor-Kombination

Die Analyse basiert auf dem Zeitraum vom 30.04.1193 bis zum 31.03.1998 mit monatlichen Beobachtungen. Das Wertpapier BVM ist die Aktie der Bayerischen Vereinsbank AG, die Erklärende ist die Veränderung der Rendite für 10jährigen Bundesanleihen. Vgl. Darstellung in Abschnitt 3.3.3.2. Die Schätzverfahren sind die lineare Einfachregression (OLS), die OLS für positive bzw. negative Faktoränderungen (OLS+, OLS-), die quadratische Regression (RQP), die gewichtete OLS-Regression (OLS gew) und die LMS-Regression (LMS).

D Empirische Performancezerlegung

D-I Partielle Autokorrelation der Faktoren

Faktor	partielle Autokorrelationskoeffizienten für Lag [a]											
	1	2	3	4	5	6	7	8	9	10	11	12
MP	1,103	-12,431	-1,239	-0,536	-0,515	-0,556	0,157	-0,399	-0,264	-0,238	-0,450	-0,142
UMP	-0,154	-0,305	-0,362	-0,195	-0,008	-0,266	-0,108	-0,047	-0,259	-0,001	0,003	-0,309
IFO	-0,348	-0,262	-0,239	-0,297	-0,135	-0,151	-0,128	-0,158	-0,239	-0,075	0,220	0,342
TERM	0,002	0,061	0,061	-0,122	0,017	-0,121	0,011	0,182	0,099	0,105	-0,011	0,096
AI	0,517	0,117	-0,262	-0,461	-0,445	-0,225	-0,031	-0,202	-0,317	-0,177	-0,021	0,325
DOR	-0,222	-0,133	-0,139	0,008	-0,129	-0,088	-0,002	-0,091	0,110	-0,051	0,074	-0,266
UDS	-0,038	-0,179	-0,168	0,069	0,047	-0,143	-0,143	-0,070	-0,145	-0,112	-0,177	0,206

Tabelle A-1: Partielle Autokorrelationskoeffizienten der Faktoren

[a] Die partiellen Autokorrelationskoeffizienten (AC) wurden rekursiv bestimmt. Eine präziseren Bestimmung wäre über multiple Regressionen zu erreichen, die für den partiellen AC zum Lag *k* die Lags 1 bis *k* als erklärende Zeitreihen verwendet. Der Regressionskoeffizient für Lag *k* ist dann der partielle AC zu diesem Lag. Zur rekursiven Berechnung vgl. BOX/JENKINS (Time Series Analysis, 1976), Part 5, Description of Computer Programs.

D-II Multiple Wirkungszusammenhänge bei vollständiger Faktorrepräsentation

β	CDAX	AUT	BNK	BRW	CHM	CON	ELC	INS	INV	MCH	MRG	PAP	RET	STL	TXT	TRN	UTL
Konstante	0,00	0,01	0,00	-0,02	0,02	-0,02	-0,01	0,00	-0,03	-0,01	-0,00	-0,01	-0,01	-0,02	0,01	-0,02	0,01
MP	0,11	0,21	0,25	-0,01	0,11	0,24	0,19	-0,04	0,03	0,09	0,03	-0,02	0,04	0,17	-0,10	0,14	0,05
UMP	0,23	0,19	0,19	0,00	0,57	0,09	0,44	-0,13	-0,13	0,51	-0,06	0,07	0,04	0,48	0,71	0,65	0,15
TERM	-0,03	-0,02	-0,06	-0,01	0,03	-0,01	0,03	-0,11	-0,02	-0,04	-0,03	-0,03	-0,02	-0,00	0,12	0,02	-0,04
AI	4,97	2,49	4,96	4,68	4,24	7,76	9,33	4,68	10,22	8,29	0,89	5,87	5,99	9,54	4,56	18,33	1,83
DOR	-0,28	-0,50	-0,20	-0,48	-0,12	-0,96	-0,28	-0,50	-0,32	-0,34	0,02	0,15	0,20	-0,21	0,34	0,29	-0,23
IFO	0,66	0,72	0,36	-0,14	1,59	0,78	0,18	0,26	0,30	0,72	0,16	0,05	0,56	0,62	1,31	0,53	0,52
UDS	-0,57	-1,20	-0,00	-0,07	-0,91	-0,70	-0,36	-0,28	-0,15	-1,07	0,01	-0,13	-0,52	-1,15	-1,23	-0,85	-0,41

t-Wert	CDAX	AUT	BNK	BRW	CHM	CON	ELC	INS	INV	MCH	MRG	PAP	RET	STL	TXT	TRN	UTL
Konstante	0,57	1,02	0,05	-3,26	2,28	-2,31	-0,50	0,15	-3,38	-0,68	-0,39	-2,21	-0,66	-2,56	0,67	-1,68	1,64
MP	1,31	1,54	2,60	-0,11	0,89	1,65	1,29	-0,28	0,29	0,80	0,44	-0,21	0,25	1,95	-0,74	0,82	0,44
UMP	1,31	0,66	0,94	0,02	2,31	0,29	1,47	-0,44	-0,61	2,13	-0,50	0,41	0,15	2,70	2,45	1,84	0,70
TERM	-0,82	-0,37	-1,57	-0,24	0,64	-0,17	0,59	-1,95	-0,54	-0,83	-1,26	-0,91	-0,38	-0,08	2,03	0,28	-0,97
AI	1,64	0,51	1,47	1,55	1,01	1,51	1,83	0,94	2,84	2,00	0,40	2,10	1,17	3,15	0,91	3,01	0,49
DOR	-1,07	-1,21	-0,69	-1,86	-0,32	-2,17	-0,64	-1,19	-1,04	-0,96	0,12	0,64	0,46	-0,79	0,79	0,56	-0,72
IFO	1,80	1,22	0,88	-0,38	3,11	1,24	0,29	0,44	0,69	1,43	0,60	0,15	0,90	1,69	2,14	0,72	1,15
UDS	-2,48	-3,29	-0,02	-0,31	-2,86	-1,80	-0,94	-0,76	-0,56	-3,45	0,04	-0,63	-1,36	-5,04	-3,26	-1,86	-1,46

	CDAX	AUT	BNK	BRW	CHM	CON	ELC	INS	INV	MCH	MRG	PAP	RET	STL	TXT	TRN	UTL
R^2	0,64	0,69	0,59	0,31	0,67	0,58	0,44	0,32	0,37	0,71	0,21	0,26	0,24	0,83	0,60	0,52	0,41
R^2_{korr}	0,48	0,55	0,41	0,01	0,52	0,40	0,19	0,03	0,10	0,58	-0,13	-0,06	-0,09	0,75	0,43	0,31	0,15
F	4,08	5,06	3,26	1,04	4,54	3,16	1,79	1,10	1,36	5,54	0,61	0,82	0,72	10,86	3,46	2,45	1,59
$F_{krit, 95\%}$	2,66	2,66	2,66	2,66	2,66	2,66	2,66	2,66	2,66	2,66	2,66	2,66	2,66	2,66	2,66	2,66	2,66
F/F_{krit}	1,53	1,91	1,23	0,39	1,71	1,19	0,67	0,41	0,51	2,09	0,23	0,31	0,27	4,09	1,30	0,92	0,60

Tabelle A-2: Multiple Wirkungszusammenhänge ohne residualen Marktfaktor

D-III Modelle mit selektiver Faktorrepräsentation bei zusätzlicher Verwendung des residualen Marktfaktors

β [a]	CDAX	AUT	BNK	BRW	CHM	CON	ELC	INS	INV	MCH	MRG	PAP	RET	STL	TXT	TRN	UTL
Konstante	0,01	0,01	0,01	-0,02	0,03	-0,02	-0,00	0,01	-0,02	0,00	-0,00	-0,01	-0,00	-0,01	0,01	-0,02	0,01
MP	0,12	0,19	0,22			0,19	0,23										
UMP	0,26				0,54		0,49			0,54				0,46	0,61	0,50	
TERM			-0,07					-0,10			-0,04				0,13		-0,06
AI				4,45			8,50		8,23			4,65				17,34	
DOR	-0,24	-0,58		-0,49		-0,94											
IFO	0,69				1,30										1,35		
UDS	-0,47	-1,24			-0,95	-0,63				-1,07			-0,47	-1,21	-1,01	-1,05	-0,46
RESID	0,90	1,19	0,57		0,96	1,14	0,92	1,00	0,52	1,04	0,25	0,56	1,01	0,57		1,16	0,86
t [b]	CDAX	AUT	BNK	BRW	CHM	CON	ELC	INS	INV	MCH	MRG	PAP	RET	STL	TXT	TRN	UTL
Konstante	4,21*	1,92*	1,14	-3,72*	5,31*	-2,83*	-0,35	1,21	-3,85*	0,21	-0,31	-3,07*	-0,33	-1,10	1,47	-2,31*	3,32*
MP	3,50*	2,36*	3,36*			1,93*	2,46*										
UMP	3,59*				3,84*		2,57*			3,43*				2,92*	2,39*	2,34*	
TERM			-2,40*					-3,03*			-2,01*				2,59*		-2,67*
AI				1,83*			2,20*		2,91*			2,49*				3,94*	
DOR	-2,16*	-2,45*		-2,49*		-3,22*											
IFO	4,96*				4,33*										2,39*		
UDS	-4,92*	-5,49*			-5,32*	-2,26*				-5,14*			-2,02*	-5,79*	-3,28*	-3,55*	-2,95*
RESID	9,23*	5,03*	2,60*		4,45*	3,94*	3,02*	3,68*	2,25*	4,15*	1,76*	3,68*	3,52*	2,29*		3,40*	4,59*

Tabelle A-3: Multiple Faktorsensitivitäten und t-Werte der wertpapierindividuellen Erklärungsmodelle bei zusätzlicher Verwendung des residualen Marktfaktors

[a] Die Faktorsensitivitäten sind multiple Koeffizienten. Die Auswahl der Erklärungsfaktoren erfolgt nach einem einfachen Optimierungsalgorithmus, vgl. Abschnitt 4.1.2.

[b] Der t-Wert gibt den Quotienten des Sensitivitätsschätzers (β), dividiert durch dessen Standardfehler (σ_β) wieder. t-Werte, die zum Konfidenzniveau 90% signifikant sind, sind mit * gekennzeichnet.

	CDAX	AUT	BNK	BRW	CHM	CON	ELC	INS	INV	MCH	MRG	PAP	RET	STL	TXT	TRN	UTL
R^2	0,93	0,84	0,61	0,30	0,81	0,72	0,58	0,52	0,39	0,76	0,25	0,48	0,44	0,73	0,54	0,68	0,66
R^2_{korr}	0,90	0,81	0,55	0,23	0,77	0,66	0,49	0,47	0,33	0,72	0,18	0,44	0,39	0,69	0,44	0,61	0,61
F	36,87 **	25,70 **	10,26 **	4,50 *	20,80 **	11,95 *	6,50 **	11,39 **	6,77 **	21,08 **	3,57 *	9,86 **	8,25 **	18,33 **	5,58 **	10,03 **	13,14 **
$F_{krit,95\%}$	2,70	2,90	3,10	3,47	2,90	2,90	2,90	3,47	3,47	3,10	3,47	3,47	3,47	3,10	2,90	2,90	3,10
F/F_{krit}	13,66	8,88	3,31	1,30	7,19	4,13	2,25	3,28	1,95	6,80	1,03	2,85	2,38	5,92	1,93	3,46	4,24

Tabelle A-4: Kennzahlen der multiplen, wertpapierindividuellen Erklärungsmodelle Erklärungsmodelle bei zusätzlicher Verwendung des residualen Marktfaktors

Abgetragen werden für die in Tabelle A-3 dargestellten Modelle der einzelnen Wertpapiere der Korrelationskoeffizient R^2, der korrigierte Korrelationskoeffizient, der F-Wert des Modells, der Betrag des kritischen F-Wertes zum Konfidenzniveau 95% und der Betrag des Quotienten aus F-Wert und kritischem F-Wert. F-Werte, die zum Konfidenzniveau 95% signifikant sind, sind mit * gekennzeichnet, und zum Konfidenzniveau 99% mit **.

D-IV Risikoprämien

Tabelle A-5 und Tabelle A-6 verwenden die in Abschnitt 4.2.1.1 geschätzten Sensitivitäten bei vollständiger Faktorrepräsentation. Tabelle A-8 und Tabelle A-7 basieren dagegen auch den in Abschnitt 4.2.2 geschätzten Sensitivitäten bei selektiver Faktorrepräsentation.

λ [a]	t_{23}	t_{22}	t_{21}	t_{20}	t_{19}	t_{18}	t_{17}	t_{16}	t_{15}	t_{14}	t_{13}	t_{12}	t_{11}	t_{10}
Konst	0,1	2,0	0,7	-0,1	0,7	-0,9	-0,2	-0,7	1,1	-1,8	-1,7	1,3	1,6	0,6
MP	-2,4	-5,5	-10,3	8,0	15,3	-4,8	2,6	-1,2	-0,1	-8,5	11,2	-5,9	10,2	-6,2
UMP	6,0	6,3	-3,4	2,0	1,7	-1,7	12,4	3,0	3,4	14,6	8,3	-1,4	10,6	4,0
TERM	36,0	-13,9	42,8	-20,7	-14,2	-28,8	-14,9	-4,0	2,7	-52,8	-26,0	-13,0	-22,2	36,5
AI	-0,1	0,1	-0,3	0,1	-0,1	0,4	0,2	-0,4	-0,5	-0,3	-0,3	0,1	-0,3	-0,0
DOR	2,6	-1,1	2,2	0,6	-1,3	5,2	-4,2	3,3	-0,7	3,4	-5,0	1,4	1,4	0,1
IFO	-3,9	-0,0	-0,6	2,7	-1,5	2,4	-3,6	-1,3	-1,1	-1,0	-0,8	1,3	0,3	1,5
UDS	1,8	3,0	6,0	0,2	-2,2	2,3	-1,3	-5,3	2,5	3,6	0,6	2,2	-4,6	2,3

λ [a]	t_{-9}	t_{-8}	t_{-7}	t_{-6}	t_{-5}	t_{-4}	t_{-3}	t_{-2}	t_{-1}	t_0	$\mu(\lambda)$	$\sigma(\lambda)$	$t(\lambda)$
Konst	-4,1	1,9	1,3	1,8	-2,8	0,4	0,2	0,5	0,2	-1,5	0,0	1,5	0,1
MP	-11,0	8,2	8,5	-18,7	3,0	2,5	-0,9	-3,2	20,4	0,5	0,5	9,1	0,3
UMP	2,8	-2,8	-5,2	-3,9	7,8	0,9	10,4	-3,4	2,8	-1,9	3,1	5,6	2,7
TERM	-2,7	30,3	17,7	-5,9	-55,5	16,8	-13,8	-31,0	-48,5	-16,2	-8,4	27,4	-1,5
AI	0,2	-0,2	-0,1	-0,3	0,1	-0,2	-0,3	-0,5	-0,6	0,2	-0,1	0,3	-2,6
DOR	0,9	6,0	1,0	-2,6	1,3	-0,4	-0,9	-0,4	5,2	0,2	0,8	2,7	1,3
IFO	10,1	-2,2	3,5	5,9	-1,5	2,1	0,1	1,7	5,1	0,2	0,8	3,1	1,3
UDS	5,0	-4,2	0,3	0,2	6,1	-0,9	-2,3	-1,8	-1,3	-3,1	0,4	3,2	0,6

Tabelle A-5: Geschätzte Risikoprämien für die vollständige Faktorrepräsentation ohne Residualmarktfaktor

[a] Sämtliche Werte, bis auf die t-Werte sind mit 10^{-2} zu multiplizieren. t_0 entspricht 12/1996, t_{-23} 01/1995. t-Werte in der letzten Spalte sind fett gedruckt, wenn sie signifikant zum $1-\alpha = 95\%$ Konfidenzniveau sind.

λ [a]	t_{-23}	t_{-22}	t_{-21}	t_{-20}	t_{-19}	t_{-18}	t_{-17}	t_{-16}	t_{-15}	t_{-14}	t_{-13}	t_{-12}	t_{-11}	t_{-10}
Konst	1,2	-0,2	0,3	-1,7	0,1	-2,3	-0,8	-1,7	0,6	-3,1	-2,0	0,4	0,6	0,7
MP	-0,2	-9,9	-11,1	4,9	14,1	-7,6	1,2	-3,1	-1,1	-11,1	10,7	-7,6	8,1	-5,9
UMP	5,4	7,5	-3,2	2,8	2,0	-1,0	12,7	3,5	3,6	15,3	8,4	-0,9	11,2	3,9
TERM	24,3	9,3	46,7	-3,9	-7,9	-14,3	-7,9	6,2	7,8	-38,9	-23,4	-3,8	-11,1	35,0
AI	-0,0	-0,1	-0,4	-0,1	-0,1	0,2	0,1	-0,5	-0,5	-0,4	-0,3	0,1	-0,4	-0,0
DOR	2,3	-0,6	2,3	1,0	-1,2	5,5	-4,0	3,5	-0,6	3,7	-4,9	1,6	1,6	0,0
IFO	-2,7	-2,4	-1,0	1,0	-2,1	0,9	-4,3	-2,3	-1,7	-2,4	-1,1	0,3	-0,8	1,7
UDS	0,5	5,5	6,4	2,0	-1,5	3,9	-0,5	-4,2	3,1	5,1	0,9	3,2	-3,4	2,1
RESID	-4,3	8,6	1,5	6,2	2,3	5,4	2,6	3,7	1,9	5,1	1,0	3,4	4,1	-0,5

Fortsetzung Tabelle A-6

Fortsetzung Tabelle A-6

λ^a	t_{-9}	t_{-8}	t_{-7}	t_{-6}	t_{-5}	t_{-4}	t_{-3}	t_{-2}	t_{-1}	t_0	$\mu(\lambda)$	$\sigma(\lambda)$	$t(\lambda)$
Konst	-3,6	2,0	0,7	1,3	-2,0	-0,7	-0,1	1,5	0,1	-1,3	-0,4	1,5	-1,4
MP	-10,1	8,3	7,2	-19,8	4,5	0,2	-1,6	-1,3	20,0	0,9	-0,4	9,2	-0,2
UMP	2,6	-2,8	-4,9	-3,6	7,4	1,5	10,6	-3,9	2,9	-2,0	3,3	5,6	**2,9**
TERM	-7,6	29,6	24,2	-0,1	-63,3	28,6	-10,2	-41,2	-46,6	-18,5	-3,6	27,2	-0,7
AI	0,2	-0,2	-0,2	-0,4	0,2	-0,3	-0,4	-0,4	-0,6	0,2	-0,2	0,3	**-3,4**
DOR	0,8	6,0	1,1	-2,5	1,1	-0,1	-0,8	-0,7	5,2	0,1	0,9	2,7	1,5
IFO	10,7	-2,1	2,8	5,3	-0,7	0,9	-0,3	2,7	4,9	0,4	0,3	3,2	0,5
UDS	4,4	-4,2	1,0	0,8	5,3	0,4	-1,9	-2,9	-1,1	-3,3	0,9	3,3	1,3
RESID	-1,8	-0,2	2,4	2,1	-2,9	4,4	1,4	-3,8	0,7	-0,8	1,8	3,2	**2,7**

Tabelle A-6: Geschätzte Risikoprämien für die vollständige Faktorrepräsentation mit Residualmarktfaktor

[a] Sämtliche Werte, bis auf die t-Werte sind mit 10^{-2} zu multiplizieren. t_0 entspricht 12/1996, t_{-23} 01/1995. t-Werte in der letzten Spalte sind fett gedruckt, wenn sie signifikant zum $1-\alpha = 95\%$ Konfidenzniveau sind.

λ^a	t_{-23}	t_{-22}	t_{-21}	t_{-20}	t_{-19}	t_{-18}	t_{-17}	t_{-16}	t_{-15}	t_{-14}	t_{-13}	t_{-12}	t_{-11}	t_{-10}
Konst	-1,0	0,5	-3,2	-0,7	0,8	-0,3	-0,7	-2,2	-0,8	-4,9	-3,9	0,3	-0,8	-1,2
MP	-0,6	9,8	-7,3	13,1	18,4	-4,5	7,7	10,6	9,3	-0,8	18,9	-6,2	20,0	2,1
UMP	2,4	1,0	-7,0	3,2	-0,6	-2,7	10,7	-0,7	-2,0	1,3	5,3	-2,7	2,3	-0,2
TERM	41,0	-21,9	24,8	-38,4	-7,5	-27,3	-32,6	7,0	12,5	-50,3	-47,2	-26,8	-27,9	21,8
AI	-0,0	0,2	0,0	0,1	-0,1	0,3	0,3	-0,2	-0,3	0,2	-0,1	0,3	0,1	0,2
DOR	6,0	-1,2	1,4	-1,7	-0,9	4,7	-2,0	3,2	0,5	5,5	-5,6	0,9	-0,3	1,3
IFO	-1,7	1,9	3,5	2,6	-2,6	2,5	-1,7	2,1	0,2	3,1	-0,0	2,9	3,3	3,1
UDS	2,2	0,4	6,2	-2,3	-3,5	0,0	-2,7	-3,2	2,2	-0,6	-1,9	0,8	-8,0	-0,4

λ^a	t_{-9}	t_{-8}	t_{-7}	t_{-6}	t_{-5}	t_{-4}	t_{-3}	t_{-2}	t_{-1}	t_0	$\mu(\lambda)$	$\sigma(\lambda)$	$t(\lambda)$
Konst	-3,9	0,2	1,6	2,8	-3,6	-1,2	-0,7	-0,0	-2,5	-0,5	-1,1	1,9	**-2,8**
MP	-1,6	6,0	9,7	-8,5	7,3	11,8	3,2	-14,2	25,5	-8,0	5,1	10,3	**2,4**
UMP	-0,3	-7,1	-3,4	1,3	0,0	1,1	7,9	-5,7	-9,0	0,5	-0,2	4,6	-0,2
TERM	-19,5	32,8	12,0	0,7	-39,9	-3,6	-14,2	-27,4	-53,4	-16,6	-12,6	26,8	**-2,3**
AI	0,2	0,1	-0,2	-0,5	0,2	-0,0	-0,2	-0,3	-0,1	0,2	0,0	0,2	0,2
DOR	1,4	6,4	1,1	-2,4	-0,3	-1,1	-1,1	1,0	4,2	-0,7	0,8	2,9	1,4
IFO	8,3	0,5	1,5	4,0	-0,8	3,4	1,1	1,5	5,9	-0,2	1,9	2,5	**3,7**
UDS	-1,8	-4,1	-1,1	3,2	2,1	-2,0	-2,5	-0,8	-8,6	-2,3	-1,2	3,3	-1,8

Tabelle A-7: Geschätzte Risikoprämien bei selektiver Faktorrepräsentation ohne Residualmarktfaktor

[a] Sämtliche Werte, bis auf die t-Werte sind mit 10^{-2} zu multiplizieren. t_0 entspricht 12/1996, t_{-23} 01/1995. t-Werte in der letzten Spalte sind fett gedruckt, wenn sie signifikant zum $1-\alpha = 95\%$ Konfidenzniveau sind.

λ^a	t_{-23}	t_{-22}	t_{-21}	t_{-20}	t_{-19}	t_{-18}	t_{-17}	t_{-16}	t_{-15}	t_{-14}	t_{-13}	t_{-12}	t_{-11}	t_{-10}
Konst	-0,5	0,3	-2,2	-1,1	0,3	-0,8	-0,7	-2,0	-0,8	-4,1	-2,8	0,5	0,2	-0,5
MP	1,3	5,9	-4,4	4,2	15,2	-8,1	4,3	9,6	6,0	2,8	18,4	-6,9	19,3	6,8
UMP	4,6	-0,4	-8,2	4,4	1,8	-4,0	12,3	-2,3	-0,0	-2,3	5,6	-4,5	0,9	-2,3
TERM	17,7	8,1	16,0	1,1	-7,0	14,1	-44,3	33,4	9,6	-39,0	-71,6	-13,7	-23,2	4,1
AI	0,1	0,1	0,1	-0,1	-0,1	0,2	0,3	-0,2	-0,3	0,2	-0,1	0,2	0,1	0,3
DOR	4,4	2,6	2,4	1,0	-0,0	7,0	-3,3	7,2	1,6	8,0	-4,1	1,6	2,1	2,0
IFO	-1,8	1,7	3,7	0,6	-2,5	0,6	-1,4	1,2	-0,0	3,4	1,2	2,4	3,4	4,6
UDS	0,4	2,8	4,8	1,5	-1,9	2,0	-2,5	-2,3	3,0	-1,4	-2,5	1,0	-7,9	-2,2
RESID	-4,1	3,9	-2,3	5,5	1,1	4,7	-0,6	2,1	-0,1	-0,5	-2,6	1,3	-0,4	-2,8

λ^a	t_{-9}	t_{-8}	t_{-7}	t_{-6}	t_{-5}	t_{-4}	t_{-3}	t_{-2}	t_{-1}	t_0	$\mu(\lambda)$	$\sigma(\lambda)$	$t(\lambda)$
Konst	-3,1	0,6	0,7	2,0	-1,8	-1,4	-0,4	0,3	-1,2	-0,7	-0,8	1,4	**-2,8**
MP	-1,7	11,5	0,4	-10,1	10,2	8,7	3,1	-6,4	25,4	-4,0	4,6	9,2	**2,5**
UMP	-4,1	-8,0	-0,1	-1,7	-0,5	0,3	7,3	-9,3	-11,1	-1,4	-1,0	5,4	-0,9
TERM	-13,0	26,4	38,6	30,9	-62,9	22,2	-12,1	-43,2	-45,7	-16,6	-7,1	31,2	-1,1
AI	0,2	0,2	-0,4	-0,6	0,3	-0,1	-0,2	-0,2	-0,1	0,2	0,0	0,2	0,0
DOR	2,7	7,3	1,4	0,5	1,4	1,9	-1,0	-0,8	8,1	-1,8	2,2	3,4	**3,1**
IFO	8,7	0,9	-0,1	3,6	-0,4	3,0	1,0	3,3	6,1	0,3	1,8	2,6	**3,5**
UDS	-2,5	-5,5	2,4	4,7	-0,0	0,3	-2,6	-3,3	-8,5	-3,1	-1,0	3,5	-1,4
RESID	0,2	-2,2	4,5	4,9	-4,7	3,5	-0,1	-2,5	-0,8	0,0	0,3	3,0	0,5

Tabelle A-8: Geschätzte Risikoprämien bei selektiver Faktorrepräsentation mit Residualmarktfaktor

[a] Sämtliche Werte, bis auf die t-Werte sind mit 10^{-2} zu multiplizieren. t_0 entspricht 12/1996, t_{-23} 01/1995. t-Werte in der letzten Spalte sind fett gedruckt, wenn sie signifikant zum $1-\alpha = 95\%$ Konfidenzniveau sind.

D-V Systematische Performancezerlegung

			gleichgew. Index				Portfolio				Portfolio - Index			
	λ	δ	β	$\beta\lambda$	$\beta\delta$	r_{syst}	β	$\beta\lambda$	$\beta\delta$	r_{syst}	β	$\beta\lambda$	$\beta\delta$	r_{syst}
MP	-1,3%	-7,4%	0,09	-0,1%	-0,6%	**-0,7%**	0,11	-0,2%	-0,8%	**-1,0%**	0,03	-0,0%	-0,2%	**-0,3%**
UMP	-3,9%	-1,8%	0,24	-0,9%	-0,4%	**-1,3%**	0,19	-0,8%	-0,4%	**-1,1%**	-0,04	0,2%	0,1%	**0,2%**
TERM	-41,2%	-16,6%	-0,01	0,5%	0,2%	**0,7%**	-0,04	1,7%	0,7%	**2,3%**	-0,03	1,2%	0,5%	**1,6%**
AI	-0,4%	0%	6,48	-2,7%	0%	**-2,7%**	3,64	-1,5%	0%	**-1,5%**	-2,84	1,2%	0%	**1,2%**
DOR	-0,7%	-1,8%	-0,19	0,1%	0,4%	**0,5%**	-0,31	0,2%	0,6%	**0,8%**	-0,12	0,1%	0,2%	**0,3%**
IFO	2,7%	1,5%	0,53	1,4%	0,8%	**2,2%**	0,69	1,9%	1,0%	**2,9%**	0,16	0,4%	0,2%	**0,7%**
UDS	-2,9%	0,3%	-0,56	1,6%	-0,1%	**1,5%**	-0,56	1,6%	-0,1%	**1,5%**	0,00	-0,0%	0,0%	**-0,0%**
RESID	-3,8%	-1,3%	0,79	-3,0%	-1,0%	**-4,0%**	0,92	-3,4%	-1,2%	**-4,7%**	0,13	-0,5%	-0,2%	**-0,6%**
		$r_{syst,ges.}$		-3,00%	-0,91%	-3,91%		-0,52%	-0,31%	-0,83%		2,48%	0,60%	3,08%
		r				**-1,55%**				**1,61%**				**3,16%**
		e				2,36%				2,44%				0,08%

Tabelle A-9: Performancezerlegung für ein Beispielportfolio mit Vergleich zum gleichgewichteten Index per 30.10.1996 bei vollständiger Faktorrepräsentation und Verwendung des residualen Marktfaktors (Aufspaltung: erwartete und unerwartete systematische Renditekomponenten)

In den ersten beiden Spalten werden die geschätzte Risikoprämie (λ) und die Ausprägung der unerwarteten Faktoränderung (δ) dargestellt. Die Zerlegung erfolgt dann in Abhängigkeit der Sensitivität (β) in eine erwartete Komponente ($\beta\,\lambda$) und eine unerwartete Komponente ($\beta\,\delta$). Die Summe dieser beiden Komponenten wird als systematische Rendite (r_{syst}) in der jeweils letzten Spalte abgetragen. Beide Komponenten und die Summe lassen sich über die Faktoren aggregieren ($r_{syst,\ ges.}$). Die Differenz zur tatsächlichen Periodenüberschussrendite (r) gibt die unsystematische Rendite (e) an. Die Analyse erfolgt zunächst für Index und Portfolio getrennt. Im dritten Block, ganz rechts wird dann die Zerlegung der aktiven Rendite dargestellt.

			gleichgew. Index				Portfolio				Portfolio - Index			
	λ	δ	β	$\beta\lambda$	$\beta\delta$	r_{syst}	β	$\beta\lambda$	$\beta\delta$	r_{syst}	β	$\beta\lambda$	$\beta\delta$	r_{syst}
MP	-14,2%	-7,4%	0,03	-0,4%	-0,2%	**-0,6%**	0,04	-0,6%	-0,3%	**-1,0%**	0,02	-0,2%	-0,1%	**-0,4%**
UMP	-5,7%	-1,8%	0,20	-1,1%	-0,4%	**-1,5%**	0,11	-0,6%	-0,2%	**-0,8%**	-0,09	0,5%	0,2%	**0,7%**
TERM	-27,4%	-16,6%	-0,01	0,3%	0,2%	**0,4%**	-0,05	1,3%	0,8%	**2,1%**	-0,04	1,0%	0,6%	**1,6%**
AI	-0,3%	0%	2,75	-0,8%	0%	**-0,8%**	0,0	0%	0%	**0%**	-2,75	0,8%	0%	**0,8%**
DOR	1,0%	-1,8%	-0,16	-0,2%	0,3%	**0,1%**	-0,21	-0,2%	0,4%	**0,2%**	-0,05	-0,0%	0,1%	**0,0%**
IFO	1,5%	1,5%	0,21	0,3%	0,3%	**0,6%**	0,26	0,4%	0,4%	**0,8%**	0,05	0,1%	0,1%	**0,2%**
UDS	-0,8%	0,3%	-0,54	0,4%	-0,1%	**0,3%**	-0,59	0,5%	-0,2%	**0,3%**	-0,04	0,0%	-0,0%	**0,0%**
		$r_{syst,ges.}$		-1,51%	0,06%	-1,45%		0,68%	0,86%	1,54%		2,19%	0,80%	2,99%
		r				**-1,55%**				**1,61%**				**3,16%**
		e				-0,10%				0,07%				0,17%

Tabelle A-10: Performancezerlegung der systematische Rendite für ein Beispielportfolio mit Vergleich zum gleichgewichteten Index per 30.10.1996 bei selektiver Faktorrepräsentation

In den ersten beiden Spalten werden die geschätzte Risikoprämie (λ) und die Ausprägung der unerwarteten Faktoränderung (δ) dargestellt. Die Zerlegung erfolgt dann in Abhängigkeit der Sensitivität (β) in eine erwartete Komponente ($\beta\,\lambda$) und eine unerwartete Komponente ($\beta\,\delta$). Die Summe dieser beiden Komponenten wird als systematische Rendite (r_{syst}) in der jeweils letzten Spalte abgetragen. Beide Komponenten und die Summe lassen sich über die Faktoren aggregieren ($r_{syst,ges.}$). Die Differenz zur tatsächlichen Periodenüberschußrendite (r) gibt die unsystematische Rendite (e) an. Die Analyse erfolgt zunächst für Index und Portfolio getrennt. Im dritten Block, ganz rechts wird dann die Zerlegung der aktiven Rendite dargestellt.

			gleichgew. Index				Portfolio				Portfolio - Index			
	λ	δ	β	$\beta\lambda$	$\beta\delta$	r_{syst}	β	$\beta\lambda$	$\beta\delta$	r_{syst}	β	$\beta\lambda$	$\beta\delta$	r_{syst}
MP	-6,4%	-7,4%	0,05	-0,3%	-0,4%	**-0,7%**	0,08	-0,5%	-0,6%	**-1,1%**	0,03	-0,2%	-0,2%	**-0,4%**
UMP	-9,3%	-1,8%	0,20	-1,8%	-0,4%	**-2,2%**	0,11	-1,0%	-0,2%	**-1,2%**	-0,09	0,8%	0,2%	**1,0%**
TERM	-43,2%	-16,6%	-0,01	0,4%	0,1%	**0,5%**	-0,05	2,0%	0,8%	**2,8%**	-0,04	1,7%	0,6%	**2,3%**
AI	-0,2%	0%	2,70	-0,5%	0%	**-0,5%**	0,0	0%	0%	**0%**	-2,70	0,5%	0%	**0,5%**
DOR	-0,8%	-1,8%	-0,13	0,1%	0,2%	**0,3%**	-0,12	0,1%	0,2%	**0,3%**	0,01	-0,0%	-0,0%	**-0,0%**
IFO	3,3%	1,5%	0,17	0,5%	0,2%	**0,8%**	0,26	0,8%	0,4%	**1,2%**	0,09	0,3%	0,1%	**0,5%**
UDS	-3,3%	0,3%	-0,51	1,7%	-0,1%	**1,6%**	-0,53	1,8%	-0,1%	**1,6%**	-0,02	0,1%	-0,0%	**0,1%**
RESID	-2,5%	-1,3%	0,73	-1,8%	-1,0%	**-2,8%**	0,92	-2,3%	-1,2%	**-3,5%**	0,18	-0,5%	-0,2%	**-0,7%**
		$r_{syst,ges.}$		-1,82%	-1,23%	-3,05%		0,91%	-0,79%	0,12%		2,73%	0,45%	3,17%
		r				**-1,55%**				**1,61%**				**3,16%**
		e				1,50%				1,49%				-0,02%

Tabelle A-11: Performancezerlegung der systematische Rendite für ein Beispielportfolio mit Vergleich zum gleichgewichteten Index per 30.10.1996 bei selektiver Faktorrepräsentation und Verwendung des residualen Marktfaktors

In den ersten beiden Spalten werden die geschätzte Risikoprämie (λ) und die Ausprägung der unerwarteten Faktoränderung (δ) dargestellt. Die Zerlegung erfolgt dann in Abhängigkeit der Sensitivität (β) in eine erwartete Komponente ($\beta\,\lambda$) und eine unerwartete Komponente ($\beta\,\delta$). Die Summe dieser beiden Komponenten wird als systematische Rendite (r_{syst}) in der jeweils letzten Spalte abgetragen. Beide Komponenten und die Summe lassen sich über die Faktoren aggregieren ($r_{syst,ges.}$). Die Differenz zur tatsächlichen Periodenüberschußrendite (r) gibt die unsystematische Rendite (e) an. Die Analyse erfolgt zunächst für Index und Portfolio getrennt. Im dritten Block, ganz rechts wird dann die Zerlegung der aktiven Rendite dargestellt.

D-VI Weitergehende Zerlegung der systematischen Rendite

$R_j = \delta_j$	t_{-2}	t_{-1}	t_0
MP	-7,4%	15,7%	1,0%
UMP	-1,8%	-1,0%	-4,5%
TERM	16,6%	-30,2%	16,8%
AI	0%	-0,1%	0,3%
DOR	-1,8%	2,0%	0%
IFO	1,5%	1,8%	-0,4%
UDS	0,3%	-0,7%	-1,1%

Tabelle A-12: Spezifikation der Faktorrenditen durch die unerwarteten Faktoränderungen δ_j

t_{-2}	b_e		b_m		$w_j = b_m / b_e$		$x_j = \text{sign}(w_j) \Sigma\lvert w_j\rvert$		$w_j^* = w_j / x_j$		$b_e^* = b_m / w_j$		$b = x_j b_e^*$	
	BM	P	BM	P	BM	P	BM	P	BM	P	BM	P	BM	P
MP	0,17	0,23	0,03	0,04	0,12	0,16	2,54	2,11	0,05	0,08	0,24	0,27	0,61	0,57
UMP	0,30	0,32	0,20	0,11	0,37	0,22	2,54	2,11	0,14	0,11	0,53	0,49	1,36	1,03
TERM	-0,04	-0,09	-0,01	-0,05	0,49	0,51	2,54	2,11	0,19	0,24	-0,02	-0,09	-0,05	-0,19
AI	1,17	-2,87	2,75	0	0,41	0	2,54	0	0,16	0	6,78	0	17,21	0
DOR	-0,36	-0,46	-0,16	-0,21	0,24	0,38	2,54	2,11	0,10	0,18	-0,66	-0,55	-1,67	-1,15
IFO	0,21	0,50	0,21	0,26	0,36	0,28	2,54	2,11	0,14	0,13	0,58	0,94	1,47	1,98
UDS	-0,62	-0,74	-0,54	-0,59	0,55	0,55	2,54	2,11	0,22	0,26	-0,98	-1,06	-2,49	-2,23
$\Sigma\lvert w_j\rvert$					2,54	2,11								

Tabelle A-13: Zerlegung der Wirkungszusammenhänge in eine Sensitivität und ein Faktorgewicht

Die Zerlegung wird parallel für den gleichgewichteten Index (BM) und das Beispielportfolio (P) durchgeführt. Zunächst werden die gewichteten Mittelwerte der Einfachsensitivitäten (b_e) und multiplen Sensitivitäten (b_m) ermitteln. In den folgenden Spalten wird der Gewichtungsparameter w_j^* und die Faktorsensitivität b, die um die Gewichtung bereinigt ist, abgeleitet; vgl. Abschnitt 3.4.3. Die Berechnung erfolgt hier exemplarisch für den Zeitpunkt t_{-2} bei selektiver Faktorrepräsentation ohne Residualmarktfaktor.

	CDAX	AUT	BNK	BRW	CHM	CON	ELC	INS	INV	MCH	MRG	PAP	RET	STL	TXT	TRN	UTL	Portf
Allokation																		
MP	0,2%	0,2%	-2,2%	0,2%	0,2%	0,2%	-1,1%	0,2%	0,2%	0,2%	0,2%	0,2%	0,2%	0,2%	0,2%	0,2%	0,2%	-0,15%
UMP	-0,4%	0,4%	0,4%	0,4%	-0,5%	0,4%	-0,3%	0,4%	0,4%	-0,8%	0,4%	0,4%	0,4%	-0,7%	-0,1%	-0,2%	0,4%	0,10%
TERM	-0,2%	-0,2%	0,2%	-0,2%	-0,2%	-0,2%	-0,2%	0,3%	-0,2%	-0,2%	0,3%	0,4%	-0,2%	-0,2%	0,1%	-0,2%	0,3%	0,04%
AI	0%	0%	0%	0%	0%	0%	0%	0%	0%	0%	0%	0%	0%	0%	0%	0%	0%	0%
DOR	-0,3%	1,2%	-0,3%	1,2%	-0,3%	1,2%	-0,3%	1,2%	-0,3%	-0,3%	-0,3%	-0,3%	-0,3%	-0,3%	-0,3%	-0,3%	-0,3%	0,25%
IFO	0,7%	-0,3%	-0,3%	-0,3%	0,6%	-0,3%	-0,3%	-0,3%	-0,3%	-0,3%	0,6%	-0,3%	0,8%	-0,3%	0,4%	-0,3%	-0,3%	-0,02%
UDS	-0,0%	-0,2%	0,1%	0,1%	-0,0%	-0,2%	0,1%	0,1%	0,1%	-0,2%	0,1%	0,1%	-0,2%	-0,2%	0,1%	-0,1%	-0,2%	-0,03%
Σ	**0,0%**	**1,1%**	**-2,1%**	**1,4%**	**-0,1%**	**1,1%**	**-2,0%**	**1,9%**	**-0,1%**	**-1,6%**	**1,4%**	**0,5%**	**0,7%**	**-1,5%**	**0,5%**	**-0,9%**	**0,0%**	**0,19%**
Selektion																		
MP	0,2%	0,2%	0,1%	0,2%	0,2%	0,2%	-0,1%	0,2%	0,2%	0,2%	0,2%	0,2%	0,2%	0,2%	0,2%	0,2%	0,2%	0,01%
UMP	0,0%	0,4%	0,4%	0,4%	-0,1%	0,4%	-0,2%	0,4%	0,4%	0,1%	0,4%	0,4%	0,4%	0,1%	-0,5%	-0,2%	0,4%	0,09%
TERM	-0,2%	-0,2%	0,3%	-0,2%	-0,2%	-0,2%	-0,2%	0,5%	-0,2%	-0,2%	0,0%	0,0%	-0,2%	-0,2%	-1,4%	-0,2%	0,2%	0,45%
AI	0%	0%	0%	0%	0%	0%	0%	0%	0%	0%	0%	0%	0%	0%	0%	0%	0%	0%
DOR	-0,3%	-0,0%	-0,3%	-0,1%	-0,3%	0,1%	-0,3%	-0,2%	-0,3%	-0,3%	-0,3%	-0,3%	-0,3%	-0,3%	-0,3%	-0,3%	-0,3%	-0,09%
IFO	-0,0%	-0,3%	-0,3%	-0,3%	0,4%	-0,3%	-0,3%	-0,3%	-0,3%	-0,3%	-0,2%	-0,3%	-0,1%	-0,3%	0,5%	-0,3%	-0,3%	0,11%
UDS	0,0%	-0,0%	0,1%	0,1%	-0,1%	0,0%	0,1%	0,1%	0,1%	0,0%	0,1%	0,1%	0,1%	0,0%	-0,3%	-0,0%	0,1%	0,01%
Σ	**-0,2%**	**0,0%**	**0,3%**	**0,1%**	**-0,0%**	**0,2%**	**-0,8%**	**0,7%**	**-0,1%**	**-0,5%**	**0,2%**	**0,1%**	**0,1%**	**-0,5%**	**-1,8%**	**-0,8%**	**0,3%**	**0,59%**

Fortsetzung Tabelle A-14

Fortsetzung Tabelle A-14

	CDAX	AUT	BNK	BRW	CHM	CON	ELC	INS	INV	MCH	MRG	PAP	RET	STL	TXT	TRN	UTL	Portf
Kreuzprodukt																		
MP	-0,2%	-0,2%	0,7%	-0,2%	-0,2%	-0,2%	-0,3%	-0,2%	-0,2%	-0,2%	-0,2%	-0,2%	-0,2%	-0,2%	-0,2%	-0,2%	-0,2%	0,01%
UMP	0,0%	-0,4%	-0,4%	-0,4%	-0,1%	-0,4%	-0,1%	-0,4%	-0,4%	0,1%	-0,4%	-0,4%	-0,4%	0,2%	-0,1%	-0,1%	-0,4%	-0,02%
TERM	0,2%	0,2%	0,4%	0,2%	0,2%	0,2%	0,2%	0,8%	0,2%	0,2%	0,0%	0,0%	0,2%	0,2%	-1,1%	0,2%	0,4%	0,12%
AI	0%	0%	0%	0%	0%	0%	0%	0%	0%	0%	0%	0%	0%	0%	0%	0%	0%	0%
DOR	0,3%	-0,2%	0,3%	-0,5%	0,3%	0,3%	0,3%	-0,7%	0,3%	0,3%	0,3%	0,3%	0,3%	0,3%	0,3%	0,3%	0,3%	-0,08%
IFO	-0,0%	0,3%	0,3%	0,3%	0,7%	0,3%	0,3%	0,3%	0,3%	0,3%	-0,4%	0,3%	-0,2%	0,3%	0,7%	0,3%	0,3%	-0,01%
UDS	0,0%	-0,0%	-0,1%	-0,1%	-0,0%	0,0%	-0,1%	-0,1%	-0,1%	0,0%	-0,1%	-0,1%	0,1%	0,0%	0,1%	-0,0%	0,1%	0,00%
Σ	**0,3%**	**-0,3%**	**1,2%**	**-0,7%**	**0,8%**	**0,3%**	**0,2%**	**-0,3%**	**0,1%**	**0,7%**	**-0,9%**	**-0,1%**	**-0,2%**	**0,8%**	**-0,3%**	**0,4%**	**0,5%**	**0,02%**
unerw. Rendite																		
MP	0,2%	0,2%	-1,5%	0,2%	0,2%	0,2%	-1,5%	0,2%	0,2%	0,2%	0,2%	0,2%	0,2%	0,2%	0,2%	0,2%	0,2%	-0,12%
UMP	-0,3%	0,4%	0,4%	0,4%	-0,6%	0,4%	-0,5%	0,4%	0,4%	-0,6%	0,4%	0,4%	0,4%	-0,5%	-0,8%	-0,6%	0,4%	0,16%
TERM	-0,2%	-0,2%	1,0%	-0,2%	-0,2%	-0,2%	-0,2%	1,5%	-0,2%	-0,2%	0,3%	0,4%	-0,2%	-0,2%	-2,4%	-0,2%	0,9%	0,61%
AI	0%	0%	0%	0%	0%	0%	0%	0%	0%	0%	0%	0%	0%	0%	0%	0%	0%	0%
DOR	-0,3%	0,9%	-0,3%	0,6%	-0,3%	1,6%	-0,3%	0,3%	-0,3%	-0,3%	-0,3%	-0,3%	-0,3%	-0,3%	-0,3%	-0,3%	-0,3%	0,08%
IFO	0,6%	-0,3%	-0,3%	-0,3%	1,6%	-0,3%	-0,3%	-0,3%	-0,3%	-0,3%	-0,0%	-0,3%	0,4%	-0,3%	1,7%	-0,3%	-0,3%	0,08%
UDS	-0,0%	-0,3%	0,1%	0,1%	-0,1%	-0,1%	0,1%	0,1%	0,1%	-0,1%	0,1%	0,1%	0,0%	-0,2%	-0,1%	-0,1%	0,0%	-0,01%
Σ	**0,1%**	**0,8%**	**-0,6%**	**0,8%**	**0,6%**	**1,6%**	**-2,6%**	**2,3%**	**-0,1%**	**-1,3%**	**0,7%**	**0,5%**	**0,6%**	**-1,2%**	**-1,7%**	**-1,2%**	**0,9%**	**0,80%**

Tabelle A-14: Renditezerlegung der systematischen, unerwarteten aktiven Renditen

Die aktiven Renditen werden jeweils gegen den gleichgewichteten Index für die Periode, die zum Zeitpunkt t-2 (31.10.1996) endet, berechnet. Als Erklärungsmodell liegt das Modell der selektiven Faktorrepräsentation ohne Residualmarktfaktor zugrunde.

D-VII Performancezerlegung über mehrere Perioden

R_j	β	$R_j = \lambda_j$	$R_j = \delta_j$	$R_j = \lambda_j + \delta_j$
MP	0,03	3,4%	9,3%	12,7%
UMP	0,20	-14,3%	-7,4%	-21,6%
TERM	-0,01	-97,4%	-30,1%	-127,5%
AI	2,75	-0,3%	0,2%	-0,1%
DOR	-0,16	4,4%	0,2%	4,6%
IFO	0,21	7,3%	2,9%	10,2%
UDS	-0,54	-11,7%	-1,5%	-13,2%

Rendite:	erwartet	unerwartet	systematisch
MP	0,1%	0,2%	0,3%
UMP	0,8%	0,4%	1,1%
TERM	0,3%	0,1%	0,3%
AI	0,7%	-0,5%	0,2%
DOR	-0,6%	-0,0%	-0,6%
IFO	-0,1%	-0,0%	-0,2%
UDS	1,3%	0,2%	1,5%
Allokationsrendite	**2,34%**	**0,28%**	**2,62%**
MP	-0,0%	-0,0%	-0,0%
UMP	0,7%	0,3%	1,0%
TERM	2,7%	0,8%	3,5%
AI	0,7%	-0,5%	0,2%
DOR	0,2%	0,0%	0,2%
IFO	0,5%	0,2%	0,7%
UDS	-0,6%	-0,1%	-0,7%
Selektionsrendite	**4,12%**	**0,82%**	**4,94%**
MP	-0,0%	-0,0%	-0,0%
UMP	-0,2%	-0,1%	-0,3%
TERM	0,7%	0,2%	0,9%
AI	-0,7%	0,5%	-0,2%
DOR	0,2%	0,0%	0,2%
IFO	-0,0%	-0,0%	-0,1%
UDS	-0,1%	-0,0%	-0,2%
Kreuzprodukt	**-0,19%**	**0,55%**	**0,36%**
MP	0,1%	0,2%	0,2%
UMP	1,2%	0,6%	1,9%
TERM	3,6%	1,1%	4,7%
AI	0,7%	-0,5%	0,2%
DOR	-0,2%	-0,0%	-0,2%
IFO	0,4%	0,2%	0,5%
UDS	0,5%	0,1%	0,6%
systematische Rendite	**6,28%**	**1,65%**	**7,92%**

Tabelle A-15: Aggregierte Zerlegung der aktiven, systematischen Renditekomponenten in Allokations- und Selektionsbeiträge über drei Perioden

Das Beispiel bezieht sich auf die aktive Rendite des Beispielportfolios gegenüber dem gleichgewichteten Index für die drei Bewertungszeitpunkte t_{-2}, t_{-1} und t_0. Als Erklärungsmodell liegt das Modell der selektiven Faktorrepräsentation ohne Residualmarktfaktor zugrunde.

E Risikomaße

E-I Klassische Risikomaße

	BETA (DAX100)	Varianz
INDEX	1,23	0,087%
PORTFOLIO	1,05	0,123%
CDAX-Index	1,11	0,113%
AUT	0,59	0,332%
BNK	0,79	0,121%
BRW	0,49	0,058%
CHM	0,67	0,232%
CON	0,61	0,277%
ELC	0,55	0,204%
INS	0,60	0,159%
INV	0,49	0,090%
MCH	0,69	0,257%
MRG	0,77	0,028%
PAP	0,80	0,046%
RET	0,60	0,151%
STL	0,66	0,232%
TXT	0,35	0,278%
TRN	0,43	0,336%
UTL	1,00	0,102%

Tabelle A-16: Klassische Risikomaße der betrachteten Wertpapiere und Portfolios

Die Berechnung erfolgt jeweils auf den Daten des 24 Monatszeitraums 31.01.1995 bis 31.12.1996.

E-II Vergleich der Varianz und des kovarianzadjustierten, systematischen Risikos für die Überschussrendite

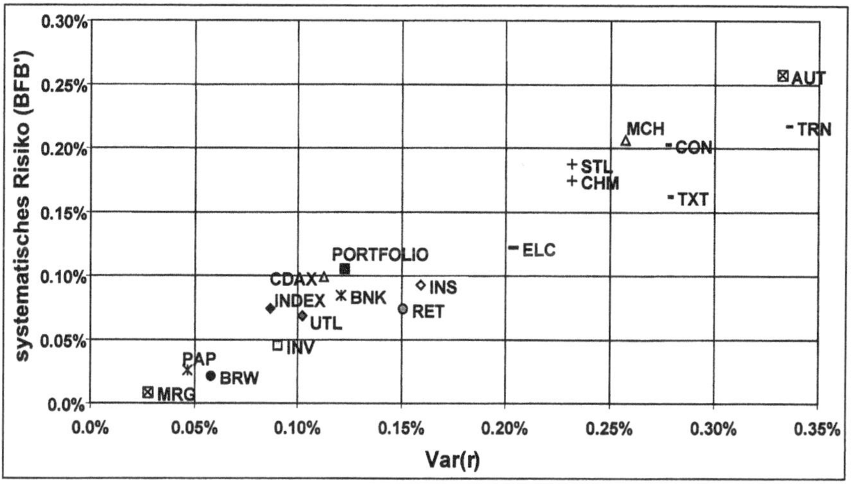

Abb. A-6: Vergleich der Varianz und des kovarianzadjustierten, systematischen Risikos für die Überschussrenditen

E-III Vergleich der Varianz und des kovarianzadjustierten, systematischen Risikos für die aktive Rendite

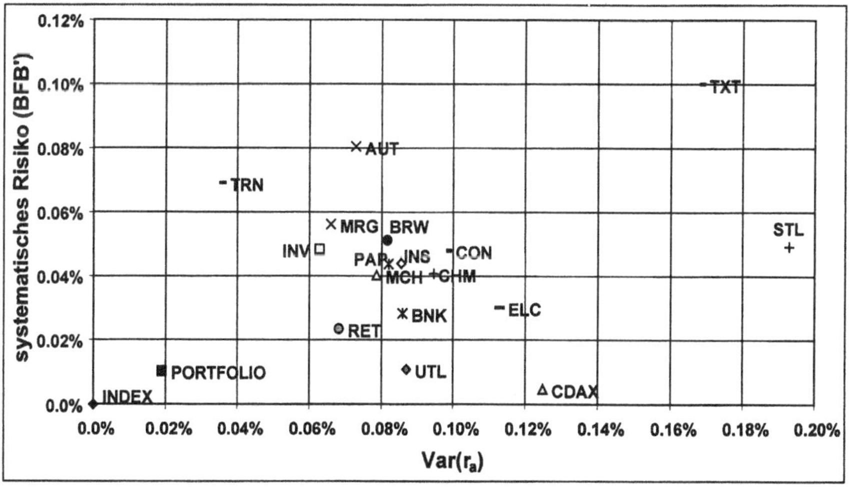

Abb. A-7: Vergleich der Varianz und des kovarianzadjustierten, systematischen Risikos für die aktiven Renditen

E-IV Mehrdimensionales, systematisches Risiko ohne Kovarianzadjustierung

Risiko Wertpapier	Varianz der Renditezeitreihe σ_r^2	systematische, mehrdimensionale Varianz $\sum \beta_j^2$	unsystematische Varianz $\sigma_r^2 - \sum \beta_j^2 = \sigma_\varepsilon^2$
INDEX	0,087%	0,090%	-0,00%
PORTFOLIO	0,123%	0,081%	0,04%
CDAX-Index	0,113%	0,088%	0,02%
AUT	0,332%	0,198%	0,13%
BNK	0,121%	0,087%	0,03%
BRW	0,058%	0,030%	0,03%
CHM	0,232%	0,236%	-0,00%
CON	0,277%	0,195%	0,08%
ELC	0,204%	0,146%	0,06%
INS	0,159%	0,088%	0,07%
INV	0,090%	0,107%	-0,02%
MCH	0,257%	0,233%	0,02%
MRG	0,028%	0,007%	0,02%
PAP	0,046%	0,037%	0,01%
RET	0,151%	0,072%	0,08%
STL	0,232%	0,263%	-0,03%
TXT	0,278%	0,346%	-0,07%
TRN	0,336%	0,448%	-0,11%
UTL	0,102%	0,040%	0,06%

Tabelle A-17: Vergleich der Renditevarianz mit dem mehrdimensionalen, systematischen Risiko

Die Varianz der Renditezeitreihen (Spalte 1) ist über den selben 24 Monatszeitraum (31.01.95 bis 31.12.96) berechnet, über den auch die Faktorladungen geschätzt wurden. Deren quadrierte Summe ist in Spalte 2 berechnet. Die Differenz zur Varianz stellt den unerklärten, unsystematischen Anteil der Varianz dar (Spalte 3). Diese kann durch die Schätzfehler der Varianz und der Faktorladungen auch negativ werden. Die absolute Höhe der unsystematischen Risikokomponente gibt damit Aufschluss über die Güte der Erklärung des Renditegenerierungsprozesses. Da hier Portfolios von Wertpapieren verwendet werden ist die unsystematische Komponente verhältnismäßig gering. Die Branche TRN besteht aber z. B. im Wesentlichen aus der Aktie der Lufthansa, ist also weniger diversifiziert als andere Branchen. Dies wird durch den relativ hohen Anteil der unsystematischen Komponente bestätigt.

Die Risikomaße sind nicht annualisiert.

Die Qualität der systematischen Erklärung und Diversifikation in den betrachteten Portfolios kann durch eine Querschnittsregression leicht bestimmt werden. Für die 16 Branchenwertpapiere, den CDAX, das Beispielportfolio und den gleichgewichteten Index ergibt sich ein R^2 der Einfachregression von 0,77, d. h. ¾ der Variation wird erklärt. Der Steigungskoeffizient wird mit 0,72 geschätzt, der t-Wert beträgt signifikante 7,56. Dieser Werte verändern sich nicht wesentlich, wenn nur die 16 Branchenwertpapiere berücksichtigt werden. Vgl. graphische Darstellung des Zusammenhanges in Abbildung A-8.

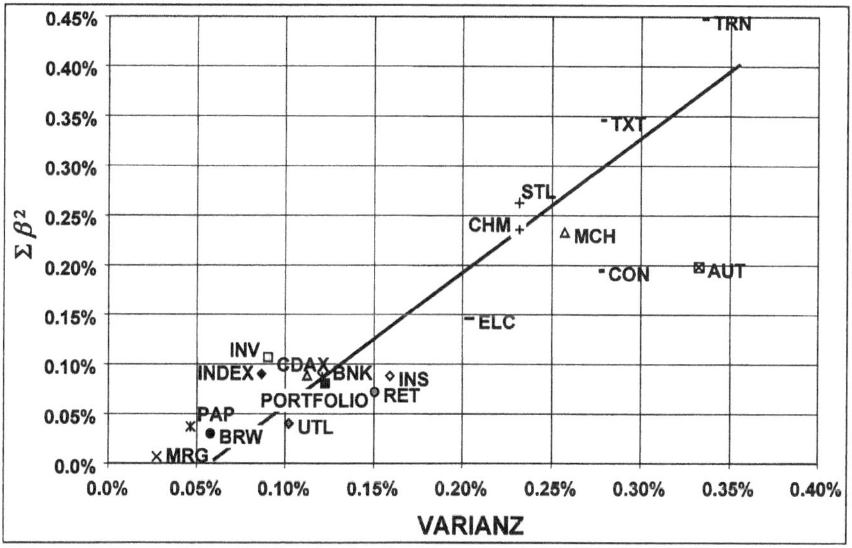

Abb. A-8: Graphische Gegenüberstellung der Varianz und des mehrdimensionalen, systematischen Risikos

Wird nicht die absolute Rendite eines Wertpapiers betrachtet, sondern die aktive Rendite, so muss entsprechend das Risiko als aktives Risiko gemessen werden. Das Quadrat des TE, die Varianz der aktiven Renditezeitreihe, lässt sich dann analog in mehrere systematische und eine unsystematische Komponente zerlegen. Die systematischen Risikokomponenten ergeben sich aus den quadrierten aktiven Sensitivitätsdifferenzen. Tabelle A-18 gibt die Zerlegung der Varianz für die aktive Rendite zum gleichgewichteten Indexportfolio für die Wertpapiere und Portfolios an.

aktives Risiko vs. gleichgew. Index	Varianz der aktiven Rendite $\text{Var}(r_a)$	systematische, mehrdimensionale Varianzkomponente $\Sigma \beta_a^2$	unsystematische Varianz $\text{Var}(r_a) - \Sigma \beta_a^2 = \text{Var}(\varepsilon)$
PORTFOLIO	0,019%	0,0123%	0,007%
CDAX-Index	0,125%	0,0044%	0,121%
AUT	0,073%	0,0663%	0,007%
BNK	0,086%	0,0573%	0,029%
BRW	0,082%	0,0575%	0,024%
CHM	0,095%	0,0781%	0,016%
CON	0,098%	0,0474%	0,051%
ELC	0,113%	0,0362%	0,077%
INS	0,085%	0,0800%	0,005%
INV	0,063%	0,0502%	0,013%
MCH	0,079%	0,0409%	0,038%
MRG	0,066%	0,0791%	-0,013%
PAP	0,082%	0,0420%	0,040%
RET	0,068%	0,0136%	0,055%
STL	0,193%	0,0516%	0,141%
TXT	0,168%	0,1924%	-0,024%
TRN	0,036%	0,1706%	-0,135%
UTL	0,087%	0,0265%	0,060%

Tabelle A-18: Vergleich der aktiven Renditevarianz und des mehrdimensionalen, systematischen, aktiven Risikos

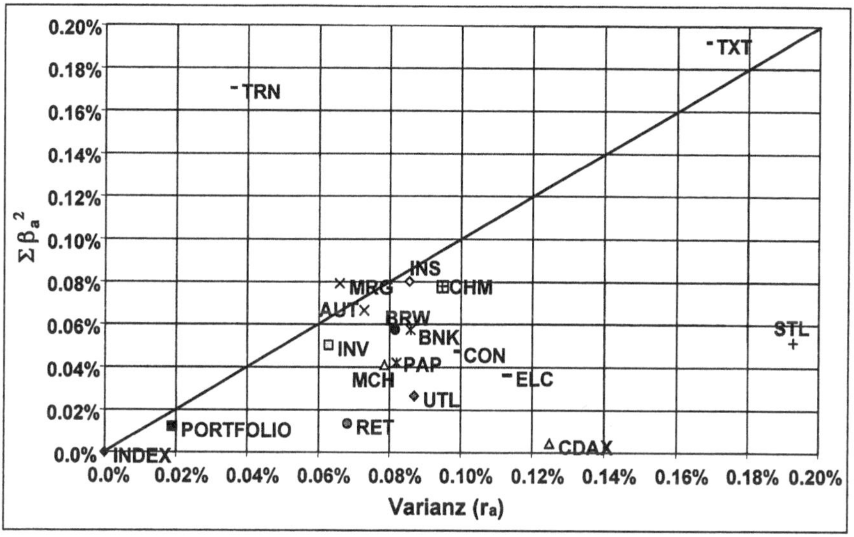

Abb. A-9: Erklärung der aktiven Varianz durch das aktive, systematische, mehrdimensionale Risiko

Werte, die in der Abbildung A-9 unterhalb der Diagonalen liegen, erklären nur einen Teil der aktiven Varianz durch das aktive, systematische Risiko. Je kleiner der geringste Abstand zu dieser Geraden ist, desto geringer ist jedoch das residuale, unsystematische Risiko. Auffällig ist der relativ hohe Anteil unsystematischen Risikos bei CDAX.

E-V Vergleich der ein- und mehrdimensionalen, systematischen Risiken

systematisches Risiko	eindimensional $\beta^2_{DAX100}\,\sigma^2_{DAX100}$	mehrdimensional BFB'
INDEX	0,213%	0,074%
PORTFOLIO	0,154%	0,105%
CDAX-Index	0,174%	0,099%
AUT	0,048%	0,258%
BNK	0,087%	0,085%
BRW	0,033%	0,022%
CHM	0,063%	0,175%
CON	0,052%	0,203%
ELC	0,042%	0,122%
INS	0,050%	0,093%
INV	0,033%	0,046%
MCH	0,066%	0,206%
MRG	0,083%	0,009%
PAP	0,089%	0,026%
RET	0,051%	0,074%
STL	0,061%	0,188%
TXT	0,017%	0,162%
TRN	0,026%	0,218%
UTL	0,139%	0,069%

Tabelle A-19: Vergleich der systematischen Risiken

Die Marktvarianz (σ^2_{DAX100}) beträgt für den analysierten Zeitraum 0,14% (nicht annualisiert). Sämtliche Risikogrößen sind nicht annualisiert und auf Monatsdaten berechnet. Das mehrdimensionale Risiko ist unter Berücksichtigung aller Erklärungsfaktoren und des Residualmarktfaktors bestimmt.

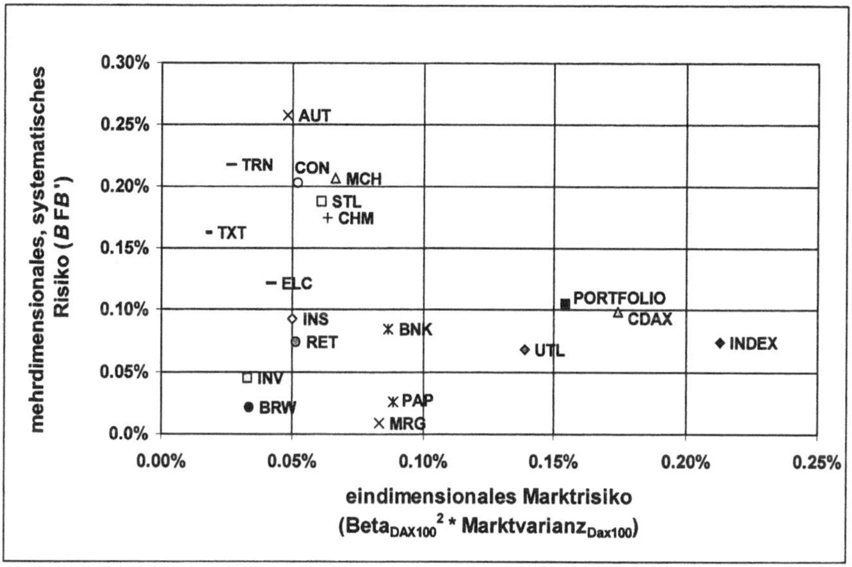

Abb. A-10: Vergleich der ein- und mehrdimensionalen, systematischen Risiken

E-VI Risikobeiträge der Erklärungsfaktoren

	MP	UMP	TERM	AI	DOR	IFO	UDS	RESID	BFB'
INDEX	0,0081%	0,0089%	0,0016%	0,0034%	0,0033%	0,0030%	0,0203%	0,0257%	**0,0743%**
PORTFOLIO	0,0147%	0,0077%	0,0104%	-0,0026%	0,0069%	0,0092%	0,0241%	0,0349%	**0,1053%**
CDAX	0,0136%	0,0098%	0,0061%	-0,0011%	0,0060%	0,0070%	0,0234%	0,0342%	**0,0990%**
AUT	0,0532%	0,0112%	0,0060%	-0,0056%	0,0176%	0,0073%	0,1160%	0,0523%	**0,2580%**
BNK	0,0378%	0,0073%	0,0178%	0,0001%	0,0041%	0,0014%	0,0001%	0,0160%	**0,0845%**
BRW	-0,0000%	0,0001%	-0,0001%	0,0062%	0,0107%	0,0009%	-0,0003%	0,0042%	**0,0216%**
CHM	0,0132%	0,0345%	-0,0056%	-0,0045%	0,0025%	0,0397%	0,0600%	0,0351%	**0,1748%**
CON	0,0477%	0,0043%	0,0019%	0,0006%	0,0488%	0,0062%	0,0380%	0,0552%	**0,2028%**
ELC	0,0226%	0,0290%	0,0003%	0,0164%	0,0087%	-0,0027%	0,0098%	0,0379%	**0,1220%**
INS	-0,0014%	-0,0013%	0,0341%	0,0018%	0,0088%	0,0041%	0,0013%	0,0453%	**0,0928%**
INV	0,0001%	0,0013%	0,0005%	0,0274%	0,0026%	0,0017%	-0,0011%	0,0130%	**0,0455%**
MCH	0,0158%	0,0435%	0,0112%	-0,0013%	0,0114%	0,0047%	0,0796%	0,0414%	**0,2063%**
MRG	0,0005%	0,0005%	0,0034%	-0,0000%	0,0001%	0,0012%	0,0000%	0,0030%	**0,0086%**
PAP	0,0001%	0,0002%	0,0016%	0,0092%	0,0010%	0,0001%	-0,0006%	0,0147%	**0,0263%**
RET	0,0017%	-0,0001%	0,0027%	0,0046%	0,0020%	0,0074%	0,0120%	0,0436%	**0,0741%**
STL	0,0331%	0,0369%	0,0005%	0,0015%	0,0057%	-0,0001%	0,1002%	0,0099%	**0,1877%**
TXT	-0,0009%	0,0383%	0,0170%	-0,0001%	-0,0004%	0,0170%	0,0829%	0,0084%	**0,1623%**
TRN	0,0157%	0,0447%	-0,0007%	0,0692%	-0,0021%	-0,0048%	0,0384%	0,0571%	**0,2175%**
UTL	0,0037%	0,0046%	0,0090%	-0,0013%	0,0036%	0,0062%	0,0112%	0,0315%	**0,0685%**

Tabelle A-20: Beiträge der Erklärungsfaktoren zum systematischen Risiko der einzelnen Portfolios und Wertpapiere

Berechnet werden die Beiträge die ein Faktor am systematischen, absoluten Risiko des entsprechenden Wertpapiers bzw. Portfolios hat. Die Summe der Faktor-Risikobeiträge ergibt das gesamte, systematische Risiko, das auch in Tabelle 39 im Abschnitt 4.3 wiedergegeben ist.

	MP	UMP	TERM	AI	DOR	IFO	UDS	RESID	BFB'
INDEX	10,85%	11,94%	2,21%	4,51%	4,48%	4,08%	27,37%	34,57%	**100%**
PORTFOLIO	13,99%	7,34%	9,91%	-2,50%	6,52%	8,75%	22,86%	33,14%	**100%**
CDAX	13,78%	9,88%	6,16%	-1,15%	6,07%	7,05%	23,65%	34,57%	**100%**
AUT	20,62%	4,33%	2,32%	-2,16%	6,81%	2,84%	44,96%	20,29%	**100%**
BNK	44,71%	8,68%	21,00%	0,17%	4,79%	1,65%	0,09%	18,90%	**100%**
BRW	-0,20%	0,33%	-0,69%	28,83%	49,52%	4,37%	-1,47%	19,30%	**100%**
CHM	7,55%	19,73%	-3,22%	-2,60%	1,45%	22,72%	34,31%	20,06%	**100%**
CON	23,51%	2,14%	0,96%	0,28%	24,08%	3,06%	18,74%	27,23%	**100%**
ELC	18,56%	23,78%	0,24%	13,42%	7,10%	-2,18%	8,03%	31,05%	**100%**
INS	-1,53%	-1,37%	36,80%	1,92%	9,52%	4,42%	1,38%	48,85%	**100%**
INV	0,12%	2,80%	1,16%	60,23%	5,80%	3,80%	-2,36%	28,46%	**100%**
MCH	7,64%	21,11%	5,41%	-0,61%	5,52%	2,29%	38,57%	20,07%	**100%**
MRG	5,65%	5,43%	39,62%	-0,28%	0,87%	14,13%	0,03%	34,54%	**100%**
PAP	0,43%	0,76%	6,08%	34,94%	3,88%	0,21%	-2,13%	55,82%	**100%**
RET	2,34%	-0,12%	3,67%	6,25%	2,67%	10,03%	16,26%	58,90%	**100%**
STL	17,62%	19,65%	0,28%	0,78%	3,06%	-0,03%	53,38%	5,26%	**100%**
TXT	-0,52%	23,59%	10,49%	-0,09%	-0,22%	10,48%	51,09%	5,19%	**100%**
TRN	7,22%	20,56%	-0,31%	31,79%	-0,96%	-2,19%	17,65%	26,25%	**100%**
UTL	5,36%	6,71%	13,07%	-1,92%	5,32%	9,12%	16,31%	46,02%	**100%**

Tabelle A-21: Prozentuale Anteile der Risikobeiträge der Erklärungsfaktoren zum systematischen Risiko

Berechnet werden die prozentualen Anteile, die ein Faktor am systematischen Risiko des entsprechenden Wertpapiers bzw. Portfolios hat. Da teilweise negative Risikobeiträge in Tabelle A-20 bestehen, kommen auch negative Prozentanteile zustande. Diese sind prinzipiell als Risikominderung zu verstehen, stellen aber bei der Betrachtung absoluter Risiken eher Verzerrungen dar. Betragsmäßig bleiben sie allerdings gering.

Abbildungsverzeichnis (Anhang)

Tabellenverzeichnis (Anhang)

Schriften des Instituts für Finanzen
Universität Leipzig

Herausgegeben von Prof. Dr. Udo Hielscher und Prof. Dr. Thomas Lenk

Band 1 Jörg Widmayer: Produktionsstrukturen und Effizienz im öffentlichen Theatersektor. Eine wirtschaftswissenschaftliche Analyse unter Verwendung eines dualen Frontieransatzes. 2000.

Band 2 Anja Birke: Der kommunale Finanzausgleich des Freistaates Sachsen. Vertikale und horizontale Verteilungswirkungen im Rahmen eines länderbezogenen Modellvergleichs mit Baden-Württemberg. 2000.

Band 3 Stefan Wilhelm: Kapitalmarktmodelle. Lineare und nichtlineare Modellkonzepte und Methoden in der Kapitalmarkttheorie. 2001.

Band 4 Thomas Lenk: Aspekte des Länderfinanzausgleichs. Tarifgestaltung, Gemeindefinanzkraft, Fonds "Deutsche Einheit". 2001.

Band 5 Volkmar Teichmann: Die Finanzbeziehungen zwischen den öffentlich-rechtlichen Rundfunkanstalten der Bundesrepublik Deutschland. Bestandsaufnahme und Reformvorschläge. 2001.

Band 6 Friedrich Vogelbusch: Steuerarbitrage bei Umsatz- und Verbrauchsteuern im Europäischen Binnenmarkt. Eine empirische Unterschuchung. 2003.

Band 7 Frank Wolfert: Performanceanalyse als Steuerungsinstrument im Wertpapier-Managementprozess. 2003.

Kolibri 360 GmbH
Ferdinand-Jühlke-Straße 7
99095 Erfurt, Deutschland
produktsicherheit@kolibri360.de

Druck:
CPI Druckdienstleistungen GmbH
im Auftrag der
Kolibri 360 GmbH
Ferdinand-Jühlke-Str. 7
99095 Erfurt